中华译学倡立信守与

以中华为根 译与学并重
弘扬优秀文化 促进中外交流
拓展精神疆域 驱动思想创新

丁酉年冬月 许钧撰 罗卫东书

中华译学馆·中世纪与文艺复兴译丛

许 钧 主持 郝田虎 主编

JOHN MILTON
LIFE, WORK, AND THOUGHT

弥尔顿传

Gordon Campbell   Thomas N. Corns

[英] 戈登·坎贝尔　[英] 托马斯·N. 科恩斯　著

翟 康 陈睿文 译

沈 弘 章 燕 校

ZHEJIANG UNIVERSITY PRESS
浙江大学出版社

·杭州·

本书是国家社科基金重大项目"弥尔顿作品集整理、翻译与研究"（19ZDA298）最终成果

"中世纪与文艺复兴译丛"序言

　　根据广为流传的线性历史观，中世纪孕育了现代性，文艺复兴开启了现代世界，而中世纪和文艺复兴时期是中西文化进行较深层次接触和交流的肇始期。唐代传入的景教久已湮灭，我们存而不论；明末清初之际，西方古典和中世纪的一些思想观念，包括宗教、道德、政治学、地理学、数学等，已经借由来华的耶稣会士传播过来，与中国固有的儒家思想发生了发人深省的交汇和碰撞。这些耶稣会士借用中国文献里的"中古"一语来指称欧洲的中世纪。在晚清，西方来华传教士创办了《东西洋考每月统记传》等现代期刊，介绍西方的"文艺复兴"。改革开放以来，我国中世纪研究的最大成绩在于，学界已达成共识，中世纪并非"黑暗时代"，相反，该时期十分丰富、活跃。自 20 世纪 90 年代以来，学界逐渐就欧洲中世纪文化、文学、历史、宗教等的丰富性和复杂性达成共识，对欧洲中世纪的重新发现成为新时期的基本学术成就之一。文艺复兴运动是在中世纪基督教文化基础上发展起来的，文艺复兴文学和艺术表现了基督教文化影响下所形成的人文主义思想，莎士比亚是其中的杰出代表。在 20 世纪 70 年代末的改革开放发轫期，人们刚刚走出"文革"，热烈肯定莎士比亚的价值和欧洲文艺复兴的划时代意义，喊出了弥尔顿式的"读书无禁区"的鲜明口号（文章发表于《读书》创刊号）。1978 年，人民文学出版社隆重推出被搁置了十五年之久的《莎士比亚全集》（十一卷，朱生豪等译），大家奔走相告，争相购买；1979 年，译制片《王子复仇记》放映后，一时间万人空巷。无论洛阳纸贵还是万人空巷，国人对于莎士比亚的空前热情激烈地释放出来，这代表着民众在久久的压抑后，对新的文艺复兴的恳切召唤。自那以后，经过几十年的努力，我国的中世纪和文艺复兴研究尽管存在不少问题，但在广度、深度、视野、方法、专业化、对外交流等诸多方面都做得越来越好。新世纪以来，相关研究达到了前所未有的水准，表现在研究队伍的扩大、研究领域的拓展、研究方法的多样化、专著数量和质量的提升、学术翻译的持续推进、国内外学术交流常态化等。2015 年是新文化运动一百周年，新文化运动的旗手胡适将这一运动名之为"中国的文艺复兴"（Chinese Renaissance），这一命名具有世界眼光，充满了中国情怀。在中国特色社会主义建设的新时代，近代以来饱经忧患的中华民族有望迎来伟大复兴，这不仅是文艺复兴，而且是伟大的民族复兴。新时代伟大的民族复兴离不开中西文化交流和新文化建设，离不开对西方优秀的文化遗产，包括中世纪和文艺复兴文化遗产的扬弃和汲取。小众的中世纪和文艺复兴研究，包括文学、历史、哲学、政治学、艺术史、科学史等方面，不仅具有重大的学术价值，而且有助于深入理解今天的中国和世界，将有力促进我国的新文化建设。因此，我们认为，"中世纪与文艺复兴译丛"的适时出版，是中西文化交流的必然需要，是新时代中国特色社会主义建设，尤其是新文化建设的迫切需要。读者朋友需要优秀的精神食粮，来丰富他们的头脑和文化生活。

西学研究离不开翻译，二者相辅相成。以文学领域为例，20 世纪外国文学领域的老一辈学者，如吴宓（1894—1978）、冯至（1905—1993）、钱锺书（1910—1998）、卞之琳（1910—2000）、季羡林（1911—2009）、杨周翰（1915—1989）、王佐良（1916—1995）、李赋宁（1917—2004）等先生，他们辉煌的实践告诉我们，研究和创作都离不开翻译，翻译和研究，翻译和创作，可以水乳交融，相辅相成。浙江大学外语学院从戚叔含、方重、陈嘉、张君川、索天章、鲍屡平等先生开始，即有从事早期英国文学研究的优良传统（这里所谓"早期"，包括中世纪和文艺复兴两个方面）。杰出的莎剧翻译家朱生豪 1933 年毕业于浙江大学前身之一之江大学，主修中国文学，以英文为副科。著名但丁研究专家田德望先生曾在浙江大学教授英国文学史和但丁，他也是享誉中外的但丁翻译家。朱生豪、方重、鲍屡平、田德望等先贤，乃至早期欧洲文学专家李耀宗先生和早期英国文学专家沈弘教授等学界中坚，这些学人的实践同样告诉我们，研究和创作都离不开翻译，翻译和研究，翻译和创作，可以水乳交融，相辅相成。因此，我们可以说，"中世纪与文艺复兴译丛"第一辑的及时出版，继承和发扬了浙江大学，乃至新中国优良的外国文学研究传统，将有力地普及和推进我国的中世纪和文艺复兴研究。改革开放以来，我国的外国语言文学研究取得了长足进展，但依然任重而道远，译丛的出版是新时代学术进步和"双一流"学科建设的需要。脚踏实地，仰望星空，我们瞄准世界一流是在立足中国大地的基础上进行的，"拿来主义"和文化自信相互补充，并行不悖。

西方文艺复兴发端于14世纪意大利的佛罗伦萨，逐步扩展到全欧洲，在艺术、科学、文学、宗教、政治、思想等诸多领域引发了革命性的变革，奠定了现代世界的基础。文艺复兴得以取得诸多成就有多种原因，其中一个重要因素是德国金匠谷登堡在15世纪中期发明了活字印刷术，对此伊丽莎白·爱森斯坦等书籍史学者多有阐发。西方中世纪的教育和传播媒介主要是手稿，在活字印刷术发明和推广以后，历史发展加速了，一个美丽的新世界脱颖而出。五百多年过去了，"中世纪与文艺复兴译丛"的出版亦得益于传统的印刷媒介，浙江大学出版社张琛女士和包灵灵女士等人的不懈努力为译丛的顺利面世提供了不可或缺的重要保障。作为译丛主编，我谨向她们及其同事表示诚挚的谢意。

"中世纪与文艺复兴译丛"经过了大半年的准备工作，计划分数辑出版，其中第一辑集中在文学领域，既有重要的作品选集，也有重要的批评著作。选题以学术水平和翻译质量为标准，同时兼顾中国图书市场的需要。第一辑的顺利推出，显然离不开各位译者的鼎力支持，尤其是胡家峦教授、李耀宗先生和沈弘教授三位优秀的前辈学者，他们对我的信任是我持续前进的动力。我在此向他们表示感谢和敬意。从第二辑开始，译丛将拓展疆域，涉及文学之外的其他领域，包括历史、哲学、宗教、政治学、艺术史、科学史等诸多方面。"Tomorrow to fresh woods and pastures new"——弥尔顿的名句激励我们将"中世纪与文艺复兴译丛"做成真正跨学科的高水平出版物。每一辑都包括文艺复兴的内容，也包括中世纪的内容，中世纪是这套译丛的特色。译丛的目标读者是专业研究人员和大学文化程度以上的博雅之士。

"中世纪与文艺复兴译丛"是著名翻译家许钧教授主持的"浙江大学中华译学馆"所推进的重要学术与文学译介项目。译丛的出版，尤其是第一本书《斯宾塞诗歌选集》（胡家峦教授译）的面世，直接受益于许钧教授的关怀、指导和帮助。

"中世纪与文艺复兴译丛"是许钧教授主持的意义深远的集体事业的一分子，也是光荣的一分子。这是需要向读者诸君说明的。译丛得以出世还有一个契机，即 2016 年 12 月 30 日浙江大学外语学院中世纪与文艺复兴研究中心的成立。中心的成立，得到了学院领导，包括两任院长何莲珍教授和程工教授以及褚超孚书记的直接关怀和大力支持。他们不仅勤勉敬业，堪为我辈楷模，而且是有视野有眼光的好领导。中世纪与文艺复兴研究中心是中国大陆高校第一家同类的研究机构，学院领导做出决策是需要学术眼光和破冰的勇气的。正是在中心成立以后，在诸位同仁的持续努力下，才有了与浙江大学出版社的洽谈和合作，才有了"中世纪与文艺复兴译丛"这个可爱的孩子。他，是长子。

是为序。欢迎各位读者批评指正。

郝田虎

2017 年 11 月 8 日夜于求是村

关于日期的说明

这本传记中的日期考虑了 17 世纪英格兰历法的两个特点。第一个特点是英格兰和欧洲大陆一些新教国家所使用的儒略历（Julian Calendar）比天主教国家使用的格列高利历（Gregorian Calendar）晚了十天；莎士比亚和塞万提斯有时被认为逝世于同一天（1623 年 4 月 23 日），但事实上，塞万提斯比莎士比亚早十天去世，因为西班牙采用的是格列高利历。儒略历被历史学家称为旧历（OS），而格里高利历直到 1752 年才被英格兰采用，被称为新历（NS）。在关于意大利的那一章中，我们使用了双重日期（split dates），因此弥尔顿是在 1638 年 9 月 6 日或 16 日给无心思学院（Svogliati）的成员读了一首诗，也就是说，这一天在英格兰是 9 月 6 日，在意大利是 9 月 16 日。

第二个特点涉及新年的开始。在苏格兰和欧洲大陆，新年一般始于 1 月 1 日，而在英格兰，印刷品书名页的日期通常遵循这一惯例。然而，在手写的英语文献（包括写在书上的日期）中，一年被认为始于 3 月 25 日，即圣母领报节（the Feast of the Annunciation）。弥尔顿的《论国王和官吏的职权》（*Tenure of Kings and Magistrates*）发表于 1649 年 2 月 13 日或此日期左右，书名页上的年份即为 1649 年；现在埃克塞特大教堂图书馆（Exeter Cathedral Library）一份展示本中的（手写）日期是 1648 年 2 月。一些学者将日期拆分开（1648/1649 年 2 月 13 日），但我们选择了更简单的方式，即按照现代以 1 月 1 日为新年开始的惯例，因此我们将 1648/1649 年 2 月 13 日写为 1649 年 2 月 13 日。

17 世纪的文献也有一系列别的方法来确定年代。例如，拉丁语文献的日期有时是按照古罗马的历法体系来确定的，即从一个月的三个分界点（卡伦德日、

诺奈日和伊都斯日 ①）倒着往前数，而不是从月初开始按顺序往后数。除了 1649 年到 1660 年之外，政府文件通常以御座年号（regnal year）来确定日期。法律诉讼的日期是按照开庭期确定的，但法律文件，诸如教会文件，有时根据圣徒纪念日和节日来确定日期。在所有这些情况下，我们都默认按照现代惯例给出了日期。

最后，弥尔顿以自己的年龄来为他的 10 首诗标注日期，采用了 *anno aetatis*（"在 [他多大] 岁数那一年"）这样的表达，但这种表达意思模棱两可，比如，"*anno aetatis* 17" 可能指弥尔顿在他的第十七个年头，但通常是指他十七岁。然而，他的一首拉丁语哀歌（第 7 首）标注的是 *anno aetatis undevigesimo*（"在十九岁时" ②），这里使用了拉丁语序数词，很可能需要从字面上来理解，因此，该短语指的是"在他的第十九个年头"而不是"在他十九岁时"。在有疑问的情况下，我们会加以讨论而非避之不谈。

---

① 古罗马历法中的卡伦德日（Kalendae）、诺奈日（Nonae）和伊都斯日（Idus）分别指每月的第 1 天、第 5 天（但是在 3 月、5 月、7 月是指第 7 天）和第 13 天（但是在 3 月、5 月、7 月是指第 15 天），古罗马人以这三个日子为坐标，倒着往前数来确定某天的具体日期，计算时要把一头一尾都包括进去；比如，4 月 16 日在古罗马表达为"a.d. XVI Kal. Mai."（5 月 1 日前第 16 天）。本中译本脚注均为译者注。

② 此处可能系本书作者笔误，根据上下文的分析，作者在这里可能是想表达"在十八岁时"。拉丁语数字"十九"的序数词是 undevigesimus, -a, -um，对应的基数词是 undeviginti。

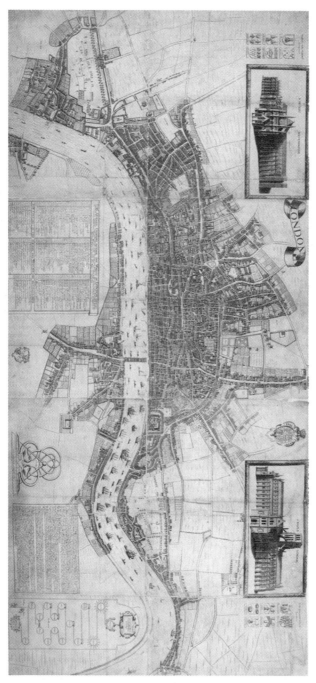

威廉·费索恩，《伦敦与威斯特敏斯特自治区及其郊区兼萨瑟克区详图》（伦敦，1658）

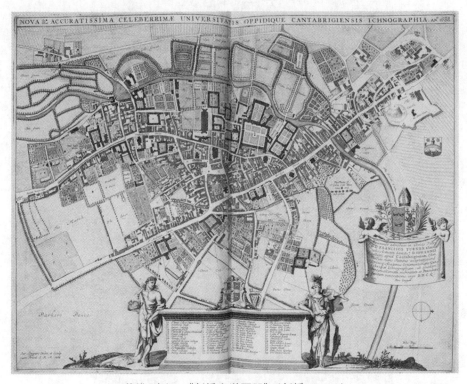

戴维·洛根,《剑桥大学图册》(剑桥,1690)

目 录

引　言

　　鉴于两大原因，写一部约翰·弥尔顿的传记看起来颇为诱人，似乎轻而易举。首先，大部分所需资料很容易获取。17世纪的最后几十年就有五部弥尔顿的传记，这些作者或是与弥尔顿相识，或是从认识弥尔顿的人那里获得素材。弥尔顿外甥爱德华·菲利普斯对他舅舅生平的记录，附在一版弥尔顿的政府公文之后，于1694年出版。[1] 文物研究者约翰·奥布里搜罗了一系列关于弥尔顿生平的摘记（现存于牛津博德利图书馆），其中有一部分是基于同其亲属的访谈记录，包括与弥尔顿的弟弟克里斯托弗和遗孀伊丽莎白的访谈。[2] 一位当时不具名的作者，现已确认为弥尔顿的好友西里亚克·斯金纳，曾著有一部以手稿形式流传下来的传记，现亦存于博德利图书馆。[3] 文物研究者安东尼·伍德试图将弥尔顿（以及其他剑桥作家）归为牛津校友，其作品《牛津名人传》附有一份牛津的年表（包含剑桥授予同等学位的部分）;《牛津编年史》中关于弥尔顿的条目下有对其生平的记录。[4] 自由思想家及哲学家约翰·托兰为自己收录的弥尔顿作品集著有一份传记，由此也证实了弥尔顿的思想被用以声援辉格党。

　　早期传记作者在不同时期与弥尔顿有过接触，因而他们的著作具有一定的权威性。伍德和托兰的工作大多蹈袭前人，但有些资料只在托兰的作品里有所收录。乔纳森·理查森在后来的一部传记（伦敦，1734年）里拾起了前人漏掉的一些逸事。[5] 弥尔顿还常在其英语散文和拉丁语辩护书中讲述自己的经历，有时诗歌作品也会涉及。此外，J.弥尔顿·弗伦奇仔细搜集了弥尔顿的生平记录，威廉·赖利·帕克所著传记的第二册汇集了更多的资料，当代的优秀学者对这两部传记都有增补和修改。[6]

其次，从其人生经历来看，弥尔顿的作品似乎很容易理解：父亲是清教徒，他自己也是清教徒，接受了清教徒的教育，作品以清教思想为主题，反对清教徒的敌人，而后，一场清教徒革命的失败迫使他重聚精力，创作出一部权威性的清教主义史诗。读者可以根据个人喜好，把"清教主义的"一词替换成"革命的"或"激进的"或"进步的"。

当然，问题并非那么简单。出于身陷激烈论战的需要，弥尔顿创作了带有自传色彩的散文作品，而早期传记可能过多地依赖这些散文及其诗歌中精心塑造的个人形象。对后世传记作家最有帮助、最具影响的是斯金纳和菲利普斯，他们的作品则在盲目地为一位好友和一位有培育之恩的舅舅辩解，旨在回应各种针对弥尔顿生平和名誉的抨击。对传记中文献的解读要格外谨慎，应厘清这些文献在当时的意义；将其置于适当的语境中会大大改变它们对传记作家的意义。或许最需要客观看待的，就是弥尔顿讲述自己的生活（如在《再为英国人民声辩》中）或在诗里以第一人称语气发言（如在《失乐园》的多个开篇祷告中）的部分。考虑到弥尔顿习惯根据不同作品的需要来塑造自己的经历和个人形象，我们尝试着在各种体裁背景下研读这些带有自传色彩的篇章段落。

我们认真地重新查阅了档案材料，而在早先依靠大胆揣测展开弥尔顿研究的"英雄时代"，即弗伦奇和帕克写作的时期，他们受客观条件限制无法查阅这些材料：弗伦奇和帕克的作品都写于二战期间，彼时他们无法前往英格兰（或意大利），因而只能依靠通才学者所进行的文献研究，但这些学者缺乏弗伦奇（法律文献领域）和帕克（教会文献领域）的专业知识。这种对二手资料的依赖为战后学者留下了相当大的研究空间，特别是利奥·米勒、约翰·肖克罗斯、罗伯特·法伦、彼得·比尔以及爱德华·琼斯，他们都发现了新文献，并加深了我们对先前二手文献的理解。本传记的一个显著特点就是，当中对事实的记录建立在查阅了所有可用文献的基础之上，这自马森以来还是首次。

本传记的第二个显著特征在于史料编纂研究，这是我们理解 17 世纪早中期的基础。如果考虑到我们对该时期宗教、社会尤其是政治生活的理解处于变化之中，弥尔顿生平与艺术的关系就会复杂得多。斯图亚特时期史料编撰研究在过去三十年里蓬勃发展、鞭辟入里，相比之下，即便是从历史角度来看有见地的文学批评有时也显得空洞幼稚。我们在这里要尤其感谢：肯尼斯·芬彻姆、安东尼·弥尔顿、彼得·莱克、理查德·卡斯特、康拉德·拉塞尔、凯文·夏普、安·休斯、默里·托尔米、约翰·科菲、约翰·莫里尔、马克·基什兰斯基、伊恩·金特尔斯、布莱尔·沃登、戴维·昂德唐、约翰·斯帕尔、罗纳德·赫顿、戴维·克雷西以及批评家出身的历史学家 N. H. 基布尔。

在我们看来，弥尔顿有缺点、自我矛盾、独善其身、自负傲慢、情感炽烈、不留情面、雄心勃勃、八面玲珑。同时，他又是查理一世时期最有成就的作家之一，在 17 世纪中期的论战中最能言善辩，创作出了英语文学中最精湛、最具影响力的叙事诗。有着双面性的他既回望了莎士比亚、斯宾塞和琼森的世界，又展望着德莱顿和蒲柏的到来。他的动力源于持久的热情——向往意大利文化、热衷于音乐、渴望能与维吉尔的人生和作品媲美。他了解自己的价值，知道自己的不凡和独特之处。他是最有学者风范的诗人，是古典文化和学问的大家，是承袭胡戈·格劳秀斯或约翰·塞尔登的伟大传统的人文主义者，而且十分欣赏欧洲大陆尤其是意大利的近代作家。他研习过法律、数学、历史、哲学和神学，还是一位有富有思想和创新精神的老师。

弥尔顿激进思想的不同阶段是贯穿我们的研究的主线：他青年时期对文化的态度遥遥领先世人，但思想上却克制压抑，后来为教会改革而抗争、为弑君和共和制辩护，最终在王政复辟的凶险中保持了政治操守和精神独立。弥尔顿成熟思想的革命性在现代思想观念中可能无从彰显，这是因为他所倡导的原则现在看来都是显而易见、司空见惯的。在一个又一个问题上，他所支持的英国的主流观点从长远看来都占了上风。他认为，政府无权干涉公民的宗教信仰；人民如何做礼拜以及做不做礼拜不应该由国家法律机构规定。他还认为，统治者无权决定哪些东西应该被出版和阅读。他主张婚姻以相互喜爱、思想契合为基础，一旦失去这些基础，应当以离婚来结束这种痛苦，让双方可以尝试新的婚姻关系。他认为，统治者应当为自己的行为负责，而且法律应高于他们。同时，他主张最好的政体是共和制，这种论点经常占据上风，尽管目前在他的祖国并非如此。作为现代民主国家建立的基础的许多公民权利在他的作品中已经初见端倪。法国革命者借用了弥尔顿的观点为他们的革命事业服务。[7] 同样，本杰明·富兰克林、托马斯·杰斐逊等美国政治家都大量研读过弥尔顿的作品，并以此来设计他们的共和制、解决一些具体问题，比如英国对北美的征税（富兰克林将此与《失乐园》里的混沌做比较）、弗吉尼亚废除英国国教案（富兰克林借用了反主教制的册子）以及英国统治者的邪恶（亚当斯将他们的傲慢比作

4 撒旦的狂妄）[8]。从思想层面来说，弥尔顿是美国的开国元勋之一。

但他与我们生活在不同时代。那些伟大思想散布在他的众多作品中，产生于论战背景之下，原本并非一目了然，是我们拼接而成的，并且伴有明显属于那个时代的其他价值观和设想。毋庸置疑，他不是民主主义者，虽然他维护劳动人民自由讲道和研习的权利，但是他从未主张扩大选举权，也未表现出对选举过程的热情。在对社会的规划设想方面，比如关于有产阶级的权利和仆人的从属地位，他的观点有时与同时代社会地位相当的大多数人的观点大同小异。相对于弥尔顿对男女相对地位的立场，其他人的观点更为保守；事实上，他周围的人更加大男子主义、更厌恶和仇视女性。同样，他对罗马天主教的不宽容态度有时很难说得通，也不如在其他问题上那么势不两立，这种态度更多地源于机会主义而非坚定的信念；毕竟，他还有朋友是天主教徒，笔下也曾赞美过天主教徒。即便是在我们这个时代，反对天主教的呼声也并未完全消失——约翰·F.肯尼迪在竞选总统时不得不面对这个问题，而且天主教徒仍不能继承英国王位。[9]

与托马斯·霍布斯和约翰·洛克不同，弥尔顿并非哲学家，所著作品也不抽象，反倒富有想象力或论战色彩，他的思想一定要从这些文本中拼装而成，而且往往是非结论性的。此外，在其思想成熟的重要时期，他既是一名政治上的激进分子又是一名公务人员。他说的一切都旨在抨击或辩护，并且他时常出乎意料的缄默也折射出那些岗位所要求的自我克制。这是英雄的一生，尽管这种英雄主义很罕见。他没有在17世纪中期的对外战争或内战中驰骋疆场，即便他有明确的党派关系和政治立场，即便他也有体力这样去做。同时，他又手握利剑，而且懂得如何去用好这把剑。[10]王政复辟时，为革命殉难的选择在朝他招手，但是他小心谨慎地拒绝了。他的生命太过珍贵，万不可就这样被损毁。面对严峻的逆境——双目失明、丧亲之痛、政治上江河日下，他取得的成就仍然令人叹为观止。

第一部分

1608—1632 年

第一章

童 年

1608 年 12 月 9 日周五清晨 6 时 30 分 [1]，约翰·弥尔顿出生于伦敦布莱德街上以"展翅鹰"为标志的家庭宅第中，并于 12 月 20 日在附近的万圣教堂受洗。[2] 他是家里第二个存活下来的孩子（上面有个姐姐叫安妮），与父亲同名，母亲名为萨拉，老约翰·弥尔顿从事公证行业，还能作曲。

这位未来诗人的祖籍在牛津郡。他的曾祖父亨利·弥尔顿（卒于 1559 年）[3] 曾与妻子阿格尼丝居住在斯坦顿圣约翰村 [4]，其祖父理查德也住在斯坦顿圣约翰，曾是肖托瓦森林的护林员。家族里有一种说法，认为理查德出生于法国。[5] 可以确定的是，理查德是一名拒绝参加英国国教礼拜仪式的天主教徒，于 1582 年 5 月 11 日被逐出国教，并于 1601 年 7 月 13 日被判不遵从国教礼拜仪式罪。[6]

根据早期传记的记载，理查德之子约翰，也就是诗人弥尔顿的父亲，年轻时改信新教，因此被其父取消了继承权。[7] 1583 年左右，老约翰移居伦敦，迈入公证行业，但其中的细节也犹未可知。按当时的习俗，据这类行业的学徒制，师父从徒弟家收到一笔钱（在某种程度上类似嫁妆），表示收其为徒，并负责徒弟的生活费用和职业发展。从詹姆斯一世时期的材料来看，进入高等职业需要支付一百英镑的费用。[8] 然而，早期传记表明理查德·弥尔顿并不情愿提供这种资助，而且三部传记都指向了一位匿名（至今仍未知其身份）的赞助人。据约翰·奥布里所记，"他受到一位朋友眷顾，但并非这位朋友的学徒"。在西里亚克·斯金纳的传记中，"他受到一位做公证人的亲属照顾"。据老弥尔顿之外孙、诗人弥尔顿的外甥爱德华·菲利普斯记载，他成了一位公证人，"在一位公证业界身份显赫的密友的建议和支持下，欣然投身于该行业"。当时，如果行业里老

8 师傅的亲戚没有正式拜师，有时会被容许进入专业商行，那么，若不是通过家族关系，这样一位身处牛津郡的年轻人不可能结识公证行业的贵人。老约翰·弥尔顿同北牛津郡士绅们的生意往来也表明，在那场将其赶到伦敦的家族纠纷后，他并未与牛津郡断绝了所有联系。[9] 不管是谁给予了帮助，他于1600年2月27日加入了公证人商行。[10]

　　不久后他与萨拉·杰弗里结婚。萨拉是家中长女，父亲保罗·杰弗里（斯）是一名裁缝，母亲埃伦[11] 从1602年开始到1611年2月去世时，一直与约翰和萨拉生活在布莱德街的"展翅鹰"住宅中。埃伦的娘家姓无从知晓，但若是布拉德肖的话，诗人弥尔顿与法官约翰·布拉德肖的关系就容易解释了。[12]

　　布莱德街上的房子已不复存在：伦敦市曾经两次被毁（1666年的大火与1940—1941年的空袭），但在随后的重建中，街道布局大部分保留了下来。那座被称为"展翅鹰"的寓所位于名为"白熊"的大型建筑内，坐落在布莱德街的北端东侧，距离齐普赛街仅几码之遥。该房产为伊顿公学所有，租给了巴普蒂斯特·希克斯爵士[13]，他正是弥尔顿家的房东。1617年10月16日，伊顿公学院对该建筑进行了一次调查（为了与希克斯续签租约），调查结果仍然保存在伊顿公学。[14] "白熊"的租户包括一名腰带制造商、一名女帽制造商、一名系带制造商，以及租住在"展翅鹰"的弥尔顿一家。他们家租用的寓所是其中最宽敞的，共有五层，外加一大间地窖。[15] 一楼直通街道，是公证店铺；二楼是门厅、会客室和厨房；三楼有两间卧室；四楼还有一间卧室和一间阁楼；五楼还有另一间阁楼。弥尔顿出生时，家里人有他的父母、姐姐安妮[16]、外祖母埃伦·杰弗里和多个住在阁楼里的仆人[17]；家中另两个女儿萨拉和塔比瑟分别生于1612年和1614年，但都夭折了，家中次子克里斯托弗于1615年出生。[18] 根据约翰·斯托的说法，弥尔顿家的左邻右舍"住的都是鸿商富贾"[19]，老约翰·弥尔顿身处伦敦商人聚居区的中心。然而，这里也会有些蛮横不讲理的访客，因为"美人鱼酒馆"就在几英尺开外的道路尽头处（面朝齐普赛街，但有个入口通向布莱德街），酒客们，包括琼森和莎士比亚，可能会沿着布莱德街漫步至河渡口。[20]

　　老弥尔顿在他的工作室中从事着公证工作，他不仅是一位专业的抄写员，
9 还是一名公证人及放债人。虽然没有现存证据表明老弥尔顿做过抄写员（他主要做一些文件的准备工作，但他感兴趣的很可能是为那些不会写信之人代笔这样的琐碎工作），但他作为公证人和放债人却有充分的记载[21]，而且显然他的

生意做得风生水起。事实上，在做商行权益人的三十五年的时间里，他积累了足够的资金，并有相当多的投资，来维持自己和家庭度过一段漫长的退隐期。在那时，许多雇主在去世前还在工作，而且破产几乎就像退隐一般平常。可能大约有 10% 到 15% 的伦敦商人能真正做到退隐。[22] 虽然公证生意是老弥尔顿的收入来源，但他的爱好却是音乐。

图 1 C.J. 菲斯海尔，《伦敦远景》（局部）（伦敦，1616 年）

目前已知老弥尔顿有二十首音乐作品。这些曲子都为家庭所用，几乎均为宗教音乐。他流传下来最早的音乐作品，同时也是他唯一的世俗作品，是一支六声部牧歌，名为《晨曦美人奥丽埃纳》，发表于托马斯·莫利的《奥丽埃纳的凯旋》（1601 年）中。1614 年，他在威廉·莱顿的《悲伤的灵魂之泪》中发表了四首圣歌。他的三首约克和诺里奇圣诗曲调的和声都被收录在托马斯·拉文斯克罗夫特的韵律诗篇集《圣诗全集》（1621 年）中。老弥尔顿留存下来的其他音乐作品都未发表；这些作品保存在与议会秘书约翰·布朗以及弥尔顿的朋友托马

10

斯·米里尔有关的手稿中。[23] 约翰·布朗的藏书馆（现于牛津大学基督教堂学院内）里有复调曲谱，为米里尔手写，包括三首五声部幻想曲和一首六声部幻想曲，均由六弦古提琴合奏，以及一首关于"以主的名义"的幻想曲，配以咏唱并由五把六弦古提琴演奏；该集子还包括一首四声部圣歌《如果你爱我》（《约翰福音》14:15—16）。米里尔未发表的《悲伤良方》（现存大英图书馆）包含为五处英文《圣经》经文和《基督啊，你是光》的两节诗文（以"神圣的主啊，我们祈祷"开篇）谱写的乐曲，后者是一则拉丁语的晚祷文。"第二作法"充满激情的风格在英格兰有着倡导者，一些英国作曲家写着轻松欢快的曲子，然而老弥尔顿和同他有联系的米里尔一派的音乐借鉴了一种更为保守的传统，在其严肃性、抽象性、对位旋律的部署以及乐器的选择方面，表达出"第一作法"的传统价值取向。

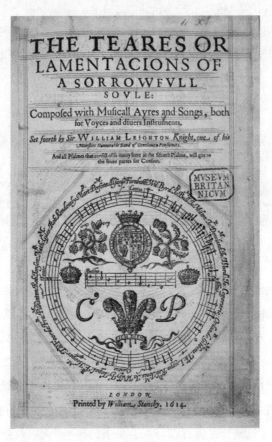

图 2　威廉·莱顿，《悲伤的灵魂之泪》（伦敦，1614 年），书名页

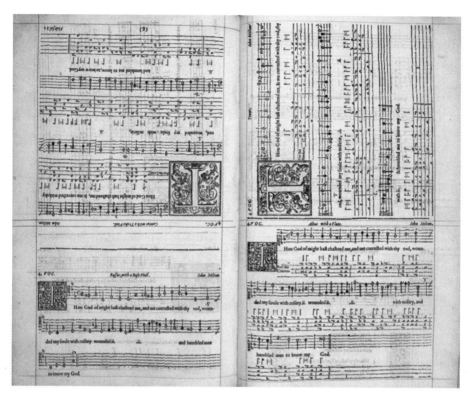

图 3 老约翰·弥尔顿,《全能之神,你已责罚我》,合唱歌曲,选自莱顿的
《悲伤的灵魂之泪》

老弥尔顿的音乐如何影响了儿子呢?在咏唱方面,很明显,小弥尔顿在他 11
外甥搬进来后就有了自己的家庭咏唱团;正如约翰·奥布里所说,"他把他的外
甥们变成了咏唱之人,从与他一起生活时就开始唱"[24]。当然音乐品味也得以
传承:诗人弥尔顿(相对于独唱、拨弦键琴和小提琴而言)更偏好多声部合唱、
风琴、六弦古提琴,这让他与其父亲一样同属较为保守的音乐传统。音乐是为
私家演奏而作,没有现场观众,这暗示了音乐在弥尔顿家的中心位置;小弥尔
顿在家中学会了合唱、弹奏风琴和低音六弦古提琴,享受融入音乐的愉悦,而
这音乐专为演奏者而作。老弥尔顿的音乐表明了这家人的宗教情感,表现出对
礼拜仪式和礼仪范式的尊重。最明显的例子是为一首拉丁文晚祷诗谱写的乐曲,
晚祷是教会规定的白天的最后一次祷告(晚上休息前的祈祷或吟诵)。

因此,弥尔顿一家显然很喜爱音乐,但他们似乎也喜爱戏剧。最近发现的

12　两份文件显示，1620 年老弥尔顿成了"黑修士剧场"的受托人。这可能完全是出于经济方面的安排，但暗示出弥尔顿家与剧场的关联，而人们以前未曾察觉这种联系 [25]；事实上，1647 年 5 月老弥尔顿去世时，受托人一职可能仍然有效，要是那样的话，该职务那时就属于小弥尔顿了，这种情况一直持续到 1651 年威廉·伯比奇将剧院出售。但还有一种可能的情况，即 1637 年这位主要受益人一成年，信托关系就终结了。该信托关系建立于 1620 年，以应对 1619 年理查德·伯比奇逝世带来的困难，他在企业管理方面很有天赋，促进了詹姆斯一世早期国王剧团的崛起。理查德去世后，留下了一位遗孀、一个儿子，以及一名在他逝世后才出生的女儿。在伯比奇这个大家族中，以及有可能在国王剧团的其他股东中，存在一种明显的忧虑，即倘若威尼弗雷德再嫁，包括剧团演出场地（虽然股东们也持有重建后的环球剧院的股份）在内的资产就会落入她的新丈夫之手，这或许有违整个剧团的利益。于是，在两位啤酒酿造师（同时也是体面的公民）、律师爱德华·雷蒙德和一位"约翰·弥尔顿"的监督下，建立了信托关系。可以确信的是，后者是诗人弥尔顿的父亲，因为他和雷蒙德还有着其他非常复杂的商业往来。

　　在市中心的黑修士区曾有一家成人剧团，其地理位置长期以来在市民精英阶层中引起争议。事实上，国王剧院直到 1609 年才从一家男童剧团那里接过此地，但伯比奇家族在更早些时候就已购得剧团的房产。清教徒对剧院的反对情绪已积重难返，但在黑修士剧场这件事上，宿敌们的忧虑表现为对民间秩序和公共危害的担忧。从 1618 年 12 月到 1619 年 3 月，这一争议尤为激烈，此时，著名牧师、有权势的清教传道者 [26] 威廉·古奇领导了一场运动，向伦敦市长和市政府请愿，要求关闭该剧场。[27] 国王剧团有王室的庇佑和保护，自然能抵抗住这种冲击。老约翰·弥尔顿在 1620 年与伯比奇家族和剧场发生关联，是对公民压力的反抗之举，也清楚地表明在这场事关剧院文化和教堂讲坛文化的争议中，他在城市等级阶层中站在哪一边。

　　曾发表老弥尔顿的作曲的托马斯·莫利，最近也被认为有可能是弥尔顿一家与莎士比亚发生关联的中间人。小弥尔顿的作品中也有强烈的迹象表明他对戏剧的兴趣。他的《第 1 首哀歌》是一封他从伦敦写给好友查尔斯·迪奥达蒂的拉丁文诗体书信，在这首诗中，弥尔顿提及他多次前往一家有屋顶覆盖的剧院（《在屋顶之下》，47 行）；这一描述很容易让人将其与黑修士剧场联系起来。《快乐的人》歌颂了弥尔顿年轻时期两位最伟大的戏剧家：

> 然后快到那个常去的剧院，
>
> 若琼森学问渊博的喜剧正在上演，
>
> 或甜美的莎士比亚，那想象力之子，
>
> 婉转鸣出自然的林间曲调。[28]

弥尔顿家族与莎士比亚可能存在这样的联系，这颇为有趣。老弥尔顿可能为《第一对开本》写了一首诗（以"莎士比亚啊，我们惊叹"开篇），而小弥尔顿在《第二对开本》中的《致莎士比亚》则是他发表的第一篇作品。[29]

17 世纪，英国的宗教与国家的各种危机交织在一起，影响了整个世纪的英国历史，我们必须在这样更大的历史背景下追溯诗人约翰·弥尔顿及其家族其他成员的个人历史。在老弥尔顿对于音乐、家庭内部的礼拜仪式，或是戏剧方面的品位中，我们已然看到他在这日益两极化的国家中采取何种立场。然而，这些危机是逐次发生的，并且分为多个阶段。英国新教徒之间以及新教徒与天主教徒之间的危机最为相关，但是弥尔顿童年时面临的问题与他青年以及成年后的截然不同。

17 世纪的前十年里，绝大多数英国新教徒都是英国国教教友。主张脱离国教者，即那些极为反对国教，要求脱离国教，建立自己的教会的清教徒，在英格兰还很罕见，他们的行动很神秘，几乎没留下什么痕迹。有一些脱离国教的教徒流落他乡，比如，流落于阿姆斯特丹。[30]

在英国国教内部主要有三大领域的争议在 17 世纪的某些时刻具有一定意义：教义、礼拜仪式和教会体制。在有关救赎的教义（救世神学）这一关键信条的问题上，詹姆斯一世早期的主要教义立场是信仰加尔文主义的。获救赎之人命中注定会被拯救，不是靠他们自身的选择或品质；而依照最严格形式的教义，堕落的人也是预先注定的。强调自由意志或个人信徒品质这样的观点在教会人员中才初步形成，但这些观点在较大范围内可能会传播得更广；它们将很快合入反加尔文主义或阿明尼乌主义①。自伊丽莎白一世以来，礼拜仪式就是一种划分标准，可借此区分那些崇尚隆重礼仪并密切关注牧师法衣的信徒与清教徒，而清教徒认为仪式和法衣会让人想起那些已经被取代的天主教习俗。在英格兰，时不时会有人拥护长老会体制，但这个问题到弥尔顿出生时还较为隐匿。

14

詹姆斯一世支持主教制，而长老制在苏格兰占主导地位，他在担任苏格兰国王的数年里对长老会也绝非友善，然而，他在许多问题上的应对之策是相当宽容的。正如肯尼斯·芬查姆所说，"在他统治的大部分时间里，詹姆斯一世声称自己是一种'共同的、改善的纽带'，他既支持加尔文主义者詹姆斯·蒙塔古，也支持反加尔文主义者兰斯洛特·安德鲁斯。詹姆斯一世赞成布道，但又质疑过度布道，谴责清教主义，但又容忍温和的清教徒，指控教皇是反基督者，但却又寻求忏悔上的一致性"[31]。在弥尔顿童年时期的伦敦，牧师个人和更活跃的世俗信徒在这些问题上的倾向已经相当清楚了。但是，矛盾的剧烈程度以及针对天主教的敌对情绪将逐步分时段显现：于1618年"三十年战争"②爆发之时，于1623年查理王子欲迎娶西班牙公主的"西班牙联姻"失败之时，以及于1625年查理登基后威廉·劳德崛起之时。这种朝着不可调和的两极分化发展的趋势对我们理解弥尔顿自求学生涯以来的生平、作品和思想非常重要。

"展翅鹰"所在的布莱德街北端（齐普赛街）位于万圣堂区。万圣教堂就在"展翅鹰"南面（沃特林街交叉口的东南角），当时是一座破败不堪的建筑；1559年教堂尖顶曾被闪电击中而毁坏，全面整修一直推迟到1625年。[32]弥尔顿正是在这座教堂内受洗的。托马斯·埃德蒙兹曾是万圣堂区的堂区长，但任职多年后，因重病而无法履职，所以弥尔顿是由助理牧师理查德·斯托克受洗的，后者于1611年接替埃德蒙兹。

理查德·斯托克是约克郡人，曾在剑桥学习，所有五位已经在万圣教堂协助过埃德蒙兹的牧师都是如此。[33]他是圣约翰学院的学生，在威廉·惠特克的教导下改变信仰成为清教徒；惠特克因为斯托克"在学业上的聪慧、勤奋和能

---

① 阿明尼乌主义（Arminianism），指宗教改革时期荷兰神学家阿明尼乌（Jacobus Arminius，1560—1609年）的学说，该学说反对加尔文主义的"预定论"（predestination），认为获得救赎要取决于上帝的恩典，也取决于个人的自由选择。

② "三十年战争"（Thirty Years War），指1618年至1648年在欧洲以德意志为主要战场的战争，由神圣罗马帝国的内战逐渐演变成欧洲主要国家的一次大混战。

图 4　理查德·斯托克,《对于〈玛拉基预言全书〉广博而实用的注疏》
卷首肖像画（伦敦，1641）

力"而对其颇为赞许。[34] 在西德尼·苏塞克斯学院时，受詹姆斯一世资助的清教
徒詹姆斯·蒙塔古曾授予斯托克奖学金（后遭斯托克拒绝）。此后，斯托克自己
争取来了一系列重要资助人的赞助。他成为安东尼·科普爵士的牧师，后者在
历届议会中一直倡导清教主义，后成为格洛斯特郡水上伯顿镇的莱恩夫人的牧
师，最后又成为威廉·诺利斯爵士的牧师，诺利斯后来成为班伯里伯爵，是著名
朝臣和王室财务主管。[35] 在诺利斯的资助下，斯托克成为一名反天主教的辩论
家，到弥尔顿出生时，已经出版了他翻译的威廉·惠特克所著《对十辩的回应》
（这是对坎皮恩《十辩》的批驳），还发表了反对天主教的讲道集；1609 年，他又
出版了一篇在圣保罗十字架亭的露天讲坛上做的一篇布道文（献给詹姆斯·蒙塔
古）。此后，除了一篇葬礼布道之外（在葬礼布道文中，他感谢了贝德福德伯爵
夫人露西的赏金），他没有发表任何文章，而是转向其真正的职责所在："不在

15

于写，而在于布道。"他逝于 1626 年，葬礼布道由托马斯·加塔克宣讲，加塔克赞扬了他"以问答法给年轻人讲道时审慎的姿态"[36]。在教堂里，斯托克从未被指控有过不符合教规的行为，但 1625 年他成为圣俸转交俗人管理组织的创建者之一，表明自己与清教主义的相同立场。[37] 老约翰·弥尔顿在斯托克到来之前就已住在布莱德街。并非他迁家以接近这位清教牧师，而是这位清教牧师搬到了他所在的堂区。

青年弥尔顿肯定在很多场合听过斯托克布道，也有可能接受过他的教理问答。倘若真是如此，这个过程并没有把年轻的弥尔顿变成清教徒。如果这种启蒙教导情况确有发生，也没有任何迹象表明它影响了青年弥尔顿对教义和教规的个人想法。然而，至少在其他两个方面，斯托克可能已经为他打下了思想和行为习惯的基础，这些在弥尔顿学生时代的行为和创作中都有体现。首先，斯托克从很早开始就强烈反对天主教。詹姆斯一世对 1605 年的"火药阴谋"没有采取过度的应对措施，不愿意将不遵从国教礼拜仪式罪提升到政治议程的高度来迫害那些人。斯托克预料到了新教主义会变得激进，这在 1618 年之后尤其是"西班牙联姻"失败后更为常见。当然，许多反天主教的人都不会认为自己是清教徒。其次，斯托克以身作则，示范了一个有着中等才华、研究神学的学者如何在教会和大学里获得晋升。他以实例证明了寻求多个资助人——并且无差别地接受资助有着重要的价值。弥尔顿有可能从斯托克这里了解到资助人体制的运作方式及其价值。年轻的弥尔顿将谋求布里奇沃特家族的赞助，而且毕生都将乐于同温切斯特侯爵夫人和拉内拉赫子爵夫人这样的贵妇人往来。[38]

16　　在毗邻的圣保罗大教堂又能听到另一种布道。1622 年 11 月，同弥尔顿一样出生于布莱德街的约翰·多恩任圣保罗大教堂的教长，一直到他 1631 年去世。有关他担任教长一职的信息很少（对该时期教士行为的记录已丢失），他需要在圣诞节、复活节、圣灵降临节以及其他一些场合布道。他的讲道表明他绝非清教的支持者，他的救世神学也不受加尔文教的命定论影响。在多恩的朋友中，有反加尔文主义的礼法家约翰·奥弗罗尔和兰斯洛特·安德鲁斯，以及与他在学术上有共鸣的艾萨克·卡素朋。荷兰国内支持阿明尼乌主义的领军人物胡戈·格劳秀斯来到伦敦时，曾利用卡素朋来接触那些赞同奥弗罗尔和安德鲁斯的人，而多恩正是圈内人之一。[39]

弥尔顿所接受的教育始于家塾。在《致父亲》一诗中，弥尔顿感谢父亲资助他学习拉丁语、希腊语、希伯来语、法语和意大利语。这些语言很可能一开始是由家庭教师所授的；虽然弥尔顿继续在学校里学习其他古代语言，但是学校里并没有教授现代语言，因而弥尔顿的法语和意大利语（也许还有西班牙语）很有可能是在家里学的。

尽管老约翰·弥尔顿有教养、经验丰富，而且在一个要求苛刻的行业里做得风生水起，但他很早就停止接受正规教育了。他似乎下定决心让他的孩子，或者至少是长子，接受他没有受过的绅士教育。唯一已知姓名的弥尔顿少年时的私人教师是托马斯·扬，他是一位来自苏格兰的教师和牧师，后来成了剑桥大学耶稣学院的教师。[40]扬移居英格兰之后，在罗瑟希德担任托马斯·加塔克的助手，因此有可能是加塔克的友人理查德·斯托克安排扬来教授青年弥尔顿的。这段私教的期限不长，始于 1617 年或 1618 年，到 1620 年 4 月结束，因为那时扬被指派为汉堡地区英国商人冒险家公会的牧师。我们不清楚他是在哪里授课的，有人认为是在布莱德街，但这种轻易的假设难以站住脚，因为有证据表明扬经常在罗瑟希德以及更远的地方（赫特福德郡的埃塞克斯和韦尔）活动。无论怎样，弥尔顿与扬的关系一直不错，多年后他们仍有通信，遗留下来的信件均是弥尔顿用拉丁文所写，包括两封诗体书信和一封散文体书信。他们还会交换礼物：扬曾送给弥尔顿一本希伯来语《圣经》（现已遗失），而弥尔顿赠给扬一本托马斯·克兰麦的《教会法律的改革》（现存剑桥大学耶稣学院）。

据奥布里的记载，弥尔顿的学校老师"是一名埃塞克斯的清教徒，把他的头发剪得很短"[41]（上文中别扭的句式难以讲清楚短发之人是小弥尔顿还是他老师），这位老师可能是扬，也可能不是扬。此外，"学校老师"一词可能暗指学校教育而非私下讲学，因此弥尔顿有可能在埃塞克斯上学，他母亲在那里有亲戚。在《论教会管理必须反对主教制》（1641 年）中，弥尔顿说他从"早年开始"就"在家里和学校受到不同老师的教导"。除了托马斯·扬之外，我们不能确定其他教师的姓名，但有证据表明弥尔顿的另一位老师是帕特里克·扬，后者在 1621 年至 1624 年是附近圣保罗大教堂的受禄牧师和司库。[42]如果确系如此，帕特里克的渊博学识就有可能传授给了这位勤奋好学的年轻男孩。

正是在扬的教导期间，有了第一幅弥尔顿的肖像画。他当时十岁，而且如奥布里所说（指在这幅肖像画里），他的头发确实剪得很短。这幅不大的肖像画（20 英寸 × 16 英寸）一直由弥尔顿的遗孀所有，直至她 1727 年去世，后藏于

17

18

纽约摩根图书馆暨博物馆中，这幅画向来被认为是科尼利厄斯·詹森（或称约翰逊）所作，但没有文献或风格方面的证据支持这一观点。[43] 这幅肖像画展现了一位穿着高雅的男孩，相貌精致，代表了其父的愿望：他父亲作为一位越来越成功的商人，希望长子能够成为一名绅士。下一阶段就是正规学校教育了，于是弥尔顿进入了附近的圣保罗学校就读。

图 5　十岁时的弥尔顿（"詹森肖像画作"）（纽约摩根图书馆暨博物馆）

第二章

圣保罗学校

圣保罗学校目前是伦敦西区（巴恩斯）的一所重要公学，于 1968 年从哈默史密斯搬迁至此。然而，数世纪以来，它一直是一所单室学校[1]，位于旧圣保罗大教堂北侧，距离弥尔顿家仅几步之遥。该学校及其所有记录，连同大教堂和大部分伦敦市区，都在 1666 年的伦敦大火中被毁，因此现存有关弥尔顿就读于此校的最早记录出现在剑桥大学基督学院的入学记录册中。现存记录中都没有关于他在圣保罗学校就读的日期；他应该在 1624 年底就已离开了，但入学时间有可能是在 1615 年至 1621 年之间的任何时候。现有的证据之间也有出入。弥尔顿的外甥爱德华·菲利普斯说，他舅舅“学问研究发蒙”于圣保罗学校，克里斯托弗·弥尔顿告诉约翰·奥布里，他哥哥“在很小的时候就入学了”。这些话都暗指弥尔顿就读时间很早。另一方面，爱德华·菲利普斯说，弥尔顿“与他的兄弟一起”被送往圣保罗学校[2]；倘若“一起”意味着“同时”，那么弥尔顿似乎不大可能早于 1622 年 12 月入学，因为当时的克里斯托弗刚过完七岁生日。在《再为英国人民声辩》中，弥尔顿谈到他“从十二岁开始”就每天学习到深夜[3]，克里斯托弗显然是将这夜读之事与其兄上学联系了起来[4]；到 1620 年 12 月 9 日，弥尔顿已经十二岁了。

圣保罗学校的历史渊源可能始于古典时代晚期，但开设学校的最早时间应是 1103 年。托马斯·贝克特和乔叟都有可能在那里受过教育，但是这所学校并没有繁荣起来，到了 16 世纪，在约翰·科利特看来，这“显然是一所无关紧要的学校”。科利特没有只安于哀叹这所学校的境况，他在伊拉斯谟的鼓励和指导下，充分利用他的职权（他当时任圣保罗大教堂的教长）和财富（1505 年他从

父亲那里继承了一大笔遗产）来重建该学校。他在大教堂北侧购置土地，并建
造了一所新校舍，该校舍于 1509 年开放。他规定学校应该有 153 名学生。[5] 科
利特将学校的治理和财务管理委托给"绸布商公会"（这家公会仍然承担着这些
工作），科利特在世时，圣保罗学校成为英格兰最重要的学校之一。弥尔顿就读
的正是这所建立在伊拉斯谟和科利特的人文主义原则之上的学校。

该校不收取任何费用，但男生必须自己准备蜡烛（一笔相当大的开支 [6]），
而且在入学前必须能够用英语和拉丁语读写，因为授课主要是用拉丁语。大校
舍里的教学由校长和副校长（也称"校长助理"）承担；后者又由副校长助理协
助主管一年级的学生。[7] 前四个年级归副校长负责，后四个年级由校长负责。
弥尔顿上学时，校长是老亚历山大·吉尔；1603 年到 1637 年，副校长是威廉·桑
德，1615 年到 1621 年，副校长助理是奥利弗·史密斯；弥尔顿及其早期传记作
者都未曾提及他们，这或许意味着弥尔顿没有在这里上低年级，而是于 1621 年
从五年级开始就读的。

老亚历山大·吉尔（1565—1635 年）是牛津大学毕业生，于 1601 年发表
了《一篇关于神灵三位一体的论文》，攻击再洗礼派的托马斯·曼纳林。1608 年
3 月 10 日，他被任命为圣保罗学校的校长，接替理查德·马尔卡斯特。伍德说，
"他有一套培养年轻人的方法，在那个时代无人能出其右；教会和政府里许多名
人都觉得在他那儿接受教育是他们的最大幸福"[8]。对他的回忆也有不那么恭
敬的，一些不敬的歌谣（奥布里引用过）就记载着他热衷于责罚学生，实际上
这些很可能是小吉尔的行为，但随着时间的流逝而被误认为是与他同名的父亲
所为。吉尔不仅是一位有名的校长，而且正如伍德所说，"大多数人都认为他是
一位著名的拉丁语学者、评论家和神学家"。他的《〈圣经〉的神圣哲学》（1635
年）试图针对穆斯林、犹太人、无神论者和异教徒的敌对教义，为《使徒信经》
辩护。他还为约翰·斯皮德的《大不列颠帝国的剧院》（1611 年）写了一首献诗，
并为弗朗西斯·安东尼的《为闪耀的真理"黄金液"辩护》①（1616 年）作序，感
谢他施以"黄金液"治愈了自己尚在襁褓中的子女。他最重要的一本书是《英语
语言研究》（1619 年初版，1621 年修订版），它所倡导的针对英语拼写的语音体

---

① 此处原文中的"potabile"为作者疏漏，应是夺格（ablative）形式"potabili"，原标题
为 *Apologia veritatis illucescentis, pro auro potabili*；拉丁语 aurum potabile 意为"可饮用的黄
金"（drinkable gold），中世纪炼金术士曾将细小的黄金颗粒加入液体中用作药物或饮料。

系可能影响了弥尔顿在拼写方面的独特偏好。

圣保罗学校的那间大校舍被一扇帘子一分为二，每个隔间有四个年级的学生，他们分别沿着三面墙和帘子排开；各年级的级长坐在一张特别的桌子旁。吉尔依次为四个高年级授课。1621年，倘若弥尔顿入学就读五年级[9]，他可能 继续学习拉丁语（阅读萨卢斯特的《历史》以及维吉尔的《牧歌》），并开始学希腊文。六年级时（1622年），他的希腊语学习会进一步包括《新约》的通用希腊语，拉丁语阅读会包括西塞罗的作品（很可能是《论责任》和《书信集》），还有马提雅尔和维吉尔的作品。七年级时（1623年），他会学习阿提卡希腊语与通用希腊语，并辅以主要的希腊语方言（伊奥利亚方言、多利安方言和爱奥尼亚方言）以及用那些方言所著的文学作品，包括忒奥克里托斯用多利安方言、赫西俄德用爱奥尼亚方言写的作品；拉丁语方面，他会阅读贺拉斯以及更多的西塞罗作品（《演说集》）。最后，八年级时（1624年），弥尔顿会学习希伯来语（使用《希伯来语诗篇》），扩展他在希腊文学方面的阅读（荷马、欧里庇得斯、伊索克拉底，很可能还有狄摩西尼），并开始学习拉丁语讽刺文学作家（佩尔西乌斯和尤维纳利斯）的作品；历史方面，很可能阅读哈利卡纳索斯的狄奥尼索斯的作品，科学方面则是阿拉托斯的作品，二者均用希腊语写作。[10]

在与弥尔顿同时就读于圣保罗学校的人当中，我们只知道有两人成了他的朋友。一位是校长之子小亚历山大·吉尔（1596/1597—1642?年），另一位是查尔斯·迪奥达蒂。小亚历山大·吉尔就读于圣保罗学校时，老师是威廉·桑德，后来读高年级时则由他父亲教。1612年，他十五岁，被牛津大学三一学院录取，但第二年就转到了瓦德汉学院，在那里获得了文科学士，后又回到三一学院拿到了文科硕士（1619年）。1622年1月，他接替奥利弗·史密斯担任圣保罗学校的副校长助理，但仍继续准备攻读神学学士，并于1627年获得学位。吉尔的兴趣还包括诗歌，1624年，他给托马斯·法纳比寄过一首轻松愉快的诗（以及一些加纳利葡萄酒），从牛津毕业后，他曾在法纳比的学校短暂地任教。

吉尔有些早期诗歌的动机就没那么友善了。因为本·琼森曾经在《为时间之神辩护》（1623年）中对吉尔的父亲颇有微词，于是吉尔对此回击报复，嘲弄琼森"那卧床不起的诙谐"（琼森曾因中风而瘫痪），讥讽戏剧《有魅力的夫人》的失败，还建议琼森应该回去砌砖。吉尔的另一首诗表达了同样的情绪，1623年11月15日圣保罗学校旁的一座隐秘的小教堂坍塌，造成约九十名做礼拜的天主教徒死亡，吉尔的这首诗即以此为题。虽然这一事件引发了一些新教徒的同情，但是吉尔却撰写了一首欣喜的复仇诗——《致天主教堂的倒塌》来庆祝，他在诗中把这场意外描绘成上帝对"火药阴谋"的复仇。[11]

然而，吉尔的欣喜可能更符合英国新教徒的普遍情绪。英国民众的情绪几经重大转变，两极分化日益严峻，在1623年就产生了一股反天主教的情绪。1618年，"三十年战争"爆发，欧洲大陆的大部分地区似乎在教派问题上发生分裂，此时英国国内的民众情绪就发生了变化。詹姆斯一世的女婿、巴拉丁选帝侯腓特烈就是新教的早期领袖，得到了英国人的大力支持，他们认为自己的国家也应如神圣罗马帝国皇帝及其同盟那样，拿起武器反对教皇军团。随着新教徒早期不断受挫，这种情绪愈演愈烈。正如安东尼·弥尔顿指出，"巴拉丁领地的新教徒遭遇失利，英国王室与这些新教徒又有关联……这使'三十年战争'的纷争走进了英国各个堂区的教堂，信徒们定期为选帝侯及其家人祈祷"[12]。

詹姆斯一世保持着中立的态度，他的这种回应不受民众支持，而他的主要外交举措则是寻求继承人查理王子与西班牙公主的联姻，这更招致民愤和恐慌。1623年2月，查理与白金汉侯爵（即将被授予公爵）突然秘密前往马德里。让大多数英国人欣喜的是，这场联姻以失败告终。但联姻取得了早期斯图亚特王朝在公关上的胜利，因为他们归来时，到处是烟花、篝火、钟声，人们饮酒狂欢以示庆贺。[13]关于欧洲大陆的战事，詹姆斯一世向来采取不干涉的态度。针对这种态度，整个国家在政治层面大为分化，只有少部分人仍视他为"缔造和平之君"。我们即将发现弥尔顿正是其中一员（尽管他反天主教的热情并未减弱）。[14]

查尔斯·迪奥达蒂（1609/1610—1638年）可能是弥尔顿最亲密的朋友。他父亲西奥多·迪奥达蒂祖籍托斯卡纳，是一名医生，也是神学家乔瓦尼·迪奥达蒂之兄，1639年弥尔顿在日内瓦曾拜访过乔瓦尼。查尔斯的母亲则是一名普通的英国妇人，其姓名也未有记载。[15]迪奥达蒂一家都是意大利裔新教徒，这一群体的人数不多，他们的礼拜堂曾在1591年被关闭，于1609年重新开放，地点在齐普赛街的"绸缎商小教堂"，位于布莱德街以东不远处。弥尔顿与这位意大利裔年轻人义结金兰，又距意大利侨民社区如此近，这或许就能解释他为何能说一口流利的意大利语，还能在前往意大利之前就能用意大利语创作十四行诗。[16]

查尔斯·迪奥达蒂与弥尔顿在圣保罗学校发生了交集，而他于1621年末或 1622 年初被牛津大学三一学院录取，并于 1623 年 2 月 7 日注册入学，时年十三岁。1625 年 12 月 10 日，就在弥尔顿准备去剑桥上大学的时候，迪奥达蒂获得了文科学士学位。这在今天看来会被视为早慧，但 17 世纪早期的惯例大为不同。大学登记簿里的年龄是注册时那个学年里学生的年龄，因此，倘若迪奥达蒂的年龄无误（大约有 15% 的学生年龄是伪造的），在 1623 年 6 月第三学期结束时，他就十三岁了。攻读牛津的学位一般需要四年，所以他应该十一岁或十二岁就在三一学院住校了；约翰·伊夫林在其长子（也叫约翰）这么大时也把他送到了同一所学院。[17] 十三岁以下的大学生数量在递减，有趣的是这一群体主要聚集在社会上层：许多都是贵族、准男爵、骑士和候补骑士之子，绅士和神职人员的儿子较少，几乎没有平民与穷人的孩子。出现这种分布，部分原因是贵族和上流社会家庭的成员无意获得学位，还有部分原因是富裕家庭可以凭借好学校和私人教师来改善他们子嗣的教育。迪奥达蒂很早就来到牛津，不是因为他聪明，而是因为他受过良好的教育。[18]

弥尔顿和迪奥达蒂都在诗歌方面胸怀抱负。迪奥达蒂在牛津时创作了他唯一发表的诗作。那是一首以阿尔凯奥斯诗体①写成，悼念威廉·卡姆登②的拉丁文哀歌。[19] 后来弥尔顿的遗孀告诉约翰·奥布里，弥尔顿十岁就作诗了。虽然现存的弥尔顿诗歌没有一首可以归为该时期所作，但他有七篇少年时期的作品流传下来，还有一些其他诗作也可追溯到他的学生时代。

弥尔顿最早可确定年代的诗歌是对《圣经·诗篇》第 114 首和 136 首的释义之作；1645 年这些诗作付梓时，弥尔顿说它们"完成于作者十五岁之时"，也就是 1624 年。这里的"释义"一词与"翻译"并没有明确的区别（因而，从希伯来语译成阿拉姆语的《塔古姆》也被称为"迦勒底释义"），而且弥尔顿有可能用的是希伯来语《圣经》文本，因为他 1624 年就在圣保罗学校学习希伯来语（可能

① 阿尔凯奥斯诗体（alcaics/alcaic strophe）得名于古希腊诗人阿尔凯奥斯（Alcaeus，620 BC?—580 BC?），每个诗节有四行，前两行有 11 个音节，第三行有 9 个音节，第四行有 10 个音节，这种诗体在古罗马时期主要由贺拉斯（Horace，前 65—前 8 年）继承和发展，经常被运用在他的颂歌之中。
② 威廉·卡姆登（William Camden，1551—1623 年），英国文艺复兴时期古文物研究者、历史学家和地志学者，1586 年出版了《不列颠志》（Britannia），该书被视为第一部综合性的英格兰地志。

早些时候还从托马斯·扬那里学过,扬曾经赠给弥尔顿一本希伯来语《圣经》)。弥尔顿曾读过乔舒亚·西尔维斯特翻译的杜·巴尔塔斯[①]的作品《圣周与圣作》,值得关注的是,弥尔顿这两首诗的措辞深受这次阅读经历的影响。在《第114篇圣诗》中,西尔维斯特的"清澈的约旦河自身……欣然埋首隐匿"变成了弥尔顿笔下的"约旦河的清澈水流畏缩后退……企图藏起那卷着泡沫的头颅",而在《第136篇圣诗》中,西尔维斯特的诗句"可是红海反而吞噬了野蛮的暴君及其强盛的势力"成了弥尔顿的"但很快洪水就吞噬了那位肤色深褐的国王和他的一切力量"[20]。弥尔顿的圣诗及其他作品在风格上受到了西尔维斯特所译杜·巴尔塔斯作品的影响,从现代人的文学审美品位来看,这种影响有时似乎毫无益处,但是在16世纪晚期和17世纪早期新教环境下的英格兰,杜·巴尔塔斯的风格广受称赞而且影响巨大。正如华兹华斯所言,"现在有谁能受得了去读杜·巴尔塔斯的《创世》呢?但是整个欧洲都曾经对他赞不绝口"[21]。这种赞美在德莱顿的时代就不再传扬[22],但弥尔顿仍是一位仰慕者,《失乐园》的内容(尤其是最后几卷中的呼语和米迦勒的幻象)和风格都受惠于杜·巴尔塔斯所翻译的西尔维斯特作品。[23]

24

　　弥尔顿对《第114篇圣诗》的释义之作在学界已鲜为人知,但他的《第136篇圣诗》却成了一首著名的赞美诗:

> 让我们以愉悦的心情
> 赞美主,因为他是仁慈的,
> 因为他的怜悯永世长存,
> 永远忠实,永远可靠。[24]

目前尚不清楚弥尔顿是否曾打算为他的诗谱曲或者他是否这样做过。现在吟唱的版本("孟克兰德"曲)并非来自弥尔顿的原创,这是约翰·伯纳德·威尔克斯的作品,他于1861年选择用美国作曲家约翰·安特斯(1740—1811年)在1790年所作的一支曲子,来为弥尔顿的诗词配曲。约翰·安特斯是莫拉维亚弟

---

① 乔舒亚·西尔维斯特(Josuah Sylvester, 1563—1618年),英国诗人兼翻译家,以翻译杜·巴尔塔斯的作品而闻名。杜·巴尔塔斯(Guillaume du Bartas, 1544—1590年),法国文艺复兴时期外交家和诗人,主要以《圣经》为题材创作法语诗歌,最具代表性的作品是他的史诗《圣周》(*Semaines*),西尔维斯特翻译的就是这部作品。

兄会①的忠实拥护者，曾经改编了一支莫拉维亚派的乐曲，发表在《灵歌集》（1704 年）。[25]

弥尔顿流传下来的其他学生时代诗作都是以拉丁语或希腊语创作的。这些作品包括一首模仿曼图阿努斯[26]的诗，题为《关于农夫及主人的寓言》，还有一首希腊语诙谐短诗，标题是《哲学家致国王的信》[27]，为拉丁语；这两首诗很可能均是上学时的习作。前一首拉丁语诗是效仿曼图阿努斯笔下一则寓言的作品，此时的弥尔顿有数首这样的诗作，他很重视这首诗，将其发表在 1673 年的《诗集》之中；而 1645 年的集子中又无此诗，其中缘由尚未可知。后一首希腊语的诙谐短诗在 1645 年与 1673 年的《诗集》里都出现了。这首诗中希腊语的质量不稳定，可能是因为当时难以将希腊语准确地印刷出来，但到 1673 年时，已长期失明的弥尔顿仍非常在意这首诗，想要修改倒数第二行。

1874 年，弥尔顿的一页文字（现存于得克萨斯州的奥斯汀）亮相，这一看就是他年轻时所创作的，其中包含一篇关于早起的散文习作和两首拉丁语诗歌，主题都与早起有关。这篇散文辞趣盎然地阐发了一句箴言 *Mane citus lectum fuge*（"清晨要早起"），该箴言出现在圣保罗学校所使用的威廉·利利的《语法》中。散文习作的结构遵循了 4 世纪晚期希腊诡辩者、修辞学家安提俄克的阿弗托尼乌斯的方法，他的《修辞学预先训练》有拉丁语译本，在英格兰和德国的学校广泛使用。这篇散文的语言主要是一系列习语和词组，折射出弥尔顿读过哪些书，主要是西塞罗的《论老年》，也有维吉尔的《牧歌》与《农事诗》、普劳图斯、李维和卢坎的作品。那两首诗写在纸的另一面：一首题为《以哀歌体作的诗》，另一首无题（以 *Ignavus satrapam* 开始："国王不应睡过头"），以阿斯克莱皮亚德斯诗体所作。[28]像散文习作一样，这两首在措辞方面反映出弥尔顿的阅读面很广，也标志着他开始对古代语言和英语诗歌格律产生兴趣。

弥尔顿在就读于圣保罗学校的那几年一直住在家里。1621 年，托马斯·雷文斯克罗夫特的《圣诗全书》出版，其中包括六首老弥尔顿的谱曲；同年，约翰·莱恩（老弥尔顿曾为他写过一首十四行诗）对之做出回应，在一首诗中提到

25

---

① 莫拉维亚兄弟会，即莫拉维亚教会（Moravian Church），也称莫拉维亚兄弟合一会（Unity of Moravian Brethren），属于新教教派，由莫拉维亚移民创建，源于 15 世纪捷克的扬·胡斯（Jan Hus）所领导的宗教改革。

"弥尔顿所创作的那些甜美的部分"[29]。

1623 年，弥尔顿家族发生了一件这期间最重要的大事：弥尔顿的姐姐安妮嫁给了一位名叫爱德华·菲利普斯的大法官法院官员。1623 年 11 月 22 日，星期六，婚礼在位于沃尔布鲁克的圣斯蒂芬教堂举行。[30]主持婚礼的牧区长是托马斯·米里尔，可以肯定他就是弥尔顿父亲在音乐界的那位朋友。目前尚不清楚为何婚礼是在圣斯蒂芬教堂而不是在布莱德街的万圣教堂举行，不过决定因素可能是老弥尔顿与这里的牧区长是朋友，或者是他们都爱好音乐。根据婚姻财产协议的记录，弥尔顿家向爱德华·菲利普斯支付了一笔八百英镑的巨额嫁妆[31]。婚礼结束后，安妮和爱德华定居于威斯敏斯特，起初住在河岸街的靠河一侧，后来又住在背水侧，离查林十字街不远[32]；这个住址相当阔气，符合他们的身份：一位是大法官法院高级官员（即将成为大法官法院刑事办公室的副书记员），一位是富商的女儿。

婚契的细节能让我们更好地估测老约翰·弥尔顿在当时伦敦经济阶层中的地位。彼得·厄尔的研究结论在很大程度上就是基于后来所取得的证据的，他指出"伦敦市或威斯敏斯特的所有店主和批发商的身家都在一千英镑以上，有时甚至更多"，而"那些在小巷和穷郊区的清贫店主很少有身家值一千英镑的，也有可能更少"。[33]诗人弥尔顿的父亲能为女儿付八百英镑的嫁妆，这无疑表明他在詹姆斯一世统治晚期已经相当富有，他在这繁荣的商界属于富人阶层。毫无疑问，一个愿意在女儿身上花费那么多钱的人不会在培养儿子上吝啬，他的两个儿子——约翰和克里斯托弗的童年生活十分优越，激发了他们对文化和学术的热情，而且没有受到近亲离世的困扰，然而随着他们的童年接近尾声，这位公证人对他儿子们的期盼很快就变得显而易见了。

第三章

剑桥：大学时光

1624 年 12 月，弥尔顿年满十六岁，可能就是在这个月他完成了在圣保罗学校的学业。[1] 弥尔顿的朋友查尔斯·迪奥达蒂两年前（十一岁或十二岁）已经去了牛津，但那种学生们基于友谊或其他个人偏好而选择大学的时代还远未到来。17 世纪时，做选择的是父亲而非儿子，而且最重要的不是选择某所大学或学院，而是选择导师。选择哪位导师，主要考虑的是这位导师能在精神和才智上给予何种指导。弥尔顿的父亲安排他的儿子跟着威廉·查普尔学习，查普尔当时四十二岁，是剑桥大学基督学院的研究员。[2]

我们已经分析过，弥尔顿童年时期英国国教内部在实践和信仰方面日益两极分化。这些紧张局势在大学里充分体现出来，敌对的立场和原则得到了更明确的阐述。剑桥大学有反仪式主义和加尔文主义的温床，例如伊曼纽尔学院和西德尼·苏塞克斯学院。基督学院在这方面比较难定位，但查普尔和学院里最杰出的学者约瑟夫·梅德属于阿明尼乌派和仪式主义派。仪式主义派在 17 世纪 20 年代中期取得新的发展势头，主要领导人物常在德拉姆府会面，这里是德拉姆主教理查德·尼尔在伦敦的宅邸。威廉·劳德对这场运动投入了大量精力和政治动力，而理查德·蒙塔古则提供了神学基础和颇具争议的发展动力。这场运动的思想先驱和当前导师是温切斯特主教兰斯洛特·安德鲁斯，查理王子在其君父詹姆斯一世统治时期的最后几年对这位主教极为尊敬。凡是有强烈事业心的学者——所有大学研究员、学院院长和大学教授均被要求接受神职——都知道触及这一群体时应如何表态，要么支持，要么反对。（这两种立场都有机会带来资助，也暗含着疏远不该疏远之人的风险，而在 1625 年人们无法准确预测这场持续斗争的后果。）查普尔做出了自己的选择，弥尔顿的父亲则选择了他来教育弥尔顿。

弥尔顿到剑桥时，威廉·查普尔已经放弃了他年轻时的清教主义和加尔文思想，成了一名杰出的接受圣礼的阿明尼乌派信徒。早在 1619 年，当时身在王后学院而且属于反仪式主义一派的约翰·普雷斯顿告诉詹姆斯·厄谢尔 [3]，他怀疑查普尔是阿明尼乌派信徒，到 17 世纪 20 年代末，查普尔就公开支持阿明尼乌派观点，并被认为是继"荷兰人"理查德·汤姆逊之后剑桥大学最直言不讳的阿明尼乌派信徒。正如一位后来的评论者指出：

> 最近新出现一伙阿明尼乌派的支持者，诸如卡莱尔学堂的荷兰人汤姆逊和基督学院的研究员威廉·查普尔先生，就像在他的教导下皈依阿明尼乌派的多名学生表现的那样。[4]

最终，查普尔因被揭发信仰阿明尼乌主义而遭公开谩骂羞辱，以致精神崩溃，当时的伦敦主教威廉·劳德将其从剑桥大学救出，并在 1633 年安排他任爱尔兰卡舍尔教区主教座堂的教长。

如今剑桥大学的住宿以单人间（本科生）和套房（住校教师）为单位。17 世纪早期，住宿则是以厅室为单位 [5]，导师和学生住在一起。因此，弥尔顿就读于基督学院时就搬入了威廉·查普尔的厅室。与弥尔顿同住的都有谁，我们未曾可知，虽然这些人中有可能包括罗伯特·珀里。正如客栈里陌生人共用床位一样 [6]，男生们也共用床位，与导师住在一起。弥尔顿那一代人是最后一批与导师们同吃同住的学生。现代意义上的隐私观念在 17 世纪中期的居住方式上已有清楚的迹象，但那时还尚未显现，尽管剑桥大学的一些学院不久就会在厅室里竖起隔断。到 1652 年时，剑桥大学整体学生人数下降，冈维尔与凯斯学院希望给每名学生分配一整套厅室。然而，当弥尔顿在剑桥住校时，厅室还是公共居住空间，因此，倘若导师带了很多本科生（如基督学院的查普尔和梅德），住宿环境就会变得拥挤，而人们的关系则变亲密了。

1625 年的剑桥大学由十六个学院组成 [7]；在学期中，镇上共约有 2900 名学者和学生，以及 7750 名当地人。[8] 该镇地处剑河的一道河湾内侧，国王渠连接着河湾上的两点，这意味着镇上的大部分地区处在一座小岛之上。[9] 这座中世纪小镇沿剑河而建，因而将各学院与剑河隔开。然而，在亨利六世统治期间，

28

人们开始清理各个学院和剑河之间的土地；但清出的土地或被留作荒地，或用作牧场，或用于种植果树，直到 18 世纪才得以进行景观美化（那时建起了被称为"后园"的花园）。

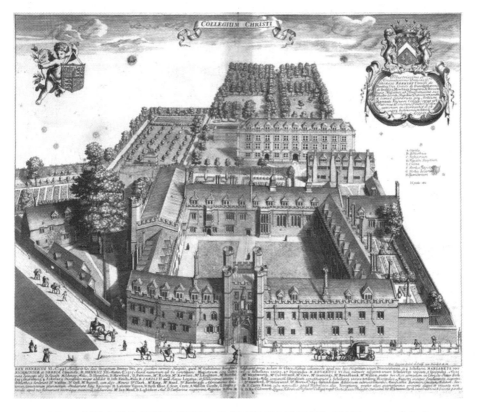

图 6　剑桥大学基督学院［图源：洛根《剑桥大学图册》（剑桥，1690 年）］

　　1625 年弥尔顿入读剑桥时，基督学院是次于三一学院和圣约翰学院的第三大学院，教职人员由一位院长和十三位研究员组成。[10] 最杰出的博学之士约瑟夫·梅德是弥尔顿导师的朋友。彼时的梅德精力旺盛，正努力完成其巨著《启示录之钥》，该著作于 1627 年面世。他在兰斯洛特·安德鲁斯的赞助下获得了研究员职位，也必然更倾向于仪式主义和阿明尼乌派，但他心生焦虑，担心他若坚持把教皇与反基督画等号，那么在那些他寻求支持的人眼中，他或许成了一名狂热的清教徒，尽管他那样做是基于研究《圣约翰启示录》所得出的结论。[11] 无论是职业学者还是牧师，晋升都是他们时常关心之事，这样的追求往往让他

29

们困惑不已。但弥尔顿入学时还没有直接面临这些问题，他的大学生活主要集中在厅室、教堂、图书馆和礼堂。[12]

在（当时和如今的）剑桥大学，学院录取不同于大学注册入学。弥尔顿于1625年2月12日星期六被基督学院录取；学院档案馆的入学登记簿上的记录翻译如下：

> 伦敦的约翰·弥尔顿，约翰之子，经圣保罗学校的校长吉尔先生发蒙文学基础，于1624/1625年被录取为自费生，在查普尔先生指导下学习。他支付了入学费用10先令。[13]

这条记录是弥尔顿曾在圣保罗学校就读的唯一证据，称他是一名初等自费生。那时的大学本科生共分四等：可与研究员同桌共食的本科生（也称高等自费生或上等自费生）、自费生（也称次等自费生或初等自费生）、减费生和获奖学金的学生。在弥尔顿入学的那学期，被录取的唯一可与研究员同桌共食的本科生是斯特拉格斯索普的理查德·厄尔（后来的理查德爵士），来自林肯郡，他支付了20先令的学费；他也被分配给查普尔，但因其级别高，可与研究员在高台餐桌上共餐，而且享有独立住宿。在这些等级的另一端，有些学生被录取为减费生，只需支付5先令的费用，并通过为有钱的学生服务来补贴生活费。还有些学生获得了奖学金，他们无需支付学费或食宿费，由学院捐赠基金资助。来自弥尔顿那种社会背景的学生通常是自费生，是基督学院的最大群体。罗伯特·珀里的身份就是这样，入学登记簿上他的名字在弥尔顿之后；他曾是弥尔顿在圣保罗学校的同期生，后来则因信仰阿明尼乌主义而被隔离。[14]

随着1625年的四旬节学期①临近尾声，国王詹姆斯一世驾崩（3月27日）的消息传来，3月30日，新国王查理一世在剑桥的市场十字亭宣布登基。剑桥大学尽心尽责地用一部诗集庆祝了王位更迭，这部诗集名为《剑桥的悲戚与慰藉：缔造和平的圣主詹姆斯国王之逝世暨尊敬的查理国王之继位》（剑桥，1625年）。诗集作者以高级学者、有爵位的校友和毕业生为主；那位公证人的儿子还在读大学一年级，尚未位列其中，但这种缺席不会长久。此外，在未来的一年

① 英国一些学校在一年内有三个学期，分别是米迦勒学期（Michaelmas Term）、四旬节学期（Lent Term）和复活节学期（Easter Term），分别对应于秋季学期、春季学期和夏季学期。

多之后，弥尔顿就创作出了大量悼念诗，纪念逝世的公众人物。这本诗集的标题照搬了詹姆斯一世最中意的修饰语"缔造和平的"，还揭示出查理一世登基即将带来的一些不确定性；对查理一世的修饰语只是"尊敬的"，较为模糊。任何不确定性很快就会烟消云散。詹姆斯一世在政治上保持了英国国教各敌对派别间的均势，而查理一世则默许并助推了阿明尼乌派——尤其是威廉·劳德的全面胜利。

四旬节学期结束于 4 月 8 日星期五，第二天，弥尔顿就在剑桥大学注册入学，与其他六名基督学院的学生（包括罗伯特·珀里）来到长期供职（1600—1645 年）的登记官詹姆斯·塔伯面前。《剑桥大学注册簿》上有弥尔顿的入学登记记录。这是他大学生涯（而非学院生活）的正式开始，而于 4 月 27 日开始的复活节学期是弥尔顿的第一个学期。要获得文科学士，他要完成十二个学期的学习；四年之后，到 1629 年四旬节学期结束之时，学监将宣布弥尔顿成为文科学士。弥尔顿为获得学位需要住校四年，实际上他花了五个学年，这种情况在当时完全正常。那六名与弥尔顿同期进入基督学院的学生也与其同时完成了学业 [15]。在这六名与弥尔顿一起注册入学的人中，有两位（包括珀里 [16]）将同他一起成为文科学士。

在对 17 世纪剑桥大学的研究中，剑桥大学的教学大纲是一直以来被忽视的话题，不仅因为证据不足，还因为历史学家更关注的是作为国家机构的剑桥大学，而不是学生的经历。W. T. 科斯特洛对该问题的开拓性研究（1958 年）[17]明确了其中一些问题，但他错误地认为教学大纲在那个新学术时代是过时的。直到 1997 年莫迪凯·费恩戈尔德的研究成果发表在《牛津大学历史》的"17 世纪卷"上，这个话题才得到了彻底的研究。[18] 对牛津大学的研究能帮助人们了解剑桥大学，这似乎有些奇怪，但在课程和教学这些问题上，两所大学并无显著差异，这让费恩戈尔德能用剑桥大学的一些材料来充实他对牛津大学的论述。在我们的叙述中，我们会用费恩戈尔德关于牛津的材料来说明剑桥的情况，并借鉴新近出版的维克多·摩根的《剑桥大学历史》的第二卷。[19] 弥尔顿在校时，剑桥执行的是修订后的《1570 年章程》，其中笼统地规定"第一年讲授修辞学，第二年和第三年教授逻辑学，第四年将增加哲学"。在这些宽泛的课程题目之下，学生们实际上学的是古典语言与文学。其研读的文本题材超越了文学与哲学（伦理哲学和自然哲学）的范畴，还包括历史、逻辑、罗马法以及数理科学。

学生间学习强度差异很大：不打算攻读学位的贵族学生满足于浅尝辄止；同样，那些准备在第三年开始正式学术答辩前转到伦敦四大律师学院之一的人，也不大可能是态度认真的学生。然而，那些打算拿学位并留在剑桥继续攻读文科硕士（还需三年时间）和神学学士（文科硕士后再读七年）或者神学博士（神学学士后再读五年）的学生，应当竭毕生精力做学问，而他们的导师也因此更加严苛。

考查方式是学术答辩（一种辩论）和演说（一种辞藻华丽的申辩），所以平时授课会辅以这些方面的训练。有些导师在厅室内授课，偶尔会坐在舒适的床上讲课。所有导师会对学生分组，用拉丁语同他们谈话，鼓励他们能言善辩。学院里也有练习，有些尤为严肃，旨在让学生们为全校的学术答辩做好准备，学术答辩地点在被称为"公学舍"（现称旧学舍）的楼里。学院和学校教师也会对学生们进行训诫。

21世纪的学生通常会在假期返乡，但17世纪的学生未必如此，事实上，有些学生在整个求学期间都会留在学校。1625年复活节学期结束于7月8日，但弥尔顿不大可能回到布莱德街的家中，因为当时的伦敦瘟疫肆虐[20]，很多学生都选择留在学院，因为剑桥尚未受到侵染。然而，到7月底时，瘟疫就波及了剑桥，8月1日剑桥大学的所有公共集会被中止。弥尔顿很可能在那时离开了剑桥，并同家人一起退避到乡下。因当时的牛津未受影响（议会于8月1日从威斯敏斯特迁到牛津），所以弥尔顿一家也有可能回到了牛津郡，那是老约翰·弥尔顿长大的地方。

等到了秋天，瘟疫就消退了，米迦勒学期开始于10月10日。弥尔顿到12月就十七岁了，他生日的第二天，好友查尔斯·迪奥达蒂在牛津大学获得了文科学士。迪奥达蒂写给弥尔顿的两封信现存于大英图书馆。两封信都以简单的希腊语散文体写成，其中使用了常规的缩略和缩写形式（而非模仿印刷体），这意味着迪奥达蒂对希腊语的驾驭轻松自如。然而，信中的希腊语并不矫饰，也不完美，其中一封信的页边有修改，看上去是弥尔顿的笔迹。两封信都没有标注日期，有可能写于1623年迪奥达蒂前往牛津和1638年弥尔顿赶赴意大利之间的某个时间。引人注意的是，这两封信暗含了打趣、情色的语气。其中一封信似乎暗示他们翌日就要同去游玩，迪奥达蒂信誓旦旦地告诉弥尔顿，"明天一切都会舒畅，空气、阳光、河流、树木、鸟类和人们都会欢笑，（倘若我可以毫不冒犯地说）还会同我们跳舞"。J. 弥尔顿·弗伦奇改编了马森早期的翻译，省掉了跳舞引发的联想，让人们不清楚为何会有冒犯之处。[21] 这里对跳舞的指涉饱含揶揄之意，紧接着又巧妙地引用了《伊利亚特》（2.408）的一行诗，原诗中墨涅拉俄斯不请自来，（迫切地）想同他的兄长阿伽门农一起。另一封信中的一丝性暗示同样遭到制衡。第二封信中，迪奥达蒂要弥尔顿成为一个能带给他幸福的好伙伴，在信的结尾又说："尽情玩闹吧，但不要像萨尔达那帕勒斯在索里那样。"希腊语单词 "paize"（即玩闹，παίζε）的含义处于天真的嬉戏与情色的欢娱之间，而把弥尔顿比作女子气的亚述国王萨尔达那帕勒斯（暗指弥尔顿的绰号 "基督学院的淑女"），这当中的性意味就很明显了。通过提及索里（Soli），这种直白露骨又即刻被颠覆，因为英语单词 "solecism"（文理不通；失礼）正是源于 "Soli" 一词（人们认为西利西亚城镇索里的移住民所讲的阿提卡方言已经不标准），因此，迪奥达蒂是在戏谑地告诫弥尔顿不要性欲错乱、用错语词。

1626 年 4 月，弥尔顿给迪奥达蒂写了一首现在被称为《第 1 首哀歌》的诗体信，彼时迪奥达蒂住在切斯特。[22] 四旬节学期于 3 月 31 日结束，弥尔顿回到了伦敦；复活节学期开始于 4 月 19 日，他又准备返回剑桥。这封信充满激情，是一首对大都市生活的赞美诗，对比了偏远沉闷的剑桥和欢快愉悦的伦敦。弥尔顿还谈到了 "放逐"，而这时常被解读是对他受罚而暂时停学离校的指涉；更有可能的是，正如约翰·凯里评论说，弥尔顿的 "放逐期" 只是指他的大学假期[23]。

1626 年的秋季，有四位公共名人及剑桥大学名人离世，弥尔顿决定为这四人写悼念诗。[24] 温切斯特主教兰斯洛特·安德鲁斯逝于 9 月 25 日。第二天，剑桥大学仪仗官理查德·里丁去世。10 月 5 日，伊利主教尼古拉斯·费尔顿去世。最后，解剖学家约翰·戈斯特林，同时也是钦定医学教授、冈维尔与凯斯学院院长及剑桥大学行政首长① 于 10 月 21 日逝世。[25]

弥尔顿为兰斯洛特·安德鲁斯写的诗是《第 3 首哀歌：论温切斯特主教的逝世》，没有任何证据比这首诗更能表现出年轻弥尔顿的思想立场了。安德鲁斯是英国仪式主义阿明尼乌派的创始人，早在时机不成熟时冒风险倡导该思想。事

---

① 在英国，牛津和剑桥等大学的校长被称为 "chancellor"，但这是一个荣誉性的头衔，通常由有较高社会地位和名望之人来担任，因而 "chancellor" 只是名义上的校长，真正管理学校行政事务的校长被称为 "vice-chancellor"，即行政首长。

实上，在詹姆斯一世统治早期，他就被告诫不要公开批评"得救预定论"。劳德在日记中称他为"基督教世界的伟大之光"。他去世后，查理一世还指派劳德合编了他的布道集。在弥尔顿的诗中，安德鲁斯被带至巴洛克式的天国，弥尔顿描绘他身穿明亮的白长袍，这身衣着相当于天堂里精美的圣职法衣："他明亮的脸庞闪耀着星星般的光芒，一件白色长袍垂落到他金色的脚上，神圣的头上围着一条白色的缎带。"[26]

图7　兰斯洛特·安德鲁斯肖像，《敕令发行尊贵可敬的牧师、已故温切斯特主教兰斯洛特·安德鲁斯的九十六篇布道文》第二版的卷首肖像画（伦敦，1631年）

自1596年起，理查德·里丁一直是剑桥大学的仪仗官先生；他在1626年9月16日辞掉该职务，于19日签署了遗嘱，逝世于26日。剑桥大学有两位仪仗官[27]，他们被称为仪仗官先生，仪仗官如今是纯粹的名誉职位（他们在列队中手持权杖走在大学行政首长前面），但在17世纪还是大学的行政官员；里丁在学校列队中持有的权杖（弥尔顿诗作的第一行有所提及）仍然归剑桥大学所有。[28] 弥尔顿的诗《第2首哀歌：论剑桥大学仪仗官的逝世》悼念了这样一位弥尔顿可能在行列中见到但从未结识的人。

伊利主教尼古拉斯·费尔顿是另一位仪式主义者，他与兰斯洛特·安德鲁斯是好友，后者曾支持他当选彭布罗克学院的院长。弥尔顿的悼念诗《论伊利主教的逝世》与写给兰斯洛特·安德鲁斯的那首诗非常相似，而且诗中也提到了他的逝世。[29] 写给费尔顿的诗是对长短句诗体（三双音步短长格与两双音步短长格 ① 交替）的一次尝试，反映出弥尔顿读过贺拉斯《长短句集》的前十首；同样，他在第20行中提及的"希腊诗人"巧妙地指涉了阿尔基洛科斯，后者被认为是这种格律的开创者。弥尔顿在诗中纪念费尔顿，称他是其主辖教区的"圣礼之王"[30]，而这位已故主教在诗中现身，描绘他变成神的华丽盛大场面，从而减轻了诗人的哀伤。

约翰·戈斯特林是一位医生、学者及政治家，但因被怀疑信奉天主教而职业生涯受阻。在阿明尼乌派主教乔治·芒廷（或称蒙田）证明他的宗教资历之后，他最终当选冈维尔与凯斯学院院长。弥尔顿后因乔治·芒廷"吮食金丝雀、食用天鹅的趣味"而予以谴责，给人留下深刻印象。[31] 那是在1641年，当时的弥尔顿已经变得激进。然而，十五年前身在剑桥时，弥尔顿的观点是截然不同的。他的《论大学行政首长暨医生的逝世》效仿贺拉斯用阿尔凯奥斯诗体写颂歌的格律（每个诗节有两行五音步诗和两行三音步诗 ②），而且在1645年出版的拉丁语

---

① 古希腊语和拉丁语诗歌的格律是以音节的长短为基础的，而不像英语诗格律那样以重音为基础，因此拉丁语的"iambic meter"是指"短长格"，三双音步短长格（iambic trimeter）由三组两个短长格构成，所以每行实际有六个短长格，共有十二个音节；两双音步短长格（iambic dimeter）有两组两个短长格，每行一共八个音节。

② 此处可能系作者笔误，阿尔凯奥斯诗体（Alcaic strophe）的每个诗节有四行，前两行有11个音节（Alcaic hendecasyllable），也称"长阿尔凯奥斯体"（Greater Alcaic）：×∶—u/——/—u/u—/u×（"—"代表长音节，"u"代表短音节，"×"表示音节可长可短），有五个音步，其中第一个音步是行首额外音节（anacrusis），第三行有9个音节（enneasyllable），组成包含一个行首额外音节的两双音步长短格（trochaic dimeter）诗行：×∶—u/——/—u/—×，第四行有10个音节（Alcaic decasyllable），又称"短阿尔凯奥斯体"（Lesser Alcaic）：—uu/—uu/—u/—×，有四个音步。

《诗集》中，弥尔顿将这首诗收录为第一首。弥尔顿的好友迪奥达蒂也曾用这种很难写的格律为卡姆登写了一首哀歌，弥尔顿在选择诗体时，可能既想到了迪奥达蒂，也想到了贺拉斯。[32]

弥尔顿大约在同一时间创作了《致十一月五日》，应该是在"火药阴谋"纪念日之前就已经写完。[33]庆祝推翻一场天主教的叛变，不仅让人们有机会轻微地喧闹放纵，还能巧妙地使仪式主义派和阿明尼乌派信徒远离天主教会的玷污，又不会引起太大的非议。人们每年都会以布道的方式来庆祝阴谋的失败，曾经的布道者包括兰斯洛特·安德鲁斯（1606 年在怀特霍尔宫①第一次讲道）和约翰·多恩（1622 年在圣保罗学校）。在剑桥，圣玛丽教堂每年都会举行一次讲道，国王学院礼拜堂会有演讲。这些安排在 1606 年的一项法令中有明文规定而为人所知。虽然各学院没有这样的法令，但可以想象学院层面也有着类似的活动，而《致十一月五日》是基督学院为纪念"火药阴谋"失败二十一周年所做之贡献。[34]实际上，弥尔顿还写了四首关于国王詹姆斯一世获救的诙谐短诗，以及另一首名为《致火药的发明者》的讽刺短诗。这些诗或许是经历数年写成，抑或是一次性创作出来的。那首称赞"火药阴谋"的诗很可能是这系列的一部分（因而一定具有讽刺意味），但这首赞词也有可能与前几首无关。这些诗展现出弥尔顿博学但仍才思稚嫩，通过这些诗，弥尔顿时不时表达了自己支持詹姆斯一世作为"缔造和平之君"的形象。事实上，他还使用了这个修饰性称号——尽管在弥尔顿写《致十一月五日》时，英格兰已经不明智地与西班牙和法国开战，且又遭战败。因此，在早先詹姆斯一世统治的繁荣中立期，英格兰与苏格兰常被描绘成这样："这座享有财富、欢乐与和平的岛屿，田地里满是刻瑞斯的馈赠。"对詹姆斯一世逃脱这场阴谋的庆祝仪式非常虔敬，场面欢乐而喧闹："人们虔诚地焚上香，心怀感激地向上帝致敬。每个十字路口都有庆祝活动，浓烟从欢庆的篝火中升起。"[35]

1627 年，弥尔顿在剑桥大学读三年级，因而被要求参加学术答辩并发表演说。这些活动形式留下了深远的影响，包括令人想起学术答辩的《快乐的人》和《幽思的人》，以及后来雄辩的演说《论出版自由》。事实上，现存的弥尔顿辩论

———————

① 怀特霍尔宫（Whitehall），是英国君主在 1530—1698 年的主要住所，1698 年，大部分建筑毁于大火。

作品显示出他对拉丁语散文的精通和对论战策略的深入理解，这两方面对于他后来成为论战家尤其是共和国的捍卫者来说都是必不可少的。

当时的学术答辩是在各学院和公学舍举行的激烈的公开辩论。1600 年，剑桥的学生受到告诫，他们被要求停止"站在前排座位上、敲打、发嘘声以及其他不合适的行为"；1630 年，牛津大学王后学院院长被告知这类场合的特点是"喧闹、骚乱、恶习以及混乱"。[36]弥尔顿在临终前发表了他在这些学术活动上的部分习作，题为《演说试讲稿集》，弥尔顿研究者称之为演说试讲稿。1674 年版本里，演说试讲稿的编号并非指当时演说的顺序。更重要的是，目前尚不清楚这些演说试讲稿与文科学士以及文科硕士学位要求有什么样的关系。本科生在大一结束时要开始作为旁听者出席，但不参与学术答辩。在本科学习的后两年里，学生们要（作为正方或反方）在公学舍和学院各做两场学术答辩；文科硕士生还要在公学舍作为正方做三场学术答辩（每场都由已获文科硕士学位者充当反方），在学院完成两次学术答辩练习，硕士生要回答同辈的提问，并在公学舍发表一篇演讲。倘若在长假前夕的学院文娱活动（被称为"饮盐水仪式"）上给同学们做一篇幽默的演说就可以满足学院要求的话，那么弥尔顿的《第 6 篇演说试讲稿》可能是这种规定学术活动的一部分。在其他 6 篇演说试讲稿中，有 4 篇演说（第 1 篇、第 2 篇、第 3 篇和第 7 篇）以及 2 篇学术答辩（第 4 篇和第 5 篇），而这占了弥尔顿正式学术答辩的半数。[37]第 2 篇、第 3 篇和第 5 篇在公学舍宣读，第 1 篇、第 4 篇和第 7 篇在基督学院宣读，《第 7 篇演说试讲稿》还在礼拜堂宣读，其他几篇或在礼拜堂或礼堂宣读。我们无法将弥尔顿的演说试讲稿与剑桥大学的学术练习要求相对应，因为这些演说试讲稿还有异于要求之处：例如，按要求，弥尔顿在公学舍做 1 篇演讲即可，为何他做了 2 篇（第 2 篇和第 3 篇）？答案可能是其中一篇演讲是为我们目前尚未知晓的场合准备的。

学院里的学术答辩通常每周举行三次，导师们有时还会在房间内主持额外的答辩。学校层面的学术答辩在四旬节学期间举行。最重要的学术答辩是在诸如王室成员视察或毕业典礼这样的正式场合举行。答辩题目事先布置，因而难以推断参与答辩的选手在多大程度上表达了自己的个人观点。一方面，正如理查德·斯梯尔在 1712 年《旁观者》上的一篇文章里所说："那些在大学里参加过公开学术答辩的人都知道，人们为了辩论而辩论，坚持异端邪说的情况时有发生。我听说有人在半小时里是一个傲慢无礼的索奇尼派，而他后来毕生都是循规蹈矩的牧师。"另一方面，如16世纪70年代有人在圣约翰学院宣称，"有时人们提出引发争议和煽动性的问题，且敢于坚持不同观点，进行争执与辩论"[38]。换言之，学术答辩这种形式让发言者或是捍卫可能完全违背自己想法的观点，或是表达异议而不用担心被报复。[39]

学者们已经做了各种尝试来确定这些演说试讲稿的创作年代，以期对之进行排序，但大多数都没有确凿的证据。[40] 在基督学院发表的四篇中，《第4篇演说试讲稿》（《任何物质的毁灭都不会分解成原初物质》）和《第1篇演说试讲稿》（《是白天还是黑夜更好》）可能作于本科期间，而在《第7篇演说试讲稿》（《为学问辩护》）中，弥尔顿提到他在乡下度过了夏天；因为这样的迁居是为了逃避瘟疫，而1630年又是瘟疫之年，所以这篇演说试讲稿很可能作于1630年秋季。事实上，从拉丁语的运用和修辞方面来看，《第7篇演说试讲稿》质量上乘，表明这是一篇相对成熟的作品，其标题也暗示这篇演说有可能是弥尔顿为获取硕士学位而创作的。传统上，学者们认为《第6篇演说试讲稿》作于1628年，但有充分理由证明创作年份应该是1631年。在公学舍发表的3篇中，《第3篇演说试讲稿》（《对经院哲学的攻击》）和《第5篇演说试讲稿》（《除了整体形态以外，生物没有部分形态》）较为枯燥，而《第2篇演说试讲稿》（《论天体的乐音》）又是一篇雄辩之作，看上去是弥尔顿研究生期间的作品。因此，我们以弥尔顿的本科时期为背景来考量第4篇、第1篇、第3篇和第5篇，等我们谈到弥尔顿的研究生岁月时，再讨论第7篇、第6篇和第2篇。

弥尔顿在《第4篇演说试讲稿》里是正方，论点是"任何物质被毁灭时都不会分解成原初物质"；对手则要反驳他的论点。对于布置给他的观点，弥尔顿竭力辩护，但又突然打断自己向对手说："我不知道我是否令你厌烦，但我确实让自己感到厌烦了。"然后，他表示希望能将对手分解成原初物质，或者最好彻底消灭他们。这里巧妙地采用了"博取善意"（*captatio benevolentiae*）的修辞策略，以此获得观众和裁断辩论的仲裁者的好感，这种手法以后会成为弥尔顿辩论作品的一大特点，还出现在了《论基督教教义》的序言当中。

在《第1篇演说试讲稿》中，弥尔顿再度以正方身份参加学院的学术辩论，这次的辩题是"白天比夜晚更好"。此时他选择蔑视"博取善意"的套路，坚持认为他非常不招人喜欢，因而不寄希望于说服他的观众白天要优于黑夜。他向

37

观众保证，自己遭受的辱骂都会得到回报，因为他们如此浅薄无知，以至于不能理解他的论点。我们无法在四个世纪之后断定这些话的语气，尤其因为这是口头讲演的文字记录。是弥尔顿真的与同学不合群，还是他对同学的感情有足够的信心而假装彼此不喜欢？讲演中有一种态度预示着弥尔顿晚期诗歌中常见的主张，即相比大众的看法，他更重视少数人的意见；这种态度也预示着《失乐园》中提到的"哪怕不多却合适的听众"，以及《复乐园》中耶稣对"混杂的乌合之众"的鄙夷。[41] 弥尔顿的很多观点在他一生中都发生过变化，但他从未声称自己是民粹主义者，也从未对自己的独特性担忧过。

1627 年的四旬节学期结束于 3 月 17 日，弥尔顿回到了伦敦。3 月 26 日，他从伦敦写信给身在汉堡的托马斯·扬，这是一封用拉丁语写的散文体书信，感谢扬赠送的希伯来语《圣经》，并附上一首诗，后来这首诗以《第 4 首哀歌》为题发表。[42] 在这封散文体的信中，弥尔顿称呼扬为前任导师，并道歉说他早先写信少（如今都已遗失），篇幅又短，而且都是很久前写的——三年间他就没写过。像弥尔顿一样，扬在 17 世纪 30 年代末转而反对劳德教派，但此时他似乎完全接受主教制的教会体制，而且正稳步创建自己的事业。汉堡商人冒险家公会位于阿尔特格罗宁格街一处建于 15 世纪初的豪宅内。扬的正式职务是商事法院的牧师，还以牧师的身份在这座英式房屋二楼华丽的礼拜堂内主持祈祷仪式。

38

托马斯·卡特赖特等清教徒身在安特卫普，但托马斯·卡特赖特从未获得商人冒险家公会的委任，扬与他们不同，他是商人冒险家公会的正式牧师，因而不是流亡的清教徒。当弥尔顿在信中问及为何祖国要驱逐自己的孩子并迫使他们在异乡谋生时 [43]，他并非在暗指被流放的清教徒，而是对扬身处遥远的海外表达极度遗憾。事实上，第二年（1628 年 3 月 27 日）扬就回到了英格兰，被委以萨福克郡斯托马基特的圣彼得与圣玛丽教堂的牧师一职，他后来接受了这份工作，有时兼任，即使在劳德改革期间，教堂抬高了圣坛的底座，他余生仍留任在此岗位上。同样，弥尔顿描写扬被战火包围，但汉堡在"三十年战争"期间并未受侵扰，而且方圆一百五十英里内都没有任何战事。

弥尔顿对这场战争的评论值得关注。同其他问题一样，这也可以作为反映思想意识的标准。狂热分子和清教徒尤其认为应积极拥护新教，甚至通过直接的军事干预来给予支持，而詹姆斯一世的不干涉主义令英国人无法接受，违背了信奉同一宗教的原则。弥尔顿在《第4首哀歌》中发表的意见表明，他是拥护这位"缔造和平之君"的。这场战事并没有被描绘成由于巴拉丁选帝侯被逐出本国而遭遇失利的宗教圣战或是重拾英格兰荣誉之战。相反，这场战事给扬及其家人带来的威胁无关乎教派："传闻……在你附近的土地上爆发了战事，你和你所在的城市周围都是残暴的士兵，萨克森的将领们已经为战斗准备好武器。"[44]萨克森是支持新教的。

1627年的复活节学期开始于4月4日，弥尔顿可能按时回到了剑桥。然而，他于5月25日和6月11日在伦敦签署了文件[45]，而此时仍处于学期内，这或许意味着他就是在这个学期惹怒了导师。有关该事件的证据有着两面性。[46]首先，1654年5月9/19日，流亡的保王派主教约翰·布拉姆霍尔从安特卫普写信给他儿子（化名约翰·皮尔逊），痛斥弥尔顿，说他曾是

> 剑桥大学基督教堂查普尔主教的学生，但被导师赶走，因为他擅自离校又落落难合，完全是咎由自取。倘若萨尔马修斯[①]和他的朋友同我一样了解他，他们会逼着他去自缢的。[47]

布拉姆霍尔的证词并非没有偏见，这点在本书第二部分里就有所体现[48]，但他的消息来源可能是他的朋友，即爱尔兰的查普尔主教。"落落难合"有可能暗指某种性犯罪；无论是在布拉姆霍尔的圈子里（他的朋友约翰·阿瑟顿也是爱尔兰主教，因乱伦和鸡奸而被绞死），还是在弥尔顿的圈子里（基督学院的高级研究员威廉·鲍尔就被查普尔的朋友约瑟夫·梅德怀疑是鸡奸者），这种犯罪都并非没有先例。[49]那些中途打断弥尔顿本科学习的事件，很可能引发了人们对其卷入同性恋丑闻的臆测。

第二个消息来源是弥尔顿的弟弟克里斯托弗·弥尔顿，他告诉约翰·奥布里：

---

① 萨尔马修斯（Claudius Salmasius，1588—1653年），法国古典学者，1649年发表了《为国王查理一世声辩》（*Defensio regia pro Carolo I*），谴责克伦威尔和英国人民的罪行，这个小册子传到英国后，弥尔顿决定参加论战，发表了《为英国人民声辩》（*Defensio pro Populo Anglicano*）予以回击。

> 他的第一任导师是查普尔先生，他遭受了查普尔先生的不和善对待，后被（尽管似乎［有违］学院的规定）转给托维尔先生指导，后者去世时是拉特沃思堂区主持牧师。[50]

在"不和善对待"一词之上，奥布里（当时或后来）写了"鞭笞了他"。布拉姆霍尔主教不友好的描述暗示弥尔顿犯下了严重的错误；而克里斯托弗·弥尔顿较为友好的叙述意味着有一次争吵，过错在于查普尔的不和善，尽管这种"不和善对待"本身可能是某种委婉说法，或是精简地表达没有体罚。如果布拉姆霍尔说对了，弥尔顿可能受罚暂时停学离校，但基督学院和剑桥大学档案馆并无这样停学离校的记录。倘若第二个消息来源无误，弥尔顿则是暂时离开剑桥，并让他父亲另寻了一位导师。弥尔顿完全有可能受罚遭鞭笞；正如他后来可能鞭笞过约翰·菲利普斯和爱德华·菲利普斯一样，他自己或许也曾受过同样的惩罚。[51]在弥尔顿所处的时代，通常不会用鞭笞来惩罚学生，但时不时也会用上。此外，在基督学院，鞭笞的惩戒权属于高级讲师和系主任，而查普尔两者都不是，因此，如果弥尔顿遭受鞭笞，这不是校方在惩戒那种要记入档案的违规行为，而是发生在查普尔房间内的私人事务。

这场争执的性质和日期尚不清楚，也没有确凿的证据表明弥尔顿受过鞭笞，但无论怎样，弥尔顿回到了伦敦。即使是对他离校一学期也有另一番解释：伊丽莎白时期曾有法令规定了十二个学期的住校期，而1578年的一项正式法案放宽了这一要求，允许学生一个学期不住校。弥尔顿难以与查普尔相处，或许他便利用了这法规上的宽松。

弥尔顿在伦敦时可能漫步于时尚的城内步道和城外的郊野。[52]伦敦城的精英人士会选择城内的步道，或去郊外"赏景"，突显自己的与众不同，并物色可能的伴侣。这些漫步正是弥尔顿在《第6首哀歌》①中的描写对象[53]，这首诗的高潮部分是一则一见钟情的故事，措辞上借鉴了拉丁语诗人（贺拉斯、奥维德、布坎南），内容上则效仿意大利诗人（但丁、彼特拉克和他们的继承者）；或许最接近的类比是《新生》中但丁对贝阿特丽采的一见倾心（也发生在5月1日）。

与查普尔的争执促使弥尔顿的父亲采取了行动，后者需要为自己的儿子另

40

---

① 此处应该系作者笔误，对于这些漫步的描述出现在《第7首哀歌》的51—54行之中，而非《第6首哀歌》。

寻一名导师。他可能从理查德·斯托克（前任万圣堂区的堂区长，逝于 1626 年
4 月）或迪奥达蒂医生（查尔斯·迪奥达蒂之父）处得知了纳撒尼尔·托维，因
为他们都与哈林顿家族有联系，而哈林顿家族曾资助过约翰·托维和其子纳撒尼
尔。[54] 像查普尔一样，弥尔顿的新导师是劳德派，在 17 世纪 40 年代被取消职
务（对其的指控包括拒绝用《礼拜守则》来替代《公祷书》、给圣坛设围栏、抬
高圣坛台阶），因此，虽然更换了导师，但是阿明尼乌主义和仪式主义对弥尔
顿的影响仍得以延续，这很可能是老约翰·弥尔顿做出如此选择的重要因素。新
的安排结果令人满意，一个衡量的标准就是，五年之后弥尔顿的弟弟克里斯托
弗·弥尔顿去基督学院读书时，他也成了纳撒尼尔·托维的学生。

弥尔顿回到伦敦时，恰好他父亲决定为长子提供一些经济上的保障，而且
可能是弥尔顿的归来促使他父亲做出这一决定。1627 年 6 月 11 日，老弥尔顿
借给理查德·鲍威尔 300 英镑，后者是牛津郡林山的一名贫困士绅 [55]；林山距
弥尔顿父亲童年时的故乡斯坦顿圣约翰不足一英里，因此两人很可能相识多年。
借款担保采取了市镇债务保证书 [56] 的形式，到期应支付给小弥尔顿五百英镑，
而他也是这份保证书的签署人。这笔借款以 8% 的利率 [57]，每年可以为弥尔顿
赚取 24 英镑的利息，分两期于每年 6 月 12 日和 12 月 12 日支付。结果，鲍威
尔在 1644 年 6 月 12 日违约之前，支付了 17 年的债务利息。更重要的是，几乎
可以肯定这项财务协议是促成弥尔顿与理查德·鲍威尔之女成婚的重要因素。[58]

1628 年 1 月 13 日四旬节学期开学时，弥尔顿回到了剑桥。他到达后不久，
他的外甥女，即安妮和爱德华之女安妮·菲利普斯夭折，于 1 月 22 日下葬。[59]
虽然众人的说法不一 [60]，但安妮之死很可能是弥尔顿创作《悼念一个美丽婴儿
的夭亡》的原因，这是弥尔顿留存下来的最早的英语诗歌之一（除了翻译的诗
歌外）。在前十个诗节里，弥尔顿对着这位漂亮的婴儿说话，用的是孩子母亲可
能并不熟悉的一种古典风格的语言，但在最后一个诗节里，弥尔顿用非常易懂
的语言来安慰他的姐姐：

那么，你作为可爱孩子的母亲，

勿再误以为真的失去她而哀悼，

睿智地学会遏制你失控的悲伤；

想想你给上帝送去怎样的礼物，

并忍痛割爱归还他的借出之物；

若你这样做，他会赐予你子女，

让你的名字永存直至世界末日。[61]

最后一行暗示他的姐姐会有更多的子女，这种假设看上去也颇为可靠，因为他的姐姐彼时已经怀孕。[62]

1628年7月2日，弥尔顿从剑桥写信给亚历山大·吉尔，讲述了他私下为前一天的毕业典礼所做的贡献。基督学院的一位研究生要作为应答者参加学术答辩，根据该场合的惯例，他需要准备关于学术答辩主题的"论文摘要诗"，将其印好并在开场演讲时分发下去。[63]这位研究生把写诗的任务交给了弥尔顿，而弥尔顿又在信里附了一份副本给吉尔。信中既没有提到这位研究生的身份，也没有说明这首诗的主题，但这位研究生很可能是罗伯特·盖尔，他在典礼上以神学学士身份毕业，而且是基督学院那年夏天唯一毕业的研究生。盖尔似乎也是阿明尼乌派，于1663年主持了弥尔顿与第三任妻子的婚礼，因此他与弥尔顿有可能在中间的那些年里一直保持着联系。[64]这首诗现已失传，但可能是较早版本的《自然界不会经受衰老》或是《论柏拉图式的理念》，正如约翰·黑尔所示，这两首诗都与论文摘要诗这种类别有关。[65]

弥尔顿接着在给吉尔的信里抱怨他的同学们学识浅薄，而他们当中许多人都即将成为神职人员。他（用拉丁语）评论说：

据我所知，我们当中几乎没有任何人不是羽翼未丰就振翅飞向神学，他们在语文学和哲学领域都毫不娴熟、毫无学问，只满足于蜻蜓点水，没有足够的学识，无论用什么办法、东拼西凑，也不足以攒出一篇简短的演说——这种做法积重难返，令人担忧，牧师们对过去时代的无知在逐渐侵袭我们的神职人员。[66]

在后来的岁月里，弥尔顿可能会质疑神职人员博学的必要性，但他当时作为一名学生，仍抱有神职人员应该学识渊博的想法，并且同威廉·劳德本人一样，为他们的不足而忧虑。

剑桥大学的学术答辩在四旬节学期举行，参加者是即将毕业的高年级学生（四年级本科生），因此，《第3篇演说试讲稿》和《第5篇演说试讲稿》是1628年的四旬节学期（1月13日—4月4日）和1629年的四旬节学期（1月13日—3月27）在公学舍发表的，虽然没有证据表明哪一篇发表得更早。《第3篇演说试讲稿》攻击了邓斯·司各脱哲学传统的经院哲学（正如"灵巧博士们"这一典故所示），在人文主义者和宗教改革者眼里，邓斯·司各脱囊括了经院哲学所有令人厌恶之处。他的名字（以及出生地）异体拼写会得出另一个英语单词"蠢材"（dunce），到17世纪时，"dunce"一词仍与这位"灵巧博士"紧密相关。天主教（尤其是在西班牙）继续支持司各脱的思想（并在1993年美化了他的形象），但对于学识渊博的新教徒来说，他代表了最难以理解的经院哲学。因此，反对司各脱的哲学传统既表明支持新教的态度，又反映出对经院哲学思想复杂性的坚决抵制。弥尔顿论述策略的与众不同之处在于，他以贺拉斯提出的愉悦和教导为衡量标准，对经院哲学做出否定的裁断。这种策略让弥尔顿可以将经院哲学与"神圣的诗歌及其天赐之力"进行对比，表明诗歌能够"提升思想并置其于天国之中"。

《第5篇演说试讲稿》捍卫了托马斯·阿奎那式那种味如嚼蜡的论点，即"除了整体形态以外，生物没有部分形态"。弥尔顿在《第3篇演说试讲稿》中抨击了方济各会修士邓斯·司各脱。这里弥尔顿援引了多明我会的克里索斯托莫·贾维利，"从他那粪堆般粗鄙的风格中"借用观点来支持自己的论述，此处很可能是指贾维利给亚里士多德《物理学》和托马斯·阿奎那《神学大全》做集注的风格。除了经院哲学的学生以外，这篇演说试讲稿的内容不大可能引起其他人的注意，但就像《第3篇演说试讲稿》一样，其中的学识引起了读者的兴趣，因为它表明了弥尔顿在这冷僻的领域都阅读过什么作品，还表现出他赞同一个多世纪之前的人文主义者（伊拉斯谟等人）对经院哲学思想的批判。

1629年的四旬节学期是弥尔顿作为本科生的最后一学期，而这些学术答辩完成了申请文科学士学位的相关要求。从注册入学时算起，他被认定为在学校住了四年。弥尔顿需要申请学位，还要具名接受《三十九条信纲》中的三条。基督学院有三十名学生申请，其中二十七名与弥尔顿同期入学，六名是圣保罗学校的同学。基督学院的约翰·芬威克召集了这三十名本科生，为了节省时间，芬威克规定了申请的格式，并签署了每一张申请表，因此，学位申请书是弥尔顿写的（芬威克的签名除外）。[67]

弥尔顿还需要具名接受修订后的《1604 年教规》（第 36 条）所规定的《三条信纲》，其目的就包括反对清教主义。弥尔顿所签的是由班克罗夫特（当时的伦敦主教）起草的拉丁文本，因为这是唯一的权威本。签了名就意味着他自愿、严肃地申明：

1. 上帝之下，国王是这片疆域的唯一最高统治者……

2. 《公祷书》以及主教、牧师和执事的封任章程里不得有任何违背上帝之道的内容，而且要合法使用它们；

3. 我们接受于 1552 年达成的信纲，承认其中的每一条信纲，共三十九条。

弥尔顿最终将反对君主制、《公祷书》、主教制以及上述三十九条信纲当中的数条，但是一切现有证据表明，他二十岁时在教会事务和神学思想上仍然很保守，因而会心安地签上名。1629 年 3 月 26 日星期二，学监宣布弥尔顿成为文科学士。授予硕士和博士学位的毕业典礼在 7 月举行，没有哪场盛大仪式能与之相比，而弥尔顿在学业繁重的一学期后还有时间喘口气，并利用这时候创作了一些诗歌。

有一首肯定写于此时的诗是《第 5 首哀歌》，主题是有关春天的来临（《论春天的来临》）。这也是一首关于情欲迸发的诗。如帕克含糊地评论道，奥维德式的词句"请求着任务"（第八行）"暗示这不完全是诗歌能力的归来"。[68] 这样的措辞让人联想到奥维德的《恋歌》（3.7.67—68）：

> quae nunc, ecce, vigent intempestiva valentque,
>
> nunc opus exposcunt militiamque suam

克里斯托弗·马洛将这两行拉丁语诗译为：

> 现在不该他雀跃，他却很挺拔，
>
> 渴求得到任务，寻求搏斗。

这里直白得令人咋舌，但同样也提醒人们，弥尔顿用拉丁语比用英语更无拘无

43

束。诗中并未描写一个绿意盎然的春天，而是用古典风格的语言来迎接袒胸露乳的妖娆和激情澎湃的气息。

另外两首用英语写的诗有可能是在同一个春天创作而成的。其中一首是轻松欢快的《五月晨歌》，与《第5首哀歌》既在主题上类似，又都在暗示五月会激起"温热的欲望"。弥尔顿仍在尝试新的风格，这首晨曲告诉读者，他也可以用本·琼森的风格写诗。另一首诗主题相同，是一首十四行诗（后来编号为《第1首十四行诗》），开篇转述了《第5首哀歌》中的两行诗（第25—26行）：

> 菲洛墨拉① 啊，你此时藏身新叶，开始
> 婉转地咏唱，而林间万籁俱寂。
> Iam Philomela tuos foliis adoperta novellis
> Instituis modulos, dum silet omne nemus[69]

44

每年的此时也能听见布谷鸟的叫声，诗里夜莺和布谷鸟（"怨恨之鸟"）的歌声形成对比；两只鸟都在浓荫的枝叶下歌唱，所以诗人的兴趣在于声音而非景象。这一比较源于相传是乔叟所作的《布谷鸟与夜莺》，其中夜莺代表爱情，而布谷鸟代表对爱情的亵渎。这是弥尔顿的23首十四行诗中的第1首，也是写于17世纪40年代前仅有的2首英语十四行诗之一（另一首是《第7首十四行诗》），而他在17世纪40年代将要拓展适合十四行诗形式的主题范围。然而，弥尔顿在这里确定的格律统摄了他后来的十四行诗。他没有遵循英国体（莎士比亚体）三段四行诗和一副对句的惯例，而是遵循了意大利体（彼特拉克体）两段四行诗和两段三行诗的传统；四行诗采用的都是"环抱韵"，押韵格式为 abba abba，而三行诗的押韵就形式多样了，弥尔顿和彼特拉克均是如此。

毕业生可以选择离校，但弥尔顿决定不走。剑桥大学1629年的复活节学期结束于7月4日，弥尔顿很可能还留在剑桥，为了参加7月7日举行的毕业典礼；这是剑桥大学最重要的庆典，而且对弥尔顿来说有着特殊的意义，因为典礼上有他的好友查尔斯·迪奥达蒂，剑桥大学将认可他的牛津大学文科硕士学位并授予他同等学位。[70]弥尔顿7月21日仍在剑桥大学，这天他（用拉丁语

---

① 菲洛墨拉（Philomela）即指夜莺，相关神话可参见奥维德《变形记》第六卷（6.401—674）。

散文）写信给托马斯·扬。他的这位前任教师已从汉堡回到了斯托马基特，并表示弥尔顿若愿意可来拜访自己。扬写给弥尔顿的信现已失传，弥尔顿的这封信则是回信，表达了他接受邀请的愿望。信中有一则重要的奇喻，将斯托马基特比作乡间隐居之处：它是爱西尼人的柱廊、芝诺的门廊、西塞罗的别墅，扬是当今的塞拉努斯或库里乌斯。[71]虽然这些夸张的用词语气真诚，但弥尔顿仍是在设法给他老师留下深刻印象。

詹姆斯一世晚期以及查理一世早期的剑桥大学暗流涌动，到处是与教会有关的阴谋诡计和唇枪舌剑，在这紧张的冲突之中，弥尔顿显然对自己有着明确的定位。最终，一桩不同性质的国内政治事件还是间接地闯入了这位年轻诗人的生活。在查理和白金汉公爵的怂恿下，詹姆斯一世勉强与西班牙和法国开战，因为西班牙拒绝了他的和平主义姿态，而法国各教派则施压保护信仰新教的胡格诺派教徒不受新一轮迫害。这两场战争都打得很糟糕，尤其是因为由白金汉公爵担任最高指挥官的英国高层指挥无能。1628 年 9 月，就在弥尔顿返回剑桥的数周前，他的好友小亚历山大·吉尔和一些朋友在牛津的一家小酒馆里举杯为约翰·费尔顿祝福，后者在一周前刺杀了白金汉公爵。当时尚不清楚费尔顿是独自行动还是这次谋杀行动的成员之一，英法战争这一大背景也加剧了政府的焦虑情绪。两天后，吉尔在牛津大学三一学院的酒窖喝酒时，诋毁了国王查理一世及其已故的父亲詹姆斯一世国王。在场的威廉·奇林沃思向当时的伦敦主教威廉·劳德举报了吉尔的这一举动。依据劳德的命令，吉尔在圣保罗学校被捕，并被拘禁在威斯敏斯特大教堂的门房。有人搜查了吉尔在三一学院的朋友威廉·皮克林的房间，发现了证明吉尔有罪的"诽谤性文字和信件"[72]。劳德对吉尔进行了审问，考虑到这件事会引起公愤，他又不能采取其他行动，便把调查结果呈报给了国王；11 月 6 日，星室法庭做出判决，要罢免吉尔的牧师职务，剥夺他在圣保罗学校的校长助理职位，取消他的大学学位，罚款两千英镑，并让他戴上木枷，分别在威斯敏斯特和牛津割掉他的两只耳朵，之后根据国王的命令将其关押在舰队监狱。吉尔的父亲成功地请求减轻罚款以及豁免体罚，但吉尔在 1630 年 11 月 30 获得国王赦免之前还是被囚禁了大约两年。

弥尔顿从未写过他好友的这次经历，因而很难判断他的感受。他本人在重大问题上与劳德大体一致，但这次检举了他好友之人也正是劳德。吉尔和劳德最终还是达成了和解。后来吉尔在出版的诗集（《诗歌试笔》，1632 年）中，收

45

录了一首献给劳德的诗，表达了对他的深切敬意。1639 年，吉尔对一个小男孩大发脾气，被解除圣保罗学校的校长职务，他向国王提出上诉，国王将诉状转给了劳德，这位大主教则决定为吉尔辩护。[73]

弥尔顿在剑桥大学读本科时还有很多事是不为我们所知的。人们对他可能感兴趣的音乐生活知之甚少，但有证据表明，各学院的学生都会上演戏剧[74]，而且弥尔顿有时还去观看。在《为斯麦克提姆努斯辩护》（1642 年）中有一段挑起辩论的自传性文字，他这样回忆道：

> 那些戏剧肯定上演了，这又有何难呢？各学院有如此多的青年牧师以及那些能力上稍逊于他们的人常常登台表演，用特林库洛、小丑及鸨母般陈腐又不诚实的姿态，扭动着他们作为神职人员的四肢，毫无骨气；他们在朝臣和仕女以及他们的男仆和侍女眼前，可耻地践踏他们承担或即将承担的神职。他们在那儿表演，有时演得过火，而我和其他年轻学生一样，是围观者；他们自认为是勇敢的人，而我认为他们是傻瓜，他们嬉戏嘲弄，我都付之一笑，他们念错字，我会心生不悦；他们编造着诙谐妙语，我则发出不屑的嘘声。[75]

这里提及的特林库洛，并非暗指一场演出细节未知的《暴风雨》或托马斯·托姆基斯的《阿尔布马札》（1614 年于三一学院上演），后者主人公也叫特林库洛；这里指向的是数月前出版的一本小册子，以及弥尔顿透露出自己思考的一段话：

> 我也认为，有可耻的牧师用淫秽、下流的言辞和举止充斥他们邻居的耳朵和眼睛，让猥亵粗鄙的话成为最适合坐下来交谈的乐章。《汤姆·特林基罗》从未被人演得如此栩栩如生，他们当中许多人打着英格兰国教天使的名义，以他们滑稽、愚蠢以及荒唐的举止，试图迎合我们这个时代纨绔公子和时髦青年的趣味。[76]

显然，在关闭剧院之前的数月里，有人反对神职人员参与演出。虽然弥尔顿对这类演出的态度在大学几年里发生了变化，但上面这段话清楚地说明他在剑桥读书时曾去观看戏剧。[77]他的回忆有一部分是真实的，即他对演员发音的挑剔，这一细节很符合弥尔顿的个性，还暗示［通过如"仕女"（Madamoisellaes）的词

尾] 这些可能是拉丁语喜剧①。弥尔顿对事物的看法通常是不断发展的，但在诸如发音这类问题上的看法却始终不变（并遵循伊拉斯谟主张的发音体系）。[78]

图 8　未知艺术家，一位被认定是约翰·弥尔顿的青年之肖像画，（约作于 1629 年）
（伦敦国家肖像馆）

　　大约在弥尔顿本科毕业时，有人又给他画了一幅肖像，他穿的不是学位服而是黑色的束腰外衣加白色的飞边。弥尔顿的遗孀在 1681 年左右向奥布里展示过这幅画的原作，目前不清楚该画的原作与现存于伦敦国家肖像馆的画像（被

———————

① 拉丁语名词第一变格法中，单数形式以 -a 结尾，复数形式的词尾为 -ae，这里的 Madamoisellaes 看似 Madamoisella 的复数形式。

称为"昂斯洛"藏画）有何关系。弥尔顿的遗孀说，画这幅肖像时，弥尔顿大概二十岁，但这幅画描绘的似乎是一位十几岁的少年；如果这是弥尔顿的话，那么他的容貌一定格外年轻。另外，眼睛的颜色也是个难点。在他十岁时的画像中，眼睛是灰色的，而且奥布里在有关那幅"二十岁"的肖像的记录中指出，"他的眼睛呈深灰色"。在昂斯洛收藏的肖像画以及本杰明·范·德·古特于1792年绘制的两件仿品（一幅在查尔方特的弥尔顿小屋，另一幅为哈考特伯爵的后代所有）当中，眼睛显然是棕色的。简而言之，二十岁时的弥尔顿被画成一位身着查理一世时期服饰的绅士，这有可能就是国家肖像馆所藏的那幅画，但两者之间的联系并不可靠。[79]

第四章

剑桥：研究生岁月

弥尔顿的大学生涯在斯图亚特王朝初期的关键一年里结束。白金汉公爵去世后，查理一世检讨了他与亲信奉行的激进外交政策。显然，该政策未达成主要目标而宣告失败。欧洲大陆的新教事业没有得到推进。巴拉丁领地仍然是一大问题，玷污了他的王朝的荣耀。法国新教胡格诺教派从他失败的干预措施当中获益无几。此外，为了资助战事，查理一世初期的政府采取了一系列不光彩的财政策略，人们控诉这些手段非法、不容宽恕。只有在与法国和西班牙的战事进展顺利的情况下，诸如 1626 年强推的"强制公债"等措施以及随后当局的分歧，才能在政治国家眼中显得合理。但战事并不顺，而且英国有产者的"态度转变"打破了政府与被统治阶层的共识。[1]

此外，为了确保执行其外交政策所需的物资供应，查理一世不可避免地去寻求一系列短期议会的支持，而这些短期议会逐渐成为日益激昂、自信的反对派发表批评意见的地方，这些反对意见往往有意将外交政策的失败、不正当的财政措施与国教内部日益讲究礼仪和集权的倾向联系起来。接下来十一年里的最后一届议会于 1629 年 1 月 20 日至 3 月 2 日召开，后被查理一世在一怒之下解散，从而开启了"个人统治时期"①。他还逮捕了那些格外突出的反对派，其领袖人物约翰·艾略特爵士于 1632 年未经审判就死于伦敦塔内。

查理一世逐渐重新控制了整个国家。他与法国和西班牙讲和，因而不再需要后勤供应，而且人们在 17 世纪 30 年代初对政府有了新的信心。自登基后，

---

① "个人统治时期"（the Personal Rule），也称"十一年暴政期"（the Eleven Years' Tyranny），指 1629—1640 年，查理一世解散了议会，完全按照自己意愿来统治的时期。

查理一世为教会事务所拟定的方针迅速推进。从 1627 年开始，威廉·劳德就一直身兼伦敦主教和枢密院官员二职，直到阿博特去世后才当上坎特伯雷大主教。在试图获得议会物资供应的过程中，他必须谨慎行事，但议会的解散使得他"可以全心全意地自由追求他在教会里的目标，即便阿博特在 1633 年 8 月 4 日去世前一直是坎特伯雷大主教" [2]。战利品归于获胜者。到目前为止，我们把英国国教中占优势的派别描述为反加尔文主义派、阿明尼乌派及仪式主义派，现在我们可以恰当地称其为劳德派，但优势派别的宗教思想普遍存在于许多英国新教徒之中，而非仅仅某个人的宗教纲领。彼得·莱克很好地解释了这个术语：

> 在使用"劳德派"一词时，我并不是想强调劳德在开创或传播那些思想（下文将论述）方面的重要性。我仅将其用作"个人统治时期"政策与宗教特征的一个方便的简称。……劳德主义……作为对教会的愿景，条理清晰、独树一帜，而且高谈雄辩，代表了世上的神性存在，并且以适当的礼仪回应了这种存在。[3]

教会政策的转变和劳德派的兴起，被大学里警觉又雄心勃勃的牧师们敏锐地捕捉到，1629 年的弥尔顿肯定能透过剑桥感受到权力的流向。

他坚持自己的学业，很可能也在密切注意着一切。如今，获得剑桥大学（以及牛津大学）的硕士学位不需要住校或考试，这种做法源于弥尔顿的学生时代。《1570 年章程》明确规定，完成学士学位课程的学生可以"通过自己的勤奋努力"攻读硕士学位。1608 年，这项规定被正式解读为硕士候选人免于住校。[4] 因此，弥尔顿决定住校是个人选择，而非强制要求，而且他似乎并不遵守学期安排。在很大程度上，弥尔顿可以追求自己的各种兴趣喜好，其在 1629 年年底最突出的兴趣就是学习意大利语了。虽然现代语言不是教学大纲的一部分，但是大学里上层阶级学生的到来确实激发了人们学习法语和意大利语的兴致。[5]

目前尚不清楚弥尔顿在哪里或什么时候学习了意大利语。他的朋友查尔斯·迪奥达蒂是伦敦一个小型意大利新教徒群体的一员，该社区位于齐普赛街，距弥尔顿的居住地不远，而且几乎可以肯定的是弥尔顿的家庭教师也是该群体的一员。关于齐普赛街的意大利人教会，斯特凡诺·维拉尼的近期研究表明，该群体中至少有两位意大利语教师，还有可能是从神职人员或受过教育的家庭中抽调出来的业余老师，例如布拉马基家族和迪奥达蒂家族。[6] 还有证据表明弥

50

尔顿用意大利语阅读。1629 年 12 月，他花十便士买了一本《乔瓦尼·德拉·卡萨韵文与散文集》；这本书与但丁的《爱情的飨宴》（威尼斯，1529 年）和贝内代托·瓦尔齐的《十四行诗集》（威尼斯，1555 年）装订在一起，并且德拉·卡萨和瓦尔齐作品里的旁注似乎是弥尔顿的手笔。[7]

在 1629 年 12 月的最后几天里，弥尔顿写了《第 6 首哀歌》，这是写给查尔斯·迪奥达蒂的一封诗体书信，当时迪奥达蒂和朋友们住在乡下。12 月 13 日，迪奥达蒂曾写信（现已遗失）给弥尔顿，描述了他正在享受的欢乐假期，但他解释说，庆祝活动影响了他的诗歌质量。弥尔顿热情洋溢地谈起了这个主题，他在诗的前半部分认为盛宴能提高诗歌的质量，在后半部分他又认为伟大的诗人只能喝水，与上述观点刚好相反。在最后的诗行里，语气急剧变化，弥尔顿描述了他正在写的作品。他解释说，他正在创作一首诗，作为送给耶稣的诞辰礼物（指《圣诞清晨颂歌》，更多内容见下文），又补充说，他还在创作一些"要用你祖国的风笛演奏"的诗歌[8]，并期待把这些诗朗读给迪奥达蒂听。这些诗指的是弥尔顿的 5 首意大利语十四行诗（后来编号为 2—6）以及 1 首穿插在其中的坎佐尼情诗。

这些诗是纪念一位女士的爱情诗，这位女士就像但丁的贝阿特丽采和彼特拉克的劳拉，游走于事实与虚构之间。在一种极端情况下，她可能是齐普赛街意大利群体的一员，弥尔顿对她公开表示了爱意；在另一种极端情况下，她可能是纯粹虚构出来的；介于二者之间的情况下，她可能确有其人，但弥尔顿对她的爱意并未公开，只存在于诗中，正如雕塑家会对模特保持超然的态度。弥尔顿似乎暗示了她的名字。在这里的第 1 首十四行诗里（十四行诗集的第 2 首），诗人向这位可爱的女士致辞，并宣称她的名字是遍地绿茵的雷诺河谷和那伟大的渡口之荣耀[9]；由于雷诺河是艾米利亚域内的一条河，而卢比孔河（即"那伟大的渡口"）也在艾米利亚，所以有可能这位女士的名字就是艾米利亚。[10]在这里的第 2 首十四行诗里（十四行诗集的第 3 首）中，他解释说，为了唱给他的心上人听，他把泰晤士河换成了阿诺河：佛罗伦萨的这条河代表托斯卡纳语，这种语言在 17 世纪初被确立为意大利半岛的文学语言。这两首十四行诗之后是一首十五行的坎佐尼情诗[11]，这首诗还描写了一位用意大利语写爱情的英国人的矛盾心态；正如那位女士在告别辞里所宣称的，原因就是意大利语是爱神最中意的语言。第 4 首诗（十四行诗集的第 4 首）是写给传统形象的男性朋

51 友的，在这里就是查尔斯·迪奥达蒂了。有关诗人钟爱之人的更多细节浮出了水面：她会说不止一种语言，她的歌声能让"疲惫的月亮"分心；这里最后一个短语值得关注，它会再次出现在《失乐园》里。[12] 第 5 首诗（十四行诗集的第 5 首）是一首彼特拉克式的传统诗，聚焦这位女士的眼睛和追求者的喟然叹息。最后，在第 6 首十四行诗中，这位追求者将心献给了他的心上人。

这些十四行诗以其母语般的流利程度而著称，让人疑惑一个从未去过意大利的伦敦青年如何才能达到这样的水准。弥尔顿的拉丁语诗确实已经达到了很高的水平，然而，尽管他学习希腊语多年，但有关他希腊语熟练程度的证据表明，他对这门语言的掌握有限。在这种情况下，弥尔顿的意大利语怎么会这么好呢？可能的答案是，这样的流利程度是无法实现的，而且这些意大利语十四行诗并非弥尔顿独立创作的作品：他或许有一个来自意大利人群体的合作者，可以确保他的意大利语能够提升到母语水平；这些诗甚至有可能是他的意大利语老师改正过的习作。作为弥尔顿完全独创的作品，它们太优秀而令人难以置信。话虽如此，弥尔顿的意大利口语一直饱受称赞，而且这些十四行诗可能在 1645 年出版之前被修改过，那时弥尔顿已经去过意大利了。

《第 6 首哀歌》中提到的另一首诗是《基督诞生晨颂》，现在被称为《圣诞清晨颂歌》。这首诗是弥尔顿有关教会节日系列诗歌中的第 1 首（其他的还有《受难曲》以及可能是几年后创作的《适逢割礼节》），对节日的庆祝意味着这个系列的诗是支持仪式主义的。莱克很好地解释了劳德派对于"礼仪年"①的关注，他借鉴了资深的仪式主义者罗伯特·谢尔福德的说法 [13]：

基督教纪年的盛大节日既体现了也带给了所有信徒有关基督诞生、受难和复活所赋予堕落人类的恩惠。罗伯特·谢尔福德认为，"在基督诞生之日来到神的家（正如他们应该的那样，满怀信仰与爱而来）的人们，参与了基督的诞生；在受割礼之日来的人们与他一起割断了肉体的支配"……正是

---

① "礼仪年"（liturgical year），也称"基督年"（Christian year）或教会年（church year），是基督教会根据耶稣一生中的主要事件将一年划分为不同礼拜周期的教会年历，以降临节期（Advent，圣诞节前包括四个星期日的期间）为始，主要分为降临节期、圣诞节期（Christmastide，从圣诞节前夜到元旦）、四旬节期（Lent，复活节前 40 天的时期）、复活节期（Eastertide，从复活节到圣灵降临节期间的 50 天）和常年期（Ordinary Time，上述周期以外的时期）。

这一点让谢尔福德得出结论，即庆祝"教会圣徒的节日"是圣礼的主要仪式之一。[14]

这首诗里没有表现出弥尔顿成熟时期反三位一体思想的迹象：这里"道成肉身"之前的圣子位于"三位一体的中央"。从宗教情感上来说，这首诗具有代表性地表达了弥尔顿对仪式主义阿明尼乌派思想的支持。该诗将基督的诞生与基督的赎罪联系起来（151—153 行："这婴孩尚卧于襁褓中微笑，/ 他必须在痛苦的十字架上，/ 赎回我们丧失的一切"[15]），倘若我们因此就认为这首诗的思想病态或异端，就很不恰当了。正如戴安娜·麦考利所指出的[16]，这种关联形成于圣诞日圣餐仪式上的读经之中。在 17 世纪其他有关基督诞生的诗歌里肯定也存在这种联系。[17]

52

诗人似乎并不是特别相信千禧年，或者说至少他没有格外期盼基督复临即将到来。当然，诗人在这首诗的核心部分呼唤天体之乐音伴随基督降临最后的审判，就如同这天籁伴着他经历创世和在首个圣诞日里的降生。尽管世界末日经常与宗教激进主义联系在一起，但认为世界末日可能将近的想法，完全是一种传统的神学观念。詹姆斯一世显然感觉到了"末日临近"[18]。而且，弥尔顿那时遇见过的最杰出学者约瑟夫·梅德就在两年前发表了他关于《圣约翰启示录》中预言的大作。[19]但是，弥尔顿并没有宣称末日即将来临，尽管他会将其当作人们迫切渴望之事来庆贺。就个人信仰而言，他面对自己灵魂的命运完全镇定沉着。约翰·多恩在一首同样深思基督复临的诗中痛苦地渴望末日能推迟，以便有更多的时间来解决他的精神健康问题。年轻的弥尔顿并没有流露出这样的焦虑。

这首诗让人们很好地窥见了这位用英国本土语言写作的诗人的成长。《圣诞清晨颂歌》与其他相同主题的诗作和更宽泛意义上的祷告诗有很多共同之处。一些文学上的传统主题在弥尔顿的作品和同时代较早诗人（约翰·多恩、本·琼森、乔治·赫伯特和罗伯特·赫里克）的作品里都能找到，也存在于斯图亚特早期的许多二流诗人的作品中，在这些作品中，我们发现诗歌被当作献礼、诗人被比作牧羊人或东方三贤士、圣子（Son）与太阳（Sun）谐音等诸如此类的手法。本书不是对弥尔顿作品的溯源研究，我们也无法确定哪些诗歌（大部分在1629 年时仍是手稿）对他来说是可用的，但在某种意义上，他似乎是在回应或对抗霍索恩登的威廉·德拉蒙德所作的《关于耶稣升天的赞美诗》，后者是当时最负盛名的苏格兰诗人，弥尔顿可能只看了这首诗的手稿。[20] 大学的各学院通常有一本公共诗文选集，大部分是以手稿形式流传的作品，弥尔顿的许多同时代人、学生、学者、律师学院成员以及士绅家庭也有相同的做法。能提供弥尔顿作品出处的这类合集没有一本存世，但《圣诞清晨颂歌》比他以往任何作品都更为犀利地向我们展现了一位正在成长的诗人，他在斯图亚特早期的广阔诗歌传统中游刃有余。

53

  显然，弥尔顿的这首颂歌与他所处的环境和那个时期的主流意识形态有许多共同之处。但这首诗也显示了他与众不同的一面。在某种程度上，这是基于他的自信——不仅表现在基督复临审判世人时他会准备就绪，站立在基督的面前，还在于这首诗在文化艺术上公然表现的自信。其他诗人写自己谦逊地带着礼物，有可能是跟在牧羊人后面来朝拜，而弥尔顿则要求他的诗"抢先"于东方三贤士，也就是要赶在他们之前抵达。他的颂歌可能是"谦卑的"，但他要求这首诗"争取最先迎候主的荣光"。[21] 其次，在宗教情感上，弥尔顿似乎与同时代的人不一致。关于"道成肉身"的基督，诗人要赞颂的不是这婴孩的温柔、其母的怜悯之心或他的身世，而是他的神力。这首诗以一定的篇幅讲述了对于所有虚假的神灵来说，基督的使命有多么强大的神力，他剥夺了他们的力量，重伤了他们，并将他们全部驱逐。弥尔顿的婴孩基督是幼年的赫拉克勒斯，在摇篮里就勒死了提丰："我们的婴孩显现出真神性，/ 能用他襁褓的布带，控制地狱的群魔。"[22] 因此，他在这里为《失乐园》第六卷中对圣子不可抗拒之力的描写做了铺垫。

  这个系列诗歌的第二首是《受难曲》，可能作于第二年的耶稣受难日（1630年3月26日）；这是弥尔顿唯一一次尝试用华丽的语言风格来创作英语诗，这种风格以前都被用于他的一些葬礼哀歌中。这首诗以一组艺术性不强的对句（"我觉得我的号啕悲伤极具感染力，让某片云朵孕育出一群哀悼者"）突然结束，弥尔顿也放弃了继续创作这首诗。等到这首诗要付梓时，他在诗后加了句注释："作者觉得该主题超出了他写作时这个年龄之人的能力范围，而且对所写的甚不满意，故而未写完此诗。"[23] 这种做法有点傲慢——诗人不喜欢自己所写的，但读者可能会觉得有趣——而且这首诗在评论界反响不佳。然而，我们不愿谴责这首诗。新教诗人很难把注意力集中在基督遭受折磨的身体上，而这一点对于反宗教改革运动的祈祷仪式来说似乎至关重要。尽管多恩忠于天主教传统，但他也认识到了这个问题，并将其作为贯穿《1613年耶稣受难日，骑马西行》一诗的要义，这首诗或许是有关此话题的最伟大的英语诗了。多恩描写自己离开各各他——耶稣受难地，这既是事实又具有象征意义，他要在前行之路上寻求忏悔，好让他能够转身面对耶稣的受难。

弥尔顿从未找到一种方式来展现那个场景。在《失乐园》中，写圣子之死的篇幅比写宁录①的还要短，[24] 而《复乐园》又让读者的目光避开基督赎罪的悲惨情节，转向在这之前的宁静时段。理查德·克拉肖用富有天主教情感色彩的手法，展示出倘若用弥尔顿那样的华丽辞藻会达到何种效果：

> 主啊，他们就这样让你赤身裸体，
>
> 我多想让他们也脱下这身"衣装"。
>
> 他们让你华丽地穿上自己的鲜血，
>
> 刺开了你身体侧面那紫红的衣柜。[25]

弥尔顿将成长为伟大的诗人，他的光辉是克拉肖难以企及的——或许他在《圣诞清晨颂歌》里就已经做到了——而克拉肖则将读者带入了令人不安的领域，来到尚能经得起深思的边缘。相比之下，弥尔顿弃写《受难曲》似乎是一大败笔。然而，我们可以说，这首诗要讲的是，诗人这样的语言风格不足以表现基督牺牲的伟大："正如作为信徒的弥尔顿无法真让自己去深思遭受折磨的基督，作为诗人的弥尔顿也同样不能纪念这一事件。"[26]

另一首诗也可以归为1630年的作品，但确切的创作日期无从知晓。这首诗是《致莎士比亚》，发表在莎士比亚戏剧的《第二对开本》（1632年）之中；这是弥尔顿发表的第一首作品。一个名不见经传的诗人是如何做到在《第二对开本》上发表一首鉴赏诗的呢？这个问题没有现成的答案，但存在几种有趣的可能性。第一种可能是在《第一对开本》（1623年）上发表诗作（以"莎士比亚啊，我们惊叹"开头）的 I. M. 是弥尔顿的父亲。第二种可能是莎士比亚与弥尔顿的父亲之间有联系，中间人是托马斯·莫利，他曾是莎士比亚的近邻，还出版过弥尔顿父亲的乐曲。第三种可能是，弥尔顿的父亲是"黑修士剧场"的受托人，这

54

---

① 宁录（Nimrod），古巴比伦国王，作为猎手而闻名，《圣经》中反叛上帝的人物形象，见《旧约·创世纪》（10:8—12）；弥尔顿在《失乐园》中对他也有描写，见第十二卷24—62行。

意味着他在戏剧界可能有广阔的人际关系。[27] 无论出于何种原因，《第二对开本》是享有盛誉的出版物，弥尔顿的诗完全配得上这庄严的氛围。如本·琼森一样，弥尔顿将"笨拙的艺术"（可能也包括他自己的）与莎士比亚的艺术相提并论，而后者的"韵律自然流畅"，弥尔顿还坚持认为莎士比亚这座丰碑对后来者来说是"惊奇与惊叹"。这首诗表现了早期世人对莎士比亚的崇拜。此时，弥尔顿还毫无名气，但在接下来的数个世纪里，弥尔顿在自己的诗中唯一大肆歌颂的英国诗人是唯一一位诗歌作品被认为优于弥尔顿的英国诗人。

　　1630 年 4 月 7 日，剑桥大学的复活节学期开始了，差不多就在同一时间，查尔斯·迪奥达蒂启程前往日内瓦。4 月 16 日，他被日内瓦学院录取，他的叔父是那里的教授。[28] 日内瓦学院由加尔文于 1559 年创建，校纪严格，不顾情面。[29] 入学的决定是迪奥达蒂做出的还是他父亲做出的，我们不得而知。1631 年 9 月 15 日，他还在学校，但不知道他在学校住了多久。随后，他决定不加入教会，而是跟随父亲从医。我们没有迪奥达蒂在哪所大学学医的记录，所以他可能做了其父亲的学徒。

55　　5 月 20 日，出于某种原因，弥尔顿回到伦敦，给亚历山大·吉尔写了一封信 [30]，吉尔曾经在给弥尔顿的信中附上了一首诗，庆祝"拿骚的亨利占领了这座城"。奥兰治亲王、尼德兰联省共和国执政腓特烈·亨德里克于 1629 年 9 月 14 日攻占了斯海尔托亨博斯（曾围城五个月之久，英军也参与其中），他的胜利在整个新教欧洲被视为对抗哈布斯堡王朝之战的转折点。吉尔的这首庆祝诗后发表于他的《诗歌试笔》（1632 年）中，题为《进军斯海尔托亨博斯》，弥尔顿描述说这首诗庄严神圣，展现出维吉尔般的才华。友情和赞美他人的礼节可能会影响一个人冷静的判断。

　　1630 年 6 月 10 日，爱德华·金（后被认为是弥尔顿的"利西达斯"）由王室委任为基督学院的研究员。金于 1626 年 6 月进入基督学院，比弥尔顿晚了一年多，1630 年被授予文科学士，几个月之后就成了研究员。[31] 王室委任在 17 世纪早期很普遍，这种委任作为一种机制（如钦定教授职务），可以让王权在大学里施加影响。弥尔顿和金在当时很可能已经是朋友了，没有理由认为他会对这个委任心生不悦。据传弥尔顿因为被夺去本属于他的研究员一职而愤愤不平，这种说法始于 18 世纪，是基于一项毫无根据的假设，即弥尔顿所渴求的最崇高的职业是学术职务，同时担起随之而来的独身之责，并获得在英国国教中的委任。事实上，弥尔顿从未表现出任何想成为研究员的兴趣，而且他无论如何都是没有竞选资格的，因为学院的章程禁止选举多名来自同一个郡的研究员：迈克尔·霍尼伍德和弥尔顿都是伦敦人，所以只要霍尼伍德还在任上，弥尔顿就不可能当选研究员。

　　1631 年元旦，剑桥的运输商人托马斯·霍布森去世，享年 85 岁。他是一名富商巨贾，身份显赫，有一个女儿嫁给了一名准男爵。在一幅作于 1629 年的霍布森肖像画中，他身着绅士的装束。[32]1568 年，霍布森从父亲那里继承了生意（以及格兰切斯特的土地），他父亲曾是剑桥公会的司库之一。这并不是低等的驮畜行业。起初霍布森用的是两轮马车，但这些后来被六七匹马拉的四轮马车所取代。他经营着一项前往伦敦的专线，既载客又运货，货物还包括为王室提供的鲜鱼。他的伦敦专线上有许多客户是学生。他也经常乘坐伦敦专线（终点在主教门内大街的布尔客栈），但他是以老板而非马车夫的身份坐车的，驾车的是仆人。除了经营运输生意外，霍布森还是一名地主，《牛津国家人物传记大辞典》这样记载：

> 1627 年，他获得了安格尔西修道院的场地，以及剑桥郡安格尔西与博蒂沙姆庄园。他也是科特汉姆的克罗兰兹庄园、利斯莱斯庄园和萨姆斯庄园的所有者，作为王室的承租人，他还拥有丹尼修道院的产权，以及沃特比奇庄园和丹尼庄园。他的遗嘱提到了在剑桥、切斯特顿、泰德圣济尔斯和莫尔顿的其他财产。1628 年 7 月 30 日，他向剑桥大学和剑桥镇转让了一块地，并在这块地上修建了一座通常被称为"纺纱屋"的建筑，但更准确地说，这座建筑被称为"霍布森工作室"。

弥尔顿抵达剑桥时，霍布森已经成为当地的传奇人物。他于 1617 年出版了一本题为《霍布森的信札，或商业信札的先例》的小册子。霍布森坚持轮流出租他的乘用马，要求顾客"选这匹，否则就别选"，于是产生了"霍布森的选择"① 一

---

① 在英文中，短语"霍布森的选择"（"Hobson's choice"）意为"没有选择余地的选择"。

词，伦敦出租车搭乘站仍然遵守该原则。他在遗嘱中还留下一笔钱，用于在市集大街筹建一条水渠，这条水渠因而被称为"霍布森水道"[33]；这条水渠和剑桥的一条路现在仍以他的名字命名。

图 9　未知艺术家，托马斯·霍布森肖像，（1629 年）（伦敦国家肖像馆；在萨默塞特郡蒙塔丘特宅邸的国家肖像馆展览上展出）

　　霍布森一直定期前往伦敦，直到 1630 年瘟疫迫使这条专线暂停。正是在这段被迫无所事事的时间过后不久，霍布森去世了。作为一个有地位的人，他被葬于圣贝尼特教堂里面，而不是教堂的墓地里。剑桥大学的诗人们常写拉丁语来纪念大学的成员，但他们认为用英语诗歌来纪念霍布森更合适。由于他是寿终正寝的，现存纪念诗的基调饱含深情，而不是悲痛欲绝。弥尔顿作了两首题为《致剑桥大学的运输商人》的诗，还有一首有可能也是他写的。[34] 衡量这三首诗受欢迎程度的一个标准是，它们以不同的形式出现在至少二十五份抄本

57

中。其中两首被公认为弥尔顿所作，但二者却显得截然不同。以"此处躺着一位"开头的那首诗的最后二十行突然成了一系列连续的双关语［例如，"太长的假期（闲暇）催促了他的学期（死期）"①］，而双关语在此时弥尔顿的作品中很罕见，只在后来的史诗中再次出现。而另一首以"此处躺着年老的霍布森"开头的诗充满回忆，语气诙谐风趣，但结尾处将死神拟人化为旅馆的侍者（即客房服务员），令人动容。霍布森已经抵达旅程的终点，来到他的旅店，在那里死神

> 作为一名侍者，服务体贴，
>
> 带他前往他要住宿的房间，
>
> 脱下他的靴子，拿走了灯。
>
> 倘若有人找他，就回复说：
>
> "霍布森用过晚餐了，刚刚睡下。"[35]

我们在英语诗歌中很难再想出更温情或更优雅的有关死亡的描述了。

1631 年的四旬节学期于 1 月 13 日开始，这次他和 15 岁的弟弟克里斯托弗一起回到剑桥，克里斯托弗于 2 月 15 日正式被基督学院录取，拜入纳撒尼尔·托维门下。兄弟俩共享一位导师，一起住在他的厅室里；第二年弥尔顿毕业时，其弟也离开了剑桥（他是要去内殿律师学院求学）。在这一年的某个时候，弥尔顿（花了 2 先令 6 便士）买了一本 1559 年在巴黎出版的阿拉托斯的《物象和天象》，他后来给这本书做了注解，该卷现藏于大英图书馆。[36]

1631 年 4 月 15 日，温切斯特侯爵夫人简·萨维奇死于咽喉感染，终年 23 岁，弥尔顿作了《致温切斯特侯爵夫人的悼念诗》一诗纪念她。温切斯特夫人是著名的天主教贵族萨维奇子爵托马斯之女。子爵在查理一世登基后成了信天主教的王后亨丽埃塔·玛丽亚的秘书，他的妻子伊丽莎白也是一名天主教徒，成了侍寝女官。简在十五岁时嫁给了天主教徒约翰·保莱特，后者在 1629 年成为第五代温切斯特侯爵；同年，她生下了查尔斯·保莱特，即后来的第六代侯爵，而她去世时人们发现她又有了身孕。值得注意的是，弥尔顿写了一首诗来纪念一位素未谋面的天主教贵族，而且他选择在 1645 年 10 月克伦威尔攻占温切斯特

58

---

① 这行诗的双关语在"vacation"和"term"两个词上，"vacation"有"假期"和"闲暇"之义，而"term"既能指"学期"也可指"终结"。

家族宅邸贝辛庄园几个月后出版这首诗，当时温切斯特侯爵已被押至伦敦塔，他的土地也被没收了。[37]

并非只有弥尔顿作诗纪念温切斯特夫人。本·琼森和威廉·戴夫南特也写过诗，有可能剑桥大学还筹划或考虑出一本文集：温切斯特夫人与剑桥大学名誉校长（霍兰伯爵亨利·里奇）有亲戚关系，弥尔顿在他的诗中指出剑桥"忠于你的贤名"。弥尔顿的诗在出版前就已经流传开来了，威洛比男爵弗朗西斯[38]的秘书约翰·沃尔隆德手中的抄本似乎源于出版前的稿本。该诗可能是一首传统的颂词，但它标志了弥尔顿在1631年春所持的社会态度：敬重贵族，尊重其等级制度。温切斯特夫人曾是"一位子爵之女"，又是"一位伯爵的继承人"（通过其母），后成为侯爵夫人（通过婚姻），最终"不再是侯爵夫人，而是王后般的人物"。

《第6篇演说试讲稿》是弥尔顿最著名的学术练习。它由三部分组成：先是一篇演讲，文中弥尔顿认为轻松愉快的娱乐活动并不妨碍哲学研究；第二部分（标题为"演说试讲稿"）介绍了一种学生文娱活动，结尾处，弥尔顿宣称他即将越过大学校规里禁止使用英语这道屏障；第三部分是英文诗《在学院的一项假期练习》。长期以来，人们一直认为这次学术练习是在1628年7月4日或此前不久进行的，当时弥尔顿还是一名本科生，这种观点或许是对的。[39]然而，大多数证据都指向了三年后的日期，即1631年7月8日（复活节学期的最后一天）。首先，弥尔顿在写给亚历山大·吉尔（1628年7月2日）和托马斯·扬（1628年7月21日）的信中并未提及他此次要担任主要角色。其次，弥尔顿说前一年没有举行学术练习，这里的"前一年"指1631年（1630年的练习由于疫情均被取消）而不是1628年。

第三条证据是有关学院成员的一系列暗示，其中一些可以追溯到相应年份。弥尔顿命令"河流"上涨，似乎是在对乔治·里弗斯或其弟奈泽尔说的，他们兄弟俩都于1628年5月10日被录取。同样，对于扮演"实体"的学生演员，弥尔顿说"他将像国王一样，统治所有的兄弟"，这似乎在暗指金氏兄弟中的一员，但他们人数众多，很长一段时间里都会有一个或多个弟兄住校。[40]那位站在门槛上"火花闪耀的刻耳柏洛斯"①一定是学院记录本（1626—1632年）中名为"斯帕克斯"的门房；那座"燃烧的火炉"可能是指爱德华·福尼斯，他于1628

59

---

① 刻耳柏洛斯（Cerberus）是古典神话中看守冥府之门的三头犬。

年 5 月 29 日被录取。弥尔顿列举各种鸟的段落似乎暗指了学院的许多成员。那两只爱尔兰鸟很可能是指金氏兄弟中的两位，因为只有他们是爱尔兰的本科生。即使不算那些名为菲利普（可以理解为麻雀①）的学生，以及那些名字与鸟类有关的学生（如罗杰·霍克里奇、理查德·达克特、威廉·芬彻姆和布赖恩·福勒），基督学院录取登记簿上的名单里还有很多与鸟类有关的名字。弥尔顿注册登记几个月之后，威廉·芬奇（1629 年文科学士，1632 年文科硕士）被录取（1625 年 7 月 2 日）。耶利米·古斯（1631 年文科学士，1634 年文科硕士）于 1627 年 4 月 25 日被录取，他的弟弟约翰·古斯（未获得学位）于 1630 年 1 月 26 日被录取；倘若弥尔顿有关鹅的玩笑暗指这对兄弟，那么 1628 年就为时过早了。[41] "群鸟"还包括托马斯·伯德（1631 年文科学士），他于 1627 年 1 月 27 日被录取，还有他的弟弟塞缪尔（1632 年文科学士，1635 年文科硕士），他于 1628 年 5 月 17 日被录取。最后，乔治·科克于 1628 年 1 月 28 日被录取，其弟罗伯特于 1631 年 2 月 24 日被录取。这项证据并不是决定性的，但倘若那篇《演说试讲稿》作于 1631 年，只有在这一年"鸟儿们"才开始聚集成群。[42]

正如威廉·赖利·帕克在谈到这一日期时所说，"如果我们能确定学生恶作剧（指破坏了镇上供水系统）的日期，那么疑惑的阴影就可以完全消除了，据弥尔顿的描述，正是这场恶作剧导致了二三年级学生的真正领队突然离开"[43]。在演讲开始时，弥尔顿解释说，他是临时替补原定的演讲者，原来此人领着 50 名二三年级的学生前往巴韦尔原野，破坏了水渠，强迫镇上的人因干渴而屈服。目前我们还没有发现任何破坏镇上供水系统的记录，而且基督学院和剑桥大学的档案也没有任何记载牵涉 1628 年基督学院学生的骚乱（尽管 1628 年 6 月三一学院的学生闹事了）。然而，行政首长法庭纪要中确有一段关于 1631 年 4 月基督学院五名学生（两名研究生和三名本科生）骚乱的零碎记录。[44] 这些学生在切斯特顿（靠近巴韦尔原野，现在是剑桥的一部分）喝酒，他们大吵大闹，被当地警察逮捕，并被关在一家名为"青龙"的酒馆（现在仍然存在）的一间房内。酒馆的顾客把他们放了出来，这些学生与释放他们的人喝完酒之后，走回学院，他们在学校里又被切斯特顿的警察抓了回去。据说其中两名学生在基督学院的"后方"进行了营救，这似乎暗示着他们中的一人掉进了国王渠（这条水

---

① 人们曾常用"Philip"来给麻雀起名，见《牛津英语大词典》词条"Philip"第三项释义。

渠于 1610 年重建，当时灌满了水）。弥尔顿提到的对供水系统的破坏，大概是指掉入水沟的学生造成了污染，或者是指醉酒的学生（当时和现在一样）往水沟里小便。

60　　　　1982 年，《第 6 篇演说试讲稿》被确立为属于"饮盐水仪式"①的文类，了解这种文类传统，就可以更清楚地阐释弥尔顿的这篇演说试讲稿。[45]"饮盐水"是一种入学仪式，新生需要在仪式上发表演讲；演讲者如果被认为讲得好，将得到一杯麦糊（加香料的稀粥）作为奖励，而如果讲得不好，就要喝下一杯盐水。在 17 世纪 20 年代剑桥大学的"饮盐水仪式"上，司仪佯装成学院导师，扮演"父亲"的角色，新生也就成了"儿子们"。他叫这些"儿子"的名字（他们听到后会回答），然后发表一篇讽刺性的演讲，特别嘲讽了学院、大学和剑桥镇；其中的幽默既博学又通俗，关于"盐"这个词的双关语也层出不穷。弥尔顿的这篇演说试讲稿大体上符合这些传统惯例。在他的讲稿中，他的"儿子们"成了亚里士多德的十大范畴②；有一段话集中反映了弥尔顿博学又粗俗的幽默（约翰·黑尔的译文十分巧妙），他指责有听众就像斯芬克斯那样坐着，不敢放声大笑，"以免给我们出一些与胃相关的谜团，这些谜团不是出自他斯芬克斯般的神秘，而是来自他的后臀肛门括约肌"③。

　　正是在这篇演说试讲稿中，弥尔顿首次提到了他的绰号"淑女"。他在拉丁语原文里提到他听说自己被称为"女主人"，根据这个词的语境，他被视作一位嫁给贵族的夫人。这个名称的英文词最早由弥尔顿的遗孀提出，她告诉奥布里

---

①　英语词"salt"源于拉丁语"sal"，这里的"salting"包含一个双关，因为拉丁语的"sal"既能指"盐"（salt），也可以指"才智"（wit）。

②　亚里士多德在《范畴篇》（Κατηγορίαι）中将认知对象归为十大范畴，分别是实体（Substance）、数量（Quantity）、性质（Quality）、关系（Relation）、地点（Place）、时间（Time）、状态（Posture）、所有（Possession）、主动（Action）和受动（Passion），其中后九项范畴都是对"实体"的描述。弥尔顿在这里充当"存在"（Ens）的角色，他的"儿子们"则代表十大范畴。

③　弥尔顿在原文中说，倘若他看到有人不张嘴大笑，那么他就认为这个人是想掩藏自己肮脏、发黄的龋齿，或者是因为胡吃海塞，肚子填得太饱，怕一旦大笑就会放出响屁。黑尔这句译文的巧妙之处在于他用到了双关，"Analytics"可以指"分解"，暗指食物在胃里分解，倘若我们把这个拆分开来"Anal-ytics"，词干是"Anal"（肛门的），后缀"-ytics"若加上前一个字母则得到"-lytics"，这个后缀源于希腊语"λυτικός"，意为"溶解的，释放的"，暗示响屁会从肛门处释放出来。

"他太俊美了，大家都叫他'基督学院的淑女'"。弥尔顿所有自传性质的篇章都在向读者传递一种特别的印象或联想，这一段也不例外：弥尔顿是想到了多纳图斯所著的《传略》，这是一部古代的维吉尔传记，生活于4世纪的文法学家埃利乌斯·多纳图斯说维吉尔在那不勒斯求学时的道德行为堪称楷模，并提及了他的绰号："人们都称他'童贞女'。"当然，这个借自希腊语的词 parthenias 与拉丁语的 domina 含义不尽相同，但所暗示的少女气质与"基督学院的淑女"是一致的。弥尔顿获得这个绰号，可能是因为他的肤色白皙，或是因为他的举止或外表青涩、柔弱，他很珍惜这个绰号，因为这是维吉尔的绰号。

　　弥尔顿的《快乐的人》和《沉思的人》可能作于17世纪30年代的某个时候，也许不是在同一时间完成的，但有间接证据表明在1631年夏天创作的可能性较小：弥尔顿在几个月后写成的《第7篇演说试讲稿》回忆起在乡间度过的一个长假，期间他受到了缪斯女神的青睐；现在被称为《三一学院手稿》的合集没有收入这两首诗，手稿中最早的诗追溯至1632年；这两首诗的对立观点及修辞开场白似乎都表明弥尔顿那时候还在剑桥。

61

　　《快乐的人》是一首赞美欢乐之人的诗，而《沉思的人》赞扬沉思冥想之人。每首诗都在开头戏仿另一首诗，摒弃另一首所赞颂的主题，转而歌颂自己选择的美德。《快乐的人》的乐趣大部分源于理想化的乡村，农夫们吹着口哨，挤牛奶的女工放声歌唱。如同忒奥克里托斯的田园诗，它们反映了生活舒适的城市居民在乡间的经历，而不是农民耕田或挤奶的生活。这首诗接着笔锋一转，描写"高耸的城市"，赞美"繁华、盛宴与狂欢，还有化装舞会和古风盛典"，然后说去观看琼森和莎士比亚的喜剧，最后达到极致的愉悦，即音乐"与不朽的诗文结合"。这些不是一名准激进分子的欢乐，而是一位享受生活乐趣之人的快乐。

　　《沉思的人》歌颂的是另一种欢乐，即心灵和精神生活的喜悦。这首诗称赞的是一位"沉思修女，虔诚又纯洁"的牧歌式版本。诗人告诉这位修女：

来吧，但保持你的常态，

要步履平稳，步态沉思，

> 仰面朝上，与天空交流，
>
> 出神的灵魂现身于双眼：
>
> 沉浸在神圣的热情之中，
>
> 如大理石一般忘却自我。[46]

那时的英格兰没有修女(小吉丁①的修女团体成立于1636年，并于1641年被批判为"阿明尼乌派的女修道院")，所以在这首英语诗里出现修女形象有些非比寻常。然而，正如安东尼·弥尔顿所说："在劳德主义之下的剑桥，即便是中世纪式的沉思隐修(通常是遭到尖锐批评的对象)也开始有了支持者。"[47] 当谈及城市时，这首诗又赞颂悲剧，最后描写一幅宗教景象，这在《快乐的人》中是没有相似之处的。诗人先描述了宗教建筑，解释说他要

> 去勤勉的修道院里散步，
>
> 而且热爱那高大的穹顶，
>
> 古式的梁柱巨大又坚实，
>
> 窗户上画着故事作装饰，
>
> 投下了朦胧的宗教光辉。[48]

清教徒对宗教建筑有一种刻意的厌恶，常在大教堂里拴马，还打碎彩色花窗玻璃，但《沉思的人》中的诗人却被神圣的宗教建筑感动，写下了这一幕场景，表现出劳德主义对"圣洁之美"的关照。诗人接着描写音乐：

> 让响亮的风琴在那里演奏，
>
> 为下面那高歌的合唱伴奏，
>
> 崇高的敬奉，清扬的圣歌，
>
> 甜美的声音回荡于我耳中，
>
> 令我消融于极乐的境界里，
>
> 在我的眼前呈现整个天国。[49]

这段诗文与克拉肖的观点接近，即认为感官可以把心灵带入极乐。而在《偶像破坏者》(1649年)中，弥尔顿会对"彩绘窗玻璃""吟诵的祈祷书""歌唱的

———

① 小吉丁(Little Gidding)，英国地名，位于剑桥和彼得伯勒(Peterborough)之间。

人"，甚至"风琴"都嗤之以鼻。[50]

1631 年的夏天没有完全用来创作诗歌：8 月 12 日，弥尔顿的姐夫爱德华·菲利普斯在弥尔顿父亲的协助下订立遗嘱，8 月 25 日，菲利普斯"在夜间被葬于教堂"，避免了纹章葬礼 ① 的各项要求和高昂费用。[51] 他的遗孀安妮有一个一岁的孩子（爱德华·菲利普斯），并另怀有一子（约翰·菲利普斯，将于 10 月出生）。不到五个月（1632 年 1 月 5 日），安妮嫁给了托马斯·阿加，他是位鳏夫，后来继承了安妮前夫的职位，成为大法官法院刑事办公室的副书记员。[52]

《第 7 篇演说试讲稿》（《为学习辩护的演说》）发表于基督学院的教堂，时间可能是在 1631 年的米迦勒学期。对于这个时间的断定是基于一项非决定性的证据，即弥尔顿曾提到他在乡下度过了夏天。他的家人于 1631 年 4 月（或者更早些时候）从伦敦搬到哈默史密斯，1631 年的哈默史密斯仍是一座村庄。无论是从拉丁语水平还是修辞能力来说，《第 7 篇演说试讲稿》均属上乘，表明这是一篇相对成熟的作品：标题暗示了这篇演说是弥尔顿按照学校章程要求，为获得文科硕士学位而发表的演说，但学院的规定并不意味着这篇演说需要在最后一学期发表——尽管也有可能是这样。诚然，这篇演说从来没有公开触及有争议的话题，但是，认为学习是一种完全道德的活动，不需要人们为之辩护，这一观念对于 17 世纪的大学听众来说并不是那么显而易见的。那时存在一种针对实验科学的怀疑，而且弥尔顿笔下的天使拉斐尔认为应有被禁止的知识（或"范围内的知识"），这种观念在清教徒中有不少追随者。正如塞缪尔·豪在《不需人类的学习，圣灵的教导就已足够》（1639 年）中所断言的那样，

圣灵在皮匠店里教导，
要远胜过牛津与剑桥。

弥尔顿自己后来也接受了这样的观点，但在 1631 年，该演说主题与他自己的学术热情一致。

1632 年，弥尔顿进入了他学生时代的最后几个月。四旬节学期的公共事件包括王室访问（期间上演了两部戏剧），以及随后的大学行政首长自杀[53]，但弥

---

① 17 世纪及 18 世纪时，在皇室或贵族的葬礼上，送葬者通常举着绘有死者纹章的帷幔，以彰显死者的地位和荣耀。

尔顿没有留下他对前者的记录或是对后者的反应，也许是因为他当时不在学校。现存的演说试讲稿都不能很有把握地与弥尔顿需要完成的学术练习相关联，也没有哪首诗是在这一年的上半年创作的。《第2篇演说试讲稿》有可能是在公学舍的某个尚未知晓的场合下发表的，但也有可能仅是某项学术练习：这篇作品的质量意味着弥尔顿已经应对挑战，但这个挑战是什么还不为人所知，我们只知道弥尔顿这篇简短的演说安排在一系列杰出演讲者的演讲之后。虽然弥尔顿大胆地宣称毕达哥拉斯已经进入他的身体，并通过他说话，但该演说的主题是天体的乐音，并不引人注目。值得注意的是，弥尔顿的拉丁语散文的质量突飞猛进：精致的拉丁语遵循着毕达哥拉斯式的巧妙阐述，这种技巧在弥尔顿早期的拉丁语散文中是看不到的，直至弥尔顿写下富有远见的《为英国人民声辩》才会再次显现。

弥尔顿申请了学位，又在《认信书》上签名（1632年7月3日），然后获得了文科硕士学位，并再次承认了王权的至高无上，认同《公祷书》、主教制和《三十九条信纲》。在那天签名的二十七名基督学院学生中，弥尔顿的名字排在第一位。也许这只是巧合，但也可能意味着一个小小的荣誉。[54] 弥尔顿的宣誓内容包括在剑桥大学继续担任五年的学术答辩主管一职。[55] 学校章程规定的这项誓言只是走个形式，但有可能弥尔顿认真对待了继续学术研究的承诺，这无疑是他接下来七年的主要活动。

第二部分

1632—1639 年

第五章

哈默史密斯

　　几个世纪以来，人们一直认为，弥尔顿在剑桥的最后一年里，他的父亲隐退了，1632 年他们举家搬到离温莎几英里远的霍顿村，据说直到 1638 年前往意大利之前，弥尔顿一直住在那里。两项发现迫使传记作家重新审视这一时期。1949 年，在英国国家档案馆发现的大法官法院的四项结案清楚地表明从 1632 年 9 月 14 日（也许更早）到 1635 年 1 月 8 日（也许更晚），弥尔顿一家不住在霍顿，而是住在哈默史密斯。1996 年，在哈默史密斯和富勒姆档案馆发现的一些文件表明弥尔顿一家在 1631 年 4 月 30 日前住在哈默史密斯，而弥尔顿的父亲可能一直在劳德派小礼拜堂担任堂区俗人执事。[1]

　　哈默史密斯现在是内伦敦的一个自治市，但在 17 世纪 30 年代，它是坐落于泰晤士河泥泞的北岸的一个小村庄，在伦敦以西大约七英里处。它位于一条主干道上，这条路始于威斯敏斯特，向西经过肯辛顿到哈默史密斯，再到温莎和英格兰西部。哈默史密斯曾是富勒姆庄园的一部分，这座庄园在过去一千年里都属于伦敦主教。主教们的住所是富勒姆宫，尽管自 1973 年起它就不再是官方住所，但仍然矗立在主教大道上。该堂区的教堂是万圣教堂，位于哈默史密斯以南一英里处，没有马的居民会觉得冬天去教堂的旅途很艰难。1629 年 12 月，住在附近巴特威克宫的马尔格雷夫伯爵埃德蒙·谢菲尔德[2] 向时任伦敦主教的威廉·劳德请愿，要求在哈默史密斯建造一座小礼拜堂。这座小教堂应当是堂区的一部分（直到 1834 年），礼拜仪式应由一名助理牧师主持。请愿书饱含深情地提到前往富勒姆的道路漫长又肮脏，强调冬天穿过耕地甚为辛苦。[3] 还有一种观点认为，许多人选择不去教堂，而在规定做礼拜的时间去酒馆亵渎上帝，做一些对神不敬之事。建教堂的资金来源于当地的捐款，尼古拉斯·克里斯普（后来的尼古拉斯爵士）捐的七百英镑是大头，他的河畔豪宅（后来的布兰登堡宫）就坐落在堂区内。谢菲尔德后来成为国会议员，克里斯普成为保王党人，但 1629 年他们都积极支持在劳德的管辖之地内建造小教堂。建成的教堂是一座砖房，宽四十八英尺，长八十英尺，钟楼高五十八英尺，上面有一组八个铃铛的钟，如今挂在圣保罗教堂里，后者于 1889 年建于小教堂的遗址之上。这座小教堂于 1631 年 6 月 7 日由劳德主教主持祝圣仪式，他的祈祷词现存于哈默史密斯档案馆的"哈默史密斯文件集"中，他的作品集也有收录。[4]

弥尔顿父亲的名字没在请愿书里，也没有被列入 1630 年哈默史密斯一方的济贫财产评估中，但他在 1631 年 4 月 30 日受到评估，并在当年 6 月 24 日、9 月 29 日和 12 月 25 日支付了济贫基金。[5] 搬家的时机表明，哈默史密斯对弥尔顿父亲的吸引力在于该地要开办一座符合他宗教偏好的劳德派教堂。因为没有参加祝圣仪式的人员记录，所以我们无从知晓弥尔顿是否从剑桥赶来他父母身边。

1632 年 7 月 3 日，弥尔顿获得文科硕士学位后，从剑桥搬到位于哈默史密斯的房子里，但房子的确切位置不得而知。他决定在家继续学习，很可能打算攻读神学学士，剑桥大学的文科硕士可以在毕业七年后申请该学位。因为没有住校的必要，所以弥尔顿决定在家学习，就住在劳德府邸的附近。虽然周围没有主教图书馆，但在劳德府邸内有大量的私人藏书（在他被监禁后，藏书就散落各处了）；我们不知道附近的学者是否有机会用到这些书。弥尔顿的弟弟克里斯托弗和弥尔顿同时离开了剑桥（克里斯托弗在剑桥住了五个学期），但他没有回到哈默史密斯。相反，他进入了内殿律师学院，登记簿（用拉丁语记载）上面说他是一位绅士，是约翰·弥尔顿的次子。[6]

弥尔顿到达哈默史密斯后不久，就开始将他的诗歌草稿编入他收集的第一份手稿，他后来积存了一系列手稿，一直持续到 1658 年左右；后期的编目迫不得已由抄写员撰写。弥尔顿逝世后很久，这些松散的文件被装订在一起，现在统称为《三一学院手稿》，保存在剑桥大学三一学院的雷恩图书馆。一位早期的编目员准确地将其描述为"弥尔顿少年时期诗歌及其他作品"。最早的手稿上面所记的第一首作品是《阿卡狄亚人》^①的草稿，这是一部在黑尔菲尔德（哈默史密斯西北约十英里处，现位于 M25 环城高速公路内侧）表演的田园剧，旨在赞颂德比伯爵遗孀艾丽丝。演出的日期不得而知，但很可能是在弥尔顿于 1632 年 7 月从剑桥归来之后，并在布里奇沃特家族于 1634 年 7 月踏上他们穿越威尔士的行程之前。有人提出过充分的理由，认为演出日期是 1632 年夏末 [7]，另一种可能是在 1634 年 5 月 4 日伯爵夫人 75 岁生日那天。[8]《阿卡狄亚人》被描述为"娱乐剧的一部分"。这部剧是专为贵族观众演出而创作的，并于 1645 年作为三部应景作品之一（连同《利西达斯》和《在勒德洛城堡上演的假面剧》）发表于诗集的末尾。弥尔顿为何接受委托创作《阿卡狄亚人》（以及后来为同一家族创作《在勒德洛城堡上演的假面剧》），其中的缘由仍不得而知。

69

艾丽丝·斯宾塞出身贵族家庭，结过两次婚。她的第一任丈夫是费迪南多·斯坦利，即斯特兰奇勋爵（后来的德比伯爵）。斯特兰奇勋爵有可能会接替伊丽莎白女王的王位，但他于 1594 年去世。他的演出剧团"斯特兰奇勋爵剧团"更名为"德比伯爵夫人剧团"，很快又与"宫内大臣剧团"合并。他的剧团的主要剧作家是莎士比亚。1600 年，伯爵夫人再婚（这次是秘密进行的），成为托马斯·埃杰顿爵士的第三任妻子。作为联姻的一部分条件，艾丽丝的女儿弗朗西丝与托马斯爵士的儿子和继承人约翰·埃杰顿（未来的布里奇沃特伯爵）订婚。艾丽丝夫人和托马斯爵士的婚姻充斥着争执和痛苦。用约翰·贝克爵士的话来说，

> 她傲慢、爱挥霍、贪婪、脾气暴躁，在她丈夫生命的最后十七年里，她极大地加重了他的负担。"谢天谢地，我从来没有想过长寿，"埃杰顿于 1610 年写道，"自从我上次结婚以来，我更没有理由渴望长寿，因为我从未见过这样的暴风骤雨。"[9]

这场婚姻以托马斯爵士于 1617 年逝世而告终，随后艾丽丝夫人回到黑尔菲尔德，过着——用弥尔顿的妙语说——"田园女王"的生活。[10] 这位伯爵遗孀是一位著名的资助人，几十年来，她的资助得到了许多诗人和剧作家的致谢，诸

---

① 书名原文为 Arcades，源于古希腊语 Ἀρκάς 的复数形式 Ἀρκάδες，意为"Arcadians"，指生活在古希腊伯罗奔尼撒半岛中部山区阿卡狄亚的居民，以田园牧歌式的生活著称。

如罗伯特·格林、托马斯·纳什、埃德蒙·斯宾塞、赫里福德的约翰·戴维斯、约翰·哈林顿和约翰·马斯顿。[11] 她曾演过宫廷假面剧，如塞缪尔·丹尼尔的《十二女神的幻象》（1604 年）、本·琼森的《黑色假面剧》（1605 年）和《美的假面剧》（1608 年）。她也参演了弥尔顿的《阿卡狄亚人》。她在黑尔菲尔德继续资助创作，上演了许多假面具，让她的孙子孙女们也能参演其中。

图 10　未知艺术家，德比伯爵遗孀艾丽丝·斯宾塞肖像（伦敦国家肖像馆）

　　1631 年，这家人被卷入了一场全国性的丑闻：第二代卡斯尔黑文伯爵默文·图谢受审并被处决。[12] 在第一次婚姻中，图谢和妻子伊丽莎白似乎成了罗马天主教徒（尽管他们自己否认），他们的孩子则肯定是天主教徒。但詹姆斯·图谢（第三代伯爵）在整个 17 世纪 40 年代都要同爱尔兰的天主教势力作战，乔治·图谢则成为本笃会的僧侣，还是凯瑟琳·布拉甘萨女王的牧师。默文·图谢成为鳏夫后，重新皈依英国国教，娶了安妮·布里奇斯夫人，她是第五代钱多斯男

70

爵格雷·布里奇斯的遗孀，也是德比伯爵遗孀艾丽丝的长女。安妮和默文·图谢结婚后，带着大女儿伊丽莎白搬到了方特希尔吉福德村（她们家族在威尔特郡的所在地），但她的儿子乔治和威廉，或许还有她的小女儿弗朗西丝，仍留在黑尔菲尔德，由他们的外祖母艾丽丝照料。

图11　卡斯尔黑文伯爵默文·图谢肖像，《对默文·奥德利勋爵、卡斯尔黑文伯爵的传讯和定罪》卷首插图与扉页

　　1628 年，安妮十三岁的女儿伊丽莎白嫁给了卡斯尔黑文伯爵的嗣子詹姆斯，他是奥德利勋爵，也是她的继兄。这段婚姻并不圆满。不到一年，奥德利勋爵就离开了方特希尔吉福德村，他的妻子随后与一位名叫亨利·斯基普维思的人发生了性关系，后者是卡斯尔黑文伯爵的宠信；目前还不清楚这段关系是双方自愿，还是卡斯尔黑文伯爵把他的儿媳送给了斯基普维思。戴了绿帽子的奥德利勋爵和他父亲闹翻了，双方之间的争执升级，最终奥德利向国王上诉。[13] 枢密院随后进行调查，初步认定卡斯尔黑文伯爵犯了一系列罪行，理应受到审判，其中的罪行包括强奸和鸡奸。

　　英国法律承认人们接受同僚审判的权利，1948 年以前，上议院议员（主

71

教和终身贵族①除外，他们在血统上不被视作贵族）因重罪或叛国罪可接受其他上议院议员的审判。卡斯尔黑文伯爵的这起案件于1631年4月25日开庭审理，当时议会正处休会期，在这种情况下，上议院特别刑事审判长（在本案中是托马斯·考文垂，即掌玺大臣）主持审判并就法律问题做出裁决，他得到了由27名同僚组成的陪审团的协助，其中包括枢密院的大部分成员。审判在威斯敏斯特大厅进行，那里搭建了平台，以容纳大量观众。卡斯尔黑文伯爵被指控与一名男仆（弗洛伦斯·菲茨帕特里克）发生鸡奸行为，并胁迫其妻安妮被另一名仆人（贾尔斯·布劳德威）强奸。伯爵夫人和家仆的证词描绘了一家人荒淫无度的可怕画面，卡斯尔黑文伯爵与妓女和童仆发生性关系，并命令仆人裸露私处猥亵伯爵夫人，还鼓励她与自己的宠信发生性关系。卡斯尔黑文伯爵极力为自己辩护，坚称这些控诉是一场家族阴谋，目的是得到他的财产，并指控他妻子通奸、杀婴，儿子贪婪，儿媳滥交。特设法院就法律问题做出了一些奇怪的裁决。强奸被定义为强行通过阴道性交，并且必须插入，但不一定必须射精。贾尔斯·布劳德威坚持说他早泄，因此没有插入卡斯尔黑文伯爵夫人体内，但他仍被认为犯有强奸罪。同样地，弗洛伦斯·菲茨帕特里克在豁免罪行的承诺下也承认，他曾与卡斯尔黑文伯爵相互手淫，而不是鸡奸，但贵族们裁定，鸡奸不一定必须插入肛门。

考文垂勋爵可以投1票，因此共有28张票，只需要多数票通过即可；26位同僚投票决定以强奸从犯的罪名定罪（这使得卡斯尔黑文伯爵与强奸罪主犯受到同样的惩罚），但只有15人投票指控鸡奸。3周后，即1631年5月14日，卡斯尔黑文伯爵在塔山被斩首。菲茨帕特里克的豁免权被取消了，他和布劳德威一起被绞死。这样的判决是必然的结果，但审判的某些特点引起了人们对其公正性的轻微怀疑。有人指控他们收买证人，令人震惊的是，亨利·斯基普维思和约翰·安刻提尔（他是个无赖，娶了卡斯尔黑文伯爵的长女）都没有受到审判，尽管他们的名字都出现在原来的指控之中。为什么这些宠信被赦免了呢？可能是想到了与白金汉宫的关系，以及察觉到宫廷的情感，从而使总检察长的判决受到了影响。

审判给这个家庭蒙上了长久的阴影。卡斯尔黑文伯爵的遗孀没有再婚，他

---

① 终身贵族（life peer）是指爵位不能世袭的贵族。

的儿媳也未与丈夫和好。卡斯尔黑文伯爵的姐姐、预言家埃莉诺·戴维斯夫人写了三篇旨在为她已故弟弟开脱罪责的小册子，1633 年出版了其中的第一篇。[14]接着便是源源不断的诗作和辩论文章，那些坚持说卡斯尔黑文伯爵是清白的人包括爱德华·海德（后来的克拉伦登伯爵）。弥尔顿在创作《阿卡狄亚人》和《在勒德洛城堡上演的假面剧》时，该家族的境况便是如此，有些人认为后一部作品正是对这场丑闻的回应。[15]

艾丽丝夫人家族中参与《阿卡狄亚人》演出的"尊贵之人"都有谁呢？伯爵夫人与费迪南多·斯坦利婚后有三个女儿。安妮小姐是长女，嫁给了第五代钱多斯男爵；这段婚姻育有两个儿子（乔治，即后来的第六代男爵，以及威廉，即后来的第七代男爵），以及两个或三个女儿（伊丽莎白、弗朗西丝，可能还有安妮）。她后来与卡斯尔黑文伯爵的婚姻中没有孩子。她的两个儿子，或许还有弗朗西丝，都已经住在哈特菲尔德，但是安妮和她的女儿伊丽莎白因为这桩丑闻而声誉受损，艾丽丝夫人并没有马上把她们送到哈特菲尔德避难。她写信给国务大臣（多切斯特子爵达德利·卡尔顿）说，

> 我的女儿和她［伊丽莎白］会很乐意获得国王的赦免，在这之前，我决不愿意见到她们中的任何一个。因为看到她们，只会加深我的悲痛，我的心一想到这桩丑事就痛不欲生。[16]

安妮和伊丽莎白是否在《阿卡狄亚人》演出现场，这个问题无法回答，虽然我们可以确定赦免她们的日期（1631 年 11 月[17]），但《阿卡狄亚人》的演出日期无从知晓。

弗朗西丝小姐是艾丽丝的二女儿，嫁给了她的继兄约翰·埃杰顿（后来的布里奇沃特伯爵），这段婚姻育有八个女儿和两个儿子。到 1634 年，有七个女儿已经结婚，剩下的三个孩子（艾丽丝小姐、约翰和托马斯）参加了《在勒德洛城堡上演的假面剧》的演出。三女儿伊丽莎白小姐嫁给了亨利·黑斯廷斯，后者成了亨廷顿伯爵，他的家族名声显赫，但被继承下来的债务压垮了。这段婚姻育有两个儿子（费迪南多和亨利，即拉夫伯勒男爵）以及两个女儿（艾丽丝和伊丽莎白）。她的孙辈包括玛丽小姐和艾丽丝·埃杰顿小姐（布里奇沃特伯爵和伯爵夫人的女儿），自 1627 年起（也许更早），亨利·劳斯就担任她们的音乐

老师。劳斯是皇家礼拜堂的一名绅士[①]，于 1631 年被任命为"国王乐团"的诗琴弹奏者和歌手。让弥尔顿创作《阿卡狄亚人》的委任可能来自伯爵夫人，但似乎更有可能是劳斯委托弥尔顿创作《阿卡狄亚人》和《在勒德洛城堡上演的假面剧》的。

《阿卡狄亚人》是一部旨在赞颂伯爵夫人的田园剧。在一份早期草稿中，弥尔顿将其命名为"假面剧的一部分"，但后来改变了主意，称其为"娱乐剧的一部分"。它在某些方面类似于假面剧，但其中的情节并没有发展为宫廷式的狂欢。它还类似于某种乡间宅邸的娱乐活动，旨在欢迎名声显赫的来访者（例如 1602 年伊丽莎白女王到访黑尔菲尔德，当时就在庄园的奶牛场迎接她），但这部剧中的情节主要为了赞颂伯爵夫人而非到访者。[18] 评论家弄混淆了这最后一点，从而接受了马森的离奇想法，认为《阿卡狄亚人》是在室外演出的，而这部剧实际上是在室内上演的，很可能就在黑尔菲尔德大厅。该剧的核心情节直截了当：伯爵夫人的家人和雇佣的乐师身着田园式服装，自称来自阿卡狄亚。他们受邀来到黑尔菲尔德，这里住着一位贵妇人，她将此处打造成了新的阿卡狄亚。伯爵夫人坐在"宝座"上，这是一张垫高的椅子，可能还有一顶表明她地位的华盖，一位扮成林中精灵的仆人乐师领着阿卡狄亚人走向伯爵夫人。尊贵的阿卡狄亚人走近宝座，亲吻伯爵夫人衣裳的下摆，此时弥尔顿写的两首歌响起，赞颂伯爵夫人的美德。虽然《阿卡狄亚人》可能只是"娱乐剧的一部分"，但它足够充实（尤其是林中精灵的致辞），足以证明弥尔顿的稳重和优雅，即使这只是一篇应景之作。

1632 年 12 月 9 日，弥尔顿迎来了他的二十四岁生日，大约在这个时候，他写了《时间多快啊》（第 7 首十四行诗），[19] 说他已经走完人生的"二十三年"。他担心自己年龄渐增，却几乎一事无成："但我的晚春未含苞亦未开花。"在第二组四行诗中，他评价了自己年轻的外表，解释说这"可能会隐瞒真相，/事实上我已是即将成年之人"。[20] 有六行诗以"但"（yet）这个转折词开头，对神意表现出一种顺从的语气：他的人生历程"要遵从时间的引导，这是天意"。这首十四行诗在形式和内容上都很出色。弥尔顿创作了一系列意大利式的十四行诗，这首诗在形式上也恰如其分，完全是意大利式的，这一点可以从押韵格式、转

---

① 这里的绅士是指皇家礼拜堂（Chapel Royal）的成年男性歌手。

弥尔顿传

折和诗行的内部平衡（"但不管是少还是多，或快或慢"）等特征中看出来。诗的内容标志着弥尔顿开始用十四行诗来描述爱情以外的主题。这首诗就是在表达一种冥想，如果我们去掉其中的宗教内容，它又属于浪漫主义时期的重要诗歌类别。就其本身而言，这首诗作为早期范例表达了弥尔顿的信心，他要在自己的诗人生涯中不断地突破他所采用的诗歌体裁的局限性。

也许在同一个月的晚些时候，弥尔顿写了《论时间》[21]，但我们无法确定这首诗的具体创作时间。这首诗与第 7 首十四行诗有一个共同的主题，但它摒弃了十四行诗的形式限制，转而采用一种长短诗行精心变换的组合，其中的词语如暴风骤雨般聚集，最终以亚历山大格式的诗行①结束："战胜了死亡和命运，还有你呵，时间。"弥尔顿逐渐成为写短诗的能手，但直到 17 世纪 50 年代早期，他在创作了关于皮埃蒙特大屠杀②的十四行诗之后，才再次像这样完全控制了节奏和语调。

1 月 1 日是割礼节，弥尔顿有可能在 1633 年元旦这天写了《适逢割礼节》，这是他庆祝礼仪年诗歌系列中的第 3 首（继《圣诞清晨颂歌》和《受难曲》之后）。割礼过去不是英国国教的仪式，现在也不是，仅在早期现代时期的英格兰地区有过几起，那时只是纯粹的外科手术。然而，割礼节在礼仪年里占据着重要的位置，它在传统的圣诞欢愉时期（于第十二夜结束）给人们提供了一个深刻反思的机会，这在斯图亚特早期诗歌中并不少见。罗伯特·赫里克明确将割礼节解释为对极度狂欢的纠正："在净化、涤荡 / 你的心灵、双手、嘴唇、耳朵和眼睛之前，/ 不要让圣诞的欢乐开始。"[22] 弥尔顿的这首诗是他关于仪式年节庆的诗歌中最传统的一首，严格遵从了其他诗人庆祝割礼节的做法。他把耶稣的割礼与耶稣受难日的赎罪联系起来，这可能会让现代读者觉得很不合时宜："啊，不久，/ 巨大又强烈的痛苦 / 将刺穿他的心脏。"[23] 然而，当时这样的类比大量存在。例如，弗朗西斯·夸尔斯评论道："这天流淌的滴滴鲜血，/ 预示着他严峻的受难之日。"[24]

75

---

① 亚历山大格式的诗行（Alexandrine）包含 12 个音节，组成六音步抑扬格（iambs），中顿（caesura）发生在第三个音步之后。

② 1655 年，信仰天主教的萨伏伊公爵（Duke Savoy）派军屠杀居住在皮埃蒙特山区的被视为新教徒的韦尔多派信徒（Vaudois 或 Waldenses），受到迫害的韦尔多派信徒多达数千名。

在新年年初，也许是 1633 年 1 月，弥尔顿写了一封信，现在被称为《致一位友人的信》或《致一位姓名不详的友人的信》，这封信在《三一学院手稿》中现存两份草稿。我们不可将这封信与写于 1660 年的《致一位友人论及共和国分裂的信》弄混淆。[25] 这封信的标题源于它的结束语"你真实而诚挚的朋友"，这是一句套话，没有提供关于朋友身份的线索。[26] 这封信延续了第 7 首十四行诗（他在信里附上了这首诗）和《论时间》所阐述的关于尚未实现生活抱负的主题：他解释说，他的生命"仍然默默无闻，对人类又无用"。这位朋友前一天与他见面时评论说，"太爱学习是错误的，我［即，弥尔顿］已经放弃了自我，隐退起来钻研学问，在遐想中虚度光阴，就像恩底弥翁和月神那样"[27]① ；弥尔顿用自嘲的方式，避免了浪费时间的隐含之意。

弥尔顿在这个时期写的最后一首诗可能是《在一场神圣的音乐会上》。这首诗显然也受到了意大利诗歌的影响：诗节在形式上模仿彼特拉克的《优美的圣母》，这是一首致圣母玛利亚的坎佐尼情诗，弥尔顿这首诗的第一句话持续了二十行，最后是一段四行的尾声。诗的标题暗指弥尔顿参加了一场宗教仪式，也许是合唱晚祷（弥尔顿可能使用过的 1552 年版《公祷书》称其为"晚祷"），这首诗描写歌声和诗文的组合将弥尔顿的思绪带到天堂的景象。许多年后，弥尔顿在《偶像破坏者》（1649 年）中谴责"被人吟唱的祈祷书"和那些在此类仪式上的"歌唱之人"[28]，但在 17 世纪 30 年代，弥尔顿则赞颂圣乐的荣耀，而他也从未真正放弃对合唱音乐的喜爱。这首诗的主题也出现在《致父亲》一诗中。[29] 此外，甚至在《失乐园》中也有一个角色仍然唱着圣歌赞美圣父与圣子。诸天使的竖琴"琴弦永远是调好的"，他们咏唱着来"唤醒高度的欢喜……天堂里就是这样的和谐乐声"。[30]

1634 年，弥尔顿继续博览群书（他购买的书包括吕哥弗隆和欧里庇得斯的作品[31]），但对他来说，这一年的主要事情是受委托创作了《在勒德洛城堡上

---

① 恩底弥翁（Endymion）是古希腊神话中的牧羊人，相貌英俊，某天夜里他在月下酣睡，月亮女神塞勒涅（Selene）对他一见倾心，最后恩底弥翁选择永远长眠，永葆青春，每天夜里与月神在睡梦中相会。

演的假面剧》（通常被称为《科玛斯》）。《科玛斯》这个标题似乎不太合适（就好像《失乐园》被称为《撒旦》一样），但从 1698 年就开始用这个标题了，而且它不会就此消失。然而，我们还是按照现代拼法保留了弥尔顿自己的标题，即《1634 年在勒德洛城堡上演的假面剧》（1637 年出版时"假面剧"一词的拼写是"Maske"）。

图 12　勒德洛城堡

　　1631 年 6 月 26 日，查理一世国王任命律师兼政治家、第一代布里奇沃特伯爵约翰·埃杰顿为威尔士边区事务委员会（非正式名称为威尔士事务委员会）会长，官邸位于什罗普郡的勒德洛城堡。1631 年 7 月 8 日，伯爵被任命为什罗普郡、伍斯特郡、赫里福德郡、蒙茅斯郡、南北威尔士的首席治安长官。之所以委任这些英格兰边境诸郡的职位，是因为委员会的管辖范围包括威尔士和都铎王室在边境的私有土地。委员会受枢密院（布里奇沃特是枢密院的一员）的监督，但依据国王的任命，它既作为地区性星室法庭，又作为地区性大法官法院，可以行使独立的咨议管辖权；更有争议的是，它还可以根据普通法行使管辖权，这就与威斯敏斯特的诸法院发生冲突。① 布里奇沃特伯爵的背景使他非常适合担任这一职务：他是总检察长②之子，不仅上过大学，而且毕业后在林肯律师学院接受法律训练。[32] 这样的法律背景正是布里奇沃特担任威尔士边区事务委员会会长的一大亮点。他捍卫委员会的管辖权不受附近英格兰诸郡和其他法院的侵犯，并亲自保存了委员会的案卷。他每年在委员会的大法官法院管辖范围内负责审理 1000 多起民事案件。布里奇沃特还审理普通法案件，其中第一个广受关注的案件是马乔丽·埃文斯案，原告在下级法院拒绝起诉一名被指控的强奸犯后，成功地向委员会提出上诉。[33]

经过多次耽搁，布里奇沃特伯爵开始巡视他所管辖的土地。[34] 这次礼仪之旅开始于埃杰顿家族在赫特福德郡的所在地阿什里奇。1634 年 6 月底，在正式启程前，布里奇沃特伯爵访问了黑尔菲尔德（离阿什里奇十六英里）；参加宴会的有年轻的卡斯尔黑文伯爵，他于父亲被砍头后继承了爵位。7 月 1 日，布里奇沃特伯爵及其家人踏上了为期四天的前往勒德洛的旅程，他们到达伍斯特时，听到了欢迎这位新首席治安长官的钟声。

布里奇沃特伯爵这次在勒德洛住了几个星期，然后在开庭期结束时离开，去巡游他所负责的地区。旅程中最远的地方是莱姆（即现在的莱姆庄园），位于麦克尔斯菲尔德以北。原本在几天内就可以到达莱姆，但是布里奇沃特伯爵花了三个星期，途中在很多贵族的家中停留。他们一行人中还包括宫廷乐师亨利·劳斯，布里奇沃特伯爵在 17 世纪 30 年代和 40 年代一直给予他资助。劳斯和弥尔顿彼此认识，虽然我们不确定他们是如何认识的，但伦敦的音乐文化或许很早就把他们联结在一起。他们在某个时候成了朋友，后来弥尔顿还写了一首十四行诗来纪念劳斯。[35]

布里奇沃特伯爵此行访问的家族，要么担任着与他公务有关的职务（威尔

---

① 星室法庭与大法官法院都属于衡平法院（court of equity），依据衡平、正义和公平原则行使管辖权，而不是机械地运用普通法条例；1875 年司法改革之前，位于威斯敏斯特的法院有王座法庭（King's Bench）、民诉法庭（Court of Common Pleas）和财税法庭（Court of Exchequer），这些都是普通法法院，1873—1875 年，《司法组织法》（Judicate Acts）将普通法管辖权并入英格兰高等法院（Courts of Westminster Hall）。

② 总检察长（attorney-general）一职在英格兰源于中世纪的国王法律代理人（King's attorney）和国王律师（King's Serjeant），从 1461 年起开始使用"总检察长"的名称，后来成为王室的首席法律顾问。

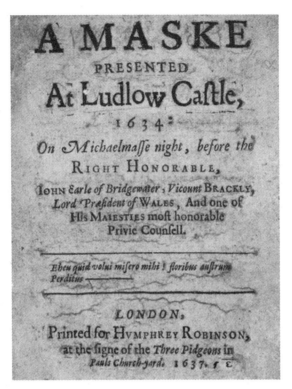

图 13　约翰·弥尔顿，《在勒德洛城堡上演的假面剧》（伦敦，1637 年），扉页

士事务委员会的成员或代理治安长官），要么是与他有亲戚关系的权贵家庭。他们一家首先在艾顿庄园停留，这是威尔士事务委员会成员理查德·纽波特（他于1642 年购买贵族爵位后，成为纽波特男爵）在什罗普郡的家。[36] 然后他们前往奇尔克城堡，这是登比郡一座宏伟的边境要塞，自 1595 年起，该城堡就归托马斯·米德尔顿爵士所有，他是东印度公司创始人之子，与其父同名，其父投资了德雷克、雷利和霍金斯[①]的航海生意，获利颇丰，并把奇尔克城堡改造成了庄严的府邸。[37] 他在 1612 年就将城堡转让给其子小托马斯·米德尔顿爵士，招待

---

① 弗朗西斯·德雷克（Francis Drake，1540—1596 年），英国伊丽莎白一世时期航海家，最早进行环球航行的英国船长，1558 年出任英国海军舰队副司令，击败了西班牙的无敌舰队；沃尔特·雷利（Walter Raleigh，1554—1618 年），英国航海探险家，伊丽莎白一世女王的宠臣；约翰·霍金斯（John Hawkins，1532—1595 年），英国伊丽莎白一世时期的航海家、海军指挥官，1588 年击退了西班牙无敌舰队的入侵。

布里奇沃特伯爵的是小米德尔顿，后者长期担任登比郡的代理治安长官，也是该郡的案卷保管官。[38]在奇尔克城堡的宴会上，伯爵、伯爵夫人以及要参演《在勒德洛城堡上演的假面剧》的三个孩子都发表了讲话，讲话稿由托马斯·索尔兹伯里爵士执笔。[39]

78 　　从奇尔克出发，伯爵一行人进入克卢伊德山谷①，可能在巴奇姆比德庄园（索尔兹伯里家族所在地）稍作停留，然后北行至海岸边，居住在莫斯廷庄园，那座庄园在当时和现在都是莫斯廷家族所在地。他们的东道主是罗杰·莫斯廷爵士，他是一名（弗林茨郡）代理治安长官和治安法官。随后，他们前往布雷顿庄园（弗林茨郡），那里曾是伯爵父母（两人是继兄妹）的童年居所，他们又途经乔姆利城堡，那是罗伯特·乔姆利在柴郡的住所，他趁着爱尔兰的爵位以1500英镑的低价出售的时候购入，成了凯尔斯子爵，他也是柴郡的代理治安长官和治安法官。倒数第二站是新建成的邓纳姆·马西庄园，那里是布里奇沃特伯爵的侄女维尔·布思小姐的家。最后，伯爵一家人抵达彼得·利爵士位于莱姆的宅邸，彼得·利爵士是柴郡的一位重要人物，布里奇沃特伯爵与他有着姻亲关系。[40]

　　对莱姆的访问持续了三个星期。9月15日，伯爵一家人前往勒德洛，他们于9月17日星期三晚上抵达。十二天后，9月29日星期一，弥尔顿的假面剧在勒德洛城堡的大厅上演，这是与伯爵府宅有关的最后且最盛大的流动娱乐节

79 目。布里奇沃特伯爵一家很可能在旅途中就开始着手准备，因为他们抵达勒德洛时，小演员并没有多少时间来准备和排练了。同行的劳斯有可能帮他们排练台词和剧中小姐演唱的歌曲。有关舞蹈部分的准备可能问题更大，因为我们根据宫廷假面剧的彩排得知这部分非常耗时。据我们所知，伯爵一行人中也没有任何编舞师。

　　他们要采用的剧本出自一个从未去过勒德洛的人之手，这在作者无法确定布景这点上表现得很明显：开场的舞台指示是"守护精灵降下或入场"，这反映了作者不确定顶部是否有足够的空间供演员降下来，或是有一扇便门让演员上台。不过，演出日期早就定好了，因为在假面剧上演之前，宴会的宾客名单必

---

① 克卢伊德山谷（Clwyd Valley）位于威尔士东北部的登比郡，原书中拼写为"Clywd"，这里应该是作者笔误。

须在几周前就要拟定。民间记录和家庭记述都是零碎的，但可以确定的是，宾客包括司法人员和民间权贵。这是一场盛会，不是孩童的娱乐活动。[41] 同样，在任何意义上，这都不是对卡斯尔黑文丑闻迟来的回应[42]，更多的是在传达剧本本身的初衷：这是一场庆祝布里奇沃特伯爵被任命为威尔士事务委员会会长的假面剧。

假面剧由亨利·劳斯作曲，正如我们上面提到的，他很可能委托了弥尔顿作词。假面剧的演员是伯爵三个最小的孩子：十五岁的艾丽丝·埃杰顿小姐、十一岁的约翰（布拉克利子爵）和九岁的托马斯·埃杰顿。[43] 亨利·劳斯扮演了守护精灵，而姓名不详的专业演员出演了科玛斯、萨布丽娜及科玛斯的逃兵，其戏份基本上是作为一种场景之间的滑稽插曲。乐师都是专业人士，可能抽调自"国王乐团"，也可能是剧院的乐师，或者伦敦公共乐团①，他们有时作为王室乐团的增补人员参演宫廷假面剧。尽管这是一件盛事，而且根据宫廷习俗一定会毫不吝啬地招募演技好的演员，但很可能是伯爵家的成员组成了科玛斯的逃兵和萨布丽娜的随从。没有证据表明弥尔顿从伦敦启程来到了这里，我们也不确定他作为演出非必需的助理是否能获准进入城堡。

9月29日是米迦勒节，或者按照《公祷书》的说法，是圣米迦勒和诸天使节。米迦勒节是英格兰和威尔士的季度日②之一（因此，依照普通法享有作为租金支付日的法律地位），其法律意义体现在威尔士边区事务委员会秋季开庭期的名称上。米迦勒节也是地方治安官开始任期的日子，因而对于伯爵任首席治安长官的就职仪式来说这个日子非常合适。世间王国的守护者是治安官，天国的守护者是天使，所以自然就让人联想到这个赞颂守护天使的节日了。假面剧里小演员的守护者是守护精灵，朱庇特派他下来做他们的"保卫者和守护者"。显然，这个角色是弥尔顿为亨利·劳斯写的，其中巧妙地赞美了劳斯，他是一副

80

---

① 伦敦公共乐团（London waits）是指当时由市政当局出资建立、维持的乐师团体，成员通常是管乐器演奏者。

② 季度日（quarter day）指一年中每个季度开始的第一天，通常作为季度结账日。在英国有四个季度节，分别是3月25日圣母领报节（Lady Day）、6月24日施洗约翰节（Midsummer Day）、9月29日米迦勒节和12月25日圣诞节。

> 少年模样，
>
> 为这个家族的成员效劳出力，
>
> 他的笛声柔和，曲调又流畅，
>
> 能够使咆哮的狂风平静下来，
>
> 让摇曳的树林安静。[44]

弥尔顿为艾丽丝小姐和她弟弟写的角色也反映出他事先了解了这些演员：艾丽丝到了适婚的年龄，所以贞洁的确是值得考虑的问题，而她的弟弟对"甘美的甜品"[45]更感兴趣。

劳斯在剧中扮成守护精灵。他在介绍了假面剧的情节之后，先是表达对伯爵的感谢，然后面向伯爵的孩子们，说道：

> 这片面朝落日的整个区域
>
> 乃由一位高尚的伯爵管辖，
>
> 他德高权重，恩威并施，率领
>
> 一个古老、高傲又尚武的民族；
>
> 他俊美的子女熟读王孙们的传说，
>
> 此时正走向他们父亲的宝座，
>
> 以及新近委任的权杖。[46]

伯爵的孩子们正在来他这里的路上。就像斯图亚特早期的一些宫廷假面剧，这部剧讲述了一则有关旅途受阻的故事，因为孩子们被科玛斯的到来耽搁了，这是一个诱惑他人的形象，他的名字（在希腊语里）的意思是"狂欢"。这不是琼森作品《快乐与美德重归于好》里那位庸俗的"欢乐或大肚子之神"，琼森笔下大腹便便的科玛斯源于拉伯雷的加斯特，而弥尔顿笔下的科玛斯是一位古典时代的英俊少年，因此是个能说会道、具有诱惑力的人。然而，他的真实本性由幕间表演的滑稽插曲人物展现了出来，那些人物是一群"溃败的怪物，长着像各种野兽一样的头"，令人想起那些被喀耳刻变成猪的水手①。

---

① 喀耳刻（Circe）是古希腊神话中的巫术女神，奥德修斯率领手下在海上漂泊至埃埃亚岛（Aeæa），不料船员们在吃下喀耳刻的食物后都变成了猪。见《奥德赛》（*The Odyssey*）第十卷。

图 14　未知艺术家，亨利·劳斯肖像（牛津大学音乐学院）

　　弥尔顿给科玛斯写的台词反映了他对当年所购买的欧里庇得斯作品的解读，因为科玛斯的讲话模仿了欧里庇得斯的酒神独唱赞歌。酒神赞歌是一种情感狂热的颂歌，很少有人用英语来尝试这种体裁（但德莱顿的《亚历山大的盛宴》是另一首写宴会之后的例子）。这种文学形式意味着台词要在吟诵中唱出来或说出来。劳斯为《假面剧》创作的五支乐曲都保存了下来 [47]，但这段台词没有配乐。此时，无名小姐（艾丽丝小姐扮演）入场，寻找她的弟弟们。这位小姐说了一段话，反映出弥尔顿对莎士比亚晚期作品的涉猎（"还有空中的声音，在沙滩、海岸上，/清晰地喊着人们的名字"），接着她唱着歌，呼唤"甜美的厄科"①；不同寻常的是，在这种类型的作品中，厄科通常是不作回答的：剧中的小

81

----

①　厄科（Echo）是古希腊神话中居于山林水泽的仙女（nymph），由于她不断找赫拉（Hera）讲话，导致赫拉无法监视宙斯与情人调情，因而触怒赫拉而被罚，丧失了说话的能力，只能重复他人所讲的最后几个词。后来，厄科爱上了美少年那喀索斯（Narcissus），却遭到了那喀索斯的拒绝。见奥维德《变形记》（*The Metamorphoses*）第三卷。

姐既孤独又脆弱。科玛斯看到了机会，化装成牧羊人同她交谈，然后把她带进后台的一间小屋。

故事情节又转到了剧中的弟弟们身上，弥尔顿给他们的台词要求极高。他们说话像大人，但弟弟还是听命于哥哥：

> 哥哥：我姐姐不会如你所想的那样
>
> 　　　孤立无助，她拥有暗藏的力量，
>
> 　　　只是你不记得了。
>
> 弟弟：什么暗藏的力量？
>
> 　　　除非你指的是上天赐予的力量？
>
> 哥哥：我也那样想，但即便是上天所赐，
>
> 　　　这暗藏的力量也可以说是她自己的：
>
> 　　　那就是贞洁，我的弟弟，是贞洁：
>
> 　　　她有了贞洁，便如同身穿铁甲。[48]

现代观众也许会开心一笑，但 17 世纪时孩子的观念，尤其是贵族孩子的观念却大不相同，当时的观众听完之后反应也与现代人不同。这些话向大厅里的观众表明，这些男孩子"熟读王孙们的传说"，正准备担起统治阶层的义务。守护精灵入场，兄弟们一起计划营救这位小姐；他们的台词结束了"野林"里的场景。

第二场发生在"庄严宫殿"里的宴会上，开场时，小姐坐在一张施了魔法的椅子上。科玛斯"和他手下的暴徒"出现了，递给小姐一杯酒。她拒绝了，双方开始争论。科玛斯说人们需要利用大自然的恩赐，他讲的话在某种层面上像是唐璜试图勾引一位年轻女士时说的话，但他强调人们需要利用自己的身体，又对童贞嗤之以鼻，这呼应了清教徒有关独身对神不敬的观点，弥尔顿本人也将在《失乐园》中运用这些论点。[49] 小姐的回答雄辩有力，她为"庄重／而严肃的贞洁之理"辩护，为她自己的禁欲辩护，也含蓄地为独身教士的禁欲辩护，他们与兰斯洛特·安德鲁斯以及劳德本人一脉相承。这场争论突然结束，因为"弟弟们拔剑冲了进来"，营救了他们的姐姐，却让科玛斯和他的败兵逃掉了。科玛斯拿走了他的魔杖，所以救援之人无法将小姐从椅子上解救下来。守护精

灵提议请求塞文河①的仙女萨布丽娜的帮助。他朝着萨布丽娜歌唱，萨布丽娜也站起来咏唱，就这样释放了小姐。

第三场，也是最后一个场景，发生在"勒德洛镇和威尔士事务委员会会长的城堡"。首先是乡村舞者表演，他们是伦敦的专业人士，也有可能是当地人或伯爵家的成员，然后守护精灵把三个孩子交给伯爵和伯爵夫人。守护精灵将"您的三位俊美的儿女"带回来，标志着这场旅途的结束。整部假面剧以一首守护精灵的收场诗告终，诗的格律表明该诗应该被吟唱出来。伯爵得到了庆贺，并通过其子女获得赞扬。在弥尔顿不断发展的政治理论中，统治者要对神虔敬是永恒的主题，这部剧中对它的重要性进行了肯定，而且对作为长官的伯爵提出了期望。布里奇沃特伯爵将不辜负这些期望。

作为一种文学类型，斯图亚特早期的假面剧重视创新，其形式结构发生了很大的变化，甚至在一个作家的作品中也是如此。本·琼森在他的假面剧创作生涯中彻底改变了幕间滑稽插曲，并引入了政治讽刺元素。在追随他的人中，威廉·戴夫南特、托马斯·卡鲁、奥雷利安·汤申德都支持设计者伊尼戈·琼斯的非凡创造。[50] 然而，有一个传统没变：贵族演员表演跳舞，但他们既不讲话也不唱歌。弥尔顿则通过融入不同的创作实践来推进这种文学类型的可能性，这些实践来自较为罕见的宫廷娱乐形式，诸如亨丽埃塔·玛丽亚喜欢并表演过的田园剧。他笔下的贵族演员会说话，剧中的小姐也会唱歌。同样，其他假面剧作家，尤其是学识渊博的琼森，都曾写过包含古典神话典故的剧本，主题宏大且有争议，同时也更为直接地表达了恭敬和赞美。弥尔顿在满足对颂扬和大场面的要求同时，还将这一文学类型的严肃性推向了新高度，因为他的作品是一部阿明尼乌派的假面剧。[51]

这部作品里的神学思想还需要稍作梳理，因为它是通过寓言表达出来的，融合了新柏拉图主义流行的理性语言风格。从字面意义上看，剧中的小姐穿过一片树林去见父亲，但有见地的读者或观众会认识到，这段旅程有一种更深层的精神意义，它代表一种进入感官世界又回到更高境界的历程。这是一段许多人试图完成却未能走完的旅程，他们反而"在荒淫无度的猪圈里快乐地翻滚"[52]。

---

① 塞文河位于英国西南部，是英国最长的河流，发源于威尔士中东部，最后从布里斯托尔海峡注入大西洋。

那些坚守美德之人得到了神的帮助，尽管他们自己的努力还不够："倘若美德虚弱无力，/上天本身就会俯身于她。"[53] 守护精灵具备一些天恩的特征，这符合阿明尼乌派救世神学的有关表述。他找寻那些努力获得救赎的人，并通过协同合作来实现这一目标，同时让执迷不悟的人听天由命，后者在本剧中充当了科玛斯的逃兵。那些获救的人并不是命中注定得救的，而是积极地争取救赎："有些人渴望通过适当的举措，/用正义的双手拿起金色的钥匙，/打开天堂永恒宫殿的大门。"[54] 这样的观点在《失乐园》中会再度出现，圣父宣示："人不会完全堕落，愿者能得救，/但不因他的意愿，而是我自由/施舍的恩惠。"堕落之人在这部剧中对应科玛斯的丑陋追随者，他们"还会跌倒，堕落得更深"。[55]

然而，假面剧和史诗中获得救赎的途径在神学上有着明显的区别。史诗中的救赎需要通过自我的、内在的沉思，深思罪责、因信称义，继而经过精神改造而实现。然而，在假面剧中，如同在劳德派阿明尼乌主义中一样，外在力量起着重要的催化作用。这就是神职人员和他们所提倡的仪式在教堂里所扮演的角色。在某种程度上，这种角色是由守护精灵来完成的，同时也有两位胞弟的功劳，但最主要的救星还是萨布丽娜。她的介入非常有仪式感，她通过弥漫着教堂圣礼气息的仪式解救了剧中的小姐，优雅地展示了圣洁之美：

> 我这样在你胸前洒下水滴，
> 它们源自我的纯洁之泉，
> 具有神奇的治疗功效，
> 在你的指尖上洒三次，
> 在你红润的嘴唇上洒三次，
> 接着，这张有毒的大理石座椅，
> 上面还涂满了黏热的树脂，
> 我纯洁又湿冷的手轻轻一碰，
> 此时，咒语便已失去了魔力。[56]

我们也注意到（假面剧中）一种对神圣或有魔力的物品近乎痴迷的情况。彼得·莱克的评论还是很中肯：

上帝存在于教堂里，存在于整座建筑和所有用于举行崇拜仪式的物件之中，弥漫着圣洁的光环。虽然用于崇拜仪式的物件不能声称具有"固有的神圣"，但应当认为这些物品"被分配了神圣的用途而变得神圣"。在这个意义上，日晷、场所、油膏、面包和一些器皿……当它们被用于对上帝的崇拜仪式时，就会变得神圣。[57]

与科玛斯的酒杯的魔力相对应的假想植物（"海摩尼"①），以及萨布丽娜洒下的水滴，这些用于仪式的物件打破了科玛斯的魔咒。在弥尔顿的所有作品里，《假面剧》最为繁杂也最为彻底地表达了劳德派阿明尼乌主义和劳德主义的风格，而且也标志着他高度沉迷于这些信念和价值观。

假面剧这种类型的作品生命短暂，只有在舞台设计、舞蹈、歌曲、音乐和台词相互融合时，才能成为独特的舞台表演。但是弥尔顿并不准备让他的文字消亡。《三一学院手稿》包含《假面剧》的早期草稿，还（令人惊讶地）保存了似乎是演出之后添加的文字修改。另有一份呈给伯爵的献本（其中弥尔顿的角色尚不清楚）。弥尔顿后来在 1637 年为出版社准备了文稿，尽管亨利·劳斯在献词中明确表示他对出版负责。弥尔顿的名字在任何地方都没有出现，而且劳斯也证明，"虽然作者没有公开承认"，剧本还是出版了。劳斯还证实了该剧本广受欢迎：他把剧本交给出版社，因为"为了满足朋友们的要求而时常誊抄这部剧，已是苦不堪言"[58]。这份剧本在当时是弥尔顿最重要的出版物，而他却不情愿承认该作品，实在令人费解。琼森有时会在演出后出版假面剧的剧本。弥尔顿也许是对所谓"印刷品的耻辱"有所顾忌，这种观点在当时很流行，认为绅士们不应把他们的作品交给出版社，而且诗歌应该在作者死后出版。约翰·多恩是这种偏见最有影响力的拥护者。[59] 然而，弥尔顿显然对自己的作品感到自豪，他对其再次修改，以便在 1645 年的《诗集》中发表。其中有些改动很大，比如增添了剧中小姐有关节制的解释并赞颂贞洁的价值。[60] 我们很难确定哪些词句是在演出的时候说的，因为给演员的剧本已经遗失，但显然弥尔顿非常在意这部剧本：《假面剧》是他年轻时最重要的艺术成就，弥尔顿也理所应当地重视这

85

---

① "Haemony"这个词是弥尔顿自己创造的，可能源于希腊语"Αιμονία"（Haemonia），在古希腊神话中指忒萨利亚（Thessalia，今 Thessaly），此地以具有魔法的药草而闻名。

部作品，就像亨利·沃顿爵士①那样有眼光的读者一样。

　　弥尔顿的朋友亚历山大·吉尔曾于 1632 年出版一本诗集（《诗歌试笔》），他在 1634 年 11 月写了一首 75 行的粗鄙的祝婚诗（采用拉丁语的十一音节诗体），庆祝第二代坎普登子爵爱德华·诺埃尔之女伊丽莎白·诺尔于 11 月 20 日嫁给阿马的查沃斯男爵约翰·查沃斯。这首诗于 1990 年经利奥·米勒发现并出版。[61]12 月 2 日星期二，吉尔写信给弥尔顿，附上了这首诗。两天后，弥尔顿回信并回赠了用希腊文诗体新译成的《第 114 篇圣诗》。弥尔顿的信用拉丁文写成（《亲友书信集》第 5 篇），承诺他将于下周一（12 月 8 日，弥尔顿生日的前一天）在伦敦与吉尔见面，会面地点"在书商们之间"，可能是指圣保罗教堂的庭院，这里在伦敦大火前一直是伦敦图书交易中心。在信的最后，他请吉尔就某项事务帮忙联系一位学者，那人是那一年度的某协会会长。关于这位会长和这个协会，信里都没有明说，也没有解释是什么业务。然而，当时在伦敦只有两个协会是每年选出一位会长的：医师协会和锡安协会。1634 年，医师协会会长是西门·福克斯（殉教史研究者福克斯②之子，约翰·多恩的朋友），协会位于圣保罗教堂旁主祷文街的阿门角。如果信里所指的就是那个协会的话，弥尔顿和吉尔有可能是在帮助迪奥达蒂获得营业执照[62]，因为当时伦敦所有行医的医师（在理论上）都需要这样的执照。另一种可能是指锡安协会，1634 年的会长是托马斯·沃勒尔，他是主教门外圣博托尔夫堂区的堂区长，也曾是伦敦主教的牧师。这两所协会都设有弥尔顿可能感兴趣的图书馆，医师协会的藏书不完全是医学方面的[63]，但锡安协会的小图书馆侧重神学领域，可能更符合弥尔顿的目的。[64] 从哈默史密斯出发，走公路或水路很快就能到伦敦，所以这两座图书馆他都用得到。

　　弥尔顿说他翻译的《第 114 篇圣诗》是离开圣保罗学校后的第一首希腊语

86

---

① 亨利·沃顿爵士（Henry Wotton，1568—1639 年），英国诗人、外交家兼艺术鉴赏家，担任过伊顿公学校长，曾为弥尔顿的意大利之旅写过推荐信。

② 这里指的是约翰·福克斯（John Foxe，1516/1517—1587 年），英国历史学家和殉教史研究者，著有《行传与见证》（Actes and Monuments，又称《殉道者之书》）。

作品，并说了一句数世纪以来都不绝于耳的怨言：在这个时代，无论是谁花大把时间用希腊语创作，最终都会是对聋子唱歌。他在圣保罗学校时，曾经根据希伯来语原文为同一篇圣诗写了一首英文释义诗。这一次，他又回到希伯来语原文，将其翻译成了荷马式希腊语六步格诗。在前两行诗中，他成功地用希腊文重现了希伯来语的平衡结构（以色列对应埃及，雅各的家族对应说野蛮语言的人），而且荷马也可能会认得这样的希腊语。然而，印刷本中的希腊文有很多小错误，1673 年的文本比 1645 年的文本更不准确。现代学者熟知这样一种现象，即纠正希腊语中的错误会造成更多的错误，就弥尔顿而言，他的失明更加剧了这一问题。有些错误是弥尔顿的，但都是由于他对希腊语变得生疏而导致的结果。那些不恰当的呼气符和重音、词语误用，以及不正确的长短音，按照维多利亚时期公学的严格标准而遭受到负面评价（兰多 ① 评论说没有哪个六年级学生敢提交如此劣质的作品），而且印刷商也对此毫不客气。倘若我们抛开这些错误不谈，眼前的这首诗呈现了一种语言变成另一种语言会产生的效果，避免了力求译文准确而显得迂腐，同时节奏控制紧凑，措辞和谐悦耳。

据伍德的记载，弥尔顿的剑桥文科硕士学位在 1635 年获得牛津大学认可。但这一年的学位认可记录都没有保存下来。正如伍德所解释的那样，在约翰·弗伦奇担任剑桥大学教务主任期间，弗伦奇没有记录下任何被牛津认可学位的剑桥学生。伍德坚称，弥尔顿确实获得了牛津大学的认可，这是弥尔顿自己可以证明的，"他自己亲口告诉我朋友的，这位朋友与他很熟，从他那里，以及在他去世后从他亲戚那里，都听说过有关这段经历的讲述和文字" [65]。现在能被牛津大学认可学位的只限于剑桥大学和都柏林三一学院的学生，但在早期现代时期，申请者还包括苏格兰的大学和欧洲大陆大学的成员。申请学位认可的动机是多种多样的：有些人由于神学原因或政治原因无法在自己的学校获得学位，在这种情况下，在原来学校的就读时间会被算入牛津大学规定的住校时间；有些人则在牛津附近享有圣俸或被聘为教师；还有些人被选入牛津的学院担任研究员。弥尔顿的情况与这些类别都不相符，而且也不是只有他一人是这种情况（迪奥达蒂也不符合上述几类，而他获得了剑桥大学的学位认可），但弥尔顿申

---

① 这里指英国维多利亚时期作家沃尔特·萨维奇·兰多（Walter Savage Landor，1775—1864 年）。

请学位认可的目的或许是这样的：弥尔顿在 1635 年可能仍打算申请神学学士学位（1639 年他就有资格了），而且牛津大学在 17 世纪 20 年代已经成为一所阿明尼乌派主导的机构（从 1630 年起，大主教劳德担任名誉校长），弥尔顿可能认为，相比一所清教思想舆论才刚露头的大学而言，在牛津取得学位是很明智、得体或恰当的。

弥尔顿在 7 月的毕业典礼上拿到了学位，第二年，劳德主义的章程[66] 获得通过，对学位认可程序的规定更加严格了，但可以猜想，对于弥尔顿来说，程序大致是相似的：先在大学高级教职员全体会议上大声朗读一份由剑桥大学出具的证明，然后牛津大学的一名文科硕士提议授予学位的特许，大意是应当允许弥尔顿申请牛津大学的文科硕士学位。接着，弥尔顿申请学位认可，请求在牛津获得与在剑桥享受的同等学位、地位和荣誉。随后，他宣誓遵守牛津大学的章程、条例、习俗和自由，并由劳德大主教任命的大学行政首长罗伯特·平克[67] 正式批准。第二年，弥尔顿和他的家人搬到霍顿，那里距牛津仅一天路程，但离大都市更远了。

第六章

霍 顿

　　1636 年 5 月 12 日，弥尔顿的父亲自己请求解除公证人公会助理一职，因为他"搬到乡下居住了"[1]。几个月前，弥尔顿一家搬迁至霍顿村，该村现位于伯克郡（靠近希思罗机场），但在 1974 年之前一直属于白金汉郡。关于搬家的意图，我们不得而知，但可能与一场针对弥尔顿父亲的诉讼有关，也可能是由于哈默史密斯的瘟疫。[2] 选择这个村庄的原因我们无从知晓，但在附近堂区的记录中（伊顿有叫弥尔顿的家族，科尔恩布鲁克有叫杰弗里的家族）出现了姓弥尔顿和杰弗里（弥尔顿母亲的娘家姓）的人，他们有可能与这座村庄里的人有家族渊源。

　　霍顿村位于伦敦和威斯敏斯特以西大约十七英里处，从这里向西的主干道经过科尔恩布鲁克，那是一个距霍顿大约一英里的集镇。霍顿村有一座庄园、一间教堂、一处面积较大的堂区长寓所和零星的房屋。庄园是布尔斯特罗德家族的所在地，他们都属于小士绅阶层；1602 年，该家族中的一个女儿伊丽莎白·布尔斯特罗德嫁给了詹姆斯·惠特洛克（后来的詹姆斯爵士）；他们的儿子是布尔斯特罗德·惠特洛克，他将成为掌玺大臣和克伦威尔时期国务会议的成员。[3] 尽管这个地方对年轻的弥尔顿来说没有什么明显的优点（现在也很难想象对他的父母有什么吸引力），但这次搬迁使他得以继续显然已经着手的学术研究。弥尔顿把他的大部分时间花在阅读上。除了阅读个人藏书（他偶尔会购买）外 [4]，他还常去两家步行即可到达的图书馆。再远一点就是伦敦和牛津大学的图书馆，牛津大学的图书馆大约坐落在三十五英里外的地方，弥尔顿想利用这个图书馆，这可能是他提出申请希望牛津认可他文科硕士学位的原因。伊顿公

学离霍顿大约五英里远，弥尔顿或许有机会进入公学的图书馆；当然，他在公
学里还有认识的学者。位于兰利－马里什的凯德米斯特图书馆[5]离霍顿只有两
英里，弥尔顿可能已经阅读或查阅了其300卷图书中的一些；其中约40位作者
的作品将被弥尔顿在他的《札记书》（16位作者的27篇书名）或出版的著作中
引用。如果他准备申请剑桥或牛津的神学学士学位（他的文科硕士学位受到牛
津认可后就可以选择攻读牛津的神学学士了），凯德米斯特图书馆是最便捷的
资源。

在17世纪30年代的某个时候，也许是1637年秋天，弥尔顿开始写一本
《札记书》，书中抄写了他正在读的书中的一些段落，它们被分在三个大标题之
下：伦理学、经济学和政治学。每一个标题下又分为许多小标题。弥尔顿一直
在写这本《札记书》，直到他失明，后来由他口述，誊写员记下标题条目。该书
现存于大英图书馆。[6]这本《札记书》并没有完整记录下弥尔顿的阅读书目，例
如，书中没有古典文学作品的记录，而关于神学的阅读材料则收在一个单独的
笔记本上。[7]这些条目很难确定日期，但一个字母的写法可提供些线索：在去
意大利之前，弥尔顿写字母"e"用的是文书体中常见的希腊语形式（ε），而在
回来后，他逐渐采用了人文主义者使用的斜体（e）。[8]同样，他的拼写偏好也
似乎略有变化，"their"在1641年以前一直拼成"thire"，此后才改为"thir"。

在弥尔顿一家住在霍顿村的期间，堂区长爱德华·古多尔是一名剑桥大学
的毕业生，亨利·布尔斯特罗德曾于1631年为他推荐了这份有俸圣职。[9]古多
尔显然属于英国国教中抵制劳德主义崛起的一派，他们失败后都付出了代价，
古多尔此刻还在组织一些抵抗。他从剑桥毕业后的第一份工作在位于泰晤士河
南岸的罗瑟希德，是担任清教徒牧师马斯·加塔克的助手，该职位与弥尔顿儿
时的老师托马斯·扬担任的职务相同。加塔克更像后来与弥尔顿打交道的埃德
蒙·卡拉米[10]，他是一位拥有完美学术资历的牧师，反对仪式主义者，有着很
强的适应性和影响力。像卡拉米和他周围的东盎格鲁团体一样，他会逐渐根据
长老会的思想路线来批判主教制，而且，如同卡拉米，他将在威斯敏斯特神职
人员大会的初期工作中发挥重要作用。他若对自己关于教会的思想没有信心，
是不会选择古多尔做他助手的。此外，古多尔被任命为霍顿的堂区长，这件事
或许能向我们揭示有关霍顿地区主要家族的信仰和习俗方面的信息。

在哈默史密斯，弥尔顿一家能在一间符合他们劳德派信仰的小教堂做礼

拜，但霍顿的圣米迦勒教堂反映了该堂区牧师的清教信仰，他们拒绝穿仪式主义者要求的牧师法衣。1633年，古多尔娶了查尔方特－圣济尔斯（弥尔顿三十多年后会搬到这座村庄）的莎拉·瓦伦丁；她的父亲是托马斯·瓦伦丁，因冲撞了劳德和理查德·尼尔，于1636年被停职，又通过请愿成功恢复圣职，后来成为威斯敏斯特大会的一员。在激进这一方面，古多尔的经历真是不折不扣。

图 15 位于霍顿的堂区教堂圣米迦勒教堂

  弥尔顿没有财力自己独立生活，所以很可能跟着父母来到了霍顿。他对搬家的态度现在已无从知晓。在现代人看来，搬到霍顿也许意味着田园般的生活，但在弥尔顿看来，这可能相当于流放乡下。当然，许多成为乡村牧师的剑桥大学毕业生后来都发现乡下的生活难以忍受。弥尔顿以前的导师纳撒尼尔·托维曾在偏远的莱斯特郡抱怨说，每当他剑桥的朋友不写信时，他就生活"在黑暗和无知之中"[11]，诗人罗伯特·赫里克有句名言，说自己被放逐到"令人厌恶的德文郡"[12]。弥尔顿在《再为英国人民声辩》（1651年）中称，在霍顿的时期是一段自我教育和闲暇的时间，展现了西塞罗式"高贵的闲暇"[13]，但是他对霍顿的描述是出于论战的需要，不应被理解为对霍顿那些年生活的可信记录。[14]

弥尔顿和古多尔一样，都离开了剑桥大学和伦敦。他们都走出了自己的社交圈，对于古多尔来说，他离开了伦敦地区正在形成的学者清教徒阶层；就弥尔顿而言，他离开了学院诗人、学者，离开了亚历山大·吉尔，可能还有其他仍然住在伦敦的人。古多尔和弥尔顿或许都是托马斯·扬的朋友。他们很可能是方圆数英里之内仅有的两位常驻霍顿的剑桥毕业生。倘若两人打过交道（这是很可能的），古多尔就是第一位有文字记载的与成年后的弥尔顿有私人来往的清教徒。古多尔的社交关系表明他是支持加尔文神学思想的；在救赎理论方面，弥尔顿没有让步，尽管他的救世神学发展成熟后，会更接近激进的阿明尼乌派教徒约翰·古德温，而不是劳德派的理论。[15] 但是在霍顿的这些年，弥尔顿在其他问题上开始变得激进了，尽管他的这些激进思想有些杂乱和模糊。

17 世纪 30 年代早期，劳德派教会对诸如弥尔顿这样的家庭来说，有许多令人心向往之的特点，例如，追求圣洁之美和拒绝加尔文主义的宿命论。然而，在这十年的中期，出现了一些不那么吸引人的方面：集权主义、司铎天赋神权说，以及对改善自身经济状况的热衷。詹姆斯一世时期的教会特点曾是多元化的，聪明又狡猾的詹姆斯一世使各派处于一种微妙的平衡之中。查理一世则任命劳德推进他们俩所达成的方案，而劳德很胜任这项工作。肯尼斯·芬查姆很好地描绘了这些政策及其实施情况：

> 反加尔文主义的思想在查理一世登基后兴盛起来。对严格纪律的要求得到了新国王的拥护，因为他害怕教会和国内的清教徒图谋不轨，所以他对秩序和崇敬的审美偏好显得更加敏锐。劳德大主教的法律代表纳撒尼尔·布伦特在 1634—1637 年巡视了 20 个主教管区，他的指示表明了查理一世政权的工作重点。首先，所有人必须严格遵守礼拜仪式和礼节。牧师们必须完整地念礼拜词，不准有遗漏，并且按照祈祷书的规定，在星期三和星期五举行礼拜。牧师的服装必须得体：这意味着牧师在做礼拜时应"一直"穿着白色罩衣，而在教堂外"永远"要穿牧师的斗篷，这是牧师等级的象征。在做礼拜期间，虔敬的行为要受到重视：如教规第 18 条所述，堂区教民在听到耶稣之名时应该鞠躬，听信经与福音书时应当站立。最重要的是，圣

餐台要"南北向摆在圣坛的内端①，并在前面或周围设一道栏杆"。[16]

弥尔顿一家很快就会直接感受到，以这份指令为纲的一次巡视会带来怎样的影响。对神职人员来说，处罚措施的范围从"不予升迁"到"实际停职"各不相同。我们将看到，对以上这些措施的公开批评有可能招致更严厉的惩罚。强调把神职人员与世俗信徒分离开来，其实反映了这样一种观念，即神职人员在国家精神生活中扮演着特殊角色；这种观念接近于那种天主教会中凸显的司铎天赋神权说，对诸如弥尔顿这样博学虔诚的非神职新教徒来说，这挑战了他们的自尊。与此同时，劳德认识到他正在实施的文化革命离不开资金，于是又强调要保障教会的收入，这引起了一些有财产的世俗信徒的警觉。

在局外人看来，这项改革大多有些天主教会的意味，等到了 17 世纪 30 年代的最后一年，人们更加确信这点，便对改革提出这样的指控。同时，促成这项指控的还有针对王后亨丽埃塔·玛丽亚的忧虑，她公开炫耀自己是虔诚的天主教徒，而且势力越来越大，人们还担心国王身边的高官会皈依天主教："在国王'个人统治时期'的这些年里……这种潜在的恐惧从未远离国民的意识。……有关皈依天主教的故事被严重夸大，谣言四起，从都城传到了乡间。"[17]

弥尔顿在霍顿时期最重要的一年是 1637 年，因为这一年在很多方面标志了他人生的转折点。1 月 27 日，弥尔顿的父亲收到了一张传票，涉及托马斯·科顿爵士在上访法庭提起的一项诉讼。[18] 近四十年来，约翰·科顿一直在和老约翰·弥尔顿做投资，后者将这笔钱用于贷款，以获得利息。他们总投资约为 3000 英镑[19]。这样的安排运转得很顺利，直到 17 世纪 30 年代中期，有人提议科顿把债券交给老弥尔顿和他的合伙人托马斯·鲍尔。[20] 根据科顿对事件的描述，弥尔顿和鲍尔先说服科顿，让他相信投资不保险，并提出以 2000 英镑的

---

① 此处"内端"对应的原文是"the upper end"，这里的"upper"应解释为"离大门或入口最远处"（OED，s.v. "upper," adj. 5b），由于大多数基督教堂是东西向的，通常主入口朝西，教堂内的核心部位（如圣坛）设在东侧，所以，这里的"内端"实际上是指圣坛的东端。

价格购买债券 [21]；根据老弥尔顿的描述，科顿提出将债券出售给老弥尔顿，但遭他拒绝，因为老弥尔顿认为这一做法有损于他的职业精神。[22] 科顿随后单独找到托马斯·鲍尔，于 1630 年 11 月 25 日以 2000 英镑的价格将债券出售给鲍尔，并出具了一张收据，其中包括一份已签字的债券清单。[23]1635 年，科顿去世（1636 年 1 月 29 日认证了他的遗嘱 [24]），其侄孙托马斯·科顿爵士 [25] 是遗嘱执行人，他对鲍尔和弥尔顿的父亲提起诉讼，指控他们串通共谋诈骗。他还控诉他们与托马斯·霍尔克（约翰·科顿的律师）和托马斯·科尔韦尔（约翰·科顿的房东）串通，窃取约翰·科顿的部分财产。1637 年 1 月 23 日法庭签发了一份令状，由于老弥尔顿和鲍尔没有答复，便宣布两人藐视法庭，罚弥尔顿 20 先令（这笔钱判给了托马斯·科顿），并判鲍尔入舰队监狱。[26]

当老弥尔顿最终收到传票时，他很快聘请了一位名叫乔治·米勒的律师，米勒回复上访法庭，说他的委托人年纪太大，身体又虚弱，不能长途旅行，还准备了一份授权 [27] 令状，让老弥尔顿能够在家里准备答辩。3 月 10 日签发了一份令状 [28]，授权白金汉郡的专员收集老弥尔顿宣誓后的回答，并证明其真实性，还要在 1637 年 4 月 9 日复活节① 后的三个星期内将其转交到法庭。此时，在伦敦的弥尔顿家族成员联合了起来，所以 3 月 10 日的令状送到了托马斯·阿加（老弥尔顿的女婿）和约翰·阿加那里 [29]；4 月 1 日，仍在内殿律师学院求学的克里斯托弗·弥尔顿向上访法庭提交了一份书面证词，说他的父亲"已经差不多 74 岁了，由于年纪大，身体又虚弱，无法前往威斯敏斯特市对上述案件做出准确回答，否则会对他的身体造成很大伤害，他现住在霍顿……距离约十七英里" [30]。这究竟是一个初出茅庐的律师为了保护他的委托人而夸大真相，还是一个忧心忡忡的儿子的真实陈述，我们现在还无法确定，但持怀疑态度的人可能会注意到，在接下来的几年里，老弥尔顿先是搬到雷丁，然后又到了伦敦。

1637 年 4 月 3 日，亨利·佩里（托马斯·科顿爵士的律师）写信给他的委托人，总结此前诉讼的进展情况。[31] 同一天，萨拉·弥尔顿在霍顿去世，使得这场诉讼变得不那么重要了。[32] 弥尔顿家族享有在教堂内安葬所需的资格，于是萨拉被葬在圣坛地面的一块石头下。碑文仍然清晰可见，上面写着"此处躺着约翰·弥尔顿的妻子，她于 1637 年 4 月 3 日去世"。

---

① 这里的复活节日期是根据儒略历来算的。

诉讼并未因死亡而停滞，4月13日，老弥尔顿对托马斯·科顿爵士的诉讼做出答复，否认参与或知晓科顿和鲍尔之间的协议。他要求撤销对他的指控，并要求赔偿他各项法律费用，真是敢作敢为，令人敬佩。此后，当各方都在等待法院裁决时，该案件就平息了下来。1638年2月1日，这场诉讼被驳回，最终结果对老弥尔顿有利，他获得了20先令，赔偿他"在这件事中错担的费用"[33]。这位公证人被证明无罪。但这件事无疑使弥尔顿一家去面对他们本不愿去想的事实。四百年过去了，这位文化界重要偶像的父亲令人敬仰，他的正直清廉也许不言而喻。但当时这种廉洁并不那么清楚，更确切地说，这起案件表明，如果指控得到法庭支持，老弥尔顿的清廉会受到严重质疑，还可能会使家族蒙羞，甚至陷入贫困。曾经，弥尔顿一家可能轻易地认为，在一个有序和不变的社会里，身为有产阶层会很安全，但是这些想法都被打破了，中等阶层依赖的是积累的资本，而不是上流社会的大片土地，对于他们来说，毁灭可能会来得猝不及防。

图16　位于霍顿的萨拉·弥尔顿的墓碑

1637 年 6 月 14 日，另一个衡平法院，即星室法庭[34]，判决了三名激进分子犯有煽动叛乱罪：律师威廉·普林、牧师亨利·伯顿和医生约翰·巴斯特维克。这三人之前都是清教徒中的活跃分子，对当时的政权进行批判，而且不断发表"谩骂教会的文章"[35]。体罚是判决的一部分，于 6 月 30 日在威斯敏斯特宫的庭院里执行，目睹此事的人对此十分同情，弥尔顿也完全有可能在他们当中，"有些人把手帕蘸在血里"[36]。普林曾在 1633 年受到星室法庭起诉，并根据判决耳朵被剪断，这次是用热铁片将耳根完全切除；他的鼻子被割开，脸颊烫上了首字母"S L"（"煽动诽谤者"）。普林后来说，这些字母代表着 *Stigmata Laudis*，即劳德的污迹。[37] 伯顿和巴斯特维克也失去了耳朵，和他们一样，普林还被判罚 5000 英镑和终身监禁。

一座被视为劳德集权主义工具的法庭（劳德在审判中发表了令人难忘的长篇大论，但他拒绝在判决时投票）戕害了这三名激进分子，使全国产生了两极分化。对于像弥尔顿这样社会地位的人来说，惊人的刑罚场面带来的震撼类似于指控他父亲的案件所造成的影响，这表明中等阶层人的生命在某些方面与无产者一样脆弱。众目睽睽之下体罚犯人在早期现代时期的英格兰司空见惯，但这些等级社会中的训诫，通常是写在穷人、妓女、流浪汉、小混混身体上的。劳德和查理一世则愚蠢地触及了专业人士阶层，在那些代表人物血淋淋的身体上刻下了毫不含糊的警示，即他们也要屈服于劳德和查理一世的意志。正如劳德的牧师彼得·海林所言，那样的处罚"使许多温和善良的人感到极大的愤懑，他们目睹那三类杰出的行业……遭到如此卑劣的羞辱"[38]。在个人忠诚和神学思想上，弥尔顿都曾是一名安心定志的劳德派，在此之前，他很可能并不赞同威廉·普林的观点，而这名主谋早先曾受过处罚，原因是出版了《演员之灾祸：演员的祸害，或演员的悲剧》，还攻击了假面剧，这本书就在弥尔顿为勒德洛城堡的娱乐活动写剧本的前一年问世。17 世纪 40 年代和 50 年代，弥尔顿和劳德派之间的感情尚未泯灭。[39] 但在 1637 年，弥尔顿就开始向威廉·劳德道别了。

弥尔顿脱离劳德派是一个渐进的过程，一年之后（见下一章），弥尔顿仍然乐于同巴黎的劳德派圈子来往，但已经开始走向反对劳德主义的立场了，在弥尔顿看来，获得神学学士学位，以及随后在劳德派教会谋得职位似乎不像以前那样有吸引力了。当然，态度变化的转折点可能是劳德残酷对待虔诚的激进分子，但也有可能是一件与其家族关系更密切的事件，它促使弥尔顿对劳德派教会不再抱有幻想。

那件事便是一次主教的巡视。霍顿现在属于牛津主教辖区，当时则属广大的林肯主教辖区。林肯主教约翰·威廉斯于 1634 年巡视了他的整个教区，但是 1637 年没有参与对白金汉郡的巡视，因为他触怒了国王而被囚禁在伦敦塔内。[40] 尽管如此，巡视还是继续进行了，1637 年 8 月 8 日，会吏总①到访霍顿。[41] 他注意到一些劳德派强调的细节，如靠栏杆的跪凳，并对此表示赞许，但是担心有些座位太高，包括"弥尔顿先生"的座位，并指出堂区长的罩衣不符合要求。他还指出，"圣坛地面上两块墓碑放错方向了"；圣坛地面上的那两块墓碑就包括萨拉·弥尔顿的。这些虽然看起来都是轻微的过错，但很可能触动了他们的神经，因为威斯敏斯特宫庭院里的那番景象让他们变得十分敏感。劳德派教会不仅迫害虔诚的专业人士，还干涉教堂里的家族长椅，宣布萨拉·弥尔顿的墓碑方位不当。我们很难判断这次巡视对弥尔顿一家的影响。也许他们对此不屑一顾，但也有可能让年轻的弥尔顿不那么忠于查理一世时期的教会了，这在他写于霍顿时期唯一的英文诗《利西达斯》中表现得很明显。正如图 16 所示，墓碑的方位确实不规范，这意味着萨拉的脚是朝东的，人们读碑文时要面朝西，而不是朝着圣餐台。此外，弥尔顿家族显然成功抵制了按照巡视要求重新摆放墓碑的做法。

96

1637 年 8 月 10 日，基督学院的年轻研究员爱德华·金 [42] 前往爱尔兰途中时在安格尔西岛②海岸溺水身亡。金是约翰·金爵士（1637 年去世）和其妻凯瑟琳·德鲁里（1617 年去世）生育的九个孩子中的一个。约翰·金爵士是约克郡人，自 1585 年以来一直在爱尔兰担任多种行政职务，凯瑟琳的父亲罗伯特是爱尔兰总督威廉·德鲁里爵士的侄子。爱德华的教父是他叔叔（也叫爱德华·金）埃尔芬主教。在他的兄弟姐妹中，最著名的是罗伯特·金（后来成为克伦威尔国务会

---

① 会吏总（archdeacon）是英国国教中地位仅次于主教的牧师，也称"副主教"，协助主教监督其他牧师的工作。

② 安格尔西岛（The Isle of Anglesey）是爱尔兰海上的一座大岛，位于威尔士西北海岸。

议成员）、约翰（后来成为大法官法院大篮子文件局①的书记员）、玛丽（后来的沙勒蒙夫人）、玛格丽特（后来的爱尔兰民诉法庭首席法官杰拉尔德·洛瑟爵士之妻），还有多萝西·杜里（她的第二任丈夫是新教牧师约翰·杜里，也是弥尔顿的朋友）。爱德华曾在托马斯·法纳比②的学校接受教育，这所学校位于伦敦克里波门辖区的金匠巷。1626年6月9日，爱德华和他弟弟罗杰被剑桥大学基督学院录取为次等自费生，并被分配到威廉·查普尔那里，而查普尔刚罚弥尔顿停学离校。爱德华于1630年获得文科学士学位，1633年获得文科硕士学位。他原本要在取得文科硕士后不久担任圣职。

1630年4月7日，金的最后一个本科学期开始了，但由于瘟疫，教学很快就被中断。当研究员和本科生准备离开时，人们得知安德鲁·桑德兰兹打算辞去他的研究员职位。6月10日，当大多数研究员都不在场时，空缺的研究员职位就由王室任命，查理一世国王任命金接替桑德兰兹。金（和弥尔顿一样）在严格意义上来说并不合格，因为他被视为约克郡人，尽管他出生在爱尔兰，但他的家庭所在地是费瑟考克庄园，靠近诺萨勒顿，而学院研究员中已经有一名约克郡人（威廉·鲍尔）。然而，王室的命令规定，"不管有任何法规条例"，金都要被任命。这种钦命委任就像钦定教授职位一样，是王室资助行为，而王室借此控制大学及其组成的学院。金是忠于王室的，而他的家族也享有相应的社会地位，王室才会采取这样的措施；弥尔顿却不是这样。金在他短暂的一生中剩下的七年里一直担任研究员的职位。这期间，他只带了13名本科生，因为他的收入并不依赖本科生的学费。

显然，金对王室忠心耿耿。在他发表的十首诗（均为拉丁语诗）中，有七首是为了纪念王室子女诞生而写的；另外三首诗中有一首是为了庆祝1632年冬查理一世天花痊愈，还有一首则是为了感激上苍，让查理一世1633年在苏格兰加冕后平安归来。这些诗里对王室的支持有时触及敏感领域。例如，1637

---

① 大篮子文件局（the hanaper）也称普通臣民事务局，所有关于普通臣民事务的令状及其回呈都保存在一个有盖的大篮子之中，因令状而收取的费用也放在其中，类似于古罗马人用来盛放大额货币的柳条筐或背篓（拉丁语：fiscus）。见《元照英美法词典》关于"hanaper"以及"Hanaper Office"的解释。

② 托马斯·法纳比（Thomas Farnaby，1575?—1647年），英国17世纪学者，曾在克里波门辖区开办了一所学校，吸引了不少贵族子弟前来就读，获得巨大成功。

年出版的一首诗赞许了皇家舰队，就在这一年，约翰·汉普登因拒绝支付造船税①而受审，因而这首诗在政治上不可能是中立的。同样，1636 年的一首诗宣称："教廷的神圣权威赋予意大利静谧的安宁"（"*sancta maiestas Cathedræ / Dat placidam Italiæ quietem*"），这句话可能适合出现在一首写给信仰天主教的王后的诗中，但这也表现出当时对罗马天主教的宽容程度异乎寻常。

1637 年 1 月 4 日，约翰·金爵士在利奇菲尔德逝世，3 月 30 日葬于博伊尔修道院。那年夏天，爱德华·金决定前往爱尔兰，可能是想看望亲戚（他的兄弟罗伯特、他的姐姐玛丽和玛格丽特，还有他的叔叔金主教②）和前导师威廉·查普尔，此时的查普尔是都柏林三一学院的校长。金可能还打算去罗斯康芒③为父亲扫墓。海盗劫掠和暴风雨的威胁让横渡爱尔兰海变得非常危险，因此，金在启程前往切斯特之前起草了一份遗嘱（日期为 7 月 30 日，两天后又添加了附录）。8 月 10 日，他乘坐的船在朔望大潮④之中从切斯特启航。船在安格尔西岛海岸触礁后迅速沉没。金溺水身亡，他的遗体被冲到外海，再也没有找到。

8 月 16 日，爱德华·金去世后第六天，本·琼森逝世，牛津大学出版了一本题为《重生的琼森》的纪念诗集。这本集子有可能促使了剑桥大学的诗人们编撰一本能够与之相媲美的诗集来纪念金。金虽然不如琼森那样有诗才，但也发表了十首出色的拉丁语诗。他们邀请弥尔顿为金写一首纪念诗，1637 年 11 月，弥尔顿创作了《利西达斯》，其手稿成为现在《三一学院手稿》的一部分。这首诗于 1638 年底发表于《哀伤的友人献给遭遇海难的爱德华·金的悼亡诗集，以示对他的爱与怀念》。弥尔顿选择用英语写作，他的诗被放在本书英文部分的末尾，这部分有一个单独的标题页（《悼念爱德华·金先生》）。集子中的大部分诗

98

---

① 约翰·汉普登（John Hampden, 1595—1643）是英国内战时期议会派革命领袖。造船税（ship-money）起源于中世纪英格兰，是一种战时对港口、沿海城市等征收的税，供建造海军所用，通常君主不经过议会的批准就征税。1637 年查理一世在非战争时期也在征收造船税，遭到了人们的反对。

② 即上文提到的埃尔芬主教（Bishop of Elphin），名字也是爱德华·金（Edward King, 1576—1639 年）。

③ 罗斯康芒（Roscommon；爱尔兰语：Ros Comáin）是位于爱尔兰罗斯康芒郡中部的城镇，也是该郡的首府。

④ 朔望大潮（spring tide）指朔月和满月期间潮差大的潮汐，而潮差最小时的潮汐则被称为"小潮"（neap tide）。

歌都是用多恩或琼森的追随者及模仿者所采用的时兴语言风格而写。弥尔顿则忽视同时代人所热衷的诙谐或碑文般雅致的语言来表达悲伤，转而使用田园哀歌这种体裁，并由此引出了从斯宾塞和彼得拉克一直上溯至维吉尔和忒奥克利特的文学传统。弥尔顿的诗是为了纪念金，但他在创作过程中超越了表层主题，展现出一种对人类死亡的沉思，这种思考在金和悼念他的人逝世之后几个世纪仍然能打动读者。毫无疑问，这是弥尔顿最伟大的悼亡诗，也可以说是最优秀的英语短诗。

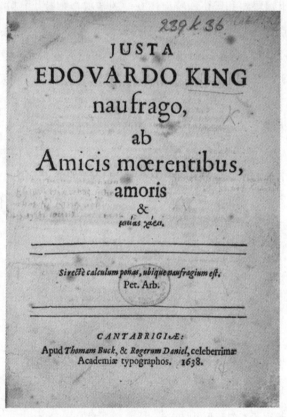

图 17　《哀伤的友人献给遭遇海难的爱德华·金的悼亡诗集，以示对他的爱与怀念》
（剑桥，1638 年），扉页

99　　　　这首诗对后人的阐释提出了很大的挑战。弥尔顿从意大利回来之后，在《三一学院手稿》里的那份手稿中添加了以下文字（我们可以通过他的笔迹来确定添加部分的时间，因为他使用了斜体的"*e*"）："在这首独唱悼歌中，作者哀悼一位博学的朋友，他不幸于 1637 年从切斯特启航后，途中溺亡于爱尔兰海。"在将这份诗稿收录进新的手稿合集时，添加这部分信息很有必要，因为它并没有出现在上一次的集子里。然而，弥尔顿在 1645 年将此诗收录进第一部诗集时，又加上了这些话："并借此预言我们腐朽的神职人员阶层的灭亡，彼时他们还处于鼎盛时期。"[43]1645 年劳德被处死，站在那一年看，弥尔顿的这首诗可以说准确地预言了未来，并且以此表明了一种早期虔诚的激进思想。这些都得到了证明：那些排挤正派长者的卑劣牧师是劳德派的神职人员，他们竞相争夺利益丰厚的圣职，等待他们的将是驱逐、流放、监禁，而对劳德来说，则将是处决。

但在 1637 年，这些事情还不是如此明显。弥尔顿的诗也没有题记中的第二句话，虽预演了一次反对劳德主义的评论文章，但更为小心谨慎，也表达了他早期对英国国教的不满，但又有些举棋不定。同弥尔顿一起在《悼亡诗集》发表作品的那些人中，当时有很多人在剑桥大学和教会里飞黄腾达，而且会继续如此，至少一直到 17 世纪 40 年代中期被革除研究员职位和有俸圣职，但有些人在王政复辟后还重获巨大回报。例如，约翰·皮尔逊成为剑桥大学三一学院的院长及切斯特主教；迈克尔·霍尼伍德在流亡多年后，被任命为林肯教区的教长。[44]我们所知的大多数人在 1637 年仍在积极地追求自己的事业。也许没有人会愿意把一本表忠心的劳德派诗集与弥尔顿自毁学术和神职前程的按语联系在一起，当然，除非这种按语隐藏得极深，能确保那样做是安全的。

弥尔顿大肆抨击了腐朽的神职人员阶层，这同他所选择的文风相符合，而这种风格直接改自斯宾塞。在抨击教会腐朽方面，这首诗并没有明显的清教色彩。爱德华·金当然不是反对国教之人，而且曾经获王室委任在基督学院担任研究员。劳德同弥尔顿一样，注意到了神职人员阶层的问题，还看到其中一些人的无知，对此颇为担忧。弥尔顿讥讽那些人"为了他们肚囊 / 偷偷摸摸地攀爬进了羊圈"[45]，而劳德本人也是会赞赏这种态度的，因为他在生活方式上非常崇尚禁欲主义，而且积极参与对教会渎职行为的起诉。[46]这首诗很难被视为反对主教制，因为它认为圣彼得对神职人员做出了最严厉的指控，而圣彼得是主教制的创立者。

然而，事后来看，这种不满似乎显而易见。除了国教的通病之外，这首诗还特别（虽然很隐秘地）谴责国教没能充分应对天主教取得的成就或人们认为

100

天主教所取得的成就，这些诗句是："那凶狠的恶狼秘密地伸出魔爪，／每日快速地吞食羊群，而他们什么也没说。"[47]正如评注传统所指出的，这里的恶狼很可能是暗指天主教会。耶稣会创始人依纳爵·罗耀拉的徽章上就有两匹灰狼。同样，对于所有知道巴斯特维克、伯顿和普林的苦难的人来说，弥尔顿提到了盲目的复仇女神那可憎的剪刀，还提到作者自己颤抖的耳朵，这些显然都能引起共鸣。[48]1645 年，弥尔顿告诉读者，这首诗表明了他虔诚的清教主义思想。虽然在 1637 年看来，这首诗在预言方面还不是那么犀利，但我们还是能看到萌生的新方向。思想变化的过程是漫长的。事实上，这种变化也是无止境的，因为有证据表明弥尔顿在一个又一个十年里变得更加激进。

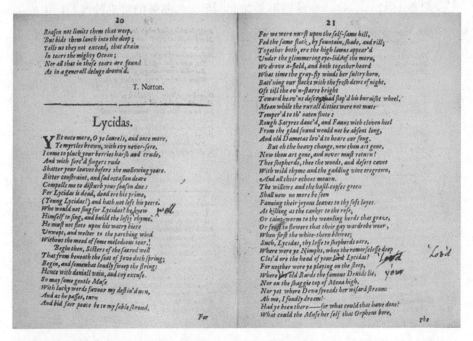

图 18 《悼亡诗集》20-21 页，展现了弥尔顿对《利西达斯》所做的修改［剑桥大学图书馆（adv. d. 38.5）］

11 月弥尔顿草拟《利西达斯》时，显然是住在伦敦。他在当月两次写信给迪奥达蒂，地址都是伦敦而不是霍顿。第一封信说迪奥达蒂逗留于"极北之地的居民"中，这可能是说他住在切斯特。在 1674 年的印刷版本中，信件的写作日期被误认为 9 月[49]。这两封信都是用拉丁语散文体写成，感情充沛，这是他们通信的主要特点。弥尔顿在第一封信（11 月 2 日）里谈到，他初秋时（可能是指 9 月）就开始旅行了，但没有说去了哪里。这次旅行弥尔顿去了伦敦，他看望了迪奥达蒂的弟弟约翰，所以最终目的地不太可能是牛津郡，有可能是剑桥，因为游人要先去伦敦，在主教门大街的布尔客栈搭乘去往剑桥的马车。

这封信结尾说他写得很匆忙，因为他第二天就要回霍顿了。迪奥达蒂很快回复了，但他的信现已遗失。不过，弥尔顿几周后又回到了伦敦，再次写信给迪奥达蒂（1637 年 11 月 23 日）。[50] 信中弥尔顿讲了讲他读的书，并透露他打算进一所律师学院。我们很难肯定地说这个打算是什么意思。

这一时期，律师学院的学生大多是士绅子弟，他们对法律的兴趣微乎其微，有时甚至为零。[51] 许多人希望获得足够的法律知识，以便能够在一个日益好打官司的社会里处理各种法律诉讼，但其他人则专注学习舞蹈、击剑和音乐，还喜欢假面剧和戏剧。有些人，如多恩和约翰·戴维斯爵士，喜欢写诗；另有些人，如约翰·福特，喜欢写剧本；还有人在宫廷和伦敦市里度过时光。有些人学习解剖学、自然科学、数学、神学或现代语言等学科。少数想成为律师的人（包括克里斯托弗·弥尔顿）在校 16 个学期（4 年），学习普通法（在大学和伦敦民事律师公会里学习教会法和民法），但既不需个人缴纳学费，也没有教学大纲。在学期中，学生有机会参加模拟法庭、案件陈述和案件宣读，也有机会参加法院的开庭，但学习形式大多是私下阅读。弥尔顿家并非属于士绅阶层，就是说他们家的收入不是直接来自土地，而是来自资本投资，但他们家看起来像士绅，而且有志于跻身上层社会，弥尔顿也很快就要开始一次欧洲大陆之旅，而这类旅行常与士绅和贵族阶层联系在一起。因此，弥尔顿有可能打算在律师学院以绅士学生的身份学习一段时间。他的法律知识以后会令人钦佩，但没有证据表明他渴望加入这个行业。[52] 不管怎样，弥尔顿后来放弃了去律师学院的计划，回到了霍顿。然而，三天后（11 月 26 日），他的弟弟克里斯托弗经内殿律师学院大会投票，"恢复了成员会餐"[53]。我们尚不清楚这条记录意味着什么，但可能暗示克里斯托弗有段时间没在校，需要投票才能决定他是否能重新入学；或者，他可能偿付了逾期未付的账单。

1638 年上半年，弥尔顿仍留在英格兰，但大部分时间都花在了欧洲大陆之旅的准备工作上，以满足他对意大利的憧憬。我们无法确定哪首诗是写于这几个月的，但弥尔顿寡居的父亲已年迈，而弥尔顿不久就要离开英格兰，所以

102　　《致父亲》有可能创作于这一时期（虽然有观点认为是 1631 年到 1645 年之间）。这首诗含有一种告别的语气，甚至给人一种复盘的感觉，因为弥尔顿试图总结他从父亲那里收到的所有礼物。这些礼物包括各种语言，父亲为他支付了学习拉丁语、希腊语、法语、意大利语和希伯来语的学费。弥尔顿还指出，他们有着互补的技能，因为他是诗人，他的父亲是音乐家。这首诗最令人费解的是，弥尔顿把他的父亲描绘成了一个鄙视诗歌的人。这似乎不太可能，部分原因是他父亲也写了几首诗[54]，还为诗句谱了曲子，这样写似乎更像是一种修辞手法。弥尔顿感谢父亲没有强迫他进入法律界或商界，但老弥尔顿有可能还是希望儿子有一份职业，甚至像他自己那样，将公证人的职业和音乐的业余爱好结合起来。

　　弥尔顿在父亲还活着的时候发表了这首诗，所以在某种程度上它是一份公开文件，但也是儿子和父亲之间的交流，因而不可避免地包含了一些私下的谅解。弥尔顿不确定父亲在自己意大利之旅结束时是否仍在世，或者他也不确定自己能否平安归来（在他想象中，凶残的耶稣会士正埋伏以待），所以这首诗表达了在正常情况下不会说出口的感激之情。

第七章

意大利

1638 年春，弥尔顿定下了意大利之旅的计划。到意大利旅行的年轻贵族络绎不绝，这种旅行是 18 世纪游学旅行的前身，但对于弥尔顿所属阶层的新教徒来说是相当罕见的 [1]：他既不是商人又非朝圣者，对视觉艺术也没有特别的兴趣。这段旅行可能代表了他对上层社会的向往，或是要逃离家庭（他没有工作，与寡居的父亲住在霍顿），或是躲避某些丑闻 [2]，又或是摆脱父亲的期许——因为政府迫害并监禁了普林、巴斯特威克和伯顿，倘若弥尔顿真的对这些事件反应过度，父亲希望他不要引起当局的注意。意大利有弥尔顿感兴趣的音乐文化，以及学识渊博的名人圈，弥尔顿可以凭借自己的阶层、语言能力，可能还有介绍信，来结识这些圈子里的人。无论出于何种原因，他决定要去探索清新的树林和新鲜的草地①。他需要一份护照、数封介绍信，还有一大笔钱。

首先是一份护照。那时的护照不是像现在这样在进入另一国时需要的，而是在离开自己国家时需要的。它结合了现在所谓的出境签证和安全通行证的功能。1638 年春，弥尔顿向五港同盟 [3] 的总督申请护照。由于弥尔顿无法直接联系到总督即第二代苏塞克斯伯爵西奥菲勒斯·霍华德 [4]，于是他请求亨利·劳斯帮忙。那份护照已遗失，但劳斯随护照附上的信函现保存在大英图书馆：

> 阁下，我随附上一封五港同盟总督的亲笔书信，而且信上盖有他的印章，这封信足以证明你可以合法地离开国王的领地。倘若你想 [搭乘?] 交通工

---

① "清新的树林和新鲜的草地"（"fresh woods and pastures new"）引自《利西达斯》的最后一行（193 行）。

具，对于你们二人来说，没有比萨福克家族的车队更安全的了，但我还是让你自己考虑一下，你忠实的朋友和仆人亨利·劳斯。[5]

104 　"你们二人"表明弥尔顿不是独自旅行，而是有仆人或同伴陪着；我们不知道这个人是谁；提到的萨福克家族可能是用了换喻的手法，指萨福克伯爵（五港同盟总督），或指从萨福克伯爵的府邸启程[6]，游人们结队出发，而非独自乘车。

弥尔顿还需要介绍信。在一次参观伊顿公学（离霍顿几英里）时，机遇来了，他遇到了亨利·沃顿爵士，这位退休的外交官（也是诗人）已经成为伊顿公学的校长。在与沃顿会面后，弥尔顿写了一封感谢信（1638 年 4 月 6 日；现已遗失），并附上一份《在勒德洛城堡上演的假面剧》。沃顿显然很喜欢这部假面剧，1638 年 4 月 13 日，他给弥尔顿回信说："你的歌谣和颂诗有一种田园式的优雅，我必须承认我在英语诗歌里尚未见过能与之相媲美的作品，若不是这样的抒情诗令我沉醉，我会非常赞赏悲剧部分的。"[7] 弥尔顿仔细地保存了这封信，并发表于 1645 年的《诗集》里。除了不确定《假面剧》的哪部分是沃顿认为的悲剧之外，这封信还有几处令人迷惑的地方。这次会面的促成者是被沃顿称为"H 先生"的人，而弥尔顿形容他是一位"博学的朋友"。H 先生可能是约翰·哈里森，他是一名伊顿公学的研究员。但形容词"博学的"可能指向"永远值得纪念的"约翰·黑尔斯，这位学识渊博的研究员早年曾担任剑桥大学的钦定希腊语教授，还有一段时间服务于多特会议①（担任达德利·卡尔顿爵士的牧师），关于这段经历他后来说："我在那里跟约翰·加尔文道晚安。"[8] 他热衷于学问，信仰阿明尼乌主义，还可能与劳德有交情，这些都表明他和弥尔顿有共同点。信中提到的另一位朋友是"R 先生"，此人去世后，诗作近期在牛津新近出版。这位 R 先生一定是诗人和剧作家托马斯·兰道夫，他逝世于 1635 年 3 月，诗作在 1638 年出版于牛津。[9] 他和弥尔顿是同期生，两人都写过有关饮盐水仪式的文章，很可能就是这样成了朋友。兰道夫生活风流，但这并不排除他俩保持友谊的可能性——弥尔顿回国后，还去律师学院寻找志趣相投的好友。[10]

沃顿在信中讲完这些文学问题之后，说起了弥尔顿的行程。他猜想弥尔顿会经过巴黎，因此还写了一封介绍信给 M. B. 先生，"你能很容易地找到他，他

---

① 多特会议（Synod of Dort）是一次于 1618—1619 年在荷兰多德雷克（Dordrecht）召开的国际性宗教会议，以期解决由阿明尼乌主义引发的教义争端等问题。

是年轻的 S. 勋爵的家庭教师"。M. B. 是迈克尔·布兰斯韦特，他曾是在威尼斯的英国间谍，因此他很适合为弥尔顿提供行程上的建议。关于"S. 勋爵"的身份，难点在于有两位驻巴黎的大使，分别是莱斯特伯爵和斯莱戈的斯丘达莫尔子爵。"年轻的 S. 勋爵"可能是 17 岁的莱斯特伯爵之子阿尔杰农·西德尼，或他的哥哥菲利普·西德尼（莱尔子爵），或詹姆斯·斯丘达莫尔（1624—1668 年），但布兰斯韦特更有可能是小斯丘达莫尔的老师：证据很简单，弥尔顿见到的是斯丘达莫尔勋爵。[11] 最后，沃顿传授了他自己于 1592 年到访锡耶纳时得到的一些建议：

> 我在锡耶纳时，被安排在一位名为阿尔贝托·西皮奥尼的人家里，他是一位来自罗马的年迈的侍臣，时代于他不利，因为他曾是帕里亚诺公爵的管家，当时帕里亚诺公爵和他的家人都被绞死，只有这个人没有……在我动身前往罗马时……我已经赢得了他的信任，请他建议我如何在既不冒犯他人又不违背自己良心的情况下前往那里。"我的哈利先生，"（"*Signor Arrigo mio*"）① 他说，"心思紧闭，面容放松"（"*i pensieri stretti ed il viso sciolto*"）。

沃顿以前也讲过同样的故事，还把最后一句话翻译成 "My Signor Harry, your thoughts close and your countenance loose"。[12] 这种策略提供了解决该问题的方法，即新教徒到访罗马后，如何既忠于自己的信念，又不冒犯他人：保持沉默，尽量微笑。

再者，弥尔顿需要钱。对于萨尔马修斯来说，弥尔顿的资金来源相当不起眼，以至于他认为弥尔顿是通过做他人的娈童来获得旅行经费的[13]，但真实情况却平淡无奇。1638 年 2 月 1 日，弥尔顿借给约翰·科普爵士和其他人 150 英镑，并接受了 300 英镑的债券作为担保。这笔钱可能是弥尔顿的父亲借出的，为的是给儿子创造一些收入，每年可以获得 12 英镑，按季度支付。[14] 数额并不大（这也不是很好的投资），但这表明弥尔顿的父亲开始为待业的儿子创造一些收入了。同样，1638 年 4 月，弥尔顿家出售了在圣马丁堂区的房产，这处房产曾是父子共同拥有的[15]；买方是承租人马修·利斯特爵士，[16] 他为该房产支

---

① 意大利语名 "Arrigo"（哈利）是英文名 "Henry" 的一种变体形式。

付了 100 英镑。[17] 这笔收入很可能极大地资助了弥尔顿的旅行。

弥尔顿的第一站是巴黎，但我们不清楚他的路线。如果他搭乘班轮到加来，然后向东南方向走（沿着现在通往巴黎的高速公路），几英里之后他就进入了西属尼德兰，包括现在的诺尔省和加来海峡省的北部。弥尔顿的行程有可能是那样的，但更有可能的是，他在加来向南转往巴黎，全程都在法国境内。

两位驻巴黎的英国大使势不两立，反映出英国教会政治中派系的裂痕日益深化。莱斯特伯爵罗伯特·西德尼受亨丽埃塔·玛丽亚之命，担任特派大使；他信仰加尔文主义又精通法语，反对劳德，与家人一起在沙朗东的法国归正教会参加礼拜仪式。斯莱戈子爵约翰·斯丘达莫尔受其好友劳德大主教之命，担任常任大使，他会出于外交目的讲拉丁语，但不愿说法语，因此在自己的府邸建了一座完整的劳德派礼拜堂，从而解决了寻找用英语做礼拜的场所这一困难。这座礼拜堂会庆祝大斋节等神圣的时节，每月举行圣餐仪式，听取私密忏悔、展示圣坛餐盘和圣餐器具，这些对法国胡格诺派教徒和来访的英国新教徒来说，都是一种侮辱。

斯丘达莫尔勋爵在巴黎的朋友包括荷兰法学家胡戈·格劳秀斯，他当时是瑞典女王克里斯蒂娜的大使。格劳秀斯信仰阿明尼乌主义，招致了加尔文派领袖拿骚的莫里斯的反对，1618 年他被判终身监禁。二十个月后，在妻子的安排下，他被人用洗衣篮偷偷运出监狱。在巴黎他四处寻求庇护，写了多部著作，包括现代国际法的基础文献《论战争与和平法》（1625 年）、代表阿明尼乌主义视角的温和派新教做出的教派宽容声明《论基督教的真理》（1627 年），以及《旧约与新约注疏》（1642 年），后者抛开了传统上专注于神灵启示的做法，转向史卡利格① 所推崇的历史和文献学方法（后来在《论基督教教义》中得到弥尔顿的青睐）。格劳秀斯著作的法学和神学层面存在两种联系：首先，对历史和语文学的强调将他的分析方法与《圣经》和罗马法联系起来；其次，他坚持教会传统的中心地位，反映了他强调习惯法重要性的法理观点。

弥尔顿表达了与格劳秀斯会面的愿望，斯丘达莫尔勋爵帮忙写了介绍信，并借调了几位侍从陪同弥尔顿拜访。根据爱德华·菲利普斯的讲述，"格劳秀斯

① 这里指约瑟夫·尤斯图斯·斯卡利杰尔（Joseph Justus Scaliger，1540—1609 年），法国加尔文教派的领袖和学者，将古典历史的概念从古希腊罗马拓展至古波斯、巴比伦、犹太和古埃及的历史。

友好地接待了这次到访，而且按规格款待了他［弥尔顿］，说了很多自己听说的高度赞扬他的话"[18]。由于斯丘达莫尔与格劳秀斯的通信中没有提到这次拜访[19]，看来这次造访给弥尔顿留下的印象可能比格劳秀斯要更深。格劳秀斯出版的作品里从未言及弥尔顿，但弥尔顿在自己的作品里数次满怀敬意地提到了格劳秀斯：《四音克谐》（"他仍在世，是博学之人中最负盛名的"）和《离婚的教义和教规》（"这个时代的最博学的人之一"）；《马丁·布塞尔的决断》开头有一篇致议会的演说文，弥尔顿在其中称赞格劳秀斯是一个"能干的帮手"，因为他对《马太福音》的注疏支持了弥尔顿的观点。[20] 这些都无法暗示他们见面时可能说了些什么。他们都认识斯丘达莫尔勋爵（他曾与格劳秀斯讨论过英格兰和瑞典教会可能合并的问题）和西奥多·迪奥达蒂医生（他与格劳秀斯同一天在莱顿入学），也都有支持阿明尼乌派政治主张的经历，弥尔顿初步萌生的学术兴趣又恰与格劳秀斯一致，但这次会面也可能只是一次礼貌的寒暄；然而，它确实表明了弥尔顿在文化和学术上的抱负。

107

因为斯丘达莫尔勋爵已经融入了马兰·梅森①的圈子（其中包括托马斯·霍布斯②和凯内尔姆·迪格比爵士③），所以弥尔顿还可能会见到其他人，但弥尔顿想继续往前走。正如西里亚克·斯金纳所解释的那样，"他只在这个国家稍作停留，因为他不喜欢这里的习俗和文化，他也不结交任何人，例外就是……他拜访了胡戈·格劳秀斯"[21]。斯丘达莫尔勋爵准备了一些信函，让弥尔顿转交给他要停留之地的英国商人，而后他启程前往尼斯。

弥尔顿到了位于现在法国南部独立的萨伏伊公国。该公国与英国王室有关系，因为萨伏伊公爵夫人克里斯蒂娜是亨丽埃塔·玛丽亚的妹妹。萨伏伊公国包括现在的法国萨瓦和上萨瓦地区，以及意大利的奥斯塔山谷和皮埃蒙特地区（包括都灵，当时是公国首府）。萨伏伊的领土向南延伸，沿着一条狭窄的走廊通向地中海，港口就是尼斯。萨伏伊的语言是萨伏伊语，这是一种与法语、噢西坦语和意大利语截然不同的罗曼语，当时法语已经进入法国南部，但还没进入萨

108

---

① 马兰·梅森（Marin Mersenne，1588—1648年），17世纪法国著名神学家和数学家。

② 托马斯·霍布斯（Thomas Hobbes，1588—1679年），17世纪英国政治家、哲学家，曾在巴黎游历，最有名的代表作是《利维坦》（*Leviathan*）。

③ 凯内尔姆·迪格比爵士（Sir Kenelm Digby，1603—1665年），17世纪英国朝臣、外交官，同时也是一名哲学家和自然科学家。

伏伊。弥尔顿进入公国后，遇到了一种独特的文化，这种文化和英格兰的一样，在宗教分歧的压力下正在分裂：1603 年，日内瓦终于脱离出来，并且有人试图用武力让韦尔多派改变信仰，很久以后，弥尔顿也会承继韦尔多派的事业。[22]弥尔顿在这里没有停留太久。到达尼斯后，他找到了一条前往热那亚的通道，不是从现今的港口出发，而是从西边河流的入海口驶离，抵达设防的岬角东岸。

热那亚当时是一个独立的共和国，这里的银行家掌控了哈布斯堡帝国的金融，成为继富格尔家族①之后欧洲势力最强大的集团。对于一个到访的英国人来说，热那亚的富有很快就会显现出来。弥尔顿途经现在的新街大道和巴尔比大道，看到一座座宫殿的外墙风格夸张绮靡。这是弥尔顿首次访问一个共和国，安德烈亚·多里亚②修改了这里的宪法(仿照威尼斯宪法)，将总督的统治权限制在两年之内。弥尔顿来访时，总督是阿戈斯蒂诺·帕拉维奇尼，他是一名贵族，曾担任科西嘉（当时是热那亚属地）的长官，也曾被派往教皇国任使节（他的肖像画现存于盖蒂博物馆，由安东尼·凡·戴克③所作）。弥尔顿似乎没有造访热那亚宫廷，但也不必为了一瞥宪政寡头统治的政府模式而去拜访。这不是一个城邦式的公民政府，而是地方势力的政府，其影响力如此之大，以至于布罗德尔④后来将欧洲历史的前一个世纪描述为"热那亚人的时代"。弥尔顿在热那亚的时间不长 [23]，当然也没有写下那份被认为是他写的《热那亚简述》[24]。相反，他乘船前往里窝那 [25]，船驶入 1620 年完工的美第奇港，停靠在 1571 年科西莫一世·德·美第奇⑤建造的码头。弥尔顿最终抵达托斯卡纳。

---

① 富格尔家族（Fugger family）是 15—16 世纪德意志著名的银行家族，其家族产业在 16 世纪达到巅峰，继而取代美第奇家族（Medici），成为欧洲强大的名门望族。

② 安德烈亚·多里亚（Andrea Doria, 1466—1560 年），热那亚政治家、雇佣兵队长和海军上将。

③ 安东尼·凡·戴克（Anthony van Dyck, 1599—1641 年），佛兰德斯巴洛克风格画家，英王查理一世时期英国宫廷画家。

④ 费尔南·布罗代尔（Fernand Braudel, 1902—1985 年），法国历史学家，年鉴学派的代表人物之一。

⑤ 科西莫一世·德·美第奇（Cosimo I de'Medici, 1519—1574 年），从 1537 至 1574 年任第二代佛罗伦萨公爵（Duke of Florence），从 1569 年起，担任第一代托斯卡纳大公（Grand Duke of Tuscany）。

图 19　热那亚（图源：约翰·海因里希·普夫劳默，《意大利指南》，奥格斯堡，1625 年）

英国人非常熟悉里窝那，甚至给这里起了一个外来名（莱格霍恩①），该名一直沿用到 20 世纪。然而，一个世纪前，它还是一座村庄。比萨港泥沙淤积，迫使科西莫在里窝那修建了一个新港。港口和防御工事的设计者主要是贝尔纳多·布翁塔伦蒂②，他还修建了里窝那和比萨之间的运河。历代大公邀请意大利人、亚美尼亚人、德国人、希腊人、犹太人、摩尔人、波斯人、葡萄牙人、西班牙人、土耳其人及"其他东方和西方之人"在这座新城定居。弥尔顿从未见过如此多样化的宗教信仰都受到尊重。英国商人是这座大都市的新来者之一，他们把这里当作一个中转站。在接下来的几个世纪里，英国人将主导这座城市的文化，但此时尚未达到这种程度，不过有很多英国人在此定居，他们还建了一座英国教堂。弥尔顿可能在这座教堂里做过礼拜，但除此之外，我们没有把握

109

———————

① "Leghorn"一词源于意大利语中"Livorno"的变体形式"Legorno"，后者已不再使用。

② 贝尔纳多·布翁塔伦蒂（Bernardo Buontalenti，1531?—1608 年），意大利 16 世纪舞台设计师、建筑师、军事工程师和艺术家。

推断其他事情。他可能注意到了里窝那大教堂的外墙（这被认为是伊尼戈·琼斯的作品），或看到了 1581 年开放的犹太教堂（在英国没有犹太教堂），或发现了四摩尔人纪念碑（建于 1624 年，为纪念托斯卡纳大公费迪南多一世）上被奴役的土耳其人的形象，但没有证据表明他做过这些事情。但是，斯丘达莫尔勋爵为他提供了一些写给英国商人的介绍信，由于里窝那是地中海地区英国商人最集中的地方，因而弥尔顿很可能与商人群体有一些接触。然而，就我们所掌握的而言，我们只知道他在里窝那登陆，然后前往比萨，可能是沿着 1573 年开凿的运河行进，但也不一定。

比萨作为海洋邦国有着辉煌的过去，但它在 1406 年被佛罗伦萨征服，1509 年叛乱又遭到镇压（当时马基雅维利是佛罗伦萨"战争十人会议"①的秘书），而且港口在不久前迁至里窝那，这些都意味着它是一座衰落的城市，就连比萨大教堂旁边的钟楼也危险地倾斜着，显示出其工程质量之差。弥尔顿似乎只是途经比萨（用西里亚克·斯金纳的话来说），然后沿着阿诺河走了四十五英里到达佛罗伦萨。弥尔顿在《再为英国人民声辩》中描写了他对佛罗伦萨的造访：

> 我在那座城市逗留了大约两个月，我喜欢它胜过其他所有城市，因为它不仅有着优雅的语言，还拥有高雅的才子。我在那里立刻成了许多门第显赫、学识渊博的绅士的朋友，我经常光顾他们的私人学院，这种佛罗伦萨的团体不仅有助于人文研究，还能促进友好交往，值得高度赞扬。时间永远不会磨灭我对你们（充满愉悦和欣喜）的回忆：雅各布·加迪、卡洛·达蒂、弗雷斯科巴尔迪、科尔泰利尼、布翁马特、基门泰利、弗兰奇尼等。[26]

我们并不能确切地知道弥尔顿是什么时候到达佛罗伦萨的（可能是 1638 年 6 月），但这类文字表明他访问了几所私人学院，或许暗示了这是他来意大利的目的之一。佛罗伦萨有许多这样的学院，从佛罗伦萨学院和秕糠学院这样的大型机构到非正式的讨论小组，都有许多。弥尔顿成了两所学院的成员，即无心思学院和无感情学院。

关于弥尔顿在佛罗伦萨的各种拜访，信息最充分的就是对造访无心思学院

---

① "战争十人会议"（Ten of War），意大利语为 "La Guerra dei Dieci"，又称 "自由与和平十人会议"（Dieci di libertà e pace），是佛罗伦萨负责外交和战事的机构。

的记录[27]。"无心思学院"这个简洁的名字（svogliati 意为"没有心思、意志的人"）代表了当时典型的学院风格。人们一直认为弥尔顿去的无心思学院是位于圣母广场的雅各布·加迪府中，但根据 1632 年的人口普查，雅各布·加迪和同道者们是在新的家族府宅里，坐落于数米之外的吉里奥大道，这座府宅现在是阿斯托利亚酒店。[28]弥尔顿提到的无心思学院成员包括雅各布·加迪（创立者）、温琴佐·伽利略（天文学家伽利略的私生子）、诗人安东尼奥·马拉泰斯蒂和学者贝内代托·布翁马特。

110

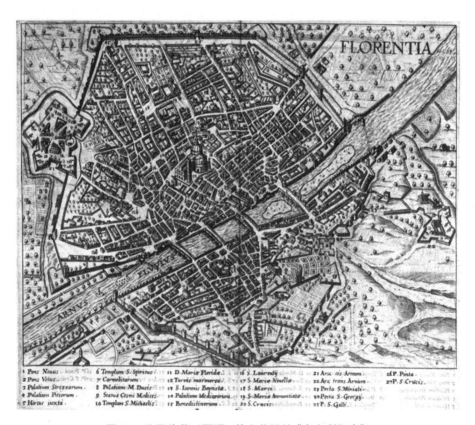

图 20　佛罗伦萨（图源：普夫劳默的《意大利指南》）

雅各布·加迪只比弥尔顿大几岁，但已经发表过拉丁语和意大利语诗歌，闻名遐迩，并且成为这座城市的文学和精神生活中的重要人物。[29]他的无心思学院每周（星期四）会议都由加迪记录，在佛罗伦萨国立图书馆里还保存着他的记录簿。1638 年 6 月 28 日或 7 月 6 日，一位没有提及姓名的英国文人出席了学院的一次会议，并表达了成为学院成员的愿望。[30] 接下来的那个星期四（7 月 5 日或 15 日）就有一位没有提及名字的诗人（很可能是弥尔顿）当选为学院成员。弥尔顿可能参加了随后几周里的某次或所有会议（并不总是有出席者名单），但他 9 月 6 日或 16 日肯定出席了，当时他在周会上读了一首诗，这首诗是用拉丁语六步格写成，很可能是《致父亲》或《自然界不会经受衰老》。[31] 无论是哪一首诗，会议记录簿上都记下了学院成员的观点：他们认为这首诗的内容非常广博。

弥尔顿有可能写信回家讲述了他的成就，同样有可能的是，家里几乎在同一时间给他寄来了一封信。家中可能捎来了两条消息：第一条消息是他的朋友查尔斯·迪奥达蒂去世了 [32]，第二条消息是弥尔顿的弟弟克里斯托弗让一名裁缝的女儿汤玛辛·韦伯怀孕了，婚礼已安排在 1638 年 9 月 13 日仓促举行。[33]

弥尔顿与无心思学院成员（他们通常也是其他学院的成员）的会面意味深长，其结果也并非仅限于获得礼貌性的称赞。1637 年 9 月，诗人安东尼奥·马拉泰斯蒂创作了一组情色十四行诗，题为《蒂娜：田园的暧昧之语》，随后决定将该组诗献给"伟大的英国诗人、伦敦人约翰·弥尔顿"[34]。弥尔顿成了"伟大的英国诗人"之后，还清楚地记得这句赞美之词。九年后在写给卡洛·达蒂的信中，弥尔顿向马拉泰斯蒂致以亲切的问候。[35] 弥尔顿还见到了学者神父贝内代托·布翁马特 [36]，他正在写托斯卡纳语的语法书，不久将以《论托斯卡纳语二卷书》为题出版。弥尔顿有些鲁莽地建议贝内代托神父增加一章来论述发音，并向读者提供一份可作为语言典范的托斯卡纳语作家名单（作品体裁可能包括喜剧、悲剧、对话和书信）。布翁马特出于礼貌，表达了些许兴趣，因此弥尔顿决定给布翁马特写信来敦促这一建议的实施，他没有用托斯卡纳语，而是用他非常精通的拉丁语来撰写信件。[37] 这封信称赞了托斯卡纳语、布翁马特和语法学家这一职业。由于没有保存下来的《论托斯卡纳语二卷书》草稿，所以我们很难判断弥尔顿的建议是被完全忽视了，还是仅仅被部分忽略了，因为书里面没有关于发音的章节，也没有典范作家名单，但是关于发音的评论散落在全书各处。

弥尔顿的这封信很有意思，因为它表明了弥尔顿在欧洲有关拉丁语和民族语言对立辩论中采取何种立场 [38]，以及他对于民族语言应该使用什么样的形式的观点。弥尔顿的这封信表示了对托斯卡纳语的支持，这门语言也最终会胜出。然而，在当时，人们并不清楚 14 世纪的托斯卡纳语会成为意大利文学语言的基础。主张这种语言形式的说法也只是在不久后重新出现，而秕糠学会（布翁马特是其成员之一）的《词汇》（1612 年）就是一份奠基性的文件。在此之前，关于文学语言的问题涉及各种主张，各方都力求争夺文学语言的地位，包括北方宫廷语言（卡斯蒂廖内和特里西诺 ① 倡导的宫廷语言）、当时的托斯卡纳语（由马基雅维利倡导），还有 14 世纪的托斯卡纳古语（由本博 ② 倡导）——彼特拉克和薄伽丘是运用该语言的典范。[39] 弥尔顿选择支持古语，很难说这究竟这是一时兴起还是已有的观点，但这肯定让他最终形成这样一种看法：拉丁语的古典形式是首选，然而，出于文学创作的目的，对英语而言，理想形式应是曾用于文学创作的语言。由于他对意大利语抱有类似的看法，所以他想发展托斯卡纳已有的书面语体和口语形式。

112

最重要的是，弥尔顿遇到了温琴佐·伽利略，他是天文学家伽利略的私生子，很可能是温琴佐安排弥尔顿去见了伽利略。这次造访的唯一证据是弥尔顿在《论出版自由》里提到了此次会面：弥尔顿回顾了多年前的意大利之旅，掷地有声地说："就在那里，我找到并拜访了著名的伽利略，他已老迈，由于对天文学的思考与方济各会和多明我会 ③ 的审查员想法不一致，遭到了宗教裁判所的软禁。"[40] 这一回忆有点不准确，因为《关于两个世界系统的对话》（莱顿，1632 年）已经获得许可 [41]，但它的出版还是引起了乌尔班八世 ④ 和罗马宗教裁判所的不快 [42]，于是他们把伽利略软禁了起来。

伽利略受审后，人身自由遭到限制，但这并不妨碍他在位于阿尔切特里的

---

① 巴尔达萨雷·卡斯蒂廖内（Baldassare Castiglione，1478—1529），意大利诗人、人文主义者兼外交家，代表作是《廷臣》（*Il Cortiginao*）；吉安·乔治·特里西诺（Gian Girogio Trissino，1478—1550 年），意大利人文主义者、诗人、剧作家、语言学家、哲学家兼外交家。

② 彼得罗·本博（Pietro Bembo，1470—1547 年），意大利学者、诗人和文论家，也是罗马天主教的枢机主教。

③ 方济各会（Franciscans）是 1209 年由圣方济各（St. Francisca of Assisi，1181/1182—1226 年）创立的基督教修道会，其会规提倡生活清贫、托钵行乞，该修会重视学术和教育，从事社会和慈善事业。多明我会（Dominicans）是中世纪天主教托钵修会之一，由圣多明我（St. Dominic，1170—1221 年）创立，宗教裁判所成立后，罗马教廷委任多明我会主持宗教裁判所，执掌教会法庭等诉讼事宜，托马斯·阿奎纳（Thomas Aquinas，1225—1274 年）可能是该修道会最著名的成员。

④ 乌尔班八世（Urban VIII，1568—1644 年），原名马费奥·巴尔贝里尼（Maffeo Barberini），从 1623 年至 1644 年期间任教皇。

焦耶洛别墅接待外国访客，弥尔顿有可能就是在那里拜访了他。不过，两人的会面也有可能在佛罗伦萨。1638 年 2 月 13 日，佛罗伦萨宗教法庭审判官写信给罗马，解释说伽利略已病入膏肓。[43] 这份报告成为取消软禁判决的基础，以便让伽利略在位于圣乔治路①的温琴佐家中接受治疗，缓解病痛；但是，他被禁止在佛罗伦萨接待访客，至少有一位著名访客，即康斯坦丁·惠更斯②，在那年夏天被阻止去看望伽利略。然而，这原本是一场正式会面，因为惠更斯打算赠给他一条金链，以表彰伽利略在计算经度方面的功绩。弥尔顿并非国际名人，所以可能偷偷溜进了温琴佐的家。伽利略于 1638 年夏天的行踪多多少少都能查得到，他在佛罗伦萨待的时间显然比在阿尔切特里要长，不过弥尔顿也可以做短途旅行，前往阿尔切特里。

弥尔顿与伽利略会面时说了什么，我们不得而知，也很难评估这次见面对弥尔顿有什么影响。事后来看，这位失明的天文学家因为自己的著作而几乎丧命，我们在他身上或许可以看到弥尔顿晚年的形象，但那时整个世界都展现在了弥尔顿面前。伽利略的科学对弥尔顿的宇宙观几乎没有影响，这种在知识层面的影响的缺失也许可以解释为何弥尔顿的《再为英国人民声辩》在描述意大利之旅时没有提到伽利略，转而强调他诗歌所获得的赞誉。

弥尔顿加入的第二所学院是无情感学院（字面意思是"无情感之人"），他的加入直到最近才得到确认。该学院的创始人是阿戈斯蒂诺·科尔泰利尼，弥尔顿所认识的其他学院成员包括贝内代托·布翁马特（如上所述）、卡洛·达蒂、皮耶罗·弗雷斯科巴尔迪、瓦莱里奥·基门泰利、安东尼奥·弗兰奇尼和弗朗切斯科·罗瓦伊。

阿戈斯蒂诺·科尔泰利尼比弥尔顿小 4 岁。[44] 他身材不高，这可能使他讨弥尔顿喜欢，因为弥尔顿对自己的中等身高很敏感。科尔泰利尼的职业是律师，但他的大部分精力都用于弘扬学问——主要通过他所创办的学院，成员们会在他位于奥廖洛大街的府宅里会面。"无感情"（Apatisti）一词与英语"apathy"同源，但它并非暗指慵懒的冷漠，而是为了唤起人们对斯多葛派的超然脱俗以及

① 圣乔治路（Costa San Giorgio）位于佛罗伦萨的奥尔特拉诺（Oltrarno），意大利名称中的"costa"（原意为"海岸"）实际上是指有陡坡的道路。
② 康斯坦丁·惠更斯（Constantijn Huygens, 1596—1687 年），荷兰诗人和作曲家，曾担任两代奥兰治亲王的秘书，是科学家克里斯蒂安·惠更斯（Christiaan Huygens）的父亲。

图21　加迪家族府宅（今阿斯托利亚酒店），位于佛罗伦萨

在情感上保持冷淡的渴望。长期以来，人们一直认为，没有书面材料证明弥尔顿参加了科尔泰利尼在位于奥廖洛大街的家中举行的无情感学院的会议。17世纪确实没有关于无情感学院的任何记载，但18世纪有一位名叫安东·弗朗切斯科·戈里的成员，他学识渊博，编撰了一份关于该学院早期历史的手写稿。这份手稿在1983年誊抄出版，但直到1998年才被一位弥尔顿学者注意到，当时埃丝特尔·哈恩讨论了它的重要性。[45]该手稿包括1638年的新成员名单，名单上有"英国人约翰·弥尔顿"。

卡洛·罗伯托·达蒂[46]是弥尔顿在随后几年中唯一保持联系的人，他是一名佛罗伦萨的文学奇才。他出生于1619年10月2日，所以当弥尔顿遇见他时，他只有18岁，但是他的口才以及科学和历史知识已经受到广泛认可。很快他就在欧洲闻名遐迩，如今被视为首位尝试记录古典绘画史的艺术史学家。弥尔顿还在佛罗伦萨时，他在一封拉丁文信中对弥尔顿大加赞扬，弥尔顿对他的看法也怀有敬意。弥尔顿保存了这封信，并把它印在1645年拉丁语《诗集》前的《荐文》当中。

弥尔顿来访时，博学的神父皮耶罗·弗雷斯科巴尔迪[47]正担任圣母玛利亚与圣莱奥纳尔多教堂的圣职，这座教堂位于（卡尔米尼亚诺）阿尔蒂米诺，靠近美第奇家族的费尔迪南达别墅。这位神父的职责可能是由一位助理神父履行

114

的。他在佛罗伦萨是无情感学院的成员，以才思敏捷、学识渊博而久负盛名（用科尔泰利尼的话来说，他"最勤奋、最好学"）。虽然他没有留下证据来证明他的这些品质，但是他在教会里获得擢升，被祝圣为圣米尼亚托主教，后于同一年去世。

瓦莱里奥·基门泰利是一名年轻的神父，在人文领域具有卓越学识；他后来成为比萨大学的希腊语（后来又成为修辞学和政治学）教授。[48]据托马斯·沃顿①所说，在 1762 年的时候，"已故的托马斯·霍利斯先生②在佛罗伦萨的劳伦佐图书馆搜寻弥尔顿的六首意大利语十四行诗，这些诗是弥尔顿写给朋友基门泰利的……据说手稿还在佛罗伦萨"[49]。霍利斯寻找六首十四行诗（这正是弥尔顿所作意大利语十四行诗的数目）这件事虽然无法得到证实，但可能表明在故事的表象之下或许存在部分真相，有助于解释弥尔顿的意大利语十四行诗为何非常流畅，也许是基门泰利作为朋友帮助弥尔顿把这些十四行诗的意大利语提升到了母语水平。

安东尼奥·弗兰奇尼是一位主要以意大利语创作的年轻诗人。他的诗句以手稿形式流传开来，只有少数几首得以保存。对于研究弥尔顿的学者来说，他最重要的作品是一首 84 行的颂歌，题为《致高贵的英国人约翰·弥尔顿先生》，并将其献给了身在佛罗伦萨的弥尔顿。弥尔顿把它印在了拉丁语《诗集》开头的《荐文》当中，就像达蒂的信一样。这首意大利语诗打破了拉丁语的端庄稳重（其他的荐文都是用拉丁语写的），但是这首诗实属上乘，不能被忽略。这首致弥尔顿的颂歌文风奢华，很适合这一体裁，但它的细节处又很真实，尤其是当达蒂③称赞弥尔顿的语言能力时，他这样写道："不仅英格兰听你娓娓道出她优美的语言，/ 还有西班牙、法兰西、托斯卡纳、希腊和罗马。"（*Ch'ode oltr'all'Anglia il suo più degno Idioma / Spagna, Francia, Toscana, e Grecia e Roma.*）达蒂的一封信中也同样赞扬了这一能力，这封信是写给"一位通晓多种

---

① 托马斯·沃顿（Thomas Warton，1728—1790 年），英国文学史学家、批评家和诗人，1785 年成为"桂冠诗人"。

② 托马斯·霍利斯（Thomas Hollis，1720—1774 年），英国政治哲学家、作家，最大贡献在于他出版发行了一系列论述政府的图书，其中就包括弥尔顿的作品，促进了英国民主政体的发展。

③ 原文如此，此处可能系作者笔误，应该是弗兰奇尼称赞弥尔顿。

语言的人，已经消亡的语言会在他的口中重生"（*Polygoltto, in cujus ore linguæ iam deperditæ sic reviviscunt*）。达蒂 ① 称赞弥尔顿的西班牙语，这可能意味他在献给弥尔顿这首诗时，弥尔顿正从那不勒斯北上回到佛罗伦萨，而在那不勒斯的总督府是需要讲西班牙语的。[50]

在这五个名字外，还可以加上第六个名字，卡洛·达蒂于 1647 年 10 月 22 日或 11 月 1 日写给弥尔顿一封信，想索要一些诗句来纪念弗朗切斯科·罗瓦伊，弥尔顿也熟知此人。[51] 罗瓦伊是一名有语言天赋的诗人，英年早逝，没有出版过任何作品（但人们已经收集了一批他的遗作）。

弥尔顿在佛罗伦萨的学院里遇到的许多人一直被他记着。在 1647 年 4 月 20 日写给卡洛·达蒂的信中，弥尔顿提到了"加迪的学院"里几位成员（科尔泰利尼、弗兰奇尼、弗雷斯科巴尔迪、马拉泰斯蒂和基门泰利），达蒂在 1648 年 11 月 24 日或 12 月 4 日写给弥尔顿的信中，传达了有关基门泰利（他被任命为比萨大学的希腊语教授）的消息，以及弗雷斯科巴尔迪、科尔泰利尼、弗兰奇尼和温琴佐·伽利略的祝福。在《再为英国人民声辩》（1654 年）中，弥尔顿提到了加迪、达蒂、弗雷斯科巴尔迪、科尔泰利尼、布翁马特、基门泰利和弗兰奇尼。弥尔顿同那些学院的接触对他有什么影响呢？弥尔顿自己在《论教会管理必须反对主教制》（1641 年）中回答说：

> 我喜欢去意大利的私人学院，在那里，我发现自己在二十岁左右就完成而且现在还能记起的一些小诗（因为每个人都要有些东西来证明自己的才智和学识）在那里得到了超出预期的认可，另外，我在缺少书籍和其他便利条件的情况下撰写的拙作也都得到了书面赞扬，而意大利人很少将这些赞美赠予阿尔卑斯山这边的人。[52]

弥尔顿作为诗人和通晓多语之人所受的这些赞誉，是国际社会对他的才华的认可，他小心翼翼地保存了这些赞辞，将来用在了 1645 年的拉丁语《诗集》中。这些荣誉对弥尔顿来说显然是弥足珍贵的。

《失乐园》提到了瓦隆布罗萨，据此，有人相信弥尔顿在佛罗伦萨逗留期间

115

---

① 原文如此，根据上下文语境，而且达蒂的信中并未提及弥尔顿的西班牙语，所以这里应该也是弗兰奇尼。

前往了偏远的瓦隆布罗萨修道院，而对此次旅程的回忆最终再现为堕落天使的形象，他们"躺着，稠密得像秋天的落叶，铺满了 / 瓦隆布罗萨的溪流，那里地处埃特鲁里亚 / 参天树木的浓荫之下"[53]。但没有丝毫证据表明弥尔顿有过这次旅行，就连 17 世纪旅行者的行程里都没有[54]，但证据的缺失并没有削弱 19 世纪旅行者对该地的热情，例如华兹华斯（1837 年）、玛丽·雪莱（1842 年）以及伊丽莎白·巴雷特·布朗宁（1847 年）都曾慕名前往。布朗宁夫人在宠物犬弗勒什和丈夫罗伯特的陪同下，乘坐在一个安装在雪橇上的酒篮里，由四头白牛拉着前往修道院，结果在抵达后却被告知，修道院不能留宿女性（有人推测，尤其是不能留宿那些声称为了躲避佛罗伦萨的酷暑而打算长居三个月的女性）。

弥尔顿离开佛罗伦萨后，向南经过锡耶纳（锡耶纳于 1555 年并入托斯卡纳），进入教皇国，这是一个拥有主权的大国（为弥尔顿的旅程中的第五大国），它的疆域"从大海到大海"①，绵延不断，北至博洛尼亚（1506 年以来属教皇国）和费拉拉（1598 年以来属教皇国）。弥尔顿的目的地是罗马，圣彼得大教堂高耸于罗马，俯视全城，它于 1614 年建成，1626 年举行祝圣礼，但当时周围还没有贝尔尼尼②设计的多立斯式的柱廊，那些是在 1656 年至 1671 年添加的。[55] 弥尔顿在罗马逗留了大约两个月（可能是从 1638 年 10 月到 11 月），在这期间，只有一天的活动被记录了下来：弥尔顿于 10 月 20 日或 30 日在英国神学院用餐。

英国神学院[56]（自 1818 年起被称为"可敬的英国神学院"③）最初是英格兰朝圣者的休憩之地，但 1578 年被重组为耶稣会神学院，培养毕业生在英格兰任职。从那时起一直到弥尔顿来访，大约有 32 名毕业生（包括罗伯特·索斯韦尔）在英格兰殉道，最近一次是在 1616 年。重组后的神学院以其新的身份继续接待来罗马的英国游客（包括 1636 年接待医生威廉·哈维和 1644 年接待日记作家约

---

① "从大海到大海"（"from sea to sea"）是一句出自《圣经》的谚语，源于拉丁文 "a mari usque ad mare"，表示疆域广阔，见武加大译本（Vulgate）《圣经·诗篇》（72:8），意指教皇国东临亚得里亚海（Adriatic Sea），西接第勒尼安海（Tyrrhenian Sea）。

② 吉安·劳伦佐·贝尔尼尼（Gian Lorenzo Bernini, 1598—1680 年），意大利雕塑家、建筑师和画家，是巴洛克风格的代表人物。

③ 在基督教中，"可敬的"（Venerable）是一个特别的头衔，可以用作英国国教会吏总（archdeacon）的尊称，也是天主教中被列入圣徒之人的头衔，是祝圣过程的第一句。

图 22　罗马（图源：普夫劳默的《意大利指南》）

翰·伊夫林）。《朝圣者记录簿》现仍藏于神学院，记载了到访者的名字。1638 年
10 月 20 或 30 日的记录这样写道：

A die 30. Pransi st. In Coll° nr̃o Ill^ms. D.N. Cary, frater Baronis de Faukeland. Doctor Holdingus Lancastrensis, D.N. Fortescuto, et Dñs Miltonus, cũ famulo nobiles Angli. Et excepti st. Laute.

"D. N." 通常是"我们的大人"（Dominus Noster）的缩写，"Dñs"是"先生"
（Dominus）（即"Mr"）的缩写，所以这条记录可以译为："10 月 30 日，著名的
凯里大人（福克兰男爵的弟弟）、兰开斯特的霍尔丁博士、福蒂斯丘大人和弥
尔顿先生以及他的随从，这些杰出的英国人，在我们神学院受到了热情招待。"
与弥尔顿同行的客人都是谁呢？[57] 凯里大人是帕特里克·凯里，他是福克兰子
爵 14 岁的小儿子，当时被称为"文静兄弟"，后来成为一名诗人，并出版了诗
作。[58] "霍尔丁"博士是亨利·霍尔登，当时是英国天主教驻罗马神职人员的代
表，并拥有索邦大学博士学位。[59] 福蒂斯丘大人可能是尼古拉斯·福蒂斯丘爵
士，但也可能是他的兄弟约翰·福蒂斯丘爵士。[60] 除了这些罗马天主教徒客人，
还有弥尔顿的随从，此人的身份仍是个谜。拉丁语用的是 *famulus*（随从），弥
尔顿在《再为英国人民声辩》中用了同一个词。其他客人没有随从，但这可能
是因为他们在罗马居住的时间较长。短语 "*nobiles Angli*"（杰出的英国人）是
在上方用脱字符插入该行的，因此这个短语不一定包括 *famulus*，但《朝圣者记
录簿》里提到了他，暗示这位随从有一定的级别，或许不像本·琼森的随从理查
德·布罗姆那样的地位，但可能是类似于剑桥大学某学院的减费生。

弥尔顿在他第一次或第二次访问罗马时（或两次都包括）遇到的人有卢卡
斯·霍尔斯特和枢机主教弗朗切斯科·巴尔贝里尼（我们讨论弥尔顿第二次去罗
马时会提到这两位）、年轻的奇才亚历山德罗·凯鲁比尼、诗人乔瓦尼·萨尔齐
利、诗人塞尔瓦吉和英国人托马斯·高恩。弥尔顿在给霍尔斯特的一封信中提到
了凯鲁比尼，后者年少博学，但在遇见弥尔顿时可能已经病入膏肓，于 28 岁时
英年早逝，没有留下任何出版作品来证明他的渊博学识。

我们现在对诗人乔瓦尼·萨尔齐利知之甚少。[61] 他为 1637 年出版的一本集
子贡献了 15 首意大利语诗歌（主要是十四行诗），还给弥尔顿写了一首四行的
拉丁文赞词，后来刊印在 1645 年拉丁语《诗集》的《荐文》中。那首诗的标题是

118

《罗马人乔瓦尼·萨尔齐利致英国人约翰·弥尔顿的短诗，他应该获得希腊语、拉丁语和托斯卡纳语①诗歌的三重桂冠》，该诗将来自泰晤士河畔的诗人弥尔顿与另外三位以河流转喻来命名的诗人进行了比较，三位诗人分别是梅莱斯河（荷马）、明丘斯河（维吉尔）和塞贝图斯河（塔索）②。诗曰："梅莱斯河，屈服吧；就让明丘斯河放下瓮瓶，/ 塞贝图斯河也不要总是歌颂塔索。/ 但让胜出的泰晤士河比所有的河流都更深，/ 有了你，弥尔顿，它一条河就能与这三者相抗衡。"即使按照赞辞不吝赞扬的惯例，这样写似乎有些过度赞美，也难怪弥尔顿很珍视这首诗。萨尔齐利病倒时，弥尔顿还为他写了一首诗。目前我们还不清楚是什么性质的疾病，但《致萨尔齐利》的格律可能暗示症状之一是跛足：弥尔顿选择用跛足短长格③来写作，这种"跛行"的三双音步短长格诗行中，倒数第二个音节的逆转产生了喜剧或突降的效果。弥尔顿的拉丁语诗歌格律一如既往地既开拓创新，又信心十足。

在 1645 年拉丁语《诗集》的《荐文》中，"塞尔瓦吉"这个名字附在一首拉丁语双行诗（效仿普罗佩提乌斯）之后："让希腊夸耀荷马，罗马夸耀维吉尔吧；/ 英格兰则夸耀弥尔顿，他与前二人旗鼓相当。塞尔瓦吉作。"塞尔瓦吉有可能是马修·萨维奇，是英国本笃会修士戴维·科德纳的化名[62]；这个名字可能源于科德纳与温切斯特侯爵夫人简·萨维奇家族的密切联系，弥尔顿曾于 1631 年

---

① 这首诗的原拉丁文标题在此处用的是"Hetrusca"，英文在字面上对应的是"Etruscan"，该传记的英语原文给出的也是"Etruscan"，但此处不宜译为"伊特鲁里亚语"，因为伊特鲁里亚是位于意大利中西部的古城，后被古罗马吞并，其语言不同于拉丁语，但后来被拉丁语取代而逐渐消亡，其地域涵盖了如今的托斯卡纳地区，而且在文艺复兴时期的拉丁语作品中"etrusce"可以表示"Tuscan"［见《文艺复兴拉丁语词典》(*Lexique de la prose latine de la Renaissance*)］，英语"Etruscan"也有指代"Tuscan"的戏谑用法（见 *OED* 中"Etruscan"的第一项释义），所以这里译作"托斯卡纳语"。

② 梅莱斯河 (Meles) 是伊奥尼亚 (Ionia) 境内的河流，传说荷马出生于这条河的河畔；明丘斯河 (Mincius) 流经曼图亚 (Mantua，古罗马诗人维吉尔的出生地)，入意大利北部的波河 (Po)；塞贝图斯河 (Sebetus) 流经意大利文艺复兴时期诗人塔索的家乡那不勒斯 (Naples)。

③ 跛足短长格 (choliambs) 在词源上来自希腊语 "χωλίαμβος"（choliambus），后者由 "χωλός"（limping，跛的）和 "ῐ́αμβος"（iambs，短长格）组成，指的是用长短格（trochee）替代三双音步短长格诗行（iambic trimeter）中最后一个短长格：× — u — / × — u — / u — — ×（其中"—"代表长音节，"u"代表短音节，"×"表示音节可长可短）。

春天写诗悼念她的逝世。科德纳留传下来的信件表明，他的意大利语非常熟练，可以冒充土生土长的罗马人，至少对来访的英国人来说是这样的，所以弥尔顿可能不知道他是英国人；或者，弥尔顿可能知道塞尔瓦吉是科德纳，但出于我们无从知晓的原因，选择用科德纳的化名来刊印这首双行诗。

托马斯·高恩虽然比弥尔顿年轻，但他已经入选牛津大学新学院的终身研究员。[63] 他来意大利是为了更好地了解这里，并提高自己的语言能力。他最终会皈依罗马天主教，但我们尚不清楚他是否已经有这种倾向。根据安东尼·伍德的说法，高恩"有时偶然会和约翰·弥尔顿在一起"，这句话并不意味着两人的友谊迅速升温。弥尔顿和高恩都将成为作家，但两人都没有在出版的作品里提及对方。

119

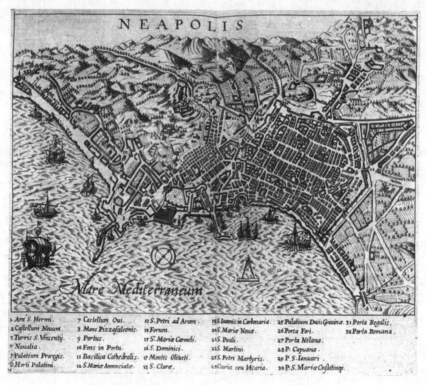

图 23　那不勒斯（图源：普夫劳默的《意大利指南》）

弥尔顿大约于 1638 年 12 月离开罗马前往那不勒斯。那不勒斯王国的疆域包括了意大利南部大部分地区，当时是西班牙的一个总督行省。西班牙的宗主权于 1502 年最终确立，尽管哲学家托马索·坎帕内拉在 1598 年发动了起义，但宗主权将一直持续到 1707 年。陪伴弥尔顿从罗马来到那不勒斯的不太可能是隐修士。在反宗教改革的压力下，隐修士几乎消失了，但在加尔都西会和加尔默罗会① 修士的生活中还有一些隐修士的元素。由于注重沉思默观的隐修士通常不会旅行，因此弥尔顿的同伴似乎更可能属于被称为奥古斯丁隐修会或奥古斯丁托钵修士会或托钵修士隐修会② 的修道会；马丁·路德曾属于该修道会改革之后的修会。修士们最初居住在偏远地区，但后来逐渐集中在城镇的教育、牧业和传教领域。陪同弥尔顿的"隐修士"似乎不属于活跃在该地区的改革派修会（重整奥古斯丁修会和赤脚奥古斯丁修会），而属于最初的修会，证据是这名隐修士人脉很广，出入那不勒斯上层社会。正是他把弥尔顿引荐给了维拉侯爵詹巴蒂斯塔·曼索[64]，而曼索又是那不勒斯总督府的常客。

120

　　曼索住在一座海滨别墅里，离波西利波山和波佐利镇都很近。[65] 他常在那里招待外国访客，但我们不清楚他是否在这座别墅里接待了弥尔顿。弥尔顿说，他住在一家旅馆里，曼索曾多次到那里去拜访他。曼索领着弥尔顿游览了那不勒斯城和王宫[66]，即西班牙总督府（弥尔顿的拉丁语原文为："*qui et ipse me per urbis loca et Proregis aulam circuduxit*"）。弥尔顿有没有被允许觐见那不勒斯总督暨麦地那·德·拉斯托雷斯公爵拉米罗·费利佩·德·古兹马呢？弥尔顿的拉丁语有些模棱两可，但 "*circumduxit*"（"领着四处转"）一词似乎意味着弥尔顿是"被带着四处游览"而不是被引荐给总督的。西曼卡斯总档案馆保存的总督府记录里没有任何关于总督接见弥尔顿的记载，因此，在没有这些证据的情况下，我们似乎更应该认为弥尔顿参观了总督府（他在那里可以说西班牙语），但没有被引荐给总督。

---

① 　加尔都西会（Carthusians）是 11 世纪由圣布鲁诺（St. Bruno，1030—1101）创建于法国的天主教隐修会，修士须独居默想，终生严守静默；加尔默罗会（Carmelites）在 12 世纪由意大利人贝托尔德（Berthold）创建于巴勒斯坦的加尔默罗山，会规严格，修士的生活与世隔绝。

② 　奥古斯丁隐修会（Augustinian Hermits）是中世纪天主教修会之一，最初指根据奥古斯丁所倡导的隐修会会规而成立的各类隐修会，13 世纪教皇亚历山大四世（Alexander IV，1199—1261 年）将意大利的隐修会联合组成新的奥古斯丁修会，随后放弃了隐修制度而成为托钵修会（mendicant order），但仍保留隐修会的名称，在 16 世纪天主教改组修会运动时，又分出了"重整奥古斯丁修会"（Augustinian Recollects）和"赤脚奥古斯丁修会"（Discalced Augustinians）。

图 24　那不勒斯王宫

曼索是一位艺术资助人，比如，他委托卡拉瓦乔①创作了《七善行》，该作品至今仍挂在位于那不勒斯的仁慈山教堂。然而，弥尔顿对他的兴趣在于他对文学创作的资助：许多年前，曼索就是托尔夸托·塔索和焦万巴蒂斯塔·马里诺的资助人，当初这两人被囚禁一段时间释放后，曼索跟他们成了朋友。1611年，曼索创立了闲暇学院（其名称是为了颂扬古典"闲暇"那种追求学问的闲情逸致），这所学院很快就成为那不勒斯最著名的文学院；1624年，马里诺回到那不勒斯，随即当选学院院长。数十年来，那不勒斯的诗歌一直受到彼特拉克的束缚，他的影响无处不在，但闲暇学院复兴了早期实验诗歌的传统，成了奇喻手法的主要中心。"奇喻"（concettismo）一词与英语"conceit"同源，这种风格相当于西班牙的夸饰，也就是多恩和他的追随者那样的语言风格。在某种程度上，这种风格也体现在弥尔顿有关礼仪年节庆的诗歌中，但他已经走出了那种写作方式，转而重新发现了自斯宾塞流传下来的一种更悠久的英国文学传统，因此，

① 卡拉瓦乔（Michelangelo Merisida Caravaggio，1571?—1610年），意大利画家，初期多创作风俗画，后期主要创作宗教画，擅长运用强光黑影突出画面的主题，富有写实精神。

他并不赞同闲暇学院的文学志向。然而，他作为诗人，意识到资助人有着重要价值，他似乎认为自己与塔索和马里诺一脉相承，是自他们以来的第三人。

曼索不仅与弥尔顿交上了朋友，还为弥尔顿写了一首拉丁语双行诗，该诗翻译过来的大意是，"倘若你的宗教信仰如同你的思想、形体、魅力、外貌和举止，那么，我以赫拉克勒斯起誓，你就不是英国人，而是真正的天使"①。有人认为弥尔顿作为新教徒信错了教派，因而质疑他的虔诚，然而，曼索这句改写了被认为出自圣格列高利的话，从容地驳斥了此类的观点。[67] 就像对待其他佛罗伦萨的仰慕者所写的诗一样，弥尔顿收藏了这首诗，放进了他的《荐文》之中。然而在这件事上，弥尔顿也写了一首表达感谢的诗，这或许是他写过的最亲切的感谢信。[68]《致曼索》这首诗颂扬曼索对诗人以朋友相待，显然，弥尔顿认为那是一种崇高的角色。弥尔顿在诗中把自己描绘成一个来自北方的年轻异乡人，那里的诗歌与维吉尔有过关联。[69]

弥尔顿在《再为英国人民声辩》（1654年）中声称，他本来打算去西西里岛，然后去希腊，但是"英格兰内战的坏消息把我召回来了"[70]。这个事后的叙述令人费解，原因如下。第一，英格兰那时还没有爆发内战：1639年1月26日，查理一世国王要向苏格兰人宣战，但弥尔顿在消息传到那不勒斯时已经启程返回，而且英格兰内战始于1642年8月22日查理一世在诺丁汉举起王旗。第二，对于一个匆匆而归的人来说，弥尔顿花的时间太长了，他由陆路缓慢地经过威尼斯和日内瓦，六个月后才回到家。第三，弥尔顿有可能想效仿威廉·利斯高和乔治·桑迪斯②，前往西西里[71]（当时由西属那不勒斯统治）参观位于锡

---

① 曼索的拉丁语原文在这里有一处双关："Anglus"（英国人）和"Angelus"（天使）仅一个字母之差。盎格鲁-撒克逊神学家兼历史学家圣比德（Saint Bede，672—735年）在其作品《英吉利教会史》（*Ecclesiastical History of the English People*）中记载了一则有关教皇圣格列高利（Gregory the Great，540—604年）的故事：某日圣格列高利在罗马城的集市上看到被贩卖至此的异域少年，他们肤色白皙、相貌英俊，圣格列高利便询问这些人来自何处、是否基督教徒等，当他被告知他们是来自不列颠的尚未开化的盎格鲁人（"Angli"）时，圣格列高利说道："这些人有天使般的外貌（angelicam...faciem），他们应该是天国之中天使的子孙（angelorum...coheredes）。"

② 威廉·利斯高（William Lithgow，1582?—1645?年）是苏格兰旅行家和作家。乔治·桑迪斯（George Sandys，1578—1644年）是英国旅行者、诗人和翻译家，曾翻译了古罗马诗人奥维德的《变形记》。

拉库萨的阿瑞托莎喷泉 ①，锡拉库萨曾是世界排名第二的古希腊名城（仅次于雅典），但希腊似乎不太可能是弥尔顿憧憬的地方，除非是缅怀其过去。希腊在当时是奥斯曼土耳其帝国的一部分，直到 18 世纪中叶才成为游学旅行延伸路线的一部分。有文化又习惯于舒适环境的旅行者不适合去希腊，前往那里旅行的少数英国人也感到了失望。例如，威廉·利斯高 [72] 写道：

> 在希腊全境，我找不到任何东西来印证古代作家所说的这块土地的卓越之处，徒有虚名而已；土耳其人的野蛮和时间的残暴已经摧毁了所有的古代遗迹。

简言之，这样的结论既没有不合理也并非无情：弥尔顿无意前往希腊，而且他所给出的返回理由，是根据后来发生的事件以及他在 1654 年出于论战目的而构建的，并不是依据他在那不勒斯时的回忆。

尽管弥尔顿收到了英国商人的警告，大意是耶稣会士计划在他回到罗马后暗杀他，但弥尔顿仍决定经由罗马回国。这种对罗马耶稣会士的恐惧多疑在新教徒圈子里很常见，但这样的危险都是臆想出来的，而非真实存在。逃离罗马的主题在英国游记中有很多 [73]，就弥尔顿的情况而言，担心来自罗马耶稣会士的暴力威胁，可能是由于人们认为约翰·托维——弥尔顿在剑桥第二位导师的父亲——是被同一批耶稣会士毒死的。[74] 认为弥尔顿在罗马与耶稣会士共进晚餐时出了严重问题的这种观点是不可靠的。

1639 年 1 月，弥尔顿回到罗马，相比上次旅居而言，有关他此次来罗马的行踪记录更加详细。原因很有可能是他回访罗马时所见的人之中，有一些是他第一次来罗马就已经见过的了。

弥尔顿第二次到罗马出席的最盛大的公共场合是 1639 年 2 月 17 日或 27 日演出的喜剧歌剧《让受苦的人有希望》，由枢机主教弗朗切斯科·巴尔贝里尼 [75] 主办，旨在庆祝巴尔贝里尼宫新建的剧院 [76] 的落成。歌剧的歌词由枢机主教朱利奥·罗斯皮廖西（未来的教皇克莱门特九世）创作，音乐由维尔吉利奥·马佐

---

① 阿瑞托莎（Arethusa）是古典神话中的山林仙女，河神阿尔斐俄斯（Alpheus）爱上了阿瑞托莎，在追逐她的过程中，月神阿尔忒弥斯（Artemis）为帮助阿瑞托莎逃脱，将其化为泉水。见奥维德的《变形记》第五卷。

基和马尔科·马拉佐利[77]创作，舞台布景和服装由教皇的雕塑家和画家詹洛伦佐·贝尔尼尼设计，他是后来设计圣彼得大教堂柱廊的建筑师。剧院很大，这次容纳了3500名客人，包括枢机主教马萨林。弥尔顿后来回忆起他在门口受到了这位枢机主教的欢迎。他对此次的回忆也许是准确的，但有另一名观众（摩德纳公爵的使者雷蒙多·蒙特库科利）回忆说，在门口迎接客人的是枢机主教小安东尼奥·巴尔贝里尼[78]，而其兄枢机主教弗朗切斯科在长椅之间走动着欢迎客人。这场演出持续了五个小时，由一连串松散相连的场景组成，场面和音乐比其戏剧力量更引人注目。[79]

第二天，弥尔顿私下会见了枢机主教弗朗切斯科·巴尔贝里尼，主教的职责包括制定教皇国的外交政策和负责罗马宗教裁判所圣会的工作。在罗马宗教裁判所时，他是审判伽利略的十位法官之一，曾主张宽大处理。他也是英国人的保护者，并以此身份定期款待和帮助英国旅行者，其中大多数是天主教徒。两人会面所说的话没有记录，这次可能完全是正式会面。

弥尔顿可能出席的另一个与音乐有关的场合是女高音莱奥诺拉·巴罗尼的独唱会[80]，她是当时罗马最著名的歌唱家。相关证据就是弥尔顿的那首三行拉丁语短诗《致在罗马歌唱的莱奥诺拉》。莱奥诺拉经常由她母亲阿德里安娜（弹奏里拉琴）伴奏，诗中还提到了她母亲的里拉琴的金色琴弦，暗示着阿德里安娜·巴西莱①也出席了这一场合。[81]1639年，赞美莱奥诺拉的诗歌在罗马风靡一时，一本收录这类诗歌的诗集即将在同年晚些时候出版。[82]弥尔顿的那三首短诗便属于这类作品，但他写出来是给自己的罗马朋友看的，而不是给这位女士看的。

赞美莱奥诺拉的诗集作者包括卢卡斯·霍尔斯特[83]，他是弗朗切斯科·巴尔贝里尼的图书管理员（巴尔贝里尼也有一本赞美莱奥诺拉的诗集[84]）。霍尔斯特（拉丁语名是"霍尔斯滕尼乌斯"[Holstenius]）是一位德国地理学家和研究教父著作的学者，曾前往英国开展地理研究，随之皈依天主教，他后来成为梵蒂冈图书馆管理员，并被教皇亚历山大七世选中去接受瑞典女王克里斯蒂娜放弃新教的宣誓。我们不知道弥尔顿是怎么认识霍尔斯特的，但他可能有一封

---

① 阿德里安娜·巴西莱（Adriana Basile，1580?—1640?年），意大利作曲家和歌唱家，莱奥诺拉的母亲。

帕特里克·扬写的介绍信，后者曾与霍尔斯特通过信。[85] 不管是什么原因，霍尔斯特邀请弥尔顿去梵蒂冈见他，他带领弥尔顿参观了梵蒂冈图书馆，该图书馆（和现在一样）位于丰塔纳① 在 1587 年至 1589 年所设计的楼里，将布拉曼特② 设计的贝尔维迪宫的中庭一分为二（也弱化了其效果）。霍尔斯特还向弥尔顿展示了他一直在研究的希腊语材料。他们对希腊化时期学术的共同兴趣似乎战胜了宗教上的分歧，有三项明显的证据表明他们关系亲密。第一，霍尔斯特请求弥尔顿帮忙：因为弥尔顿要经过佛罗伦萨，霍尔斯特想知道他是否愿意从劳伦佐图书馆的一份美第奇抄本中抄写一些段落。第二，霍尔斯特向弥尔顿赠送了自己新出的毕达哥拉斯学派的双语版③ 格言集。[86] 第三，1639 年 3 月 19 日或 29 日，弥尔顿从佛罗伦萨给霍尔斯特写了一封充满溢美之词的信，亲笔信件现仍在梵蒂冈图书馆，是弥尔顿仅有的两封手写书信之一。[87]

1639 年 3 月，弥尔顿最后一次离开罗马，北上到达佛罗伦萨，他在那里试图为霍尔斯特抄写劳伦佐图书馆的抄本，但没有成功。由于没办成这件事，弥尔顿写了那封让人印象深刻的信。他在佛罗伦萨逗留了几个星期，出席了 3 月 7 日或 17 日、3 月 14 日或 24 日和 3 月 21 日或 31 日无心思学院的会议，前两次他给成员们朗读了拉丁语诗。他还去了一趟卢卡（当时卢卡是一个有着共和体制的独立大城邦），这次旅行的原因不得而知，但很可能与这一地区的迪奥达蒂家族有关。

4 月，弥尔顿途经博洛尼亚和费拉拉（均属于教皇国）前往威尼斯，当时的威尼斯是一个坐拥广阔疆土的独立海上城邦。这个帝国的实力因奥斯曼帝国入侵爱琴海而被削弱了，1573 年又失去了塞浦路斯，但弥尔顿到访时，威尼斯的大陆领土一直延伸到伦巴第平原（包括维琴察、维罗纳、布雷西亚和贝尔加莫等城市），其岛屿属地包括克里特岛（威尼斯称坎迪亚岛）。威尼斯的共和政

---

① 多梅尼科·丰塔纳(Domenico Fontana, 1543—1607 年)，意大利文艺复兴后期建筑师，设计了梵蒂冈图书馆、摩西喷泉（Fountain of Moses）等建筑，并将 1 世纪就运到罗马的古埃及方尖碑从梵蒂冈广场移到圣彼得大教堂前。

② 多纳托·布拉曼特（Donato Bramante, 1444—1514 年），意大利文艺复兴时期建筑师和画家，将文艺复兴盛期的风格带入罗马城，受教皇尤里乌斯二世（Julis II, 1443—1513 年）委任规划罗马新城。

③ 这里的双语版是古希腊语和拉丁语对照的版本。

体实现了稳定和正义的理想，受到欧洲知识分子的广泛推崇。这种对威尼斯共和国的赞扬被称为"威尼斯神话"[88]，后来荷兰共和党人提出了这种政体，谋求从西班牙独立出来，"空位期"① 的英格兰共和派和美国革命时期的脱离派也提出了这种政体。弥尔顿后来与共和主义的关系有可能就是在威尼斯埋下了种子。当然，建立一个领袖贤德、统治阶层仁慈行善、公民代表尽心尽责的社会，似乎与弥尔顿在英格兰共和后期的思想是一致的。[89]

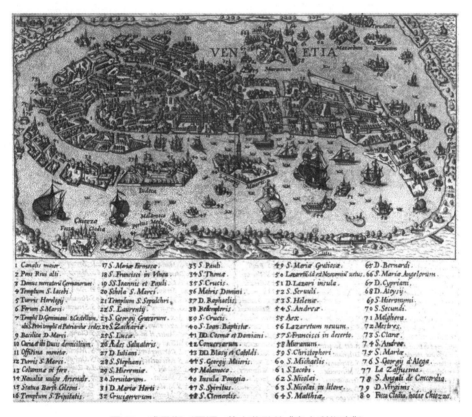

图 25　威尼斯（图源：普夫劳默的《意大利指南》）

弥尔顿在威尼斯逗留了一个月，花了一些时间把他在旅行中收集的图书运回英国。这批图书包括至少一箱音乐类的书，作者有克劳迪奥·蒙泰韦尔迪、卢

---

① "空位期"（Interregnum）在英国指 1649 年查理一世被处决至 1660 年查理二世复辟的这段时间，王位处于虚空时期。

卡·马伦齐奥、奥拉齐奥·韦基、安东尼奥·奇弗拉及卡洛·杰苏阿尔多。[90] 随后，他经维罗纳（威尼斯的属地）前往米兰，米兰当时是西班牙的属地，旅行者不愿意逗留于此。1631 年的瘟疫使这座城市的人口减少了一半，而且城内驻扎了很多士兵。

前往日内瓦的旅行者可以选择两条穿越阿尔卑斯山的路线：经辛普朗山口（穿过瓦莱，瓦莱于 1628 年后成为独立的共和国）或经大圣伯纳德山口①（穿过萨伏伊）。我们现在不清楚弥尔顿选择了哪一条路线，因为他并没有就那些大山发表任何看法。同浪漫主义之前的所有旅行者一样，弥尔顿喜欢平坦肥沃的平原，高山只会是导致危险的障碍。不管走哪条路线，弥尔顿都要顺着日内瓦湖（当时称洛桑湖）前往日内瓦，要么沿北岸穿过沃州，要么沿南岸穿过萨伏伊。

日内瓦和瓦莱一样，直到 1815 年才加入瑞士联邦，弥尔顿从未到过现在被称为瑞士的那个国家。1603 年，日内瓦从萨伏伊独立出来，此前一年，被称为"登城事件"②的萨伏伊人进攻被击退，83 岁的贝扎③ 主持了感恩祈祷仪式。加尔文严格地管理着这座城市，他在 1553 年烧死了塞尔韦图斯④，因为后者宣扬反对三位一体说的观点，而他的这些观点与弥尔顿成熟时期的思想非常相似。1559 年，加尔文建立了日内瓦学院（日内瓦大学的前身），查尔斯·迪奥达蒂曾于 1630 年和 1631 年在那里学习。日内瓦学院纪律严明，就在 1628 年，有两名学生被指控用下流歌曲嘲弄导师，并拿《圣经》开玩笑，当时的纪律委员会比现在更有权力，两名学生都被判死刑，但在他们家人恳求宽恕后，两人的刑罚都被撤销了。[91]

---

① 辛普朗山口（Simplon）和大圣伯纳德山口（Great St Bernard）均是阿尔卑斯山的山口，处于瑞士和意大利的交界处。

② 1602 年 12 月，萨伏伊公爵卡洛·埃曼努埃莱一世（Carlo Emanuele I）派兵攻打日内瓦，但最终被日内瓦人民击退，为纪念这次胜利，日内瓦至今仍庆祝"登城节"（法语：L'Escalade）。

③ 西奥多·贝扎(Thedore Beza, 1519—1605 年)，法国加尔文派神学家，反对君权专制，在宗教改革运动中有着重要地位，一生大部分时间都生活在日内瓦，继加尔文之后成为日内瓦共和国的精神领袖。

④ 迈克尔·塞尔韦图斯（Michael Servetus, 1511—1553 年），西班牙神学家和医生，宗教改革运动的支持者，首次提出人体的肺循环学说，因发表《论三位一体的谬误七卷书》（De Trinitatis erroribus libri vii），以"异端"的罪名被烧死。

对那些未遵纪守法的人来说，日内瓦是残酷的，但对于在那里避难的某一类新教徒来说，日内瓦是一个能安全生活的地方。其中一位流亡者是乔瓦尼·迪奥达蒂，他是弥尔顿已故朋友查尔斯的叔叔，一名坚定的加尔文主义者。长期以来，人们一直认为弥尔顿住在后来拜伦居住的迪奥达蒂家族别墅里，但在 17 世纪，迪奥达蒂家族并没有拥有或占有这处房产。乔瓦尼·迪奥达蒂住所的位置不得而知，我们也不能假设弥尔顿和他住在一起，但弥尔顿说他们每天都会交谈。如果弥尔顿之前没有听到查尔斯去世的消息，他可能会在日内瓦获知；或者，有可能是弥尔顿把这则消息告诉给了乔瓦尼·迪奥达蒂。

1639 年 6 月 10 日星期一，弥尔顿为卡米洛·卡尔多尼的《友人题词簿》题字，卡尔多尼来自那不勒斯的新教徒家庭，定居日内瓦。[92] 弥尔顿的题词引用了《在勒德洛城堡上演的假面剧》的最后几行（"倘若美德虚弱无力，/ 上天本身就会俯身于她"），这意味着卡尔多尼能读英文，题词中还有贺拉斯《书信集》的一行（1.11.27），可以翻译为"当我横渡大海时，我换了天空，但想法仍未变"。这句话听起来很顽固，如果它暗示弥尔顿没有被他的意大利之旅改变，那就是很荒谬了；然而，在神权国家日内瓦，这句话只是在强调弥尔顿坚定不移的新教信仰。

弥尔顿从日内瓦出发回乡，沿来时的路线折返穿越法国。他回到英格兰后，对自己的国家和他在国家中的位置有了新的看法。他体会到了意大利丰富的思想，但越发将自己定义为英国人，而如果他认识的所有人都是英国人的话，这一举动就没有必要了。他的意大利仰慕者在诗歌中称他为英国人，他给卡尔多尼的《友人题词簿》的签名是"英国人约翰·弥尔顿"。然而，他回到英格兰时，它已经不再是十五个月前他离开时的样子了：此时的英格兰日渐分裂，随着查理一世和劳德不可挑战的统治地位开始动摇，国王的臣民逐渐觉得有必要表明自己的立场。此时的英格兰也没了查尔斯·迪奥达蒂，弥尔顿决定用拉丁语来纪念他，部分原因是他用拉丁语可以更具表现力，也因为他的英国和意大利朋友都能看得懂。[93]

弥尔顿离开英国后，清楚地知道他不会追求哪些职业和兴趣：他不想成为牧师、大学教师、律师或公证人。（他似乎从未考虑过医学，而医学是查尔斯·迪奥达蒂在经历了类似不确定时期后所做的选择）尽管他离开剑桥后一直在刻苦钻研，但没有作品能够证实他要追求学术。他创作了现在公认的斯图亚特早期最好的礼拜诗之一、创作了或许是贵族戏剧活动的最佳剧本，当然还有最好的田园哀歌。他被一些人认识和敬仰，但只是在小范围内，这些人包括：亨利·劳斯、剑桥的一些诗人和教师、亨利·沃顿爵士，还有一两位伦敦的朋友，他们自己也身处查理一世时期文学文化的边缘。《致父亲》展现了弥尔顿为自己辩护的必要性，即使这是对自己最坚定的支持者、他的父亲而辩护，而《利西达斯》则透露出，他认识到如果他自己像爱德华·金一样英年早逝，那么他所取得的成就便难以获得世人的赞誉。

意大利之旅赋予了他新的信心和方向，他知道自己可以成为——也许只能成为——一名诗人，这意味着一种责任和使命，而且与他那个时代的宫廷派、学院派和教会派作家相比，诗人是一项无与伦比的职业，尽管最终教会和国家当中显露的危机很快把他引向了其他方向。但此时此刻，他焕发出年轻人的自信，用他自己的话来说，他已经取得了文化上的胜利。他见过了在他看来是出类拔萃的人物——格劳秀斯和伽利略。他走动于礼貌接待自己的枢机主教之间。他为一位意大利著名女歌手作了诗。他还进了博学人士的学院，在那里遇到的修养、学术和文明的程度在英格兰尚无先例，因为英格兰的多数资助和文化活动仍处于王室宫廷之内。最重要的是，他的诗受到了赞誉——而这甚至不是他所写的最好的诗！

弥尔顿在 1637 年表现出来的其他疑虑得到了解答。关于劳德教派，无论是以弥尔顿在英格兰所熟悉的形式，还是在斯丘达莫尔教堂里的极端表现形式，他第一次可以将其与日内瓦模式下改革后的新教主义做比较，从而难免认识到以往清教徒所言非虚，英国的宗教改革保留了太多的天主教元素。相比之下，在法国和意大利，他的周围都是天主教教徒。他与众多国人一样有着反天主教的焦虑，这在他与英格兰耶稣会士的接触中得到了证实，但他与人文主义知识分子愉悦的友谊使这种焦虑没有变得过于极端，而那些友人又碰巧都是天主教徒。他目睹了共和政体下的文官政府，还尝到了像样的美食，虽然这些在当前看来没有那么重要。

第三部分

1639—1649 年

第八章

统治的危机

　　我们仍不知道弥尔顿从欧洲大陆回来的确切日期。他本人在 1654 年撰文回忆说："我在一年零三个月后回到了家，几乎与此同时，查理 [一世] 打破和平，重新发动了同苏格兰人的战争，这场战争被称为第二次主教战争。"[1] 弥尔顿所指的这次冲突发生在泰恩河畔的纽伯恩，时间是 1640 年 8 月 28 日。如果弥尔顿真的是 1638 年 5 月离开英格兰，而且他记得有多久没在国内，那么他回英格兰的日期应该在 1639 年 8 月左右。尽管没有记录表明弥尔顿在该日期之前就已经在英格兰，但他的欧洲历程以及早期传记中关于他回程的记录表明，他更可能是在临近 1639 年 8 月的时候回到英格兰的。事实上，他在《再为英国人民声辩》里接下来的一段中，把 1640 年召集的两次议会混为一谈，也许他对这两次主教战争的记忆也同样混淆了。查理一世在第一次主教战争中受挫，从凯尔索撤退，这是发生在 1639 年 6 月 3 日的事。

　　正如弥尔顿叙述的那样，国王的远征未能平息北方的反叛，这确实是导致君主制倒台的一个关键事件。苏格兰危机源于 30 年代初，在弥尔顿游历欧洲大陆期间这一危机迅速升级。当然，查理一世是统治三个王国的君主，但他从未去过爱尔兰，与苏格兰人的关系既疏远又时断时续。他曾胸怀他父亲梦想的计划，在政治和经济上联合各王国。彼得 – 保罗·鲁本斯① 用一幅精美版画称颂了这一梦想，装饰在怀特霍尔宫宴会厅的天花板上[2]，但这项计划还是变成了逐渐消失的妄念。查理一世通过一系列代理人统治苏格兰。他将自己的苏格兰加

① 彼得 – 保罗·鲁本斯（Peter-Paul Rubens，1577—1640 年），佛兰德斯画家，巴洛克风格的代表人物，对欧洲艺术史有重大影响。

冕典礼推迟到 1633 年。然而，他玩弄北方政治的方式让他的臣民警觉，并不清楚他究竟意欲何为，同时他也清楚地表现出，他只要愿意就能享有很多特权。他在加冕的时候，除其他措施外，还颁布了一项法令，授权他规定牧师的着装，这是一件很敏感的事情，因为苏格兰新教主义恪守传统的朴素苦行，而众所周知，查理一世却追求精致奢华的牧师礼服。对他最具同情心的现代传记作家凯文·夏普总结道，虽然"没有迹象表明，国王或英格兰枢密院认为巡游除了显示辉煌场面之外还有什么其他目的"，但"国王离开爱丁堡时，他离开的却是一座充满怨恨和忧虑的城市"。[3]

查理一世在这样的激励之下，迫使苏格兰主教们写下了一本《公祷书》和相关的教规，将其强加给苏格兰教会，使之与英国国教保持一致。主教们尽职尽责地做出回应，在没有任何重大磋商的情况下强行实施礼拜仪式，激起了苏格兰人的反抗，而那些抵抗都在大主教劳德的预料之中。[4]关于礼拜仪式的细节问题升级为统治危机。1638 年 2 月，也就是弥尔顿离开英国前的两三个月，苏格兰人起草了《国民圣约》，不仅宣称忠于加尔文主义和长老制，反对阿明尼乌主义和主教制，还质疑国王的权威，认为他滥用权力。这些说法很快就会在英格兰的政治话语中引起共鸣。圣约派实际上控制了苏格兰，而且毫不妥协，最终查理一世召集了一支英格兰军队与他们对峙。他这样做违背了枢密院中许多人的建议，也没有诉诸议会，"这是自 1323 年以来英格兰第一次在没有召开议会的情况下发动战争"[5]。

随后的溃败使查理一世不得不同意一份条约，即《贝里克和约》，尽管冲突的起因仍未得到解决。圣约派向英格兰读者发布的宣传册逐渐增多，有关教规和王权的问题在他们当中重新成为热点："即使在清教徒圈子之外，苏格兰战争及其引发的辩论也改变了人们对诸事件的看法，也改变了政治话语和派别。"[6]我们只有弥尔顿对他自己的激进主义的描述。但在整个英格兰的政治当中，成千上万的人走上了同样的道路，更为明确和清晰地反对"个人统治时期"的政治以及查理一世时期教会的仪式主义。

在弥尔顿回国后的几个月里，查理一世似乎没有意识到他在政治上所遭受的损失[7]，还在努力挽回自己的地位，而受到鼓舞的圣约派则压制住了主教制，正准备抵抗另一场侵犯。要发起第二次战役，查理一世需要资助，而这只能通过议会投票来解决供给问题。1640 年 4 月，在十一年无议会的统治之后，查理一世召集了议会，即后来所称的"短期议会"①。尽管另一支远征军正在筹备中，但事关补给的投票被推迟了，要等到国王解决好17世纪30年代以来议会的各种不满。5月初，查理一世解散了短期议会，国王做出这一举动，可能是由于政府预料到议会即将向下议院提出苏格兰人对于不满的申诉，以联合两个王国的反对势力。尽管没有来自议会的资助，国王的军队还是开拔北上了，不过唯一的一次交战，即发生在纽卡斯尔之外纽伯恩的小规模冲突，立刻使王师丧失了信心。英格兰军队从纽卡斯尔撤军，圣约派占领了纽卡斯尔。随后的休战让一支庞大的苏格兰军队留在了英格兰的土地上，倘若他们得不到英格兰的资金来维系，就威胁要掠夺北方诸郡，与此同时，政府还得维持一支全副武装的英格兰军队，耗资巨大。随着人们对社会秩序的日益担忧——在兰贝斯宫②外还举行了一次大规模暴力示威，另一个议会即长期议会③于11月初召开，与先前的短期议会相比，长期议会同样无意缓解国王的困境。

弥尔顿回到伦敦时，其政治前景令人困惑又难以预料。在最初的几个月里，虽然我们大致了解他在物质、文化和政治方面的变化，但关于他生活的记录很少。

弥尔顿决定不回他父亲在霍顿的家。他的大外甥爱德华·菲利普斯的描述非常有助于我们了解当时的情况，特别是因为他与弥尔顿的关系此时变得更加密切。弥尔顿先"在圣布里吉德教堂④的庭院找了住处，租住在一位名为拉塞尔的裁缝家中"[8]，承担起了对他姐姐安妮的两个儿子的教育，安妮的小儿子似乎也从那时起一直寄宿在弥尔顿身边。不久之后，弥尔顿搬进了奥尔德斯门大街[9]附近的一处住宅，那里足以容纳他的藏书和"其他适合装饰华丽房屋的物品"。他找到了自己需要的，"这是一座漂亮的花园住宅……位于甬道的尽头，

133

---

① 短期议会（Short Parliament）是指查理一世于1640年4月13日召开的一届议会，5月5日再次被解散，只存在了三个星期，故名。

② 兰贝斯宫（Lambeth Palace）位于伦敦泰晤士河南岸，距威斯敏斯特宫不远，是坎特伯雷大主教（Archbishop of Canterbury）在伦敦的官方住所。

③ 长期议会（Long Parliament）于1640年11月召开，一直持续到1653年被克伦威尔废除，1659年曾短期复会，1660年最终解散。

④ 虽然这座教堂的英文名为"St. Bride's Church"，但据推测教堂的守护圣人（patron saint）是爱尔兰的圣布里吉德（St. Brigid of Ireland），故译为"圣布里吉德教堂"。

对他来说更适合，因为较为隐蔽，而且伦敦几乎没有比这里更远离尘嚣的街道
了"。弥尔顿在不同时期居于伦敦市西北边界的不同地方，而这里是其众多居所
的第一个，与圣布里吉德教堂周围狭窄的小巷相比，这样的变化无疑是令人愉
悦的。爱德华和他的弟弟也一起寄居于此。[10]

　　弥尔顿竟将姐姐家九岁和十岁的孩子带回了自己家，这有时让现代传记作
家感到惊讶。然而，寄养在当时是非常普遍的做法。正如劳伦斯·斯通所评论的
那样："地主阶级、上层中产阶级以及专业人士阶层的孩子……正常情况下很小
的时候就会离家去上寄宿学校，离家时大约是在七岁到十三岁，最常见的年龄
是十岁。"[11] 弥尔顿的姐姐安妮在她前夫去世后再婚，她自己则在孩子们离开
家的时候去世了。她丈夫托马斯·阿加对待继子们的方式是当时他这个社会地位
的人的典型做法，不过看上去他很体贴地让孩子们和舅舅生活在一起，而没有
贸然让他们尝试大多数寄宿学校里颇具挑战性的生活方式。弥尔顿这样做可能
是出于单纯的善良，不过他照看的这两名小孩在长大后会报答他，帮他抄写文
件，而且他们让弥尔顿有机会来检验他关于教育年轻人的理论。[12] 随后还有其
他人加入了他的小学校。至于弥尔顿是否因他的这桩善举而得到了报酬，我们
尚没有相关证据。

　　他家里还有一名叫简·耶茨的女佣，至少在 1641 年 7 月征收人头税时是这
样的。[13] 事实上，由于这项税只适用于十六岁以上的人，所以可能还有更年幼
的孩子为他做事。爱德华·菲利普斯回忆说，他和弟弟同舅舅一起过着"刻苦学
习、节俭饮食"的生活，不过他还补充了一则有趣的轶事：

　　每隔三个星期或一个月，他就和一些他相识的翩翩少年在一起，主要是阿
　　尔弗里先生和米勒先生，他们是格雷律师学院的两名绅士，是那个时代的
　　风流青年，但不像现在的花花公子那样恶劣；跟他们在一起时，他还会肆
　　意使用身体 ①，甚至度过寻欢作乐的一天。[14]

正如帕克无奈地总结道，"关于这两名青年的身份，还没有得到令人满意的答
案"[15]。律师学院的大部分人是相对富裕的，当然这是与普通大学生相比而

① 此处的原文是"make bold with his Body"，具体意义仍不明确，参见本章第 14 条
尾注。

言，其中有许多不打算从事法律职业的年轻人。[16]菲利普斯不是一位毫无艺术手法的作家，读者应该注意他的语气。单词"spark"（"翩翩少年"）带有贬义，而"beau"（"花花公子"）这个词在弥尔顿那个时代尚未通用，在 17 世纪40 年代肯定也没有。这两个词都暗示着纨绔浮华，也许还有矫揉造作之意。单词"gaudy"指大学或律师学院里常见的欢庆活动以及特殊的庆祝活动。克里奥帕特拉就曾让她悲伤的船长们畅饮狂欢，以此来许诺他们度过一个欢愉（gaudy）的夜晚。[17]菲利普斯确信他们的行为不及"现在的"年轻绅士们，因为在复辟之后的伦敦，酒鬼们明目张胆地犯下了种种恶行，荒淫无耻，凶残横暴，而他经历过这一切。我们也许应该认识到，弥尔顿和他的风流朋友们只是偶尔狂饮，尽管他们险些去嫖娼和打架（菲利普斯暗示这是弥尔顿及其朋友有别于后半个世纪的登徒子之处）。菲利普斯即便是杜撰了这段文字，也于他无益，说出这些闹饮者的名字更添其真实性。然而，对弥尔顿的读者和现代传记作家来说，这段文字可以一改弥尔顿始终如一的苦行清教徒形象。

弥尔顿可能是在回来后的头几个月里创作并出版了《哀达蒙》（出版于伦敦，出版日期不详）。这本小册子为四开本单页，没有标题页，也没有出版者的名称。如今只有一份存于大英图书馆。我们可以合理地认为，这本书是私下印刷的，大概是由作者出钱，打算分发给这首诗的哀悼对象的亲友以及诗人的亲友。

正如这首诗的提纲所解释的那样，它是为了哀悼弥尔顿多年的好友查尔斯·迪奥达蒂逝世，迪奥达蒂与弥尔顿的关系还引发了众多猜想，而反对意见也同样多。有些学者曾尝试推测，尚在游历欧洲大陆的弥尔顿是在何时何地得知迪奥达蒂去世的消息的。[18]迪奥达蒂在弥尔顿离开英国后的那年 8 月去世，弥尔顿在归国途中，还曾暂住于迪奥达蒂叔叔在日内瓦的家中。弥尔顿是那时候得到噩耗的吗？还是更早些时候在意大利得知的？也有可能是他把这个消息告诉了迪奥达蒂的叔叔。[19]实际上，弥尔顿说的话可能会让现代读者大吃一惊："蒂尔西斯［即诗人］……得到达蒙逝世的消息。他回到家之后证实消息属实，以这首诗哀叹自己和自身的孤寂。"（"Thyrsis [i.e. the poet]...de obitu Damonis nuncium accepit. Domum postea reversus et rem ita esse comperto, se, suamque solitudinem hoc carmine deplorat."）[20]据此，在回到伦敦并证实消息之前，他对迪奥达蒂去世消息的真实性不做评价。弥尔顿编造这部分内容对他也毫无益处。

这首诗开篇就是公开的哀悼，仿佛是诗人此时已经确信好友的离世，于是在悲痛之中说出了这些话。既然弥尔顿在回国之前无法证实迪奥达蒂的去世，认为他的死讯不可靠，我们就完全没有必要去揭示他得知噩耗与其他事件的先后顺序了，除非是要防止有人说，悲伤没有促使弥尔顿早些回国，但这样的批评了无新意。

这首诗是近代拉丁语①哀歌的理想习作，显示出诗人对维吉尔田园诗的语言风格熟稔于心。诗里没有谈及他对迪奥达蒂的感情。他们的种种活动只是知己之间的行为。诗中有一处，弥尔顿把失去迪奥达蒂比喻为鸟儿丧偶，但随即忍住了任何有关哀鸣斑鸠的想法。就连麻雀在失去一位好友后，便很快交上了别的朋友②；但人类却是不善于交际、示爱的物种："每个人都很难在成千上万人中找到一个伴侣。"（"Vix sibi quisque parem de millibus invenit unum."）[21] 孤独是这首诗中反复出现的话题。

这首诗带来的慰藉也很常见：弥尔顿撰文悼念迪奥达蒂，他纯洁无瑕，因此被带往天堂。弥尔顿强调他是童贞之身——他是处男——而且正值青春。当然，迪奥达蒂和同龄人弥尔顿在 1640 年都算不上真的年轻。1639 年 12 月，弥尔顿年满 30 岁，迪奥达蒂去世时大约 28 岁。弥尔顿称他们年纪轻轻，是为了切合主题：这样做符合田园哀歌的风格，从而让死亡显得特别不合时宜、令人心痛。但是，这或许也符合弥尔顿的焦虑，因为他和迪奥达蒂一样，尚未取得许多实际成就；事实上，他还没有结婚，也可能没有任何性经验。

虽然这首诗赞美了死者，但它同时也称赞了弥尔顿游历意大利时新近结识之人，也就是那些欢迎他来到佛罗伦萨各学院的知识分子，弥尔顿两次提及他们的姓名。弥尔顿觉得那些学院是他在文化上获得胜利的地方，这首诗印出来后，有一部分就被送到了那里。[22] 或许令人惊讶的是，诗中另一处题外话描述了他归国后的创作过程，他宣称要重述英格兰或不列颠人民的创世神话。[23] 虽

136

① 近代拉丁语（neo-Latin）是指文艺复兴时期以及文艺复兴之后，为了科学研究或文学创作等目的所使用的拉丁语。

② 此处暗含一则典故，18 世纪英国诗人马修·普赖尔（Matthew Prior，1664—1721 年）有一首题为《斑鸠与麻雀》（"The Turtle and the Sparrow: A Poem"）的诗，讲到一只丧偶的斑鸠在林中哀悼她的伴侣时，遇到了一只麻雀，麻雀劝斑鸠不要悲伤，可以另寻新欢，但斑鸠不愿如此，她对已故配偶的爱至死不渝。

然弥尔顿在诗歌的结尾处模仿维吉尔，打算放弃田园诗，把牧羊人的排箫悬于松树之上 [24]，但他并没有明确表示自己正在写一部民族史诗。事实上，《三一学院手稿》有八页内容通常被认为是这一时期写的，上面草草记下了创作新古典主义悲剧时有可能选择的主题，其中就包括关于《失乐园》的最早笔记，或者至少是一部以人类堕落为主题的书斋剧①，还有许多其他可以加工的《圣经》故事，以及一份关于英国早期历史的详细目录。

《哀达蒙》就像那些记了笔记的书页一样，表明弥尔顿正在找寻能够吸引他的新事物。这些事物同政治和文化休戚相关。他决定住在伦敦，让自己有机会接近正在发酵的危机，而在内战爆发之前，这场危机来自威斯敏斯特召开的议会与国王及其枢密院之间的冲突。1642 年 1 月之前，国王和枢密院都在怀特霍尔宫。虽然宗教事务无疑是短期议会与长期议会初期所关切的问题，但对世俗问题的不满仍占据主导位置，而且世俗政客尽管有清教徒的倾向，却是反对王室的领袖人物。其中的著名人物有沃里克伯爵、赛伊及塞勒勋爵、布鲁克勋爵②、约翰·皮姆、约翰·汉普登和沃尔特·厄尔爵士，查理一世怀疑这些人与圣约派的密探之间有密谋。[25]布鲁克勋爵后来还用到了弥尔顿的早期散文，并被弥尔顿挑选出来加以赞扬。然而，没有生活记录表明弥尔顿与这些主要的政治人物有任何联系或接触。事实上，弥尔顿在政坛的熟人对他这个有抱负的反对派激进分子毫无帮助。他的姐夫托马斯·阿加接替了安妮的第一任丈夫的位置，在大法官法院刑事办公室担任副书记员。以这样的关系，他可以接触到掌玺大臣和大法官。[26]正如我们所见，弥尔顿在返回英格兰后与阿加取得了联系。阿加很可能为弥尔顿在查理一世统治后期的政府里谋得了一份较小的公职。

小亚历山大·吉尔在 17 世纪 20 年代末期曾是一名反对派，当时他鲁莽地毁谤了查理一世、其亡故的父亲詹姆斯一世以及当时刚被谋杀的白金汉公爵，引起了星室法庭的注意，随后遭到了严厉处罚。[27]弥尔顿回国时，吉尔已经深陷另一种困境，显然，即便他有继续对抗的想法，也无法实现了。吉尔接替其父亲成为圣保罗学校的校长，但他喜欢虐待他人，脾气暴躁，用奥布里的话说，

137

---

① 书斋剧（closet drama）是指创作出来只为阅读而非演出的戏剧。

② 此处指赛伊及塞勒子爵（Viscount Saye and Sele）和布鲁克男爵（Baron Brooke），拥有侯爵、伯爵、子爵和男爵世袭爵位的贵族都可被称为勋爵。

他常会对他人"一顿鞭笞"。据称在一起特别恶劣的事件中，他抓住一名男孩的下颌，将其拎起来暴打，还在学校里来回踢这名男孩。后来有人递交了一份请愿书，引发了一系列事件，最终他被解雇。到 1640 年初，他只得向国王以及劳德祈求庇护和复职。[28]吉尔受此羞辱，变得依附于他人，难以去接近世俗反对派了。

但是弥尔顿已经证明了他善于接触名人和特权人士。他曾获得一位前任大使、现今伊顿公学校长的推荐，在巴黎结识了另一位大使；他还曾见到了当时最著名的法学家、国际法之父，此人同时也是驻瑞典大使；他进入了意大利的多所学院，结识了枢机主教、教皇的侄子以及伽利略本人。随着政治危机不断升级，弥尔顿在清教倾向更为突出的神职人员中，寻求他与激进分子之间的联系，这样做或许可以确保他最初尝试写的辩论文章只涉及教会问题，而不是国家政权。

托马斯·扬是他少年时代的导师，他们的联系一直断断续续。[29]1628 年，扬从汉堡卸任归来，回来后被指派到斯托马基特担任圣职。在 17 世纪 30 年代后期出现了一个由反劳德派的神职人员组成的松散联盟，主要分布在萨福克郡和埃塞克斯郡，该联盟可能是受到了第四代贝德福德伯爵弗朗西斯·拉塞尔的保护和资助。在 1639 年至 1640 年的危机中，贝德福德置身于某个贵族团体的中心，这个团体批评"个人统治时期"的政府，成员大多是加尔文主义者和反仪式主义者。在关键的数月里，核心统治集团的政治关系错综复杂，而且其内部常常发生冲突。[30]但是，在宫廷和高级神职人员当中，劳德的反对者正在积极商讨别的教会体制和教规模式，以期不同教派可以达成新的共识。扬所属的团体集结在另一位有清教倾向的牧师埃德蒙·卡拉米周围，也吸引了威廉·斯珀斯托、马修·纽科门和斯蒂芬·马歇尔。[31]在 1640 年之前，他们一直定期在卡拉米位于伦敦圣玛丽·奥尔德曼伯里堂区的家中会面，弥尔顿随后也参与其中，虽然没有记录证实这点，但他至少有可能断断续续地参与了他们的活动，尽管在绝大多数情况下是牧师的秘密会议。

反对劳德的主教派教徒和这个团体的关系呈现出看似矛盾的两条线。那些反对劳德的高级神职人员，尤其是林肯主教约翰·威廉斯和阿马大主教詹姆斯·厄谢尔，开启了谈判协商的路线，重点在于发展出一种削减主教地位的主教制，不追求劳德那样的宏大野心，而是让他们的身份更接近早期基督教教会里主教的角色。在 17 世纪 30 年代后期，卡拉米集团也会欣然接受这样的解决方案。

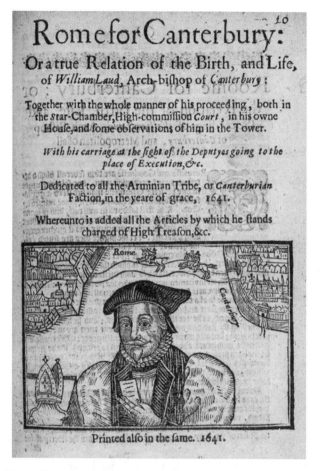

图 26　威廉·普林，《坎特伯雷的罗马代表，或曰，关于坎特伯雷大主教劳德一生的真实
故事》（伦敦，1641 年），扉页

　　然而，在 1640 年，有些主教制的支持者不愿意屈从，认为埃克塞特主教
约瑟夫·霍尔足以代表他们公开发声，后者可能于 1640 年 2 月发表了《维护天
赋神权的主教制》。霍尔划定了大多数主教派都不愿退让的底线。此前，人们一
直认为他是反对劳德的老加尔文主义者，也并非不愿参与威廉斯和厄谢尔同意
的对话协商。然而，正如现存的信件所证实的那样，他的文章是在劳德本人的
鼓励和指导下完成的。与大多数参与讨论教会管理的人不同，霍尔散文造诣很
高，风格独特，形成了一种能言善辩的表面形象，看上去待人宽容、富有耐性、

渴望和平，而对他的反对者无疑显示出一副令人讨厌的优越感："为了你们，我亲爱的国内教友们，为了基督，为了教会，为了你们的灵魂，我规劝你们，牢牢坚持尊贵的救世主所维护的这种神圣体制吧。"[32] 然而，这最终还是在表明主教制的原则，他宣称使徒时代的主教与当今的主教一脉相承，坚持认为有必要给予主教高薪（"这些人不知道我们的职位必定带来怎样的责任，不知道人们期待从我们这里得到什么样的热忱相待"）[33]，同时维护主教的神授地位。

随着国王与议会之间的政治危机愈演愈烈，各方立场变得更加强硬。1641年1月，霍尔的《致议会的恭顺抗议书》引发了一场重要的论战，就在同一个月，议会通过了一项关于损毁教堂内塑像的法案，几个月后便下令逮捕并监禁劳德。霍尔的抗议书简明扼要地重申了他早期的许多论点，而且这些论点还是以他对早期基督教教会史的解读为基础的。如果说有什么变化的话，那就是语气变得更加自以为是了，尤其是对于一个预计自身派系衰落，自己可能失业甚至被监禁的人来说，更是如此："我恳求你们，听一听真话和有把握的话吧。"[34]

卡拉米集团不再专注于同支持改革的主教派讨论协商，转而抵制霍尔有些强硬的举措。有充分的证据表明，弥尔顿从一开始就试图协助卡拉米集团。他们做出的首次回应是《对〈恭顺抗议书〉的答复》，发表于1641年3月末，文章最后有一篇《附言》，这样的结尾在方法和思想上都不同寻常，戴维·马森最早认为这篇《附言》是弥尔顿所作[35]，这一推测基本上得到了近期文体分析学的证实。[36] 卡拉米集团的成员斯蒂芬·马歇尔、卡拉米本人、托马斯·扬和威廉·斯珀斯托用首字母缩略词 "Smectymnuus"（斯麦克提姆努斯）为笔名著文，仔细地逐点回应霍尔，耐心地顺着他从古代论证下来的思路，试图证明在早期基督教教会中，那些相当于主教的神职人员在职务、地位和角色方面都与现代主教大不相同。文章的主体部分结束于书帖的最后一张偶数页，并明确地用"终结"（"FINIS"）一词来表示结束。《附言》开始于新的一页。[37] 这项证据表明，《附言》可能是作为事后想法印刷出来的。当然，《附言》这部分的介绍也有些粗浅。这些内容是"他人提供给我们"的"一系列历史记录"，以"附录形式增补在后"，因为文章主体部分的作者们不想"打断我们的论述思路"。[38]

种种迹象表明，弥尔顿的部分写得并不完善，《附言》说他提供了注解，但他希望这些注解能经过处理后加入斯麦克提姆努斯成员的正文之中，而不是以现在这样的方式印出来。然而，文中的论述清楚地表明，他对主教的厌恶已经达到了难以消解的地步。他回顾了从奥古斯丁时代直到现在主教们的玩忽职守，他的这份历史概述大部分取自英格兰历史学家，表明无论作恶者是新教徒还是天主教徒，主教的职位和组织都是如此邪恶，让英格兰遭受痛苦。卡拉米集团有时还寻求同主教派对话协商，这与弥尔顿的分析扞格不入。

140

有可能斯麦克提姆努斯的成员已经对他们这位世俗盟友感到不安，虽然对于他们的文章主体部分而言，他可能贡献了至少一个想法。他们说："难道我们不知道，英国牧师的醉酒、亵渎、迷信、天主教风气已经传遍罗马了吗？"[39]弥尔顿刚回国，与一群近期没有游历，甚至在某些情况下根本没有游历过的神职人员相比，他更有资格说出这些。

思想意识之间的冲突非常复杂，关于主教制的争论只是其中一个因素。查理一世有很多问题迫在眉睫，最紧迫的是与苏格兰人缔结条约，从而让苏格兰撤军。他在议会中的反对者则将矛头指向斯特拉福德伯爵①，后者于1641年5月中旬被处决。此外，反对者们考虑到查理一世一旦从苏格兰问题脱身，就会认为议会继续存在无任何益处，于是通过了一项法案，确保议会在未经议员同意的情况下不得解散，国王敷衍地同意了这一措施。没有证据表明弥尔顿主动参与了任何世俗力量发起的骚动，但此时伦敦城内部的政治关系愈发紧张，双方都在争夺权力高位，比如争夺对伦敦塔的控制权，因为伦敦塔上的火炮可以威吓市民以及伦敦市政府本身。

霍尔和斯麦克提姆努斯在暮春和夏初持续交锋，但双方都没有明显地推进他们的论点，而且两方的文章都变得越来越冗长。[40]评估哪一方在交锋中胜出，即使对于当时的人来说也绝非易事。霍尔与他的对手在目标上有很大的分歧。议会和教会当中有不少人刚从劳德派的支配下解放出来，他们不断地批判主教派，在这样的连番攻击之下，主教派需要有人为他们辩护，以便他们能消除疑虑，再次对自己所笃信的神圣而古老的教会体制充满信心。事实上，霍尔为这场辩论所作的文稿都收在1662年的作品集当中，当时这些合集大量出版，被用来定义新时代英国国教的核心教义。[41]比起达成折中方案，他更关心的是凝聚支持者的信心。在这场交锋中，他始终表现出一贯的轻蔑态度，而这点在斯麦

① 托马斯·温特沃斯（Thomas Wentworth，1593—1641年），即第一代斯特拉福德伯爵（1st Earl of Strafford），曾任爱尔兰总督，是查理一世的心腹，保王派的代表人物，后被议会以叛国罪起诉并处决。

克提姆努斯成员那里是看不到的:"很抱歉,教友们[即斯麦克提姆努斯],你们自己的纠缠不休一定会使你们更加羞耻;倘若你们在受到公正的指责时,能出于良心而保持沉默,那么对你们的责备此时便毫无效果、被人遗忘了。"[42]

霍尔抨击斯麦克提姆努斯的第一篇文章的《附言》是"一篇(大幅)借鉴了《锡安的申诉》和《简述》的优秀讽刺文"[43]。弥尔顿似乎在让斯麦克提姆努斯的成员尽他们所能为他辩护。[44]但 1641 年初夏,他发表了三篇文章,正式加入这场论战:《论有关英格兰教规的改革:以及迄今阻碍改革的原因》(《论改革》)(伦敦,1641 年 5 月或 6 月)、《论主教制,以及主教制是否可以如近期的一些论述所宣称的那样源于使徒时代,其中有一篇署名阿马大主教詹姆斯》(《论主教制》)(伦敦,1641 年 6 月或 7 月)和《批判那位抗议者辩解反对斯麦克提姆努斯》(《批判》)(伦敦,1641 年 7 月)。这些标题预示着论文大都是斯麦克提姆努斯的风格,尽管如此,每一篇文章读起来都截然不同。这三篇论文面世如此之快,表明它们是同时酝酿而成的。它们形成了三类各自有别的辩论文章,但这些文章连在一起,让一场已经成熟的论战大为增色。

在《论改革》中,弥尔顿回到了《附言》里的论点,证明主教制对英国这个国家和人民造成了不良影响,霍尔曾在他的上一部作品里不无道理地谴责这样的写作手法是"一种历史的狂想"[45]。至少弥尔顿的这个论点是令人存疑的:它将宗教改革之前和之后的主教们混为一谈,歪曲了事实。但这一策略正是弥尔顿论题的核心:那就是英格兰没有真正意义上的宗教改革。然而,并非这样的论点,而是论点的阐述方式,使这本小册子超越了斯麦克提姆努斯成员的作品,让他们的成就黯然失色。试看下面这一典型段落:

> 如此,彼时以及自那时以来的主教原本过着卑微、平民的生活,突然之间成为身居庄严宫殿的贵族,用着富丽堂皇的家具,吃着美味佳肴,出入如王侯,便认为基督福音简单朴素的真实不再适合他们贵族持禄养交,除非他们给那贫穷且衣衫褴褛的圣母穿上靓丽的衣服,将浓密的长发盖在她圣洁而朴素的头巾上,周围闪耀着神圣的光芒,让她穿戴上华美的服饰,身上点缀着各种艳丽迷人的饰品,俨然一名妓女。[46]

现代读者首先可能会惊讶于这句话的长度和复杂程度,但这两方面对于弥尔顿时代的读者来说并没有那么引人注目。在句法上,弥尔顿的风格大体上类似于斯麦克提姆努斯的第一个小册子。[47] 这里的意象非常独特——构思精妙，极为生动，主教的生活奢靡豪华，主教派过度润饰福音的简单朴素，弥尔顿将这两方面结合起来，命中多个目标。那些高大的词汇（"平民的生活""神圣的光芒""浓密的长发"等），被句子结尾处那种赤裸裸的粗俗打倒了。弥尔顿在他早期的小册子中常用明喻和暗喻，比霍尔和斯麦克提姆努斯成员要多得多，而且他的意象往往都具有这样的复杂性。[48]

这里表露的强烈情感一以贯之，遍布全文，而且同样各具特色。弥尔顿反复展现历史上主教们的形象，他们都是卑鄙、贪婪的怪物，将大量的俸金塞进他们"那些众多为吞食圣俸而张开的大嘴"，以满足他们"吮食金丝雀、食用天鹅"的趣味。[49] 这篇文章以关于千禧年的想象结尾，令人陶醉，在当时以早期基督教时代的教会职能分工为焦点的论战当中，这样写显得有些意外。在表达方面，这篇文章无疑会被霍尔斥责为"喋喋不休的祷文"一种形式全然不守成规的文章典范。倒数第二段展现了一种真福直观①，其中虔敬之人"将合起不再分开的双手，永享极乐和超乎寻常的福祉"[50]。这里的措辞预示了《失乐园》结尾处米迦勒给亚当呈现的景象，预示着"极乐和永恒的福祉"[51]。然而，在这篇文章中，千禧年似乎就要降临。最后一段以无情的报复取代了赐福的场景。弥尔顿描绘了主教们和他们这类人的命运。他预料这些人"此生结局悲惨（这是上帝赐予他们的）"。这个短语很可能暗示他们会被处死。事实上，斯特拉福德伯爵在弥尔顿要出版这篇文章的时候被斩首。劳德和他一样，从3月初就被监禁在伦敦塔，但直到1645年才被送上断头台——最初判决中残酷的绞刑、剖尸和肢解改为简单的斩首。[52] 此后，主教们将被囚禁在地狱最底层，那里其他所有堕入地狱之人的唯一慰藉在于，他们都将有权利和义务"对作为他们的奴隶和黑奴②的主教们，实施疯狂和野蛮的暴行"[53]。

142

①　真福直观（beatific vision，拉丁语：visio beatifica），在基督教中指教徒在天堂与上帝的直接沟通和对上帝的直接认知。

②　此处的"奴隶"（"Slaves"）和"黑奴"（"Negro's"）看上去有些语义重复，但似乎反映了文艺复兴时期人们对两种奴隶身份的区分，即古典时期战败被俘而成为的奴隶和文艺复兴时期奴隶贸易中的黑奴，后者的身份地位更为低下，因此，弥尔顿可能是在强调主教在地狱中受罚程度之深。见 Maureen Quilligan, 'Freedom service and the trade in slaves: the problem of labour in *Paradise Lost*', in Margreta de Grazia et al. (eds.), *Subject and Object in Renaissance Culture*, Cambridge: CUP, 1996, pp. 213-234.

聚在卡拉米周围那些正派的中年清教徒牧师肯定会认识到他们这位年轻伙伴的满腔热忱。他们也有可能对此感到警觉。弥尔顿发表的下一部作品是《论主教制》，表面上更接近斯麦克提姆努斯论战的核心问题。这篇论文的扉页表明，它与近期一本阿马大主教詹姆斯·厄谢尔撰写的小册子有关，厄谢尔长期以来被视为温和的主教派，是卡拉米及其同僚可以与之往来的人物。厄谢尔于1641年5月发表了《雷诺兹博士关于主教制原型的看法——主要以古代史料为佐证》（出版于伦敦）。文章在很大程度上支持了霍尔曾基于早期基督教教会史所提出的观点，其中援引了（也可能伪造了）约翰·雷诺兹的支持，后者是伊丽莎白时期和詹姆斯一世时期最杰出的神学家，具有温和的清教倾向。[54]

最初，弥尔顿似乎还遵守这场游戏规则，但他有一个截然不同的想法即将浮现出来。他转而对论战者之前所用的证据表示怀疑。他嘲讽那些原始资料已经被圣徒传记传统玷污，都是后人的构建，是数百年来被天主教插手编撰之后残留的讹误。他用朴素的、未受玷污的《福音书》与这些形成对照：

143

> 我们倘若品味了玷污过的废纸、未知碑文的残片，就认为自己尝过了福音书的纯洁吗哪①，这样想就极为不当了；我们从时间辛劳的臂膀上因受磨损而落下的污秽破布之中找寻，用这些丑陋的东西来缝补、编织真理的整件毫无瑕疵、万世不朽的长袍，这样做也是有害的，真理不是时间的女儿，而是上天之女，只孕育于基督徒心中，由两位庄严神圣的护理者守护，即福音书的教义与教规。[55]

当然，这场论战中没有其他人能写出如此富有想象力的文章。正如在《论改革》中所阐明的一样，选择什么样的神学信仰，几乎是感性在起作用：虔诚之人被《福音书》的简明朴素吸引，不虔诚的人被混杂、掺假、虚饰和腐化的东西魅惑。然而，如果弥尔顿的观点占了上风，那么即使双方的牧师学识渊博，但也只能靠边站了。对主教制的抨击可以转移到更为直接、明确的问题上。事实上，教会体制的命运最终由清教徒军队所支持的清教徒政客来决定。

《批判》的开头似乎也让人觉得有些熟悉，因为弥尔顿像斯麦克提姆努斯成

---

① 吗哪（manna）指的是《圣经》中古以色列人在经过荒野时上帝赐给他们的食物。见《圣经·出埃及记》（16:1—36）。

员和霍尔一样，逐点驳斥对手发表的作品。然而，弥尔顿再次朝着不同寻常又难以预测的方向，为斯麦克提姆努斯的观点提供依据，让学术辩论带有剑桥大学"饮盐水仪式"上讽刺与不敬的意味。《第6篇演说试讲稿》的精神在这样的语境下反复出现，有些令人惊讶，颠覆了早期交锋的那种严肃性。[56] 但这次他挪揄的目标不是同学，而是一位以优雅表达而受人敬仰的主教。从文中两人交流的语气来看，人们几乎猜不出这一点。弥尔顿引用霍尔的话："我敢说，你是出于崇敬而称呼霍尔博士的。"弥尔顿回答："你真乐天，先生，还很敢说。"然后，弥尔顿再次援引霍尔的话："……我们有礼拜仪式，他们〔早期基督教教会〕也有。"弥尔顿答道："简单总结一下。古人用长矛、箭靶，也用枪支、大炮，因为我们这两种武器都用。"接着，弥尔顿又引用了霍尔的一句："在基督教世界里，没有哪个僧侣集团像当今的英国国教这样，产生了如此众多的杰出学者、博学的传道者，严肃、圣洁且造诣深厚的牧师。"他笑道："哈哈哈。"[57] 或许，斯麦克提姆努斯成员会想到他们也属于这个教会的神职人员。我们在这里能听出早期反对教权主义和反对主教制的弦外之音。

弥尔顿为斯麦克提姆努斯所捍卫的事业带来了一种全新、不恭、尖锐、生动、强烈、报复性的观点，但结果如何呢？弥尔顿的前三本小册子在他有生之年没有一本再版。然而，他或许至少有一位颇具影响力的读者。第二代布鲁克男爵罗伯特·格雷维尔在《论英格兰所实施的主教制的本质》（伦敦，1641年11月）中评价教父著作的可靠性时，似乎直接援引了《论主教制》，罗伯特·格雷维尔的这篇文章批判了认为王权依靠主教制的主教派老生常谈，在整体上更多地受到了《论改革》的影响。[58] 像弥尔顿一样，布鲁克勋爵非常关心的是，要将卡拉米及其圈子与威廉斯和厄谢尔秘密达成的种种妥协排除出政治议程。我们没有任何记录直接将他与弥尔顿联系起来，但他的岳父是已故的贝德福德伯爵，而卡拉米的圈子正是向后者寻求资助和庇护。他的这篇文章预示了弥尔顿第四个小册子的一些观点，而弥尔顿在其过世之后，还会在《论出版自由》中赞颂他。[59]

1641年下半年，弥尔顿的行踪难以追寻。这年夏天暴发了一次天花疫情和另一种严重的瘟疫。事实上，5月份，天花夺去了贝德福德伯爵的生命。8月份，这两种疾病导致伦敦250多人死亡。[60] 倘若弥尔顿是一名与伦敦商业联系不多的富人，那么此时的明智之举应该是旅居他处。他父亲可能已经和克里斯托弗

144

一家搬到了雷丁，这是他们可能去的地方。8 月初，弥尔顿拖欠了一笔小额税款，这可能意味着他暂时离开了奥尔德斯门大街。[61] 如果他真的离开了，也没有迹象表明菲利普斯兄弟是否也跟着他走了。

无论如何，政治危机和论战已经没了动力。大约在《批判》面世之时，霍尔对斯麦克提姆努斯做出最后的抵制，即《简短的回应》。斯麦克提姆努斯的成员没有接受挑战。8 月中旬，出乎大多数人的意料，查理一世离开怀特霍尔宫，开始巡视王国北方。议会从 9 月 9 日至 10 月 20 日休会。国王直到 11 月底才回宫。

事实证明，11 月到 1 月这段时间对于内战的发展和弥尔顿自己的政治倾向的发展至关重要。议会着手起草《大抗议书》，它逐渐发展为对王国政府自"个人统治时期"以来的有力控诉。12 月 1 日，议会向国王提交了一份"国家状况声明"，共有 200 多条不同的申诉意见。[62] 然而，他们最关切的问题是要立法禁止主教进入上议院。

查理一世也在忙着对抗反对势力。11 月中旬，霍尔调到诺威奇主教教区，比起埃克塞特主教这一职位也不算高，但这里离首都更近，而且印刷出版也更为便利。11 月 23 日，国王为庆祝自己从苏格兰归来，举办凯旋仪式进入伦敦城。不久之后，他任命约翰·威廉斯担任了空缺的约克大主教一职。12 月下旬，反主教派的情绪高涨，在伦敦引发了多次反主教派的示威游行。其中一次促使威廉斯形成政治误判，他因此组织撰写了一份由他本人和当时正好在首都的其他主教的联合抗议书，并于 12 月 30 日在议会宣读抗议书。第二天，包括约瑟夫·霍尔在内的签署者被逮捕，并被囚禁于伦敦塔内。四天后，查理一世企图发动突袭，率领大批武装随从前往威斯敏斯特，企图在下议院逮捕五名反对他的领头人物，但未获成功。那些人已经逃到了泰晤士河下游，来到了伦敦城内的安全地带。不到一周，国王就离开了伦敦，3 月中旬，新的政府驻地在约克设立。

双方都在组织准备内战。2 月底，亨丽埃塔·玛丽亚带着御宝前往欧洲大陆购买武器。4 月，查理一世试图进入赫尔城并占领其军火库，但没有成功。此时，议会已经通过了一项法令，重组伦敦和各地支持议会的民兵组织，并由议会的支持者指挥。11 月初传来了爱尔兰发生紧急状况的报告，以天主教为主的当地人爆发了一次针对英格兰和苏格兰移居者的重大起义，而议会派和保王派

145

都没有对此做出充分的应对。[63] 国王离开后，双方都表现出完全不妥协的态度，正如拉塞尔所说："内战的延迟爆发……说明英格兰在当时是一个毫无军备的国家。"[64]

在《利西达斯》中，弥尔顿将"名望"誉为"高尚心灵的最后弱点"[65]。从1641年到1642年的冬天，他第一次遭遇了"名望"的丑陋同胞，即"恶名"。

弥尔顿对霍尔的抨击引起了巨大的反响，促使了《针对题为〈批判那位抗议者辩解反对斯麦克提姆努斯〉恶言诽谤的温和驳斥》（《温和的驳斥》）（伦敦，1642年）的出版。有迹象表明这本小册子是在困难情况下完成的。过去和现在人们一直在推测作者的身份。弥尔顿声称他听说这是"一对父子"的作品，即霍尔和他的某个儿子的作品。[66] 霍尔本人一直到5月初都被囚禁在伦敦塔内，如果他是作者，那么他是在受限但也并非不可能的条件下完成的。最能说明问题的是，与霍尔早先参与论战的文章以及斯麦克提姆努斯和弥尔顿的小册子不同，它的扉页上既没有印刷商也无书商的名字。并没有出版商登记这本书。与现代编者的观点相反，当时书籍扉页上的日期在很多时候对应的是现代的日历年①，因此"1642年"并不意味着"出版于1642年3月24日之后"，而且，正如他所补充的那样，内部证据"暗示创作于……2月5日之前"。[67] 可能在弥尔顿的第四本小册子《论教会管理必须反对主教制》面世时，这本书就已经出版或是正在刊印中。弥尔顿这本小册子的出版日也难以断定，书的扉页上有"1641年"字样，但肯定是在暗指那些主教在现代日历年（1641年）的最后一天被监禁。[68] 如果那位匿名作者确实找不到印刷商来刊印他的手稿，伦敦的书市可能会盛传有一本书严厉反驳了《批判》，而弥尔顿作为一名激进作家，在书市里肯定会有熟人，即便这本书尚未见天日。

这一推测很重要，因为它可以解释《论教会管理必须反对主教制》中最显著的一个元素，即那种非同寻常的自传式题外话。《温和的驳斥》试图挫一挫弥尔顿的傲气，而且非常奏效。弥尔顿很可能认为后人会承认，在斯麦克提姆努斯的论战当中，不管其他人如何假托教父的传说撰文，他的文章都展现了冠群的才智、尖刻的剖析、极具说服力的修辞，以及强劲有力的风格。但在同时代

146

---

① 日历年指的是公历1月1日至12月31日的一年，而当时还盛行的儒略历将每年的3月25日当作新年第一天。

的人看来，他是个新手，没有相关的出版作品，既无教会圣职也没有大学职务，而且不像布鲁克爵士那样具有一定的社会地位。弥尔顿的父亲是一名隐退的商人，而且除了他父亲提供的钱财外，弥尔顿没有明显的收入来源。事实上，这名温和的反驳者虽然在细节上有不少错误，但有一些抨击却非常高明。他声称"没有太注意到他 [即弥尔顿]，不像他在那傲慢和恶意的诽谤中那样关注他自己" [69]。但他已经了解到或成功推测得知，弥尔顿最近才来到伦敦，差不多是一名失业的大学毕业生，而且既无教会圣职，也没有妻子："一位富有的寡妇，或者是布道，又或者这二者，都能满足你的需要。" [70]

《论教会管理必须反对主教制》里那些自传式的题外话回应了这样的人格诽谤，或是他要预先制止这样的诽谤，使其难以得逞。弥尔顿首先反驳了《温和的驳斥》的中心命题，即他反对主教的强烈情绪产生于"愤恨、恶毒和罪恶的本性"。然后，他讲述了自己所受的人文教育，以及自己的"由他人汗水 [支付的] 闲暇想法"，这个短语让人费解，或许承认了他父亲所给予的资助。他声称自己是不情愿参与论战的，并以一种含糊的方式向读者介绍自己，"可以说，我是用左手写的" [71]①，因为购买这本小册子的读者可能会认为这位作者竭尽所能写了这篇文章。接下来的部分经常被后来的传记作者引用，谈及了他的教育、意大利之旅、文学抱负及其与古典文学和意大利文学的关系，以及他渴望成为一名民族诗人的愿望。有趣的是，似乎是为了回应那位温和的反驳者对他经常光顾"剧院，或妓院"的指控 [72]，弥尔顿把自己要写的诗歌与"情色和无知劣等诗人的作品和幕间剧"划清了界限。[73] 最后，他讲到自己不入神职的决定。弥尔顿告诉我们，他非但不渴望成为有利可图的布道牧师，反而认定查理一世时期的教会独断专行，因而拒绝宣誓接受主教制的教会体制和拥护英国国教的《三十九条信纲》。虽然他在攻读学士和硕士学位时也曾有过类似的宣誓，但现在他自称是"被主教赶出了教会" [74]。

当然，弥尔顿的《辩护》② 没有任何现代意义上该词所表达的"歉意"之义，

---

① 左手通常代表人的双手中较弱的一方（ *OED*, s.v. "left"），弥尔顿在这里说用左手写散文，实则在暗示他的散文作品只是随随便便写出来的，不代表他的真实最高水平。

② 这里的《辩护》（*Apology*）指的是弥尔顿为斯麦克提姆努斯写的辩护文，全名为 *An Apology against a Pamphlet Called "A Modest Confutation of the Animadversions upon the Remonstrant against Smectymnuus"*，经常略写为 *An Apology for Smectymnuus*。

这篇文章在很大程度上重申、拓展并捍卫了《批判》的苛评，同时也以类似不恭的激烈态度，与那位温和的反驳者展开论战。针对个人行为不端的指控，弥尔顿的大部分辩护又不可避免地成了自传的形式。他再次向我们讲述了他光荣的大学生涯，明确地表示他远离大学的戏剧表演，并重新描述了他的文学品位和作为诗人的抱负。[75] 也许他在这里透露了一些不安，觉得自己被这些不得不回应的争议带离了正轨。

有一项指控是他找了一位富有的寡妇，或谋求布道牧师的职务，弥尔顿对此的回应近年来引起了评论者的兴趣：

> 关于这一点，我不得不说要感恩上帝，让我在富足中成长，尽管我此生在求学和四处游历方面都并非奢侈。……虽然如他所说，这样会使我渴望富有的希望破灭，但我不在乎，还要开诚布公地告诉他，我的想法与很多人一致，即出于谨慎和精神上的高雅，我会选择一位出身贫寒但淳朴有教养的少女，而不是富可敌国的寡妇。[76]

他的首要问题是证明他父亲足够富有，能让他生活舒适：任何能靠父亲的零用钱过活，并尽情"四处游历"的人，就不必通过在教会里获得职务升迁来谋求生计。我们没有记录表明他父亲在多大程度上赞同这样长期依赖父母的情况。然而，正如大多数现代传记作家所指出的那样，"出身贫寒的少女"暗指他要么在考虑与这样的一个人结婚，要么是明确地在考虑与玛丽·鲍威尔结婚，后者将于1642年成为他的新娘。

这里弥尔顿的心理状况很有意思。因为在早期现代时期，年轻人的死亡率很高，"婚姻存续时间的中位数……大概在17到20年"，而且"再婚是非常普遍的，大约有四分之一的新娘或新郎是再婚的"。[77] 与现在不同的是，当时33岁的男人娶寡妇是司空见惯的事。弥尔顿特意强调，他更想要一名没有性经验，而且完全依赖他的伴侣。他的辩护还透露出他易怒敏感，也不愿自食苦果，这些性格特点对一个后来因职业而多次陷入恶意论战的人来说毫无益处。显然，他愤恨于那位温和的反驳者"很擅长分割和划分句子，正如他严肃的主教先辈们一样善于羞辱对手，还割掉他们的鼻子"[78]。事实上，虽然他的对手有时会从上下文中精简或摘录短语，但相比于弥尔顿自己引用霍尔或那位温和的反驳者本人的话语，他的做法显然更为谨慎。[79]

148

　　这场英格兰清教徒之间的论战不断发酵，然而就其对论战的贡献而言，《论教会管理必须反对主教制》要比《辩护》丰富得多。主教制的辩护者习惯性地声称，只有主教制的教会体制才能控制分裂和异端，倘若主教们的角色被取代，英格兰就会出现那位温和反驳者所说的"狂暴、头脑发热的异教徒和分裂教派等"[80]。温和派清教徒，诸如卡拉米和他周围的人，都非常清楚这一指控意味着什么，他们当前正忧虑如何在不出现此类异端的情况下最好地改革国教。他们的商议在很大程度上受到少数极具势力的苏格兰牧师的影响，如乔治·吉莱斯皮、亚历山大·亨德森和罗伯特·贝利，这些人从 1640 年 11 月到 1641 年 7 月都在伦敦担任苏格兰教会的"委员"或代表。

　　这些苏格兰人本身就是长老派，极力倡导在英格兰采取长老制的教会体制。他们不仅能接触到有影响力的布道者，也能接触到清教徒的主要牧师。有关英格兰长老派作为一股主要势力出现的细枝末节在教会历史学家中仍存在争议。因此，罗·悉·保罗认为英格兰长老会源于斯麦克提姆努斯的成员当中，尽管存在一些需要留意的重要问题，而汤姆·韦伯斯特称这种观点"很难站得住脚"[81]。关于斯麦克提姆努斯，韦伯斯特总体上认为他们的文章更多的是要阻止霍尔的仪式派主教制，而不是宣扬某种替代方案。事实上，他们一开始很难预料到主教会迅速衰落倒台，他们要做的可以说是削弱主教制，支持它的早期形式，而不是将其完全取缔。然而，到 1642 年初，填补主教制被推翻后留下的空缺成了一些人的当务之急，他们不愿意看到国教分裂和教会外的异端组织蓬勃发展。英格兰清教主义的首要任务发生了变化，《论教会管理必须反对主教制》夹杂其中显得有些不妥。在这篇文章里，弥尔顿批判了以早期教会史为基础来支持主教制的观点。这篇文章的直接起因是，弥尔顿察觉到有必要对《多位博学之士所著关于古代和现代教会体制的几篇短文》（牛津，1641 年）做出回应。这是一本多位学识渊博的牧师① 所著短文的汇编，除其中两人之外，其

---

① 这本汇编的作者一共是八位牧师，分别是理查德·胡克（Richard Hooker，1554—1600 年）、兰斯洛特·安德鲁斯（Lancelot Andrewes，1555—1626 年）、马丁·布塞尔（Martin Bucer，1491—1551 年）、约翰·雷诺兹（John Rainolds，1549—1607 年）、詹姆斯·厄谢尔（James Ussher，1581—1656 年）、爱德华·布里尔伍德（Edward Brerewood，1565—1613 年）、约翰·杜里（John Dury，1596—1680 年）和弗朗西斯·梅森（Francis Mason，1565/1566—1621 年）。

他作者在当时都已经过世了。弥尔顿与他们的交锋既不是棋逢对手，也谈不上慷慨激昂，即便是面对兰斯洛特·安德鲁斯（被清教徒视为劳德的思想先驱）以及他在《论主教制》中抵制过的厄谢尔也是如此。显然，弥尔顿真正关切之事在别的地方。

尽管弥尔顿在自传式的题外话中称他宁愿写诗，但他的行为却似乎表明，他宁愿自己写的是一篇倡导宗教宽容主义（而不是反主教制）的文章。文章在论述中一次又一次转而考虑各种非国教教派的地位问题，这些教派是比长老派更激进的清教徒。在某种程度上，论战的迫切需要已经让弥尔顿有些不得其所。他勉为其难地说，在改革后的新教会体制下，各种非国教教派不会比在主教制之下威胁更大，虔诚的牧师可以像劳德一样控制和管理他们，但方式会更人道，更符合基督教的和睦精神。各种非国教教派的出现，并不是国教的坏疽——如同托马斯·爱德华兹在关于异教的论著中所做的隐喻——而预兆了国教的良好健康状态。[82] 新的教会体制由于适应性很强，因此可以减少对这些群体的打压。

马森描述了这篇文章与17世纪中叶主流清教主义的关系，他的论述非常有参考价值，而且极具洞察力：

> [弥尔顿]仅仅提到了[当时苏格兰实行的长老制中的]最小和最大的单位："堂区长老法庭"，或者称各牧区或圣会法院，向苏格兰人所称的"堂区教会法院"负责；以及全境委员会或全国委员会，他明确使用了其苏格兰名称"长老会全会"。……他没有清楚地提及在苏格兰长老制中，处于堂区教会法院和长老会全会之间的两个中间机构，即所谓的"教务评议会"，或者是相邻堂区在职人员的定期会议，以及"教省长老会议"，或者是一个郡或其他大区所有长老的定期会议。[83]

马森最后说弥尔顿的方案会得到苏格兰长老会核心人员的青睐，因为他们当时正推进那样的改革。他的这个结论可能就有些偏差了。[84] 但马森接下来的评论则更有道理，即在弥尔顿的方案中，"以及在他对……教派增长……带来的恐惧……毫不在意的态度之中，人们可以看出他近期阅读独立派的文章而受到的影响"[85]。

弥尔顿只选择讲长老会全会和圣会，这种选择性策略将教会实施管控的重要手段束之高阁。长老会全会很快就会以威斯敏斯特神职人员大会的面貌成为现实，而长老会全会对于他反对主教的运动至关重要，因为它可以在其职权范围内处理教规问题，尤其是关于仪式主义的问题，弥尔顿早期反对主教制的小册子就已经认为仪式主义应该受到谴责。但更有意思的是，弥尔顿发展了关于圣会教规的想法，其将控制每个教友的权力从国教手中剥离出来，更关键的是，让这种控制权与国家和国家法的世俗权力相分离。在这一点上，弥尔顿所倡导的与主教制对立的模式更接近于独立圣会制："上帝……将这项……维持人内心（也可以说是灵魂）健康的职务交给他在精神上的代表，即各圣会的牧师，他们最熟悉自己的教徒，因而有充分的理由了解那里可能存在的所有隐秘疾病。"[86] 毫无疑问，弥尔顿仍在思考全国性的国教改革，但相比于当时长老派所寻求的模式，他思考的结果在结构上要松散得多，这种模式的教规完全是精神意义上的，而且属于圣会性质的。

《辩护》的问世标志着弥尔顿反对主教制写作的结束。他直到 1659 年才再次明确提出关于教会体制的观点。西里亚克·斯金纳把这件事的终结与新问题——求爱和婚姻——联系在一起。斯金纳指出，弥尔顿"按照他不浪费宝贵的泰兰特①的做法"，行动迅速，就像抓住他繁忙日程中的一个空当。[87] 在早期传记作家中，爱德华·菲利普斯的叙述最为详细：

> 大约在五旬节的时候 [1642 年 5 月 29 日]，或是在此不久之后，他去了乡下。周围的人都不知道缘由，也不知道这次旅行不仅是消遣：一个月后，他回到了家里，成了一名已婚男子，而出去时还是个单身汉。他的妻子叫玛丽，是当时治安法官理查德·鲍威尔先生的长女，住在林山，离牛津郡的肖托瓦不远。[88]

自 1627 年起，弥尔顿家就与理查德·鲍威尔签订了一项财务协议，当时老约翰·弥尔顿借给他 300 英镑，作为担保，收取了鲍威尔提供的一份 500 英镑的市

---

① 弥尔顿在《第 19 首十四行诗》（"Sonnet XIX"）中哀叹自己还未走完一半的生命旅程就已经双目失明，他想到了"那个塔兰特，要是埋起来就意味着死亡"（"And that one talent which is death to hide"），"塔兰特"是古希腊、罗马和中东等地的货币单位。在《圣经·马太福音》（25: 14—30）中，一位主人临行前叫来三个仆人，分别给了他们五个塔兰特、两个塔兰特和一个塔兰特，前两个人领到钱就去做买卖，还赚到了钱，唯独领到一个塔兰特的仆人把钱埋藏在地里，后来遭到了主人的责骂。这个故事的寓意在于人要利用好上帝赐予的塔兰特 / 才能。

镇债务保证书，支付给小约翰·弥尔顿。这笔借款的利率为 8%，是法律允许的最高限额，但在当时绝不是特别高的。此借款每年可获得 24 英镑的利息，每年6 月 12 日和 12 月 12 日或在此时间左右支付。[89] 我们目前尚不清楚通常是不是弥尔顿亲自去收钱。当然，弥尔顿在游历欧洲大陆的时候，利息仍然是支付给他的。当时已经发展起了早期的银行系统，在全国各地用汇票结算债务和发票来完成转账，而且从牛津寄钱到伦敦特别容易，因为学生家长需要从伦敦汇款到剑桥给孩子做生活费。弥尔顿的父亲作为公证人，应该很了解这个系统，还有可能经常用到这个系统。[90] 然而，他们的婚姻协议表明弥尔顿已经知道了鲍威尔一家，而且我们可以合理地推测，他在早些年偶尔拜访过他的债务人（收债可能是他重要且保险的收入来源）。因为弥尔顿的祖籍在距离林山不到一英里远的牛津郡，他也有可能因为其他事务前往那里。

这段婚姻的许多方面仍然令人困惑。关于婚礼的日期或地点，都没有保存下来的记录。由于弥尔顿已经在牛津郡，而且据爱德华·菲利普斯回忆，他没有伴郎陪同，所以婚礼有可能是在新娘所属的堂区举行的。然而，菲利普斯说得很清楚，在"她最亲近的几个亲戚"陪伴下，这对夫妇回到奥尔德斯门大街，欢庆活动也推迟到了他们回来这天举行，"喜宴"持续了"数日来庆祝新婚"。[91]

弥尔顿曾写过娶贫寒女子的好处。显然，鲍威尔一家并不穷。弥尔顿的岳父理查德·鲍威尔是他所在地区最显赫的士绅，尽管如此，他的庄园和生活方式是通过借贷维持的，而且最近还欠了不少债。[92] 对于他和弥尔顿所属的社会团体而言，嫁妆是婚后夫妻财产处理协议的核心问题。一般来说，嫁妆是由新娘的父亲支付给新郎的父亲，然后新郎父亲会从中适当支取付给新娘，用来资助她，而且将来还会资助她的儿女。[93] 弥尔顿去世后，他的弟弟克里斯托弗回忆说，弥尔顿曾告诉他，当时他们商定了 1000 英镑的嫁妆，但女方一分钱也没支付。[94] 虽然鲍威尔有大片地产，但现金匮乏，所以他们更有可能做出了其他安排，或许是鲍威尔除了继续支付给女婿 24 英镑外，还要每年为逾期拖欠的部分支付利息。据克里斯托弗回忆弥尔顿所说的话，他最终一无所获。

对于一名乡绅的长女来说，弥尔顿似乎是个良配。他是一名富商的长子（因此也是主要继承人），他父亲已年逾八旬，可想大去之日也不远了。他受过良好的教育，不用工作也能生活，他创作的《假面剧》表明他至少与最高阶层的外围人士有些联系。当时他的思想取向可能尚不确定。然而，只要在奥尔德斯

151

门大街逗留很短时间，看看弥尔顿周围的清教书籍和小册子，其中有一些还是他自己的作品，以及他周围的激进分子，就足以明白一旦内战爆发，他会如何站队。

弥尔顿和玛丽·鲍威尔结婚时，国内公开的战争行动即将开始。在过去的几周里，当时效忠国王的贵族和议员们纷纷离开议会，去往国王的临时都城约克，加入他的队伍。当查理一世南下诺丁汉，并于 8 月 22 日竖起王旗，正式宣布自己的王国处于内战状态时，几乎没有哪个政治国家感到惊讶。

第九章

第一次内战

　　弥尔顿的婚姻关系很快急转直下。早期的传记作者基本同意这一观点，但西里亚克·斯金纳和爱德华·菲利普斯的传记都写于此事发生很久之后了。前者可能是在记叙其目睹的事件，而后者在这一时期肯定居住在他舅舅的家里。菲利普斯可能是约翰·奥布里那部分叙述的唯一一来源。大家都认为玛丽·弥尔顿返回了位于林山的娘家。菲利普斯记叙道，等到那些陪她和弥尔顿一起去伦敦的家人回去之后，她自己又在伦敦待了"一个月左右"，但斯金纳的说法是"几天"，并加上了"她带着母亲一同回到乡下"，这个细节在其他资料中都得不到证实。对于她为什么这么做，三个人都给出了自己的推测。斯金纳认为她"不太喜欢"弥尔顿"寡言少语的性格"。在菲利普斯的版本中，她受到朋友们"通过信件表达的真挚恳求"，也"可能是出于自己的意愿"，因为她对于现在被迫要过的"哲学式生活"感到厌恶。斯金纳似乎在暗示，弥尔顿不仅希望毫不妥协地继续自己的研究，还希望玛丽和他的外甥一样加入进来。

　　奥布里的叙述当然是有缺陷的，因为他认定弥尔顿没有把玛丽带回位于奥尔德斯门大街的房子，而是带回他早先在圣布里吉德教堂庭院的简陋住所。然而，他讲述了一个别人都没有提及的细节，大概是从菲利普斯那里收集到的："她觉得非常孤单：没有人跟她做伴，她经常听到他的外甥们哭泣、挨打。"[1]这个细节有一定的合理性，之所以弥尔顿的两位学生菲利普斯和斯金纳在叙述中都略去了这一细节，是因为成年人不愿意强调自己年轻时每天所遭受的痛苦。

在早期现代时期，这种虐待儿童的现象十分普遍。斯通[①]很肯定地总结道，"毫无疑问……在 16 世纪和 17 世纪早期，被殴打的儿童比以往任何时候都多，而且年龄跨度更大"，而且"儿童被鞭打是很正常的事情"。[2] 只有亚历山大·吉尔的那种令人发指的虐待狂行为才会引起调查，或者应该遭受批评。[3]

菲利普斯指出，弥尔顿同意玛丽离开的"条件是她必须在约定的时间即米迦勒节或在此前后返回"[4]。于是，弥尔顿以为她在 1642 年 9 月 29 日或此时左右就会回来。结果，她直至 1645 年才回来。战争开始后不久，弥尔顿和他妻子很快就发现，条条战线把他们隔开了。事实上，这个位于牛津以东六英里的村庄可能是最难以通达的地方，而且随着保王派不断失势，也成了最不适合玛丽居住的地方。当时她若是想准时返回的话，可能还可以找到足够安全的路径。我们没有证据可以解释她为何推迟归期。也许这段婚姻已经近乎破裂；也许情况更为简单，她或她的父母想到让一位年轻女子在战乱之时行走在乡村主干道上，或是将她送回一座即将遭洗劫的城市，便忧心忡忡，因而推迟了归期。然而，菲利普斯将她的不情愿归因于党派偏见，或者是家族的投机心态，即女方家担心与议会支持者结婚会成为"他们家族的污点"[5]。

查理一世从诺丁汉出发，先与其他地方集结的军队会合，然后到了 10 月初，气势汹汹地南下伦敦。他很快进入了英格兰中南部地区，这里在某些方面将成为未来三年的主要战场。10 月下旬，在牛津郡和沃里克郡的边界附近，发生了第一次主要战役，即埃奇山战役。这场战役以血腥的僵局告终，尽管如此，国王的军队仍然保持了战斗力，可以继续前进。一队骑兵为了躲避一场小规模的战斗而占领了牛津，使牛津城暂时成为保王派的地盘。虽说镇上的居民可能不那么支持，至少牛津大学一开始会出于同情而接纳国王，这是肯定的。战役结束后，王室军队占领了牛津。至 1646 年 6 月最终投降之前，牛津一直是保王派的大本营，国王在这期间大多数时候也住在牛津。

就这些目的而言，牛津有许多优势。大学校园建筑很适合皇家宫廷生活。查理一世住在了宏伟的基督教堂学院。亨丽埃塔·玛丽亚随后被安置在了附近的默顿学院。校舍几乎容纳不下宫廷侍臣和学者们，在大学被占据期间很少有新的本科生被录取。[6] 此外，国王的野战军大多不能驻扎在城内。而且，保王派

---

① 指前文提到的批评家劳伦斯·斯通（Lawrence Stone）。

图 27 《查理一世国王和他的拥护者们》，效仿安东尼·凡·戴克以及其他身份不明的
艺术家（伦敦国家肖像馆）

的战略家们倾向于在远离他们主要堡垒的外围设立据点。理查德·鲍威尔位于林
山的庄园有军队驻守，还可能加强了防御。[7] 鲍威尔和他的儿子们很快就成为
保王派的坚定拥护者。假如他们不这么做，任何有用的个人财产都将被没收。
即便如此，鲍威尔依然不得不提供住所和粮草，而且很可能被迫为骑兵和王室
野战军的辎重车队购买马匹和马车。[8] 英格兰中部靠南地区的历史学家记录了

155

生活在战区的自耕农和小士绅的财富暴跌。鲍威尔生活在离保王派主要军事中心如此之近的地方，他肯定发现保持中立是不可能的，而且他的派系立场也无法使他免于严重的财务困境。结果，令人惊讶的是，直到 1644 年 6 月，他没有拖欠过每半年应向弥尔顿支付一次的利息，这表明他预计未来两派的关系可能会有所改善。查理一世曾于 1643 年 10 月禁止保王派和议会占领区之间的贸易往来，此时这项禁令很可能已经开始产生影响，而牛津和伦敦之间也因此很难再进行现金汇兑。[9]

　　埃奇山战役对弥尔顿家还有另一重影响。在国王前往牛津之时，莱茵河的鲁珀特亲王 ① 继续推进他的骑兵队伍，并在雷丁驻扎。弥尔顿的弟弟克里斯托弗早先带着妻子和老约翰·弥尔顿从霍顿搬到了那里。[10] 圣劳伦斯堂区的津贴申报表和堂区俗人执事账户表明，到 1641 年 4 月的时候，克里斯托弗和他的父亲已经是该堂区的居民。两人都在 1642 年签署了《效忠声明》②，而且一直居住到 1643 年 4 月雷丁被围之后。雷丁离伦敦非常近，一旦战争局势扭转，雷丁就会成为最早被收复之地。雷丁被占领后，进入牛津变得更加困难了。与此同时，弥尔顿的父亲和弟弟生活在保王派的据点，承担着所有相关的风险。克里斯托弗唯一幸存的孩子此时只有一岁多。

　　据我们所知，内战期间弥尔顿一直待在伦敦。生活在这座大城市，在很大程度上避开了理查德·鲍威尔所面临的那种恐怖气氛。伦敦与东部各郡富饶的农业区之间保持着联系，港口也对外开展贸易往来。然而，它失去了东北部的煤田和伦敦人冬季所依赖的燃料"海运煤" ③。

　　尽管弥尔顿在反对主教制运动中表现出了极大的热情，但是没有任何迹象表明他是为议会而战，甚至没有迹象表明他加入了为保护伦敦及其周边地区而成立的训练队。查理一世和鲁珀特亲王会师，并于 11 月中旬从西侧进军伦敦，为此，弥尔顿很可能写了一首诗作为回应，即第 8 首十四行诗，也就是《三一

----

① 莱茵河的鲁珀特亲王（Prince Rupert of the Rhine，1619—1682 年）是巴拉丁选帝侯腓特烈五世（Frederick V of the Palatinate）之子，也是英王查理一世的外甥。

② 为了防止内战的爆发，议会曾于 1641 年 7 月通过一项法案，要求 18 岁以上的成年人签署《效忠声明》（Protestation Oath），宣誓效忠查理一世和英国国教，以此来缓和当时的紧张局势。

③ "海运煤"（"sea-coal"）是指从纽卡斯尔港（Newscastle）海运到伦敦的煤。

学院手稿》中题为《当袭击是针对伦敦之时》的诗歌，但它还有一个已经被删除了的标题，《当伦敦即将遭到袭击时，他的门上贴着》[11]：

156

> 上尉或上校，或是武装的骑士，
> 你会占领这些无防卫的屋门，
> 倘若你愿意做一件荣耀的事情，
> 守住门，别让里面的人受伤害，
> 他会报答你，因为他知道如何
> 让这样的仁慈之举闻名于世，
> 让你的威名远播于陆地与海洋，
> 太阳的光环能照到的一切地方。
> 勿举起长矛攻击缪斯的屋舍，
> 伟大的厄玛提亚的征服者① 曾下令
> 放过品达的房子，而庙宇和塔楼
> 被夷为平地：吟诵那诗人笔下
> 厄勒克特拉的悲剧却能拯救
> 雅典的城墙②，使之免遭毁灭。[12]

这首诗让评论家深感困惑。这是玩笑吗？如果是的话，品味是不是过于低劣了？当查理一世和鲁珀特向前推进之时，这首诗不太可能会被钉在奥尔德斯门大街的门上，但有可能是舅舅在戏弄外甥们，其中轻佻的语气或许可以安抚那两位当时可能受到惊吓的年幼孤儿。在《三一学院手稿》里，这首诗的誊抄本似乎出自孩童的笔迹。无论如何，诗中这样称呼保王派是非常谦恭有礼的。还有另一种解释也值得考虑。一座有城墙的城镇或城池在即将被围困之时，标准

---

① 厄玛提亚的征服者（Emathian conqueror）指的是亚历山大大帝（Alexander the Great），据说他的军队在洗劫忒拜城（Thebes）时，他下令让士兵放过诗人品达（Pindar）所居住的房子。

② 据普鲁塔克（Plutarch）在《来山得传》（*Life of Lysander*）中的记载，在伯罗奔尼撒战争中，雅典被斯巴达、忒拜和科林斯组成的联盟打败后，雅典城遭到洗劫，他们正准备将雅典城夷为平地之时，突然有人吟唱起了欧里庇得斯的《厄勒克特拉》（*Electra*），在场的士兵都深为感动，拒绝摧毁一座诞生了欧里庇得斯这样一位伟大诗人的城邦。

的军事战术是清除城墙外的建筑物，拒绝为敌人提供庇护所，并设立自由射杀区①。以牛津为例，一旦议会军开始准备围攻，城墙南面的房屋就要被拆除了。清理奥尔德斯门大街，或者至少是弥尔顿居住的区域，在当时的情况下是明智之举，弥尔顿可能是在让那些负责这项任务的士兵绕过他的房屋。

保王派势力在特纳姆格林村遭遇敌军。这支敌军是由伦敦的议会支持者集结的训练有素的士兵与民兵组成的，结果保王派突然停住，随后撤退。奥尔德斯门大街完好无损，而弥尔顿则继续离群索居。这首诗表明诗人重新致力于和平之道。这是"缪斯的屋舍"，菲利普斯也这样说过。[13]住在这间屋舍里的人要写的是诗，而不应在派系论战中展现他的修辞技巧。然而，对于弥尔顿的现代仰慕者而言，诗人秦纳②的角色带来了一些问题，因为写诗似乎是一种懦弱的表现，而弥尔顿当时很容易就可以自愿加入伦敦的军队：此时的弥尔顿仍然健康，还相当年轻，据他自己和早期传记作家说，弥尔顿还擅长剑术。但是，他对实战一无所知。此外，至少在费尔法克斯和克伦威尔的部队表现出英勇气概和严明纪律之前，军人这个职业广受鄙夷。当时的人们认为保王派军人都是嫖娼、醉酒、满嘴"该死"的骑兵，这种刻板印象源于更早时期人们普遍认为士兵军纪涣散，因而对他们产生强烈反感。[14]弥尔顿决定从事诗歌创作，教育他的孤儿外甥，而不是拿起威力十足的长矛，这在当时并不奇怪。

弥尔顿可能在1642年至1643年冬天极力要求他妻子回家。保王派的据点对间谍很警惕，从伦敦来的思想上可疑之人都要遭受粗暴对待。事实上，双方都试图秘密收集情报，但做间谍要冒着被就地处决的风险。雷丁在被保王派占领期间至少有一名议会派的间谍被处以绞刑。[15]爱德华·菲利普斯努力回忆很久之前的事情（"就我能记起的"），描述了弥尔顿是如何派了"一名信使，让他带着书信，望她早日归来"，结果却被"轻蔑地打发走了"。[16]考虑到保王派驻

① 在军事上，自由射杀区内任何移动的物体都可以遭到射杀或轰炸。
② 普鲁塔克在《布鲁图斯传》（*Life of Brutus*）中记载，在恺撒被刺杀后，有一位名为秦纳的诗人（Gaius Helvius Cinna）因为与密谋刺杀恺撒的秦纳（Lucius Cornelius Cinna）同名，被一群暴民杀害。莎士比亚根据普鲁塔克的叙述，在历史剧《尤里乌斯·恺撒》（*Julius Caesar*）中加入了这一情节，秦纳在被害之前为自己辩护道："我是诗人秦纳，我是诗人秦纳！"["I am Cinna the Poet, I am Cinna the Poet!"（3.3.30）]但诗人的身份并没有挽救他。

军气氛极为紧张，信使只好回去了，其他方面也未受伤害。弥尔顿的《札记书》里包含了一系列关于离婚的笔记，那些笔记可能就是从那时开始做的。[17]

内战期间，冬季作战通常较为克制，不会扩大战事。随着春天的来临，议会派发起了一场攻势，试图将保王派逐出雷丁。1642 年 10 月，克里斯托弗·弥尔顿的名字出现在保卫雷丁镇的集结人员名单中。简单地说，倘若议会军出现在他们的防御工事前，届时他就要同保王派的驻军并肩作战。[18]在埃塞克斯伯爵的指挥下，围城于 4 月 15 日开始，埃塞克斯伯爵提出了宽厚的条款，保王派很快就接受了。4 月 27 日，雷丁镇投降。守城的人有序走了出来，据现有材料来看，他们也没有保证将来会保持中立。城镇没有被洗劫，非战斗人员也没有遭到虐待。这些条款允许"可以离开城镇的人在投降后六周内可以自由离开，携带货物前往他们想去的地方"[19]。老约翰·弥尔顿回到了伦敦，这里有他积累多年的财富，他和长子曾经以此为生。老弥尔顿在奥尔德斯门大街与诗人弥尔顿相聚。他与长子住在一起，直到 1647 年去世。那时克里斯托弗的妻子已经怀孕多时，也回到了伦敦，在那里诞下一子，取名约翰，并于 1643 年 6 月 29 日在圣克莱门特教堂受洗。帕克推测她可能同寡居的母亲住在一起，考虑到小约翰·弥尔顿的房子相对较小，这种可能性很大。[20]在第一次内战结束之前，克里斯托弗都在为保王派服务，他是保王派执行财产扣押委员会的专员，负责管理三个郡，从居住在国王控制地区内的议会支持者那里榨取资源。[21]

内战持续了整个夏天，双方各有胜负。弥尔顿的生平记录和早期传记作家的记述都很少，不过很明显的是，他的才华和创造力已经从他怀有的宏大计划转移到关注范围更小的个人问题之上。1643 年 8 月 1 日，《离婚的教义和教规：符合两性的利益，从教会法以及其他谬误的束缚中解放出来，以慈爱为原则，恢复基督徒的自由，〈圣经〉里多处也揭示了其失落已久的意义：这是在宗教改革之下合乎时宜的思想》（《离婚的教义和教规》）问世，上面既没有弥尔顿的名字，也没有名字的首字母。除了他自己所受的伤害之外，该标题还揭示了更大的背景。这篇文章合乎时宜，因为议会于 6 月中旬通过了要求成立威斯敏斯特神职大会的法令，第一次会议已于 7 月 1 日举行，以期按照清教路线完成宗教改革。在一篇讨论离婚的文章里，突出"教义"和"教规"这两个词似乎有些奇怪，但这两个词都出现在了上述法令之中。神职人员与一些世俗之人集结在一起，"讨论并处理有关英国国教的礼拜仪式、教规和教会体制等问题，或是就

158

上院或下院或两院会提出的问题，为相关教义辩护，以及肃清所有涉及教义的虚假诽谤和曲解"[22]。文章的语言风格很有弥尔顿的特色，意在恢复原来的教义，清除不断增多的错误解读。弥尔顿认定大会上有不受议会支持的非神职人员参加，这种想法是毫无根据的，而且可能促使他决定将这本小册子的第二版写给"英格兰议会和威斯敏斯特神职人员大会"，文章承认了议会认为哪些地方应留有实权的规定。

弥尔顿在书名页强调了他在这篇文章中所采用的原则，即坚持以《圣经》文本作为论证依据。议会的法令明确指出，大会的职责在于寻找"最符合上帝之道"的解决办法，正如保罗 ① 所说，"因为《圣经》是唯一不容置疑的权威，这将作为大会今后所有辩论的基本原则"[23]。弥尔顿试图通过公开辩论的方式改变教会法对于离婚的规定，但很快发现这一决定看起来太过于乐观了，甚至可以说是极度天真的。然而，这反映了清教激进分子的思想倾向，他们相信是他们自己，而不是主教们，控制着英格兰的宗教仪礼。

17 世纪 40 年代中期，也就是 1643 年至 1645 年之间的某个时刻，弥尔顿又开始了诗歌创作，他写了两首十四行诗。[24]《第 9 首十四行诗》是一首无题诗 [以 "那位风华正茂的女士"（"Lady that in the prime"）开篇]，写给一位身份不明的女子，她在 "风华正茂的最年轻之时" 一心一意地侍奉上帝、敛心默祷。关于弥尔顿所赞扬的这位年轻女子的身份，众多（而且是毫无依据的）猜测认为可能是玛丽·鲍威尔、艾丽丝·埃杰顿小姐、玛格丽特·利小姐、神秘的戴维斯小姐或者托马森的两个女儿之一（凯瑟琳或者是格蕾丝），但是这些身份的鉴定都不能使人信服，猜测也就毫无意义了。"小姐" 一词的使用可能暗示她来自上层阶级或是贵族出身，与《圣经》中路得 ② 形象的对比可能意味着她在丈夫去世后选择留在婆婆身边，而不是寻找新的丈夫，但学者们提出的可能人选中没有一个符合这种情况。这首十四行诗按照惯例抒发了情感，但这种情感通常不会出现在十四行诗中。弥尔顿再一次扩展了这种体裁，以适应非彼特拉克式的情感。

159

———————————

① 指上一章提到的批评家罗·悉·保罗（Robert Sydney Paul）。

② 根据《圣经·路得记》的讲述，路得（Ruth）在丧夫后同婆母拿俄米（Naomi）生活，并随其迁往伯利恒，后改嫁波阿斯（Boaz）。

《第10首十四行诗》在《三一学院手稿》中题为《献给玛格丽特·利小姐》，是写给玛格丽特·霍布森的，她和丈夫约翰·霍布森是弥尔顿在奥尔德斯门大街的邻居。据爱德华·菲利普斯记载："这是一位才华横溢且足智多谋的女子，她和她丈夫霍布森上尉对他［弥尔顿］特别尊敬。"[25] 弥尔顿的手稿中使用了玛格丽特的娘家姓氏，可能意味着他在1641年12月30日她结婚之前就开始写这首诗了，但似乎更有可能是在强调她的出身，因为这首诗给人的感觉更像是赞美父亲而不是赞美女儿。正如这首诗开头几行所解释的那样，玛格丽特是"那位优秀伯爵的女儿，他曾是 / 英格兰枢密大臣和财政大臣"。詹姆斯·利（1550—1629年）是一位律师，曾担任过王座法庭首席大法官、英格兰财政大臣和枢密大臣，1626年，他被任命为马尔伯勒伯爵。弥尔顿的十四行诗颂扬马尔伯勒伯爵"不受金钱的玷污"，由于"议会的解散"而一命呜呼。两种说法似乎都不是真的。詹姆斯·怀特洛克爵士记录说，马尔伯勒伯爵被称为"福尔蓬奈"①，收了很多法官的借款；亨利·舍菲尔德称他很腐败，并回忆说自己曾从一位诉讼当事人那里拿了一套镀金餐具作为礼物送给他。[26] 马尔伯勒伯爵当时已经退出公众视野，并准备好迎接死亡了，也没有证据表明1629年3月议会解散的消息加速了他的逝世。弥尔顿粉饰马尔伯勒伯爵是为了取悦他的女儿，也是为了达到一个政治目的，那就是在暗示国王的罪恶——因为国王解散议会导致了一位善良、公正的人死亡。

从1643年到1647年，神职人员大会和议会的内部冲突日益激化，研究弥尔顿这个时期的散文作品要考虑到这样的历史背景，还要顾及这些作品与外部激进势力之间的关系。我们可以发现有五大主要群体。起初，神职人员大会中的主导群体是一批温和派清教徒，由埃德蒙·卡拉米和斯蒂芬·马歇尔这样的牧师领导，他们在议会里也获得了一些支持，弥尔顿曾经声援了他们的斯麦克提姆努斯论战。倘若他们在前些年更为坚定地追求主教制改革，那么他们可能会接受这样一种依照使徒传统的一些理念改革之后的早期主教制。在神职人员大会期间，他们将认识到长老制的优势，还会主张采取这样的教会体制。无论

160

---

① "Vulpone"也作"Volpone"，此处含有一则典故，英国文艺复兴时期剧作家本·琼森有一部名为《福尔蓬奈》（*Volpone*）的喜剧，剧中角色福尔蓬奈是一个贪婪成性、老奸巨猾的威尼斯富人，他给那些觊觎他死后财产的贪婪之人设下圈套，来骗取他们的财物。在意大利语中，单词"volpone"就可以指"老狐狸、老奸巨猾之人"。

如何，马歇尔仍愿意与更激进的清教徒展开对话。神职人员大会上四名苏格兰代表的到来强化了这种倾向于长老制的立场。亚历山大·亨德森和乔治·吉莱斯皮于 1643 年 9 月抵达，随后罗伯特·贝利和塞缪尔·拉瑟福德于 11 月到达。[27]这些苏格兰代表笃信长老派教会体制，要求国家将其强加于所有公民，并镇压异端邪说和极端不同意见。从 1644 年起，尤以第二年情况更为严峻，伦敦发生了安·休斯所称的"长老派动员运动"，这是一场新产生的长老派运动，有着强硬的反宽容主义立场，在一定程度上是苏格兰代表的不妥协态度促成了这一运动。[28]

议会中的许多人和神职人员大会中的一些人，尤其是非神职人员，对长老制这种更为教条化的形式表示怀疑。他们认识到在苏格兰模式之下，以及在苏格兰近代历史上，存在神职人员干涉国家事务的危险性。这些人被称为"埃拉斯都派"①，他们持有多种不同的观点，但这个团体也有着一致性，他们拒绝让牧师对教会体制做出强行规定，并反对牧师声称有神圣权力来批准任何一种所建议的模式；"除此之外，埃拉斯都派并不十分关心神职人员大会推荐的何种形式的教士职位，尽管他们和清教徒一样，对主教这样的高级教士职位存有偏见"[29]。

在神职人员大会中有一小部分但有影响力的牧师，他们支持一种比长老派所倡导的体制更为松散的教会体制。他们把目光投向了新英格兰教会的不脱离国教公理制，即在国教之下允许各圣会享有相当大的教义和教规自由。这个小团体包括少数从新英格兰回来的牧师，但其领袖人物（其中以菲利普·奈最为突出）只支持北美地区的倡议，或者近期曾居住在尼德兰联省共和国。虽然新英格兰的各圣会最终发展出了非常相似的做法，并且确实在一定程度上不容忍异议，但神职人员大会上的"独立派"所倾向的立场是，从根本上容忍各种比他们自己的学说更为激进的信仰。

至少在 17 世纪 40 年代早期，主张脱离国教的教会和教派在神职人员大会中都没有代表，而且很可能在议会里也没有代表。他们源于都铎王朝后期和斯图亚特早期秘密活动或流亡的团体。最大的群体是特殊浸礼宗，他们在救世神

---

① "埃拉斯都派"（"Erastians"），即瑞士神学家埃拉斯都（Thomas Erastus，1524—1583 年）学说的追随者，他曾主张宗教应该受到国家支配。

学上同最坚定的长老派一样，都是不折不扣的加尔文主义者，但他们的教会体制主张每个圣会都是独立的，而且圣会的教友资格要通过信徒的洗礼来加以确认。另一个有影响力的团体是普遍浸礼宗，17世纪40年代早期在伦敦可能至少有五个圣会。他们采取一种不同的救世神学，即普遍救赎，以所有人都可能获得救赎为前提，这近似于阿明尼乌主义，当然没有了司铎天赋神权和仪式主义元素，而那些元素是劳德派教会中阿明尼乌主义的突出特点。

不同寻常的是，在17世纪40年代英格兰清教主义的这场危机中，历史是由战败者书写的。长老派动员运动的发起者，尤其是托马斯·爱德华兹和罗伯特·贝利，将当时的思想格局描绘为处于严重分歧的状态，一方是长老派，另一方是独立派，以及其所主张容忍的那些更为激进的派别。实际上，双方的相互影响更为复杂。像斯蒂芬·马歇尔这样的温和派长老会牧师肯定会与菲利普·奈这样的温和独立派保持对话。他们不仅在同苏格兰人的各种谈判中互相合作，还通过联姻建立起关系，如马歇尔的女儿伊丽莎白嫁给了奈的侄子约翰·奈。[30]与此同时，奈与主要的脱离国教者展开了多方面的对话，形成了广泛的宽容主义。同样，独立派与埃拉斯都派有着共同点，他们对按照苏格兰模式建立长老制国教的前景深感不安。

在这样的格局下，很难说弥尔顿属于哪一派。在思想上，他可能最接近埃拉斯都派。该派在神职人员大会和下议院中最博学的代表是约翰·塞尔登，他精通多门语言，博识多学，还是一名法理学家，与诗人广结朋友，在生活和工作的某些方面，可以被视为小他二十多岁的弥尔顿的楷模。至少在修辞方面，《论出版自由》反映了一种埃拉斯都派的信仰，认为国家高于教会。弥尔顿很可能与斯麦克提姆努斯成员保持着友好的关系，尽管在有关非国教教派的问题上，他们自《论教会管理必须反对主教制》发表以来就一直有分歧。没有哪位斯麦克提姆努斯成员在出版物上或（据我们所知）在布道坛上，指名道姓地抨击过弥尔顿，而弥尔顿也没有攻击过他们。就教会体制而言，弥尔顿到1643年时很可能与神职人员大会中的独立派关系密切，认可他们对更激进团体采取宽容的态度来促进和解。然而，《离婚的教义与教规》表明他所持有的观点确非正统，而且他对此观点越来越满怀信心。正如我们将看到的，到了17世纪40年代中期，他可能与激进的非国教教派有许多共同点，不仅体现在长老派论述异教之人的臆想与苛评方面，还表现在弥尔顿与他们所赞成的异端邪说上。

从创作背景来看，弥尔顿第一篇关于离婚的论文表明它是以作者的痛苦经历为基础的，但我们不能将其视为了解弥尔顿的性意识及其与玛丽关系的窗口，因为文章论证精密，目标读者是议会和神职人员大会上严格节制的清教徒。弥尔顿塑造的自我完全是为了论战目的。在信仰的其他方面，他表现得非常合乎传统，无端地驳斥了"再洗礼派教义、家族主义、反律法主义和其他狂热的幻想"，希望能对性伦理实施改革，"严厉谴责私通，惩治通奸行为"。[31]弥尔顿极力主张将伴侣关系置于性关系之上，以伴侣关系作为婚姻的基础，他显然有意避开这样一种说法，即放开离婚限制的立法将打开婚姻关系的约束，从而变得有利于淫乱放荡之人。于是，弥尔顿不出所料地贬低了性行为：

> 因此，这样是多么无意义，教会法是多么荒谬，竟然针对肉体行为的障碍列出如此详细的条款，却不重视思想的无法交流，这有损于婚姻最纯洁、最神圣的目的：还有人不经深究便无所顾忌地认为用于享乐的肉体一定要完美无瑕，然而，思想才是琴瑟和谐与相亲相爱之举的源泉，这二者的融合远比任何分泌的体液精粹更为珍贵，尽管在履行夫妻的重要义务方面，它也不可或缺，而且能促成愉悦和惬意的交合，因此，不论思想有多么平淡、忧郁，它都要足够完美，而且必须发挥作用，虽然这会让自怨自艾之人长久地烦躁不安、萎靡憔悴。但是，作为上帝教会的支柱，智慧与慈爱则相信，倘若悲伤的灵魂苦于同孤独的结合，就理应得到解放，假如肉欲难以忍受，应遵从同样的天命而获解脱。[32]

与普通法不同，《1604年教规》中重申的教会法规定了英格兰的离婚制度[33]，只允许在没有婚姻行为能力和没有真实结婚意愿的情况下选择再婚。前一种情况可以包括有婚约（亨利八世和克利夫斯的安妮之间的仓促联姻，安妮曾与弗朗索瓦·德·洛林用现在时的语词①承诺了婚约，即口头宣布的婚约，但在普通法中具有约束力）、近亲、姻亲（如亨利八世与玛丽·博林有私情，从而致使他与玛丽之妹的婚姻无效），以及结婚时性无能或患有难以克服的性冷淡。后一种情况包括胁迫、精神失常、过失或过于年轻。若有通奸、残暴、鸡奸、异端

---

① 用现在时的语词（*per verba de praesenti* 或 *per verba de praesenti tempore*）是婚姻用语，指的是自双方同意之时起立即成为夫妻的婚姻，只需双方同意，不必举行宗教婚礼仪式。

或害怕将来受到伤害等情况，可以批准不共寝食的离婚①，另一方面又不允许再婚。这一切在 1548 年面临了巨大压力，北安普敦侯爵因妻子通奸而与其分居，但随后又请求再婚。克兰麦②对此的态度模棱两可，于是侯爵举行婚礼，并得到了皇家教务代表法庭和议会法案的批准。该案例先是被效仿，后又于 1572 年被推翻（约翰·斯塔威尔爵士的案件），这实际上是恢复了旧制（不能因为通奸而批准解除婚姻关系的离婚③）。

还有一项需要考虑的因素。亨利八世为了同凯瑟琳和安妮离婚，采取了特定手段④，目的在于判定她们的孩子为私生，但玛丽和伊丽莎白登基成为女王之时，二人都通过议会法案恢复了她们的合法性。这意味着（正如北安普敦侯爵的案件一样），议会可以拒绝实施教会法院的规定。1670 年，议会裁定鲁斯勋爵（因通奸而离婚）可以再婚，这为议会通过有关个人离婚的法案打开了大门。克兰麦曾想以通奸和残暴为由提出离婚，但没有成功。这样的立法还需要等上几个世纪。实际上，除了少数非常富有的人之外，人们几乎不可能在允许再婚的情况下实现完全离婚。伊丽莎白时代早期只有少数人成功离婚，但此后到 1670 年之间一例也没有。

弥尔顿关于重新考虑离婚立法的主张尤为合乎时宜，因为教会法院"在 17 世纪 40 年代早期已经停止运作"，而且在 1646 年，"教会对婚姻的控制被废除了，从理论上讲，权力转移到世俗当局手中"。[34] 既然教会法规定了在性无能

₁₆₃

---

① 不共寝食的离婚（divorce *a mensa et thoro*），也称有限离婚，指禁止夫妻双方共同寝食，以此分居，但不接触婚姻关系本身。

② 此处指当时的坎特伯雷大主教托马斯·克兰麦（Thomas Cranmer，1489—1556 年），他曾支持英国国王亨利八世推进宗教改革。

③ 解除婚姻关系的离婚（divorce *a vinculo matrimonii*）指完全离婚，完全解除了婚姻关系，使双方当事人彻底免于承担婚姻责任。

④ 阿拉贡的凯瑟琳（Catherine of Aragon）是亨利八世的第一任妻子，因为没有给亨利八世生下男性继承人，亨利八世便以此为由希望宣布他们的婚姻无效（annulment），但遭到教皇反对，于是导致英国与罗马教廷决裂，亨利八世建立了英国国教。安妮·博林（Anne Boleyn）是亨利八世的第二任妻子，后来以通奸罪和叛国罪被处死，亨利八世宣布他们的婚姻无效。玛丽是亨利八世与凯瑟琳之女，后来成为玛丽一世（Mary I），因大肆迫害新教徒，也被称为"血腥玛丽"（Bloody Mary）。伊丽莎白是亨利八世与安妮的女儿，后成为伊丽莎白一世（Elizabeth I）。

或不道德的情况下的部分补救措施，弥尔顿便认为，因为深情的交流比单纯的交配更重要，所以也应该对情感不和谐做出规定。当然，这样的观点使他的议题显得很清楚，即贬低婚姻中的性关系，赞扬婚姻内的伴侣关系。因此，他轻蔑地写下了"分泌的体液精粹"——有些古怪又会引起共鸣的短语——或更为直接地控诉那些人"想法粗野下流，婚姻目的低俗，认为所有意义都在于男女之事"。[35]

然而，弥尔顿并不否认性在婚姻中的作用。最好的婚姻也许确实能提供和谐美好的感受，但最糟糕的婚姻仍然可以让身体得到满足。即便是他笔下最粗俗的意象也承认了肉欲的必要性。他虽然思考"不幸婚姻孕育的子女的"身份，认为他们"只是因为某种必然的兽性而被生了出来"，但至少承认男性欲望是一种不可避免的冲动。[36] 他认识到性欲的力量，觉得脱离不幸婚姻的人可以"逛妓院或偷入邻居的床上来弥补失去的满足感……或者虚度自己有用的生命，以及迷失于人难以忍受的神秘痛苦之下"[37]。写下这些文字的弥尔顿还颇为年轻，只有短暂蜜月期的性经验，却遭受了为期一年出乎意外的独身生活的折磨。

《离婚的教义与教规》是弥尔顿第一篇探讨颇有争议的神学问题的文章。按照神职人员大会的做法，他的论点建立在诠释特定《圣经》文句的基础之上。无论如何，这在 17 世纪关于离婚的辩论中都必然是讨论的出发点。其中的关键文句来自《马太福音》，耶稣警告说，"凡休妻的，若不是为淫乱的缘故，就是叫她作淫妇了。人若娶这被休的妇人，也是犯奸淫了"（5:32）和"凡休妻另娶的，若不是为淫乱的缘故，就是犯奸淫了，有人娶那被休的妇人，也是犯奸淫了"（19:9）①。倘若有人以感情或思想不和为由，要求离婚并希望再婚，那么这些文句显然意味着这是件难事。

弥尔顿的回应充分体现了他精妙而大胆的诠释能力。他认为耶稣的这些话，如同在其他地方出现的一样，不应该按照字面意思来理解。耶稣当时是在与人争辩，要驳斥法利赛人，即"那个来试探他的法利赛人"[38]。此外，"这点［耶稣禁止离婚和再婚］不是新的命令，因为《马太福音》没有要求新的道德，

164

---

① 本译文里《圣经》的中译文引自《新标点和合本》，下同。

只有无限放大的慈爱，在这个意义上，它才是《约翰福音》所称的'新命令'①，它是每条命令的最终实现"[39]。因此，耶稣的使命不是补充摩西法典以及其他《旧约》律法的禁令，而是依据他慈爱的使命来完善并诠释那些戒律。有了这一点，弥尔顿就可以回顾《创世记》里婚姻制度的起源，它不仅是人类繁衍的组织构架（"要生养众多"[40]），还能够消除亚当的寂寞与孤独。[41] 面对耶稣那清楚直白的讲述，弥尔顿提出了条理连贯的观点。倘若上帝给亚当造出夏娃是为了消除他的孤寂，倘若耶稣的使命是胸怀慈爱，减轻《旧约》律法的严苛，那么《马太福音》里的禁令决不能按照字面意思来理解。弥尔顿在论述的结尾呼应了保罗的话："圣子已经叫万物都伏在他的脚下；但他叫所有的命令都伏在慈爱的脚下。"[42]

议会和神职人员大会都没有对这本小册子做出回应，但它很快就有了很多读者。这是弥尔顿第一部再版的作品，到 1645 年 6 月，用他自己的话说，这本小册子已经"两次印刷，两次售罄"[43]；1645 年，这本书又重印两次，使其轻而易举地成为弥尔顿早期散文作品中读者最多的一部。

成功可能是因为它声名狼藉。从 1643 年末到 1646 年及再往后一些，弥尔顿这部关于离婚的著作遭到反对宽容主义人士的猛烈抨击，他们将其描写为堕落腐化的代表，是鼓吹独立制而导致懈怠进而产生的恶果。弥尔顿将致议会的书信用作《马丁·布塞尔的决断》的序言，于 1644 年 7 月出版。他在信中哀叹说"有些神职人员抨击痛斥我的文章，但我认为他们并未读过文章的内容"[44]。次月，赫伯特·帕尔默对同样的议会布道，他是议会斋戒日的固定布道牧师，也是神职人员大会的牧师成员，近期刚被任命为剑桥大学王后学院院长，还是长老派教会体制的有力倡导者。[45] 这篇布道文出版后长达六十六页，页面上的文字密密麻麻，敦促议会采取行动来"反对以良心的自由为托词的、主张对神不敬

165

———————

① 在希腊文《圣经·约翰福音》（13:34）中，此处"新命令"的原词是"ἐντολὴν καινήν"，《日内瓦圣经》（Geneva Bible）和《钦定版圣经》（KJV）都为"new commandment"，弥尔顿用的也是，这里的中文"新命令"依照《新标点和合本》译出，在基督教中，"新命令"指的是耶稣告诫门徒，教他们"彼此相爱"，与《摩西十诫》（Ten Commandments）同等重要；弥尔顿在前文说耶稣关于离婚的禁令不是一条新的命令（"new command"），因为它没有规定新的道德，而摩西曾经就规定过，如果婚姻中存在厌恶对方、"不喜悦"的情况，那么就可以离婚（《申命记》24:1）。

的宽容思想"[46]。他对弥尔顿的抨击夹杂在他对弥尔顿拒绝宣誓和拒绝为议会从军的谴责之间：

> 如果有人凭良心为一夫多妻制的合法性辩护（或者为非由基督及其使徒提及的理由离婚进行辩护——关于这点，有本邪恶之书尽管应该被焚毁，却广为流传且未受审查，书的作者厚颜无耻地印上了自己的名字，还将其献给你们），又或者为乱伦的婚姻自由辩护，你们能容忍这一切吗？[47]

帕尔默肯定看过《离婚的教义与教规》这本书，而且读的是第二版，至少可能读了其中的书信，因为弥尔顿在第二版中的书信末尾署了他的名字，而第一版则是匿名的。[48]

不到两个星期，书业公会①向议会递交了一份请愿书，作为回应，议会决定"查出那本反对灵魂不死以及有关离婚的小册子的作者、印刷商和出版商"[49]。第一版《离婚的教义与教规》的确印有印刷商的首字母及地址；第二版没有印刷商或书商的名称或首字母。还有其他人与弥尔顿的境况一样。《论人的死亡》的作者是 R. O.（几乎可以肯定这是理查德·奥弗顿，属于后来的平等派②），书上印有阿姆斯特丹出版商的名称和地址，书中宣扬灵魂死后将同肉体一起复活，后来弥尔顿也接受了这种异端邪说。9 月，身为律师的激进的老清教徒威廉·普林，不断抨击独立制的宽容主义思想，尽管他当时已经是一名埃拉斯都派成员了。普林还将这本宣扬离婚的小册子和那本宣扬魂灭的小册子串联起来，不仅把它们的观点与再洗礼派教义和反律法主义的观点联系在一起，还把这两本小册子与另一本小册子联系起来，即罗杰·威廉斯那本"近期出版的危险而且淫乱之书"《出于良心而实施迫害的血腥信条》（伦敦，1644 年），普林认为它们组成了邪恶书籍的三位一体，都应当被焚毁。[50]

1644 年 11 月，帕尔默的布道文章出版，同时问世的还有一本针对《离婚的教义与教规》的作品，即那本匿名的《对题为〈离婚的教义与教规〉之书的回应，

---

① 书业公会（Stationers' Company）于 1557 年经王室批准在伦敦成立，所有印刷出版的书籍都要在公会登记，公会享有出版审查权。

② 平等派（Levellers），英国内战时期激进的共和派别，主张社会改良，取消上议院，实行普选制，建立共和国，在新模范军的下级官兵中有较多的拥护者，在底层民众中也有广泛的影响。

或曰，为贵族小姐、淑女以及其他所有已婚女士反对离婚的辩护》，唯有这部作品足有一本书的篇幅。弥尔顿几乎没有遇到过比此人更讨厌的对手。这位回应者和其他人一样，都公开反对弥尔顿的倡议。尽管他承认《离婚的教义与教规》"经过了那么点纯洁语言的粉饰"，但他声称这部作品"如此一无是处、毫无价值，如此有悖于所有人类学识，也就是说，有悖于真理和共同经验本身，以至于所有读过的人都认为它应该被刽子手焚毁"。[51] 显然，他不是一名老练的神学家。弥尔顿后来声称，他发现此人原是一名男仆，之后才成了事务律师[52]，因此他对离婚的法律细节和社会影响比诠释《圣经》文句更有兴趣。针对基督在离婚问题上所说的话，弥尔顿试图巧妙地给出一种非字面意义上的解释，但这篇文章里直截了当地斥责了弥尔顿的做法："你的解读不仅是对《圣经》不可容忍的滥用，还几乎亵渎了基督本人。"他以同样直接的风格，有力地反驳了创造夏娃不是为了繁衍而是为了给亚当做伴的论断，"因为那样的话，创造另一个男人而不是女人，对亚当来说会更合意、更有利"[53]。（人们常常指控弥尔顿有性别歧视，这些指控或许应该将诸如这位作者的回应置于上下文语境中进行研究。）

166

虽然这样的观点和论断反映了作者思想愚钝，无法在恰当的理论层面上参与论战，但是谈及弥尔顿的提议带来的社会影响时，他变得更有说服力，因为倘若弥尔顿的提议得以实施，男人"会表现得不像一名基督徒，将妻子逐出家门，扔给她一张毫无价值的离婚证，让她自寻活路"。社会的分裂瓦解将随之而来："谁知道每周会有数千名好色淫荡的男人抛弃妻子，另娶他人呢？这样的话，谁来照看离婚丢下的孩子，有时孩子还在前妻肚子里？"[54] 这些问题引起了早期现代时期读者的共鸣。事实上，当教会法院仍在运作的时候，主教和会吏总在巡视时要调查的事"永远包含这样一项，即询问堂区俗人执事那些已婚……但分居的夫妻姓名"，而且"很明显，困扰堂区俗人执事的是，分居后丈夫应给妻子的生活费……成了堂区的负担"。[55] 体面正派又有财产的人会担心，这些意想不到的负担很可能要落到他们身上，弥尔顿未能抚平他们的焦虑。

到1644年底，原本的口诛笔伐演变为更加严重的威胁。议会要求书业公会查明近期身份不明的"诽谤文字"的信息，很明显这些文字让他们备感焦虑。书业公会的官员们显然失败了，他们声称所用的活版印刷机太常见，因此无法辨认印刷商的身份。然而，那些官员为了掩盖自己的工作不足，再次提及有关

"频繁印刷多位作者的诽谤性书籍"这一问题,并拿赫齐卡亚·伍德沃德和弥尔顿来举例。[56] 这次弥尔顿又有人做伴了。伍德沃德和弥尔顿一样,是反对主教制的激进分子,还是一名教育家,与塞缪尔·哈特立伯 ① 是朋友。[57] 但是,他也因倡导宽容主义而与长老派动员运动发生冲突,而且像弥尔顿一样,他也不是威廉·普林的朋友,在《关于我们苦难原因的调查》(伦敦,1644 年)中还将威廉·普林作为抨击对象,其中部分书稿在印刷过程中被缴获。[58]

多件事情表明,虽然长老派表面上控制了议会,但这种控制并不彻底。他们要逮捕伍德沃德和弥尔顿,由侍卫将二人押至"法官面前",接受书业公会代表的审问。然而,伍德沃德获得了保释。我们没有任何记录表明,书业公会对弥尔顿采取了进一步措施,但西里亚克·斯金纳错误地将逮捕行为归因于神职人员大会的怂恿,并暗示弥尔顿还被传讯至上议院,后来才获释:"要么是赞同《离婚的教义与教规》的观点,要么是不支持指控弥尔顿的人,无论是哪种原因,上议院都很快将他释放了。"[59] 后一种猜测的可能性似乎更大,因为没有证据表明任何上议院的议员支持离婚改革,反而有充分的证据表明议会越来越担心长老派的政治侵蚀。

那时,长老派动员运动已经确立了论战策略,而且获得了广泛的支持。这场运动列举了一些极为异端的观点和做法,认为这些观点之所以能传播开来,是因为议会任由独立派宽容主义发展。在这场运动中,讨论异教的文章成了最主要的作品类型,而弥尔顿属于异端邪说中最顽固、最具影响力的那一类(正如威廉斯和 R. O. 一样,此二人显然已经成了他的同伙)。这些文章中影响力最大的是伊弗雷姆·帕吉特的《论异教:或曰,有关近代异教与非国教教派的叙述》(伦敦,1645 年 5 月),尽管年迈的帕吉特本人并非长老会教徒,而是不折不扣的加尔文教徒,但他的作品在某种程度上遭到了机会主义者的利用。这本书可以作为了解激进观点的介绍性作品,它在当时广受欢迎,并在 17 世纪 40 年代末、50 年代以及 60 年代多次重印,还出了一本缩减版,显然是经他人编辑过的,不过也再现了帕吉特对弥尔顿的苛评。[60] 这本书第一版的书信献词塑造的弥尔顿与 R. O. 的形象十分接近,里面说是他写了一本"关于离婚的小册子,以

① 塞缪尔·哈特立伯(Samuel Hartlib,1600—1662 年),出生于德国,长期定居英国,是一位著名教育家和农业改革家。

此解除婚姻的束缚，纵情于荒淫无度"[61]。

到 1645 年底，罗伯特·贝利为了支持神职人员大会内部和伦敦城中的长老派，发表了学术著作《劝阻时代谬论的净言》，他谨慎地利用大量独立派和非国教教派的文字绘制了一段复杂的历史，把当前的问题与布朗派的脱离国教主义联系起来，将这场运动的源头追溯至阿姆斯特丹和新英格兰，并表明独立派与最可恶的反对派布道者一样令人讨厌，这点至少让贝利本人颇为得意。关于弥尔顿属于当时哪个派别，他也不是很确定："我不知道他是否宣扬独立制。"然而，他证明了弥尔顿关于离婚的学说与"新英格兰独立派中一些知名人士"的观点存在一定联系[62]，但弥尔顿本人并没有承认这点。

在讨论异教的作品中，最为经久不衰的是托马斯·爱德华兹的《坏疽：或曰，当代非国教教派谬误、异端、亵渎以及其他邪恶行为的总录》《坏疽》，该书分为三卷，分别于 1646 年 2 月、5 月和 12 月在伦敦出版。爱德华兹是"一名极端主义者"，他在"伦敦城里同苏格兰人和议会成员一道……争取一种长老派的宗教和政治体制"。爱德华兹本人身处马歇尔这类人的小圈子之外，从不说教布道、参加神职人员大会或谋取体面的圣职，但是用休斯的话说，"1644 年夏天标志着爱德华兹的时代到了"[63]。尽管他很早就用《声辩》来抨击《辩解》①，但是《坏疽》这本书让他成为最遭独立派和非国教教派憎恨的长老派作家之一。休斯最为准确地分析了他对弥尔顿的评价，认为他有选择性地避开了弥尔顿观点中的细微之处。休斯总结说："这不是一篇有误导性的论述……它全面地概述了其中最明显且最具争议性的立场。"[64]但是，在爱德华兹看来，弥尔顿的论点可以被当作典型，以此来证明宽容主义会滋生不道德的行为，但除此之外，没有任何吸引人的地方。爱德华兹还将弥尔顿与一名花边女工阿塔韦夫人联系起来，这也证实了他对弥尔顿论点的看法，据爱德华兹的消息来源，这位有些声名狼藉的女人会鼓吹弥尔顿的观点，她要"深入研究"《离婚的教义与教规》，来支持她"与另一位女子的丈夫私奔"的意图。[65]

168

———————

① 此处的《辩解》(The Apologeticall Narration) 是托马斯·古德温（Thomas Goodwin）、菲利普·奈、西德拉克·辛普森（Sidrach Simpson）、杰里迈亚·伯勒斯（Jeremiah Burroughs）和威廉·布里奇（William Bridge）于 1643 年共同发表的作品。爱德华兹的《声辩》（Antapologia）也称《对〈辩解〉的全面回应》（Antapologia，or，A full answer to the Apologeticall Narration）。

在《第 12 首十四行诗：论我的几篇论文引发的诽谤》中，弥尔顿描写了对此遭遇的困惑，谈到他关于离婚的作品迅速引起了意想不到的反应："我只是依据已知的古代自由，/敦促这个时代摆脱镣铐，/野蛮的声音立刻将我包围。"[66]《论新的压迫良心之人》可能最完整地表达了弥尔顿的想法。该诗作创作于 1646 年或 1647 年初的某天，抨击了长老制和长老会教徒。基督赋予的良心自由正被"长老会议等级制度"所取代。这个短语暗指作为教会法院的"长老会议"或教务评议会，以及在长老制之下的法院等级制度。[67]弥尔顿在这首诗的开头用了双关语"上帝（lord）/劳德（Laud）"，结尾处用更多的文字游戏来阐述自己的观点："新长老牧师不过是旧牧师的全称"，影射了劳德这位"旧牧师"，又借用了这两个词的词源["priest"（牧师）是拉丁语"presbyter"（长老牧师）①的缩略形式]，以此来展现劳德主义和长老制基本上是一回事，因为二者都否定良心上的自由。这首诗长达 20 行，但仍是一首十四行诗，在意大利语中被称为"拖尾十四行诗"。每条拖尾由半行诗和一组双行诗组成，弥尔顿的诗有两条拖尾。这种结构反映了当时意大利语十四行诗而不是英语十四行诗的做法。弥尔顿的主题是关于英格兰和苏格兰的，但表达形式是意大利式的，间接地表现诽谤他的人不懂这种高雅的文化。

这些诗多年未出版，不管它们揭示了何种痛苦，都表明弥尔顿再次发动了攻势。在他的论战生涯中，他第一次证明了（如同其他在长老派动员运动中受到抨击的人一样）自己确实好斗、勇敢，而且足智多谋，但他有时候在分析对手时，讲得不够明晰，比如没有罗杰·威廉斯分析得那样清楚。

虽然第一版《离婚的教义与教规》对准的目标是神职人员大会，但是发表于 1644 年 2 月的第二版则主要针对世俗权威，并附有一封新写的题为《致英格兰议会以及神职人员大会》的重要书信，表明弥尔顿认识到，虽然当时与神职人员大会展开有效接触似乎已经不太可能，但议会在苏格兰人所主导的长老制方案上的态度更加模棱两可。[68]第二版的文字经过了大量修改，比弥尔顿其他任何有多个版本的作品改得更多。他在绝大多数地方增添了内容，对观点补充得不多，主要增加了修辞润色。在第一版里，弥尔顿尝试了一种新颖的、更为

---

① 在拉丁语中，"presbyter"可以指"长者""牧师"，源自古希腊语"πρεσβύτερος"（更年长的），是"πρέσβυς"的比较级形式。

朴素的风格，很少大量使用夸张的明喻和暗喻，而这些修辞曾使他的反主教制文章有别于其他参与斯麦克提姆努斯论战的文章。第一版的文字是平铺直叙的，以严肃学术的话语恳求审慎博学的神职人员。相比之下，他在第二版中添加的材料充满了许多意象，以至于有时很难理解其本来含义。[69]这两个版本相隔一段时间，尽管有关弥尔顿的生平记录很难帮我们了解这期间发生的事情，但根据现有证据来看，神职人员对他的抨击比保存下来的要更多，因为弥尔顿在扉页上添加了题词，表明他刚开始在第一版引发人们肤浅的评价之后，感到了挫败和失望："《箴言》(18.13)：未曾听完先回答的，便是他的愚昧和羞辱。"在第二版中，弥尔顿发挥想象力，继续论述那些以平淡方式提出却被忽视的观点。

他接下来一本有关离婚的论著是《马丁·布塞尔关于离婚的决断》（伦敦，1644年8月），扉页上的题词表明，他对神职人员的反对意见同样感到愤怒："《约翰福音》(3.10)：你是以色列人的先生，还不明白这事吗？"尽管弥尔顿继续这场论战主要是为了回应神职人员的抨击，但这部作品的献词中只有"致议会"，删去了作为相应读者的神职人员大会，表明了弥尔顿与大会的疏远不和。[70]显然，自从弥尔顿试图只以《圣经》文句为讨论依据以来，他就做了更为广泛的研究，并发现马丁·布塞尔（1491—1551年）这位非常有价值的先驱者。弥尔顿做得再好不过了。布塞尔是早期新教改革者和路德的支持者，他曾被驱逐出斯特拉斯堡，但作为剑桥大学教授，在爱德华六世的庇护下，其流放之路异常顺利。玛丽一世统治时期，他的尸体被掘出并焚烧，仿佛让他在死后还要为信仰而殉难。对弥尔顿来说，布塞尔最吸引人的地方是其声望，他和路德关系密切，受到最具代表性的英国新教徒——国王的保护，也是一位再洗礼派的反对者。最后一点使他在宗教思想方面与弥尔顿的直接对手颇为接近。弥尔顿翻译了他的《论基督的天国》中的一部分①，这本书曾在布塞尔去世后的1557年于巴塞尔出版。弥尔顿在译文前加上了序言，题为"有关博学之士高度赞许马丁·布塞尔的荐文"，当然，这些博学人士都具备无可挑剔的主流的新教资历，他们包括加尔文、约翰·奇克爵士、贝扎②和约翰·福克斯。除了给布塞尔的荐文外，弥尔顿还加上了博学之人给保罗·法吉乌斯的荐文，他同样德高望

170

---

① 这部分译文就是《马丁·布塞尔关于离婚的决断》一文的主体部分。

② 指西奥多·贝扎，法国加尔文派神学家和学者，在宗教改革运动中具有重要地位。

重，于 1549 年去世，时任剑桥大学希伯来语高级讲师，他对离婚的看法大体上与弥尔顿一致。弥尔顿的这种策略很原始，但很难反驳；事实上，如此之难以至于无人尝试过。它从根本上铲除了长老派将所有异端排在宗教和社会名流之外的观点，并展示了新教信仰的多样性。他在致议会书信的结尾说，那些诋毁他的人"必须添上布塞尔和法吉乌斯的名声，将他们视为我的同谋和同伙，并受到同样的指控……诋毁者必须用新的恶名来玷污他们，而新教徒从未这样中伤过他们"[71]。

《惩戒篇：针对匿名回应〈离婚的教义与教规〉的答复》（伦敦，1645 年 3 月）（《惩戒篇》）的思路与之类似，但采取了截然不同的策略来解构长老派关于可宽容的教义和不可宽容的教义之间的对立。在这篇文章里，弥尔顿表明他在社会与文化方面倾向于马歇尔和卡拉米这样的人，同时以长老派动员运动中那些小人物的观点为论述前提，而这些小人物的社会和文化地位并不高。事实上，弥尔顿可能很失望，因为《对〈离婚的教义和教规〉的回应》的作者无法参与神学层面的讨论。但在其他方面，这位作者浅薄的知识使他易受批判。弥尔顿的这些话显得尤为不真诚，他声称自己"欣然"接受反驳，"聚精会神、沉着冷静地"阅读批评文章，"希望有好心人不辞辛苦赐教于我，这样我就可以从阅读的这些书卷中有所收获了"。[72]

弥尔顿的这篇论战文章又一次表现得简单明了、条理清晰。他在文中把自己塑造成一名追求真理的人，学识渊博，还是一位绅士，他向其他绅士和思想上的同仁谈起一位新贵，这位新贵不自量力，竟然抨击优于他的人。弥尔顿发现，或声称他发现，"倘若有人能忍住不笑"，便可看出这位作者曾是"一名货真价实的男仆"，他通过成为某种初级法律事务代理人，改善了个人处境。[73] 文中充斥着有关男仆变事务律师的笑话，在作者与目标读者之间建立起一个价值观共同体，他以绅士的身份跟其他绅士谈论社会地位比他们低下的人。在此过程中，弥尔顿颠覆了长老会将倡导宽容主义的独立派与下层非国教教派联系在一起的策略。例如，他说对手"继续剖析我的观点，并将这些剖析想象成他主子的看法""他的文章在结束时满是疑虑与不安；可能是因为他的木盘还没擦干净"。[74] 弥尔顿达到了两个目的。他认为长老会动员运动吸引的支持者还不如他们所抨击的人社会地位高。同时，他还向神职人员大会里的精英神学家和议会里的有产阶层表明了自己的社会地位和聪明才智。这也让他轻易摆脱了针

171

对离婚所造成的社会影响的反对意见，尤其是婚姻中的子女带来的后果，包括那些在分居前怀孕但未出生的孩子导致的后果。显然，"能听到一名男仆如此关心大肚子，对女仆来说是一则好消息"[75]。

《四音克谐：针对〈圣经〉中四处有关婚姻或婚姻无效的论述》是弥尔顿关于离婚的最后一篇论文，和《惩戒篇》一样，问世于 1645 年 3 月初。事后看来，他一开始就应该写这篇文章，而不是天真地急忙发表《离婚的教义与教规》的第一版。在风格上，这部作品与《离婚的教义与教规》第一版有着相似之处，没有过多不加修饰地追求实用的地方，生动的修辞意象也相对较少。这篇文章就是它表面看上去的那样①：这是一篇专业诠释《圣经》的习作。然而，弥尔顿在这篇文章里更加耐心地研究相关的文本证据。此外，他采取了《马丁·布塞尔的决断》中的策略，仔细引用与自己立场大致吻合的早期神职人员的观点。其中一部分援引"教父中的"一些人的观点，他们"解读了基督关于离婚的圣言，正如这里解读的一样"，还征引了"早期教会中基督徒皇帝颁布的民法规定"，再谈到"改革派牧师"符合自己观点的证词，其中"最知名牧师的讲道与这篇文章的主张一致"。[76] 在此之后，弥尔顿便在离婚的问题上保持沉默。或许既然没有一个配得上的对手，也就没什么可说的了；或许因为他的妻子已经从牛津回来与他同住，进一步置评会伤害到她，也对二人的重归于好无益。

《四音克谐：针对〈圣经〉中四处有关婚姻或婚姻无效的论述》是写给议会的，不过，语言风格更适合给那些坐在神职人员大会里的博学牧师读。弥尔顿那时已经预料到这些讨论不会有什么结果，但他坚信写给议会的文章有必要比其他激进分子写得更长，现在，他自己也是这些激进分子中的一员。1644 年11 月，弥尔顿在撰写关于离婚的一系列小册子期间，还给议会写了《论出版自由：约翰·弥尔顿先生为争取不受审查的出版自由而向英格兰议会发表的演说》（《论出版自由》），这篇文章成为他在自由学术传统方面以及更广泛意义上最受敬重的散文作品。当然，弥尔顿并没有真的具有在议会发表演讲的自由（尽管如此，正如我们所看到的，不久之后，他会被要求陈述近期发表的著作）。只有

---

① 文章标题是《四音克谐：针对〈圣经〉中四处有关婚姻或婚姻无效的论述》（*Tetrachordon: Expositions upon The foure chief places in Scripture, which treat of Mariage, or nullities in Mariage*），其中"tetrachordon"一词源于古希腊语"τετράχορδον"，意为"四根弦的"（four-stringed），象征弥尔顿从《圣经》中选取的四段有利于离婚的文句。

172 议员才能自由发言。即便是对他们演说的记述和传播，在严格意义上说，也受到议会特权 ① 的限制。议会不是公共领域。但是，弥尔顿重点把议员视为自己的读者，同时还努力证明，在目前出版界享有的相对自由当中，一种类似于伯里克利统治时期 ② 雅典所特有的开放性也可以在英国伦敦出现了。

尽管有着自信的姿态，弥尔顿仍然被排除在重要的决策和权力机构之外。但这本小册子并没有看上去那么不合常规，因为它受到两股强大舆情的推动。此作品强烈反对天主教，发表的时候正值反天主教会的周期性高峰之一，这些反对浪潮在 17 世纪甚至更长时间里严重影响了英格兰政治。在查理一世的"个人统治时期"，对天主教徒的迫害，包括对神父的迫害几乎停止了。然而，清教徒对这种统治方式的批判在 17 世纪 40 年代愈演愈烈，不仅抨击了对天主教的松懈，还试图将威廉·劳德和查理一世本人提倡的仪式主义与天主教宣扬的虔敬祈祷联系起来。1641 年爱尔兰起义引发了对新教徒的大屠杀，与此相关的传闻也大大增加了新教徒对天主教的敌意。弥尔顿得知爱尔兰新教徒所处的困境，似乎深受触动，他在 1642 年 6 月为救济他们捐了 4 英镑。[77] 在 17 世纪 40 年代初，对天主教徒的迫害又变得狂热起来。从 1641 年至 1646 年，24 名天主教神父被处死，有时手段非常凶残。1642 年在多切斯特这座清教徒的据点，有一群人将神父的头割下当作足球踢来踢去。在内战开始前的几个月里，伦敦地区袭击天主教徒、抢夺其财产的事件愈演愈烈："暴徒袭击了在女王礼拜堂做弥撒的礼拜者，伦敦市长被迫为天主教徒使节提供警卫，以保护他们免受暴徒的袭击。"[78] 弥尔顿强烈主张，他所争取的自由不应该适用于天主教徒（"我不是说要对天主教宽容"，它"应该被根除"[79]）。他还清楚地表明，他周围的大多数人对这个信仰团体充满敌意，毫不妥协，认为他们的暴行很难得到怜悯或原谅，更不用说对他们宽容了。到了 17 世纪 70 年代，弥尔顿对天主教的看法仍然满是敌意，而且常常心存复仇之意。《论出版自由》中所述的漫长而未必真实的审查制度史就体现了这样的想法，其源头正是天主教的反宗教改革。

---

① 议会特权（parliamentary privilege）指议会和议员享有的不受国王、法院、议会以外的其他机构和公众干涉的特权，主要包括免受民事拘禁权、言论自由权、觐见君王权、内部程序性权利，以及针对侵犯或藐视议会特权者的惩治权。

② 伯里克利（Pericles，前 495—前 429 年），古代雅典的政治家和将军，对雅典民主制的发展做出了重大贡献，他统治时期被认为是雅典在文化和军事上的全盛时期。

弥尔顿联合的第二股舆情是一种少数派的想法，即宽容主义，不过随着时间的推移，它将成为主导力量，或者至少具有深远的影响力。神职人员大会中的独立派在《辩解》里表明意图之后，与想法更激进的人展开了对话，这可能在后来推动了 1644 年几部里程碑式的著作的出版，旨在使信仰新教的英格兰能宽容各种不同的信仰。罗杰·威廉斯倡导最大程度上的宽容主义，他曾建立了罗德岛殖民地，来安置那些被管理马萨诸塞的不脱离国教的公理会教徒排斥在外的人。弥尔顿的这本小册子常被拿来与威廉斯的《实施迫害的血腥信条》（伦敦，1644 年）相提并论，这对弥尔顿有失公允。[80] 威廉斯幻想末日即将来临，并以此为背景来论述人类历史，而且也没有考虑英国教会历史的复杂性。他在《论出版自由》问世两个月前回到英格兰。约翰·古德温的作品《论与神的抗争，或曰，鲁莽之人冒着与上帝抗争的危险，压制那些他们不确定是否来自上帝的天道、教义或实践》（伦敦，1644 年），是基于他在科尔曼街对会众的布道。同弥尔顿一样，他的担忧本质上讲究策略性，与正在发酵的危机相关。他认为，倘若对教义及神意不确定，我们就需要在广泛新教信仰中发扬开明的探究精神，"直至我们确信无疑，规定如正午白日一样明朗，这样它们［关于教义和教规的错误观点］便只是假冒的"[81]。

弥尔顿的目标依然不是那么宏大。对他来说，没有一个布道坛对他开放，他也没有真正进入议会或神职人员大会的机会；印刷出版对于他倡导离婚改革及建立新的政治秩序的构想至关重要，他希望在新的秩序下，有雄辩之才、正确想法的人即便没有经过选举，也能够影响重要的决策。为此，他看到近期官方依据 1643 年 6 月的审查令，再次要求图书在出版前必须经过指定官员的审查，于是他决定以此作为抨击对象。为了让他的论点获胜，他向议会中的主流清教徒做出了巨大的让步：当然，图书出版后可能会被焚毁，作者可能会被起诉。[82] 对于近期的评论家来说，这本小册子一方面修辞华丽，热忱地赞颂真理战胜谎言，另一方面又寻求在多大程度上实施宽容主义，这两方面的差异给解读带来了很多问题。在我们看来，这些问题反映了这本小册子所处的时期不同寻常。长老派已经表现出强烈反对，但弥尔顿仍然相信他正在与温和、理性博学的人对话，诸如他昔日战友卡拉米和马歇尔那样的人。到 1646 年，当爱德华兹和其他讨论异教的论著作者使出最凶狠的手段时，他可能就不再会有这样的误解了。

战局的变化已经深深地影响到弥尔顿的个人处境，因为雷丁被议会派占

173

领，他的父亲回到伦敦与他同住，又使弟媳和克里斯托弗分开，让后者在事实上替国王效力。1645 年的某个时候，玛丽·鲍威尔回到伦敦。1 月 29 日至 3 月 22 日，交战双方达成停火协议，以便在欧克斯布里奇举行和谈。她可能趁着这个平静时期，冒险越过前线回到首都。或者她可能是在 1645 年夏天返回的，当时暂时解除了围困，两座城之间再次恢复交通。斯金纳认为弥尔顿夫妇和解的日期是在牛津沦陷后的 1646 年 6 月下旬，比爱德华·菲利普斯认为的日期要晚，不过肯定是他弄错了，因为他们的第一个孩子安妮在五个星期后，即那年 7 月 29 日出生。爱德华·菲利普斯认为二人团聚发生在孩子出生前的"一年之内"[83]。

在斯金纳的叙述中，玛丽回到弥尔顿身边是因为她别无选择。菲利普斯提供了一个更全面的解释：

发生了一件事情，虽然没有改变他人生的整个走向，却阻止或者说终止了一件大事，而这件事当时很可能就在谋划之中。这件事就是弥尔顿打算迎娶戴维斯博士的女儿，一位非常端庄机智的淑女，但被她拒绝了。然而，这件事走漏了风声，再加上国王那边情况陡转急下，治安法官鲍威尔家的状况又因此衰落，他们不得不竭尽全力将那位已婚女士送回前不久嫁到的地方。最终，他们确定了这样的方案。在附近的圣马丁特辖区①住着一位布莱克伯勒先生，是我们大作家的亲戚，据说弥尔顿经常来拜访他，而在当时的情况下，拜访会更加频繁，可能双方都与这里有些联系；两边的朋友都集于此处，但代表不同的当事人。有一次，他像往常一样去拜访，他的妻子已经在另一间屋里做好了准备，突然，他惊讶地看到他认为再也不会见到的人，在他面前卑躬屈膝，乞求原谅。他也许一开始可能会表现出厌恶和拒绝，但一方面因为他自己的慷慨本性，更倾向于和解，而非不依不饶地发怒与复仇，另一方面因为双方朋友极力调解，让他很快就不计前嫌，并坚决表示重归于好。最终双方决定，她留在一位朋友家中，直至他在巴比肯的新房里安顿下来，以及迎接她的一切事情都安排妥当。商定好

① 圣马丁特权地区（St Martin's Le Grand），早期这片区域有一座纪念圣马丁（St Martin of Tours）的教堂，这座教堂在 1503 年被威斯敏斯特大教堂接管，后来在 1548 年亨利八世统治时期拆除，但该地区属威斯敏斯特大教堂的管辖范围，于是成了威斯敏斯特自治市（the borough of Westminster）的一部分，也成了一片特辖区（liberty），即不受伦敦市律政人员的管辖，如今这片地区属于伦敦奥尔德斯门辖区的一部分。

图 28　威廉·马歇尔效仿爱德华·鲍尔而作，托马斯·费尔法克斯，
第三代卡梅伦的费尔法克斯勋爵

让她暂住的地方是位于圣克莱门特教堂庭院的韦伯遗孀家，韦伯遗孀的二
女儿多年前就嫁给了弥尔顿的弟弟。[84]

菲利普斯当时只有 14 岁左右，他也没有声称自己目睹了二人的和解。此外，尽
管上述句子偶尔会拗口，但这些文字并非缺乏技巧。这段叙述至少在某种程度
上是根据回忆而创作出来的，正如《失乐园》第十卷里那样，夏娃（玛丽）寻求
亚当（弥尔顿）的原谅。这里还戏谑地影射了《王政复辟决议》以及《大赦令》[①]，

---

① 《大赦令》（Act of Oblivion）是 1660 年英国国王查理二世（Charles Ⅱ）颁布的法令，
规定除了法令中特别指定的人之外，所有从 1645 年起一直到 1660 年查理二世复位之
时，这期间所做的一切非法行为均予以赦免。

实则是为了证明他更重要的观点，即弥尔顿不情愿为共和国效力。此外，长老派在最后阶段抨击弥尔顿，诽谤他是野蛮的离婚之人，用棍棒暴打妻子，或是将其抛弃。[85]菲利普斯的叙述准确地否定了这一形象。

而丰富的旁证细节让这段叙述有一定的可信度。布莱克伯勒家族确实是弥尔顿的亲戚，地理位置合适，可以充当中间人，但难以猜测鲍威尔家在伦敦的朋友是谁。把玛丽安置在韦伯遗孀家是有道理的：克里斯托弗的妻子在丈夫走上支持国王的道路后，回到了伦敦，很可能已经住在娘家了，作为一名被遗弃的保王派，她也许可以理解玛丽对事态的看法。"戴维斯博士"尚未被确认是谁，但菲利普斯描写的那场潜在的丑闻揭示了他舅舅让人好奇又惊讶的另一面。弥尔顿大概是在寻求姘居，但只要玛丽还活着，就不可能在婚内发生这种关系。按惯例，当时的有产阶级中很少有姘居，尤其是因为这种关系在财富保护和继承方面会带来很多问题[86]，而且那些讨伐弥尔顿的作者很快就会发现这桩丑闻。不管这件事对玛丽的归来起了什么作用，戴维斯小姐很可能是幸免一劫了。

玛丽在牛津周边以及牛津度过的最后几个月并不愉快。1643 年，斑疹伤寒席卷了这座城市，1644 年和 1645 年又出现了更多的斑疹伤寒、瘟疫和天花疫情。整个地区的情势极为凶险。当时粮食严重短缺，富人被强征借款，以支付驻军的费用，防止兵变。理查德·鲍威尔几乎无法逃脱这样的强制措施。此外，随着议会派对英格兰中南部地区的控制越来越紧，一些边远的要塞，可能包括林山，都被遗弃了。当国王离开牛津且围城结束之时，鲍威尔已经转移到牛津城内。[87]1646 年 6 月 27 日，鲍威尔从夺取该城的费尔法克斯①手中获得了一张获准离开的通行证。鲍威尔这一举动有悖于人们通常认为弥尔顿与岳父不和的设想，因为后者带着妻子和至少五个孩子前往伦敦，与弥尔顿住在一起。他的财产彻底被毁。士绅阶层的大部分资产是林场，而在 17 世纪 40 年代中期木材的市场需求量非常大，尤其是用于重建工作。[88]甚至在牛津陷落之前，鲍威尔就与其他保王派乡绅有着相同的命运。6 月中旬，他的家居物品被牛津郡的议会派扣押售卖。他的价值 400 英镑的木材被没收，并被交给位于牛津北部的班伯里镇，这里长期以来是清教徒的据点，但在保王派占领下损失严重，随后在

---

① 托马斯·费尔法克斯（Thomas Fairfax，1612—1671 年），第三代卡梅伦的费尔法克斯勋爵，英国政治家、军事家和将领，内战期间新模范军总司令，在纳西比战役中击溃王军，护国主时期（Protectorate）不参政，后来支持王政复辟。

图 29　匿名画家，《如今的牛津》（出版地点不详，1644 年）

议会派围城之时又遭破坏。木材被用来"修缮教堂和尖塔，重建那里的牧师住宅和公共监狱"，剩下的交由镇上"受到严重影响的人们"，用于重建他们的房屋。[89] 处理岳父的事务将占用弥尔顿接下来很多年的时间。

　　牛津城是第一次内战中最后战败和投降的城池之一。1645 年 6 月，克伦威尔和费尔法克斯在纳西比战役中摧毁了国王的主力野战军。同月，卡莱尔落入议会派之手。克伦威尔 7 月在兰波特镇取得胜利，证实了当时形势明显对国王不利。9 月，布里斯托尔的守军投降。10 月，贝辛庄园要塞被占领，其守军损失惨重。[90]1646 年 5 月初，查理一世向驻扎在纽瓦克的苏格兰军队投降，6 月他发布了总命令，指示其余要塞的长官投降，但有些人还是继续抵抗。最后一个要塞在哈莱克城堡，直到 1647 年 3 月才投降，至此，第一次内战正式结束了。[91] 在这场灾难中，埃克塞特于 1646 年 4 月投降。在过去的七个月里，克里斯托弗·弥尔顿一直住在那里，为国王尽心效力。然而，他最后获准离开并返回伦敦，与妻儿团聚，很可能还是与寡居的岳母住在圣克莱门特教堂庭院。

克里斯托弗时运不济。他曾经支持保王派，并被委任为王室财产扣押委员会的专员，负责三个郡的事务，但王军战败意味着保王派自己要受到议会财产扣押委员会的制裁，而议会财产扣押委员会认为克里斯托弗对王室的支持难辞其咎。埃克塞特陷落时，他正在城内，因此要按照《投降条约细则》受到处理，根据该条约，他的财产将被扣押，但他获准私下了结。克里斯托弗很快就接受了《神圣同盟与誓约》[92]；然后他承认自己作为王室专员构成违法，并（通过证实他在埃克塞特投降前 7 个月就已经住在城内）要求根据《投降条约细则》宽大处理，向位于金匠大厅的违法者财产和解委员会请求达成和解协议。[93] 委员会同意了该请求，1646 年 8 月 25 日他被处以罚款，金额为占资产"三分之一"的 200 英镑和"十分之一"的 80 英镑；这种模糊的说法反映了当时对违法者处罚标准的实际情况，即罚款要反映出违法者资产（包括不动产和可动产）的两年租金。克里斯托弗没有可动产，但他有不动产，这构成了罚款的基础。[94] 最终，克里斯托弗分两次支付了 80 英镑[95]，但没有付 200 英镑的罚款。有可能他违约了，但似乎更有可能的是，罚款在他兄长的要求下被减免了：爱德华·菲利普斯记录说，克里斯托弗的"和解协议获得了其兄长的协助，他当时正享有一些权力"[96]。

弥尔顿的岳父理查德·鲍威尔有着与克里斯托弗·弥尔顿一样的经历。他也曾是投降条款的受益者（但投降的是牛津而非埃克塞特），并被议会财产扣押委员会视为违法。他回到了伦敦，但与克里斯托弗不同（克里斯托弗作为律师对自己的利益有着清楚的认识），他没有立即接受《神圣同盟与誓约》。鲍威尔的和解请愿书于 8 月 6 日，即克里斯托弗递交请愿书的前一天，送达金匠大厅的和解委员会。鲍威尔的财产被编入和解目录，他还提交了一份债务报告。随后，他接受了《神圣同盟与誓约》，并宣誓偿还债务，12 月 8 日，他的罚款金额定为 180 英镑[97]；1647 年 1 月 1 日，他在弥尔顿的家中去世，尚未支付罚金。

这些事件对弥尔顿产生了严重影响，因为他是鲍威尔的债权人之一。债务中包括 1627 年鲍威尔从弥尔顿父亲那里借的 300 英镑，鲍威尔在 1644 年 6 月违约前已经支付了 17 年的利息。鲍威尔还曾向弥尔顿承诺，后者迎娶玛丽·鲍

（页边）178

威尔会得到 1000 英镑的嫁妆，但他从未支付那笔钱，后来弥尔顿在遗嘱中要求支付。鲍威尔的财务情况复杂得令人困惑，而他能力不足，又遭遇诈骗，然而很明显的是，他的债务超过了他的财产价值，[98] 所以弥尔顿决定收回他能收回的。1646 年 12 月中旬，即鲍威尔去世前两周，弥尔顿向托马斯·汉普森爵士提交了 1627 年 6 月 11 日的债券，托马斯·汉普森爵士正是当时的市镇书记员，他于 1627 年认证了该债券。有了这样的背书，弥尔顿获得了一份估价执行令 ①（这是一种债务回收机制），该令状交给了牛津郡郡长威廉·科普。科普随后不得不向陪审团提出申请，以决定该扣押哪部分财产来清偿债务。弥尔顿的第一个目标是林山庄园，鲍威尔将其租了罗伯特·派伊爵士 [99]，第二个目标是位于惠特利的房产，鲍威尔已将其遗赠给他的遗孀。最终，弥尔顿没有得到林山庄园，惠特利的不动产则被王室扣押，直到 1647 年 11 月 20 日弥尔顿才被赋予所有权。此处的财产他拥有了九年，后来又归还给鲍威尔一家，在此期间他善待岳母，向其支付了属于她的三分之一财产，还放弃了他应得的 500 多英镑。然而，关于嫁妆这件事，他从未放弃索赔，但却一直无法追回。[100]

可能在 1645 年秋天，弥尔顿从奥尔德斯门大街相对较小的那幢房子搬到了不到半英里远的巴比肯一处更大的房子里。根据爱德华·菲利普斯的说法，此举是为了方便建一所小学校，以满足"他认识的几位先生提出教育其儿子"的要求。[101] 这座位于巴比肯 17 号的房子一直保存到 19 世纪 60 年代，有人在它被拆毁前不久作了一幅画，据这幅画来看，这座房子尽管正面很窄，但相当大，共有四层楼高，在临街的立面上有两扇凸肚窗。[102] 显然，在所有认识弥尔顿的人眼里，那些离婚小册子的恶名并未有损他的声誉。最终，这座较大的房子为玛丽归来与弥尔顿同住创造了条件，鲍威尔一家在牛津沦陷后就退居到这座房子里。弥尔顿的父亲也搬到了那里。

很快，家人的去世让住在这里的人变少了。1646 年 12 月 30 日，弥尔顿在他岳父的临终遗嘱上签名作证，因为理查德·鲍威尔拼命想把自己的事情安排妥当。[103] 正如我们所看到的，随后的法律纠纷将让弥尔顿伤透脑筋。1 月 1 日，鲍威尔在巴比肯的房子里去世。[104] 除了玛丽，他的妻子和孩子们都在不久后离

179

---

① 估价执行令（writ of extent），指执行官依照判决，将债务人的财产扣押，进行充分估价后再将其移交原告。

开了。1647 年 3 月的某个时候，正当最后一个保王派据点投降时，老约翰·弥尔顿去世了。3 月 15 日，他被安葬在克里波门外的圣济尔斯教堂，葬在中殿圣坛那端的地下墓室里，27 年后他的儿子小约翰也将葬在那里。他的遗嘱没有存留下来。然而，在他长子继承的产权中，有一处关于被称为"红玫瑰"的房产的短期租约，那是位于布莱德街西端的一座大房子。1649 年 4 月，弥尔顿又续约了 21 年，租金为 200 英镑，否则租约将于 1653 年到期。这座房子在 1666 年的大火中被毁，但弥尔顿那时已经放弃了对这座房产的权益。[105] 虽然从 1649 年起，弥尔顿作为政府公务员的收入已相当可观，但在他的早期传记作者的记录中，他仍然靠"不多的遗产"过着节俭的生活。无论是在任命之前，还是在王政复辟后，他的生活状况都不能说是严重拮据。此外，他显然可以在 1649 年筹集到 200 英镑，大概是用了他继承的部分遗产。像老约翰·弥尔顿这样精明的公证人，任何人受到他在财务管理方面的指导，都会使投资更加多元化。几乎可以肯定的是，弥尔顿还有其他投资，可能是投资了其他房产，也可能是私人借款，也许两者兼而有之。直至去世前，他都作为富商的继承人，过着安定富足的生活。

他决定建一所小学校，并不是因为他要从所教的学生那里赚取学费，那些学生都是熟人的孩子，不过他既教他们，在某些情况下还为他们提供住宿，所以适当收取了一些报酬。不管怎样，他有义务为他的外甥们提供住宿和教育。此外，弥尔顿也一直在思考教育问题。正如对他个人情况的反思极大地促进了有关离婚的小册子和相关研究一样，显然，当他在教菲利普斯家的孩子们以及更早时候的一两个学生时，他提出了一套教育理论和哲学。

当时有影响力的知识分子对有关教育学的问题重新燃起兴趣，弥尔顿的这项研究与之不谋而合。弗朗西斯·培根的教育著作，尤其是他的《论学术的进步与发展二卷书》（伦敦，1605 年），主张补充教育配备，造福于理性的、世俗的、实用的、基于实证的知识积累和传播。这部著作在整个 17 世纪都颇具影响力，例如，在托马斯·斯普拉特为新科学而做的辩护《伦敦皇家学会的历史：以提高国民知识为目的》（伦敦，1667 年）中，我们就能明显感觉到这种影响。培根思想的某些方面普遍存在于弥尔顿的作品中。然而，对 17 世纪 40 年代的教育理论和出版热潮的直接刺激并非源自英格兰。捷克改革家扬·阿莫斯·考门斯基，也称约翰内斯·阿莫斯·夸美纽斯，曾撰写大量文章谈论全民教育的优点，以及如何开发一种更有效的教育方法来适应那样的教育环境。他的思想被一名叫塞

180

缪尔·哈特立伯的德国流亡者在英格兰传播，哈特立伯在 1641 年说服夸美纽斯来到伦敦。哈特立伯的周围形成了一个志同道合的改革者圈子，并在其鼓动下推进关于教育改革的辩论。尽管私人之间的交往对于哈特立伯的宣传至关重要，但在 17 世纪 30 年代末以及 40 年代，夸美纽斯的方案主要体现在一系列出版作品里，其中最重要的是哈特立伯翻译的夸美纽斯的《论学校的改革》（伦敦，1642 年）以及多次被重印的，并由托马斯·霍恩翻译的《打开的语言之门：或所有语言和科学的苗床》（伦敦，1636 年）。这群教育改革者还包括一些人，他们和弥尔顿一样，将成为 1649 年后出现的新权势集团的主要人物。威廉·佩蒂是爱尔兰克伦威尔政府的知名人士。约翰·杜里成了曾经国王图书馆①的代理保管人，并承担了许多外交任务。[106]

1644 年 6 月出版《论教育》时，弥尔顿自己与哈特立伯是相互认识的。这篇小册子以公开信的形式写给哈特立伯，谈到了哈特立伯"诚挚的恳求和郑重的呼吁"，让弥尔顿参与到教育改革的讨论中来。哈特立伯收到了这本小册子，还做出了回应，而且有点神秘的是，他似乎开始抄写这本已出版的书。他很可能已经给杜里寄了一本，当然也寄了一本给约翰·霍尔，后者同弥尔顿和杜里一样，后来成了共和国和护国主时期的受薪雇员。事实上，霍尔试图通过哈特立伯见一见弥尔顿。[107]

弥尔顿的小册子只有八页，似乎只供私下传阅。它类似于《哀达蒙》，都是单页四开本，没有出版者的名称和地址，也没有书名页。作者亲自分发了数本，显然是寄了一些给哈特立伯。正如欧内斯特·西拉克所论证的那样，这篇文章在内容上远不如人们有时认为的那样，是受到了夸美纽斯式的影响，尽管如此，它也体现了夸美纽斯的那种热忱，推动和促进以实用为目的的拉丁语学习，使其成为"让我们了解有用事物的工具"[108]。当时盛行的模式是在学校②读完之后再上大学，但这种体制浪费了太多时间，原因是组织不善，教学方法差，要求孩子们既要用拉丁语和希腊语阅读，还要写出一样好的拉丁语和希腊语。在

181

---

① 杜里在 1650 年被任命为圣詹姆斯宫（St. James's Palace）图书馆的保管人，这座图书馆曾经名为国王图书馆（King's Library）。

② 弥尔顿在这里所说的"学校"（schools）指的是大学之前的教育机构。

讨论教育改革方面，弥尔顿更具独创性的意见是他提议设立学园① 来取代这种双重结构，以教育 12 岁至 20 岁的年轻人。[109] 弥尔顿的方案不是面向所有人的，而旨在为清教徒的国家培养一支统治精英，这些人能够"在和平与战争期间公正、娴熟、大方地履行私人和公共职责"。[110] 弥尔顿以详细而成熟的设想，勾勒出他所计划创立的教育机构里学生每天和每周的任务，列出了他们应读的书目，还为后来的军官训练团② 确立了日常规范，弥尔顿想象他的学生们"晚饭前两小时左右"被"突然的警报声或口号"鼓舞，争先恐后地进行模拟战斗和训练。[111]

弥尔顿为英国教育设计的这种模式如噩梦一般，专制严厉、指令性强、精英主义化、崇尚男权主义、军事色彩浓、枯燥迂腐、受阶层思想支配，而且冷漠无情，对于任何一个像它的设计者那样天生有反抗意识的人来说，这种模式都是难以忍受的。[112] 但至少有一位早期读者——切尼·卡尔佩珀爵士，他是"一位着迷于技术变革的风趣学者"[113]，觉得这样的教育机构可能对他儿子十分有吸引力，于是向哈特立伯咨询"做弥尔顿学生的费用"[114]。

我们现在还不清楚弥尔顿自己的小学校与他所设想的有多少相似。西里亚克·斯金纳和爱德华·菲利普斯在多年后的写作中回忆起他们所参与的这项教育方案时，似乎都求助于《论教育》来获得更多详情细节。[115] 然而，现实与想象的目标之间显然存在着巨大的差异。《论教育》设想每所示范学园有 150 名学生，然而爱德华·菲利普斯回忆说，"参加的学生并不多"[116]。

玛丽归来后不久，弥尔顿不仅开始坦然面对死亡，而且第一次整理主要作品的手稿，准备在 1645 年末付印出版。[117] 亨利·劳斯曾声称是他让《在勒德洛城堡上演的假面剧，作于 1634 年》得以印刷出版的。[118] 当然，《利西达斯》发表在了哀歌选集中。也许只有弥尔顿自己才能集齐《约翰·弥尔顿先生作于多个时期的英语和拉丁语诗歌》里的内容，他明确地在书名页上标注"根据他的原稿印刷"，但根据现有材料来看，他是同书商汉弗莱·莫斯利一起完成这个项目的。

---

① 弥尔顿提议的"学园"（academy）要涵盖学生从 12 岁至 20 岁的教育，既包括大学之前的学校教育，也包括大学教育。

② 军官训练团（Officers Training Corps），全称"大学军官训练团"（University Officers Training Corps），是培养在校大学生军事能力的团体，归英国陆军管理，建于 20 世纪初期，最早是为了解决民兵等组织的军官短缺问题。

事实上，弥尔顿在卷首肖像页的那则文绉绉的玩笑也是莫斯利与他合作写的，那幅肖像由威廉·马歇尔雕刻而成，他曾几次为抨击激进清教徒的文章创作插图，包括丹尼尔·费特利的《被浸没的浸礼者》（伦敦，1645年），这部作品抨击了《离婚的教义与教规》。[119] 在出版过程中，弥尔顿肯定是经过莫斯利的默许，让人在他的肖像下面刻了一首希腊语短诗。弥尔顿很少用希腊语创作，所以这个玩笑的乐趣还在于让马歇尔在不知情的情况下将其复刻到凹模印版上，然而倘若这首诗是用拉丁语写的，他就可以领会它的意思了。上面写着："当你看到真人的样貌时，你也许会说，作这幅肖像的人实在愚笨。朋友们，既然你们不认识所画之人，那就嘲笑这位拙劣画家的拙劣画作吧。"[120]

弥尔顿居然与莫斯利建立起了合作关系，这一点在表面上看来非比寻常。莫斯利后来是极为成功的文学作品出版商，此时他正处于职业生涯的最初期。他刚刚发行了一本新版的埃德蒙·沃勒诗集。在接下来的几年里，他顺应了印刷剧本和诗歌的强劲市场需求。1642年剧院关闭，现场演出中断，而且17世纪40年代宫廷四处迁移，这使作品手稿不太可能在小圈子内部传阅，此时，大学和律师学院也陷入混乱，毫无疑问，这些因素都刺激了市场需求。他出版了许多作家的作品，包括博蒙特和弗莱彻、琼森、马辛杰、米德尔顿、雪利和韦伯斯特。他出版的诗集书目也同样令人印象深刻，或许因为他寻找的是新诗集，就更是如此。他的诗集作者包括卡鲁、戴夫南特、范肖、斯坦利、克拉肖、卡特赖特、克利夫兰和考利。他出版的图书目录中，保王派作家明显占了绝大部分，这自然让人疑惑：弥尔顿在这样一群人中间做什么？

有人可能会说，弥尔顿在1645年没有看出莫斯利的保王派立场。然而，这种立场即便在《出版商致读者的信》中也是很明显的。莫斯利哀叹道，"现在最微不足道的小册子都要比最博学之人的作品卖得更好"，这是保王派经常评论17世纪40年代出版泛滥的话。[121] 莫斯利无疑已经对弥尔顿早期诗歌的文化取向有了一种明智的认识。例如，他注意到弥尔顿受惠于"我们著名的斯宾塞……他的诗作在这些英语诗中被出色地模仿，又令人欣喜地被超越"[122]。弥尔顿的诗除了《利西达斯》之外，没有任何迹象表明他强烈反对主教制。除了那首难以捉摸的十四行诗《当袭击是针对伦敦之时》，他没有提及眼下的内战。在许多早期诗歌中，那些被赞颂之人都是会得到最顽固的保王派欣然认可的，他们至少被视为心智健全，在某些情况下还可能被认为圣洁高尚。

183

图 30　约翰·弥尔顿，《约翰·弥尔顿先生的诗集》，扉页和卷首肖像（伦敦，1645 年）

　　我们不能确定弥尔顿为什么选择在这个时候出版他的早期诗集。毕竟，其中的大部分作品都保存在他的私人手稿里，似乎十多年都没有发表。对此有三种假说，而且三者并不互斥。第一种假说是，莫斯利在致读者的信中称，他曾积极地征求诗作，这可能促使弥尔顿整合了这本集子。[123] 第二种认为，在遭受恶毒诽谤的情况下，弥尔顿想明确展示他自己在文化方面截然不同的过去，来驳斥长老会以及狂热的反对派布道者之流对他的粗陋成见。[124] 第三种则是，这本诗集可能表明了弥尔顿当时想以平和的态度找回昔日的友谊，这点在其他方面也很明显。[125]

184　　诗集扉页上写着"这些诗由亨利·劳斯先生谱曲，他是皇家礼拜堂的绅士以及国王的私人乐师"，莫斯利在后来出版"个人统治时期"的诗歌时反复用到这句话。事实上，弥尔顿当时肯定经常想到劳斯，因为在《三一学院手稿》里一首日期为"1645 年 2 月 9 日"（即 1646 年）的诗中，他称劳斯是最擅长为抒情诗人的词谱曲的作曲家，"首次教导我们的英格兰音乐／如何用音符和重音来衡量文辞"[126]。亨利的弟弟威廉也是一位作曲家，最广为人知的是他为赫里克的《采摘蔷薇花蕾》所谱的曲子，他于 9 月底在罗顿荒原之役为国王战死沙场。此时，一种思念之情似乎笼罩着弥尔顿的生活和作品。事实上，他写给亨利的那首十四行诗在第一次刊印时，是作为《精选圣诗配曲》前言的一部分，这本集子也是由汉弗莱·莫斯利出版的，文前有一幅国王的肖像，标示是敬献给国王的。

1646 年 12 月 12 日，弥尔顿的朋友乔治·托马森的妻子凯瑟琳·托马森被葬在位于舰队街的圣邓斯坦西教堂南耳堂。[127] 乔治·托马森是一群颇具影响力的长老会教友之一，他们要求与被俘的国王签署条约。这种立场在当时不受待见，于是在 1648 年 12 月的"普赖德清洗"① 之后，他和其他请愿者一样被免职（他当时是内法林顿辖区② 的议员）。凯瑟琳曾是亨利·费瑟斯通的被监护人，还是他的外甥女，亨利·费瑟斯通是圣保罗教堂庭院的书商，托马森的遗嘱提到了他妻子的藏书。她似乎是弥尔顿喜欢结交的又一位好读书的女子。他的诗首行里的"信仰与爱"暗指系统神学传统上关于"信仰与敬爱；或信念与实践"之间的区分（如弥尔顿在《论政府权力》中所表述的）。[128] 凯瑟琳体现了弥尔顿信仰的两大方面。当然，他对凯瑟琳的好感在那首十四行诗中很明显，也能看出对她的信仰和"努力"的钦佩。

1645 年 3 月《四音克谐》和《惩戒篇》出版后，弥尔顿在某个时候将他的十本小册子（仅《论教育》除外）编成一卷，题字后寄给了帕特里克·扬，他当时是国王图书馆的馆员。[129] 题字清楚地表明，这本书是送给扬（而不是国王图书馆）的个人礼物，扬所结识的欧洲大陆知识分子，弥尔顿也都认识。扬可能是

---

① "普赖德清洗"（Pride's Purge），指 1648 年 12 月 6 日议会派军官托马斯·普赖德（Thomas Pride）上校奉命率军包围议会，对议会下议院的议员进行甄别，阻止那些反对新模范军的议员进入议会，一共驱逐和逮捕了 140 多名支持与国王谈判的长老派议员，此后议会只剩下 200 余名议员，被称为"残缺议会"（Rump Parliament）。

② 伦敦最早有 24 个辖区（ward），在 1394 年法林顿辖区被划为"内法林顿"和"外法林顿"，前者在旧时的伦敦城墙（London Wall）之内，后者在城墙外，后来辖区的总数量又几经变化，目前伦敦一共有 25 个辖区。

弥尔顿童年时期的导师之一，也可能是他引荐弥尔顿认识了罗马的学者兼图书馆员卢卡斯·霍尔斯特，但是弥尔顿和扬之间的关系仍然有些模糊不清。[130]

1647年1月，弥尔顿给约翰·劳斯重新寄了一本诗集①，他是位于刚解放的保王派首府牛津的博德利图书馆的馆员。这里再次响起了友谊的主题——这次请求来自"一位博学的……好友"[131]。就在弥尔顿与他弟弟和岳父重修旧好之时，他以一种保王派诗人中更常见的态度和风格，颂扬个人忠诚，将他的诗作刊印出版，寻求一种更为平静的生活。无论新模范军取得了什么样的胜利，弥尔顿在遭到长老派动员运动的猛烈抨击之后，在情感上都似乎采取了战败者的活命主义。

---

① 弥尔顿曾在《1645年诗集》出版后不久，给约翰·劳斯寄去了一份，但不知什么原因，那本诗集在运输途中丢失了，于是劳斯请求弥尔顿又寄了一本。

第十章

弑君之路

从 1647 年 3 月弥尔顿的父亲去世到 1649 年 2 月《论国王和官吏的职权》出版这段时期，关于弥尔顿的生平记录极其简略。《论国王和官吏的职权》这部作品标志着他公开参与了弑君行为。如前文所述，关于理查德·鲍威尔遗产问题的法律诉讼错综复杂，程序仍在进行。[1]1647 年 9 月或 10 月，大概是因为他父亲以及玛丽的父亲去世，加之他岳母及陪伴她左右且尚未独立的子女搬走，住在房子里的人减少了，于是弥尔顿再次搬家。爱德华·菲利普斯回忆说，弥尔顿离开了"他在巴比肯的大房子"，前往"位于高霍尔本街的小房子，新的住所坐落在那些背靠林肯律师学院广场的房子当中"。[2]爱德华和弟弟继续跟他们的舅舅生活和学习，但这次搬家表明，弥尔顿已决定放弃建立一所正式学园的宏大计划了，可能是由于他继承了遗产，且战局扭转之后投资收益回归稳定，因而这项计划变得不那么有吸引力了。1648 年 10 月 25 日，弥尔顿四十岁生日的前六个星期，玛丽生下了他们的第二个孩子，是一个女儿，也叫玛丽，于 11 月 7 日受洗。[3]

1647 年 4 月 20 日，弥尔顿写信给身在佛罗伦萨的卡洛·达蒂。当时没有邮政系统，所以这封信是由"书商詹姆斯"或"他的雇主"带到意大利的；詹姆斯是詹姆斯·阿莱斯特里，他是弥尔顿的朋友乔治·托马森的学徒，后来成为弥尔顿的出版商之一。这封信保存在纽约公共图书馆，[4]是对达蒂来信（现已遗失）的回复。在信中，弥尔顿愉快地回忆起他在佛罗伦萨的时光，要求把他最美好的祝愿转达给他的朋友们，还提到了内战、迪奥达蒂的逝世和他的英文出版作品；他没有言及他的婚姻和孩子，但含蓄地提了他的岳父。达蒂收到了这封信，并在 11 月 1 日（英国日历的 10 月 22 日）给弥尔顿回信，用意大利语（托斯卡纳方言）回复了弥尔顿的拉丁语，以此来恭维弥尔顿。[5] 达蒂那封饱含深情的长信提醒弥尔顿他曾答应寄给自己一本拉丁语《诗集》，并请求他写一首纪念诗，以收录在弗朗切斯科·罗瓦伊的纪念刊中。倘若弥尔顿答应了这个请求，那么就是他的信没有送到意大利，因为在出版的集子里没有弥尔顿的诗。[6]

　　长老派及其盟友的抨击贯穿于整个 17 世纪 40 年代中期，这种抨击此时仍在继续，但只是偶尔发生。帕吉特的《论异教》在 1647 年和 1648 年发行了第三版和第四版 [7]，此时镌印的书名页上描绘着种种堕落的行为，其中就包括那位"离婚者"的行径。1647 年的一篇匿名檄文《英格兰与其他国家一些教派及观点总目》中配上了挥舞棍棒的"离婚者"插图，还有裸体派、阿明尼乌派、"浪荡之徒"等人的讽刺画。然而，里面并没有弥尔顿的名字，（里斯·埃文斯的情况则不同，他的名字赫然在目，他是"威尔士人"，前不久"因为说自己是基督"而入狱）。[8] 在 1647 年的另一篇檄文《这些手艺人是伦敦城内和周边的传道者》中，弥尔顿有关离婚的观点，即"如果妻子不是相配的助手，男人就可以合法地休掉她"，被列为第 27 条异端邪说①，前一条异端是极端宽容主义，后一条异端认为"上帝创造了他子民的罪恶"。这是一本很奇特的出版物，画着糖果商、铁匠、煮皂工、"养鸡人"（即家禽贩）等人忙于他们的日常事务，在这些画的下方则列出了各种异端邪说。从 1647 年末开始，伴随着长老派在政治上的衰落，这些抨击也逐渐消失。[9]

　　弥尔顿的生平记录透露出他的散文和诗歌的读者群正在扩大。1647 年 4 月，藏身于泽西岛的爱德华·海德收到了至少一篇弥尔顿关于离婚的文章。[10] 罗伯特·巴伦是一位非常年轻的保王派作家，在其职业生涯初期的散文体爱情故事《恋歌，或曰，塞浦路斯学院》②（伦敦，1647 年）中，他大量借用了弥尔顿的第一本诗集的内容。巴伦的思想倾向显而易见：献词是写给詹姆斯·豪厄尔的，后者曾经常撰辞赞颂国王，当时已入狱。这部散文体爱情故事"包含一部分毫不隐讳的描写"，把克伦威尔刻画成一位"煽动暴民的雄辩家"。[11] 他对弥尔顿（还

① 原文如此，此处应系作者笔误，弥尔顿的观点在这篇文章中被列为第 20 条异端。

② 英文标题是 Erotopaignion, or The Cyprian Academy，第一个词源自希腊语"ἐρωτοπαιγνίον"，意为"a love song"；在古典神话中，塞浦路斯（Cyprus）是爱与美的女神阿佛洛狄忒/维纳斯（Aphrodite/Venus）的出生地，因而象征着爱情。

有沃勒、韦伯斯特、莎士比亚、萨克林以及洛夫莱斯）的借用在其中的诗歌部分[①]随处可见，有时显得有些不够协调。有一首"仙子的合唱"以"晶莹的天体啊，响起你们的乐音"开头，作为赞颂玛布仙后[②]的序曲。[12]但这些文字至少表明，作者对弥尔顿作品的欣赏跨越了政治上的分歧。后来的坎特伯雷大主教威廉·桑克罗夫特的手稿选集也是如此，他因对保王派抱有同情，不久就被剥夺在伊曼纽尔学院的研究员职位。他抄写了弥尔顿的《第 136 篇圣诗》（《让我们怀着愉快的心情》）和《圣诞清晨颂歌》。[13]

爱德华·菲利普斯把这些年描述为弥尔顿回归沉思的生活，周围的大事件几乎没有影响到弥尔顿，直到对国王的审判又让他扮演起公共角色。弥尔顿在高霍尔伯恩的小房子里"过着一种隐居而平静的生活，仍继续着他的研究和求知探索，这是他一生中永恒的大事"[14]。弥尔顿搬家之时，整个英格兰，特别是伦敦的政治气候已经发生了巨大的变化。1647 年的夏天，长老派的权力和影响力达到了顶峰，随后发生的事件表明，他们在伦敦城内用战术上的强势掩饰了他们战略上的弱势。正当长老派动员运动的论战者不断抨击独立派和非国教教派，将弥尔顿卷入他们的猛烈攻击中时，伦敦的牧师在苏格兰参谋的敦促下结成联盟，几乎要按照长老制的模式来建立国教制度。与伦敦的政治态势形成鲜明对比的是，新模范军的主要宗教特征是激进和多元化。从 1645 年至 1651 年，在已知的 43 名随军牧师中，从一开始就是长老会教友的不超过 4 人，到 1649 年已经一人不剩。随军牧师是由高级军官亲自任命的，因此反映了军队中那些大人物的宗教面貌。非神职人员讲道是被准许的，这本身就认可了宽容主义原则，高级军官和他们的牧师还"设计了一套复杂的宗教活动，以便军队在没有战事之时不会闲着"[15]。马克·基什兰斯基的观点颇具影响力，他认为相比宗教或政治信仰，对延误军饷等问题的担忧更容易刺激士兵，让他们变得激进。[16]但是，那些逐渐崭露头角并掌控新模范军的人，尤其是克伦威尔及其亲信，他们的信仰倾向明显见于他们所鼓励和批准的各种宗教活动之中。

更激进的长老派曾希望苏格兰军队参加反对国王的作战能够强化他们自己的地位。但是从 1645 年至 1646 年，这支军队在各场大胜仗中被边缘化，到

188

---

① 巴伦的这部作品不完全是散文体，里面也有不少诗歌部分。

② 玛布仙后（Queen Mab）是英国民间传说中司掌梦境的仙女之王。

1647年春天，他们已经回到了苏格兰。像爱德华兹这样的人焦急地关注着新模范军在宗教方面的趋向和行动，《坏疽》的各部相继讲述了官兵和人们的极端信仰。[17]

从1646年起，议会长老派和新模范军将领之间的政治矛盾影响了英格兰的政治局势，因为前者试图在战争取得实际胜利后解散大部分军队。从1647年初开始，有一些兵团被调遣到离伦敦更近的郊外，以此抵消议会、市政府和神职人员中独立派的相对衰落带来的影响。以登齐尔·霍利斯和菲利普·斯特普尔顿爵士为核心的议会长老派人士使问题进一步尖锐化，他们不仅要求裁减新模范军人数，还主张征召到一支新的远征军，以干涉爱尔兰的局势。[18]

与此同时，与被俘虏的查理一世的谈判仍在继续，但毫无结果，这使军队开始担忧长老派可能将其移交给苏格兰人。[19]6月，军队将国王从议会手中夺走。伦敦城内，长老派上校及议员爱德华·马西在他的野战旅于1646年10月被费尔法克斯解散后，计划动员征召另一支队。1647年8月，就在弥尔顿离开巴比肯的房子前不久，费尔法克斯和克伦威尔向伦敦进军，表面上是为了平息城内长老派支持者对议会的袭击和暴乱。他们没有遇到任何抵抗，主要长老派成员都溜走了，进行了自我放逐，其中就包括马西和托马斯·爱德华兹，而菲利普·奈和斯蒂芬·马歇尔组成的同盟致力于和平，他们布道并主张和解。至于弥尔顿的论敌，则自弥尔顿第一篇关于离婚的论文发表以来，在没有他出力或回应的情况下，被彻底击溃了。爱德华兹跟随长老派英国国教会逃往阿姆斯特丹避难，1648年2月客死他乡，但其他人，包括议会派长老会教徒，又漂泊回了伦敦。

据我们所知，尽管弥尔顿密切关注并反思弑君之前的整个经过，但他没有参与这个过程，或对此保持了置身事外的态度，这为他替弑君政权辩护提供了必要的条件。有两次相关的危机使事态向前发展。1647年11月，查理一世逃离了军队的囚禁，这表明他看似被动地接受了自己的命运，其实这只是表象，而且他想恢复自己地位的野心丝毫没有减弱，他"秘密地放弃了军中要员及其议会派同盟正在制定的和解方案"[20]，并与苏格兰人展开了谈判。他与参谋们

189

打错了算盘：他前往怀特岛①寻求庇护，而怀特岛的长官却将他囚禁在卡里斯布鲁克城堡里。他与支持者们的所作所为足以导致新的武装冲突，1648年5月第二次内战爆发，这威胁到新模范军对英格兰的控制。肯特郡和威尔士的暴动很容易就被镇压下去了，不过苏格兰入侵和埃塞克斯郡反叛所造成的挑战则截然不同。经过长达十一周的围攻，科尔切斯特郡向费尔法克斯投降，叛乱于1648年8月下旬结束，这"也许是两次内战中最痛苦的一段"[21]。保王派指挥官中的两人被当即处决，另外三人被押走，等候议会的判决。苏格兰的入侵由于苏格兰教会的反对而被推迟，最干练得力的军事指挥官也拒绝服役；在英格兰北部边境地区，《神圣同盟与誓约》仍有一定的分量。[22]

此后，政治上的主动权仍掌握在军队大人物的手中，尽管当时发生了一些事件，他们仍决定让议会准备缔结一项条约，让国王"在公众的欢呼声中被传唤到伦敦"[23]。12月初，多个兵团被调至威斯敏斯特和怀特霍尔宫。经过一番犹豫，四天之后，托马斯·普赖德上校在他的步兵团协助下，进入议会逮捕了被认为不利于新模范军利益的议员。"普赖德清洗"铲除了议会中的异己分子，被清洗的议会后来被称为"残缺议会"，默许在高等法院审判国王，而高等法院的委员，无论是军人还是平民，或者至少是那些有意出席的委员，都不出意外地认定国王有罪。查理一世于1649年1月30日被处决。

190

弥尔顿似乎与这些事件的联系很少。1647年，高等法院院长约翰·布拉德肖曾作为他的律师，参与了弥尔顿在大法官法院起诉罗伯特·派伊爵士一案。[24]弥尔顿后来与他共事，并在《再为英国人民声辩》中赞扬了他，二人可能还有亲戚关系。[25]有一些证据表明两人在审判国王期间有过接触，因为有一本名为《论国王和官吏的职权》的书上面写着"1648年2月［即1649年］作者所赠"，而这本书很可能就是布拉德肖的。[26]

191

然而，在一首由爱德华·菲利普斯于1694年首次出版的十四行诗中，弥尔

① 怀特岛（Isle of Wight）是英国南岸的岛屿，也是英格兰的一个郡，南临英吉利海峡，与不列颠岛隔着索伦特海峡（Solent）。

图 31　未知艺术家，《查理一世与他的反对者们》（伦敦国家肖像馆）

顿对时事直接做出了评论。在《三一学院手稿》中，这首诗的标题有被划去的标记，其题目是《致围攻科尔切斯特的费尔法克斯将军大人》：[27]

> 费尔法克斯，你的威名响彻欧洲，
>
> 众人谈起你，皆是羡慕或赞扬，

全欧洲妒忌的君主则惊诧不已，

威震的传闻恫吓了远方的君王，

你坚定不移的英勇会永远带来

胜利，尽管新近的叛乱如九头蛇①

四处抬头，变节的北方破坏了

盟约，长了如蛇怪叛军的羽翼，

啊，有一项更崇高的任务等着你；

战争会引起无穷无尽的战争。

直至真理与正义从暴乱当中解放，

"公信"② 从公共欺诈的可耻污名中

获救。若贪婪和掠夺瓜分了这片

土地，英勇流血也尽是徒劳。[28]

我们不知道这首诗的确切日期。正如其他人所指出的，诗中讲到苏格兰入侵时用了现在时，这可能意味着弥尔顿尚未耳闻克伦威尔已于 8 月 17 日在普雷斯顿击败了苏格兰人。[29]虽然普雷斯顿战役并没有结束苏格兰的抵抗，但克伦威尔夺回了落入敌人手中的贝里克和卡莱尔，并向苏格兰境内逼近，[30]然而，标题上有划过的痕迹，这可能暗示着围攻战正如弥尔顿所写的那样，仍然在继续。更有意思的是，这首诗反映了弥尔顿的思想状况。弥尔顿对比了费尔法克斯的胸有成竹与想象中远方君王的畏缩，表现出对君主和君主政体的明显敌意，这预示了安德鲁·马韦尔后来对克伦威尔的想象：他"不久之后，对高卢来说……是恺撒，/ 对意大利来说是汉尼拔"[31]。不管弥尔顿在《论国王和官吏的职权》中公开立场如何，他在这里暗示了一种系统性的共和主义思想。他似乎也很清楚，必须召集军事力量来纠正文官政府的腐败，将宗教从买卖圣物、神

① 弥尔顿的原词是"hydra"，指古典神话中的九头蛇怪"许德拉"，蛇怪被砍去任意一个头，反而会多长出两个头，后来被赫拉克勒斯（Hercules）制服。见奥维德《变形记》第九卷。

② 这里的原词是"public faith"，在英国内战时期，议会曾通过发行类似公债的方式来募集军费，承诺以后归还，议会称之为"public faith"，但议会并没有兑现承诺，还以此搪塞士兵，拖欠他们的军饷。见 E. A. J. Honigmann, *Milton's Sonnets*, New York: St. Martin's Press, 1966, p. 142.

职的蹂躏之下解救出来。"贪婪和掠夺"就是《论国王和官吏的职权》中对长老派牧师的指控。[32]

针对不断发酵的危机，弥尔顿的第二次评论更为偶然：他的言论体现在他翻译的《第80—88篇圣诗》之中。这些译作首次发表于1673年出版的诗集当中时，弥尔顿在译文前写上"J. M. 作于1648年4月"[33]。评论家一直在推测弥尔顿为何选择这些诗篇来翻译。威廉·巴·亨特指出，威斯敏斯特神职人员大会曾任命委员会修订弗朗西斯·劳斯的《诗篇》译本，而且为了便于委员会的工作，将诗篇分为四大部分，其中第三部分开始于《第80篇圣诗》。正如人们常说的那样，那时第二次内战迫在眉睫，所选的诗篇在这样的背景下有特别的意义。[34]尽管诗中表达了对上帝救赎的期待，但全诗弥漫着危机四伏的气氛：

> 6 你使我们被邻邦仇敌
>   觊觎，导致他们纷争，
>   他们互相哗笑、玩弄，
>   他们还嘲弄讥讽我们。
> 7 万军之神啊，使我们回转，
>   赐予我们你的恩典。
>   让你的面容朝我们发光，
>   我们就会安然获救。[35]

这里含蓄地将英格兰和以色列等同地视为上帝选中的国家，受天道眷顾，在阴霾的氛围之下间接表达了乐观情绪。

尽管弥尔顿在这几年里完成的作品很少，出版的作品则更少，但有证据表明，他很多作品的早期工作至少已经开始，这些作品直到他生命的最后十年里才出版。塞缪尔·哈特立伯在他文稿的一处笔记中提到，弥尔顿所忙于创作的"不仅有……一部英格兰通史，还有珀切斯 ① 所有作品的简写本"，这就是后来

---

① 塞缪尔·珀切斯（Samuel Purchas, 1577?—1626年），英国游记作家，代表作有《珀切斯游记》（ Purchas His Pilgrimage ），以及四卷本的《哈克卢特遗作，或曰，珀切斯的旅行者纪闻》（ Hakluytus Posthumus, or Purchas his Pilgrimes ），后者部分来源于他同时代的地理学家和探险家理查德·哈克卢特（ Richard Hakluyt, 1553—1616年 ）的手稿。

于 1682 年面世的《莫斯科大公国简史》①[36] 爱德华·菲利普斯指出，弥尔顿在担任公职之前，就已经在这本书的创作上"取得了一些进展"[37]。他有可能还在创作《力士参孙》，以及着手准备《失乐园》的写作。《力士参孙》的创作年代仍然存疑，一些评论家（最具影响力的是帕克）认为这部作品创作于 17 世纪 40 年代。[38]

弥尔顿精心翻译了贺拉斯的《皮拉颂》（《颂诗集》第 1 卷第 5 首），他在译文格律上做了种种尝试，这很像他在《力士参孙》里的做法，但这首颂诗是弥尔顿作品中最难确定创作年代的，因此也无法帮助我们确定《力士参孙》的创作年代。作为译文，这首诗用英语尽可能地去传达贺拉斯的稳重、精致和令人愉悦的庄重；正如弥尔顿在眉批中所说，它"极尽英语之所能"。目前我们还不清楚这首诗的创作动机是什么，但有可能是诸如追求那位神秘的戴维斯小姐这类事情。研究弥尔顿的学者对这首诗知之甚少，但仍有读者对这首诗大加赞扬，因为他们在弥尔顿元音押韵而无尾韵的诗行之下，感受到了贺拉斯的长短短长格②：正如一本关于英国颂诗的经典作品所宣称的那样，"倘若弥尔顿的其余作品都遗失了，这首译作也足以证明他是一位伟大的艺术家"[39]。

弥尔顿很早就宣布了他创作史诗的雄心壮志[40]，此时他很可能处于《失乐园》的创作初期。爱德华·菲利普斯在 17 世纪 60 年代准备出版《失乐园》的过程中扮演了关键角色。他回忆说，弥尔顿的工作中有些部分——他引用了第四卷第 32—41 行——是为了一部诗剧而作，而且"在这部史诗开始创作的前几年""就拿给我和其他人看过"。[41] 然而，这段回忆出现的段落是关于 17 世纪 50 年代的弥尔顿的，而爱德华·菲利普斯的叙述大多是按照时间顺序展开的。

193

---

① 《莫斯科大公国简史》（*The History of Moscovia*）是一部介绍俄罗斯地理、历史以及同英国外交关系等方面的著作，标题中的"Moscovia"是莫斯科大公国（the Grand Duchy of Moscow）的拉丁语名，这本书是弥尔顿主要从哈克卢特和珀切斯的作品中摘选合编而成。

② 贺拉斯这首颂诗有四节，采用的格律是第三种阿斯克莱皮亚德斯诗体（Third Asclepiad），具体表现为前两行的格律是 Asclepiad：———uu—/—uu—u×，第三行的格律是 Pherecratean：———uu—×，第四行的格律是 Glyconic：———uu—u×，可以看出每行都是以长短短长格（—uu—）为核心，由于英语诗歌的格律是以重音为基础的，弥尔顿在译文中使用了扬抑抑扬格来对应，最大程度复现贺拉斯原诗的音律效果。

弥尔顿很可能一直在致力于自己系统神学的前期工作。在《论基督教教义》的前言书信中，他较为详细地描述了自己从开始编写系统神学，到满怀信心，以及最后自成体系的过程。[42] 因此，一旦弥尔顿对《旧约》与《新约》原文的研究达到了一定水平，他就查阅一些对神学的较短的系统性解释，他称之为"若干较短的神学体系"（"Theologorum Systema aliquot breviora"）。此后，他以这些解释为范本，开始写一种类似神学札记书的作品，然后再去研究那些卷帙浩繁且颇有争议的论著，但这些论著没有一篇令他满意。因此，他仅仅以《圣经》为依据，（"只依圣言"）（"solo Dei verbo"）编写了自己的神学专著，并直言用它来增进自己的信仰，随时带在身边（"让它在我手边"）（"ad manum mihi esset"）。[43] 如果正如我们推测的那样，弥尔顿是在 1659 年至 1660 年左右写了这封信的话，那么他这项研究和编写的最早时期很可能是 17 世纪 40 年代。[44]

通过考察弥尔顿从 1645 年至 1646 年以及自 1649 年以来的著作，以及他翻译的诗篇和致费尔法克斯的十四行诗，我们就可以有把握地追溯他在政治上转型的过程，这种转变让他成为弑君的辩护人。当然，要厘清他神学思想的发展历程，更多地还是需要依靠推测。我们有证据表明，他从 40 年代中期开始毫不妥协地反对仪式主义和强制实施的长老制，倡导离婚改革，并且为宽容主义辩护。但只有在 1659 年至 1660 年的那些小册子中，在《论基督教教义》（最后一次编写大约也发生在那段时期）中，以及在《失乐园》（1667 年）当中，弥尔顿才明确回到对教义问题的阐述上来。在这些作品里，我们可以看到他在多大程度上反对教权主义，以及他在救世神学和三位一体论方面的离经叛道。[45] 我们不确定这些观点何时形成，但有些观点很可能与他在政治上的激进化同步发生。如果是这样的话，我们应该如何在 17 世纪 40 年代末伦敦的宗教局势之下来考察弥尔顿呢？

在某些方面，弥尔顿与普遍浸礼宗教徒的关系很密切。托马斯·拉姆是一名煮皂工，他主持的礼拜会位于科尔曼街的贝尔巷，步行十分钟就能到奥尔德斯门大街或巴比肯。他不仅反映了世俗信徒也可以承担布道的角色，而且很有可能创作了"这一时期发布得最为详尽的普遍浸礼宗教义声明"，即《自由开放的恩典之源泉》（伦敦，1645 年）。[46] 普遍浸礼宗教徒坚持普遍救赎的教义，这一立场类似于阿明尼乌派的救世神学，尽管他们在突出强调"灵光"①方面预示了一些贵格会教义②，但像弥尔顿一样，他们在解读《圣经》教义上与贵格会教徒有很大的分歧。他们热衷于世俗信徒的布道，而且如弥尔顿1659年文章中的观点一样，强烈反对教权主义（这些也是贵格会教徒的核心观点），还有些信徒认为灵魂不会永生，他们也可能主张离婚可以基于旧时教会法批准以外的理由。[47]

拉姆的礼拜堂定期举行对公众开放的集会，这在非堂区性的礼拜会中独一无二。[48]没有证据表明弥尔顿与之直接相关，但有许多不是该礼拜堂的教友经常光顾科尔曼街，他们在激进的非国教教派当中考验自我及其信仰，这样的环境在某种程度上类似于"演讲角"③。[49]正如我们在别处所论述的，《论基督教教义》和《失乐园》体现了弥尔顿的神学思想中离经叛道之处，其中许多内容可以在教父传统和新教徒系统神学家的思想中找到。[50]我们很怀疑他能从《自由开放的恩典之源泉》中学到多少东西。普遍浸礼宗的信徒大多数是受教育程度较低的小雇主及其家人和雇员，按照伦敦的社会等级，要比一个在剑桥受过教育、宽裕独立又是富有的公证人之子的弥尔顿低几等。此外，随着宗教信仰波及政治行为，他们再度与弥尔顿产生分歧，他们的队伍中出现了许多拥护平等派运动的平民。[51]然而，我们也要认识到，当时有许多人努力将弥尔顿和这些激进群体联系起来。那位"伦敦最臭名昭著的女布道者"阿塔韦夫人就是在拉姆的礼拜会上开始了她的职业生涯。[52]在《这些手艺人是伦敦城内和周边的传道者》那篇檄文中，倘若我们认为弥尔顿是第27条异端④中那位没有指明的始作俑者，那么拉姆肯定就是讽刺画中的煮皂工。

从社会等级、神学思想以及后来的政治轨迹来看，弥尔顿与科尔曼街的另一位激进分子，即在剑桥受过教育的约翰·古德温的联系最为密切。古德温的早

---

① "灵光"（inner light）指基督教贵格会等教派认为能够启迪内心、指引心灵的光。

② 贵格会（Quaker），也称公谊会（Society of Friends），17世纪中叶由乔治·福克斯（George Foxe）创立，贵格会教徒不信奉任何正式的经典，也不遵守其他教派坚持的洗礼和圣餐等礼仪，据传福克斯劝诫教徒念到"主"（Lord）时，必须做出震颤（quake）的样子，故而被人称为"Quakers"。

③ "演讲角"（Speakers' Corner），位于英国伦敦海德公园（Hyde Park）的东北角，是街头演说者可以自由发表意见的场所。

④ 如前所述，此处应系作者笔误，弥尔顿的观点实际上被列为第20条异端。

期职业生涯可以看作弥尔顿没有选择走的一条路，因为弥尔顿有意放弃了圣职。
1633 年，古德温被任命为科尔曼街的圣斯蒂芬堂区代牧。17 世纪 30 年代后期，
他显示出清教倾向，同时保持了很低的姿态。虽然他不是威斯敏斯特神职人员
大会的成员，但他与独立派的立场大体一致，并由于为宽容主义辩护而声名狼
藉。同时，事实也证明他是一位有创见的非正统思想神学家。研究 17 世纪中期
教会的历史学家经常把他和弥尔顿作为清教思想家的领军人物，用杰拉尔德·艾
尔默那句优雅的话来说，他们是"不折不扣的知识界名流"[53]。从神学思想上
说，古德温在 17 世纪 40 年代趋于认同弥尔顿的阿明尼乌派救世神学。像弥尔
顿一样，他遭到了来自长老派动员运动的不断抨击。随着他的教会思想向独立
派发展，他试图在圣斯蒂芬堂区教堂之外再召集礼拜堂会众。这给了长老派驱
逐他的理由，1645 年 5 月，他被解除圣职，夺去了圣俸。直到 1649 年，他才
恢复原职。[54]像弥尔顿一样，他出版作品为审判国王和弑君辩护。几乎没有其
他牧师明确表示拥护"普赖德清洗"，还支持"被清洗的议会"，至少在初期情况
如此。他对弑君的辩护文《阻挠正义之人》发表于 5 月，"扉页上印有他的名字
和肖像"，这篇作品借鉴了弥尔顿 1649 年的第一篇小册子。[55]

　　弥尔顿重返辩论文章的写作，创作了《论国王和官吏的职权：证明任何有
权之人从古至今可以合法地谴责暴君或罪恶的国君，在适当定罪后，可以揭发
他，并将其处决，倘若普通官吏忽视或拒绝这样做的话》（《论国王和官吏的职
权》）。这部作品出版于 1649 年 2 月 13 日或前后，即国王被处决两周后。如果
我们认为《论出版自由》主要是参与针对宽容主义的讨论，那么这部作品则是弥
尔顿第一次论述世俗意义上的政治问题。它构成了弥尔顿对政治哲学最充分的
阐述。然而，这些论述经常离题，转而讨论政治决策的神学意义。而且，大多
数时候，弥尔顿都在抨击长老派牧师及其盟友，仿佛在已经明显变化的环境之
下重现早些年他们彼此间的仇恨。他提炼了对方的理论学说，做出的主要让步
就是没有提大多数对手的名字。然而，他再度参与的这场辩论已颇为成熟，哪
些语词所指涉的是谁，在很大程度上已经由他人设定好了。文章开篇，我们就
读到许多新出现的为国王辩护之人，这些人曾经"还在讲道坛上和小册子中谴责

195

过国王"[56]。文中有一句评论——"犬吠般的警告和告诫"暗讽了威廉·普林。[57]事实上，梅里特·耶·休斯已经令人信服地证明，弥尔顿的许多观点都是为了驳斥那些长老派所发表的观点，因为他们的作品批判了对国王的审判和处决。[58]

弥尔顿有时似乎把握不准他的受众。正如布莱尔·沃登早就指出的那样，对于替"遭清洗的议会"做辩护之人来说，当务之急是劝说那些现在被疏远或遭排斥的前盟友，至少让他们被动地接受新政权。弥尔顿明确地承认这是他的目标：针对那些背离"公正和虔诚之信念"的人，他要提供"指导"。[59]然而，他对长老派动员运动的激进分子非常抵触，这种明确、深刻、复仇般的情绪搅乱了他原本的决心。当然，正如我们所看到的，他同一些长老派教徒维持着友谊，也没有与斯麦克提姆努斯的成员陷入公开的争执。然而，晚年的托马斯·爱德华兹在 1647 年中期流亡国外，以谋求将来实施报复行动，对于此类人，弥尔顿不时迸发出强烈的敌意，近乎一种更为普遍的反神权主义。这篇小册子在结尾部分有些言过其实地谴责"那群教会里的饿狼，他们步其父'术士西门'① 之后尘，寻觅着双份俸金和兼任圣职的气味……占据了——或者更确切地说——夺取了讲道的圣坛，以此作为他们煽动叛乱、反抗民政官吏的坚固要塞和堡垒"[60]。

弥尔顿反对长老会保王派，主要是因为他们虚伪。根据弥尔顿的叙述，原本是他们鼓动了这场战争，其间，议会军在他们的赞成下与国王开战，使国王在战场上陷入险境。他们改变了立场，因为他们愤恨于新模范军领袖掌握实权；当费尔法克斯于 1647 年 8 月将部队开进伦敦城时，他挫败了城内神职人员和政治家之间的阴谋，他们企图压制那些非正统的观点，强行实行长老会教会体制，从而消灭独立的公理会、脱离国教者和非国教教徒。驻扎在伦敦及其周围的新模范军支持了弥尔顿和约翰·古德温等人所倡导的宽容主义构想。弥尔顿断言，长老派牧师出于愤懑而反对处决国王，因为他们自己的计划已明显失败了："他们背地里同那些自己经常谴责的有罪之人沆瀣一气，不是因为他们爱戴或是效忠于国王，而是因为他们憎恨曾经拯救了他们的新模范军，在此之前，他们没有与国王谈判，也没想过与他谈判。"[61]

196

---

① "术士西门"（Simon Magus）是《圣经·使徒行传》（8:9—24）里的人物，由于会使用邪术，在撒马利亚城被称为"神的大能者"（virtus Dei），他看见彼得将手按在信徒的头上，信徒就受了圣灵，于是拿出钱给彼得，希望彼得能给他这种神力，但遭到彼得的严词拒绝。英语单词"simony"（买卖圣职／圣物）便由此而来。

弥尔顿在某种程度上受到了《神圣同盟与誓约》中一项条款的约束，该条款几乎是所有一开始反对国王的人都同意的。这项条款宣称"要维护权利，并捍卫国王陛下的身份和权威"①，而且呼吁全世界来见证"我们没有任何想法或意图要削弱国王陛下的合法权力和伟大尊贵"[62]。对于弥尔顿来说，这份盟约是为了联合英格兰和苏格兰的清教徒以促进教会改革而拟定的，而盟约里出现这样一项条款就显得有些多余了。[63]此外，正如他在这篇小册子里经常做的那样，他是以英格兰法律的核心原则，特别是以契约法为依托的："倘若我自愿与一人订立盖印契约，对他行善，而后来于我而言，他却成了恶人，那么我就没有履约的义务了。倘若我立约不是为了伤害仇敌，而是支持他，倡导宽容，希望他改正，而他之后却十倍地伤害我……企图毁灭我，那么我不怀疑他的所作所为使我免于契约的约束。"[64]

虽然弥尔顿参与论战在很大程度上是为了满足这场成熟论战的迫切需要，但他确实阐明了一些政治哲学的重大论点，但这些论点之间的关系颇为松散，而非紧密地相互依存。他明确指出，这篇小册子不是为了拥护共和体制，而是要为罢黜和审判暴君辩护，即重申书名页上所反映的主题："看哪，有一位正义的国君是多么美好和幸福，而有一位暴君则是多么不幸；前者是天下的共主，后者是国家的公敌。"[65]我们如何知道查理一世是暴君呢？在某种程度上，这还需要其他人来定夺："具体谁是暴君，不能通过除推理以外的一般讨论就确定下来；必须根据对他的具体指控以及确凿的证据来断定：我将这项工作交给官吏，至少是交给他们当中更为正直的人。"[66]弥尔顿似乎不太愿意承认显而易见的一点，即查理一世的陪审团是由那些明知会判他有罪的"更为正直的人"组成的。但是上帝引导了战争的局势，这也证实了查理一世的统治是暴政；"上帝以及正义的事业[赋予了]他们胜利"。[67]

奇怪的是，弥尔顿的主要论点并未充分得以展开论述。有人反对审判国王，部分原因是王权有其特殊性。为了驳倒这样的论点，弥尔顿需要挑战这种观念，即认为君权神授以及君王与天神有着独特的关系。梅里特·休斯指出，

197

---

① 原文如此，这里可能系作者引用不全，《神圣同盟与誓约》此处的原文是："要维护议会的各项权利和特权以及各王国的自由，并保护和捍卫国王陛下的身份和权威。"（"to preserve the Rights and Privileges of the Parliaments, and the Liberties of the Kingdoms, and to preserve and defend the King's Majesty's Person and authority."）

"大卫拒绝伤害扫罗的身体……因为他是'被上帝施以涂油礼之人',这是格劳秀斯在《论战争与和平的法律》中的最权威的表述……以此来支持对君王要绝对服从这一著名论断",这样的观点在弥尔顿以前参加的论战中出现过。[68] 弥尔顿颇为敷衍地驳斥了这一论点:"倘若如今有暴君指出他是被上帝施以涂油礼之人,认为这是唯一提到的关于大卫不动手的理由,那么他可能在当下还指望享有同样的特权。"[69]

弥尔顿对这场论战的基础原则最重要的贡献在于他主张"法律"(作为重要抽象概念)的至高无上,同时捍卫一种近似个人民权的事物。当认识到国君变成暴君时,"明辨是非之人只需要接受他身上自然法则的引导"[70]。这些"法则"中最主要的是,人们要清楚地认识到自我利益和自卫的本能。弥尔顿认为,当这些利益受到威胁时,任何人都不可能愿意支持造成威胁的罪魁祸首,这在我们这个时代看来是不言而喻的。此外,法律凌驾于一切之上,"无论他是国王,是暴君,还是皇帝,正义之剑都在他之上""正义是世界上唯一真正的君主和至高无上的威严"。但即使在这方面,他的主张也不只是对理性的世俗呼吁,因为他明确地说,"正义的审判"是"上帝之剑,高于一切世俗事物,无论这把剑交到谁的手里,都会有明显的迹象,以此来彰显上帝的意志"。[71] 这些最重要的迹象大概就表现于马斯顿荒原和纳西比、普雷斯顿和科尔切斯特①。

17世纪英国政治哲学领域的杰出人物霍布斯和洛克在其著作中的关键位置都提出了关于市民社会的诞生神话。[72] 弥尔顿在理论层面上也提供了一则诞生神话,但其世俗的主题充满了《圣经》的色彩:

> 没有哪个明晓事理之人会如此愚蠢地否认这一点:众人生而自由,他们皆是上帝的形象和模样,受特别恩典凌驾于一切造物之上,命中注定要统治而非屈从;而且他们就是这样生活的。这种状态一直持续到亚当违抗神命,因此祸根人类堕落,为非作恶,行凶施暴,又预料到如此下去必然会毁灭整个人类,于是他们结成共同联盟来约束彼此,使彼此免受伤害……反对任何扰乱或抵制这种盟约之人。城市、城镇和共和国由此而来。因为没

198

---

① 议会军在马斯顿荒原战役(1644年7月)、纳西比战役(1645年6月)以及普雷斯顿战役(1648年8月)均大败保王派军队,科尔切斯特的守军于1648年8月向议会军将领费尔法克斯投降。

有一种信仰对所有人都有足够的约束力，他们认为有必要任命一位掌权之人，以武力和惩戒来制止侵犯和平与公民权的行为。[73]

这就是国王和官吏的起源。这里论述的前提类似于后来一系列"不言而喻"的真理之精神。根据这则神话，人类社会从伊甸园式的自由状态走向了一种契约社会，以减轻人们因为"亚当违抗神命"的原罪而常常犯下的"罪恶和暴行"。如霍布斯所言，市民社会主要是一种防御组织。弥尔顿提出的模式允许反抗权威，因为公民有权从国王和官吏那里收回委任给他们的权力，并要求他们对自己的行为负责。虽然国王和官吏可以管理他们的国民，但他们仍然要服从法律。

弥尔顿似乎不太可能保证他所讲的故事在历史上确有其事，是不折不扣的事实，但它为统治者、臣民和法律之间的关系提供了一则通俗易懂的神话。相比政治哲学家的身份，弥尔顿更是一位敏锐的历史学家，当所用的资料有凭有据时，他会援引一则更可信的故事，来解释至少一个君主制国家的起源。吉尔达斯是"我们所有历史学家中最古老的一位"，他在讨论罗马征服①之前不列颠人的王权起源时指出："他们为那些人施涂油礼，以示其为王，他们不是根据上帝的法令，而是因为那些人比其他人更加凶残。"[74]②

弥尔顿不时透露出他关于市民社会应该如何组织的想法。国家应当撤出那些事关个人选择而不影响国家的领域，以此消减国家的权力。宽容主义仍是弥尔顿思想的一个关键原则。社会由人与人之间的契约构成，人民不是"国王的奴隶、动产或可以买卖的财产"[75]。相反，是人民来雇用国王和官吏，如果有正当理由，甚至可以解雇国王和官吏。弥尔顿借助自主产权人的权利，对这种理念做出了最明确的表述，而洛克很可能也会赞同这样的说法。倘若人们"无权在上帝赐予他们的土地上处理安排、当家作主，就像一家之主在自己的房屋和遗产问题上自由处置——这种权力是一切自由的根基和源泉"[76]，那么这个

---

① 原文为 Roman Conquest，这里应系作者笔误，弥尔顿原文里吉尔达斯是在讲古罗马军队撤离不列颠之后的事，故而作者可能是想说在诺曼征服（Norman Conquest）之前。

② 这句引文出自吉尔达斯的《论不列颠的衰落与征服》（De Excidio et Conquestu Britanniae），此处的拉丁语原文是："ungebantur reges non per deum sed qui ceteris crudeliores exstarent"，直译成英文是"kings were anointed, not through God, but such as were more cruel than others"，弥尔顿的原文是："They were anointed kings, not of God, but such as were more bloody than the rest." 这里依弥尔顿的译文译出。

国家就没有真正的自由。文中并没有谈及那些不拥有财产的男性所享有的自由。

　　事实证明，正如第一版《离婚的教义和教规》，《论国王和官吏的职权》的第一版对弥尔顿的公职生涯至关重要。第一篇关于离婚的小册子让弥尔顿在激进的长老派对手中有了很高的知名度，但这部作品让他走在一批为数不多的英格兰知识分子前列，他们仍愿意在作品中捍卫新模范军的行为，及其在"遭清洗的议会"中的平民盟友。巧合的是，与1643年版关于离婚的小册子一样，《论国王和官吏的职权》第一版也不如后来的修订版那样严谨慎重。在1649年10月至1650年2月的某个时间，弥尔顿发表了第二版[77]，大幅增加了对权威语录的援引来支撑他的观点，即国王可以被绳之以法。这些引文都出自资历无瑕的长老派牧师的，他在《四音克谐》中就已经将这种论证策略用得得心应手了。《论国王和官吏的职权》是弥尔顿关于政治哲学最充分的论述，显示了他作为思想家的长处和短处。倘若现代读者把这些论点拼合起来，弥尔顿在定义和称赞公民权利方面显然是洛克的主要前辈，尤其是他阐述众人在法律面前平等，为私有财产的所有权辩护，并主张公民有权向统治者问责等观点。然而，这种观点是从这样一篇论文中综合、概括得来的，这篇论文不仅要满足一场成熟论战的迫切需要，又要为一场政变辩护，还要推进他在军队和国家中同派之人的利益。

第四部分

1649—1660 年

第十一章

被清洗的议会

长期议会遭到清洗，紧接着查理一世受到审判并被处决，随后在立宪与行政事务上出现了多项革新，弥尔顿的公仆生涯正是从这时开始的。

1649 年之前，这个国家大部分的日常管理与作战指挥任务都交由相继产生的几个高级别委员会来负责：先是安全委员会，1644 年起是两王国委员会（该委员会还负责协调英格兰和苏格兰的联合行动），最后是 1648 年的德比议院委员会（或"两院委员会"），它们的作用和名称的变化反映了与苏格兰人关系的破裂。每一个委员会都构成了"议会拥有的最接近最高战争委员会的机构，或是替代处于中央行政系统最顶端的国王和枢密院"。在此期间，也有其他冗余的委员会在不同时期运作过，但它们的工作效率也有高有低。[1] 其中包括坐落于金匠大厦的和解委员会，弥尔顿很有可能与其有过来往。弥尔顿的弟弟克里斯托弗和岳父理查德·鲍威尔支持的保王事业遭遇了失败，他与和解委员会来往的目的可能就是给他们提供帮助。[2]

除了处死国王、坚决维护下议院的统治地位和最高权威、废除君主制和上议院，被清洗的议会在 1649 年 2 月中旬——《论国王和官吏的职权》写成后不久——用第一届国务会议代替了德比议院委员会。3 月 15 日，国务会议任命弥尔顿为外语部秘书，最初任期一年。[3] 他不得不搬到离怀特霍尔宫不远的地方，暂时"住在查令十字街牛头酒馆隔壁的一户汤姆森家里，推门便是春天花园"[4]。

弥尔顿将在之后的四年半时间里担任外语部秘书。认识外语部的内部组织结构和它与被清洗的议会的关系，对理解弥尔顿所做的工作和他在处理公务时面对的压力和困难至关重要。

204　　　1649 年 2 月 13 日到 17 日，下议院讨论了国务会议的结构，有一项议会法案"仔细界定了新一届行政机构的权限，确保其权力有法可依、责任明晰，而且有着固定期限。下议院还任命了四十一名委员"[5]。

国务会议从一开始就对被清洗的议会负责。虽然国务会议的大部分成员同时也是议会议员，但这种关系仍然时不时导致政策摇摆不定，后者可能会修改或驳回前者的建议。在某些时候，我们会看到人们不确定做出决定的权利或权力究竟属于谁。国务会议依据被清洗议会的年度选举进行换届。中途又引入了一种强制轮换的机制，得票最低的二十名成员会被取代。虽然克伦威尔的票数总能登顶，人员也常常呈现相当强的延续性，但不可否认国务会议的结构确实每年都在变动，这反映了议会的面貌一直在变化。尽管当有问题出现、对国家的外部威胁增长或消失，以及议程有所改变之时，议院似乎比过去更激进，但在国务会议里，不支持弑君的议会成员多了起来，尚武的共和派变得越来越少。国务会议的成员向所有人承诺"无需国王或上议院，依照共和国的方式，支持和维护（议会）有关将来确立这个国家政体的各项决议"[6]。

弥尔顿受国务会议雇用，他的工作可以用构成《1649 年 2 月法案》的十五段"说明"中的两段来概括：

> 6. 你须得建议、饬令、指导有关保持、恢复或调解与其他王国或国家的友好关系与书信往来的事项，保护我国公民在外国的权利，消除他们的分歧。你有权派遣大使、政府代表、信使去往任何其他王国或国家，并为上述目的接待来自这些王国或国家的大使、政府代表、信使，特此授权。
>
> ……
>
> 11. 经国务会议盖章授权，你有权不定期收取公共财政收入，用以支付你认为有必要支付的用于涉外谈判、情报搜集与其他负担的所有费用，支付你认为适于雇用的下属官员与侍从的薪酬，支付为完成委托你执行的指令或此后议会给予你的其他指示的必要开支。[7]

国务会议的当务之急是处理外交政策，因此雇用了弥尔顿，以加强秘书处的力量。

205　　　弥尔顿加入了公务员队伍。空位期早期，公务员的服务范围扩大，国务会议产生了更多的常务委员会，并发展了多个临时、特设委员会的功能，因此，其他能力出众的人物也参与其中，进一步扩充了这支队伍。[8] 这当中关键的一项任命是委任弥尔顿的前辈沃尔特（或高尔特）·弗罗斯特为国务会议的秘书。虽然长期议会与被清洗的议会的文职部门的工作有相当大的延续性，但两者的所有岗位并非都保持一致。弥尔顿取代了资深的格奥尔格·鲁道夫·维科赫林，后者自 1625 年以来担任外语部秘书，已为连续几届政府效力。[9] 情报部门的部长是托马斯·斯科特，斯科特是一名议会议员，积极主张处死查理一世，他将在 1660 年被处以极刑。斯科特的薪酬大约有弥尔顿的三倍之多。[10] 批准进入议会与国务会议之权，由长期担任外交官、同时也是典礼官的奥利弗·弗莱明爵士掌控，他是克伦威尔的表亲。[11]

国务会议下属部门的人事编制迅速扩大，超过了德比议院委员会的经费预算所能承受的范围。人员包括文书、下级职员、警卫官与八名副官、十二名信使、一名管家、两名门房与清洁人员，以及外交与外事关系秘书处，弥尔顿就在这里供职。[12] 显然，他加入了处于共和国事业中心的一个资源丰富、筹划完备的部门。而且这个部门所效力的国务会议不仅仅在职权范围与权力方面拥有呼风唤雨的力量，它的成员在社会地位与政治资历方面同样举足轻重。它最初的成员中有"五位英格兰贵族、两位英格兰贵族的子嗣和一位苏格兰贵族"[13]。三十四名成员是议会议员。1652 年变成轮换制之前，它的议长一直是曾主持查理一世审判的约翰·布拉德肖。在艾尔默看来，他"毫无幽默感、平庸，但诚实，也不愚钝"，他似乎"认为国务会议议长一职是他应得的"。[14] 克伦威尔和他的女婿亨利·艾尔顿也都是其中的成员。亨利·艾尔顿非常有政治头脑，是"革命军的首席理论家"[15]，同样主张处死查理一世。此外，另一位弑君党人哈里森少将也在其列。17 世纪 50 年代初，托马斯·哈里森在激进的千禧年信徒①中间颇具影响力，他与托马斯·斯科特一样将在复辟之后被处决。[16]

为什么这个强大的机构要聘用弥尔顿？为什么他会接受这项任命？这两个问题都很难回答。当然，国务会议需要一位第一流的拉丁语学者。对国务会议来说，笨拙、不恰当地与欧洲其他国家交流会引起人们的嘲笑。在《为英国人民声辩》中，弥尔顿感到不得不去讥讽保王派流亡者，那些"坚称所有艺术和文学同他们一起逃离英格兰"的"主教、学者和法学家"[17]。英格兰共和国迫切需

---

① 千禧年信徒相信在世界末日到来之前基督将亲自为王，治理世界一千年。

206　要通过符合拉丁语最高标准的外交函件来证明这个观点是错误的。尽管诸如塞缪尔·哈特立伯这样深受信赖的权威人士可以证实弥尔顿的能力，但弥尔顿当时并没有材料证明自己写得一手漂亮的拉丁文。事实上，弥尔顿在如今被称为双向翻译这一难以掌握的技艺上证明了他非凡的技能，他可以娴熟地将拉丁语口语译成英语，将英语译成拉丁语口语。国务会议里的同事注意到并且评论过他用拉丁语交流的速度比奥尔登堡的代表赫尔曼·米利乌斯快得多。弥尔顿现存的拉丁语作品完美无缺，尽管在将他那纯正的西塞罗式的语言改成外交散文的习语时，他显然持有异议。[18] 值得注意的是，这些技巧无论多么重要，并非弥尔顿独有；大学里，大部分的教学工作中说拉丁语和使用拉丁语文本，而不是作为民族语言的英语占据着课堂，在这样的体系下，像样的拉丁语学者大量出现。而弥尔顿掌握的其他语言——流利的意大利语，以及能应付工作的法语和西班牙语——是锦上添花，并非必不可少，而且他曾在欧洲大陆旅行、居住过。[19]

　　不过弥尔顿对审判和处决查理一世的热情与他为这件事辩护的雄辩之才显然让他脱颖而出。国务会议雇用弥尔顿，就是得到了一个与其成员的革命方向完全一致的人。此外，就我们所知，《论国王和官吏的职权》尽管不是弥尔顿受被清洗的议会的委托写成的，却产生了直接的影响，为力主处死国王之人提供了有用的素材。除了这份工作的职责本身，弥尔顿还可以为他们撰写宣传册，他才华横溢又足智多谋，在抵制长老派的动员行动中早已得到了锻炼，全身心投入到为国务会议辩护的事业当中。与维科赫林不同，后者之子为国王而战，并随其流放，弥尔顿却对革命之事毫无二心。

　　西里亚克·斯金纳确定弥尔顿并未为获得这个职位而四处游说，斯金纳提到"他没有去主动争取，而是经一位时任新成立国会议员的私交推选，成了拉丁语秘书的"。爱德华·菲利普斯强调在这项任命上，弥尔顿表现出一副外行的样子，而且不愿意赴任："他受鼓动来为这个新的共和国服务，至少是被劝说（因为他从未汲汲于晋升，也没有装出为公共事业忙碌的样子）担负起书写国务会议拉丁语秘书部送往外国的所有书信的责任。"[20]

　　传记作者有时会猜测弥尔顿的资助人在这份任命中起的作用。国务会议里有三个可能支持他的人。第一位是卢克·鲁滨孙，他比弥尔顿小两岁，1627 年至 1630 年与弥尔顿一同在基督学院求学，对弥尔顿的散文作品（大概是声讨查理一世的小册子）评价甚高，他力劝国务会议加强这些文章的传播。[21] 第二位是法学家和议会议员布尔斯特罗德·怀特洛克，整个 17 世纪 30 年代，他在伯克郡、白金汉郡和牛津郡一带十分引人注目，而弥尔顿一家与这些地区多多少少都有些联系。怀特洛克的主要地产福莱庄园距离弥尔顿母亲的家人居住的霍尔顿大约十五英里。[22] 第三位是约翰·布拉德肖，布拉德肖必定认识弥尔顿，因为布拉德肖曾在一件大法官法庭案中做他的代理人，有证据表明他们之后也有过友好往来。[23] 他们有可能是远亲。当然，国务会议里还有其他三十八位成员，他们都有可能提名弥尔顿，推荐的人也有可能是秘书处的人。

弥尔顿为什么会接受这份工作？公职确乎有些魅力是其他工作没有的，外交团以及与它相关联的活动具有明显的吸引力，有时它还会任用那些满腹经纶的博学者和近期欧洲大陆最顶尖的人文主义学者。西属尼德兰的伊萨贝拉大公夫人曾聘用彼得·保罗·鲁本斯为特使，派遣他前往查理一世的宫廷，与英方开启结束了 17 世纪 20 年代的英西战争的谈判。弥尔顿本人曾在巴黎见过正以瑞典大使身份出使法国的胡戈·格劳秀斯。[24] 而在英国，被弥尔顿接替了工作岗位的德国移民维科赫林是一位用母语创作的重要诗人，"被认为开创了作为民族语言的德语诗歌……是这个时期最著名的德国诗人之一"[25]。与年轻的弥尔顿一样，他也用意大利语写十四行诗。职业外交家亨利·沃顿爵士算得上是弥尔顿最珍视的相识了，沃顿还是一位艺术品收藏家（为亚伦道尔伯爵和白金汉公爵收藏珍品）、建筑史学家，也是一位颇有几分造诣的诗人，他于 1639 年去世。[26] 还有奥尔登堡大使赫尔曼·米利乌斯，之后我们还会对他的使命详加论述。而弥尔顿显然同这些欧洲文人——这些文人同时在国际外交方面也有所成就——谈笑风生。

斯金纳和菲利普斯强调弥尔顿勉强接受这份工作，是做了自我牺牲的，在《为英国人民声辩》中，我们可以看到他自己记述接受这项职务的动机：

> 始终没有人看到我为升迁而奔走，也没有任何人看到我为个人目的而出入于议会大厅，或出现于下议院，或企图通过朋友提出什么要求。虽然在国内政局动荡的时候，我的大部分财产都被扣押，同时又要缴付一份不合理的税款，我还是照样静居家中，靠自己的财产维持俭朴的生活。[27]①

---

① 译文出自《为英国人民声辩》，何宁译，商务印书馆 2012 年版。

弥尔顿的这几句话是站得住脚的：他可能认真考虑过建一所私人学校，但在搬到他位于巴比肯的宅院之后，这项计划便没有再继续下去了。内战之前，他靠着个人收入过着富足的生活，结婚时，他的经济状况显然也很稳定。战争期间，他勉力维持，未经历多少困苦。父亲去世，给他留下了全部遗产。内战结束，曾被中断的收入渠道又恢复了，1649 年初，他已经比过去任何时候都富有了。他甚至重新从他岳父的产业中获得收益，偿还了积欠的债务。即便是在复辟之后，他依靠继承的财产也衣食无虞。[28]

不过这个新职位确实将他的收入——可能也将他的个人财富——大幅提高。弥尔顿的年薪一开始定在 288 英镑 13 便士 6.5 先令。高级职员的薪酬通常在 200 英镑到 300 英镑之间。弥尔顿的薪酬超过骑兵或步兵上校，大致相当于一级舰船上的海军上校所拿到的。这绝不是一个可以小觑的金额。[29] 这份职位还有其他收入和实物进账。到了 1649 年 11 月，国务会议决定让弥尔顿搬入怀特霍尔宫内的寓所，这样便可以随时召唤他。他很有可能是免费住在这里的，因为在 1650 年 6 月，国务会议还准许他"用一些帷幔装饰他在怀特霍尔宫的寓所"[30]。外交秘书处的成员为外宾提供服务，他们可以指望从中收取费用，最后确实也收到了费用。他们显然也是行贿的对象。[31] 此外，在这个部门里有机会晋升到更高的职位。菲利普·梅多斯爵士于 1653 年加入秘书处，成为弥尔顿的助理（顶替安德鲁·马韦尔，弥尔顿本人挑中的是马韦尔）[32]，随后作为政府代表去往葡萄牙，接着又被任命为大使派驻丹麦，每年津贴 1000 英镑。1657 年到 1658 年期间，他试图调解丹麦和瑞典之间的矛盾，瑞典国王向他行贿 10000 里克斯达勒（原瑞典银币），大约相当于当时的 1800 英镑。正如艾尔默尖刻地指出的，"这无疑比一贫如洗的丹麦国王授予他的大象勋章① 更直截了当"，但他又加了这么一句，"没有证据表明梅多斯的判断和报告受到了这笔贿款的影响"。[33]

弥尔顿最初的职位还没有让他达到这样阔绰的程度，但他却因此比过去富有得多。这很可能促使他在 1649 年 4 月做出决定，购买了一处投资地产——位于布莱德街西侧的大房子"红玫瑰"——21 年的租赁权。此前该处的租赁权为他父亲所有，同样也是 21 年，此时尚余 4 年。这笔投资所资不菲。弥尔顿

---

① 大象勋章，丹麦王室授予的最高级别的勋章。

最终同意分四次按半年支付，每次支付 100 英镑（立即结算可退还总价的 6%
或 7%）。[34] 弥尔顿的财务状况虽多有含混不明之处，但我们可以确切地知道到
了 1660 年，他至少已经积攒了 2000 英镑的政府债券。[35] 弥尔顿和他早年传记
作者用"个人牺牲"来形容他为国家工作，但不管怎样，他的报酬却是非常优
厚的。

　　不过我们应该认识到弥尔顿的这个职位的局限性。在社会地位和教育背景
方面，他与他的新同事有许多共同之处，他们大多来自富裕家庭，在大学或律
师学院（或两者兼有）受过教育者不在少数。[36] 虽然弥尔顿不会与他的共事
者格格不入，但他的条件明显比他的大多数上司低一个档次。那些在被清洗的
议会成立早期活跃于外交事务领域的议员多半比弥尔顿有钱得多。布尔斯特罗
德·怀特洛克继承了相当大的产业，他的律师事业也颇为成功；1648 年 3 月起，
怀特洛克任掌玺大臣，每年薪俸为 1000 英镑。托马斯·查洛纳是准男爵之子。
亨利·范内爵士 23 岁时任马萨诸塞州总督，在个人统治的最后岁月里担任要职，
待遇丰厚。亨利·迈尔德梅在查理一世统治时期出任过多个收入不菲的职位，并
娶了一位带来 3000 英镑嫁妆的女继承人。被清洗的议会奖励了他 2000 英镑，
作为当初他借给国王一笔贷款的报酬。亨利·马滕爵士是外交事务委员会主席，
年轻时放浪形骸，据说每年的生活费要花掉他父亲 1000 英镑。马滕曾贷给议会
一大笔资金，1649 年 7 月，他得到了优厚的酬谢——每年 1000 英镑的补助与
大片被没收的土地。第一届国务会议由有着相似财力、社会地位举足轻重的有
钱人组成，受到一群贵族潜移默化的影响。议会议员更具有政治权威性，并且
坚决维护他们在议会中久已有之的特权。而那些拥有军衔的人则来自军官核心
队伍的最高层，不仅带着显贵的气派与战争英雄的威望，还领取非常可观的薪
金。例如克伦威尔作为总司令，每年薪水超过 3600 英镑，此外还有他的上校头
衔带来的津贴。[37]

　　让人毫不意外的是，这些人把弥尔顿当作他们的下级，在某些方面甚至视
他为他们的仆人。当然，当他为长官们和一位到访的大使进行拉丁语与英语双
向翻译时，他们坐着而他站着[38]；单单是社交礼仪就需要他这么做，更别说那
些外交礼节了。在这一章里几乎看不到弥尔顿对国际关系产生过什么影响，他
仅仅作为一位近代拉丁语学者提供他的技能而已；政策是在别处制定的，而他
只是按照别人的指示起草文件。

图 32　威廉·费索恩绘，小亨利·范内爵士（1662）（伦敦国家肖像美术馆）

　　接受一个职位意味着接受一种新的个人纪律。国务会议的运作严格保密。它的成员遵循的约言要求他们承诺"在没有议会的命令或指示，没有国务会议的大部分成员或应出席辩论或做出决议的大部分成员的指令或允许的情况下，不得全部或部分、直接或间接地泄露或公开国务会议讨论或做出决议的任何事宜"[39]。弥尔顿上任后不久，议会秘书处也开始执行这项要求。[40] 他似乎已经接受了这一宽泛的沉默准则，这条准则是与被国家雇用密不可分的。被清洗的议会在它存在的整个时期执行了诸多公务，诸如决定教会体制、确定教会与国家的关系、解决如何资助神职人员这样棘手的问题。弥尔顿在极具争议的什一税辩论的最高潮写过一些诗，不过这些诗在很久以后才发表。从这些诗中我们可以知道，他对这些问题有着深切的感受，并且拥护只得到被清洗的议会中少数人支持的激进观点。带着这些顾虑，在 1659 年以前，他一直推迟签署任何印刷合约。[41]

　　弥尔顿的新职位无疑要求他随时待命，一旦有文件到达，便要立即将其译

成英语，并用拉丁语来表述他的上司们的意见，我们可能想要知道这项工作是
如何耗费时间的。国务委员会召开会议非常频繁，不过显然他不必出席所有会
议（尽管他需要与一些委员会和任务组密切合作）；国务会议由高尔特·弗罗斯   211
特负责。弥尔顿可以极其娴熟地翻译拉丁语口语和拉丁语书面语。有证据可以
证明一位出色的新拉丁语学家可以在很短的时间里写出一封外交书信来。米利
乌斯毫无疑问会熟练地使用拉丁语撰写信件，既包括正式的公函，也有较为随
意的文字。[42] 弥尔顿的这个职位很难说是个闲职，他的任务扩展到了审查被没
收的文件，有时还要进行舆论监督，这给了弥尔顿足够的机会为国家效力，在
某些方面只有他能胜任。爱德华·菲利普斯——在他舅舅任职期间，可能仍与他
同住——回忆，"公务没有很快落到他身上，因为在其他那些占据他相当多时间
的工作涌向他之前，他对秘书职责还不甚熟悉"[43]。国务会议雇用了一位精力
旺盛、能力过人、口若悬河、老奸巨猾的英文辩论作家，他还能流利地运用拉
丁语代表他们向欧洲国家旗帜鲜明地发声，这让他的声望和恶名在欧洲大陆大
盛，在英格兰的共和派中间仅次于克伦威尔。

很明显，任命弥尔顿担任这一职务获得了巨大的成功。整个空位期，除了
对他的工作内容做了一些调整之外，他一直恪尽职守。不过他的工作在某种程
度上却受到了一种严重疾病的妨碍。1649 年 3 月起，这一疾病便开始困扰他，
并很快导致他完全失明。[44] 在 1654 年 9 月 28 日写给伦纳德·费拉拉斯（费拉
拉斯是雅典人，作为帕尔马公爵拉努乔二世·法尔内塞的代表居住在巴黎，在
那里他被称为莱昂纳尔·维勒尔）的信中，弥尔顿完整地描述了他的失明。这封
信将会送到法国眼科医生弗朗索瓦·泰弗南手里，因此弥尔顿详细地写明了他的
症状：

> 我想或多或少有十年了。在这十年里，我注意到我的视力变得越来越弱，
> 越来越模糊。与此同时，我的脾脏和所有内脏因为肠胃气胀而深受重负、
> 大打寒战。甚至在早上，如果我像往常那样开始阅读，我的双眼内部便会
> 立即感到剧痛，使我无法再继续读下去，虽然经过适度的身体锻炼，它又

会恢复一点；每当我看着灯，就似乎有种彩虹一样的东西把它遮住了。很快，一团雾出现在我左眼（这只眼睛比另一只眼睛早许多年就模糊了）的左边部分，这团雾把那一边我看得清的东西都抹去了。如果我碰巧闭上我的右眼，远一点的物体看起来也更小了。右眼在将近三年的时间里慢慢地、逐渐地衰弱，我的视力完全被毁的前几个月，我自己仿佛是在旋转，所有看得出的东西一会儿在右边，一会儿在左边。某种水蒸气似乎永久地氤氲在我的整个前额和太阳穴，一种浓重的睡意紧紧按着、压迫着我的眼睛，尤其是从用餐时间到夜晚……当我仍然看得见的时候，我上床，侧身躺着，大量的光会从我闭着的双眼射出去；之后，视力一天一天衰退，色彩也随之变暗，眼睛内部似乎破裂了；而现在，纯黑一片，好似带着熄灭或灰白色的光，好似与它交织在一起，汹涌而出。不过日夜在我眼前漂浮的雾似乎更接近白色，而不是黑色；当我转动眼球，就会有一点微弱的光仿佛穿过一条裂缝般透进来。[45]

这封信清晰地写出了弥尔顿最初的恐惧以及疾病的演变。但致病的原因是什么？他所说的一些症状，尤其是关于胃肠不适的那些，很可能与他后来的疾病有关，我们之后还会谈到它们，它们或许与这里的关系不大。[46] 我们搜集他早年生活中可以找到的细枝末节——其中大部分谈到了疾病，还有准备好的病症记录，并依靠现代医学知识重新评判可能的病因。

弥尔顿的视力最早开始变弱似乎是在他 36 岁的时候，先是左眼，然后是右眼。症状逐渐加重，直到他 44 岁时完全失明。初期症状是看着灯时，会看到彩虹色遮住灯光。之后是一团雾出现在他左眼的左下角。弥尔顿注意到他的症状在早上最为糟糕，并且伴随着头痛。接着视力有一个缓慢的、不间断的"雾化过程"。随着症状的加剧，他发现他闭上眼睛的时候，偶尔会出现闪烁的光；头痛变得越来越频繁。每只眼睛都花了大约三年的时间逐渐发展到全盲，先是左眼，再是右眼。

当弥尔顿完全失明的时候，他说这个世界看上去更多的是白色，而不是黑色。在观察他的人看来，他的眼睛与常人无异。弥尔顿那时（大约在 1650 年）的医生曾尝试用一种挂线针法为他治疗，但这很可能加速了他失明的进程。那个时期，他其他唯一已知的既往病史是痛风，而痛风与失明的关系不大。他的父亲直到 84 岁，视力依旧完好无损。他的母亲"弱视"，从 30 岁起就开始佩戴眼镜。

我们准备好资料，咨询了国际青光眼专家、伦敦威士顿眼科医院眼科会诊医师菲利普·布鲁姆，布鲁姆医生告诉我们，弥尔顿罹患的很有可能是间歇性闭角型青光眼。运用现代医学，这项病症很容易治疗，但在 17 世纪，几乎可以肯定它会导致失明。[47]

弥尔顿虽然深受这一重大残障的困扰，但在 1649 年，他还是为国家写下了两篇辩论文章，即附在《与爱尔兰叛军、天主教徒缔结的和平条款》之后的《评论》和《偶像破坏者》。前者明确受国务会议委托创作，3 月 28 日国务会议命令弥尔顿就爱尔兰发生的事件"谈几点看法"[48]。国务会议的文件没有记录类似决议提出让弥尔顿撰写《偶像破坏者》，不过我们将会看到它似乎也得到了官方批准。

前者在大约七个星期之后问世；托马森在他的那份文本上注明了日期——5 月 16 日。这篇文章虽然是匿名发表的，但它作为政府官方回复的地位却是明确无误的：它的书名页印有"官方出版"的字样。1641 年以来，爱尔兰给英格兰政府提出了一个尚待解决的难题，天主教徒反对英格兰统治的暴动不仅打乱了这座岛屿的行政治理，而且导致大量的英格兰和苏格兰移居者被屠杀，这些人都是新教徒，通常有清教徒倾向，而苏格兰人一般都是长老派。大屠杀的规模可能被夸大了，但到了 1649 年，死亡人数 20 万被认为是"政府官方数字"[49]，在人们中间传布。弥尔顿写道"超过 20 万人……被那些爱尔兰野蛮人暗杀、切成碎块"[50]。有关鞭打、阉割、强奸、性侮辱、生殖器切除，甚至吃人这些暴行的消息广为流传。托马斯·莫利的这篇文章体现了这场新闻战的风格和政治方向，文章名为《抗议爱尔兰叛军对在爱尔兰的新教徒的野蛮残酷行径与血腥屠杀……此文是对于该事件目击证人的调查报告……呈送整个英格兰王国，所有英格兰民众或许因此能看到叛军非人道的做法，阻止他们的邪恶行径，向可怜的同胞接济必需品，并为他们的宗教、法律与自由而战》（伦敦，1644 年）。虽然这些事件和有关它们的报道是用来抹黑查理一世的声誉的，因为至少是他纵

213

容了这些暴行发生，但长期会议同样未能成功地应对这一挑战。爱尔兰陷入了无政府状态。

此时至少有五大交战方正投入战斗：武装的天主教徒、基尔肯尼联盟的"叛军"对抗英格兰人的殖民和统治；奥蒙德侯爵詹姆斯·巴特勒——巴特勒一开始效忠查理一世，之后又忠于查理二世——领导的队伍被动员起来镇压叛乱；英奇昆男爵默罗·奥布莱恩率领的新教徒军队，最初组织起来支持奥蒙德，但1645 年以后，在与天主教徒的对抗中都比奥蒙德的军队更富于战斗力，并且忠于英格兰议会；另一支新教徒军队在北方，其中占绝大多数的是苏格兰人，这支军队的领导人是乔治·门罗爵士；末了是一小支议会军，大部分是英格兰人。到了 1649 年，最后这支队伍分别由迈克尔·琼斯上校、查尔斯·库特爵士和乔治·蒙克上校统率，各自分布于都柏林和帕莱地区、伦敦德里和北方的沿海飞地。此外，一次变节变得至关重要。奥蒙德与基尔肯尼联盟签订了一项条约，英奇昆不再忠于议会，而随着门罗的军队也决心与奥蒙德共命运，那些新移居者的忠诚和意图显然变得难以确定。[51]

就在委任弥尔顿前往秘书处就职的同一次会议上，国务会议任命克伦威尔为"出征爱尔兰军队总司令"[52]。被清洗的议会针对爱尔兰反对者的行动于 2月开始，他们成立了一个强大的委员会来组织、筹划这次远征。爱尔兰曾是英格兰众多军事声名显赫者的坟场，克伦威尔在接受这份任命之前犹豫再三，比弥尔顿任职前踌躇的时间多少还要长一些。弥尔顿创作《评论》时，克伦威尔正在持续、果断地调集兵力与物资，以确保作战成功，此时，各项谈判工作正在进行，包括获取伦敦城的巨额贷款、支持远征爱尔兰的事业。

弥尔顿对爱尔兰新教徒命运的关心深切长久。有证据表明他在 1642 年为解救新教徒捐赠了一大笔款子，共计 4 英镑。[53] 在《评论》和之后的作品中，他都对新教徒遭受的大屠杀的规模和性质坚信无误，对施暴者以及那些冷漠、无能，还与之同流合污而导致惨案发生的人怀着无法消解的敌意。如果真要区别的话，他与克伦威尔和被清洗的议会中绝大多数人以及它的支持者们的态度并没有太大的不同。接下来的战役迅速击溃了主要的反对力量，克伦威尔凯旋，他无往而不胜的声名更盛了，不过小规模的战斗仍在继续，直到 1653 年，英格兰人遇到了让人意想不到的顽强抵抗。

克伦威尔的成功建立在两场臭名昭著的大屠杀的基础上。在德罗赫达，

214

2800 名士兵被杀，"还有许多当地居民，包括可以找到的所有天主教托钵修会修士"；在韦克斯福德，约有 2000 人惨遭杀害。[54] 英国内战时期的新模范军在胜利的时候大多行为端正。但有三种情形会刺激军官和士兵做出复仇的举动。假如被围困地区的守卫者们负隅顽抗，而他们的失败又是无可避免的，这将造成进攻军队不必要的人员损失，这时英格兰军队的反应就会非常激烈，一座要塞一旦被攻占，就可能面临严酷的惩罚。他们对待被抓获的天主教徒的方式常常骇人听闻。他们尤其痛恨与那些过去已缴械投降、后来又拿起武器反对他们的人再次战斗。因此在科尔切斯特陷落之后，费尔法克斯批准立即处决查尔斯·卢卡斯爵士和乔治·莱尔爵士。也因此，在纳西比战役之后，当保王党的辎重队落入胜利者之手时，"超过 100 名手无寸铁的妇女"被屠杀：他们被看作并被说成是"妓女和爱尔兰女人"[55]。温彻斯特侯爵是一名天主教徒，年轻的弥尔顿还曾痛悼过他已故的妻子[56]，他的宅邸贝辛庄园被不折不扣地当作天主教徒的要塞抵抗英格兰人，这座宅院遭到了肆意破坏，他们争夺它的"每一堵墙，每一扇门……克伦威尔纵容他的士兵杀死了许许多多住在里面的人，即便他们不断地大声求饶"[57]。

215

在德罗赫达，三种情形合在了一起。驻地由宿敌亚瑟·阿斯顿爵士统领。雷丁镇投降的时候，阿斯顿就是那座小镇的统帅，克里斯托弗·弥尔顿的名字也出现在当时的花名册上。那时，给予阿斯顿的投降条件没有阻止他继续为国王效力，他依然在英格兰战斗，直至 1646 年；对克伦威尔的士兵来说，遇上一个曾是他们手下败将的旧敌令他们非常恼火。而阿斯顿是一位天主教徒，这也是尽人皆知的，小镇和要塞还收容了许多教友。他们甚至在城墙被攻破之后，还在持续战斗，造成英格兰人不必要的死亡，其中战死的包括率先攻入小镇的兵团指挥官卡斯尔上校。据说卡斯尔的士兵们用阿斯顿自己的木制腿将他打死。[58] 韦克斯福德在某种程度上是偶然变作一处屠杀地的，犯下暴行的军队认为这处驻地即将投降，但它仍一心抵抗。

当然，克伦威尔的行为在近代已招致不少谴责。他最坚定的支持者、将他偶像化的传记作者约翰·巴肯试图在他呈报给下议院议长伦索尔的陈述中找到"一丝歉疚"，认识到"他的错误深重，并且深知这一点"。对 17 世纪中叶的军事历史有着敏锐洞察力的伊恩·詹托斯认为克伦威尔对"他准许的大屠杀的态度不甚明朗"[59]。克伦威尔似乎毫无悔恨之意，尽管他既虔敬又讲求实干，他在报告中提到，"我相信这是上帝对这些野蛮的可怜人的正义审判，他们的双手沾满了如此多的无辜人的鲜血，我相信我们的做法会避免将来血流成河，这就是促成这些行为的充分理由。假如不这么做的话，我们只能沉浸在自责与悔恨中了"[60]。既然屠杀显而易见是受到了上帝的许可，还能迫使其他要塞迅速投降，它因此也就不那么令人懊悔了。不管怎样，克伦威尔采取的行动与英格兰公众舆论是一致的，也与弥尔顿和他俩共同效力的政府的看法不谋而合。报纸用"上帝的惩罚"这样的字眼来报道德罗赫达和韦克斯福德事件。比如在韦克斯福德，"一些神父和修道士在教堂中被杀，他们就是在那里饿死了许多英格兰人，大人查明了他们的罪恶，让他们付出了代价"[61]。奥尔登堡大使与被清洗的议会的官员最初接触时，频频听到他们以征服爱尔兰、替 20 万死去的新教徒报仇来为弑君辩护，并以此证明新政权的宗教态度。[62] 弥尔顿在他的辩护中也都会谈到这个话题，而他这么做的时候，没有丝毫对爱尔兰死难者的怜悯之情。

216　　　弥尔顿的《评论》在那时为克伦威尔的战役打响了前哨战。表面上，它似乎是一份奇异的出版物，65 页中有 44 页是复制的文件与宣言，绝大多数出自对被清洗的议会存有敌意的人之手。它主要包括奥蒙德与天主教联盟商定的条款，其中还有奥蒙德写给迈克尔·琼斯、企图让他背叛议会的信件，以及琼斯忠贞不贰的回复和苏格兰长老派在贝尔法斯特发表的《必要的陈述》。但这份出版物改编了长期议会在 1645 年发出的一份成功倡议，即《打开国王的储藏柜：或曰，数捆国王亲手写的秘密书信和文件，在纳西比战场上缴获于国王的储藏柜中……以及上面的一些注释》。"注释"评论了 43 页信件，它们中的大部分是查理一世与亨丽埃塔·玛丽亚的往来书信，按照议会的说法，这些信展现了国王对妻子的宠爱，他在处理议会及其他事务上的奸诈多疑，以及他想要调来一支外国雇佣军的意愿。这份出版物的书名页上印有的"依照议会的特殊指令出版"字样，深深地伤害了所有残存的诚实的声名。国王的敌人代表着新教和"自由与宗教的事业，这桩事业是英格兰议会和苏格兰议会共同维护的，他们反对欧洲几乎所有的天主教徒，尤其是血腥的爱尔兰之虎和英格兰的一些高级教士与宫廷派系"，他们暗示他们面临天主教徒一场蓄意已久的阴谋，这让他们获益良多。[63]

　　虽然弥尔顿比前辈们更加持久地为谋求英格兰人的民族利益工作，他的《评论》采用的是与上述相同的策略，这一策略建立在新教徒对爱尔兰天主教徒的普遍厌恶之上，并事先预设广大读者正在找寻保王派与天主教徒的阴谋。爱尔兰自始至终都被当作是英格兰的财产，一个属于英格兰的附属国。复制的文件清楚地显示奥蒙德与阿尔斯特省的苏格兰长老派已经承诺与屠杀了200000名新教徒同胞的爱尔兰天主教徒结盟。弥尔顿对读者的反应信心十足：

> 我们可以很有把握地相信没有一个真正的英格兰人会毫不愤慨、毫无轻蔑之色地读它们（和平条款）。按照这些条款，那些血腥的叛军……在残忍无情地屠杀了成千上万的英格兰人之后……如今竟可以享有这般自由与扩大的权利作为奖赏，这是他们的先人从未获得过的。[64]

在被清洗的议会的合法性可能尚经不起推敲之际，弥尔顿却巧妙地让他的那些英格兰新教徒读者接受它对军队再度出征爱尔兰的动员，相信它是信仰与民族利益的保护者。与之形成对照的是，奥蒙德失去了英格兰人古已有之的统治爱尔兰人的权力，"使整个藩属国不再臣服于英格兰自古已有的统治"。弥尔顿对奥蒙德的抨击成了他第一次为克伦威尔辩护的起因，有人诋毁克伦威尔是"与莱顿的约翰①类似的人物"，想要成为一位被选举出来的君主。弥尔顿的回复是"克伦威尔的行为更为卓越、出众，他家族的高贵便以此为基础，尽管仍然有所欠缺"[65]，这恰好与旧贵族的失败形成了对比，这种失败的例证便是奥蒙德在镇压爱尔兰叛军上的无能。劳拉·诺珀斯曾经评价过被清洗的议会时期对于克伦威尔的描写的复杂性。[66] 而弥尔顿在这里的任务相对简单，即对比了以真正功绩为基础且以国家利益为重的实际效劳与仅凭出身而继承官衔之人的碌碌无能。无论如何，其内在思维是深刻的共和思想。

217

对于在贝尔法斯特的苏格兰主要长老派的公开谴责，弥尔顿恰如其分地花费了最多的努力予以回应。他谈了他们的外族性与不为人所知之处。他们"来自爱尔兰一个未开化的角落"[67]。不过，他最关心的是解决由1648年12月政变引发的英格兰长老制危机，以及随后政治上长老制的消亡。布莱尔·沃登对被清洗的议会的经典描述"急于将保王党与长老派隔离开来"，在一定程度上定义了它显而易见的保守主义。正如他所说的，克伦威尔在那个过程中注意到了征

---

① 莱顿的约翰（John of Leiden，1509—1536年），荷兰再洗礼派领袖。1534年，他在德国再洗礼派据点明斯特领导该派信徒将公国君主驱逐出境，成立神权政体并自立为王。在其短暂统治期间，没收教会和寺院财产，取消货币，实行粮食平均分配、财产公有化和一夫多妻制。1535年明斯特城被兼任主教的公国君主率军攻陷。约翰被处死。

服爱尔兰以及反对苏格兰新保王主义的军事力量所起的关键作用。"这些野蛮的种族是这个国家的敌人,而不仅仅是残缺议会的敌人,那些向他们发动进攻的战役让政府看到了绝佳的希望,假如长老派的意见在英格兰不能得到支持的话,至少是可以被容忍的。"[68] 弥尔顿抨击了既是苏格兰人又担任神职的长老派,因而向英格兰的世俗长老派证明被清洗的议会捍卫了他们共同的国家利益。苏格兰长老派合作对抗被清洗的议会,背叛了新教义,他们"看似与爱尔兰叛军有共同利益,并且参与其中。虽然那些叛军被他们称为上帝的敌人,但他们并没有像他们应该做的那样去战斗,而是通过这些行动来提供帮助,与叛军成为同伙"[69]。虽然英格兰世俗长老会教徒面临的问题极为严峻,弥尔顿却努力将政治抉择简化为是与爱尔兰天主教合作还是与他们对抗的简单选择。

两种观点支撑着弥尔顿的整个策略:其一,爱尔兰的天主教徒很明显是不可教化的野蛮人,他们肆意杀人,必须得到惩治、严控;其二,爱尔兰作为一个附属国属于英格兰,是英格兰民族通过征服获得的,将为这个民族所用。将爱尔兰人塑造与构建成一个几乎不讲人道的民族,这一过程是小心翼翼,且带有种族主义与帝国主义色彩的。这样做,还能提前为一场将以剥夺爱尔兰天主教徒祖居地而告终的异常惨烈的战役辩解。弥尔顿编撰了一份有争议的资料,旨在筹划发起一场可疑的侵略战争,并为之寻找理由。他不会是最后一个这么做的公职人员;但他很可能是第一个。

弥尔顿接受了撰写有关爱尔兰事务文书的委托,全身心地投入其中。而他对国务会议另一项指令——在两天前即 3 月 26 日下达——的回应却引起了一些猜测。他被"指派对新近刊印的被称为《新旧锁链》的文章发表评论"[70]。这里所谈及的文章,即《揭露英国的新锁链》[托马森在他的这份文本上标注的日期是"1648 年(即 1649 年)3 月 1 日"] 与《揭露英国的新锁链第二部分》[托马森的标注日期是"1648 年(即 1649 年)3 月 24 日",就在国务会议决定采取行动的前两天],均出自平等派领导人约翰·利尔伯恩之手。弥尔顿未按国务会议的委托做出答复。有人提出这是因为他同情平等派的事业,不忍心与他们作对。毕竟,这两本小册子称颂废除君主制与上议院,呼吁出版自由、取消什一税。

218

利尔伯恩只有一次直截了当地提到过弥尔顿，那是在 1652 年出版的一本小册子里，言语中或许还带些讽刺。他向被清洗的议会提议他们应该实践"他们勇敢、博学的斗士弥尔顿先生"在《为英国人民声辩》中给予他们的那些崇高建议。[71] 弥尔顿没有谈到过平等派，也没有特别提及利尔伯恩。

让弥尔顿来驳斥这两本小册子是一个糟糕的选择，一个相当重要的原因是册子中的很多具体内容无疑是准确的，而对此的最好回应应该是予以某种人身攻击，而他过去并不精通此道。册子是在克伦威尔和他最亲密的伙伴与平等派的关系出现转折点的时候问世的。在议会被清洗、国王被杀之前，这些军队里的大人物与他们谨慎地保持着对话，在相同立场——包括信仰自由、坚决认为国王应受到惩处、主张军人应获得权利、反对议会里政治上的长老派——的基础上达成一致意见。然而平等派进一步要求确立一个新的政治制度、进行宪政改革，以扩大选举权，再加上他们不愿支持已筹划好的爱尔兰战役，断言议会成员只为他们自己谋求权力，这意味着克伦威尔诸人与平等派之间出现了一条公开且无法改变的鸿沟，它的到来比利尔伯恩预想的要近得多。小册子与它提出的要求"立即在（新模范军的）士兵中间找到了共鸣"[72]。3 月 28 日，利尔伯恩和其他三位平民平等派的主要人物被捕；那天结束之前，可能是因为克伦威尔的坚持，国务会议将他们关入了伦敦塔。（利尔伯恩称他在无意中听到克伦威尔"用力捶打议会的桌子"，威吓他的同僚，"你们如果不打倒他们，他们就会打倒你们"[73]。）

约翰·凯恩代替弥尔顿对这两本册子做了回应，虽然没有记录表明他是在国务会议的直接命令下这么做的。凯恩似乎曾是一般浸礼派的牧师，之后又变成了第五王国派信徒 ①。1649 年，他工作勤恳，积极为被清洗的议会与弑君党人辩护。无论是否收到酬金，凯恩都发表了两份回复。第一份回复与《和平条款》一样，在书名页上写有批注"官方出版"。它的标题是《发现者：在此处揭示（让这个国家看清）真正的阴谋与诡计》，第二份是它的姊妹篇《发现者……第二部分》。这两份回复与《和平条款》的一点相同之处是，它们都是由马修·西蒙斯印刷出版的。凯恩的策略用第一本小册子书名页上的话来说，就是

219

----

① 第五王国派信徒（Fifth Monarchist），17 世纪英国清教徒中最激进一派的信徒。第五王国派相信只有在第五王国（指以基督为王的千年王国）里才能伸张正义。

暗示平等派的目标是"剥夺这个国家的宗教、权利、自由、礼节、法律、政府等"。为了达成目的，他不择手段，一方面选择性地引用平等派各类出版物中的话语，另一方面，别有用心地将利尔伯恩和他的同僚所倡导的与杰勒德·温斯坦利①的土地公有制混为一谈，他引用并详细讨论了后者宣传册中的文字。

1649 年的春天对许多激进分子来说至为关键。利尔伯恩的朋友亨利·马滕长久以来都对平等派持支持态度，此时却默默地脱离了他们的事业。在某些方面与弥尔顿最为接近[74]的独立派牧师约翰·古德温颂扬他们被打倒。[75]克伦威尔毫无疑问被认为是平等派最强劲的对手，弥尔顿在 5 月发表的《评论》对他不吝溢美之词，因此他不接受指斥平等派的委托极有可能是出于实际考虑，而非不认同他们的理念。有一种明智的看法可能让他们决定撰写爱尔兰事务文书的小册子更为紧迫，而弥尔顿曾抨击过长老派，将他的敌人与天主教的污点联系起来，还为处决查理一世敷陈了诸多理由，因此相较于指责激进分子，他对爱尔兰事件的回应会更游刃有余。不过他对被清洗的议会的支持、对克伦威尔反对利尔伯恩及其同僚的赞同态度，却是毋庸置疑的。凯恩接替弥尔顿迅速完成了回复，托马森在六七月就收到了他的小册子。在那时，随着军队中平等派的叛乱被镇压，平等派也就垮台了，他们构成的威胁已不复存在。这场叛乱在牛津郡的布福德结束，他们惩戒性地处死了三名刚缴械投降的骑兵："在克伦威尔余下的岁月中，（新模范军）始终处于他的掌控之下。"[76]而利尔伯恩一直被囚禁在伦敦塔里。

220　　凯恩在弥尔顿被任命之前私下或许就与他有些交往，因为就在托马森拿到《论国王和官吏的职权》仅仅三天之后，他取来了凯恩为弑君党人所撰的辩护之作《黄金法则或推进的正义》。正如长久以来争论的那样，凯恩必定读过弥尔顿在他之前写就的文章手稿，从而受到了弥尔顿的影响。整个 1649 年，凯恩一直全心全意地支持着被清洗的议会，他出版小册子为爱尔兰战役辩解，为被清洗的议会的成员明显背弃《神圣盟约》的行为辩护。这几本册子的书名页上同样印有"官方出版"的字样，也同样由马修·西蒙斯出版发行。[77]

---

① 杰勒德·温斯坦利（Gerrard Winstanley，1609—1676 年），英国政治哲学家、社会活动人士、"掘土派"领袖，领导贫民开垦公用地，主张土地共有，人民共同耕种土地。

国务会议很显然认识到了组建一支尽可能强大的宣传队伍的必要性。在吸纳弥尔顿之后两个月，约翰·霍尔也被招募进来为国务会议工作，"应对那些可能让人们对这个共和国产生偏见的宣传册"[78]。霍尔尽管年仅22岁，却是一名才华横溢、精力充沛的记者，他在17世纪50年代为连续多届政府效力，直到1656年去世，"他匿名撰文驳斥威廉·普林、克里斯托弗·洛夫，可能还有其他许多人，包括（约翰·）利尔伯恩"[79]。

不过单就被清洗的议会的对手活动的频繁次数而论，无论是在出版界，还是布道坛，议会无疑都在输掉民意。长老派左右着布道坛，而死硬的保王派则使出了这个世纪最高明的宣传招数，出版了《国王的圣像：孤独与苦难中的国王陛下的肖像》（《国王的圣像》）。理查德·罗伊斯顿在其中起了关键性的作用。在整个17世纪40年代，他出版了多份反议会的宣传品，为此他受到了严密的关注，间或还被囚禁。国王被处死前夕，他设法弄到了一份手稿，找了几个印刷工，甚至将一家印刷厂搬离伦敦，好躲过羁押。这本书因此得以在行刑当日问世[80]，并立即获得了成功。仅1649年，英格兰就出版了35个版本，在欧洲其他地方印发了25个版本（随后几年还时常被重新印刷）。罗伊斯顿和其他一些出版商的政治责任感与勇气固然无可置疑，但这一现象主要还是由商业成功催生的，市场或许是受到了反对派违法行为的刺激，导致此书的价格高出寻常的政治宣传册。剑桥伊曼纽尔学院被逐的前院长理查德·霍尔兹沃思就曾写信给未来的坎特伯雷大主教威廉·桑克罗夫特——后者仍是这所学院的研究员——抱怨这本书"太贵了"，还说罗伊斯顿的版本的价格就要超过6便士了。[81]

《国王的圣像》向那些擅长驳倒别人的辩论家——弥尔顿无疑是其中的一位——发起了一场独一无二的挑战。它声称是已故国王本人对发生的事件的记述，或者更确切地说是他对各种事件的反思，每一章都以一篇祷文结束，可能是国王对前面详加阐释的那部分的虔诚回应。一以贯之的沉思基调过滤掉了确凿、易引起争议的细节，容许作者在一个宏大、模糊的抽象层面书写。弥尔顿批评这本书没有"一个瞬间是可靠的"，查理使用了"大量含糊、貌似合情合理的词语"[82]，这让它变成了一个很难打击的目标。只有国王本人、王后、威尔

221

图33　被认为由查理一世所作,《国王的圣像:孤独与苦难中的国王陛下的肖像》
（1649 年）卷首插图

士亲王、第一代斯特拉福德伯爵与一位变节的、最终被议会处决的指挥官约
翰·霍瑟姆爵士可以通过名字或头衔被辨认出来。文章巧妙地从召集长期议会开
始铺陈，之后又隐晦地写道期望君主制能取得最终的胜利，能查明要惩处的罪
魁祸首，这反映了在 1648 年的最后几个月里，保王派不确定谁会是他们潜在的
盟友。清教徒的意见随后会大相径庭，但他们对查理一世在 1640 年秋天之前所
有行为的看法大体上倒是一致的，因此作者将这部分的记述省略了。威廉·普林
在 1649 年强烈反对处死查理一世；而在 1637 年，他被星室法庭判处割下双耳，
那时他对君主制和政体的看法是完全不同的。普林与后来的独立派牧师亨利·伯
顿，以及后来的"独立派之锤"约翰·巴斯特威克一同被送上刑架，未来的平等
派（和未来的贵格会教徒）约翰·利尔伯恩因为分发巴斯特威克的书，被判处绑
在马车尾部在伦敦街头游街，同时被施以鞭刑，在这些事件发生之时，清教徒
达成了广泛的共识。于是《国王的圣像》避免了对这一时期的讨论。考虑不周且

执行不力的苏格兰战役同样被忽略了，这对那些想要利用苏格兰作为据点，进而征服英格兰的保王分子来说显然有利。还有一个问题，《国王的圣像》的绝大多数版本都是灵巧的八开本，而不是通常的四开本，这几乎不像是一部争议之作，更像是一本圣诗集或私人祈祷手册。

《国王的圣像》差不多从一开始就对新政权构成了一个让人察觉得到的威胁。没有证据表明弥尔顿受托撰文回应，但他明确说这份工作是作为一份意料之外的任务落到他身上，而不是他自己找来的。他在《偶像破坏者》的评注里流露出令人困惑的不急不躁："我把它当作分配给我的任务，而不是我自己挑选或渴求的。这就是我为什么迟迟不动笔，又如此从容不迫地在其他工作或事务活动间歇将它完成的原因。"[83] 弥尔顿和他的上司们可能认为《国王的圣像》所引发的现象会很快消失，又或许他们认为另一本支持被清洗的议会的宣传册、最迟在 8 月中旬匿名出版的《真实的圣像》（托马森在他的册子上标注的日期是"8月 16 日"）足够应付它了。

事实上，另外的那份回应与弥尔顿在《偶像破坏者》中设置的辩论点形成了有益的对照。《国王的圣像》从最初出版之时，作者的身份就受到了质疑，复辟后出现的证据表明教士、神学家约翰·高登——在这之后他会收到高额的薪俸——至少在将手稿付印的过程中承担了主要的编辑工作。[84]《真实的圣像》在文中明确说是一位高级别的神职人员代笔写了这本书。正如前页的一首献诗指出的，"靠着奉献、智慧和勇气，似乎 / 有主教掺和了一脚"[85]。这位匿名作者与弥尔顿一样，一章一章地研读《国王的圣像》，纠正他认为的错误，但没有如弥尔顿这般勤奋；它的长度大约是《偶像破坏者》的一半。作者常常采用一种诙谐的口吻，这对他颇为有用，因为他用的是清教徒抨击主教的老式的方法，而不是无礼地对着一位深受尊敬、带有君王传统特质的已故人物讲话。他试图证实这本"国王的书"是假的，但却将矛头从真正的目标——查理一世本人转到了旧日那些被打败的敌人身上。

《偶像破坏者》第一版由马修·西蒙斯出版，问世时间不会晚于 1649 年 10月初（托马森在他的册子上标注的日期是"10 月 6 日"）。不同于《真实的圣像》，而且更富有意味的是，有别于弥尔顿的《评论》，它不是匿名发表的。书的书名页上带有"作者 I. M."一行字。托马森在他的册子上添加了"ilton"。同样的套路曾用在弥尔顿深具影响力、读者众多的《论国王和官吏的职权》的书名页上。

223

图34　匿名作者，《真实的圣像，国王陛下亲历的真相》（伦敦，1649年）卷首插画
与书名页

《偶像破坏者》的创作者身份几乎算不上是个秘密。不过，与《真实的圣像》和
《论国王和官吏的职权》不一样，而与《评论》相同的是，《偶像破坏者》的书名
页上也带有"官方出版"的字样。至关重要的是，它既是官方认可的对《国王的
圣像》的回应，也是约翰·弥尔顿的个人声明，表明他的身份已经从匿名的政府
发言人转变成了英格兰共和国的重要捍卫者。

224　　　事实上，弥尔顿在这本书的长序中为自己塑造了如下形象：一位勉为其难
接受任务，但却是新生的英格兰极富爱国心的公民，同时也是它直言不讳的捍
卫者：

> 国王们往往长于统率千军万马，却弱于雄辩高谈。究其缘由，盖因自婴孩
> 时起，他们就惯于发挥其自由之意志而非运用其推断之理智，如同右手之
> 熟练与左手之生疏。一旦被迫陷于口舌之辩，他们便显得软弱无能。然
> 而，或因囿于习俗，或因困于心智，抑或因缺乏教育，对待国王，人们往

往只看到其"陛下"之俗丽名号，盲目崇拜其言行而无法认真考量，就好像他们连呼吸都与我等凡夫俗子不同。因此，虽是面对国王，我也将代表自由与英格兰共和国，义不容辞地应战（因为这似乎正是来自他本人及其党派的挑战）。[86]

当然，《国王的圣像》没有发起挑战，它努力将自己伪装成一部争议之作。《偶像破坏者》却蓄意把它拖进了一场战斗中，将其中虔诚的思考变为可疑的事实、论点与陈述，让它们接受质疑。

而它们确实经不起推敲。一章一章地，弥尔顿不留情面地用他和他的读者知道的实情与国王所说的话对质。国王坚称召集长期议会主要是出于他自己的意愿。不，他没有——"对所有知情的人来说，（这种说法）显然不是真的"，

225

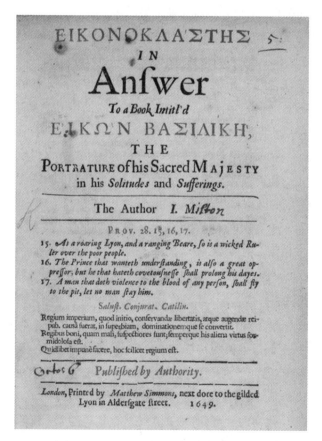

图 35　约翰·弥尔顿，《偶像破坏者》（伦敦，1649 年），书名页

"孩童们都知道"。国王回忆当他试图逮捕五名议员的时候，他是与"一些绅士"一同去的议会。不，他没有——他们是一群"衣衫褴褛的逛窑子的步兵，一群酒馆和赌场里的杂种"。内战初期，他资源匮乏，"他仅剩的最主要武器只有那些古时候的基督徒常用以反抗迫害者的东西，即祈祷和泪水"。弥尔顿想要弄清楚内战为何会旷日持久、野蛮残酷、耗费巨大，他继续质问："他周围那些成千上万满口谩骂和诅咒的骑士是什么人？那些是祈祷者吗？那些饮酒作乐者酒醉到搞混所有神圣美好的事物。他们提供泪水吗？"[87]

在这本册子里，弥尔顿诘问的语气一直贯彻始终且目的明确。[88]他注意到将国王的话与一个问题放在一起会产生一个明显的优势：这句话如何与国王在别处所说的保持一致？这些虚构之事如何与你们——我的读者、所有善良的人——已经知道的相符？除此之外，他竭尽所能地再现一种宽泛的、超越清教徒思想分歧的团结精神，这是出现在冲突早期的特色。弥尔顿援引了"骑士"被描绘为醉醺醺、生活放荡、满嘴"该死"的刻板形象，他因此可以再次使用17世纪40年代初的语言，一种长老派和其他顽固守旧分子都曾使用过的语言。[89]他搜寻出过去曾联合国王所有宿敌的知识、信仰和价值观。弥尔顿执拗地仔细推敲《国王的圣像》，将它虔诚的话语解读为实质性的声明，继而被众人皆知的常识推翻。这样他便将国王这部不同凡响、在17世纪中叶的各种论战中独树一帜的作品变成了一本稀松平常的书——不过是另一个党派对内战爆发的原因与过程的记录罢了，因而遭到对现实的另一种说法的质疑，这是弥尔顿想要寻求支持的人也会赞同的做法。

渐渐地，弥尔顿在书中体现的文化修养胜过了查理，后者的用语总是无病呻吟、低俗、不得体。威廉·马歇尔那幅著名的放在多个版本的《国王的圣像》卷首的寓意画，与个人统治时期宫廷圈子里最受欢迎的文学形式有关。它"俨然是假面剧的场景"，是一部"舞台作品"。当查理写到亨丽埃塔·玛丽亚的时候，他的"笔调几近于作十四行诗"[90]。《国王的圣像》的各个版本——不是最早的那些版本——都以虔诚的祷辞结束，那是"国王陛下在受难时用的祷辞，他在被处死之前念诵给伦敦主教贾克森听的"。弥尔顿是第一个在出版物中指出这本书的第一段祷辞来源于帕梅拉公主在《彭布罗克的阿卡狄亚伯爵夫人》第三卷第六章的祷文。[91]有两种可能：查理（或为他代笔的人）就像弥尔顿说的那样庸俗愚蠢；或者是有人故意将那些容易成为弥尔顿攻击目标的材料充塞进不

226

同版本中。17世纪晚期的一则轶闻称威廉·杜加尔德在弥尔顿的授意下插入了这段祷辞。杜加尔德曾因为印制《国王的圣像》早期版本而被捕入狱，他这么做是为了"弥补他的过错"。假如真的如此，它必然发生在2月初，那是弥尔顿正式进入国务会议工作的一个多月前。舆论大都不认可这种说法。J. 弥尔顿·弗伦奇坚称"它听起来完全像是诽谤"[92]。其他人宁愿将之视为一次巧妙的回击。威廉·燕卜荪——他是研究弥尔顿的专家，从某种角度来说，是他那一代里最敏锐的研究者，同时也是一位战时宣传员[93]——相信这种说法，认为它"使（弥尔顿）比通常认为的更开放、更精明干练，少了些学究气，不再那么故步自封，多了些人情味，更有能力领会他人的用意，感受他人的感情"[94]。不管这段祷辞如何出现在文本里，它的存在都让查理受到了尖锐的抨击，备受鄙视。他在断头台上同他在法庭上一样无畏，他的英勇赴死掩盖了他最深的恶行。即便是身处绝境，他还在不断抄袭，而且抄的并非那些神圣之作，而是一部传奇故事，他将异教祷辞中的"残羹、糟粕"拿来填充进他最后的祈祷中。[95]

与查理书中不合宜的华丽辞藻形成对照的是，弥尔顿与他在出版1649年那些早期宣传册时做的那样，写下了朴实无华的散文，显然是受过严格的训练。文章中，明喻与暗喻相对稀少。自始至终他都控制双关语的使用，避免创造新词。[96]其中很少有第一人称，而一旦出现，他的语言便会变得极其庄重。比如在他看来，发自肺腑的祈祷远胜于国王矫揉造作的辞令："我相信上帝不会被修饰得这样精致的祷辞打动，而乞丐的一篇讲话会让真正仁慈的人感动。"[97]弥尔顿把自己塑造成了一个复杂的形象：他是一名清教徒、一位公职人员，是共和国的支持者，也是一个讲真话的人；他将这个形象与他描画的查理的另一幅"肖像"对比，后者撒谎成性、装腔作势、四处剽窃、虚伪不实，还是个叛徒、暴君、傻瓜。

弥尔顿在他的札记书中一条名为《关于决斗》的标题下写下了"无法确定真相"[98]几个字。弥尔顿称之为他与查理一世的决斗的结果仍然未有定论。从长远来看，凯文·夏普认为共和制没有在英格兰人的立宪思维中保留下来，这反映了在他们的政治意识里，共和制形象无法代替更具吸引力的君主形象。[99]但是从短期来看呢？参与者双方赢得了不同的胜利。对那些从国王与议会产生冲突之初就支持他的人来说，《国王的圣像》自然是正中他们的下怀，开始有人狂热崇拜殉道者查理。弥尔顿可能认为该书的读者与爱尔兰那些难以驯服的野蛮人

227

一样遥不可及。不过在那些支持长期议会、却不赞同普赖德大清洗与被清洗的议会的人看来，他的文章具有强烈的说服力，让他们想起查理时代教会的耽于礼仪与严酷压抑，书中满嘴"该死"的可怕骑士吓倒了他们，此外他们还想到一旦恢复君主制，他们会得到什么样的待遇。最让人印象深刻的是弥尔顿提醒他们《国王的圣像》的真正目的所在，也就是为第三次内战做准备。[100] 查理二世无疑在 1649 年到 1651 年获得了爱尔兰长老派与苏格兰长老派的鼎力支持。在英格兰，被清洗的议会实现了弥尔顿为之奋斗的目标：当查理二世从苏格兰挥师南下，英格兰长老派并没有追随他的旗帜，而是默默地保持着中立。共和国早期长老派唯一重要的阴谋活动——这桩事件通常以其中最尊贵的牺牲品克里斯托弗·洛夫的名字命名——在伍斯特战役前的夏天被发现并被镇压。洛夫的处决向长老派中的王党传递了一个更为直白的信息。直到 1658 年布思起义，长老派才拿起武器对抗共和政府，而这场起义同样也被轻易地镇压了下去。[101]

《偶像破坏者》的第一版在版式和逻辑论证的选择上，没有流于仅仅从理论上阐释反抗王权的缘由。它对共和制的拥护深深印刻在书中显而易见的价值体系上，印刻在它对生而自由的英格兰人享有的权利的歌颂上，印刻在它对君王行为的贬低上。弥尔顿继续打磨了几个月，第二版于 1650 年 6 月过后不久问世，它的书名页上标注着"第二次出版，内容大幅增加"。在弥尔顿增加的内容中，并未更动多少要旨，但他的政治理念更清晰了，尤其是在以下这段出色的章节里：

> 确实，如果国王是人中之杰，就像塔特伯里马场的品种是马中至尊一样，那么就有理由说他们的职责是统治，而我们的本分是俯首称臣。但世代以来，国王并不比其他人出色，通常他们不是国人当中最贤明、最优秀的，却声称自己拥有统治权，而我们竟屈从于他们，使自己蒙受伤害，或将我们的公共安全寄托在他们身上，认为我们生来享有的自由是他们赐予的，就像在加冕典礼上，他们皇恩浩荡，让渠道撒出酒来。或许我们能确定这不是上帝的意图，因为上帝总是公正公平的；也绝不会是大自然的目的，因为大自然的做法总是有规律可循；没有哪一个不算完全野蛮的民族在第一次创造国王的时候，不是小心谨慎、用理智来引导的，继而抬高一个人和他的血脉，贬低和践踏其他人，偶然而得的子嗣掌握了对他们和他们的后代绝对且无法解释的统治权。[102]

228

这一段落在风格上有别于《偶像破坏者》大部分篇章的严肃、朴实，尤为引人注目。弥尔顿用了一个贬损的类比来论证他的观点。塔特伯里曾是最重要的皇家种马场，这大半要归功于第一代白金汉公爵。但显而易见，查理并没有像他的马优于普通马那样，显示出优于他的臣民之处。古老的亚里士多德式的观念认为暴政是一个人统治其他并不比他拙劣的人，这种见解与马的血统的简化意象和种马场的国王这一略有些愚蠢的概念混在了一起。平民从伦敦的供水系统汲酒，这让加冕仪式上的街头狂欢看上去不太像是庆祝活动，更像是穷人的不文明行为。将"撒出"与"酒"放在一起意味着这是一种颇为低劣的陈酿。弥尔顿又谈到了上帝与大自然，提升了论证的格局；上帝与大自然都象征着理性的力量，而以继承为前提的王权显然与理性格格不入。"偶然而得的子嗣"将世袭君主对统治权的主张等同于随意交媾的偶然结果。

弥尔顿为国务会议创作的第三份重要出版物提出了一种不同类型的挑战，但其中的论点与《偶像破坏者》多有相同之处。查理二世周围的人委托克劳德·梭梅斯——也就是了不起的克劳迪乌斯·萨尔马修斯——用拉丁语撰写了一部书，用来抨击议会对国王的审判。萨尔马修斯出生于法国，之后改信了新教，他在承袭人文主义传统方面声名显赫。他发现了《希腊文选》的巴拉丁文选，并且编辑和评论了大量希腊语与拉丁语作家的作品。他同时也是一位享有盛誉的研究早期教会历史的专家。作为一名好辩论者，他反对罗马天主教主张罗马教廷享有至高无上的权力的观点。此时他在因约瑟夫·斯卡利杰尔而出名的莱顿大学出任教授。萨尔马修斯是一位卓越的新拉丁语学者，事实上他所有作品都是用拉丁语写就的。假如国务会议中曾有人对委派弥尔顿回复《国王的圣像》一事有所迟疑的话，那么现在围绕下一个任务该指派谁这个问题则产生了更多新的焦虑。弥尔顿是公认的善辩者，1648 年 12 月以来他已经展示了为新政府各项决策辩护的能力。然而他还没有发表过用拉丁语写的散文。他的声名为越来越多人所知晓，但那是因为他毫无顾忌地鼓吹离婚改革，为弑君辩解。而此刻站在他对立面的是一位享有与格劳秀斯或塞尔登同样地位的学术权威。

选择萨尔马修斯声援保王党，表面上虽然惹人关注，实际却是一条下策。

229

最重要的是，他对英格兰立宪斗争的来龙去脉几乎一无所知。关于具有悠久历史的立宪的争论虽是老生常谈却仍有影响力，但萨尔马修斯似乎未予理会，他在自己的鸿篇巨制（约400页）的前半部分创造的方法是将辩论引入他更游刃有余的领域。然而他的学术声望并非建立在政治哲学和近代史这两大领域上。（格劳秀斯或塞尔登都有法学专业背景，因此他们的专业知识更具有相关性。）其次，他对英格兰近代史的了解严重不足。再次，他是一个外国人。他的身份一开始很有可能会引起欧洲大陆人们的兴趣，但他的异族身份却会让英格兰读者不快，他们会提出一个显而易见的问题，为什么在英格兰找不到一个可以用拉丁语为保王事业辩护的人。最后，尽管他是一位资深的拉丁语学者，却不大机敏伶俐。萨尔马修斯的种种破绽，弥尔顿没有错失一个。

乔治·托马森在1649年5月2日拿到了萨尔马修斯的《为查理一世声辩：献给最尊贵的大不列颠国王、长子、继承人、合法继任者查理二世》（出版地点不详，1649）。最早版本的书名页上虽然未印有出版地点与版本说明，但却标注了"皇家付费"几个字，意味着其与《国王的圣像》一样得到了正式认可。书名页上还带有皇家纹章，其中四分之一是苏格兰跃立狮形的纹章，对于这些细节弥尔顿都会明确地一一予以回应。萨尔马修斯或许过于强调查理二世在已故国王的子嗣中间的地位，因为此时国王的第三子格洛斯特公爵、亨利王子仍在被清洗的议会手中，保王党一直担心他会成为议会的傀儡。

总的来说，共和国对此的反应是迟钝的。萨尔马修斯在尼德兰联省共和国工作，他写的文章常常先在那里印刷，国务会议指派代表沃尔特·斯特里克兰在1649年11月底向荷兰议会陈述，试图禁止这本书的印制。1650年1月8日，国务会议命令弥尔顿撰写回复。1650年2月18日，国务会议注意到"一些书……从荷兰寄给这里的多位书商"，于是下令"找出并没收"它们，同时对进口商提出诉讼，两天后，威廉·杜加尔德因计划在英格兰印刷该书而遭到监禁。[103]

230　　　直到1650年12月23日，弥尔顿才将他回复的手稿呈交给国务会议，国务会议审阅后同意将其付梓出版，并于第二周颁发出版许可。大约在1651年2月24日，这本书最终问世。[104] 弥尔顿在欧洲大陆的声誉将会建立在这本《英国人约翰·弥尔顿为英国人民声辩，驳斥克劳迪乌斯·萨尔马修斯的〈为查理一世声辩〉》（《为英国人民声辩》）上。版本说明上写着"伦敦，杜加尔德印刷"，此杜加尔德正是那个谋划印刷萨尔马修斯之作而被捕的威廉·杜加尔德。很显

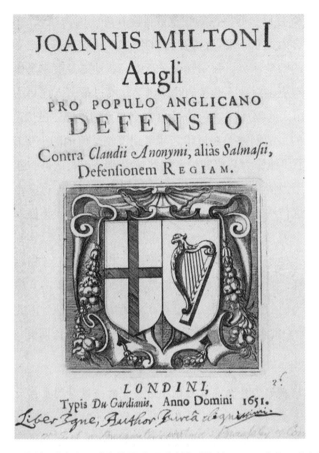

图36 约翰·弥尔顿,《为英国人民声辩》(伦敦,1651年),书名页,
第二代布里奇沃特伯爵题词

然,他在纽盖特监狱待了一个月,丢了正职——麦钱特泰勒斯学校教师的职位,印刷机被没收,这些已经足以令他倒戈相向了。在劝说杜加尔德的过程中,弥尔顿可能也出了点力;这位印刷商的叔叔理查德·杜加尔德据说是他的一位朋友,但弥尔顿和威廉或许在剑桥就认识彼此。[105] 当然,要说服一个人为共和国服务,为他提供似锦的前程,使他免遭关押,免受经济损失,免于失业,这些比起个人影响力显然要有说服力得多。

弥尔顿的书名页上与《为查理一世声辩》的象征物相对应的是触目的盾形纹章,不是大不列颠君主的纹章,而是代表英格兰和爱尔兰的双饰章。同样的徽章曾被放置在布拉德肖审判查理一世时坐的座椅上,同时表明英格兰坚决主

231

张对爱尔兰的所有权。苏格兰的纹章被排除在外，因为在被清洗的议会看来，苏格兰完全有自由拥立查理二世为他们的国王。从纹章图示上看，詹姆斯一世联合三个王国的旧梦休矣。弥尔顿在文章中轻蔑地提及萨尔马修斯匿名，这意味着接下来还有更多对他不恭敬的戏谑调笑。不过最引人注目的是弥尔顿自己的名字——英国人约翰·弥尔顿——出现在书名页的顶部。虽然这部作品是国务会议委托撰写的，他们需要在付印之前拿到手稿，但他的声望较呈现《偶像破坏者》时更盛了。他作为政权拥护者的地位得到了正式认可。强调他的英国人身份，既表明了被清洗的议会企图推行的民族主义计划，也突出了与保王派流亡者们雇用的这位法国人的对比——弥尔顿似乎是在代表英格兰民族对抗一个外国对手。

无论如何，他是小心翼翼地开始动手的。共和国迟迟才做出回应，这一点很显然需要解释。此外，他十分清楚辱骂的规则，一旦反击开始，他即将失明这一事实就会为他的对手所知，并会被拿来无情地对付他。因此，他解释了为什么从《为查理一世声辩》首次出现在英格兰到他发表这份回复，这中间会间隔二十个月：

> 假如有人问我们为什么竟容忍他在这样长的一段时间里，大摇大摆地悠来晃去而没有受到一点损害，当我们默不作声的时候，却眼见着他扬扬得意地陶醉在胜利里？关于这一问题，旁人怎么说我可不知道，至于我个人则可以肯定地声明：像这样一桩正义的事业绝不难找出词句和理由来声辩。要是我有工夫，而且身体又能让我操劳执笔的话，我早就写了。但由于我身体仍然十分孱弱，所以只能断断续续地写，几乎每一个钟头都要中断，而这个题目却又需要心神专注地加以研究。[106]

漫不经心地承认自己的健康出了问题，这是要先发制人，以免别人肆无忌惮地斥责他受到了天谴（这种说法后来确实出现了[107]）。弥尔顿的这段记述还暗示了萨尔马修斯发起的挑战并非迫在眉睫的头等大事。但弥尔顿仍得勤勉工作，书写他的回复。这项任务也不完全是用优雅的拉丁语为他业已十分熟悉的审判已故国王的程序辩护。萨尔马修斯将他的论证引入了一些不熟悉的领域，尤其是关于古罗马人的先例的论述，尽管这样的论证未必切题。弥尔顿同样打磨出了一份高明的回复，只要有可能，他就利用萨尔马修斯曾经编撰或创作的文章，也就是用其以前的作品，来反驳眼前的这本。这样的做法不可避免地需要弥尔顿花时间研究，或许也需要阅读一些全新的材料，他的视力急速恶化无疑对此产生了阻碍。

弥尔顿沿用了他在《偶像破坏者》中使用过的编排原则，一章一章地批驳萨尔马修斯。一个较为重要的论点与之前相同：一些君主确实是出色的，一些国家最好由君主统治。但他还是提出了共和政府的问题："肯定地说，同一个政府形式并不能同样适用于所有的民族，也不能在任何时候都适用于同一民族，而是有时这个较适当，有时那个较适当。具体情况要由一个民族的勤劳与勇敢的消长情况来决定。"[108] 其中的含义很明显是说共和制是一种一个民族在最具勇气、最勤勉的时候采用的政体形式。弥尔顿很可能深信这一观点，因为他在1652 年 6 月写给伦纳德·费拉拉斯的私人回复里也提到了这一点。费拉拉斯写信给弥尔顿，显然是催促他利用他的影响力确保希腊在从奥斯曼帝国解放出来的过程中获得英格兰人的援助。弥尔顿的回复反映了一个受过古典主义训练的人文主义者对一个兄弟人文主义者（和外交官）与希腊所受苦难的深切同情，与此同时还引出了一个相同的论点，希腊的解放需要费拉拉斯"激发和点燃久已有之的勇气、勤奋和耐力"，这是希腊人在他们的共和政体和民主制达到最昌盛时候的特征。[109]

在《为英国人民声辩》里，弥尔顿对待一般国王，尤其是查理一世的态度比 1649 年的《偶像破坏者》里更加生硬粗暴，但其中的话语常常与第二版增加的内容相仿，他援引的原则至少与亚里士多德一样古老：

> 一个人如果不大大地优越于别人，就不适合、也不配当国王。如果有一个地方，多数人才智品德都是相等的（正如同世间一切国家中大多数人的情况一样）。我认为这时他们与政府就应当具有同等的关系，并应轮流执政。但如果叫所有的人都成为一个人的奴隶，而这个人又顶多不过和自己差不多，一般说来比自己还不如，在绝大多数场合下甚至还是一个傻瓜，这怎能不使人大失所望呢？[110]

确实很少有国王像塔特伯里马场的品种那样出色。"谁也不会这样傻或这样坏，以致认为君王在上帝心目中具有极高的地位，全世界因此便要承他的眼色。"[111]查理被塑造成一个杀人犯、暴君、傻瓜的形象被反复提及；弥尔顿还添加了一个细节，很可能是根据查理宫廷里的假面舞会（舞会上，戴着面具的女人通常穿着露肩长裙[112]）传出的轶闻写下的。"他在公共场所和剧院里无耻地拥抱和亲吻良家妇女，并且还摸姑娘和贵妇们的乳房，其他的事更是不胜枚举。这种人的私生活可想而知了。"[113]

关于殉道者国王查理，我们就谈到这儿。一种入骨的轻蔑贯穿《为英国人民声辩》始终，尽管弥尔顿对外国君主做了理论上的让步，"我痛恨所有的君主与他们坐的宝座"[114]，第二代罗切斯特伯爵这句冷酷无情的话可以概括这本册子的态度。英格兰共和制的呼声时而也变得更高。序言在一段斩钉截铁、昂昂不动的崇高主张中达到高潮：

> Causam itaque pulcherrimam hac certâ fiduciâ læti aggrediamur, illinc fraudem, fallaciam, ignorantiam, atque barbariem, hinc lucem, veritatem, rationem, et seculorum omnium optimorum studia atque doctrinam nobiscum stare.[115]

即便是将它翻译过来，它仍然与《论出版自由》中最令人深省的警句形成呼应：

> 但我可以精神焕发地来从事这个崇高的事业，因为我坚信对方是充满了欺骗、奸诈、愚昧和妄测，而我们则掌握了真理，拥有理性之光，并且有最伟大的历史实践和理论作为根据。[116]

但是弥尔顿十分清楚，夸张的华丽辞藻不会吸引接受人文主义传统教育的欧洲大陆人细心研读将近两百页印得密密麻麻的纸；他们要来点刺激的——或者更准确地说，他们想要带有趣味的东西。

萨尔马修斯作为一位知名学者，已经招来一些怨愤，有些还是来自学术界的巨擘。按照大学的标准来看，他的薪酬是出了名的丰厚的。他进入莱顿大学任职时，学校为他举办了一场"凯旋式的欢迎仪式"[117]。他那些富有争议的作品为他树敌不少。因为改信宗教，他又与天主教徒疏远开来。流言四起，有的盛传他的妻子是名悍妇，一方面把他差来遣去，另一方面又兴致勃勃地想要提升和管理他的学术生涯。弥尔顿迎合那些潜在的接受能力强的观众的需求，他们乐见萨尔马修斯受辱。

弥尔顿对萨尔马修斯的抨击中最个人化、最为好斗的一面长时间被误解。例如唐·沃尔夫抱怨"弥尔顿因为……他的谩骂、他取的绰号而变得外强中干……他的语调大多尖锐、刻薄，即便是幽默、轻松、新颖别致的话语都无法让它消解"[118]。不过近来，约翰·黑尔重新为弥尔顿更具辱骂性质的拉丁语散文正名，把它重新置于学术上的"饮盐水"文类传统之中，那是一种咄咄逼人、调侃打趣的辩论文，这体现了他在早期现代剑桥受教育的一些经历，同时也是在欧洲高等教育中普遍流行的。

弥尔顿与萨尔马修斯之间的论战粗暴地开始了，后者比弥尔顿年长二十岁，知名度比他高得多，读者不仅被这位老者溃不成军的窘态逗乐了，还从弥尔顿驳倒他的诙谐话语中获得了不少乐趣。正如黑尔所说的，"当这场辩护变得幼稚、乏味、冷酷，容易引起激动、爱耍乐、吹毛求疵，执拗地想要追求胜利时，我们仿佛听到了从剑桥决斗室传来的回声"[119]。弥尔顿"觉得十分有趣"，他"想要人文主义读者获得乐趣，因为不然还有其他什么可以吸引这些人文主义读者来阅读这厚达几百页的驳斥文？……他在他最广大、最具国际性的观众面前，扮演了迄今为止最令人印象深刻的角色，产生了巨大而愉悦的效果"[120]。

234

我们可以看到这场竞赛在文辞华丽的段落中最为精彩，例如：

Atque jam tua res agitur, non nostra; Gallus gallinaceus, inquis, tam maribus quàmfœminis imperitat. Quî potest hoc fieri? Cùm tu ipse Gallus, et, ut ferunt, vel nimiùm gallinaceus, non tuæ gallinæ, sed illa tibi imperitet, et in te regnum exerceat: si gallinaceus ergo plurium fœminarum rex est, tu gallinæ mancipium tuæ, non gallinaceum te, sed stercorarium quendam esse Gallum oportet. Pro libris certè nemo te majora edit sterquilinia, et gallicinio tuo stercoreo omnes obtundis; hoc unicum galli gallinacei habes.[121]

以下这段哥伦比亚版本译者或许比耶鲁版本的译者翻译得更为恰切一些：

The next point, however, is not our affair, but yours. 'Gallus gallinaceus, the cock,' you say, 'wields imperial power over both males and females.' How can that be, since you yourself that are Gallic, and (they say) but too cocky, wield not imperial power over your hen, but she over you? So that if the gallinaceous cock be king over many females, you that are slave to your hen must needs be not Gallus gallinaceus, but some sort of Gallus stercorarius, or dunghill-cock. For the matter of books, in fact, nobody publishes huger dung-hills, and you deafen us all with your crowing over them; that is the only point in which you resemble a true cock.

往下说的却不是我们的事，而是你自己的事了，你说"原鸡的大雄鸡（Gallus gallinaceus）对一般公鸡和母鸡都具有无上的权威。"你原是个高卢人，据说是非常像一个雄鸡那样勇猛善斗的，那么你怎么又不能对自己的母鸡逞无上的权威呢？所以，如果原鸡的雄鸡是许多母鸡的王，你这个母鸡的奴隶就绝不是原鸡的雄鸡，而只是一只贼鸡或农家驯养的杂种鸡。在出版图书方面，谁也没有出版过你这样多的鸡粪，你还在这些鸡粪上面自鸣得意地咯咯直叫，把人家的耳朵都吵聋了。你只有在这一点上才真正像一只原鸡的雄鸡。[122]

萨尔马修斯试图提出动物世界里有至高无上的权威的观点。不过，"Gallus"既指鸡，也有法国人的意思，而这个特指的法国人据说一味顺从自己的妻子。这场打闹如火如荼地开始了，在这一段落后，还引用了几行。如果这只法国公鸡并不是严格意义上的原鸡，那么他可能只是一只农家驯养的杂种鸡——亲爱的读者，还有粪堆啊，那堆积如山的排泄物，就是他卷帙浩繁的出版物，而他就站在那上面高声鸣叫。弥尔顿围绕着萨尔马修斯怕老婆的主题，跳起了欢乐的吉格舞。现在看来这或许不太像是成年人间的游戏，更说不上是高级别政治辩论中的恰当对话；但这已经是一种足够诙谐的方式，可以吸引被拉丁双关语逗乐的观众，并且让他在描述萨尔马修斯时反复重申这一点。

　　萨尔马修斯身上与他的文章中另外一些可能更为相关的缺陷受到了取笑与更为严肃的抨击。弥尔顿轻而易举地证明了萨尔马修斯对英国当代政治知之甚少，正如西里亚克·斯金纳忠实记录下的，他是"一个外国人，对我们的法律与政体极端无知"[123]。例如他不明白国务会议不是最高的政务委员会，"而是由议会委任产生，在规定的期限内行使权力的"[124]。他痴迷于论证君主专制主义的合理性，却忽视了这样一种传统并不是英国宪政历史的一部分，也非其他国家所独有。[125]萨尔马修斯是以一个局外人、一个外国人的身份来写的，他"谈到我们的事情，满口胡话"[126]。而且他传奇性的学术成就也不利于打赢眼下这

235

场仗。尽管他改信了新教，却无视主要改革者具有反抗意识的理论，偏爱故纸堆里那些晦涩难懂的东西："你情不自禁地闯入了那片漆黑之地，那是塞维利亚的圣伊西多尔①、图尔的格里高列②，甚至是弗莱辛的奥托③曾经历过的黑暗"，而"我已经组建好了我的主战部队，它是由路德们、茨温利④们、加尔文们、布塞尔⑤们和殉道者们组成的。"[127] 萨尔马修斯是"一个惹人讨厌的老学究"，发表一些"愚蠢的学术言论"，他"即使到了老年，充其量也不过是翻阅过几本造句书、字汇书和辞典而已，哪里谈得上以批判的态度熟读某些好作品、吸取一些教益"。[128] 而弥尔顿使出了另一种招数，他频繁引用萨尔马修斯已问世的出版物中的话语来批驳其论点，用《关于主教派与长老派》上的一段话驳倒了萨尔马修斯，这段话与萨尔马修斯如今的观点相左，论证了"罗马人偏爱他们的共和政府……而不是恺撒们让人难以承受的枷锁"[129]。

弥尔顿的早期读者可能抱有一些幸灾乐祸的心理，他们已经被他全面碾压萨尔马修斯这样的老狐狸吸引住了。弥尔顿断言"他虽是很殷勤地把自己的背送过来给你打，你倒真是懒得再用鞭子抽他了"[130]，在这当中有一种容易感染人的欢乐。但伴随着这种欢乐的，是共和派毫不妥协、毫不留情传达的信息：是的，英格兰的议会有权审判国王；是的，国王有罪；是的，自由、勇敢的人民偏爱共和制这样的政体；是的，国王们常常又懒又蠢。为了保护新政体，弥尔顿绝不后退一步。

他同样小心翼翼地打磨他的辩论文章，使之切合外交活动的迫切需求。萨尔马修斯的目标是要让共和政体遭所有欧洲人的唾弃；弥尔顿的写作，则是要

---

① 塞维利亚的圣伊西多尔（Isidore of Seville, 560？—636 年），西班牙基督教神学家、西方拉丁教父、大主教、百科全书编撰者，主要著作有《语源学》《教父生平始末》等。

② 图尔的格列高利（Gregory of Tours, 540—594 年），基督教图尔城主教、历史学家、修复图尔的圣马丁大教堂，著有 10 卷本《法兰克人史》，为有关 5—6 世纪法兰克王国政治、社会、宗教、历史的主要史料。

③ 弗莱辛的奥托（Otto of Freising, 1114—1158 年），德意志历史学家、哲学家。奥托在圣奥古斯丁"双城说"的历史神学观基础上编撰的《双城史—至 1146 年的世界历史编年纪》是中世纪极具价值的一部世界编年史著作。

④ 茨温利（Zwingli, 1484—1531 年），瑞士宗教改革家。

⑤ 布塞尔（Bucer, 1491—1551 年），有"加尔文主义之父"称誉的欧洲宗教改革家。

英格兰慢慢恢复与其他国家的正常外交关系，尤其是与尼德兰联省共和国的。这两个国家之间有着一些明显的相似之处，它们都是新教贸易国家，是新兴的帝国。除此之外，荷兰的国内政治与英格兰的内部冲突有着惊人的相像。荷兰政府实行共和制，不过与英格兰不同的是，荷兰是联邦制的国家。每一省派代表出席荷兰议会，荷兰省通常在荷兰议会中占据支配地位。不过自联省共和国成立初始，强大、时而至高无上的权力便掌握在奥兰治家族手里，奥兰治家族近乎一个皇家王朝，间歇性地通过世袭的最高行政长官实行准君主政体。在整个 17 世纪，奥兰治派与共和派之间关系紧张，类似于斯图亚特王朝的君主与英格兰的历届议会之间的关系。奥兰治家族与斯图亚特家族有着密切的联系；近期，查理一世的女儿玛丽嫁给了威廉二世。不过，威廉二世在 1650 年因感染天花去世，留下他的遗腹子威廉三世作为他的继承人，而威廉三世直到 1672 年才执政。（最终，在 1688 年，威廉三世将与他的妻子、詹姆斯二世的女儿玛丽一同成为不列颠王国的君主。）与此同时，激进的共和派约翰·德·维特汲汲于获得对奥兰治派的优势地位。[131]

1650—1651 年，确保与尼德兰联省共和国的友好关系似乎成了被清洗的议会外交政策中可以达成且对他们颇有助益的优先项。于是在弥尔顿的《为英国人民声辩》发表 4 个月后，被清洗的议会的第一支大使代表团启程，派头十足地前往海牙。然而，令他们没想到的是，当他们带着 27 辆马车与将近 250 名扈从趾高气扬地进入这座城市的时候，迎接他们的却是充满敌意的游行示威，这些示威大部分是由奥兰治派与英格兰保王党中的流亡者组织的。[132]

可以看到弥尔顿已经做好了准备。因此，他直接向"尼德兰联邦（即尼德兰联省共和国）最杰出的议会"致辞，祝贺他们"那个鲁莽的青年人（威廉二世）最近适时地死去了"[133]，避免了他们古已有之的自由受到侵害。他努力证明，萨尔马修斯关于皇家专制主义的论点在荷兰和英格兰同样适用。弥尔顿显然是想让他的对手在他的雇主面前难堪，他把光荣的荷兰人民和他们忘恩负义的雇员区分开来：

> 难道你（即萨尔马修斯）能忘记荷兰人吗？他们的共和国在经过长期苦战获得胜利以后赶走了西班牙王，英勇而光荣地争得了自由，而且还供养着你这个骑士文法家。但他们却绝对不是为了叫荷兰的青年学习你这个诡辩

家和两面派的那些愚顽透顶的东西，以致宁愿回到西班牙的统治下去，而不承继祖先的光荣和自由。[134]

再一次，"这种（在《为查理一世声辩》里）理论的精神和实质都是如此奴性根深，看来完全不像是一个自由国家的自由人写出的，更不像是在最文明的荷兰共和国中大名鼎鼎的大学里写出的，而像是在监房里或奴隶市场上写成的"[135]。

弥尔顿的辩护书很快达到了预期的发行量，尤其是在尼德兰联省共和国，书被迅速再版。那年年末至少有十多个版本在伦敦印刷。它还被译成了荷兰语。[136] 辩护书声名远扬，自然也招来了不少诋毁之声。1651 年 6 月，有人下令将它在图卢兹当众烧毁。不久，它再度在巴黎被焚烧。[137]

不过毫无疑问，不少有识之士也读到了它。荷兰派驻伦敦公使杰勒德·舍佩在 1651 年初购买了多本弥尔顿的辩护书，并在适当的时机向荷兰省议会递交了一份报销申请单："用于购买 25 本由秘书弥尔顿撰写的专著，即驳斥萨尔马修斯的《为英国人民声辩》，寄给荷兰（省）政府的不同成员，以便其知晓，4 英镑 7 先令 6 便士。"[138] 约翰·托兰在此事发生很久后这样写道，在《为英国人民声辩》最初问世时，弥尔顿"被伦敦的所有大使拜访或受到他们的邀请，国君们也在其列，阿德里安·珀尤其对他推崇备至"，这位荷兰反奥兰治家族的政治家于 7 月 7 日到达伦敦，原本是想避免一场英荷战争。[139] 这次任务以失败告终，1652 年 7 月 9 日，《反荷兰人声明》发布，第一次英荷战争开始，战争一直持续到 1654 年 4 月 5 日。[140] 欧洲大陆人文主义者——他们中的一些人服务于不同的政权——之间的通信透露出了他们感兴趣的程度与这本书传播的范围。3 月，莱顿的一份报告表示莱顿与阿姆斯特丹都希望英国大使能带去几本辩护书。[141]

在这些紧张纷乱的事件发生过程中，弥尔顿的妻子玛丽于 3 月 16 日晚上在他们位于苏格兰场的公寓里诞下一子；这个男孩取名为约翰。此时弥尔顿的视力急速衰退，但他还是看见了襁褓中的儿子。孩子的出生似乎没有对弥尔顿与他的岳母安妮·鲍威尔——他俩陷于一场法律纠纷——的紧张关系产生任何看得见的影响。1647 年，弥尔顿已经掌控了惠特利的地产，这样他岳父欠他的钱才有归还的希望。他将多间农舍出租给佃户，获取收益，并向安妮·鲍威尔定期支付寡妇应得的三分之二遗产。1650 年，法律变更，规定任何获得曾属于保王派违法者财产的人应处以罚款；弥尔顿递交了一份请愿书，想要私下了结案子，但却忽视了终止法律手续，结果他的那些佃户被禁止向他付租金。弥尔顿分两期缴纳了罚金，但现在法律又禁止他向安妮支付寡妇三分之二的遗产。安妮再三请愿，1651 年 7 月 11 日，她请求和解委员会命令弥尔顿支付她应得的款项（包括逾期的债款），让"她和她的孩子们免于饥饿"。几天之后，安妮又说"弥尔顿先生是一个冷酷无情、性情暴躁的人"。委员会成员驳回了请愿书，拒绝给予安妮她应得的三分之二遗产。我们无从得知弥尔顿对这次裁决的反应如何；很有可能他什么都没做，但同样可能的是他从自己口袋里掏钱给了安妮。毕竟她和她的孩子们都没有挨饿。

无论家庭事务如何急迫，弥尔顿的职业生涯却不能有半点停滞，如今它已经引起了众人的关注。3 月 19 日、29 日，格奥尔格·里克特写信给纽伦堡的克里斯托弗·阿诺德，告知后者《为英国人民声辩》出版一事。[142]萨尔马修斯的一位老对手尼古拉斯·海因修斯在写给他的朋友艾萨克·福修斯的信中证实《为英国人民声辩》在莱顿大受欢迎。艾萨克·福修斯曾是萨尔马修斯的学生，此时是瑞典克里斯蒂娜女王的图书管理员。到了 4 月初，福修斯回复说斯德哥尔摩出现了一本《为英国人民声辩》，克里斯蒂娜立即把它借走了。一周之后，他再次写信说她已经读完了这本书，并且称赞弥尔顿的才华和文风。[143]毫无疑问，海因修斯与萨尔马修斯众多学术上的敌人都很乐意听到这则消息。当月底，海因修斯称弥尔顿的这本册子已经有五个不同的版本在莱顿销售。不久，海因修斯与约翰尼斯·弗雷德里克·赫罗诺维厄斯——与萨尔马修斯一样，赫罗诺维厄斯也是一位著名的古典学者——分享了一则消息，他说那时萨尔马修斯正应克里斯蒂娜的邀请来到斯德哥尔摩，他对弥尔顿的攻击大为恼火。[144]整个夏天，海因修斯、福修斯和赫罗诺维厄斯都在交换有关弥尔顿的问题与信息。到了 7 月，哈特立伯圈子里开始有一些对《为英国人民声辩》的讨论。[145]12 月，欧洲大陆至少有一位人文主义者、哲学家，即扬·范·弗利特（亚努斯·弗利提乌斯）——他是荷兰公使馆的秘书——正积极设法想要与弥尔顿会面。[146]

此时英格兰正与尼德兰联省共和国交战，而弥尔顿的任务包括投身这次冲突的外交战。1649 年，艾萨克·多里斯劳斯（弥尔顿可能在剑桥听过他富有争

议的演讲）被派往联省共和国出任大使，却遭到英格兰保王派的暗杀。这桩谋
杀案引发的紧张形势因 1651 年 10 月议会通过的《航海法案》进一步加剧。该法
案限制荷兰商船和外国渔船，实际上是要把荷兰鲱鱼捕捞船队排除在外；违反
法案的船只随即会依据捕拿特许令遭到扣押。12 月，荷兰派出了一支由三人组
成的大使团（其中一位是诗人、徽章设计者雅各布·卡茨），与他们一同出行的
还有九十名官员和显贵。在大使团受到议会接见的时候，卡茨发表了一篇弥尔
顿风格的雄辩滔滔、意在求和的拉丁语演说，但怀特霍尔宫的宣传机构却对此
嗤之以鼻，认为其不过是夸夸其谈。没有证据表明弥尔顿早期曾从事过与尼德
兰联省共和国相关的工作（虽然他的同僚必定为多里斯劳斯准备过国书），荷兰
大使团到达时，他也无须在场，因为他们呈交的文件是用英语写就的。

弥尔顿牵涉其中的第一个证据是赫尔曼·米利乌斯的一篇日记，大意是他
见到一个荷兰人在 1652 年 1 月 20 日 / 30 日到访弥尔顿的府邸。在有关被扣留
的船只与船员的协商停滞不前之时，荷兰代表团派了大使团秘书扬·范·弗利特
与译员洛德威克·惠更斯带去了一份文件（开篇是"虽然以前没有"），弥尔顿受
命将其译成英语[147]，但这份翻译件没有保存下来。一周之后，弥尔顿又再次奉
命将两份文件译成拉丁语，作为对荷兰人随后几份拉丁语文件的回复。[148] 这些
翻译让弥尔顿参与到了将持续多年的与荷兰人的谈判之中。

它们同时显示了他在使用拉丁语时毫不圆滑的一面，因为他习惯于排斥
荷兰人文件中他看不惯的那些语句。当荷兰人使用"捕拿特许证"（literas merc
et represales）时，弥尔顿挑剔地插入了"正如你们所称"（quac vocas）或"他
们所称的"（quas vocant）或"通常称为"（vulgo dictas），避免自己遭受这些新
造词的玷污。他还与他的英语秘书处上级共同斟酌拉丁语的细枝末节，例如
避免用近代拉丁语 curia admiralitatis（海事法庭），而是使用古典形式的 curia
maritimarum causarum（海事案例仲裁法庭）。[149] 虽然英格兰要打赢英荷战争，
但拉丁语使用的标准也不能有丝毫妥协。弥尔顿将参与翻译这场战争中的往来
书信，直到 1654 年年中战争结束。利奥·米勒有技巧地评价并且说明了弥尔顿
存留的贡献[150]，他的分析显然是说，就在弥尔顿的祖国如火如荼地进行一场海
战之时，他也在利用他微小的力量为拉丁语的纯正打响一场小小的战役。

1651 年 6 月 18 日，国务会议正式向弥尔顿表示感谢，感谢他撰写《为英
国人民声辩》，并奖励了他 100 英镑的赏金。我们不确定弥尔顿是否接受了这笔

239

钱,他后来否认为这项工作收过酬金。据说萨尔马修斯曾收受过赏金,弥尔顿还就此挖苦过他,因此弥尔顿很有可能觉得很难收下这笔钱。但没有人会真的相信他会不计报酬,萨尔马修斯称他收了 4000 英镑。[151] 毕竟,克伦威尔在伍斯特战役之后还收下了 8000 英镑与作为礼物的汉普顿宫。议会议员与他们的仆人们也不会明显地装作不情愿接受任何他们碰到的东西。

当然,弥尔顿的第一次声辩并没有结束这场辩论,一场类似于拳击运动的垫场赛迅速展开。一名保王派牧师约翰·罗兰兹在他原本居住的肯特郡遭到驱逐,此时在尼德兰过着流亡的生活[152],他匿名发表了《为国王和英国人民声辩:反驳好事之徒约翰(又名约翰·弥尔顿)关于国王与英国人民的破坏性的辩护文》,1651 年它有了两个版本,1652 年出现了第三个版本,并被翻译成荷兰语。弥尔顿和他的顾问们显然认为这本书的作者是地位相当高的劳德派流亡者、伦敦德里的前任主教约翰·布拉姆霍尔,此人被克伦威尔称为"爱尔兰的坎特伯雷大主教"[153]。弥尔顿将回复这本册子的任务交给了他的外甥、20 岁的约翰·菲利普斯。此时,菲利普斯仍住在舅舅家里。菲利普斯的哥哥爱德华已离开弥尔顿的家前往牛津,可能已经搬到他继承的位于什鲁斯伯里的房屋,他记得他弟弟把他写的册子中的部分段落呈给弥尔顿,以便得到"他的审阅与润色"[154]。《英国人约翰·菲利普斯对某位匿名骗子幼稚的〈为国王和英国人民声辩〉的回应》大约在 1651 年 12 月问世,虽然它的版本说明上写的是 1652 年(对于在年末印发的出版物,出版商们习惯于将出版年份写为次年)。它的书名页在某种程度上有意效仿弥尔顿的作品,而杜加尔德——如今他已是深受被清洗的议会政府青睐的出版商——再一次尽职尽责。不过与弥尔顿的第一次声辩不同,没有任何迹象表明这是一份得到官方认可的出版物。菲利普斯发表的是他自己的主张——或者更确切地说是替他的舅舅发声。册子的开篇便详加论述了布拉姆霍尔的弱点,"从他年轻时起就是一个放荡成性的酒鬼"[155]。这无疑是一份有缺憾的材料,但在 17 世纪 50 年代的拉丁语辩论中,它肯定不是弥尔顿最后一次错失要害。罗兰兹最终用他的《英国牧师约翰·罗兰兹为国王撰写的匿名辩护文的增补卷》(安特卫普,1653)回复了菲利普斯,他在书名页上承认了早前那本宣传册就是出自他之手。

弥尔顿的第一份声辩继续出版,各种未授权的版本纷繁多样,有时与《为查理一世声辩》一同发售。它们共同为人文主义教育家们呈现了一场完美的辩论范例,它是辩论艺术中优秀的新拉丁语学者做出的层层论证,被近代欧洲早期的教学传统放在了它们教学实践的核心位置。共和思想因此轻易地进入了欧洲的大学。神圣罗马帝国议会在 1653 年夏天于雷根斯堡召开会议。在会议上,神圣罗马帝国议会的议员详尽明确地谈论了这个问题。布伦瑞克－霍尔芬比特的代表认为:"应该查禁此前提及的作品,尤其是弥尔顿创作的册子,这样大学里就不会对那些原则展开不受限制的辩论;那些偏向英格兰的教授也必须严加管束,必须限制与约束持这些观点的人。"神圣罗马帝国议会对此达成了一致意见:

> 非常有必要对当前四处潜藏的危险予以重视,引发这种危险的原因是英格兰人在他们的国王身上犯下的罪行。那些对统治者权威最为不利的宣传册与作品已经在罗马神圣帝国公开传播和销售,而令人不安的是,各种违抗行为和反对他们统治的暴动、叛乱可能会逐渐兴起,所有这些都应由公共法令取缔,并处以重罚,而一旦发现这些册子,即予以没收。[156]

几乎没有比这更有力的证据来证明弥尔顿的声辩达到的影响力了。一本拉丁语小册子就这样让他从一位坏脾气的离婚改革拥护者变成了英格兰的一名斗士,动摇了从伦敦到维也纳的专制暴政的基础。他成了政治论战中的克伦威尔。

241

查理二世在北方构成威胁,致使克伦威尔迅速从爱尔兰返回。1650 年 6 月,查理二世以《神圣盟约》的名义登陆苏格兰。作为苏格兰国王,他得到了新近效忠于他的臣民的帮助,积极准备收复他的南部王国。9 月,克伦威尔在邓巴大获全胜,击退了查理二世,这是少数几次克伦威尔发现自己需要克服重重困难被迫应战的时刻。不过尽管查理经历了多次败北,这个夏天,他的那支人数众多、但以苏格兰人为主的军队,还是深入到了英格兰的腹地,直到新模范军进逼,查理才有些许胆寒。只有少数英格兰支持者加入了这次袭击,这说明被清洗的议会的各种绥靖政策、和解政策和宣传政策达到了他们的主要目的。9 月初,克伦威尔在伍斯特取得了决定性的胜利,打败了保王党,而在这之前英格兰的共和制一直不堪一击,弥尔顿正是在这样的形势下履行他的公务员职务,并为这一政权辩护。这同时也是赫尔曼·米利乌斯行使外交使命的背景,之前我们已经引用过他撰写的回忆录。

米利乌斯被奥尔登堡伯爵安东·贡特尔派遣来到英格兰，是为了给他的波罗的海小国找到一个"护卫者"，假使奥尔登堡与其他邻国交战，它能确保奥尔登堡船舶的中立地位。这一"护卫者"还会认可奥尔登堡向威悉河上的来往船只收取通行费的古老权利，占据河的另一岸、更为强大的城邦国家不来梅常常为这项权利与奥尔登堡发生冲突。奥尔登堡伯爵曾得到查理一世这样的许诺；他意识到政治形势变化，他需要将它继续维持下去。

对研究弥尔顿的人来说最为重要的是，米利乌斯是"所有见过弥尔顿的人中唯一一个写真实日记的人"[157]。正如我们已经指出的，从他的记述来看，我们可以知道弥尔顿作为国务会议的一名工作人员在其中的从属地位。他对弥尔顿出席会议的次数语焉不详。多蒙莱奥·米勒惠予，我们看到了与这次奥尔登堡任务相关的重要文献的抄本和翻译件，他还就此提出了十分有见地的分析。从文献上看，弥尔顿订立的约会时间与国务会议的例会相冲突，他只有在被召唤的时候才会到场，因此米勒推断"他并非定期例行出席"[158]。事实上，由于弥尔顿的角色和专业受到了相当大的限制，参加例会将会是一种资源的浪费。有一份记录表面上看似乎表明事实正好相反。弥尔顿写信给米利乌斯谈道，"尊敬的先生，昨日我如往常一样出席了会议，这次我带上了您的文件"，这似乎意味着弥尔顿是经常出席的。不过，米勒的翻译在这里排除了拉丁语原文中另一种可能的解释："Heri aderam pro more in Concilio, Vir clarissime, cum chartis vestris." "pro more" 的意思可能是"像往常一样"，也可能是"按照惯例"，也就是说弥尔顿或许说的是他参加会议是为了递交文件，毕竟这是那个机构接收文件的惯常方式。

米利乌斯的文字让我们清晰地感受到当时错综复杂的政府和行政环境，弥尔顿在这种情势下迅速学会了如何行使自己的职责。国务会议是被清洗的议会下设的一个委员会；它可以设立更多的一般委员会或专门委员会，正如议会本身可以设立一样。米利乌斯身负的使命需要他与国务会议指派的一个小团体一同工作，这个小团体向国务会议提交提案与建议，而假如国务会议认为其可采纳的话，则必须将之转呈议会，议会从而可做进一步考虑，并进行最后的审核批准。维科赫林私下为米利乌斯简单介绍情况时，"谈到那里发生的事情混乱无序，（在共和国政府里）人们互不信任，可以请教的人倒是多得出奇"。此外，关键性的人物支持不同的利益集团。显然在不来梅也有权贵为他们游说。[159] 而

242

且那些最热衷于制定外交政策的人普遍对丹麦的意图感到焦虑不安，怀疑它对年轻的共和国别有用心。腓特烈三世是查理一世的嫡表弟。情报机构透露保王党使节在丹麦深受欢迎。而奥尔登堡与丹麦的关系十分密切。安东·贡特尔没有合法继承人，他一旦去世，奥尔登堡的统治权就会交到丹麦手里。被清洗的议会因此对与奥尔登堡签署一份最终可能有利于一个未来所属尚不确定的国家的协议持保留态度。[160]

米利乌斯记录下了弥尔顿工作的社会背景，他的记录内容丰富，尤其是他描画出了与被清洗的议会的外交政策相关的正式或半正式的政府公务人员周遭的氛围。在这个团体里，不仅有被撤换、半退休的维科赫林，还有哈特立伯和他圈子里的成员，以及西奥多·哈克与约翰·杜里（1651 年 5 月国务会议命令他将《偶像破坏者》翻译成法语[161]）。秘书处被大致定义为欧洲大陆人文主义——这是弥尔顿在 17 世纪 30 年代晚期最为欣赏的——的一块飞地，有教养的知识分子们根据他们各自的长处投身其中。常常在不太正式的拉丁语信件中频繁引用贺拉斯名言的米利乌斯显然找到了他可以交谈的对象，其中就有弥尔顿。他记录下了一次引发诸多阐释的对话，在这次对话中，弥尔顿与他探讨了国务会议的性质。当前的形势如何或许很重要，此时弥尔顿刚刚汇报了米利乌斯请求 243 "护卫者"受挫一事：

> 问题出在哪里，（弥尔顿说）他看得十分清楚。问题源自那些占据多数选票的人固执、无经验；那些人是工匠、士兵，他们土生土长，足够彪悍勇敢，但绝大多数人对于公共政治事务毫无经验，他们构成了共和国更为强大的部分。谨慎的人甚至不敢表明他们真正的意见。我不该责怪共和国，也不该责怪那些见解正确的人；国务会议的四十个人当中，不会有超过三个或四个人离开过英格兰，但他们中有墨丘利之子与马尔斯之子①。与此同时，他承诺在适当的时机再向国务会议提出这个问题，同一天晚上会议结束之时给我最后的说明。[162]

弥尔顿很可能没有坦承他的看法，而米利乌斯在记录这场谈话时或许更加谨慎，因此很难判断他的语气。而且弥尔顿重复了一件似乎司空见惯的事情——也可

---

① 墨丘利是罗马神话中众神的使者，也是商业之神，墨丘利之子意指商人。马尔斯是罗马神话中的战神，马尔斯之子意指士兵。

能是拖延的常用借口；维科赫林之前曾说被清洗的议会议长伦索尔从未去过海外，总是把外交事务搅得一团糟。[163] 无论如何，弥尔顿说得太宽泛了。他无疑十分了解战神马尔斯之子，那些高级军官通过递补选举进入议会，曾前往爱尔兰或苏格兰。决定外交政策的关键人物以及与弥尔顿合作最密切的政治家，包括像范内、怀特洛克和查洛纳这样的人，都曾在欧洲大陆游历过。所以米利乌斯的记录告诉我们的有关弥尔顿对被清洗的议会的观点依然让人捉摸不透。不过它确实展示了弥尔顿如何轻易地依赖某种知识分子间的兄弟情谊、一种世界性的人文主义。很显然，能与《为英国人民声辩》的作者会面，米利乌斯深感荣幸，他第一次来伦敦时，就把弥尔顿排到了他最希望遇见的英格兰知识分子的第三位（排在塞尔顿和古典主义者、辩论家、另一位在国际环境中长久占据重要地位的人物——梅里克·卡索邦之后）。[164] 当然，弥尔顿不像另外两位那样成名已久，此时他只出名了几个月而已。塞尔顿与卡索邦都在乡村颐养天年，米利乌斯因此无法与两人见面。弥尔顿一开始也不在城里，"vier meilen von hinnen"。这句短语可以有两种解释。米利乌斯说的可能是英格兰人的英里，也可能是德国人的里，德国人的一里是英格兰人一英里的十八倍。我们不清楚弥尔顿去了哪里——哈默史密斯？霍顿？——但从留下的记录来看，尽管他视物不清，却仍能远行。米利乌斯的拜访增进了两人的关系，他们讨论了米利乌斯所称的"萨尔马修斯的大溃败"，于是或许出于一种舅舅的自豪感，弥尔顿给了他一册约翰·菲利普斯的《英国人约翰·菲利普斯对某位匿名骗子幼稚的〈为国王和英国人民声辩〉的回应》。[165]

244　　这些通晓多种语言的知识分子无拘束地交往，当中也有阴暗的一面。早先，荷兰代表团的秘书约翰·奥斯特就曾为米利乌斯简要介绍过那些他必须贿赂的人。握有进入议会权力的奥利弗·弗莱明最为举足轻重。那位不久之后会带着多本弥尔顿的《为英国人民声辩》动身回家的荷兰大使舍佩，他曾给弗莱明的女儿送礼。国务会议秘书高尔特·弗罗斯特有三个儿子都是文书助手，奥斯特建议也给他们送礼。正如艾尔默冷眼旁观到的，弗罗斯特"有明显的任人唯亲的习气，或者我们可以说是一种强烈的家族关系意识"。[166] 米利乌斯访问期间，弗莱明开始引起他的政治领导者们的怀疑，疑心他收受贿赂，为奥尔登堡的事业奔走呼号，以至于当米利乌斯"给予一笔酬金"时，他不得不拒绝接受，甚至谢绝"给他女儿的花哨首饰"。弥尔顿帮助米利乌斯推进任务，米利乌斯在给他写信时小心翼翼地措辞，他写道："我向你深表谢意，在离开之前我将在物质方面表明我的感谢。"最后，他的开支记录清楚地显示他给了弥尔顿、弗罗斯特相当于 25 英镑的财物，给了杜里 50 英镑的礼物，送给维科赫林的孙子一套西塞罗的作品。很明显，当公职人员控制着进入国务会议及其委员会的权力，当公务可以轻易地被提前或推迟的时候，礼物与酬金文化的客观条件就存在了。弥尔顿显然参与其中。他与他的同僚只不过是暗地里收受一些小物件，他们的政治领导人就没那么多顾忌了，他们拿到的东西也要贵重得多。安东·贡特尔是欧洲最顶尖的养马人之一，奥尔登堡在可怕的三十年战争中能保持中立大半要归功于他审时度势，赠送了多匹宝马。米利乌斯此行的最后一件事便是安排人给克伦威尔送去几匹马。[167]

就在米利乌斯执行任务，逐渐推进他的工作之时，弥尔顿的个人生活却愈渐晦暗。他失去了残存的视力，1651 年 12 月，日益加重的残障促使他从圣詹姆斯公园对面的怀特霍尔宫公寓搬到了"威斯敏斯特的小法兰西区一座漂亮的花园住宅，隔壁住着斯丘达莫尔勋爵，房子通向公园"[168]。13 年前弥尔顿曾在巴黎遇见过这位斯丘达莫尔勋爵。这处新房产非常符合在他可以自由选择的时候挑选房子的标准：地处大城市边缘，通往一处开阔的空地，有一个自己的花园，就是离怀特霍尔宫有一点远。

1652 年初，弥尔顿犯了一个似乎可以被看作职业判断上的错误。1652 年 2 月，一部被称为《拉科教理问答》（之所以叫这个名字是因为它的波兰语原版在此之前已经在波兰南部的拉科问世）的索齐尼派①宣言的拉丁语版本在伦敦出版；它的英语版本随之于 6 月上市。议会十分不悦，为此成立了一个秘密调查组，要弄清楚这件事是如何发生的。印刷商（杜加尔德）称是得到了弥尔顿的批准，2 月 21 日，弥尔顿被叫到调查组面前，为他自己辩解。这次调查除了《下议院日志》上弥尔顿的证词这一未经修饰的事实之外，没有留下其他记录。不过作为汉萨同盟的代表于 2 月 20 日到达伦敦的荷兰外交官罗伊·范·艾泽马（或

245

① 索齐尼派（Socinian），16 世纪由意大利神学家索齐尼叔侄创立，否认三位一体教义，认为耶稣仅为凡人。

莱奥·阿布·艾泽马）却在他的日记（用荷兰语写的）中记录下了弥尔顿承认是他批准了《拉科教理问答》，弥尔顿在为自己辩护时，引用了《论出版自由》中阐述的原则。[169]

　　侵害日深的失明、房屋搬迁的压力、受到自己政府的盘问只是弥尔顿遭受的一系列更多更大的不幸的序曲。1652 年 5 月的开始美妙无比，女儿德博拉出生。然而三天之后，弥尔顿的妻子玛丽去世，留下此时已完全失去视力的弥尔顿和四个幼小的孩子：安妮（五岁）、玛丽（三岁）、约翰（十四个月）和婴儿德博拉。弥尔顿妻子的死被记录在他的家用《圣经》里，但她过世的地点和埋葬的地方却无从知晓；可能是在霍顿，但这个时期堂区长似乎不记录埋葬地。[170]弥尔顿雇用了一名保姆照顾孩子，但他的悲伤还没有结束；六周之后，儿子约翰跟随母亲一同进入了坟墓。无论对错，爱德华·菲利普斯将弥尔顿唯一的儿子的去世归咎于"一个挑选错误的保姆的虐待或坏秉性"[171]。

　　弥尔顿在悲痛之中写下了两首关乎政治的十四行诗：《赠克伦威尔将军》——他在《三一学院手稿》上标注的日期是 1652 年 5 月（玛丽去世的那个月），和《年轻的范内》——作于 7 月 3 日（他儿子约翰去世后两周）。或许创作颂文的训练可以帮助他分散注意力或是给他带来些许慰藉。《三一学院手稿》中这首献给克伦威尔（由一名文书助手记录）的十四行诗有一个标题（随后被删去），注明了日期和创作的起因："1652 年 5 月赠克伦威尔将军，/ 论福音宣讲委员会在审议的部分牧师所提的建议。"这个委员会——克伦威尔是其成员之一——由被清洗的议会在 1652 年 2 月 18 日设立，用来答复十五位独立派牧师（包括约翰·欧文、托马斯·古德温、菲利普·奈与斯德拉奇·辛普森）共同签署的一份请愿书，这十五位牧师在前一周已经提交了一份抗议《拉科教理问答》的请愿书。就像第二份请愿书的全称写明的 [172]，那些独立派牧师建议对主张脱离国教者实行有限的宽容政策，并实施一套牧师许可制度加以节制，从而扼制"危险的谬论和亵渎上帝的言行"。弥尔顿向克伦威尔提出，作为委员会的一名成员，他应该审议这些提议，也许在这个时候，他竭力劝克伦威尔不要降低对不顺从国教者意见的容忍度，不要屈从于有关设立靠什一税领取薪俸的牧师职位（"雇用的狼"）这样的要求；在第二个问题上，克伦威尔的意见很快转变了。十四行诗的前八行——第九行亦然——将克伦威尔呼作一名士兵；最后六行敦促他在和平时期采用同样的解决方案：

246

> 因为新的敌人起来
>
> 想把我们的灵魂扣上世俗的锁链
>
> 请从这些狼蹄下面，救起良心的自由，
>
> 这些雇佣的狼所传的福音是他们的贪馋。①

克伦威尔如果读过这首十四行诗，就会看到其中毫无保留的颂扬与激励，从某种程度上来说，这首诗确实如此；不过，它同时也在审慎地批评克伦威尔，在弥尔顿看来，克伦威尔没有看到那些独立派牧师的提议严重威胁到神圣的宗教自由。

十四行诗《赠小亨利·范内爵士》——这是《三一学院手稿》中这首诗的标题——在句法（包括前八行诗增加了半行）和风格上与献给克伦威尔的十四行诗十分相像，或许可以被看作后者的姊妹篇。弥尔顿恳求克伦威尔"维护我们的自由信仰"。在那些独立派牧师对信仰自由和出版自由构成威胁这个问题上，范内与弥尔顿的观点一致，他写下了《审视热情，或曰论良心的自由》（1652年），对独立派的建议做了回应。范内认为世俗权威无权管理基督徒，这种观念甚至扩展到了偶像崇拜者的信仰自由上。很有可能是这本册子给了弥尔顿灵感，启发他写下了这首十四行诗，1652年7月3日他将诗寄给了范内。赠克伦威尔的十四行诗是恳求，献给范内的十四行诗则是一味地称颂；这种不同反映了弥尔顿将两人区别对待，以及范内与克伦威尔之间逐渐扩大的裂痕。当弥尔顿对范内说"你还学会／把精神力量和国家权力加以严格区别／这是极少数人会的"，克伦威尔并不在这少数人中间。

在这个时期留存下来的公文当中，占据最多数的是与奥尔登堡代表团和第一次英荷战争有关的文件，不过很显然弥尔顿还在与其他许多国家和地区通信，包括汉堡、但泽（都是汉萨同盟的独立城市）、得土安、葡萄牙（刚从西班牙独立出来）、托斯凯恩（独立的大公国）、威尼斯、丹麦、福音派瑞士各州、荷尔斯坦因（公国）、西班牙和西属尼德兰。[173] 这些信件中有部分——例如一封写给葡萄牙若昂四世的信（1650年4月17日）——是弥尔顿用他最优雅、最具

---

① 本译文出自《弥尔顿诗选》，朱维之选译，人民文学出版社1998年版。

感染力的拉丁语写就的。他还参与翻译被截获的信件、搜查文件和检查被没收的文件。

247 　　有两封信证明他参与了截获信件的工作。这两封信是 1649 年 4 月 13 日索菲娅公主（莱茵河的巴拉丁公主）在海牙写给她的兄长莫里斯王子（此时正在一支距离爱尔兰海岸线不远的保王派的海军中队里服役）与鲁伯特王子的；给鲁伯特王子的一封信用法语写就，而写给莫里斯王子的信所使用的语言，可以说是一种混合了荷兰语和德语（荷兰语当时仍未被普遍认为是一种独立的语言）的语言。[174] 在这封荷兰语 / 德语信的页边空白处，标注着弥尔顿的修改和补充。罗杰·威廉姆斯后来回忆称，是他教弥尔顿"荷兰语"的，好让弥尔顿教授他其他语言。"Dutch（荷兰语）"的常用意义是德语（Deutsch，或现代荷兰语 Duits），而荷兰语通常被称为低地德语或低地荷兰语；威廉姆斯是在"新阿姆斯特丹"学了一些荷兰语，因此弥尔顿学会的很有可能是德语的荷兰语"方言"。语言就是拥有军队的方言①，所以这种方言将很快被认为是荷兰语。

　　下议院的议事日程簿显示，弥尔顿的职责包括搜查煽动性文件。1649 年 10 月 24 日，他奉命（与爱德华·丹迪一同）没收持异见的宣传册作者克莱门特·沃克的出版物，并为国务会议准备一份报告 [175]；1650 年 5 月 15 日下达了类似的命令（没有写出疑犯的名字）。1650 年 6 月 25 日，弥尔顿拿到了一张搜查令，受命搜查威廉·普林在林肯律师学院的房间。普林是弥尔顿的老对手，一直积极抵制普赖德大清洗的影响 [176]，他曾在审判大主教劳德的准备过程中十分乐于搜查威廉·劳德的文件。弥尔顿还审查其他人收缴的文件。1649 年 5 月 30 日，他遵照议会指示搜查约翰·利的出版物，利涉嫌与一名政府的敌人有来往而被捕 [177]；6 月 11 日国务会议下达了相似的指令，这次与威廉·斯莫尔有关，斯莫尔因与一名政府的敌人通信而遭到监禁。6 月 23 日，弥尔顿奉命检查"《国事快报》的文章"，并将他的调查结果报告给国务会议。《国事快报》是马查蒙特·尼德汉姆编辑的一份保王派报纸，尼德汉姆后来成了弥尔顿的朋友。[178]

　　弥尔顿成了一个准备采取严厉措施保卫自己权力的政府的工作人员。他领取共和国的薪俸，自然而然地，他在某些场合中的行事方式似乎背弃了他过去

---

① 语出自意第绪语学者马克斯·魏因赖希。原句为"语言是拥有陆军和海军的方言"，意指一个社群外部对一种言语变体是语言或方言的认知可能受这个社群内部的社会和政治因素所影响。

明确阐述过的自由与宽容的理想。事实上，弥尔顿成了他在《论出版自由》中哀叹的审查出版物的那个人。按照布拉德肖于 1649 年 9 月 20 日颁发的《出版法案》的条款，在英格兰出版的图书不再需要政府许可（虽然需要许可的做法仍在持续），但时事通讯和政治宣传册要经过"政府授权的某人"的准许，方可出版。1649 年 12 月，弥尔顿批准了一本用法语写的有关审判查理一世的书。[179] 1651 年 3 月 17 日，他又回到了审批的岗位上，从那时起，他开始批准出版周刊《政治快报》；弥尔顿常常被称作《政治快报》的许可证颁发者，一直到第 85 期（1652 年 1 月 22 日），在那之后，许可证颁发者的名字一般不再提及，偶尔出现，便是瑟洛。鉴于尼德汉姆新近才不再忠于保王事业，显然宜对他采取密切监视，确保他不会偏离政府的方向。在弥尔顿最后一次批准《政治快报》之后 5 天，也就是 1652 年 1 月 27 日，他批准出版了《拉科教理问答》，并引用《论出版自由》中的话语为自己的行为辩护。正如我们已经提到的，这种做法引起了政坛领袖们的不满 [180]，似乎最终导致他不再担任许可证颁发者这一职务。

弥尔顿不参与制定外交政策，但他作为一名高级公务员，不可避免地会被过去的一些熟人注意到，他们认为他可以派上些用场。例如 1653 年 1 月的通信包括他与安德鲁·山德兰兹的一次交流。山德兰兹与弥尔顿在基督学院有过交集，1624 年到 1630 年，他是基督学院的研究员（也是爱德华·金的前辈）。1 月 15 日，山德兰兹从爱丁堡写信给"在小法兰西区房子"里的弥尔顿，为使用苏格兰木材制造英格兰船只这一提案而游说，信中还请求取回蒙特罗斯侯爵的头颅，在过去的三年里侯爵的头颅一直被按在爱丁堡监狱的一根长尖钉上。[181] 弥尔顿似乎并未有所行动，也可能是帮不了忙；头颅依然在原地。

很难估量弥尔顿资助过多少人，但却有些许令人信服的证据。他推荐了在剑桥时就认识的理查德·希思，希思是什鲁斯伯里圣阿肯蒙教堂的牧师 [182]，他成了布莱恩·沃顿编撰《多语圣经》的助手（对东方语言提出建议），这可能是可以查知的弥尔顿曾出过力的一个项目：1624 年至 1628 年，沃顿担任布莱德街万圣教堂的助理牧师。1652 年 7 月的一项指令显示，是弥尔顿向国务会议提出申请，称准备和出版《圣经》需要有人协助；与此类似，国务会议 1653 年 7 月 9 日的记录提到了弥尔顿的一封信（现已散佚），信中弥尔顿表示支持沃顿和布鲁诺·赖夫斯（查理一世的前牧师）提出的请求，两人请求准许他们可以在免除关税和消费税的情况下为《多语圣经》进口纸张；国务会议批准进口 7000 令。[183]

248

1653 年 4 月，克伦威尔解散了被清洗的议会，国务会议的任期也随之结束。[184] 但政府的行政职能仍在继续，大部分未受影响。之所以能如此，反映了那些从 1649 年开始为政府服务的公职人员骨干身上非凡的忍耐力，弥尔顿就是其中之一。不过，此时的一名新来者最后却对这个国家的政务产生了关键性的影响，这个人就是约翰·瑟洛。他的迅速升迁震惊了同时代的人，并让历史学家们困惑。他与新兴的共和国当权派的联系不可忽视。他的姐夫、弑君党人艾萨克·尤尔是一名军官，在第二次内战和对爱尔兰的战役中表现英勇，显然深得克伦威尔的信任。在将查理从怀特岛转移回来候审的过程中，他也出过一份力。尤尔在爱尔兰感染瘟疫去世，他死后，瑟洛执行了他的遗嘱，成了他孩子的监护人。[185] 瑟洛还有另一层至关重要的关系：从年轻时起，他就在不同的秘书岗位上为奥利弗·圣约翰工作，并得到圣约翰的资助，接受了法学教育。圣约翰曾经是发展长期议会里独立派团体的主要人物，身居被清洗的议会下的司法要职，他还是克伦威尔的朋友和盟友，娶了克伦威尔的堂亲。很可能因为这层关系，瑟洛在 1650 年担任过克伦威尔的律师。他在大法官法庭所任官职低微。1651 年，由圣约翰和沃特·斯特里克兰领导的特使团出使尼德兰联省共和国，瑟洛任特使团秘书，这是他第一次进入更高层的政府部门。结果，他在其他人前面回到了英格兰，并向议会报告了进展，艾尔默猜测，"这必定给他的听众们留下了深刻的印象"。他似乎巧妙地将他的一片赤诚之心从圣约翰那里转移到了克伦威尔身上。

而这一切都恰逢其时。高尔特·弗罗斯特于 1652 年 3 月去世，国务会议秘书一职便空了出来，"很明显，国务会议毫不犹豫地推荐了约翰·瑟洛，议会没有半分迟疑地批准了他的任命，而瑟洛在此之前从未出现在中央秘书处过"。在中央秘书处的那些人当中，弥尔顿可以说是最资深的了，并且已经参与了瑟洛将会在短期内做出出色成绩的一些活动，尤其是在对外关系和监视可能的异见分子这些事情上。即便他身体康健，他能获得这个职位的机会也微乎其微，更别说他双眼已盲，而瑟洛与权贵们关系密切。最终，瑟洛成了官方选中的对象，弥尔顿在他手下与他共事，一直到 1659 年 5 月。法伦总结道，从此以后，克伦威尔和瑟洛成了共和国外交政策的设计师，"弥尔顿只对他们负责，而不是一个被各种不和谐声音充斥的国务会议"[186]。正如艾尔默评价的，从被清洗的议会存续的最后一年和风云变幻的 1653 年，直至接下来的克伦威尔时期，瑟洛的重要性仅次于护国公，但他的连续性体现在一个更高的而不仅仅是文书工作的层面。[187]

第十二章

护国公时期

1653 年 4 月 20 日至 1658 年 9 月 3 日，英格兰的统治方式发生了重要的变化，每一次变化都重新定义了前后相继的政体的共和性质，集团和个人在其间沉浮，公职人员的品性受到挑战。在这期间，弥尔顿始终受政府聘任，显然适应了克伦威尔更加有力的控制。不过随着他残疾的程度日益加剧，他的职责也有了变化。他的生活记录显示他不再直接参与监视工作，或监督这个政府宣传机器的其他新成员。他仍然断断续续地翻译公文，只发表了两部重要著作，都是用拉丁语写的辩论文。与此同时，他找到了让他可以开始研究有关系统神学、英国历史、古典辞书编纂学领域的重要课题的工作方法。他翻译圣诗，完成了大量出色的短篇诗作，认真地创作承诺已久的民族语言史诗。除了著述写作，他还巩固了他的社会关系，歌颂友谊带来的乐趣，建立了一个合宜的人际关系网，而且他再婚了，但这段婚姻十分短暂。

克伦威尔解散被清洗的议会的动机依然备受争议与猜测。就像布莱尔·沃登与奥斯丁·伍尔里奇展现的，克伦威尔和军队里的高级军官们对议会在最后一年里的所作所为深感失望与忧虑。[1] 在邓巴和伍斯特取得的惊人胜利在新模范军中掀起了一阵千禧年信徒般的乐观主义浪潮。第五王国派渴望采取直接行动，开创基督的统治。各个阶层都有被他们收买的人。在最高层，它得到了托马斯·哈里斯少将的大力支持，而在克伦威尔看来，他率军大获全胜，显然代表了天意，他本人对此也并非无动于衷。然而，随着过去那些与弑君党人划清界限的成员又回来重新占据他们的席位，一个宗教观与社会观已非常保守的政治团体对极端的信仰自由、废除什一税、废除英国国教的地位等做法更加疑心重重。

尽管这些举动让克伦威尔大失所望，但政治家们再度开启了这个世纪中期大多数议会重复探讨的主题——裁减和控制武装部队，这自然引起了猜疑与忧虑。议会通过递补选举增补人员，但依旧人员不足，也没有下达任何指令抵制最粗率的选票检查，而且依旧受到来自武装军队的压力——正是这支军队在1648年清洗了议会中一些不太够格的成员，于是到了1653年春天，议会开始讨论它的改革或解散事宜。伍尔里奇已经证明了，议会在被解散那天做出的决议似乎不是通过递补选举增加成员进行永久统治，而是为一个新的议会发布令状，或许在新议会之前的一个时期里，现有成员以及那些增补的成员继续占有席位，这种看法与军队领导层的宣传和大多数早期历史学家的结论大相径庭。

假如这就是可能的结果，假如克伦威尔明白这一点，他或许会深感不安，因为新的选举将会选出对军队和它的领导者们颇有微词、对信仰自由和激进的教会体制持反对态度的成员。议会解散最后成了大批杰出的共和制拥护者和经验丰富的议会成员的人生分岔口，其中一些人是弥尔顿敬慕、共事过的。小亨利·范内爵士回到了他的乡村庄园，在奥利弗去世之前，范内爵士一直受到拥护克伦威尔的掌权派的猜忌。曾经主持查理一世审判的约翰·布拉德肖与范内爵士一样在共和国的国务会议里表现突出，他大胆发言抨击政变，他的话或许太有说服力了，对他自己却没有半分好处。克伦威尔解散议会的时候，布拉德肖对他说，"你以为议会解散了，你错了：天底下除了议会本身，没有人可以解散它"[2]。他失去了权力和影响力，在家乡柴郡只谋到了检察长的职位，还要花大力气才能保住他的工作。与他们形成对照的是，弥尔顿仍在他的岗位上。

政变发生十天后，克伦威尔和他的高级军官任命了一个新的国务会议，比它前身的规模要小得多，成员包括那些高级军官、克伦威尔本人、兰伯特、迪思布劳、威廉·西德纳姆，以及吉尔伯特·皮克林爵士和沃特·斯特里克兰这些平民，在接下来的动荡中，克伦威尔都将仰赖他们。[3]

但这些军官没有对组成一个按照他们认可的思路推动确立国家政体的代表机构完全失去希望。他们安排了一个由那些被认为支持这项事业的人组成的提名大会，原本想要将费尔法克斯、范内——弥尔顿为这两位都写过十四行诗——和过去可能资助过弥尔顿的卢克·鲁滨孙都包括在内[4]，但他们都没有参与。在一次将预示克伦威尔晚年主要政治定位的行动中，"这些家族的代表，如霍华德、蒙塔古、西德尼、厄尔、沃尔斯利和阿什利－库珀都被召唤前来"。名单上还有不少第五王国派的信徒。其他非国教教派的代表充其量也只是零星的。也许值得注意的是，选中的代表中，没有一个来自与弥尔顿在早期为共和国辩护时走得颇近的约翰·古德温的教区。[5]

这个新机构有 120 人，很快发展到 144 人，包括增补成员。7 月 4 日，这个新机构召开了第一次会议。会上，它决定将自己称为议会，同时代的人戏谑地给它加了一个别名——"贝尔朋议会"，影射的是它的一位名字令人印象深刻的成员：虔诚的皮革商、传道俗人普雷斯高德·贝尔朋。[6]① 起初，这个议会似乎完全屈从于克伦威尔，而随着它组建了自己的国务会议，克伦威尔曾经设立的委员会中所有十三位成员均被纳入其中，添加的成员包括克伦威尔的女婿查尔斯·弗利特伍德中将，还有菲利普·西德尼（莱尔子爵）、爱德华·蒙塔古（曼彻斯特伯爵的表亲）和亨利·劳伦斯，这些人将在接下来的几年里扮演重要角色。他们当中无一人是弑君党人。

克伦威尔在很大程度上将外交事务视为自己的特权，夏季的几个月里，事情进展顺利。6 月，荷兰特使被派来协商和约条款，但以失败告终；7 月 31 日，英格兰海战大捷，在这场战役中，荷兰的军事奇才海军上将马尔滕·哈珀特松·特龙普过世。不管怎样，民众支持继续战斗，打垮荷兰人，第五王国派的传道者鼓动作战，他们将胜利看作受到了上帝的佑护，是即将到来的千禧年的先兆。和平直到 1654 年 4 月才降临，但战局已不可避免地朝着对英格兰有利的方向转变。之后，焦点转移到了波罗的海，英格兰的最大利益似乎来自与瑞典及其古怪的君主克里斯蒂娜女王建立更友好的关系。克伦威尔希望能扩大支持面，重建从前的联盟关系，很可能出于这些想法，他在 1653 年 9 月任命布尔斯特罗德·怀特洛克为驻瑞典大使（但怀特洛克的妻子反对他去瑞典，认为这是对他的一种惩罚）。怀特洛克过去可能也资助过弥尔顿，他不是弑君党人，但他支持共和国，而且对驱逐被清洗的议会这种做法持批评态度。11 月，他加入了国务会议，在执行完使命回到英格兰时，受到了克伦威尔的热烈欢迎。

贝尔朋议会忙于一连串与新的教会体制相关的事务。正如我们已经指出的，弥尔顿的观点在他于 1652 年 5 月写给《克伦威尔，我们的领袖》的十四行诗里已表露无遗。[7]虽然他的提议含糊不清，但那时他表达了对于牧师受雇

253

---

① 贝尔朋的名 "Praisegod" 意为 "赞颂上帝"。

佣——很可能是靠什一税——这种体制的担忧，他支持宽泛的宗教信仰自由，支持行政长官不干涉良知问题。他于 1659 年编写的小册子大体上与这一立场一致。[8] 但在 1653 年，他保持着沉默。

议会成员的构成是要平衡好战分子——第五王国派是其中最善于叫嚣的——与那些资产雄厚、经验丰富，更趋向于保守主义的人的关系。但正如伍尔里奇评论的，即便是那些温和派通常也是"意志坚定的人，大部分人属于独立派或非国教教派，而他们在这个世纪中期盛行的政治和宗教背景下也是相当激进的"[9]。尽管温和派可能占据了大多数，但那些狂热分子在议会下属的各种委员会里十分活跃，他们为法律改革和新的教会体制拟定建议。这些建议十分超前，1653 年 12 月，它们被编入了法案。只有后一个问题遭人热议，它引起的争议令贝尔朋议会破产并覆灭。

更为激进的派系赞同政教分离，这与亨利·范内爵士提议的所有政策一样激进，弥尔顿显然对此持支持态度，至少是在 1652 年。此外，激进派还主张废除什一税、撤销政府对牧师的资助。这样的体制可能会给许多长老派和独立派教区带来毁灭性打击，因为他们此时已普遍屈从于共和国政府。12 月 12 日，温和派退出议会，向克伦威尔递交辞呈，而那些留下的议员被士兵逐出议会。这很可能是兰伯特下的命令，兰伯特反对组建贝尔朋议会，尽管他刻意笼络，却从未在其中有过一席之地。新模范军再一次直接干涉了英格兰人的政治生活，但这次他们是与平民盟友密切合作；强有力的详尽证据表明"兰伯特和他的同僚与领导这次退席的议会成员相互勾结"[10]。

紧随在 1653 年 12 月政变之后，一份新的立宪倡议发布了，这份倡议以一份已经准备好的文件即《政府约法》为基础，同时代的人相信它是由兰伯特起草的。它受到了军官会议和克伦威尔的认可。《政府约法》正式任命后者为护国公，拥有与早前君主相类似的权力。它设立了国务会议，并为重新选举做好了准备。国务会议的成员包括那些在最近几个月里与克伦威尔共事、与他走得最近的人：劳伦斯（他成了国务会议的主席）、莱尔、弗利特伍德、兰伯特、迪思布劳、蒙塔古、西德纳姆、皮克林、斯特里克兰。怀特洛克没有在其中，但他被批准出任驻瑞典大使，这是他已经开始担负的一项使命。国务会议秘书处——弥尔顿仍是其中一分子——再度由瑟洛领导。

当需要在克伦威尔的拥护者和激进分子间再一次做出选择的时候，弥尔

254

顿选择了支持克伦威尔。《政府约法》详细地论述了新的教会体制这一伤脑筋的问题，并给予了一种折中的方案：

> XXXV. 提倡信仰《圣经》中所记载的基督教，并以此作为国教。尽快出台较现今更为清晰明确、少见疑义的新规，以鼓舞和维护能力出众、兢兢业业的讲道者，以便其指导民众，发现与纠正错误（此处指任何违反健全教义的内容）；在此新规出台之前，不得撤销或质疑现有办法。
>
> XXXVI. 国教都不可通过刑罚或其他方式强迫使人归信，而只能依靠健全的教义和好的行为示范赢得信众。
>
> XXXVII. 对于教理、礼拜仪式、公共训导持不同观点的各个教派，只要他们信仰耶稣基督，就不应受到限制，其表达观点和操练信仰的权利都应当受到保护；只要他们不滥用自由而对他人造成民事伤害，或干扰公共治安；只要不将该自由授予天主教徒或主教派，也不授予那些以基督教的名义宣扬和从事淫乱之事的人。[11]

按照弥尔顿所主张的自由来看，这是他可以接受的折中方案。什一税将会被保留，但在适当的时间会对它加以改革；政教分离没有完成。与此形成对照的是，行政长官在宗教事务上的职权急剧缩减，但他们管控天主教和主教制——弥尔顿未曾为这两者辩护过——以及"淫乱之事"，很可能是指喧嚣派教徒的纵欲和粗暴的裸体主义行为。不强制去教堂，也不针对异教行为或信仰采取民事诉讼，因此容许进行此类思辨性思考，这将成为弥尔顿的系统神学的一部分。《政府约法》以一部成文宪法的形式写下了弥尔顿在《论出版自由》中的所有要求，而且远不止这些：出版异教观点与在法庭上为它们辩护的权利受行政长官管辖，但表达这些观点完全在行政长官的权限范围之外。由于政治上的原因，布拉德肖永远不会认可《政府约法》。在护国公的第一届议会最终召开时，他拒绝宣誓，拒绝成为该议会的成员。哈里森是第五王国派的资助人，他出于政治与宗教上的理由反对《政府约法》。12 月，克伦威尔多次试图说服哈里森，均未成功。此后，哈里森不再从政。12 月底，他被剥夺了军衔。第二年年初，他实质上是在他的家乡斯特拉福德郡流亡。而弥尔顿一直安然无恙。

　　1655 年，护国公的第一届议会被直接军事统治代替。这个国家被分成十一个区域，每个区域由一名少将治理，当地民兵和常规军都听任少将统率。克里

255

斯托弗·希尔评论，"与少将们的棍棒相比，劳德和残缺议会委员会的鞭子就显得软弱无力了"[12]。再一次，即便出现了最压抑的事态发展，弥尔顿既没有评论，也没有辞职。对于1656年亨利·范内爵士未受审而被关押一事，他似乎同样未受触动。

护国公时期的第二届议会坚持认为应该取消少将的统治。不过《政府约法》被精炼为新的《恭顺请愿书和建议书》之后，进一步减少了护国公这一角色与国王角色之间的区别，传统上被理解为允许克伦威尔任命他自己的继承人，任命他自己的国务会议，而不用提交议会审议。[13]弥尔顿继续领用他的薪水，继续履行需要他履行的职责。

那么这些职责是什么呢？弥尔顿的工作从国务会议转移到了国务大臣办公室，意味着他的名字从国务会议的议事日程簿上消失了。议事日程簿只是偶尔提及他的薪酬，还有一次提到他在克伦威尔葬礼上担负的任务。因此更难追踪这个时期他参与的国书了。不过似乎可以肯定，由于弥尔顿的残障，他的活动有所减少，而且随着政府改组，他的职责也有了变化，他的一些行动如今无法确认，因为一个职责范围包括情报搜集的部门是不可能为后世留下记录的。

在护国公时期，弥尔顿转战于多个外交战场，其中最重要的是尼德兰联省共和国、法国、瑞典和萨伏依。而这当中，最为紧要的是与尼德兰联省共和国的战争，弥尔顿一直需要撰写简报，直到1654年4月双方签署了结束第一次英荷战争的和平条约。[14]1655年初，勒内·奥吉尔离开了瑟洛的部门，与法国人通信的责任便落到了弥尔顿肩上。

这是与法国关系的关键时期，英格兰在英西战争（1654—1660年）中需要一个盟友。如今的法国港口敦刻尔克在17世纪中叶是佛兰德的港口，属于西属尼德兰；事实上，在第二次世界大战之前，荷兰语一直是该地的主要语言。英国在1558年将加莱输给了法国，而克伦威尔渴望英格兰在欧洲大陆能重建一个立足点。1646年，敦刻尔克曾被法国人占领，但在1652年又重新被西班牙人控制。亨利·蒂雷纳统率的英法联军在沙丘之战（1658年6月4/14日）中击败了西班牙人，随后达成的协议使敦刻尔克成了英格兰的城市；其后几年，敦刻

256

尔克一直属于英格兰，直到 1662 年查理二世将它卖给了法国。17 世纪 50 年代末，弥尔顿分担了与法国人通信的职责，他很可能需要翻译法国人的来函，必定也要将去函译成拉丁语。[15]

布尔斯特罗德·怀特洛克在 1653 年 9 月被派到瑞典出任大使，但弥尔顿从 1654 年 8 月起才开始处理瑞典简报。瑞典早已让他产生了兴趣，因为他认为克里斯蒂娜女王在读了他的《为英国人民声辩》之后撤回对萨尔马修斯的资助，是表示对他的支持。[16] 在这中间的几个月里，克里斯蒂娜女王改信了天主教，宣布退位（1654 年 6 月 5 日），震惊了欧洲的新教徒（包括弥尔顿）。在弥尔顿翻译的第一封信（1654 年 8 月 29 日）中，克伦威尔向她的表兄卡尔十世表示祝贺，祝贺他登上王位。[17]

卡尔国王是英格兰最好战的盟友，长期以来，他企图让瑞典控制波罗的海，这使得他与新教国家和天主教国家都产生了冲突。此时弥尔顿为克伦威尔翻译的信和文件体现出了两部分工作计划：第一，克伦威尔支持卡尔进攻天主教国家（如波兰），与此同时，竭力遏制他对新教国家（如丹麦）的袭击；第二，克伦威尔试图确保不来梅公国作为英格兰在北海的立足点的地位，《威斯特伐利亚和约》（1648 年）曾将这个公国从不来梅大主教的领地扩展到不来梅城（当时不在公国境内）以北，位于威悉河与易北河之间。按照合约条款，瑞典获得了对不来梅城的控制权，但不来梅拒不投降，而是根据一份脆弱的和约（被称为《施塔德和约》），向卡尔国王交纳贡金。1657 年，克伦威尔决定利用这一不稳定因素，在瑞典与丹麦的战争中，向瑞典提供海军支持，以换得英格兰对不来梅公国——包括不来梅城及其港口——的掌控权。克伦威尔意识到有必要在波罗的海地区创建新教的团结统一，于是谨慎地开启了一项双重外交行动，他派遣威廉·杰夫森前往瑞典，派菲利普·梅多斯前往丹麦。从这个阶段到理查德·克伦威尔的护国公时期，弥尔顿翻译的写给腓特烈三世和卡尔十世的信件（包括国书）似乎繁多。

很难判断弥尔顿本人承担了多少工作。梅多斯一直担任弥尔顿的助理，直到 1656 年 3 月他被派往葡萄牙；他从葡萄牙负伤回来后，似乎不太可能会做太多的翻译工作，不管怎样，不久之后他又动身前往汉堡。1657 年 9 月 2 日，马韦尔被任命为文书助理，六天后，梅多斯正式被"斯特里先生"（可能是纳撒尼尔，不过也可能是他的兄弟彼得）替代[18]，这个部门的实力越发雄厚。大约在

257

同一时间，"约翰·德莱顿"——几乎可以肯定是那位诗人、未来的剧作家——开始协助办公室的工作。[19] 弥尔顿为这个部门贡献了多少力量？这个问题因为与他薪酬相关的文件而变得越加复杂。1655 年 4 月 17 日，弥尔顿的年薪从 288 英镑 18 便士 6 先令降到了 150 英镑，但是是终生支付的。这听上去像是为他安排的退休金，其实是更大规模调整计划的一部分，反映了弥尔顿工作待遇的提升。（高尔特·弗罗斯特的薪水同样减少了，但他的薪酬并非终生支付，其他雇员如马查蒙特·尼德纳姆、约翰·豪尔和勒内·奥吉尔的薪酬则完全停止发放了。）这次削减工资最后看来是暂时性的，因为 1659 年 10 月 25 日的一份文件表明弥尔顿的薪水恢复了一部分，恢复到了一年 200 英镑。[20] 而且正如艾尔默所说的，在皇家政府的旧体制下，公职人员主要有三种任期：终身制；基于良好的表现而定的；或由统治者随意而定的。[21] 议会偏爱采用与最后一类相对应的聘用制，常常任命某人在一段特定时期担任某个职务，当然他们通常会被续聘。那是过去决定弥尔顿任职与否的程序，所以将他的任期改为终身制不仅标志着对他先前工作的认可，也代表着对他未来的职责和他对政府的用处有着毫无保留的信心。不过，尽管多数证据都表明弥尔顿仍在继续工作，但到了 17 世纪 50 年代末，他减少了工作量，可能是因为任命了马韦尔和斯特里之后，不再那么需要他了，也可能是因为他正潜心创作《论基督教教义》与《失乐园》，因此某种程度上的减薪也算是公平合理。

不管怎样，弥尔顿绝对算不上贫穷。事实上，他还做了投资：他借给伦敦一位名叫托马斯·芒迪的金匠 500 英镑（收取 6% 的利息），对方用 1000 英镑的市镇债务保证书作为担保。1658 年 1 月 14 日的一份文件显示，这次交易是芒迪用债务保证书交换了肯辛顿的一处房产的租赁权益抵押；芒迪偿还本息后，该房产的租赁权就会归他所有。根据协议的有关条款，芒迪只要每年支付 30 英镑的贷款利息（分两次付款），就可以继续拥有这处房产。弥尔顿一直保留着这项投资，直到 1665 年 6 月 7 日他决定将其出售。出售的原因不太清楚，可能与瘟疫在伦敦肆虐、他准备离开有关。弥尔顿把肯辛顿房产的抵押权转让给了鲍德温·哈米医生，收到 500 英镑的回报，就是最初贷款的数额。[22] 这次交易让人产生兴趣，不仅因为它证明了弥尔顿的富足以及一些投资在复辟时期依旧存在，还因为文件上的签名。在弥尔顿的副本上代表他签字的，是一位偶尔为护国公政府工作的专业文书杰里米·皮卡德；皮卡德作为那部如今被称为《论基督

258

教教义》的专著的两位主要抄写员之一，将很快再次出现在弥尔顿的生活当中。这份文件由皮卡德和弥尔顿第二任妻子的母亲伊丽莎白·伍德科克签名作证。[23]

弥尔顿根据这个时期他对外交活动的贡献，创作了一首简短但非同凡响的诗。1655 年 4 月，萨伏依公爵的军队在他的公国领地皮埃蒙特对韦尔多派发动了一场大屠杀。韦尔多派的后继者如今在意大利被称作韦尔多派福音教会，它的起源可追溯至 12 世纪由皮埃尔·沃德建立的一个反神父天赋神权的派别。[24]韦尔多派主要聚居在萨伏依，15 世纪以来一直受到执政王室的迫害。1487 年，教皇英诺森三世颁布了一份教皇诏书，下令清除韦尔多派。宗教改革时期，像贝扎①、法雷尔②、欧立夫坦③ 这样的新教徒声明韦尔多派是先锋派新教徒，他们在天主教堕落的几个世纪里，将早期基督教会纯洁的圣火保存了下来，由此创建了新教的史前史。宗教改革者花费了大量的力气将新教的神学理论加诸韦尔多派，强化了这种空想的力量；1532 年在湛幅伦斯召开了教务会议（法雷尔、欧立夫坦也参加了此次会议），会上正式通过的信条申明了得救预定论的教义，批准了教士婚姻，否认教皇的最高权威。1545 年，弗朗西斯一世的军队在普罗旺斯屠杀了上千名韦尔多派信徒，1655 年 4 月，萨伏依公爵卡洛·埃马努埃莱二世在皮埃蒙特发动了一场同样血腥的战役。

卡洛·埃马努埃莱过去曾试图采用胡萝卜（税收优惠）加大棒（宗教法庭）的政策迫使韦尔多派改变信仰，但最终还是决定将他们根除。1655 年 1 月 25 日，公爵对付异教徒的副手安德烈亚·加斯塔尔多命令所有拒绝改信的韦尔多派离开这个区域的城镇，前往指定的高山地区；那些拒绝离开的人将被处死和没收财产。韦尔多派向公爵请愿，但他们意识到这项法令不会被撤回，因此在隆冬时节躲进了山里。4 月初，萨伏依军队（连同法国军队和爱尔兰军队）尾随韦尔多派到了他们在阿尔卑斯山上的避难处，4 月 14/24 日，屠杀再次开始。幸存者讲述母亲和婴儿被人从悬崖顶上用力抛掷下去这样骇人听闻的暴行。大屠杀的消息传到了福音派瑞士各州，再从那里传到了欧洲的新教徒耳中。

---

① 贝扎（Beza，1519—1605 年），加尔文的继任者。

② 法雷尔（Farel，1489—1565 年），宗教改革家、布道士，将宗教改革引入到了瑞士的法语人口中。

③ 欧立夫坦（Olivétan，1503—1538 年），加尔文表弟，曾将《圣经》译成法语。

图 37　塞缪尔·莫兰，《福音派教会的历史》（伦敦，1658 年，p. 344）

259　　　　克伦威尔抓住这次机会想要夺取新教世界的领导权，他向公爵正式提出抗议。5 月 25 日，克伦威尔写信给路易十四和枢机主教马萨林，敦促他们干预此事。同一天，他又写信给瑞典、丹麦、尼德兰联省共和国、福音派瑞士各州的新教统治者，确保他们能一起行动。弥尔顿将所有七封信译成拉丁语。塞缪尔·莫兰带着给路易十四和枢机主教马萨林的信，被派往巴黎和萨伏依，他同时还带着一份演讲词，6 月 24 日，他在瑞瓦勒向卡洛·埃马努埃莱发表了这通讲话；这篇演讲词很有可能是由弥尔顿译成拉丁语的。[25]5 月 31 日，克伦威尔给特兰西瓦尼亚总督拉科齐·捷尔吉二世回信，信中描述了这场大屠杀，弥尔顿翻译了这封信件。最后，克伦威尔写了一封信给日内瓦（1603 年脱离萨伏依公国），向一个为救援韦尔多派而设立的基金捐赠了 2000 英镑，弥尔顿是这封信的译者。6 月 14 日，克伦威尔宣告设立斋戒日，并为解救幸存的受害者募集善款。

260

　　这次对欧洲信奉新教的人的袭击在民众中间引起了强烈的反感，这种反感达到最高潮时，与 1453 年君士坦丁堡陷落、1572 年圣巴多罗买节大屠杀和 2001 年 "9·11" 袭击引发的情绪类似。弥尔顿决定就这一主题写一首十四行诗。他对韦尔多派一直怀有浓厚的兴趣[26]，他还接触过这次大屠杀的外交回复，因此从莫兰报告中了解到的暴行细节令他义愤填膺。随之产生的诗句是弥尔顿写过的最富有激情、最令人血脉贲张的，他的愤怒让他爆发出一声祈求上帝为之复仇的呐喊。

> 复仇吧，主啊，您那些被屠杀的圣裔，
> 在寒冷的阿尔卑斯群山上，白骨随处抛弃；
> 还在我们祖宗崇拜木石的时候，
> 他们早就遵守着您纯正的真理，
> 不要忘记：在您的册子上记下他们的悲啼，
> 他们是您的羊群，就在他们古老的羊圈里
> 被那皮埃蒙特人的血手所屠杀
> 连母亲带婴孩一起摔下悬崖峭壁。[27]①

排山倒海而来的诗句凝聚着力量，怒斥随意而为的暴行。

　　在奥利弗·克伦威尔担任护国公时期，弥尔顿没有再用英语写辩论文。但由萨尔马修斯发起、弥尔顿延续下去的拉丁语舆论战，需要他创作两篇重要的答复文章。匿名的《国王鲜血的呐喊》（1652 年）回击了《为英国人民声辩》。几乎可以肯定《国王鲜血的呐喊》是由英国国教一位被驱逐的牧师彼得·杜·穆兰

---

① 译文出自《弥尔顿诗选》，141 页。

所著，另一位在欧洲大陆身居高位的新教牧师亚历山大·莫尔似乎对它做了修改，并将它付梓出版。弥尔顿推断莫尔是册子的主要作者，尽管大陆的支持者和其他人都曾试图纠正他的这个看法，但他依然坚持这么认为。[28] 弥尔顿此时已经花费了不少气力嘲讽莫尔。既然差不多可以肯定莫尔参与了《国王鲜血的呐喊》的出版工作，那么在道德方面也就没什么顾虑了。而且弥尔顿对莫尔的个人攻击是要让他的读者读来深觉兴味，而不是作为他回复中严肃论证的一部分。他需要一个牺牲品，而那些试图向他告密的人没有透露这位作者的真正身份，或许确实也没有人知道。

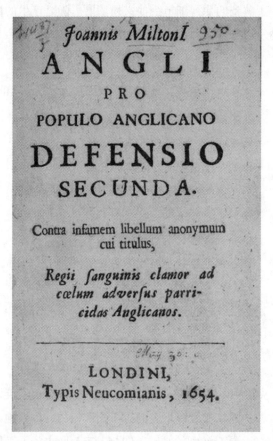

图 38　约翰·弥尔顿，《再为英国人民声辩》（伦敦，1654 年），书名页

261　　　《再为英国人民声辩》（出版于 1654 年 5 月 30 日）由托马斯·纽科姆印刷。纽科姆和他的前辈一样，将高级政治与低俗下流结合了起来。这次的攻击对象

的地位多少不如萨尔马修斯，弥尔顿谈到他时一再使用轻蔑的口吻。话题主要围绕着莫尔被人指称与萨尔马修斯的一位女佣发生不正当的性行为。莫尔很容易受人身攻击，因为莫尔经常出入于萨尔马修斯在莱顿的家，而在 1652 年，后者家中的一位仆人伊丽莎白·盖雷提出毁约诉讼，声称莫尔是她私生子的父亲，他以结婚为名引诱自己。对这项指控的反应非常复杂：莫尔那些有权有势的朋友对他始终如一，乌得勒支教务会议也没有取消他的布道资格，但他被禁止在莱顿布道；而萨尔马修斯夫人则站出来与她的前雇工一起反对莫尔。[29]

弥尔顿再一次为他的大陆人文主义读者带来了乐趣，这在很大程度上依赖于这次攻击的戏谑逗趣。弥尔顿一段接一段地在莫尔这个名字上大做文章："莫尔"在拉丁语里的意思是"桑树林"，在德语里的意思是"傻瓜"或"无赖"。弥尔顿将会在他的第三次和最后一次拉丁语声辩中继续嘲弄莫尔。

政治局势比过去更加错综复杂。此时，英格兰共和国即将打赢一场战争，他们的对手不容小觑。曾经的不堪一击，被孤立、不确定的感觉，以及《为英国人民声辩》中革命性的亢奋，为一种新的自信所代替。弥尔顿坚持这样一个被认可的观点：英格兰不反对君主，但如果这位君主越界、违反法律的话，英格兰保留审判他和按照另一些准则建立政府的权利。这些准则是："就像善人与恶人有着天壤之别，我认为国王与暴君之间同样有着一条无法逾越的鸿沟。"[30]

两个新的要素可以轻易地证实这个论点。克伦威尔已经扮演起了一个类乎君主的角色，但就像波兰的君主那样，是被选举出来，而非世袭的。我们在这本册子里找不到他对克伦威尔的批评之词。事实上，弥尔顿小心翼翼地让自己与护国公保持一致。"继续咒骂我'比克伦威尔更糟糕'——这是你们可以给予我的至高赞美。"[31]① 他对克伦威尔的赞颂始终如一。[32] 克伦威尔"首先是将军、是胜利者，再是他自己"。几年之后，在《复乐园》里，弥尔顿让神子教导撒旦，告诉他这样的自我克制是所有健全统治的基础。[33]

这位护国公最重要的特征是卓尔不群："克伦威尔，我们被遗弃了，只有您留了下来，国家的最高权力归到您的手中……您的功绩不仅超过王者，甚至也超过虚构出来的英雄们的功绩。"弥尔顿原本打算创作一部关于亚瑟王的民族史诗，很显然，在他颂扬克伦威尔的丰功伟绩之时，也包含了这一计划。他说克

① 译文出自《为英国人民声辩》，何宁译，商务印书馆，2012 年版。

伦威尔可以成为国王，但那是不恰当的，因为这个称号会限制他的尊贵和权力。他不是一位暴君，因为暴政是在一位统治者拥有掌控与他同等地位的人的权力的时候出现的。而克伦威尔的品质出类拔萃。

第二个有利因素来自当时的瑞典大使团，弥尔顿为克里斯蒂娜写下了冗长的颂词，称颂她的品格与功绩："从今以后，南方的女王（即示巴女王）将不是史料记载中唯一受到歌颂的女王。北方也有了它的女王，而且也同样得到推崇。她不仅会去请教最聪明的犹太国王或去请教任何像他一样聪明的人（如果有这样的人出现的话），而且她本身就是一个受到人们请教的女杰。各地的人会群集在巍巍圣德的光辉榜样面前，承认世界上没有任何权威能与她的美德和功绩相媲美。"[34] 从这个时期弥尔顿外交通信的状况来看，我们有理由相信，自 11 月或 12 月以来，政府就没让弥尔顿工作了，好让他专注于创作《再为英国人民声辩》，或许是因为认识到这本小册子可能有助于怀特洛克在瑞典的使命。结果，他还是花费了比理想中更久一点的时间，因为这项任务已经在弥尔顿的小册子发表前四周签署的《乌普萨拉条约》中达到了预期的目标。不过对女王的赞颂之词恰逢其时：出版一周后，她退位了。

在这本册子里，同时代还有不少人也被点名表扬了。护国公国务会议的这批成员被挑选出来，用来坚定克伦威尔带领政府前行的方向。国务会议里尽是些有钱有势的新面孔，而护国公将会越来越倚赖他们："皮克林、斯特里克兰、西德纳姆、西德尼（一个卓越的名字，我很高兴他已经稳步靠拢我们这一边）、蒙塔古、劳伦斯，这两人既有很高的才能，又有渊博的学识。"[35] 弥尔顿把怀特洛克添加到这个名单当中。尽管怀特洛克此时并不是国务会议成员，但被任命为驻瑞典大使为他增添了荣耀，他与克伦威尔系的当权派展开的新合作，是护国公所青睐的将旧敌吸收入新联盟的政策的胜利。

这条政策很可能解释了文中出现其他三个名字的原因。弥尔顿十分机敏，小心翼翼地绕过费尔法克斯 1649 年之后的行为。他对费尔法克斯赞美不绝："费尔法克斯，天性和神的恩惠使您兼有性格严谨、生活圣洁、胆识过人的美德。"但正如大家所知道的，费尔法克斯已经回到他在北方的庄园。弥尔顿于是将这些溢美之词变成了他对克伦威尔的鼎力支持："不管您是由于健康不良（我是这样认为的）还是因为其他动机而退休的，我都深信，如果您没有看到您的继任者是怎样一位自由保卫者，是怎样一位坚贞而忠诚的栋梁之士，是怎样一座保护英国之繁荣的堡垒，您是绝不会放下您在共和国的职守的。"[36] 事实上，1654 年夏天，费尔法克斯确实考虑过重回政界，在 9 月 3 日召开的第一届护国公议会上，他代表约克郡西区当选，但他似乎没有就职。弥尔顿册子中对政府的示好非常及时。谈到约翰·布拉德肖的功绩时，弥尔顿说了许多题外话。自 1649 年到 1651 年布拉德肖主持国务会议那段令人兴奋的日子以来，他的时运必定不断变幻，而他对政变的憎恶之情没有半点含糊。弥尔顿很可能热切地劝布拉德肖回来，而且不遗余力地把布拉德肖的优点推荐给克伦威尔和他的同僚。不过，弥尔顿的评价里似乎有一点点个人祈求的成分在里面，"没有人可以指望得到一个比他更有才干，更无所畏惧，或是更有说服力的资助人或朋友"，这好似也间接承认了 1649 年布拉德肖在弥尔顿最初被任命为国务会议拉丁语秘书时出过力。[37]

第三个他提到的令人意想不到的名字是罗伯特·奥弗顿。奥弗顿出现在赞颂克伦威尔的高级军官的部分里。其他那些名字是可以预想到的。查尔斯·弗利特伍德是克伦威尔的女婿，弥尔顿称赞他："敌人公认您是无畏的战士，最仁厚的征服者。"约翰·迪斯布劳是克伦威尔的妹夫。爱德华·惠利是克伦威尔的表弟。还有这次政变公认的策划者兰伯特，他是共和政权的有力支持者。奥弗顿与这几人有明显的不同。近一段时间里，他抨击过克伦威尔的行为，似乎对建立护国公制忧心忡忡。克伦威尔则对他疑心重重，1654 年春天，克伦威尔曾试图拉拢奥弗顿。两人会面时，克伦威尔批准将他派往苏格兰的军政府，协助蒙克。奥弗顿赴任前，向克伦威尔保证自己会一直效忠于他，只要他把"这些民族的"利益放在"他自立为王"之上。[38] 弥尔顿的评论就像他对布拉德肖的赞美那样，十分适合眼下的状况，他写的是一段私人交情——他们"亲如手足般联系在一起"多年。[39] 奥弗顿的归顺最后证明是短暂的。这年年末，他涉嫌图谋对护国公不轨，被送回伦敦，监禁在伦敦塔内。接下来的四年里，他未接受审讯，一直在狱中。弥尔顿没有再提到过他。

这本册子还体现了弥尔顿出众的自我展示能力。他的名字曾出现在第一次声辩的书名页上，《国王鲜血的呐喊》对他的侮辱——说他灰头土脸地逃到国外，他的失明是上帝的惩罚——故而是可以预料的。因此，弥尔顿精心写下了册子中的传记部分，谈到意大利和他的失明，来回应《呐喊》中的指责。直至今日，这部分内容依然十分珍贵，从他早年传记的作者们到我们都从这里发掘

264

了不少资料。无论如何，人们在读它的时候，不应该只单纯地看到表面。

　　1654 年 10 月，对这本册子的回应，即《神职人员、教授亚历山大·莫尔的公开信仰》在海牙出版，紧接着在 1655 年春天出现了一本《公开信仰的增补卷》，里面主要是一些书面证明。莫尔用易引起争论的言辞为自己的行为辩护，肆意谩骂弥尔顿，在册子当中，他说清了一点，真正写《国王鲜血的呐喊》的人不是他。弥尔顿的回复《英国人约翰·弥尔顿为自己声辩》于 1655 年 8 月发表。弥尔顿依然采用声辩中的攻击方式，大谈莫尔和他的品行，对高级政治言之甚少。莫尔在很大程度上把这场辩论变成了一次评估，评估在欧洲大陆改革后的教会里，他自己的声誉和个人地位。弥尔顿非常乐于跟随莫尔一同进入这一话题，因为这样他又可以频繁提及后者与女佣间的风流韵事，弥尔顿引经据典、妙笔生花，逗乐了他的目标读者。一次，当莫尔与他的庞蒂娅幽会结束，离开避暑别墅之时，他仍然十分亢奋。园丁看见他，误将他当作是果园的保护神普里阿普斯①。在古典时期和早期现代时期，人们常常将普里阿普斯的雕像放在园子里。这些雕像通常是用无花果树的树干制成的；而这次，制作普里阿普斯雕像的材质是桑树（其中的笑料："莫尔"的意思是"桑树"[40]）。莫尔把弥尔顿说成是一棵自命不凡的蘑菇，他确实是自命不凡；罗马皇帝克劳狄曾被人用蘑菇下毒；蘑菇看起来有一点像竖立的阴茎；莫尔曾经与一名叫克劳迪娅的女子在一座菜园里发生性关系，"克劳迪娅"是"克劳狄"这一名字的女性形式："很快，靠着那些蓬'勃'生长的蘑菇，你并没有打倒克劳狄，反而让克劳迪娅躺倒在地。"[41] 遗憾的是，这种幽默在翻译后失去了不少韵味。

265

　　虽然弥尔顿在护国公时期没有完成重要诗作的创作，不过他写了不少小诗。1653 年 8 月的第二个礼拜，他几乎以每天一篇的速度翻译了《第 1—8 篇圣诗》。不过我们不清楚他翻译的动机，以及每天翻译一篇的原因。这些诗可以让人们进行政治性的解读。"义人的大会"（《第 1 篇圣诗》）这样的措辞或许会让读者很容易想到贝尔朋议会，"'但是'，他说，/ '我已经为我的王涂过油（虽

---

①　普里阿普斯（Priapus），男性生殖力之神，也是果园、酿酒和牧羊的保护神，以拥有一个永久勃起的巨大男性生殖器而闻名。

然你们反抗），/ 立他于锡安我的圣山上'"中，弥尔顿的插入语"虽然你们反抗"，又会让人忍不住思索，但这些诗行是否适用于当时的情况仍然让人困惑。但在这些诗的开头，"不从恶人的计谋而免于误入歧途的人，/ 便为有福。"，或许带着个人的共鸣，而其他片段似乎是要为一个未得到任何授命、建立在军事政变上的政府增添信心："纵有数百万的 / 乌合之众，/ 我也不怕。"[42] 局势上的巧合或许就是那些诗篇在那时吸引弥尔顿的原因，对它们的译写可以给他带来某种安慰，让他觉得留在克伦威尔的政权里工作是正确的。在技术层面，弥尔顿的成就显而易见：他规避了在以前的翻译中占主导地位的民谣体（主要是因为它便于吟唱），而是采用各种不同的格律，其中一些特征（例如使用不重读的行尾所带来的连续性）预示着《失乐园》的风格。

1655 年秋天，弥尔顿开始再次创作十四行诗。几乎可以肯定《第 17 首十四行诗》（以"劳伦斯，你父子贤孝"开篇）是写给爱德华·劳伦斯的，但也可能是写给他的弟弟亨利的。这兄弟二人的"高尚父亲"是克伦威尔的亲戚、政府要员亨利·劳伦斯。亨利·劳伦斯在神学方面的观点十分激进：在讽刺文《新议会记事》（1657 年）中，他被称为浸礼派，为信徒的洗礼辩护，但除了他在自己的《恳求遵行福音条例》（1649 年）里抨击"宗教上的平等派"和"持极端观点者"外，他确切的教派让人难以捉摸。亨利·劳伦斯年轻时的大部分时光都在尼德兰自愿过着漂泊异乡的修行生活，在那段时间里，他成了托马斯·古德温在阿纳姆的英国教堂里的长老，两人回到伦敦后，他依然与古德温保持联系。克伦威尔掌权时，劳伦斯被任命为国务会议主席（1653 年 12 月 16 日），同时也是外交事务委员会委员，参与了英荷两国间的协商（他可以说荷兰语），同瑞典大使团打交道使他与弥尔顿有了接触。[43]

《再为英国人民声辩》里，弥尔顿曾为亨利·劳伦斯写过一段颂词，因而几乎可以肯定上述十四行诗赞颂了此时正担任他父亲助手（主要作为文书助理）的爱德华·劳伦斯（1633—1657 年）；正如爱德华·菲利普斯所说的，在这个时期，"小劳伦斯（奥利弗的国务会议主席之子）"[44] 频繁造访弥尔顿。和弥尔顿一样，爱德华·劳伦斯也与亨利·奥尔登伯格通信，似乎在相似的圈子里社交；弥尔顿写下这首诗后两年，爱德华·劳伦斯因感染天花去世。弥尔顿十四行诗的第一句（"劳伦斯，你父子贤孝！"）改编自贺拉斯的（"母女娇俏[45]"），贺拉斯风格的诗句在颂扬友谊和闲暇的诗篇里如瀑布般奔泻而下。弥尔顿已经在《四

266

音克谐》里赞颂过闲暇，指出"在世界被创造之前，上帝并没有隐瞒他的娱乐消遣"[46]。

这一年的晚些时候，可能是在1655年12月，弥尔顿为西里亚克·斯金纳写了两首十四行诗。1647年，斯金纳进入林肯律师学院，在那之前，即17世纪40年代中期，他曾是弥尔顿的学生。1654年起，他一直住在弥尔顿家附近，和劳伦斯一样，他也常常来探访弥尔顿。两首出现在《三一学院手稿》中的十四行诗似乎出自西里亚克·斯金纳之手，这或许意味着弥尔顿是将这些诗口授给他要赠予的人。[47] 与《赠劳伦斯》相仿的是，这首诗的起始也赞颂了斯金纳的祖先，提及"你外祖父在王座法庭"；这里指的是斯金纳的外祖父、著名的法学家爱德华·考克爵士。考克在1613年成了王座法庭的大法官，被认为是英格兰最伟大的普通法律师。正如威廉·霍尔兹沃思爵士令人印象深刻的断言，考克的著作之于普通法就像莎士比亚之于文学，钦定本圣经之于宗教。在弥尔顿的时代，考克还没有被提升到这样的高度，但他被共和国的知识分子（以及约翰·利尔伯恩这样的平等派）认为是以普通法抗衡国王试图通过衡平法院行使王权的重要推手。[48] 或许因为弥尔顿与曾任考克秘书和文书助理的罗杰·威廉姆斯相交甚好，所以他才会对考克做出如此高的评价。

267 写给西里亚克的第一首十四行诗（序号18，以"西里亚克，你外祖父"开篇）是弥尔顿邀请西里亚克做客、共享闲暇的诗作，很可能是写给劳伦斯的十四行诗的姊妹篇；事实上，它很可能是同一场合的邀请书。第二首十四行诗——爱德华·菲利普斯将诗名定为《关于失明，致西里亚克·斯金纳先生》[49]——在前八行里宣告了弥尔顿的失明，后六行里提出"你要问什么在支撑我？"他的回答是他"为保卫自由，为完成这全欧闻名的崇高任务"而失去了视力。这种虚构是易卜生将在剧作《野鸭》中呈现的一种持续性的假象。弥尔顿将自己塑造成了这样一个形象：他为弑君政府所写的作品，是在为自由辩护，他的声誉已经让他的名字在欧洲家喻户晓，他的双眼因为要执行"崇高任务"而被迫牺牲；事实上，所有这些说法都禁不起仔细推敲。他的拉丁语声辩很少谈到自由；他在欧洲大陆声名远扬，但主要是在那些对近代拉丁语写就的措辞诙谐的辩论文感兴趣的人文主义者中间，而且他的名声多少有些不好听；他失明的病因与他工作太过辛劳无关。不过，弥尔顿需要这些虚构的安慰，好让自己确信"虽失明而无疚"。

弥尔顿、劳伦斯和斯金纳的社交圈还包括马韦尔、奥尔登伯格和拉内拉赫夫人。马韦尔在 1654 年写信给弥尔顿，说他"想到斯金纳先生离你很近，就很高兴"[50]。弥尔顿的朋友、后来成为英国皇家学会首任会长的亨利·奥尔登伯格（他也是斯宾诺莎的朋友）曾与爱德华·劳伦斯通信；皇家学会的档案里留存着奥尔登伯格写给劳伦斯的四封信的草稿：两封是用法语写的，一封是意大利语，还有一封是拉丁语。同样地，弥尔顿在写给奥尔登伯格的信中说他已经把问候传达给了"我们的劳伦斯"。

奥尔登伯格出生于不来梅，和弥尔顿一样，他也通晓数国语言：弥尔顿称奥尔登伯格已经"学会说我们的语言，比我认识的任何一个外国人说得都要准确、流利"。为解决因不来梅的主权问题而与瑞典产生的争端，奥尔登伯格来到英格兰向克伦威尔寻求帮助，他与弥尔顿就是在那时相识的，两人长时间的通信由此开始。[51]弥尔顿把他介绍给拉内拉赫夫人凯瑟琳，拉内拉赫夫人是知识分子、语言学家、哈特立伯圈子的成员，也是亨利·劳伦斯的朋友。[52]1656 年，她请奥尔登伯格担任她儿子理查德·琼斯的家庭教师，琼斯后来又成了弥尔顿的学生。弥尔顿与奥尔登伯格通信，也与理查德·琼斯通信。弥尔顿在 17 世纪 40 年代中期认识拉内拉赫夫人，在那之后，他两度丧偶，两人因此走得更近了；与丈夫长期分离的拉内拉赫夫人显然钟情于弥尔顿。拉内拉赫夫人的女儿弗朗西丝去世时，马韦尔为她写了墓志铭（《墓志铭》）。这是一个包含有一位诗人、一位欧洲大陆的知识分子、一位贵族夫人，至少还有一名学生的社交圈；是弥尔顿周遭典型的人以群分的缩影。

有了朋友们的支持，弥尔顿开始寻求婚姻。弥尔顿的妻子玛丽在 1652 年 5 月去世。四年之后，弥尔顿决定再婚。此时，他双眼失明，有三个年幼的孩子（三个女儿分别是 10 岁、8 岁和 4 岁），就像使徒保罗说的，与其欲火攻心，不如嫁娶为妙。弥尔顿选择了 28 岁的凯瑟琳·伍德科克。凯瑟琳的母亲伊丽莎白·伍德科克是一位寡妇，12 年前死了丈夫（一位穷困的绅士），在那之后一直由亲戚接济，衣食倒也无虞。不清楚凯瑟琳是否为这场婚姻带来了嫁妆，但弥尔顿宽裕的经济状况无须她准备嫁妆。[53]婚礼在 1656 年 11 月 12 日举行，约翰·德西克爵士为他们主持了婚礼，三天前德西克刚结束伦敦市长的任期；按照《1653 年婚姻法案》的规定，这是一场世俗婚礼，很可能是在市政厅举办的，德西克曾是那里的治安官。凯瑟琳把奥尔德曼布里的圣母玛丽教堂作为她的堂区，

268

这可能意味着她与住在哈克尼区的妹妹和寡母分开生活。[54]

婚礼结束后几个月,凯瑟琳怀孕了,1657 年 10 月 19 日,他们的女儿凯瑟琳出生。如果生第四个女儿而不是儿子确实能带来快乐的话,那么这种快乐是十分短暂的。1658 年 2 月 3 日,弥尔顿的妻子去世,可能死于肺结核。弥尔顿选择了一场纹章葬礼,这一决定反映了他当时的财富状况和社会地位。上层人士的葬礼仪式需要英国纹章院操持,17 世纪初以来他们一直为贵族、骑士、候补骑士和绅士举办葬礼。这样的葬礼所资不菲,17 世纪 30 年代,夜间安葬(就像老爱德华·菲利普斯的葬礼那样[55])被用来当作一种替代纹章葬礼的方式。相关条例明确规定了与逝者地位相对应的礼仪规范。受雇的送葬人的数量和性别以及着装都有明确说明。如果遗体被匆匆下葬(例如克伦威尔的情况),在送葬队伍中和葬礼上,就会用逝者的肖像取代遗体。内战期间和空位期,纹章葬礼的数量减少,所以弥尔顿委托筹办了一场纹章葬礼。这些葬礼需要配备的物品包括死者纹章匾,上面绘有逝者的盾形纹章。死者纹章匾最初挂在房子外面(就弥尔顿家的情况而言,是在小法兰西庄园),然后再挂在教堂里(就弥尔顿家的情况而言,是在威斯敏斯特区的圣玛格丽特教堂)。英国纹章院一份画师的工作簿记录了凯瑟琳·弥尔顿葬礼的相关费用为 53 英镑 3 先令 4 便士,还记录了在死者纹章匾上画的纹章草图:纹章盾分成两部分——弥尔顿家的纹章在左侧,右侧是伍德科克家的;通常夫家的纹章在右侧,父家的纹章在左侧,不过特殊情况并不少见,无需对这种颠倒的做法做特别阐释。目前已清楚的一点是,弥尔顿认为一场纹章葬礼的盛大场面和开销是与他和已故妻子的社会地位相称的。[56]

269　　更加悲伤的事情接踵而来,3 月 17 日,弥尔顿的小女儿凯瑟琳去世;3 天后她被埋在威斯敏斯特区的圣玛格丽特教堂。弥尔顿没有公开悼念她的逝去,但他写了一首十四行诗,即第 19 首,纪念他"死去的圣妻",他的妻子凯瑟琳。一些学者试图将这首诗与玛丽·鲍威尔联系在一起,但那是不对的:诗里怀念的女人"纯洁如心灵","凯瑟琳"在希腊语中的意思就是"纯洁"。被纪念的女人"像是洗净了分娩的血污",这句话适用于凯瑟琳,因为她在分娩之后活了 4 个月(超出了《利未记》中明确说明的净化期),但不适用于玛丽,玛丽生完孩子之后 3 天就去世了。凯瑟琳的"脸蒙着面纱",因为弥尔顿从未见过这张脸,也因为在女性分娩后的安产感恩礼拜仪式上,女人按照惯例需要佩戴白色的面纱。

这首诗的结尾细腻、辛酸:"然而她正俯身拥抱我时,/我苏醒,她飞了,白天又带我回漆黑一片。"了解当时这种社会背景中的性暗示,就能体会到其中更辛酸的意味,这句诗因而可以被看作一种性幻想,但表达得十分得体。安产感恩礼拜仪式是产后身体恢复期的一种"结束仪式","允许夫妻之间重新开始性关系"[57]。正如赫里克所说的,这种仪式类似于第二次婚礼,紧接着是新一次的圆房:"所有仪式圆满结束,带着吉兆,/(像去切结婚蛋糕一样)回家:/讲究礼节的婚姻之神将会为你/再送上一首新婚颂诗。"[58]这种习俗因为1645年《公共礼拜程序大全》的颁布而中止,但"一些人,尤其是保王派士绅仍然寻找牧师来举办这个仪式"[59]。在他的梦里,就像在葬礼上,弥尔顿的第二次婚礼都极为隆重。

1656年10月26日,弥尔顿在瑞士牧师约翰尼斯·佐里科夫的签名留念册上签了名,再一次申明(在克里斯托夫·阿诺德的留念册上,他也说过类似的话)"我因脆弱而完美"。佐里科夫非常自豪于拥有弥尔顿的签名纪念,之后他加上了"著名的盲人弥尔顿在此留言"。[60]

1657年3月24日,弥尔顿写信给法国的人文主义者埃默里·比戈,比戈拥有一本《论议会的组织方式》,这是一部中世纪晚期论述王权与议会关系的专著。[61]在一封如今已散佚的信里,比戈——他在出访英格兰时见过弥尔顿,所以非常清楚弥尔顿失明的状况——请弥尔顿检查某些段落,并查看这本书的原件是否留存在伦敦塔里。弥尔顿回复说他已经根据约翰·布拉德肖和罗伯特·科顿爵士拥有的抄本确认或修改了那些段落,并且请教了一位在伦敦塔负责看管手稿的朋友,确定那里没有这本书;那位朋友是英国纹章院的第三纹章官、保王党人威廉·赖利。[62]弥尔顿愿意并且能够从事文本校勘研究,这一点似乎让人惊讶。他请比戈从巴黎一位出版商那里获取的书目进一步展示了他所关注的学术问题的广度。在书目里的这六本书当中,只有一本为人所熟知:《教皇之书》。那时它被认为是9世纪的对立教皇① 阿纳斯塔修斯(也称"图书馆员阿纳

270

---

① 对立教皇,在罗马天主教会内,由具争议的教皇选举而得到可以成为教皇的名誉之人。由于天主教枢机团自欧洲中世纪开始负责选举教皇,这些对立教皇通常与已被枢机团选出的人对立。

斯塔修斯"的作品。其他几本则是：约翰内斯·金那摩斯所著的 1118 年到 1176 年拜占庭史（即安娜·科穆宁娜的《阿莱克修斯传》的续篇），初版于 1652 年问世；忏悔者圣狄奥法内斯的《编年志》（涵盖 284—813 年），它的初版问世于 1655 年。康斯坦丁·曼纳萨斯的《历史事件概要》，这是一本用 7000 行诗写成的、记录从创世纪到 1081 年主要事件的书，它也在 1655 年出版；《君士坦丁堡古代史摘要》，一部专门论述君士坦丁堡的历史、地形和历史遗迹的专著，被认为出自乔治斯·科蒂内斯之手，同样于 1655 年出版。弥尔顿的第六个请求——想要得到米海尔·格吕卡斯的《编年史》（从创世到 1118 年的年表）——提得过早了（就像弥尔顿可能认为的那样），因为这个版本直到 1660 年才出版。这些卷册是塞巴斯蒂安·克拉穆瓦西在国王路易十四的资助下出版的拜占庭历史学家著作的豪华版本的一部分。装帧华丽的对开本上有针对希腊语文本的拉丁语翻译和注解，价格并不便宜，这充分说明了弥尔顿的支付能力[63]、让他得以阅读这类作品的人际网络、他当前对拜占庭的学术兴趣，以及弥尔顿对这套书版本（即《拜占庭历史文集》）的熟悉程度，他甚至了解正在撰写中的书。

不过很显然，弥尔顿已经明白了在令人气馁的残障面前该如何开展他的工作，尤其是那些进行中的伟大工程，而且，随着他的职业责任逐渐减轻，特别是在与亚历山大·莫尔的辩论中占据上风——这一点令他尤为满意——之后，他有了充足的时间全身心地投入研究。例如，1657 年，他抽空与一位年轻的名叫亨利·德·布拉斯的法国学者通信，谈论萨卢斯特作为历史学家的功绩和历史的书写。[64] 弥尔顿用超凡的拉丁语给德·布拉斯写了两封回信，回答了后者的问题；两封信都显示了弥尔顿一直在认真思考有关历史叙事的问题，还展现出他令人惊叹的对学问的理解力。在与一位名叫彼得·亨巴赫的德国崇拜者的书信交往中，他们探讨了购买新的地图册的可能性，对一个目盲的人来说，这似乎是一个非同寻常的渴望。[65] 爱德华·菲利普斯常常和他的舅舅一起工作，他为我们提供了弥尔顿在 17 世纪 50 年代中晚期最生动的工作图景：

271

> 如今他远离政敌和公共纷争，再次有了闲暇做自己的研究，实施他的个人计划，也就是他的……《英格兰史》和一本新的《拉丁语词典》……但他开始认真地将卓越的想象力和创造力主要用在一个配得上他的灵感的主题，即一部题名《失乐园》的英雄诗歌上面；这是古今之人写的作品中最受有学问和有见识的人普遍尊崇的一部。[66]

菲利普斯继续解释这个失明的人是如何埋首于这样一部异常复杂的诗作的，并且记录了自己如何为这项工程出力：

> 诗歌创作中的另一片段也非常引人注目，我正好记住了；因为我从一开始就能读到这首诗；多年来，我时不时去探望他，每次能读到十行、二十行或三十行，哪位助手碰巧去了，这位助手就将这些诗行记录下来，因而可能在拼写和标点方面需要修改。[67]

菲利普斯补充了一个有趣的细节，说弥尔顿在从秋分到春分之间的创作更加顺畅，而对他在夏天写出的东西通常不太满意。撇开这点怪癖，他的记述清楚说明了弥尔顿是如何工作的。很明显，一旦他在心里想好了一组诗，就让身边的不管什么人把它们写下来，然后他会不时地让菲利普斯将它们整理好。后来印刷商用于第一卷排版的手稿现在被保存在纽约摩根图书馆，它清楚地证实了菲利普斯所说的他的贡献。这是一份清稿，出自一个身份不明的人之手。菲利普斯对它略做了修改，大部分都是纠正拼写和标点符号的错误，可能是按照他所知道的他舅舅喜欢的方式进行的。这首诗的创作过程可能是这样：弥尔顿作诗，几个人中的任意一位把它们写下来，由菲利普斯校正并重新抄写一遍，弥尔顿对它们进行审阅，再由一位专业文书抄写（或许要抄写多次[68]）副本手稿，菲利普斯再对其中一份稿件进行完善，以备出版。

《不列颠史》最终于1670年出版，那本拉丁语词典就没这么好命了。[69]菲利普斯似乎没有参与舅舅闲暇时开展的另一项伟大工程，也就是我们如今知道的系统神学著作《论基督教教义》。近期，它复杂的手稿透露出了更多的秘密，可以让我们得以重现弥尔顿是如何创作这部专著的，并且回答了一个极具挑战性的问题，即一个失明的人如何可以拼装出一部包含大约8000条《圣经》引文、每一条都仔细注明出处的巨著。这份手稿现存于英国国家档案馆。[70]

这项工程的起源或许可以追溯至弥尔顿刚从意大利回来的那几年，但在17世纪50年代的某个时间，弥尔顿选择让杰里米·皮卡德小心翼翼、精细详尽地誊写他的工作手稿，皮卡德曾代表弥尔顿签署芒迪的抵押契约。手稿被编排为几个单独的分卷，每一卷对应专著的一章。皮卡德在制作清稿的时候，会在页面的左侧留下一道宽边，这是那时、事实上也是今日行政部门起草公文的常规做法。弥尔顿反复推敲他的论点，或许重新参考了其他系统神学家（主要是威

272

廉·埃姆斯和约翰·沃勒伯的作品）的见解，苦苦思索《圣经》——他众多的热心助手会为他朗读。他让他们直接在正文里标注修改。但他大多数的修订内容是添加上去的，一般是新的证明文本，有时写在行与行之间，但通常是垂直地写在左侧的宽边里，一些页面被写得满满当当，一旦新的内容不再写得下，他就让皮卡德将这一页再抄写一遍，从分卷里切下早先的版本，插入替换页。皮卡德增加行密度，缩小重写页面上的字的字号，努力保持页码不变。一册分卷一旦变得太过复杂，不再放得下新的内容，弥尔顿就让皮卡德再把整一册重新抄一遍，这次无须顾及原来的页码。从我们保存的手稿中可以看到，处于调整过程各个不同阶段的章节，但即便这些分卷已经成了完整的清稿，它还是工作文件的一部分，弥尔顿在工作暂停的时候，仍然会在里面添加内容。

通过分卷操作这种方式，弥尔顿可以把他的任务分解成更容易管理的部分，可以始终掌控他的材料，并且利用任何一位正好在他身边的助手，只要向后者指出具体的、易定位的章节就好了。与弥尔顿交给印刷商的、清晰整洁的《失乐园》手稿相比，我们手里这份尚未完成的稿件令人信服地证明，这部系统神学著作尚未到可以出版的程度。不过它仍然是一份了不起的纪念物，体现了作者非凡的适应能力、卓绝的创造力、出色的记忆力和对知识的执着。

《论基督教教义》是按照拉米斯准则编成的。它的主要部分分成多卷：第一卷从人们对上帝的认知开始论述，第二卷讨论了一些与对上帝敬拜相关的问题。在系统神学这门学科中，每一个类别又可以进一步分成无数个分部，这一点人们早已司空见惯。弥尔顿曾广泛阅读他的前辈们的著作，尤其是约翰·沃勒伯和威廉·埃姆斯的作品，这意味着文字上产生了非常多的相似之处。要说这本专著完全出自弥尔顿之手，也不尽然；就像其他规则已固定的门类（如拉丁语语法书），大部分资料和许多证明文本对读者来说都已耳熟能详。如今的学者会用剽窃软件来鉴定文章是否过分依赖其他材料，倘若这类软件被用来鉴定17世纪用拉丁语写就的系统神学著作，那么结果（即被认为是原创材料的百分比）会与鉴定大学本科生根据推荐书单撰写导师指定主题的论文的结果大体相似。

对弥尔顿来说，神学是一个有生命力的学科，在他的一生中，他对许多神学问题的观点一直在变化。《论基督教教义》是他在17世纪50年代的神学思考。他的大部分思想并不独特，不过在一些问题上，他采纳的观点是他极力捍卫的少数人的见解。

从现代基督徒的角度来看，弥尔顿偏离正统思想的主要看法是他反对三位一体论。无论如何，对三位一体论持异议在 17 世纪的基督徒中间比他们在 21 世纪的后继者中间要普遍得多。例如有一种广泛流传的认识，认为三位一体的教义是后《圣经》时代出现的，《圣经》中有关三位一体的主要经文（《约翰福音》第五章第七节）是中世纪时期伪造后加入《圣经》的，用以支撑《圣经》中证据极其不足的三位一体论。这一节被称为"《约翰福音》添入句"（"Johannine Comma"，此处的"Comma"指诗体学上的短语），它很容易成为弥尔顿——他总是设法将他的神学建立在真正的《圣经》文本上——抨击的目标。涉及圣父上帝时，弥尔顿持传统观点。而关于圣子，弥尔顿认为他与圣父同质（consubstantial），但不同体（not co-essential），圣子是永久而非永恒的（perpetual but not eternal）（也就是说在他出现之前有一段时间他是不存在的，但自那以后他将会永远存在）。这一立场没有让弥尔顿成为一名信奉阿里乌教义的人，因为他相信圣子——用圣诞颂歌里的话说——是"诞生而非创造（begotten not created）的"。"从属论者 ①"一词正如约翰·拉姆里奇颇有助益地评论的，是 19 世纪新造出来的词，用来描述阿里乌教派内的一个思想倾向，而不是弥尔顿可以认同的一条古老教义。[71] 弥尔顿积极地维护他有关基督的论述，所以，他为讨论该问题的那一章（即第一卷第五章）单独写了一篇序言。但那是因为他要把他的立场与其他系统神学家的立场区别开来；在英格兰的其他圈子[72]以及如特兰西瓦尼亚这样的欧洲大陆国家，不同形式的反三位一体论拥有与正统信仰同等的地位，尽管对圣子确切本质的辩论依旧激烈。

圣灵论是另一个争论的领域。弥尔顿与其他反对三位一体论者一样，不同意圣灵是从两个源头流出的教义。在《失乐园》第二卷里，他用"罪"和"死"的讽喻令人印象深刻地讥讽了这一教义；在《论基督教教义》中，他摒弃了圣灵是通过呼吸流出的观念，但就圣灵是生成还是创造（nec generari dicatur, neque creari）出来的这个问题，他宣称自己是不可知论者。弥尔顿有关基督的理论在基督教早期的教父神学中没有明确的论述，但古代晚期的圣灵受造派（Pneumatomachi）②（即"反对圣灵者"）却早已阐述过他的圣灵论。

274

---

① 从属论（subordinationism）指三位一体中圣子圣灵从属于圣父之说。

② 圣灵受造派，基督教早期派别。主张圣灵不是如圣子一样为上帝，而是如天使一样为圣父和圣子服务，是受造的。

　　基督徒们都同意世界是被创造出来的，但除了这一概括性的论断，在其他问题上都没有达成一致意见。关于创世的质料，弥尔顿不同意世界是从虚无中创造出来的（creatio ex nihilo），而是赞成质料必定源于上帝（creatio ex Deo），这一主张来自希腊柏拉图神学；这或许是弥尔顿的思想与剑桥柏拉图派一致的地方中最突出的一个例子。关于圣子在创世中所扮演的角色（the role of the Son in creation）这一引起争议的问题，弥尔顿变通了《尼西亚信经》①中所体现的立场，《尼西亚信经》称万物是借他而造（per quem omnia facta sunt），而弥尔顿则坚持认为借他（per quem）表明圣子在创世中的作用是排在第二位的。有关创世与时间到来之间的关系，弥尔顿不接受世界是在时间中（in tempore），或——按照奥古斯丁②教义的阐述方式——与时间一同（cum tempore）被创造出来这样的老生常谈。弥尔顿提出时间的到来是由上帝发出诞下圣子的神圣法令和生产行为之间的间隔来表明的。在他看来，创世发生在圣子出现之后（可能还是在天使堕落之后），所以这是时间之中的事件，而不是时间开始的标志。最后，是他对灵魂生成的态度，弥尔顿赞同灵魂遗传说，认为灵魂是与肉体一同生成的或（奥利金③的观点）灵魂预先存在。不过，他确实改变了自己的思想，以契合相反的灵魂创造论，在17世纪，这一理论指的是上帝在每个人出生的那一刻创造了一个新的灵魂。这两者的区别很重要，因为它影响到罪论④：灵魂创造论与遗传之罪是互不相容的。弥尔顿对他的思想进行了调整，肯定了罪既是人类共有的，也体现了一种个人意志。

　　在救世神学方面，新教徒普遍同意路德（和安波罗夏斯特⑤）主张因信称义（sola fide），而不是依靠做工（works）的观点。弥尔顿的看法与此一致，但他又说得救的信心不能没有做工。有关赎罪的教义，弥尔顿赞同庭审理论（也被

① 《尼西亚信经》（Nicene Creed），初代基督教会为抵挡以亚流主义为代表的诸多异端思想所制定的正统信仰宣言。

② 奥古斯丁（350—430年），基督教哲学家，拉丁教父的主要代表。

③ 奥利金（Origen，185?—254?年），古代基督教著名神父之一、《圣经》学者，主要著作有《基督教原理》《驳塞尔索》等。

④ 罪论（hamartiology），基督教理论里关于罪孽的教义。

⑤ 安波罗夏斯特（Ambrosiaster，339？—397年），意大利米兰主教，在文学、音乐方面造诣颇深。

称为代罚论），这一理论认为圣父上帝是审判者，圣子是堕落的人类的辩护律师，圣子决定为他的委托人担负所有的惩罚，因此，完成了圣父对于赎罪的要求。[73] 在与之相关的恩典教义（上帝主动改造堕落的罪人）方面，弥尔顿一直以来就赞同阿明尼乌派的立场。他年轻时是劳德派阿明尼乌主义的支持者，阿明尼乌主义拘于礼仪、注重圣礼。最终，他放弃了对礼仪性和圣事主义的支持态度，17 世纪 40 年代，他重新思考了恩典教义。在《论基督教教义》（可能也在《失乐园》里）出现的大体上是阿明尼乌派的观点，对对立的加尔文教派的立场做出了一些让步。与其他阿明尼乌教徒相同的是，17 世纪 50 年代时的弥尔顿相信亚当运用了他的自由意志而堕落，而且上帝预先注定要拯救那些他知道会有得救信心的人；因此他倡导上帝救恩是一场"普选"，而不是"特选"。不过，在弃绝这个问题上，弥尔顿的观点与传统的阿明尼乌派教徒存有分歧，他断言选择恩典或许完全可以归因于上帝的旨意，但弃绝的要义不在于上帝的旨意，而在于那些有能力悔改的人，一味地拒绝悔改。关于这一点，弥尔顿与诸如约翰·古德温，甚至塞尔维特这样激进的阿明尼乌派教徒的立场一致。它同时也是在《失乐园》里表达的一个观点，关于拯救这个问题，这部专著的神学思想和他的史诗引人注目地有了重合之处。[74]

275

当新教徒将炼狱从精神世界中清除掉之时，他们不经意地在肉体死亡与最后审判中间留下了一段尴尬的时间间隔。关于这一时间间隔，产生了一套被统称为灵魂死亡论的教义。[75] 它的三种版本分别是灵魂沉睡论（认为灵魂在这段间隔期沉睡）、灵魂死灭论（认为灵魂与肉体一同死亡，但在最后审判时会复活）和灵魂灭绝论（认为灵魂将永远停止存在）。在如十四行诗之十四（诗中凯瑟琳·托马森被视为身处天堂）和《哀达蒙》（据说迪奥达蒂是飞向了星空）之类的诗作里，没有任何赞同灵魂死亡论的迹象。人们相信马丁·布塞尔在天堂的住所里聆听关于离婚的辩论，但在 17 世纪 50 年代，弥尔顿写作《论基督教教义》的时候，他极力倡导灵魂死灭论，因此与斯特凡努斯·克塞拉斯这样的阿明尼乌派神学家的观点一致。

弥尔顿终其一生都对当时有关一夫多妻制的辩论兴趣浓厚。在《论基督教教义》中，有一篇为这种行为辩护的文章。尽管这种行为在只讲理论的神学家（路德大度地宽恕了黑森的腓力重婚）中间偶有拥护者，它多半与激进的再洗礼

派 ① 教徒联系在一起，尤其是莱顿的约翰和明斯特的再洗礼派教徒。[76] 正如弥尔顿的罪论和灵魂死灭说，他对一夫多妻制的观点部分源于他反对盖伦的胚胎学。他将男性精子置于中心地位，这种观念影响了他的基督学，因为他坚持认为耶稣的母亲仅仅是神种的人类孵化器；还有一种盖伦派胚胎学强调圣母玛丽

276 的作用，甚至到了让像弥尔顿这样的新教徒异常不安的程度。

　　1658 年 5 月 4 日，弥尔顿登记出版了一版《内阁会议》，它是一部"关于政治和战争的格言"集，在当时被认为出自沃尔特·雷利爵士之手。弥尔顿写了一篇简短的前言，他在前言中称很多年前一位"博学之士"在生命垂危之际将这本专著送给了他；这位博学之士的身份尚未确认。没有明显的理由怀疑他所说的他是"在其他书和文件中偶然"看见这份手稿的。[77] 人们很容易把此文解读为对克伦威尔任护国公末期的间接评价。不过，弥尔顿自己的评论终结了这样的阐释，他强调这是一份早期文件，是最近偶然找到的。而且印刷商托马斯·纽科姆此时正在印刷政府资助的新闻刊物，也已经出版了弥尔顿自己的、尽显忠心的拉丁语声辩。这本薄薄的册子上签有弥尔顿的名字，在书名页上与人们推定的作者的名字一样大，这明显表露出弥尔顿深信他自己对广大读者拥有吸引力。不过文章并不是与时代毫无关联。作者在谈到早期现代时期的意大利史和古典罗马史时，将弗朗西斯·培根的散文风格与马基雅维利的《李维史论》和《君主论》的内容融合在一起，在这个过程当中，他论证了名义上的君主制政府可以有许多形式，这一点对于英格兰宪法的起草和改拟具有普遍意义。

---

① 再洗礼派，基督教的一派，认为婴儿受洗无效，成年时应再受洗，并主张不抵抗主义和政教分离；16 世纪起源于瑞士，亦流行于德、荷等国。

第十三章

从克伦威尔去世到复辟时期

　　克伦威尔在邓巴战役和伍斯特战役胜利纪念日即 1658 年 9 月 3 日去世。就像被清洗的议会解散之后，在接替它的第一任护国公的行政机构里那样，瑟洛的作用举足轻重，确保了政府行政的连续性。事实上，在接下来的几个月里，奥利弗·克伦威尔的长子理查德·克伦威尔显然只是名义上的继承者，极度依赖瑟洛对这个国家机器的严密控制。瑟洛担任理查德治下的枢密院——与他父亲的国务会议极为相似——秘书，继续扮演重要角色。弥尔顿的生活至少从表面上看来没有因为政权的改变而发生太大变化。他仍然在枢密院的监督下工作，直接按照瑟洛的指示处理那些在第一任护国公统治时期让他疲于奔命但要求不高的任务。奥利弗的国葬前起草的一份文件可以表明他在一众克伦威尔派的公职人员中享有较高的地位，这份文件准许授予他一笔购买丧服的补助金；他的名字与安德鲁·马韦尔、约翰·德莱顿等瑟洛的外交部的其他同僚列在一起。[1]这笔补助金似乎已经开支，11 月 23 日，弥尔顿和其他人走在护送第一任护国公肖像前往威斯敏斯特教堂的队伍当中，护国公的遗体已在那里下葬。

　　在外交事务上，奥利弗给理查德留下了两大难题。联合法王路易十四和他的首席大臣、枢机主教马萨林对抗西班牙的战争仍在持续。《罗斯基勒条约》①破裂之后，卡尔十世治下的瑞典和腓特烈三世治下的丹麦之间的公开战事再次爆发。奥利弗曾积极推动通过未能实施的条约；此时，荷兰人已经插手，想要

---

① 《罗斯基勒条约》(Treaty of Roskilde)，丹麦与瑞典于 1658 年 2 月 26 日在丹麦城市罗斯基勒签订的和约。丹麦在 1655—1661 年的北方战争中战败，被迫将斯堪的纳维亚半岛南部的省份和挪威的一部分割让于瑞典。

279　制约瑞典人的优势地位；英格兰也被察觉到对解决波罗的海冲突有兴趣。在意识形态方面，对波罗的海的干预与过去克伦威尔派的计划相符，可以促进新教国家间的友好关系；经济方面，波罗的海的贸易非常重要，的确需要遏制荷兰人的影响。因而在第二任护国公就任的几个月里，弥尔顿一直致力于与法国盟友和交战中的斯堪的纳维亚诸国通信。9月，弥尔顿翻译了理查德·克伦威尔写给路易十四和马萨林的国书，宣告他父亲去世，由他继位。[2]

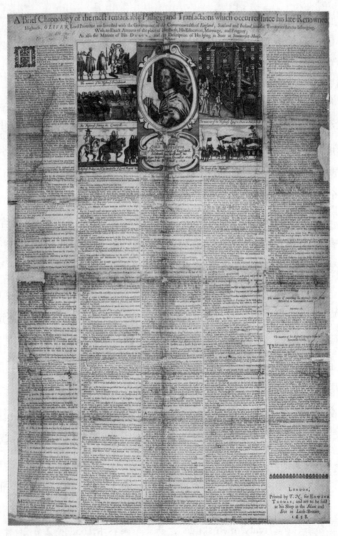

图39　匿名作家，《简要年表：已故的尊贵阁下奥利弗就任英格兰、苏格兰和爱尔兰及其领土共和国的政府护国公后发生的最引人注目的事件与交易》（伦敦，1658年）

10月初，弥尔顿出版了《为英国人民声辩》第三版。他对原有版本做了修正，新版本有数百个微小的变化，结尾增添了一篇新创作的个人附言。这篇附言的构思是要将他自己塑造成一个具有国际地位的人，不仅代表英格兰讲话，而且代表所有的基督教国家。他的话语相当模糊，只是说更伟大的作品将要问世，却没有暗示可能是什么。他脑子里想的大概是《失乐园》或《论基督教教义》，此时两者都还未完工，他心里或许还在酝酿另一部重要的政治著作，如今我们知道这本书将永远不会写成。

这个庸常的世界很快就扰乱了这些围绕着自我展开的想法。10月末，弥尔顿翻译了一封写给卡尔十世的信，信上推荐了第一次英荷战争中经验丰富的老指挥官乔治·艾斯丘爵士，瑞典国王曾委任他统率瑞典舰队。艾斯丘显然还与他有其他外交通信，这封信要求"迅速进入，顺利觐见"[3]。任命艾斯丘的时间早于奥利弗去世的时间[4]，这封信清楚地表明理查德正准备将英格兰拖入复杂难解的波罗的海的混乱之中。此外，还有写给卡尔十世的其他信。11月（尽管弥尔顿在他出版的版本上标注的日期为10月），一封受到严密保护的信被寄出。[5]1659年1月，另有一封信请求释放被瑞典海军扣留的英格兰船舶。[6]一封类似的调停信件被送往西弗里斯兰省①议会，西弗里斯兰省军中的一名雇佣兵欠了一位英格兰寡妇的钱，这封信是向荷兰当局提出正式请求。[7]弥尔顿翻译了其他写给路易十四、马萨林与葡萄牙国王阿方索六世的信件。[8]

但在他待遇丰厚、却几乎花费不了多少时间的工作当中，除了这些明显具有连续性的任务之外，1658年秋天，弥尔顿猛然意识到他有可能制定政府的国内政策。奥利弗的护国公政体满足于一个模糊的教会体制，保留名义上的国教和征收什一税的牧师制度，但允许多数教派不受阻碍地礼拜。其中长老派教会体制受到了认可，但没被强加到那些支持独立公理制的教区之中，一系列教义或多或少被善意地容忍。浸礼派教会在很大程度上不受影响。喧嚣派②于17世纪50年代初偃旗息鼓。不过，到了这个十年的末期，依靠意志坚定、组织严密的传教士队伍，贵格会迅速壮大，这既震惊了那些当权者，也提出了一个不受欢迎的议题，即人们认为应该限制宗教信仰自由。贵格会教徒不仅故意表现

280

---

① 西弗里斯兰省，荷兰的一个地区，位于荷兰西北部。

② 喧嚣派（Ranterism），因在传道唱答中语调高昂夸张而得名。

得不恭敬，而且他们将内在精神凌驾于《圣经》文本之上，带有反律法主义的意味，他们同时反对新教改革的核心原则，也就是《圣经》具有至高无上的地位。贵格会教徒是最激进的什一税反对者，在奥利弗担任护国公的晚期，超过一百人被捕入狱，最常见的是拒绝缴纳什一税者。什一税和更大、性质相似的政教关系问题，立即让这个新政权忧心忡忡，其对此的回应大致上是确认了其前任的立场。1658 年 11 月底，理查德的枢密院颁布了一项公告，下令凡要求缴纳什一税的法律必须全面执行。[9]

在系统查询早期英文图书在线数据库后，我们发现围绕维持牧师生计的恰当模式而展开的激烈争论可分为三个清晰但不连续的阶段，分别是 1645—1647年、1651—1654 年和 1657—1659 年。弥尔顿在第一个阶段的沉默或许是由于他的离婚册子激起了敌对的反应，那之后他不再频繁地撰写辩论文章，尽管这个问题在当时看来似乎微不足道。到了个人利益的实际层面，什一税难以在城市里征收，这一点已是尽人皆知。弥尔顿对长老派的敌意或许还没有发展成更宽泛的反教权主义。无论出于何种原因，"什一税"一词和它的同根词在他 17世纪 40 年代创作的檄文中只是偶尔出现了几次。

弥尔顿在 17 世纪 50 年代初的缄默更具启发性。他写给克伦威尔和范内的十四行颂诗姊妹篇[10] 清楚地表明他对前者的期望，以及他与后者在激进的、为人所共知的政教分离观点上的一致看法。弥尔顿没有参与这时有关出版的辩论，最有可能的原因是公职人员需要尊重他的职业规范。而且在奥利弗的护国公时期，这位护国公很显然无法容忍那些他期望能效忠自己的人公然提出异议。比如当约翰·兰伯特反对《恭顺请愿和建议书》变成人人知晓之事时，克伦威尔便准备解除兰伯特的指挥权。弥尔顿写给克伦威尔的十四行诗中暗含着有保留的批评，或许是他在被清洗的议会掌权期间能做的最安全的事了。

但到了 1659 年，弥尔顿重新开始用英语创作散文，这是 1649 年秋天以来他第一次这么做。在信仰自由、将政府排除在宗教信仰和宗教活动的管理之外，以及基督教牧师的组织和资金等问题上，弥尔顿进一步充实了类似的论点。宗教激进分子广泛存在于各种教派中，从更好斗的独立派，到浸礼派，再到贵格会，不一而足。这些议题在他们的运动中被频繁联结，英格兰激进主义的其他意见也常常与此联系起来。新一轮的骚动中，征收什一税和信仰自由与在共和派领导下安顿国民军，进行法律改革和去除监护这些棘手问题关联了起来，

281

1659 年 6 月的《贝尔福德郡请愿书》堪称这方面的典型。[11]

我们已经注意到贵格会的兴起在重新激活这些辩论上所起的作用。此外，克伦威尔的去世让那些对更激进改革感到灰心丧气的人恢复了对往日事业的热情。理查德·克伦威尔——在他担任护国公期间，弥尔顿再次开始了英语散文的写作——相对不太知名，而且他固有的保守主义几乎不太明显。11 月初，理查德的枢密院决定在 1659 年 1 月底召集新的会议。议会召开时，成员包括多位在克伦威尔护国公时期从公众视野中消失、而弥尔顿在被清洗的议会的国务会议里就认识的人物，以及弥尔顿的后辈安德鲁·马韦尔——马韦尔作为赫尔的议员也回到了议会。这些老面孔中最为知名的是亚瑟·赫西里奇爵士，在接下来的这一年又一个季度中，他会成为最具影响力的平民政治家。赫西里奇不赞成激进改革，也让那些力主废除什一税、扩大信仰自由范围的人感到希望渺茫。[12] 不过，更令人鼓舞的是弥尔顿十四行诗的赞颂对象小亨利·范内爵士也回来了。范内在 1653 年克伦威尔政变之后立即退出了政治舞台。奥利弗护国公时期的后半段，他成了克伦威尔独裁统治尖锐、有力的批评者。1656 年，范内出版了《在近期公开及适时呼吁斋戒之际，提出并解决一个有益的问题》，目的是重振 17 世纪 40 年代末的激进联盟，他写道，"将所有个人性质的、自私的事务从诚实的人——他们仍然相信原有的正义事业的理性与公正——的思想和精神中除去"[13]。这本宣传册起了作用，它成了一股号召护国公时期前的共和派再次行动起来的力量。一个响亮的短语——"原有的正义事业"会在 1659—1660 年的多本宣传册上频繁出现，尤其是弥尔顿的册子。不过，在这之后范内将被关押一段时间，而他并未受到审讯。[14]

2 月中旬，大约在理查德的议会召开后三个星期，弥尔顿出版了《论教会事务中的政府权力：表明世上任何势力对宗教问题进行干涉都是不合法的》。书名页上标注了"作者 J. M."，这是他过去偏爱采用的方式；献词"致英格兰共和国及自治领土的议会"中签的是他的全名。这本册子由托马斯·纽科姆印刷，纽科姆在整个 17 世纪 50 年代一直是亲政府报《政治快报》和《公共情报》的印刷商，两份报纸都刊登了这本宣传册的广告。[15]

从弥尔顿的这份献词中，我们可以看出他回忆起了过去的工作，同时也开启了个人的新方向：

之前我受命于政府谈论过公民自由，并非没有受到政府权力的认可：我现在写的基督徒的自由……而我是在内心基督徒使命的委派或敦促下写下此文的，圆满完成了这项对我们所有人共同的主的使命。[16]

和他的评论一样，这里再次出现了对共和国早期岁月的追忆与怀念之情，他还讨论了使徒保罗写给罗马人的一段书信，"在上帝的帮助下，我曾两次论述《圣经》中这段被曲解和饱受争议的地方；在这之前是反对萨尔马修斯，反对君主对国家的暴政，现在是反对埃拉斯都，反对政府对教会的专制行为"[17]。引用《为英国人民声辩》的意义显而易见，它既让人想起了弥尔顿从前所做之事，也是呼唤那种让当时的被清洗的议会变得生气勃勃的精神。17 世纪瑞士神学家托马斯·埃拉斯都的观点在 17 世纪 40 年代初到 40 年代中期对英格兰政治尤有影响力，是造成长期议会中相当数量的保守议员抵制英国国教按照苏格兰长老派的模式改革的一大原因。[18] 不过，对弥尔顿来说，相较于行政官应该干预宗教事务的看法，埃拉斯都认为教会不应该插手国家事务的观点要容易接受得多。1659 年秋天，埃拉斯都主要著作的第一个英译本出版，表明人们对他的思想再次产生了兴趣。他作品的标题《对一项重要问题的阐释，即只要认同和拥护基督教信仰，开除教籍可否由于所犯罪行就禁止其参与圣餐仪式；开除教籍是取决于宗教法令，还是由世俗之人决定》（*Explicatio gravissimae quaestionis utrum excommunicatio quatenus religionem intelligentes et amplexantes, a sacramentorum usu, propter admissum facinus arcet; mandato nitatur divino, an excogitata sit ab hominibus*）（伦敦，1589 年）被译为《教会的谴责无效：或曰一位杰出的哲学家、专业医生、虔诚的神学家、海德堡大学和巴塞尔的公共教授托马斯·埃拉斯都博士撰写的一篇辩论文》（伦敦，1659 年）（托马森在他的册子上标注的日期是"1659 年 10 月"）。

弥尔顿的散文风格明显比过去更为朴实。明喻、暗喻与双关语和新造的词一样都非常少。他频繁引用《圣经》中的话语，并对他引用的段落进行耐心阐释。他的写作对象是他认为他熟识的人，并且有意识地将文本写得简短、意图明确，去除了"阅读上的浮夸、矫饰"，因为"在宗教问题上，最朴素之人就是最博学的"[19]。

弥尔顿的中心论点是一种开明的宽容主义，他清除了《论出版自由》中的内在矛盾，但仍然对罗杰·威廉姆斯干脆利落地完全包容所有宗教信仰的主张犹豫不决。[20] 这个中心议题是"按照这种派别的思想，在宗教信仰或实践中，没有人应当受到任何外部人世间力量的惩罚或骚扰"，而这一点得到了《圣经》的证实。很快"没有人"有了一个小限制：天主教不会被容忍，因为与其说它是一个宗教，不如说它是"一个罗马公国……竭力用一个新名字来维持它旧有的对全世界的统治"[21]。世俗骚乱受到执法官惩处，神学上的错误想法要得到宽容，二者之间的区别至关重要。用以天主教为主的术语定义异端邪说时，他承认持异端者"并不总应该受行政官的惩罚，除非他做了违反世俗国家法的事"[22]。实际上，与前十年更加剧烈的迫害相比，整个 17 世纪 50 年代，寂静主义者①在英格兰拒不参加国教礼拜得到了更多的宽容。

弥尔顿最关心的是为最宽泛意义上的新教信仰的理论神学搭建一个框架。自新教成立以来，将不同国家、不同年代的新教联结起来的是它赋予了《圣经》绝对的首要地位。

> 对新教徒来说，他们共同的准则和试金石就是《圣经》，没有什么比通过写作、讨论或争辩的方式对《圣经》中可商榷观点进行自由合法的辩论更有良知、更公平、更具新教精神的了：最后，在今天，没有任何宗教人士是真正的异教徒，除非他坚持的是《圣经》上没有的传统或意见。[23]

正如其他人注意到的，我们也在别处提到过[24]，弥尔顿倡导的是一个可以包容各种非正统思想、保护理论神学家在基督教教义的重要领域阐发看似异端观点权利的市民社会，前提是他们的论点能用《圣经》证实。他渴望构建一个适于接受他自己的系统神学——也就是我们现在所知道的《论基督教教义》，这本书极为出色地大量引用和阐释了《圣经》——的英格兰。一俟他的拉丁语文章准备停当，弥尔顿就可以轻易地在欧洲大陆找到出版商。他的那些引发争议的拉丁语散文在尼德兰联省共和国被非法翻印，他在全欧洲的好声名和恶名会确保他拥有广泛的读者群。但他显然希望能为他的册子受到国内认可铺平道路，他意识到假如掌权的是一个不甚宽容的政权，这会对他个人构成危险。事实上，他

---

① 寂静主义者（quietist），天主教的神修学派，认为人要修德成圣，在于绝对寂静，逃避外务，合一于天主。

的小册子出版的紧迫性在 1659 年 4 月 5 日已经显现，其时，下议院通过了一项声明"公开谴责所有惩罚'异端邪说'不力的地方行政官"；弥尔顿写给议会的献词中坦率表达的乐观主义此时似乎站不住脚了。4 月 16 日，下议院驳回了贵格会教徒希望解除迫害的请愿书，下议院的回复是请愿者应该回家好好检点自己的行为。[25]

这个时期的两封信可以让我们一瞥弥尔顿生活的其他方面。3 月 26 日，哈特立伯圈子的成员摩西·沃尔写信给弥尔顿。沃尔曾翻译玛拿西·本·伊斯雷尔的《以色列之希望》[26]。他在信中感谢弥尔顿将最新的一本书（可能是他的《论政府权力》）赠予自己，鼓励他继续出版"受雇"创作的作品。沃尔对什一税的态度无疑与弥尔顿一样强烈。第二封信写于 4 月底，由弥尔顿口述，传达给奥朗日① 激进的虔敬派② 教徒让·德·拉巴迪，邀请他接替已故的让·德斯帕涅出任威斯敏斯特法国教堂的牧师，让·德斯帕涅自 1653 年以来一直在萨默赛特宫附近的萨伏依礼拜堂里做礼拜。[27]拉巴迪曾是耶稣会的信徒，后来改信了新教，不久之后他将创立一个被称为拉巴迪派的虔敬派教派。他和他的追随者们相信只有在圣灵的单独帮助下，《圣经》才可以被理解；他们还认为与一个不信上帝的人的婚姻是没有约束力的。弥尔顿在信中谦虚地承认了拉巴迪在欧洲享有盛名，赞颂了他为新教事业遭受的苦难，然后提到法国教堂的牧师职位空缺。最终，拉巴迪没有来，但两人之间的通信仍然十分有趣，从中可以看出弥尔顿非常乐于向其他持异见的思想家提供资助。

理查德担任护国公的时间非常短。这段时期他面临的主要困难是在经济方面，原因在于政府需要承担一支庞大的常备军的开支，却没有支持这笔开支的资金流。这仍然是从他父亲那里承袭来的长期、棘手的难题。下议院成立了一个国家财政收入委员会。4 月 7 日，该委员会制作了一张资产负债表，负债表显示"政府现欠债近 250 万英镑，固定收入每年短缺近 33 万 3 千英镑，欠军队

---

① 奥朗日（Orange），法国东南部一城镇。

② 虔敬派（pietist），17 世纪德国路德宗教会的一个教派。

近 89 万英镑"[28]。两天后，下议院收到一份通常被称为《恭顺陈述》的请愿书，由驻扎在伦敦或伦敦附近的军官组成的军官总理事会呈交给理查德。其中，拖欠军饷是他们抗议的主要原因。在从理查德当权到国王最后复辟之间的时间，弥尔顿没有写文章对这两个问题发表过看法；他的政治思想和他所理解的自由理念因为宏观经济的急切需求而变得不甚完整。

对此，理查德和他的议会都束手无策。他们仅有的选择是增加税收——这种方式在英格兰极不得人心且难以执行，或是大幅度缩小军队的规模，而这是军队不会容忍的。理查德试图压制这一局面，他下令解散总理事会，下议院开始考虑把武装部队改组成国民军。4 月 21 日晚上，忠于弗利特伍德将军的军队占领了伦敦，第二天，理查德同意了解散议会的要求，实际统治权暂时归总理事会。理查德在一段时间内仍为护国公，而弥尔顿继续担任公职，但他确切的头衔在紧接下来的一段时期里会很难定义。4 月 25 日，理查德签署了一封给卡尔十世的普通信函（由弥尔顿翻译），请求获得一批大麻，用来填塞英格兰舰队船只上的缝隙。[29]理查德的困境只是暂时得到了缓解。4 月底，《恭顺请愿和建议书》最有力的反对者约翰·兰伯特恢复了指挥部里的原职——奥利弗曾将他开除。理查德引退，经军队和被清洗的议会高层认真商议后，5 月 6 日，总理事会邀请它的成员返回，重新管理政府事务。[30]

弥尔顿很可能抱持着一种谨慎的乐观态度来看待事态的发展。理查德的议会曾坚决抵制包容新教非正统思想的呼吁。或许被清洗的议会会更容易听从弥尔顿的辩论文的劝告和其他人的请愿。早期的一些措施诚然令人鼓舞。5 月中旬，政府设立了一个委员会，成员包括范内和赫西里奇，委员会重审了那些因信仰问题而遭监禁者的案子，并考虑将这些人释放。

另外在重掌大权的人当中，不乏对已故护国公的统治地位怀有强烈愤恨、想要对他的支持者实施报复的人。议会商讨收回 1653 年以来支付给公职人员的"从严格意义上来说的非法薪酬"，但他们最终决定不采取这样一项会招致不和的措施。[31]国务会议——曾由议会投票选举组成——挑选了布拉德肖作为它的首任主席，并且很快做出决议，解除瑟洛的秘书职务，这为外交政策的安排留下了诸多不确定因素。5 月 9 日，瑟洛"仅仅以个人、以一个与公共事务毫无关系的人"[32]的身份，写信给敦刻尔克总督威廉·洛克哈特爵士。代替瑟洛的是托马斯·斯科特。斯科特是一名弒君党人，在瑟洛被任命之前，他曾掌握安全保

285

卫事宜。[33] 可以说被清洗的议会和它的国务会议在恢复之后一直疲于应付国内问题，从未实际参与过外交事务。

无论怎样，弥尔顿依旧保有他的职务，他为共和国翻译由议会议长威廉·伦索尔签署、写给卡尔十世和腓特烈三世的信件。信中通报了理查德退位一事，并且确认弥尔顿过去的助理菲利普·梅多斯如今已开启他的外交生涯，代表英格兰调停丹麦和瑞典间的战事。[34] 可以确定这些是弥尔顿最后负责的政府文件，但至少在 1659 年 10 月 25 日之前，他仍在领取薪水，10 月 25 日国务会议最后一次会上批准了这项费用。[35]

比瑟洛被免职更让人惊讶的是议会在 5 月 13 日做出的决定，议会暂令尼德汉姆停止出任政府最高效的报纸《政治快报》的编辑。弥尔顿从尼德汉姆开始为共和国辩护以来，便一直与他共事，在为奥利弗送葬的队伍当中，他俩很可能走在一起。被清洗的议会在他的位置上安插了约翰·凯恩，1649 年凯恩曾言不由衷地为被清洗的议会辩护，反对平等派。[36]8 月，尼德汉姆恢复原职。

已被历史学家确认的一个观点是由于被清洗的议会的领导成员和高级军官目光短浅、只顾一己私利，也无力面对和解决自理查德的护国公时期以来一直未变的经济困境，因此它失败了，就像它注定会失败那样。近来，鲁思·迈耶斯对伍尔里奇和赫顿的看法以及戈弗雷·戴维斯的经典描述提出了挑战，她提出这种分析是基于事后的认识，没有看到那些复职成员在工作中施展的本领与他们的乐观态度和合作精神，在她看来，他们原本是可以成功的。[37] 他们眼前的目标，包括提高税收、缩减军队、调和他们当中大多数人的宗教保守主义和少数人的热切愿望，可能都是棘手的难题。再者，他们能再度手握大权依靠的是军事干预，而他们中的绝大部分人都对这支军事队伍心存疑虑，为了达成他们的其他目标，他们需要将这支军队置于麾下。他们工作的方方面面都存在着不稳定因素。不过对宗教激进分子——约翰·弥尔顿也在其列——来说，1659 年夏天重整旗鼓的被清洗的议会似乎彰显出了某种潜力，或许还有试图去解决与政教关系相关的关键问题的决心。在议会成员、国务会议和弥尔顿看来，恢复君主制看起来当然像是一个遥不可及的危险。

1659 年的夏天见证了反什一税的激烈骚动，其结果却收效甚微，总的说来国务会议的态度是反对废除什一税。这个春末夏初"对贵格会教徒来说是一段充满希望的日子，他们反复陈述、极力主张他们的政治诉求：废除什一税、国教和大学；要求信仰自由；要求法律改革"[38]。以上所有这些——除了最后一项——都出现在弥尔顿的下一本小册子里，这本小册子与同时代的安东尼·梅里基这样的极端激进分子的风格极为接近：

> 我们不仅是生而自由的英国人，我们的民族也获得了自由和自由的延续，其代价是多年的艰苦奋斗，是成千上万人的丧生，是大量财产的被毁，是上一次战争中抛洒的无数鲜血，而到了最后，这位护国公推翻了它们，他为奴役我们而战，他侵犯了我们民族的自由。我们希望在这样的自由下用心灵和诚实敬拜上帝。[39]

这种文风比弥尔顿的更粗率，而提到为战争服役，则显示出他为原有的正义事业做出了不同的贡献，而安东尼·梅里基——一位前海军军官，同时也是贵格会的激进主义分子，正因为此，他在这个春天被囚禁了起来[40]——在这里的感情与弥尔顿下一本册子里的差别不大。虽然被清洗的议会在6月中旬颇为冷淡地收到了15000人反对什一税的请愿，但是温和的宗教人士——在有产者中间最为突出——为民众中间掀起这样的激进主义狂潮感到恐慌，而如此这般的焦虑可能引发了1659年8月的保王派起义。唯一取得过一些军事胜利的起义领导者是长老派的乔治·布思爵士，他曾被普赖德大清洗排除在议会成员名单之外，似乎是因为担心"即将发生的教派起义和贵格会教徒的阴谋"，所以展开了行动。[41]

　　布斯的失败表明即便已近共和国历史的末期，军队反对它的力量仍然很薄弱。在柴郡诺斯维奇附近的威宁顿桥上发生的一场小规模战斗中，兰伯特一举击溃了布斯的军队，而这支队伍与布斯在中部地区的西北部领地相距不远。在被清洗的议会看来，这次胜利明显表现了它的军队的高效与忠顺，为此欣喜若狂，奖励了兰伯特1000英镑（是17世纪50年代末弥尔顿月薪的五倍），让他去购买珠宝；兰伯特按照他特有的方式，转而将这笔资金分发给了他的士兵。可能是在同一时间[42]，弥尔顿发表了《关于解除教会雇员的最适当的建议。其中也谈到什一税、教会费、教会收入；以及牧师的生活费用是否可以由法律解决》（《雇员》）（伦敦，1659年）。出版说明上写有"由T. N. 为L. 查普曼印刷"。和弥尔顿的上一本小册子一样，这本册子的印刷商是托马斯·纽科姆。纽科姆在共和国晚期的伦敦是一位深受尊敬的人物，是亲政府报纸的发行人。而里弗威尔·查普曼就颇受争议了，他过去是（或许此时也是）第五王国派的信徒，间或

287

313

因发表反对克伦威尔的文章而被捕入狱。他与弥尔顿联系在一起，标志着在这桩原有的正义事业行将结束的好时光里，原本的从属关系有了一些质的变化。[43]

《雇员》在形式上与《论政府权力》相似。两本册子的书名页上都写有弥尔顿姓名的首字母，他的全名出现在献词后面，献词依然是"致英格兰共和国及其自治领土的议会"。它们被印制成十二开本，这在弥尔顿的散文作品中都是不太寻常的。两本册子看上去十分相配，内容互为补充。但我们还是发现了其中明显的差别。当然，此时议会已经改变——已经从重新选举的理查德的议会变成了被清洗的议会，大约在这个时候后者获得了一个不太好听的绰号"残缺议会"，这或许是它仍在召开的缘故。册子的开篇令评论家们迷惑不解。弥尔顿一开始便称这本册子是他为一个机构撰写的，自18年前他第一次发表引发争议的文章以来，这个机构就保证了他的"创作自由"，这个机构就是长期议会。他接着说他曾为这个机构辩护，使它免受"声名狼藉的对手"的侵扰，这个对手显然是萨尔马修斯，而这个机构就是被清洗的议会。他对理查德的议会采用了相同的讲话方式。弥尔顿似乎把议会看作某种柏拉图式的理念，尽管它的表现形式多样，也不甚完美。但他提到"在一个短暂但丑恶的中断之夜之后，依靠上帝奇迹般的佑护，（这些岛屿的）和平与安全如今再次落在你的肩头"[44]，那样的解读便遇到了问题。假如所有议会仅仅是"议会"的表现形式，假如中断是最近（用"之后"暗示）且短暂（显然如此）发生的，那么在我们看来，对这个短语的正常解释便是4月22日理查德的议会被解散到5月7日被清洗的议会恢复之间的这段时间。虽然这样解读确实表明了对英格兰被一群军官短暂统治时期的批判性观点，但它不会是好战、反克伦威尔的，如果这个短语被用来暗指整个护国公时期，倒真的是如此了。

弥尔顿对享有圣俸的神职人员的抨击绵延20年，敌意与日俱增。在他反对主教制的册子里第一次使用的意象和话语，后来被用来描绘长老派动员运动的牧师，被概括为一种普遍的反教权主义，猛烈抨击"买卖神职者毁了神职人员"[45]。这个虔诚的英格兰人不需要国王，更不需要这些神职人员做礼拜。弥尔顿反对什一税的论点既熟悉又富有技术性，就像在《论政府权力》中，他耐心地阐述，一丝不苟地把《圣经》中的引文和分析联系在一起。古老华丽的辞藻通常在最吹毛求疵的时刻喷涌而出：

要获得基督教知识，当然不必一辈子坐在布道坛的牧师脚前；而他，一个喃喃祈祷的人枕着肘垫，在40或50年的几乎七分之一的时间里教不了他们一半的宗教原则。他的羊常常无所事事地坐着，就像史密斯菲尔德市场里不同座位上的羊一样毫无益处，大部分是被某位买卖圣职者或干类似勾当的人买来买去的。[46]

注意这里说的戏谑话又回到了双关语"喃喃祈祷者"①，以及隐喻的羊②和真正的羊、真正的座位和隐喻的座位③之间的巧妙对比。

更新、更令人惊讶的是他构筑了一个理想的现代牧师的正面形象。穷人没有被排除在外，因为"他们（最早宣讲福音书的人）在其他方面却未受过教育"，在新教传统中，《圣经》被"翻译成各种通用的语言，被认为是信仰和救赎的要事"；而且"基督教可能很容易习得，无论多么穷困，即便天资愚鲁，也不难找到方法，所有的人很快就能学会有关基督教应该知道的事"。得救的信心比细致入微地评价与灵魂得救无关的争议点更加重要，而且这信心可以通过不担任圣职的人的"巡回宣讲"得到传播。他们可以在任何地方宣讲福音书："一些人依然无知地崇尚礼拜堂，尽管这样的迷信华而不实，但我们完全可以确信肯屈尊躺在马槽里的人也不会不屑于在谷仓里听人讲道。"因为废除了享有圣俸的神职人员以及维持礼拜堂的需要，一些资源空了出来，可以被重新分配到各地的教育体系，用来替代那两所大学，"在那里，或许可以免费教授语言和艺术，搬到其他地方毫无必要、徒劳无益且多有不便"。这种模式与关于教育现状的自私论点形成了鲜明对照："坦率地说，这样要好得多。大学无牧师，无神职人员，也没有僧侣们无聊的诡辩，那是宗教的糟粕。"[47]

教堂建筑过多；大学成了多余；没有俸饷的传教士巡回宣讲福音的效果或许最佳，而这个角色是穷人都可以担当的：这些观点是17世纪50年代末期贵

---

① "喃喃祈祷者"，原文为"lollard"，原意为"喃喃祈祷者"，后指罗拉德派。罗拉德派是英格兰宗教改革期间产生的一个新教流派，由约翰·威克里夫在1381年发起，旨在反抗天主教的权威。

② "隐喻的羊"中"sheep"（羊）在英语里还有教区居民的意思。

③ "隐喻的座位"，原文为"pew"，既指教堂长椅、座位，又有（坐在教堂里的）会众的意思。

289

格会信徒普遍有的想法。弥尔顿不是贵格会教徒，但他们的价值观和设想，他们的做法和热忱显然与他不谋而合。在教义的一些重要方面，他与他们有着巨大分歧。他的神学以《圣经》为中心；他们则认为精神高于经文，因而被人指责是反律法主义。但对于把宗教改革带向纯净的使徒时代的热情激励过弥尔顿，必定也激励过乔治·福克斯。思想发展历程与弥尔顿常常同步的亨利·范内爵士对贵格会表现出相似的友好态度。1658 年，范内让他的牧师找到福克斯，邀请福克斯来他位于达拉谟郡拉比城堡的宅邸做客。这次会面相当糟糕，福克斯后来说范内爵士想要把他"当个疯子一样赶出他的房子"[48]。不过，很明显范内与不那么暴躁的贵格会教徒合作得更为愉快。一旦他原谅了他们不愿脱帽这样显而易见的不敬，他便满怀同情地主持了被清洗的议会委任的审查政治犯的委员会，并为废除什一税的第一次请愿四处游说。[49]

1659 年 8 月底，弥尔顿和范内可能都认为英格兰政府已掌握在相当可靠的人的手里，并且正向着恰当的目标进发。对他们来说，有两项原则至关重要，即应该包容各种不同的新教信仰，权力不应该集中在一个人身上。这两个原则或许也得到了被恢复的议会中绝大多数人的支持。事实上，大部分高级军官，还有下级军官和其他军衔的人可能同样对此持赞同意见。这不应该是一个问题，然而问题却来得有些猝不及防。

取得对布斯的胜利之后，兰伯特军队的军官们在德比召开会议，反思国家的现状和军队在其中的位置。然而有关拖欠的军饷、最高指挥权的确立及他们的职业保障等一些旧有的不满仍然没有得到解决。尽管兰伯特没有出席会议，他们还是做出了决议，向下议院递交了一份请愿书，指责下议院在处理过去军队曾提出的紧迫问题时办事拖拉。请愿书还被送往其他军队，请求其背书。9 月 22 日，赫西里奇拿到了一份请愿书，他与议院一同讨论了请愿书的内容："议会成员对军人固有的不信任伴随着新的暴力事件的发生而暴发，有人提议将兰伯特送入伦敦塔。"[50] 最后，弗利特伍德和范内，甚至赫西里奇本人都试图平息议员们的怒火。次日，议院只好命令弗利特伍德警告军队，并驳回了请愿书想要任命高层的要求。然而，军官总理事会对此的反应非常激烈，10 月 5 日，约翰·迪思布劳向议院递交了一份文件，要求公开谴责抨击军队的议会议员，重复了熟悉的有关任期和欠款的诉求。[51] 议院迟疑不决，但在 10 月 11 日，它做出了一个不起作用的决议，宣布凡征收非议会征收的税者将被判处叛国罪；很明显，他们预料军队会第二次驱逐他们，因此想要确保任何取代他们的政府无法增加税收。

他们的焦虑不无道理。10 月 12 日，被清洗的议会决定开除包括兰伯特在内的九名高级军官，并撤销了弗利特伍德的总司令职务；次日，兰伯特的军队驱逐了议会。在极度混乱的时期，权力名义上归属于国务会议，国务会议一直运行到 12 月 25 日。真正的权力——至少是在大城市里——属于军官总理事会。在国务会议最后一次会议召开之前，由高级军官提名的新机构安全委员会产生，十名高级军官任委员会委员，"十三位平民合作者"作为增补，这当中包括"不可缺少的范内"，尽管他与这个新机构的关系时好时坏。[52]

国务会议在最后一次会上批准了弥尔顿的季度薪酬，但他却没有紧紧跟随急速发展的局势，似乎与政治事务脱了联系。《致一位友人论及共和国分裂的信》是一份手稿，没有在弥尔顿生前发表过，上面标注的日期是 1659 年 10 月 20 日。[53] 这位朋友的身份一直受到猜测。我们怀疑范内在那天晚上拜访过弥尔顿，不管怎样，他仍然在与那些高级军官对话。但这位朋友也可能是再次出任国务会议主席的布拉德肖。他对军队的行为必定感到既愤怒又困惑不解。但此时他已病入膏肓。信中提到了 10 月 19 日的一场会议，而布拉德肖于 10 月 31 日去世，他在遗嘱中给弥尔顿留下了 10 英镑遗产。[54] 布拉德肖居住的地方与弥尔顿相距不远，很可能向后者透露过近期发生的事件，由此引出了这封信。当然这个人也许是国务会议秘书处的一名成员，从严格意义上来说他仍是弥尔顿的同事。

弥尔顿是以局外人的身份写这封信的，但他有足够的自信向他的朋友提出建议，这位朋友或许仍然有权对事件施加一些影响。弥尔顿坦率地承认他不理解军队为什么要这样做。他们推翻议会的目的纯粹是想保护他们九名成员的利益吗？他拒绝猜想："我不想对这一行为表示谴责，我不清楚事情的前因后果。我只能谈论我们所看到的。"事实上，他一开始就说了，在"昨夜我俩之间悲伤又严肃的谈话"之前，他并没有意识到"共和国这些危险的分裂"。不过显然他清晰敏锐地思考了共和政府面临的危险会"毁灭真正的宗教和公民自由"。他坚信两条处置国家事务的原则：宽容新教教义和准则与弃绝个人统治。他试图围绕这两点建立一个新的联盟。所有的条件是"最高议会或总议会"——很明显他依然不确定接下来几天会发生什么——应该由那些同样支持这些原则的人组

291

成，这些人可以维护和平、接管外交关系，"最后……为管理这些事务筹款"。他仍然没有理解政府财政的重大意义：不付清欠款，军队是不会罢休的。而且，在下一句，他再次提到了最高委员会的名字和性质，并在国务会议和被第二次接纳的被清洗的议会之间踌躇不定。他有一个务实的解决办法，可以平息政客和军队领导人的焦虑和相互猜忌：假如他们同意这两项基本原则，他们就应该被确保终身享有他们的职位。这份简短的信函的末尾，弥尔顿承认自己被高度边缘化。这封信是他当前"对这些事情的理解"的总结，这位未提及名字的朋友可以随意选用，可以"发表、增添、传播和禁止"[55]这些内容。

就在弥尔顿写这封信的同一天，另有一封给国务会议的书信也在起草中，写信的人是乔治·蒙克将军。到目前为止，我们谈到"军队"，就好像它在1659年如磐石般坚不可摧；事实上，它早已分崩离析。除了在英格兰各地驻守的兵团，还有相当数量的军队占领着爱尔兰和苏格兰。蒙克指挥的是后者，他与弗利特伍德和迪思布劳的意见很不一致，对兰伯特和将兰伯特视作领袖的下级军官们危险的好战情绪怀有极深的敌意。思想上，他又迥异于过去占据主流的克伦威尔支持者。他因在爱尔兰和苏格兰战功卓著而受到奥利弗的提拔，17世纪50年代末，蒙克成了苏格兰军事政府实际上的首长。不过他也是一名保王派的变节者，1644年在南特威奇被捕后被囚禁于伦敦塔。他在宗教信仰上比弗利特伍德和迪思布劳更保守，在政治上比兰伯特更顽固，他与乔治·布思爵士之流一样对贵格会的兴起忧心忡忡。蒙克已经与反对英格兰军队指挥官的平民议员们开始了谈判。他密切注意着伦敦的危机，在清除了他的军队中思想较为激进的军官后，准备南下。就在弥尔顿给他的朋友写信的时候，蒙克也在给国务会议写信，他指责国务会议驱逐了被清洗的议会，并宣布利用他的军队来恢复议会。赫顿断言，"这是历史上第一次出现一大部分军队与其余军队为敌的情况，第四次内战似乎即将开始"[56]。

弥尔顿当然也这样想。他接下来写的一篇文章耐人寻味，文章的标题是《阻止令人生畏的内战和建立强有力政府的一些对策建议》（《一些对策建议》）。直到20世纪，它一直是一份手稿，保存在哥伦比亚大学图书馆。它看起来似乎是一份早期的草稿，既不准备付印，读来也不像一封信：它有标题，未写出是写给谁的，没有标注日期。事实上，人们仍在猜测弥尔顿是在何时写下这份文稿的，虽然很明显它写于"目前的安全委员会"[57]时期。文章列出了十项避免灾难的主要对策，开篇写道安全委员会必须确保英格兰不被内部颠覆，不受来自西班牙、法国的机会主义的侵扰，而"混乱的无政府状态"已经让这个国家对这些问题毫无招架之力，之所以会出现这种状态，很大程度上是因为盟友们既不会执行协议，也不会与他们谈判。弥尔顿在思考高层政治的时候，外交关系排在了他的议题的首位。他承认消除英格兰军队的疑虑的紧迫性，并再次呼吁对高级职位采取终身任期制，但他还是没有意识到解决拖欠军饷问题的重要性。他支持宣誓忠于如今业已熟悉的两项基本原则的新选举。文章的最后提出了更具理论性的建议："议会"这一名字应该被更合适的词代替；最高委员会——无论怎样对它命名——的成员应该是永久性的；教育和民事司法管理应该转移到城镇。最让人惊讶的是，其中还有一项如何进行经济改革的建议，"对广袤的共和国进行公平公正的分区，这个国家将因此变得更加勤劳、富有，人口会越加稠密"，虽然不清楚他设想的是否杰勒德·温斯坦利提出的对地球的共同财产进行分配，他想的或许更有可能是另一轮的圈地运动。《一些对策建议》承认军事冲突迫在眉睫。蒙克的军队与对弗利特伍德、迪思布劳和兰伯特效忠的士兵之间已剑拔弩张，他们或许在 11 月 3 日至 12 月 5 日已经摆好了各自的阵营，因为兰伯特在 11 月 3 日被派往北方阻止一场可能的入侵，而到了 12 月 5 日，伦敦的社会秩序问题已变得十分紧迫。

　　安全委员会从未真正参与掌控早期现代英格兰所有文官政府的机制。在那时，一些法庭停止运作。毛头小子们举行的示威被证明很难控制，12 月 5 日，军队向附近的一处骚乱人群开火，杀死两人。在第一次内战中指挥过一支军团的赫西里奇拿起了武器，召集支持者，以被清洗的议会的名义占领了朴次茅斯。海军中将詹姆斯·劳森统率具有重要战略意义的海峡舰队，他信誓旦旦地告诉伦敦的领导者，海军已准备好动用武力恢复议会。12 月 16 日，舰队进入泰晤士河。派去征服朴次茅斯的部队倒戈相向。12 月 14 日，安全委员会试图做出和解的姿态，决定发布令状下令新议会在 1 月 24 日召开会议，但经验丰富的老议员、掌玺大臣布尔斯特罗德·怀特洛克拒绝在文件上盖章。令状最终于 12 月 21 日被送出，并在次日被撤回，弗利特伍德承认他的位置难以为继。12 月 26 日，被清洗的议会再次召开。

　　而这只是让人们对重新恢复稳定产生转瞬即逝的希望。12 月 27 日，兰伯特决定回南部，恢复伦敦的秩序；就在他挥师南下之时，他军队里的士兵纷纷离

293

去，日渐减少。12月30日，新模范军的第一任总司令费尔法克斯集结了约克郡的贵族们，迎接蒙克，支持他的下一步行动；1月1日，蒙克跨过特威德河，费尔法克斯攻占了约克。前者一路高歌猛进，没有遇到反对派的抵抗，反对派早已被过去的支持者们抛弃，士气低迷，无法坚守阵地。1月11日，蒙克进入约克；2月2日，驻守英格兰指挥官的士兵们在他们前面放弃了把守的地区，"蒙克的军队径直进入怀特霍尔宫，他的队伍军容整肃，令观者印象深刻。民众在沉默中冷冷地看着他们，这沉默时不时被要一个自由议会的呐喊打破"。他们最初的行动是打击当地的贵格会教徒，"说他们是来让英格兰摆脱非国教教派的"[58]。

被清洗的议会继续运作，他们希望从蒙克那里获得的，似乎仅仅是他的忠顺。在蒙克到达之前，他们曾决定举行选举，替换已经去世或在普赖德大清洗中被孤立的议员。他们让人感觉到对他们来说时光退回到了1653年4月或至少是1659年10月，现在议会有了一支忠诚的可供他们驱使的军队，他们会永久地存在下去。抱持着怀疑态度的人不太确定蒙克的长期目标。弗利特伍德、迪思布劳和兰伯特圈子里的人都对他不太熟识，他们曾经错误地判断了他对他们的10月政变可能有的反应。塞缪尔·佩皮斯观察并记录了这桩逐渐明朗的秘事，他是爱德华·蒙塔古（未来的第一代桑威奇伯爵）的助手，2月底，他成了国务会议的一名议员，3月起，他开始担任海军指挥官，这些角色让他可以站在更有利的角度来看这起事件。3月，他注意到蒙克的动机引起了人们的猜测："在许多人眼中，他是忠诚的，一些人或更多人认为他是个会把自己送上高位的傻瓜，但觉得他这样殚精竭虑会毁了他自己。"[59]事后看来，很显然从1月初到5月复辟，所有重要的权力都掌握在这个不知名的人物和他周围军官的手里。

或许在蒙克与恢复的被清洗的议会的关系出现危机之前，他就已经与那些被孤立的成员有了联系。2月9日，议会指使蒙克摧毁伦敦城的防御工事，逮捕被认为是煽动人们反对议会的头目，并指示蒙克必要时可使用武力，试图重新确立它对伦敦的严密控制。蒙克显然很勉强地接受了这一任务，他执行了一部分的指令。2月11日，蒙克决定不再装模作样，命令议会议员在六天之内发布新大选令，除了那些曾为国王而战的人，人人都有资格参加。罗伯特·埃尔斯指出，"这样公开宣告选举自由议会实质上近乎于表态拥立国王"[60]。伦敦城很可能自发地狂欢庆祝这个"'讥讽残缺议会'之夜，它或许是迄今所知伦敦民众举办欢庆最热烈的表达方式"[61]。然而被清洗的议会进一步拖延，发布令状提高选举人资格，确保当选者在思想上与它现有议员一致。2 月 21 日，蒙克召集了所有可以召集的被孤立议员，指示他们为了成立一个新的议会，必须确保令状上只有较少的限制，并让人护送他们回议院，这是 1648 年 12 月以来他们第一次回到这里。弥尔顿的老对手威廉·普林——他新近再次对弥尔顿进行了抨击——也在这群人当中。[62] 伦敦城再一次在街上点燃了篝火以示庆祝。

在被清洗的议会与蒙克之间的危机逐渐显露之时，弥尔顿显然一直埋头撰写如何稳固这个国家的提议，他将《一些对策建议》的摘记扩充成了一本极有说服力的小册子，为大约十八页的四开本，书名叫《建设自由共和国的简易办法，自由共和国的优点，恢复王国的不利与危险》。到这本书完成之时，不仅事态变化让他始料未及，他自己也意识到了这一点。内部证据表明出版最早可能在 2 月 22 日——被恢复的长期议会投票举行新选举，最晚是在 3 月 3 日——是托马森在他的册子上标注的日期，但正如耶鲁版的编辑指出的，他"并不总是立即收到书本，也或许他不总是即刻在上面写下日期"[63]。版本说明上再一次写着"由 T. N.（纽科姆）印刷，里弗威尔·查普曼销售"。弥尔顿名字的首字母出现在书名页上，尽管找不到他的全名，但作者的身份并不难猜。

295

这本书的第一段显然是弥尔顿在写完全篇之后写的。他加入这一段，解释了自被排除的议员被重新接纳，扩大的议会决定为所有席位举行新的选举以来，他的专著是如何不甚完美地应对变化的形势的：

> 写完这篇文章以后，虽然国内情况略有变化——新大选令被撤回了，当初被排除的议员又恢复了议会的席位——但我觉得十分欣慰的是，当局又在发表建设自由共和国的决心，并将尽一切可能消除某些骗子所灌输的那种重新为奴的有害思想，这种思想近来在许多人的头脑中由于毫无原则及对时局颇多误解而有所滋长。我想在这种情况下，最好不要毁掉我这篇文章；我希望，（如今议员人数更多），这篇文章现在或许比以前能发挥更大的作用：我是将与当时事态相关的内容置于当下，以此来追求相同的目标，而不是执着于这种或那种方法来达此目的。[64]①

---

① 译文出自《建设自由共和国的简易办法》（以下简称《简易办法》），殷宝书译，商务印书馆 2018 年版，有改动。

弥尔顿勇敢地面对着这一切，但周遭已经有了天翻地覆的变化，他用作论据的现实情况不复存在，权力已不掌握在那些他为之创作的人的手里。当他在写正文的时候，"当时的状况"可以认为是被清洗的议会在安全委员会解散后得到恢复，他们依赖蒙克的忠诚来保证统治。他随后写道，被清洗的议会发布增补议员的令状，显然是期待能确保终身任期。事实上，弥尔顿曾提到发布（如今已被撤销）进行递补选举的令状是一项积极的行动，可以减少一些批评之声，许多人认为被清洗的议会规模太小、不具备代表性。[65] 弥尔顿反对更选的议会，赞同永久性的最高议会，他的论点与那些似乎一心想要延长任期的人的想法不谋而合。弥尔顿必定重复了蒙克和被排除议员的虔诚声明，他们支持将英格兰确立为"一个自由的联邦"，在这样的语境下它很可能指的是共和国。[66] 当然，这样的断言只是暂时有用，却缺乏可信度；即便是那些在"讥讽残缺议会之夜"围着篝火跳舞的愣头青也知道那样的行为决定了原有的正义事业的命运，与之一同葬送的还有被清洗的议会中的捍卫者。

弥尔顿的雄辩之文迎合了他傲慢自大的目标读者，即英格兰共和国的创建者。他们是"年迈的爱国者，为我们主张宗教权利和公民权利的前辈"，靠着神的旨意第三次联结在一起。[67] 他颂扬英格兰共和制在过去赢得的胜利，哀叹"在赢钱后的一场稀奇、愚蠢的赌博中输掉我们已赢得的一切战绩，白费我们的财宝"[68] 的可能性。弥尔顿历数了共和政府在公共事业、厉行节约方面的功绩，详述了花哨、奢靡、荒谬的君主政体的可怖之处。

弥尔顿提出设立永久性的最高议会的论据，他更倾向于用模棱两可、有双重意义的措辞来定义那个他提出的一俟新招募的成员就位就成立的一院制议会。他真正的理由或许和被清洗的议会议员的理由一样简单。选举迟早会让有可能恢复君主制的议员重新当选：无论他们宣誓的是什么，无论对选举权或被选举权增加什么限制，颠覆的风险仍然存在。但弥尔顿可以举出其他共和国的例子，例如古罗马、威尼斯和尼德兰联省共和国。另一方面，英格兰的宪政实践总是期待更选的议会，如果被授予选举权的人们选出代表这一举措大有裨益的话，那么在理论而不是现实政治的层面，很难找到反对的论据。弥尔顿采用了一对不切实际的类比：

共和国是一只总在扬帆前进的船，议员们坐在船尾掌舵；如果掌得很好，我们又何必冒着危险去更动他们呢？况且最高议会是国家的基石和栋梁；移动没有毛病的基石与栋梁是不利于建筑物的安全的。[69]

这幅画面似乎缺少说服力。没有船会一直扬帆前进；建筑物的任何一部分不可能既是基石，又是栋梁。在早期现代统治的背景下，他的第一点必定是经不起推敲的。国务会议是由议会选举出来的执行者，当然可以在议会的过渡时期或休会期间单独治理国家。自由选举的恐惧令弥尔顿坐立不安，而这样选举的结果几乎没有被人怀疑过。

结语是以刻意简洁的方式开始的："现在我没有更多的话可说了；几句话思索透彻了，就可以拯救我们；几件容易做的事及时做了，就可以拯救我们。"[70]弥尔顿竭力让他的目标读者相信他们为维护共和政府以及信仰自由所必须做的一切都是微不足道的；只是要用他们自己政治派别里的人填充"最高议会"，再把它传下去而已。册子的结尾部分变得更加浮夸，带有一些耶利米①的风格，当他在说"原有的正义事业的语言"的时候，他重复了耶利米的话语："也许我应该说这些话，即使我知道我只是对树木顽石讲话，即使我知道我找不到哀号的对象，除非和先知同声哀号：'地呀，地呀。'"[71]

尽管那样做好处甚多，弥尔顿可能还是会朝着无生命物体说话。不过其他变化或许促使他重新思考他的目标读者，进行再次尝试。2月27日，蒙克终于撤除了托马斯·斯科特的国务秘书职务，同时让瑟洛恢复原职，与蒙克的一名私人幕僚做搭档。当然，政治嗅觉灵敏的瑟洛早在1658年就开始与蒙克展开了联系，他还和其他人一同与那些积极为国王谋求利益的人有了初步接触。[72]无论怎样，这让弥尔顿的前任领导靠近了真正的权力中心。与此同时，国务会议发生了巨变。2月25日开始，主席变成了亚瑟·安斯利，他是一名年轻的爱尔兰贵族，也是克伦威尔的门徒。安斯利在复辟时期被封为第一代安格尔西伯爵，他必定认识弥尔顿，并与之结为朋友。他曾在理查德的议会中任职，或许就是在那段时间与弥尔顿建立了友谊。[73]安斯利最终成了英格兰复辟过程中的一个重要人物，但直到3月9日，他还在劝说被恢复的长期议会发布令状，举行符合"共和准则"的选举，反对普林和其他人提出应该以国王的名义颁布法令的要求。[74]

———————————

① 指《旧约全书·耶利米书》。

297

　　或许因为暂时确信克伦威尔护国公时期的人物会再度身居要职、重掌权力，弥尔顿决定直接与蒙克对话，大约在 3 月的第一周，他起草了《概述目前建设自由共和国的办法，容易实行，不宜拖延，与蒙克将军书》《简易办法》。这篇文章最初收录于《约翰·弥尔顿的历史、政治与其他作品全集，英语和拉丁语，内有一些从未发表过的文章》，于 1698 年出版，还标注着可能伪造的在阿姆斯特丹出版的版本说明。文稿的开篇有一条注释，"由手稿付印出版"[75]。不知这份手稿是否存世，只能猜测它在 1660 年到 1689 年之间被传阅，爱德华·菲利普斯很有可能出过一份力。文件本身看起来像一份后期的草稿，但没有理由质疑一直以来人们的假设，即它原本可能是以私人信件的形式寄给蒙克的。罗伯特·埃尔斯审慎地指出："不仅没有证据可以表明它在弥尔顿生前被寄送或出版了，也没有证据表明它确实完成了。"[76] 然而弥尔顿没有理由不把它寄出去，更确切地说，是没有理由不把从这个手稿衍生出来的更完美版本寄出去。这篇文章不会对他个人构成风险，因为他的观点早已广为传播，而且他把自己的言语打磨得十分得体，好引起蒙克的注意，文章从头至尾都称后者为"阁下"，将他的权力来源称作"忠诚而善战的队伍"[77]。

　　弥尔顿试图引导蒙克用更新颖的方式来思考政府，制定计划将政府的权力下放到由主要士绅组成的地区会议。从某个层面上来说，我们可以认为弥尔顿的思想相当超前，他提出的措施要到 20 世纪后半叶才在英国实施，这一点有些像他对离婚的看法。但同时代的一些例子会让他的观点看起来不像它们有时表现得那么荒谬可笑。尼德兰联省共和国的地区会议是相似机构中最发达的。不过英格兰的郡结构对于通过市政当局、法院和少将的统治，为地方行政和司法做好准备至关重要，然而几乎没有一个新政体的蓝图在本质上有着权力下放和地区性的特征。弥尔顿在《简易办法》的第二版里进一步论证了这个论点。这封信的逻辑依据是蒙克试图维持共和国，而不是进入君主复辟的声明。弥尔顿选择只看这些事情的表面，但可以很清楚地看出他对自由选举的可能结果甚为焦虑。同样让弥尔顿忧心忡忡的是他深感自己已与关键性的事态发展脱节的证据：选举之战即将打响，但这场战役依据的原始条款"据我所知，还没有被废除"[78]。

　　但在 3 月的头几个星期里，主动权不可逆转地从共和派手中溜走了。3 月 5 日，议会下令再版《神圣盟约》，其中包括捍卫弥尔顿曾极力反对的君主制的条款。[79] 3 月 10 日，有传言说——对多数人来说仍是一个谜——蒙克告诉他的一位密友"假如下一届议会需要国王和上议院，他会听从于它"[80]。3月13日，议会取消《1650年誓约》，这份誓约要求所有超过18岁的男性宣誓承诺"效忠于英格兰共和国，如今它是在没有国王和上议院的情况下建立的"。[81]3月16日，于1640年首次召集的议会解散。

《简易办法》初次出版后不久，弥尔顿很可能就开始忙于对它的修改和补充了，但一旦自由选举或多或少变得不可避免，而且迫在眉睫，就产生了新的紧迫性。而此时让这本册子通过审查成了问题，因为弥尔顿在1659年到1660年间印发册子时曾求助于里弗威尔·查普曼，后者作为共和主义文章的主要出版商，已经引起了国务会议的注意。缉拿查普曼的多份逮捕令在3月28日，4月3日、28日签发。虽然查普曼一直在躲避追捕者，但他显然已不能够再出版书籍了。弥尔顿也无法找到愿意将名字放在新版本上的印刷商了，不过这本书还是问世了，可能是在4月的第一个礼拜，版本说明上仅仅写着"为作者印刷"。

弥尔顿原本期望选民中间会有一批读者，但一部分选举在这本书出版之前已经举行，不清楚他怎么会希望在有限的时间里在伦敦城外有如此大的发行量。不过，这本书确实对新的目标读者群做了一些精确的定位，它的目标读者就是新近的保王长老派，他们有望掌控将在4月25日召开的议会。弥尔顿的方法非常简单：他打算用长老派很可能受到迫害这样的话语来吓唬他们，并且大肆渲染君主政权的暴行，以此来激怒他们，这两者都以着重描述查理一世的统治为前提。在某种程度上，他采用了尼德汉姆曾于1659年8月在《利益不会撒谎》——一本构思巧妙、旨在展示"只有天主教徒"才会在君主复辟中得益的小册子——中用过的一项策略。弥尔顿的论证过程与尼德汉姆在他讨论长老派这一章里的情况相仿。[82]尽管两者在语言风格上有着相当大的差异，但弥尔顿的册子却与尼德汉姆后来撰写的册子《来自布鲁塞尔的消息：陛下的一名侍从的来信》有着相同的对策，托马森在后者的那册上标注的日期是"3月23日"。尼德汉姆伪造或是夸张地模仿了一名保王派流亡者写给一位在英格兰的保王派密谋者的信，这位设定的作者解释了在保王派解决长老派之前，先让长老派解决非国教教派成员的战略方法：

> 长老派将放弃幻想，从这根骨头下手开始剔还真是妙啊，这主意真是高，我立即就喜欢上了，比其他办法妙多了。过剩招致多余：因此胡子一半让

299

他们自己剃，另一半再劳咱们动手。先淹死那些小猫，让生下他们的母猫活得稍微久一点。[83]

弥尔顿采用同样的方式，试图吓唬那些对其他论述无动于衷的人："新近变为王党的长老派也不要认为自己过去的行动（虽然他们表示悔罪了）会被人家忘掉。"[84]弥尔顿巧妙地借助17世纪40年代初——那时"保王派"侵占了这片土地——的语言和恐惧，他将充满暴力、有时又有些淫秽的出版物用作证据，而复辟的推动者此时正让这些出版物充斥整个伦敦。"我们的共同敌人最近从他们的洞穴里爬出来，愈加嚣张，他们侮辱、威胁、谩骂……每个醉汉、每个渎神者都满嘴脏话。""共同"一词试图让人忆起过去清教徒广泛团结的岁月。

　　弥尔顿对长老派没有什么好感，也知道他们是如何看待他的；不过他们应该惧怕他们的新盟友："让那些热心于倒退的人自己先想一想，当他们的脖子同巴克斯 ① 的驾车虎——这群虎不是讲道的热心人，而是汗浴桶中的热心人，因为他们身上除梅毒以外没有更干净的东西——套在一起的时候……拉到建立宗教纪律的路上去。"弥尔顿预测——事实证明是正确的——会有一种基于主教模式的教会体制，并且会驱逐、镇压长老派，以及其他的清教教派。此外，1642年的长期会议曾由长老派掌控："一开始，人家是爱理不理的，不久之后，他们即使不被当做老叛国者论罪——他们是后来一切事变的最初鼓动者、创始人，并有三分之一以上是实际行动者——也要被抛弃在一边。"[85]和尼德汉姆一样，弥尔顿深知他需要把长老派忧心的焦点集中在危险的不受约束的保王主义上。事实上，那些长老派的政治家在1660年春天有意请来国王时，就认识到了保王派的弱点。这些人中最有名望的登齐尔·霍利斯后来透露，他们"迫使保王派保持沉默，让游戏的主动权掌握在他们手里；他们的出现会引起妒忌，伤害了他们原本想要促成的东西"[86]。

　　弥尔顿还利用了有关政府、宗教和生活方式上清教徒的老乐趣。他着重描述了王权是如何运作的，预料"还有一个给人以同样沉重负担的王后，她多半来自外国，而且信奉天主教；她还有个母后，也是天主教徒；他们各设宫廷，各有无数侍从"，然后是王子和他们的宫廷。贵族绅士不想服公役，只想当皇差。他补充道——他期望读者也能体会到这种厌恶感——他们竞相成为"看马甚至

① 巴克斯为酒神，常饮酒行乐、唱歌、跳舞。

于刷马桶的人"，这里指的是王室侍从官的职务，并且小心翼翼地提醒我们它的现实来源。[87] 为了打消这样的恐惧，弥尔顿详细地陈说了另一种立宪模式，这种模式会进一步减少国家政府的功能，增加地区会议的权力和责任。[88]

弥尔顿在共和国岁月里出版的最后一本书是《对最近一次由神学博士及已故国王的牧师马修·格里弗斯宣讲并出版的题为〈敬畏上帝与国王〉的布道的简要说明》（《简要说明》。版本说明上既没有写印刷商的名字，也没有写书商的名字。书名页印有弥尔顿名字的首字母，文章开头提到了《简易办法》；因此不难确定作者的身份。不过它却为弥尔顿充满旺盛斗志却注定失败的一系列战斗画上了一个奇异又不甚恰当的句点。格里弗斯是一位值得敬重、手段高明的对手。他英勇无畏，一直在伦敦的布道坛上宣讲保王事业，直到 1643 年 11 月被捕。他的产业被没收。格里弗斯最终逃了出去，在牛津加入了查理一世的队伍，他所居之处因而离弥尔顿的妻子和岳父非常近，当贝辛庄园被迅速攻占的时候，他就在那些以信奉天主教为主的守卫者中间。在那场大屠杀中，他受了伤，他的一个女儿被杀。"他的产业和暂时居住的庄园被充公，他本人多次被人猛烈攻击、被关押入狱，在革命年代里，他遭受了巨大的创伤。"[89] 让人毫不奇怪的是，格里弗斯热情地看待复辟的前景。不过，他却是保王派的霍利斯和他的同僚想要排斥的好榜样。3 月 25 日，他在绸布商行会的小教堂里布道，引用《箴言》第 24 章 21 节的话语："我儿，你要敬畏耶和华与君王，不要与反复无常的人结交。"[90] 与他的布道词一同问世的，是接着印刷的第二部作品《撒玛利亚人的复活》。《撒玛利亚人的复活》记述了过去的二十年，尤其着重关注最近这段时期，带有强烈的倾向性，本质上是一种保王主义。布道相对温和，但献给蒙克的诗文却十分直截了当，告诉他"你莫想在王宫里强过其他人，此时你若闭口不言，我们必从别处得解脱，蒙拯救，但你和你的家族必至灭亡"[91]。《撒玛利亚人的复活》更加全面地分析了长老派，斥责长老派挑起争端，引发第一次内战。格里弗斯无意于将新的保王党排除在更宽泛的罪责范围外，在他看来，早期岁月里他们和那些他们称之为狂热分子的人并无区别："长老派、独立派、再洗礼派和所有其他教会宗派和教派成员都可以被称为团体，因为它们为数众多；然而他们的数量从未有这般多过，他们的思想从未有过如此大的差异，相互之间存在分歧，然而，他们就如同参孙的狐狸被捉住，尾巴被捆在了一起……他们齐心协力发动了这场（武装叛乱），这是一种重罪，是有史以来最可怕的罪孽。而

301

我不会在沉默中对它熟视无睹。"[92] 然而,沉默,至少是在短期之内的沉默确实来了;4月2日,国务会议下令将他逮捕,并把他关押在纽盖特监狱,一直关到5月初。他清楚明确的声音在这样一个微妙复杂的时代显得不合时宜,但一开始确实有人听见了它:据说《敬畏上帝与国王》这次印刷的全部500册在短短几天内销售一空。[93] 赫顿对此的评论是"流亡者对他更加恼火,他们恳求他们的支持者不只是要顺从,而是要做出和解的姿态"[94]。

弥尔顿有了一个完美的目标,但错过了机会。《撒玛利亚人的复活》最有利于达成他的目的,但在很大程度上却被忽视了:"污蔑所有忠于这片土地的人是如此无耻……没有《圣经》或确凿理由支持……发现了它的复杂与低劣,而我不愿理会你那恶毒的叙述,就像无需其他辩驳,你已受到了国务会议的正义谴责。"事实上,弥尔顿的方式是对格里弗斯布道的神学提出异议,他甚至挑出格里弗斯在"地理学和历史学上的错误……比如……马其顿的腓力,一般只被认为是伟大的亚历山大的父亲,而作者在31页上将其与罗马指挥官和后来的腓力误作同时代人,把罗马指挥官写成 T. 昆图斯,而不是 T. 昆提乌斯"。如今,仅仅靠卖弄学问已无法拯救共和国了。弥尔顿一度意识到败局几乎已定,开始考虑选举君主制的可能性,"从我们的人当中挑选出一个曾极力帮助人民、不遗余力对抗暴政的人"[95]。他说的很可能是蒙克。

就在弥尔顿的最后一篇拥护共和政体的辩论文《简要说明》发表之时,兰伯特不合时宜地发起了新模范军的最后一次积极行动。他从伦敦塔逃脱(他让女仆躺在他的床上,骗过了看守),试图召集士兵抵抗蒙克,阻止王朝复辟。当他们在曾经的埃奇山战场上集结的时候,理查德·英戈尔兹比的军队赶来将其驱散,并逮捕了兰伯特。英戈尔兹比是一名弑君党人,却注定会成为王室内廷的绅士,并被封为巴斯爵士。

302　　4月25日,非常国会——不久之后人们将如此称呼它——召开,用未来的克拉伦登伯爵爱德华·海德的话来说,它的成员全都"无比敬爱国王"[96]。5月1日,议会宣读了《布雷达宣言》,成员一致决定邀请国王回国。[97]5月29日,查理二世扬扬得意地进入伦敦。

第五部分

1660—1674 年

第十四章

1660 年的弥尔顿

　　弥尔顿在 17 世纪中期的几十年里只是不甚完美地遵循他在 30 年代及从意大利回来后表露的强烈愿望和意图。当然他已功成名就，确切地说是他获得了更具挑战性的恶名。他出版了大量著述，他自童年起坚持不懈积累的学识，已在不同领域充分展示了出来，并被不同的人惧怕或称颂。他结了两次婚，结婚对象并不十分穷困，结婚时很可能都是处子之身。如今有三个孩子活着。他从圣布里吉德教堂庭院搬到一条寂静街道上的一幢舒适的小房子里，那里有足够多的空间放置他的藏书。但从这个年轻人的角度来看，17 世纪的 40 年代和 50 年代是混乱不堪，且充满了各种分裂因素的。（当然，对于许多生活在英格兰的人都是如此）。

　　他一开始是战战兢兢地参与这场围绕教会管理体制的辩论的，但斯麦克提姆努斯对他提供的注释的回应，促使他直接与主教制展开了较量。他采用熟悉的年轻人的策略，即找到一个年长的、声名显赫的打击目标（这次是约瑟夫·霍尔主教），来提升他的形象。但他很快发现自己击退了他们的反攻，于是宣布他的目标是回到创作诗歌上。

　　弥尔顿的婚姻再次让他陷入争议。他出版的第一本有关离婚的小册子——更确切地说是它引起的反响，让他与过去的伙伴分道扬镳。他与后者在神学思想，尤其是关于灵魂得救的问题上有着巨大的分歧。他也不认同他们新近表露的将长老派的方式作为教会体制的热情。信仰自由作为一项需要被保护的事业出现。1645 年，受长老派动员运动的影响，他重新建立了他的社会关系，再次认真地开始他的学术活动和创造性的活动。然而他已变得极为激进，他与普赖德大清洗的平民支持者观点一致，支持审判和处决国王，他成了这项历史进程最雄辩的辩护人。

306　　弥尔顿担任公职，还是共和政体最重要的辩护者，这样的身份使他免于投入私人斗争，也不必公开推动什一税、教会管理、政教分离等方面的激进举措，而对此他很可能持赞同态度。在国王死后的最初五到六年时间，代表政府用英语和拉丁语写作的任务让他极其劳心费神，此外，作为拉丁语秘书，他还需承担一些要求不高的工作。与此同时，两任妻子离世，他的健康状况急剧恶化。视力障碍逐渐恶化为失明。到了 17 世纪 50 年代中期，弥尔顿的大部分薪水得到保留，他继续担负拉丁语秘书的职责，但可以怀着满腔热忱回到学术研究和诗歌创作中了。

　　弥尔顿改进了工作方式，这可以让他致力于实现最雄心勃勃的计划。他埋头创作他的英国史，创作后来的《失乐园》，编撰拉丁语词典，研究系统神学。在他周围形成了一个由才学出众的朋友组成的私人学园，这些人都受过人文主义传统教育，而他是所有人的中心。他保持着与国家公仆这一身份相符的缄默，至少是在奥利弗·克伦威尔去世之前。他一路顺遂，似乎没有受到英格兰统治方式的困扰。克伦威尔谢世之后，他判断政治气候已经有了变化，于是又抖擞精神投入有关教会管理的新一轮辩论中，他提倡那种被他描述为使徒时代的原始的礼拜方式，但在当下的环境中，这显示出至少在这些问题上他对贵格会教徒持支持态度。

　　1660 年，他猛然意识到复辟已迫在眉睫，而他自己的处境也已危如累卵。失明的复仇女神似乎来到了小法兰西，她威胁的不仅是弥尔顿的显赫声名与富足生活，或许还有他的自由，甚至是他的个人安危，让那些他在二十年前就涌起的热望化为了泡影，而这些强烈的渴望已拖延了如此之久，正到了即将实现的时刻。

第十五章

在复辟中幸存

罗纳德·赫顿令人信服地提出要区分两份不同的《王政复辟决议》，它们"有着不同的性质，是不同集团的人在不同状况下拟定的"[1]：在采用第一种解决方法时，非常国会制定了相对宽容的政策；第二种是保王派议会领导下开展的更广泛的迫害活动。对两者的区别有助于理解弥尔顿从 1660 年 5 月到 1662年年底的行为和经历。保王派处置对手的顺序与尼德汉姆在《来自布鲁塞尔的消息》上发表的推测大体一致，他推断保王派会先对付小猫，然后才是母猫。[2]

查理二世曾保证报复将是有限度的，而且开创王政复辟的长老派要无后顾之忧，在做出如上保证之后，查理二世才被允许返回英格兰。5 月 1 日的会议上，非常国会一致决定邀请他回国，同时公开了标注日期为 4 月 4 日的《布雷达宣言》。该宣言预示着赦免与和解的过程会有选择性例外的情况：

> 在恢复国王、贵族和民众古老的根本合理权利之时，过去犯罪之人或因恐惧遭受惩罚，会在未来继续犯罪，妨碍国家之安宁幸福，据此，在本宣言中，我们宣布实行大赦。在需要时，本宣言将加盖英格兰国玺，所有臣民，不论其地位或品质如何，在宣言发布四十日之内，须牢牢把握这一恩典及我等善心，并通过公开行动宣布其忠诚和服从，做回良善臣民；除了那些以后将被议会排除在外的人，只有那些人除外。[3]

最后一句话里的奇妙迂回提醒焦虑的读者它所预示的不确定性：所有人都将被赦免，除了议会决定的不该被赦免的人。大赦会扩大到多大的范围？从严格意义上来说，所有曾举起武器反对查理一世或查理二世的人都是叛徒；但超过三万人是现役军人，数以万计的人有在新模范军及其前身队伍服役的经历。

弥尔顿对失败者的命运当然是再熟悉不过了。第一次内战之后，对多数人的惩罚是处以罚金，他目睹并竭力想要减轻他弟弟和岳父的资产受到的惩处。[4]第二次与第三次内战分别在科尔切斯特和伍斯特结束，它们的始作俑者有些被处决，在策划随后的那些阴谋和叛乱的享有赫赫声名的共谋者当中，唯独乔治·布思爵士逃过了死刑。[5]事实上，护国公时期有时会全套照搬准王政的司法程序，采用爱德华三世在位第25年（1352年）颁布的叛国者法令，该法令中的条款规定，对任何"图谋或想象"杀死"最高行政官"的人判处挖出内脏、肢解尸体。昔日平等派的一名成员迈尔斯·辛德科姆于1657年领导了刺杀克伦威尔的阴谋，他被判绞刑、开膛分尸，不过他在行刑前夜选择了自杀，这让相关官员大失所望。行刑人无奈之下，把他拖往塔山，将赤裸的尸体扔进坑里，用一根木桩将他的尸体刺穿，"留在地面上的一部分木桩，都被镀了铁：这是给未来所有叛国者的一个恐怖警示"。这是当时一位普通的政府印刷商托马斯·纽科姆印刷的新闻报做出的评论。[6]当然，惊人的行刑场面在空位期不是没有先例。复辟时期那些被判叛国罪的人不可能期望干净利落地死去。事实上，用于审判辛德科姆的法令同样用在那些受审的弑君党人身上。

那么，弥尔顿是如何逃脱惩罚，又为何能逃脱呢？三十四人最终被排除在1660年8月29日国王签署的《豁免和赦免法案》外，因此有可能被处以极刑，他们身上存在着四个变量：他们与审判和处决查理一世有直接关系；他们仍然被认为具有危险性；他们不会对新政权产生潜在的好处；对他们来说，在新的统治集团里，位高权重的朋友太少，有威慑力的敌人又太多。从这四个方面来看，弥尔顿免受罪责的希望颇大。《论国王和官吏的职权》无疑为审判查理一世做了充分的辩护，其中的论点被广泛纳入共和国的辩论文当中，但它是在事件发生之后发表的，与事件的结果没有关系。最先被处决的十个人包括：丹尼尔·阿克斯特尔——审判国王时，由他指挥护卫队；弗朗西斯·哈克——负责羁押国王；约翰·库克——主诉检察官；休·彼得——独立派牧师、也担任克伦威尔个人的牧师，他始终倡议起诉国王；以及其他六个在死刑执行令上签字的人。除了库克之外，还有三名公职人员被排除在赦免名单之外，被判处死刑。安德鲁·布劳顿、约翰·费尔普斯和主持审判的爱德华·丹迪这三人为躲避罪责潜逃，并在流亡中死去。[7]仅仅为共和政府效力的人不会被判处死罪。甚至是瑟洛，也不在

309

被排除在《豁免和赦免法案》之外的三十四个人之中，1660 年夏天，他被囚禁了六个星期。事实上，他的管理团队中没有一个人受到严酷的惩罚。

很显然，弥尔顿其实不太危险。他试图通过他在 1660 年问世的出版物争取支持的做法明显失败了，相当数量的第二版《简易办法》是否真的发行，这一点颇值得怀疑。弥尔顿一度被排除在政府人员之外，此时已无能为力，假如这项判断是没有根据的，他很可能受到追捕。而且控制出版最简单的方法和以往一样，不是去起诉作者，而是起诉书的印刷商和销售商，这是新政权的一项重要政策。里弗威尔·查普曼出版了这本书的第一版，复辟前一个月，他就已在躲避国务会议发布的逮捕令。[8] 亨利·范内爵士和约翰·兰伯特在共和国的最后几个月里精力充沛，一直富有战斗力。他们也被排除在《赦免法案》之外，但他俩都没有参与审判国王。（范内为了抗议普赖德大清洗，退出了议会，而兰伯特那时不在伦敦，正在围攻庞蒂弗拉科特。）

不管怎样，弥尔顿还是有潜在的用处的。他享誉欧洲，如果他向复辟的君主制投诚，他变节一事便会在整个欧洲大陆引起反响。大体而言，有确凿的证据表明，在他的敌人看来，他并不是受到激进的信念激励，而是一个博学多才的受雇之人。其他不少人改换了门庭。比如约翰·凯恩。凯恩曾在 1649 年支持弥尔顿为共和国辩护的工作，1659 年短暂地担任过《政治快报》的编辑，他在复辟前几个星期"发行了两份新报纸，它们像官方出版物那样坚定地支持（非常国会的）政府"[9]。还有马查蒙特·尼德汉姆，1660 年前，对于英格兰民众来说，尼德汉姆比弥尔顿更声名狼藉，他逃到国外，但仍得到赦免。他是那个时代最有才华的宣传者，在 17 世纪 40 年代两度转变立场——从支持议会到支持国王，再从支持国王到支持议会。他显然做过一番游说。直到去世前两年，即 1676 年，他才为查理二世撰写宣传资料，制作了五本小册子攻击第一代沙夫茨伯里伯爵；正如他的传记作者约瑟夫·弗兰克所评论的，"尼德汉姆将当一名完全合格的托利党成员作为他的最后一条出路……尼德汉姆的名字又回到了政府的人员名单上"[10]。西里亚克·斯金纳回忆，就在《豁免和赦免法案》发布后没多久，"政府的一名主要官员前来拜访他（弥尔顿），想要他代表他们挥舞他的笔杆子"[11]。

此外，弥尔顿与新的统治集团有着重要的联系。正如赫顿所说："英格兰统治阶级之间关系紧密……如今，这一现象加速了赦免的进程，不少共和派在非

310

335

常国会中有朋友、亲戚，还有些议员欠了他们人情。"这样的关系让那些比弥尔顿更有罪、更惹人注意的人免于处决。威廉·赫威宁汉是一名弑君党人，枢密院"出于对他的岳祖父、一位保王派伯爵的尊重"，免除了他的死刑，他的财产也受到了保护，以便留给他的继承人。约翰·哈钦森上校同样是一名弑君党人，"战时两方都有他的朋友，通过这些朋友的努力"，他被释放。[12]弥尔顿的社会关系网络并不局限于非常国会。毕竟，他来自一个保王派家庭，还为他的弟弟克里斯托弗和鲍威尔家族出过力。国王重掌权柄，克里斯托弗因此恢复了他的律师生涯。11月，他被聘为内殿律师公会主管，这标志着他得到了认可，已经是他所在律师公会的一名高级成员。[13]托马斯·阿加——他的继子菲利普斯兄弟实际上是弥尔顿一手带大的——在17世纪40年代丢了大法官法庭副书记员一职。[14]到了1660年6月，他向国王请愿，"除了他以前的职位"，他还成功获得了大法官法庭上诉书记员的职务。就像约翰·肖克罗斯评论的，他被安排的位置具有关键意义，可以为弥尔顿发挥一些影响力。弥尔顿还有另外一位内弟理查德·鲍威尔，在后者被流放的时候，弥尔顿曾为他的父母和兄弟姐妹提供过庇护。[15]1660年4月底，鲍威尔与牛津郡的其他名人一同签署了一份宣言，这份宣言随即被印刷，其中有这样一句："我们宣称：我们鄙视并全然否认任何目的的复仇和对过去的选择性记忆。"[16]

弥尔顿的早年传记指向了一些更接近真正权力中心的有影响力的人物。爱德华·菲利普斯回忆："对他来说，《赦免法案》就像原本期望的那样对他有利，他在国务会议和议会的一些朋友为他说情，尤其是在下议院，赫尔市议员安德鲁·马韦尔先生为了他积极奔走，并且为他结成了一个相当大的团体。"[17]非常国会的国务会议里那些朋友的身份仍待猜测。其中之一很可能是安斯利，因为可以证实他与弥尔顿随后相识并建立了友谊。乔纳森·理查森在事件过去七十多年后记录了一些口述，尝试性地给予了一个可能的解释："我听说莫里斯秘书和托马斯·克拉吉斯爵士是他的朋友，他们巧妙地处理事情，朝有利于他的方向推进；毫无疑问，他们或是别的什么人这么做了，他们很可能是他在那时可呼风唤雨的朋友。"[18]没有其他早期记录将弥尔顿与威廉·莫里斯爵士和托马斯·克拉吉斯爵士联系在一起。不过在这种形势下，两人都会是理想的朋友。莫里斯是蒙克的亲密伙伴，复辟时期担任过去被瑟洛把持的国务秘书一职。克拉吉斯在蒙克出任苏格兰总督时，为他代理在伦敦的事务。克拉吉斯娶了蒙克的妹妹，曾被挑选出来将非常国会 5 月 1 日的投票结果带给国王。

很明显，还是有可以动用的人情债的。西里亚克·斯金纳指出："除了其他人，还有著名的斯宾塞的孙子，他是一名天主教徒，因为爱尔兰的事务吃了不少苦头，以及被囚禁的威廉·戴夫南特爵士，弥尔顿为他们两人都提供过帮助。"[19] 提到埃德蒙·斯宾塞的孙子似乎有一定的合理性。威廉·斯宾塞改信了天主教，17 世纪 50 年代初，他被剥夺了财产；不过他向克伦威尔上诉，成功地推翻了这项判决，弥尔顿很可能在其中施以援手，而他显然在复辟时期反过来帮助了弥尔顿，因为克伦威尔的决定最终得以执行，并将土地归还给威廉·斯宾塞。[20] 理查森为戴夫南特在此扮演的角色提供了一些证据，他声称从亚历山大·蒲柏那里听到这则轶事，而蒲柏则称他的消息来自托马斯·贝特顿，贝特顿在戴夫南特管理的公爵剧团做事，戴夫南特把这些事情告诉了他。[21] 这也存在着一定的合理性。戴夫南特曾为国王战斗，于 1650 年在一艘驶往马里兰或弗吉尼亚的船上被捕。他一开始被关押在泽西岛上，之后被转移到伦敦塔，一直关押到 1652 年，并可能会因叛国罪而遭到起诉。就在那时，他被释放了，并且与空位期的几个相继政权达成了某种程度上的和解。[22] 弥尔顿有可能会再次代表一位同辈诗人及假面剧作家施加一些影响，他这样做也很合理。

当然，弥尔顿的影响力和社会关系很可能比现存记录显示得更广。即便是在我们这个时代，因为秘密游说的性质，我们很难找到证明相关的文件记录，更别说中间有 350 年的风云变迁。爱德华·菲利普斯在回忆他舅舅未能将他的消费税债券变现时 [23]，仅仅对"他在那些时候的大人物那里的所有影响力和重要性"做了评论。[24]

在复辟当局的意识当中，弥尔顿的突出地位也不应被过分夸大。1660 年 5 月的前后几个月，保王派作家发行了多本出版物，这些出版物通常是肆意谩骂，列出预期会受到惩罚的有罪之人的名单。但考虑到长老派的保王分子所关心的是发扬和解精神，他们的做法起到了反作用，而弥尔顿的谴责有效地揭穿了他们，他谴责那些"穷凶极恶、预兆未来的诽谤文章"，这揭示出他们对于复辟的动机与海德和霍利斯之流的设计存在相当不同的一面。[25] 弥尔顿一旦重新开始为共和国辩护发表出版物，他便引来了攻击和反驳；不幸的是，这一次他遇到了一位最刻苦的对手，此人便是罗杰·莱斯特兰奇。莱斯特兰奇从 1663 年开始监督出版业，对印刷品进行严密的管控，尽管在 1660 年，他的影响式微，但对

312

任何一位作者来说，莱斯特兰奇都是一个极难对付的敌人。3月，他嘲笑《简易办法》第一版发行的不是时候。[26] 他最有力的抨击来自他的《非瞎眼指路，回答 J. 弥尔顿一本煽动性的小册子，题为〈对最近一次布道的简要说明〉》。莱斯特兰奇不仅辨认出弥尔顿是这本小册子的作者，还将它与《简易办法》《为英国人民声辩》和《偶像破坏者》联系在一起。[27]《简易办法》引发了内容翔实、篇幅长如书本的回应——《维护王权的尊严》，通常认为后者的作者是乔治·斯塔基，斯塔基是一位长老派教徒，曾是哈特立伯圈子里的成员 [28]；托马森在他的版本上标注的日期是"5月"。在那个时期粗俗淫秽的保王派出版物中间，它的风格却是异乎寻常的严谨。

知名的共和派人士受到了更为普遍的抨击，弥尔顿有时确实会首当其冲，对他们的蔑视，无疑也落到了他的身上。一些影射还带有威吓的意味。1659 年12 月，休森上校的军队屠杀了多名年轻示威者，次年 1 月出版的一本小册子对他公然批判，富有想象力地提出一种惊人的、更适合于一名昔日鞋匠的惩罚措施。休斯上校曾在爱尔兰战役中失去了一只眼睛，这佐证了那项无端的提议："我们要把他那只留下来的好眼睛，从他头上挖下来，把它赐予目盲的弥尔顿，这或许仍然可以装饰一张无赖的面孔，当他留下它的时候，它将被当作一件稀罕的物品转赠给外科医生大厅博物馆。"[29] 之后又出现了一篇匿名的讽刺文章，被认为出自塞缪尔·巴特勒之手，文章对尼德汉姆、哈林顿、布拉德肖和赫西里奇等人大加鞭挞，其中还居心险恶却也不失洞察力地描述了弥尔顿："他是常规俗例的死敌，我相信，当要求他坐马车去泰伯恩刑场的时候，他会请求成为第一个坐手推车去那里的人。"[30]

不过在针对那些有可能成为共和国牺牲者的谩骂中，很少提及弥尔顿。想想那本非常典型的《反基督教、无神论、无政府主义的恶魔的名字，他们教唆、谋杀、毁掉了大不列颠曾有过的最好宗教、最好政府和最好国王》（伦敦，1660年）。在一份罗列着从布拉德肖到"傻瓜欧文"（可能是约翰·欧文，克伦威尔曾大力支持的一位独立派牧师 [31]）的六十二名异端者名字的冗长名单中，弥尔顿的名字没有出现在其中，但或许有些出人意料的是，1655 年去世的斯蒂芬·马歇尔赫然在列。弥尔顿同样也没有被列入叙事诗歌《是非颠倒，或曰残缺议会的第二次殉道》（伦敦，1660 年）或《残缺议会第二次覆灭史》（伦敦，1660 年）提到的二十八个人当中，尼德汉姆的名字倒是出现了两次。托兰德异想天开地认为弥尔顿之所以没有被起诉，是因为查理二世把他忘掉了："有些人觉得，他更应该感谢君王的健忘，而不是他的仁慈。"[32] 的确，到了 1660 年 5 月，在保王派的意识里，他的地位已经没有像九年或十年前那样尊崇了，也不及尼德汉姆，他们常常嘲笑后者是有一番糟糕成就的无赖。[33]

事后来看，弥尔顿可以在这种情势下幸存并不令人意外，此时他很可能以审慎的乐观态度来对待这场危机。他的处境当然危险，他从 1660 年 5 月到这年年末的行为显示了一个慎重的人在面对潜在的、具有破坏性的致命威胁时小心翼翼、明智稳妥的反应。不过尽管他苦心经营，他的个人权益还是蒙受了巨大的损失。担任公职期间，他把大部分薪水攒了下来，根据早年传记作者的说法，他积累了 2000 英镑，"存放在消费税债券里"[34]。弥尔顿无疑记得保王派是如何被罚款榨干的，他预料共和国支持者的那些最显眼、最容易获取的资产会被没收，因此试图保护自己的投资。5 月 5 日，他把一张可以追溯到 1651 年 5 月 13 日、价值达 400 英镑的消费税债券让与西里亚克·斯金纳。这次背书由杰里米·皮卡德记录、作证，这是最后一批将他与弥尔顿联系在一起、可确定日期的文件之一，弥尔顿还将 1659 年 11 月 13 日以来的应付利息以及到期日的本金转让给斯金纳。[35] 人们猜想他还试图将借给前政府的剩余 1600 英镑债券交到同样可信赖的人手中，这样的假设不无道理，毕竟斯金纳没有做过任何引起复辟政权的敌意的事。

事实证明这样的尝试是徒劳的："那些预先将钱借给空位期政府的人如今把本息都丢了。"[36] 弥尔顿刚刚停止领取薪水，现在又失去每年大约能产生 160 英镑利息的本金。不管怎样，他的经济状况并不窘迫。据推测他此时可能已经存下了他死后留下的 1500 英镑，这笔钱按通常利率来算每年大约有 120 英镑的利息。他还拥有从他父亲那里继承来的布莱德街上一处房产的租赁权，不过这处房产将在 1666 年被毁。[37] 爱德华·菲利普斯写到弥尔顿另一项颇具规模的投资，"因管理不善、缺乏良策，另外一大笔钱（没有了）"[38]。对此，我们只能猜测在早期现代的英格兰，损失资金的方法不胜枚举。

弥尔顿也离开了他在小法兰西的家。那幢房子离怀特霍尔宫和威斯敏斯特宫仅几步之遥，因此非常便于他为连续几届国务会议工作。房子的另一迷人之处在于"一扇门通向圣詹姆斯公园"。不过，它靠近怀特霍尔宫的王宫建筑群，紧邻圣詹姆斯宫，对于弥尔顿来说，它成了一处危险、惹人注目的住所。西里亚克·斯金纳指出国王的宫廷一恢复到原状，他便"谨慎地离开了他的房子"；弥尔顿或许是谨慎的，斯金纳后来删除了"谨慎地"这个副词，添加了"得体地"[39] 几个字。在小法兰西，弥尔顿非常容易招来保王派朝臣的粗暴对待，他们这些人很可能乐于在夜间漫步于圣詹姆斯公园，就像第二代罗彻斯特伯爵不久之后会称颂的那样兴致勃勃。[40]

314　　　弥尔顿躲藏了起来，菲利普斯记录他躲到了"巴多罗买围地的一个朋友家里"[41]。弥尔顿的这次藏匿是秘密进行的，因此不能确认这位朋友究竟是谁。大约就在这个时候，曾在布拉德肖的葬礼上布道过的独立派牧师约翰·罗也搬到了那里，为新的教区会众行使牧师职责。[42] 一个声名狼藉的逃亡者向另一个早已为他们共同的敌人所熟知的持异见者寻求庇护，这般行事是否明智颇为可疑。弥尔顿一直待在他躲藏的地方，直到《豁免和赦免法案》得到了国王的批准。[43]

　　　弥尔顿的传记作者会面临一项诱惑，那就是想要虚构他此时可能的情绪状态，以及夏季的几个月里他必定有过的感受。对于此，他没有留下任何文字材料。在拥有信仰的年代，就我们所知，一个虔诚的人信仰的是上帝的旨意。而一位左右逢源、阅历深厚的政治活动家可能会信心十足地指望办法落实到位，确保他的名字在大赦名单之中。

　　　然而拯救他的行动在 6 月初遇到了麻烦。"由于两院都有拒不承认彼此牺牲者的倾向"[44]，因此非常国会在讨论谁应该被排除时举棋不定，所幸态度还算温和。不过，没过多久，下议院开始考虑的不是弑君党人，也不是那些提议处决查理一世的人，而是为这一行为辩护的辩护士们。这次被其与弥尔顿相提并论的是阿明尼乌派的独立派牧师约翰·古德温，我们已经提到过他的智识与弥尔顿十分相近。[45] 下议院在 6 月 16 日做出了有关他俩的指令和决议。[46] 议院决定向国王请愿，请求发布公告召回《偶像破坏者》和《为英国人民声辩》以及古德温的《滥用法律者，正义的阻挠者，或曰为高等法院对已故国王所做的光荣判决辩护》（伦敦，1649 年）——这本书从弥尔顿的《论国王和官吏的职权》中受惠良多。议院的行动围绕它主要关心的事务，集中讨论了与处决和虐待已故国王有关的事件，这一做法显然引起了那些在 17 世纪 40 年代初费尽心思与查理一世为敌的人的注意。奇怪的是，其中没有提到弥尔顿的后一本拉丁语声辩书和他更富于理论性但在某种程度上更为激进的《论国王和官吏的职权》。查理二世对这份请愿书迟迟才做出反应。直到 8 月 13 日，公告颁布，要求十天之内交出所有指定的册子，并命令地方行政官和大学行政首长搜出所有仍然保存着的书，将犯法者报告给枢密院。[47] 这些书将交由刽子手焚烧。8月27日，据说"许多本册子"在老贝利① 被烧毁，9月初或许又烧了一次。博德利图书馆似乎保留了收藏的册子，其中至少有弥尔顿的作品。[48] 早期现代由法院批准的焚书不仅仅是减少流通量的实用办法，更是一种象征性的判决；在他们那个时期，这些书并非今日的罕见本。

315

下议院的第二项行动更令人震惊，并且产生了长远的影响。就弥尔顿和古德温二人出版的违法书籍，议院命令检察总长"通过控告"起诉他们，下议院做出决议："由负责看守议院的警卫官立即关押弥尔顿先生和约翰·古德温先生。"消息传开，古德温和弥尔顿一样躲藏了起来，他先是躲到了贝斯纳尔格林，然后是埃塞克斯的利镇。[49] 议会的决议是在这年年末暂时监禁弥尔顿。

《赦免法案》最终颁布时，弥尔顿没有被排除在大赦名单之外，而对古德温的惩罚仅仅是他不得担任任何受公众信任的职务。由于他已经被开除圣职，而且很可能不图在复辟政权下有任何晋升，所以这一措施或许对他没有太大的损害。对于弥尔顿而言，用爱德华·菲利普斯的话来说，这项法案"让上帝满意，最后就像可以期待的那样对他有利"[50]。

就在弥尔顿躲藏起来之时，少量粗制滥造、对他进行抨击的印刷品问世，其中一些或许在不经意间还推动了他的案子。他的失明再度被认为是上帝的旨意——老掉牙的谣言重新出现，大多数人对此不以为意，不过这种说法支持了为他辩护的人的一个论点，即他已经受到了惩罚。人们有时把弥尔顿叫作"受雇者"，这再一次表明他不过是一个受人雇佣、听人使唤的人，并不是危险的凭信仰行事的狂热分子。但到了那年秋天，几名更加惹人注目的恶徒成了最受关注的人物。10月，议会休会期间，所有被关押的弑君党人都受到了审讯，"在纵狗斗熊的气氛中，十一名最易招致抨击的人中除了一个被免除极刑之外，其余所有人均被处以绞刑、取出内脏、肢解……"[51]。弥尔顿当然认识其中的一些牺牲者，但没有证据显示他们当中有他的好友。议会一俟恢复，便通过了一项剥夺财产和公民权利的法案，判定逃亡的弑君党人有罪，下令没收他们的财产及其已经过世的同僚的财产。然后议会做出决议，为纪念国王被处决十二周

---

① 老贝利，伦敦中央刑事法庭的俗称。

年，将克伦威尔、艾尔顿、布拉德肖的尸体挖出来，把其在泰伯恩刑场的绞刑台上吊上一段时间，再埋入附近的一个坑里。他们的头颅被钉在威斯敏斯特大厅展览，在弥尔顿余下的人生岁月里，它们一直在那里，直到 17 世纪 80 年代的一场暴风雨将其刮倒。弥尔顿在国王受审之前当然就认识布拉德肖，他还是布拉德肖遗嘱的小小受益者。[52] 佩皮斯没有为原有的正义事业感伤，他觉得亵渎克伦威尔的尸体毫无理由、令人不安：这件事"确实让我困扰，一个拥有非凡勇气的人却要经受这样的凌辱"，而乔治·福克斯却为这样卑劣地处置一个没有保护贵格会教徒的人的尸体感到欣喜万分。[53] 弥尔顿当时对这些事件的反应未被记录。

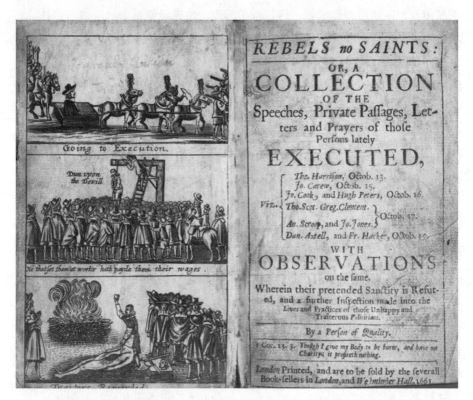

图 40　W. S.，《反叛者不是圣人》（伦敦，1661 年），书名页和卷首插图

从 8 月底开始，弥尔顿的行动再次自由起来。他在红狮场附近的霍尔本租了一幢房子 [54]，巧合的是，三具被挖出来的尸体在被吊上绞刑架的前夜正好存放在这幢房子附近的小旅馆里。菲利普斯提到他在"批准赦免前不久"[55] 待在

那里。这种说法看起来似乎有些问题。《赦免法案》是大赦。而弥尔顿似乎收到了特赦，这份特赦文件显然已经散佚，它的发布时间不会晚于 1660 年 12 月中旬，这与他被短时期关押有关，这次关押或许是从 11 月开始的，时间可能要长一些。[56] 这份令状可能来自下议院 6 月 16 日的决议，决议要求派人把他召来，将他拘禁起来，再将他带到议院。没有记录显示他在议院出现。尽管按照这项决议，他"由负责看守议院的警卫官关押"[57]，暂时住进伦敦塔。虚构他对这些事件的反应依然有相当大的危险。当然，对于一个双目已盲的人来说，这样的经历尤其让人痛苦而难忘。不管怎样，伦敦塔提供不同档次的住宿条件，其中一些适合偶尔关押的贵族囚犯。弥尔顿被释放后，被迫缴纳了警卫官要求的 150 英镑，其中可能包含了监禁和逮捕的费用。这笔数额非常之高，常常遭到投诉，但这也可能说明弥尔顿的住宿条件很好，或许还带了一位朋友或仆人作为陪护。马韦尔在下议院提出抗议，但不知结果如何。早期记录里的两种说法值得注意。一份荷兰期刊指出弥尔顿"许下可靠承诺而获得自由"[58]。这意味着弥尔顿对他未来的行为给予了一些明确的许诺，作为从伦敦塔释放的条件的一部分；这至少可以在一定程度上解释他为何在很长一段时间里停止创作引起争议的文章。西里亚克·斯金纳说："他早早地求到了他的赦免书；靠着这份赦免书，在下议院的警卫官强行逮捕他后，他很快被释放。"[59] 这就更费解了。斯金纳的意思可能是弥尔顿提出他的名字在 8 月大赦的名单中，以此逃避在 12 月的羁押，如果赦免指的是这份现已散佚的特赦，那么这种说法大体证实了荷兰人的报道。

这可能是他一生中唯一一次遭到监禁，也是他最后一次面临起诉。获释后，他很快再一次搬家，搬到了杰温街，就在他 17 世纪 40 年代初住过的奥尔德斯门大街附近。[60] 这时出现了新的或重新发行的回复他那些有争议的文章的书，但没有在出版业引起反响。1661 年，埃弗拉伊姆·帕吉特的《论异教》第六版面世。[61] 海牙的一家出版社出版了新版的《国王鲜血的呐喊》。[62] 斯塔基再版发行了《维护王权的尊严》，新版的标题为《君主制战胜了叛国的共和派》。[63] 萨尔马修斯的遗作、对《为英国人民声辩》不完整回复的伦敦版问世，这本册子很可能是弥尔顿在狱中时出版的。[64] 对这些书，弥尔顿都没有做出回应。

弥尔顿开始在复辟的君主制下小心翼翼地生活。不过伦敦和这种君主政权却受到了一件有着震撼人心效果的小事件的冲击。1661 年 1 月 17 日，托马

317

斯·韦内和其他大约五十名第五王国派信徒举行武装起义，想要开创千年王国。此前，韦内也尝试这么做过，他在1657年组织了一场反对克伦威尔的阴谋活动，为此他曾被囚禁于伦敦塔。第五王国派的中心人物托马斯·哈里森是前一年10月丧生的弑君党人，韦内的团体在位于科尔曼街的哈里森的礼拜堂里礼拜，他们似乎被哈里森临刑时展现的镇定自若激励。（佩皮斯冷冰冰地指出哈里森"看上去兴高采烈，就像任何处在那种情势下的人能做的那样"[65]。）大约五十名反叛者暂时击退了查理的卫兵，接着到了最后一场小规模战斗，他们差不多有一半人阵亡，其余大部分人被捕。十四人被处以绞刑、取去内脏、肢解。韦内在受审甚至在绳子挂在他脖子上的时候，还在重复哈里森受审时的演讲："我布道的所有教义都是真理……依照我心中的圣言与最明亮的光，如今我以我的鲜血来证实。"[66] 弥尔顿没有表现出对第五王国派信徒的好感或热情。他们在1661年的行动只是成功地引发了不同宗教派别惧怕的种种苦难。查理和海德阻止过这样的迫害，国王甚至接见了最重要的贵格会教徒，从监狱中释放了700人；"他似乎觉得他们很有趣"。但在韦内叛乱之后，王室发布公告禁止宗教派别聚会，批准搜查他们的房屋。六个星期之内，"至少有4688名贵格会教徒被关押入狱，集聚的教派所遭受的苦难之巨可能与它们的数量相当"[67]。对贵格会教徒来说，光是生存就变得更加困难了。

到此为止，弥尔顿写在1660年出版的小册子里的设想还没有成为现实。浴桶里的狂热分子也没有让长老派的保王分子跌落；事实上，在非常国会的几个月里，海德制定的工作事项非常符合像霍利斯这样的人的野心和期望。但事实很快就会证明弥尔顿的警告是有理的。

1661年3月和4月举行了新议会选举，这一机构很快有了一个绰号，叫"保王派议会"，而它确实也与这个绰号相符；议会"将近一半的成员是'保王派'——从某种意义上来说，是那些因保王而被处以罚款的人，或'保王派'的子嗣，或是17世纪50年代的谋反者"。和平与和解不是这些学得少、忘得也少的人的目标。同时代的人估计，仍然忠于非常国会政策的议员约占了三分之一。大约只有五十人是长老派。[68]4月底，查理的加冕典礼隆重举行。王室荣誉被授予国王的旧友和那些把他带回国的人。蒙克成了阿尔比马尔公爵，海德被封为克拉伦登伯爵，霍利斯和弥尔顿可能的保护人安斯利分别成了霍利斯男爵和安斯利伯爵。在赫顿所谓的第二份《王政复辟决议》中，保王派议会将工作重点转到了不仅要镇压主张脱离国教者——这项工作已经开始，而且还要镇压长老派。

在一次具有象征性意义的行动中，议会下令当众焚烧《神圣盟约》与这个世纪中期几十年里的其他文件。弥尔顿曾竭力把《神圣盟约》从有关审判国王的辩论中剔除。[69] 以此为中心，长老会的政治思想曾经取得了一致，这为清教徒试图联合英国国教与苏格兰长老派的做法做好了准备，与此同时也强调了保护英格兰君主制的责任。很明显，在新议会的大多数议员眼里，后一件事不能弥补前者。根据另一项政策，主教们被送回了上议院。

英国国教中清教徒的情况又如何呢？非常国会于 1660 年 9 月通过了《批准牧师法案》，确认了非主教授予圣职的合法性，牧师无须接受礼拜仪式和礼仪规范合格与否的测试，他们中的绝大多数人被批准保留他们在空位期的教会中担任过的圣职。但到了 1661 年 6 月，保王派议会开始用一种非常不同的态度来重新处理教会事务。1662 年 5 月，《公共祈祷和管理的划一法案》获准通过。法案的条款包括要求所有牧师应使用并且只能使用《公祷书》，在没有它的情况下，不得祈祷或布道。其他所有的礼拜形式都是非法的。每一位牧师要求在 8 月 24 日，也就是圣巴多罗买节的前一个星期日声明同意《公祷书》的所有内容，在圣巴多罗买节前未被主教授予圣职的牧师将被取消俸金。

对于这样的要求，多数人当然都同意了，尽管相当数量的人感到无法遵从。[70] 在弥尔顿过去的斯麦克提姆努斯盟友中间，斯蒂芬·马歇尔和托马斯·扬已于复辟前谢世。埃德蒙·卡拉米在 1662 年被逐、退隐；马修·纽科门同样也被驱逐，到了莱顿谋生；还有威廉·斯珀斯托，他在被逐后试图继续从事牧师工作，1663 年 1 月曾因此被关押在纽盖特监狱两周。[71] 弥尔顿至少还有一些不太确定的满足感，他觉得自己的判断是正确的。根据 17 世纪 50 年代任何一份宗教议案的条款，长老派都完全有自由在英国国教下担任圣职并领取俸金，用他们选择的形式礼拜，组织长老派的地区长老；对他们唯一的限制是他们不能要求其他人违背良心遵从他们的教义和纪律。正如弥尔顿预料到的，那些自由现在都已经没有了。

从此以后，立法机关对所有不顺从国教者一视同仁。清教徒激进主义的微妙不同——从长老派，到独立派，再到浸礼派教友和贵格会教徒的不同——都被忽略了：每一个信徒不是英国国教的教友，就是受制于急速发展的法律约束的不信教者。《防止和镇压煽动性的非国教教派秘密集会法案》在 1664 年成为法律。它禁止"最私密的祷告",除非使用《公祷书》祷告;三次违反该项法律者可被判处流放七年。《限制不顺从国教者在自治市镇内居住的法案》(1665 年)规定被驱逐的牧师至少得离他们曾经执业的教区五英里远。[72]

这些措施让弥尔顿的老对手和旧友心力交瘁,对他却没有产生多大的影响。我们推测,他在 17 世纪 40 年代神学思想上有所发展,可能是因为与约翰·古德温教区或一般浸礼派的激进会众接触而受到了激励。[73] 不过大部分证据是间接的。没有教派称他在 17 世纪 50 年代真心拥护它们,而且也很难看出他的广义反教权主义一旦于 50 年代末趋于成熟,集体礼拜会对他产生什么样的吸引力。尽管他在 1659 年发表的小册子里表现出对同时代贵格会教徒的宗教活动的支持,但他以《圣经》为中心的神学,专注于诠释神圣经文,排除了他归信贵格会的可能性。比起那些完全不想集体礼拜的人,立法机构对想要在英国国教外集体礼拜的人要严厉得多。此外,就弥尔顿而言,有一些证据表明他至少偶尔会遵奉国教惯例,例如在他第三次成婚之时。他被安葬的过程当然也是按照《公祷书》上的仪式进行的,尽管可能不是他自己的选择。[74]

除了偶尔来自反清教徒或反共和制出版物上的侧面抨击,弥尔顿在保王派议会继续运作的 1662 年尽其可能地保持着低调。而在那年夏天即将结束的时候,一项复仇行为造成市面上出现了一部意想不到,或许还不受欢迎的弥尔顿风格的出版物。对范内和兰伯特的诉讼于那年初夏开始,后者从表面看来诚心悔罪,因而逃过一死,被判终身监禁,而范内被判斩首,6 月 14 日行刑,引起了民众的强烈反感,没过多久,《骑士亨利·范内爵士的生与死》面世。这部作品是匿名发表的,随后被认为是出自乔治·赛克斯之手,版权页上既没有印刷商的名字,也没有书商的名字。作者对范内的记述颇为理想化,并且花费了相当大的力气总结范内的观点,其中一些看法,尤其是有关政教关系的思考,与弥尔顿的见解不谋而合。书中还有一些范内成就的评述,都仔细地做了匿名化的处理。弥尔顿写给范内的十四行诗第一次刊印,署名"一位博学的绅士送给他(范内),1652 年 7 月 3 日"[75]。对弥尔顿来说,其他的目标都太重要了,都在急切地等待着他,不能因为这样一个转瞬即逝的姿态,就将它们置于危险的境地。

第十六章

瘟疫、火灾和《失乐园》

在 1661 年末或 1662 年初的某个时间，两位对于弥尔顿的生活和健康都产生了重要意义的人物因为南森·佩吉特的缘故，引起了弥尔顿的注意。佩吉特善于思考，思想激进，与显贵人物交往密切。他的叔叔是托马斯·佩吉特，1607年到 1639 年期间担任牧师，在阿姆斯特丹长老会教堂建立的过程中居功甚伟。他的父亲也是一位清教牧师，观点较为温和。南森本人是一名医生，曾在莱顿求学。他的社交圈和弥尔顿的社交圈多有重合。两人都与哈特立伯通信。和克伦威尔时期掌权阶层的许多人一样，佩吉特与克伦威尔是姻亲：他娶了克伦威尔堂亲的女儿，或许是因为这层关系，被清洗的议会的国务会议授予了他伦敦塔医生一职。[1] 他的家位于科尔曼街，他在圣斯蒂芬教堂做礼拜，那里的牧师是人生轨迹和工作都与弥尔顿断断续续相交的约翰·古德温。支持弑君的议会议员、曾任伦敦市长的艾萨克·佩宁顿也在这座教堂礼拜。他的儿子小艾萨克·佩宁顿与佩吉特"关系十分亲厚"，而按照爱德华·菲利普斯的说法，佩吉特是弥尔顿的"一位老朋友"[2]。因为这一连串互相熟悉的人，托马斯·埃尔伍德结识了弥尔顿。

埃尔伍德在贵格会早期历史中有着举足轻重的地位。他是一流的辩论家，贵格会的中心组织成熟完善之后，他便担任多个要职，他还编辑出版了乔治·福克斯的遗作《日记》。17 世纪 60 年代早期，他最重大的举动是像小佩宁顿和小威廉·佩恩——后者是克伦威尔和查理二世的海军上将之子——那样，打破了人们认为贵格会是没有资产的狂热分子这一刻板印象，因为他也来自一个相对富裕的家庭。他的父亲是治安官和地方行政官，他在自传里描述了他早年一些无关宏旨的犯法行为，那些被派来逮捕他的人很清楚他父亲在当地的社会地位，在逮捕他的时候似乎颇为尴尬，他们对待他的态度比对待他那些穷困的同犯要好得多。[3]

322　　　埃尔伍德称他之所以想要结识弥尔顿，是因为他（和弥尔顿一样）竭力支持牧师无需博学的观点，但这种做法却使贵格会教徒背上了鄙视人文知识的骂名。不过（与弥尔顿不同的是），他已经遗忘了他在年少时学到的学问，他的朋友小佩宁顿建议他找到弥尔顿，弥补这方面的不足，这样他会有更大的进步。[4]埃尔伍德本人的记述，是对爱德华·菲利普斯解释失明的弥尔顿如何在周围建立起一个支持网络，让他得以从事研究和写作的非常有价值的补充。他证实弥尔顿在"伦敦过的退隐生活"充满戒备。弥尔顿"总是让人读给他听，那人通常是与他相熟的某位绅士的儿子，他也善意地帮助他们提高学识"。不久之后，埃尔伍德在伦敦出现，帕吉特把他介绍给弥尔顿，弥尔顿显然认识小佩宁顿，对他"十分尊敬"。埃尔伍德承诺除了周一，每天下午都可为他读书，"他喜欢听我读这样的拉丁语的书"。弥尔顿很快把他的助手调教得极为出色，他修正了埃尔伍德拉丁语中的英语口音，让其学会用意大利人的方式发音，这在弥尔顿听来显然更悦耳，他使埃尔伍德深信这会让其更好地与欧洲大陆的人交谈。弥尔顿是一位天生的老师，他会注意到埃尔伍德正费力地理解正在朗读的东西，然后"把最难的段落翻开给我看"[5]。埃尔伍德很快会在我们的叙述中再次出现。

　　　佩吉特还给弥尔顿"介绍"了第三任妻子。她的名字叫伊丽莎白·明舒尔，是佩吉特姑姑的孙女。她来自一个小士绅家庭，她的家庭关系大部分是在南柴郡周围，亲戚们的地产也大多在克鲁郡、威斯特斯顿和南特威奇；南特威奇是她的出生地，她守寡后又会回到那里。[6]我们不确定她为什么要来伦敦，但对于一个在家里或许没有什么作用的女儿来说，将其安置在一个更殷实的男性亲属家中或者至少是受他的监管，这并不奇怪。文件显示，她嫁给弥尔顿的时候，她居住的堂区是霍尔本的圣安德鲁教堂，距离佩吉特的家有一段距离，这让人不由得猜想她在担任某种上等的家庭职务，或许是家庭教师或管家。[7]

　　　弥尔顿显然需要一个妻子。他和玛丽·鲍威尔所生的三个女儿仍然和他住在一起，但没有证据表明她们是否陪着他一起躲藏了起来，要是没有的话，又是谁在照顾她们。很久之后，1674年，据在弥尔顿家做女佣的伊丽莎白·费希尔回忆，他那时大约14岁的女儿玛丽说所有的孩子怂恿"他的女仆"（很可能是另一个女仆，不是费希尔）在上集市的时候去骗钱，她们偷他的藏书，再拿去卖。她还记得玛丽评价他结婚的消息"不是新闻"，但"如果她听到他死了，那才算是好消息"[8]。这份记述出自多少有些讽刺的遗嘱检验过程，不过考虑到这些孩子所经历的混乱生活——生母和第一任继母的过世，两个兄妹的出生和死亡，父亲的逃逸和躲藏带来的动荡——一些反社会的行为并不令人惊讶。

我们没有办法评估弥尔顿第三次婚姻可能的动机——爱慕、欲望、实际需要，或许是这几种动机的任意组合。这对夫妻的年龄差大于他与玛丽·鲍威尔之间的十六岁。他当时五十四岁，伊丽莎白·明舒尔二十四岁。不过无论是从他的早期传记作者还是近年的传记作者的记述来看，他的婚姻都没有招来多少评论。前者觉得有必要回应同时代人的诋毁，他们详尽地讲述了弥尔顿与玛丽·鲍威尔之间的关系，阐释他对离婚的观点；后者效仿他们的做法，主要是因为前者掌握的信息貌似有理又颇为详细。

弥尔顿的第三次婚姻尽管没有留下子嗣，但很稳定。1663 年 2 月 11 日，弥尔顿和伊丽莎白宣布两人打算结婚，请求准许他们在索思沃克的圣乔治教堂或伦敦的圣玛丽·奥尔德玛丽教堂成婚。这两处场所都不在双方的主堂区内。尽管教会法试图限制新人在其他教区结婚，但强制执行和控制人们这么做就像试图掌控这个过程的其他部分一样是很有问题的，这种情况将会一直延续到 1753 年《哈德威克勋爵的婚姻法案》颁布。[9]这场仪式必然按照《公祷书》中的规定来进行，婚礼最终于 2 月 24 日在圣玛丽·奥尔德玛丽教堂举行。

选择这处场所或许有两层原因。圣玛丽·奥尔德玛丽教堂于 1665 年被毁，被毁之前它的建筑与内饰都令人叹为观止。几个世纪以来，伦敦的商业阶层为它提供资助[10]，教堂在 16 世纪初重建，1629 年一座新的塔楼建成。从雷恩设计的坐落于同一位置上的建筑来看，这是一座宏伟壮观的城市教堂。其次，它的堂区长罗伯特·盖尔博士是弥尔顿的旧相识，或许还是他的老友。弥尔顿在基督学院求学时，他是该学院的研究员，那时弥尔顿可能与他有过合作。[11]盖尔在漫长的学术生涯结束后，1641 年结婚前不久，被任命为堂区长，17 世纪中期的几十年里，他一直担任着这份职务。复辟时期，他的地位也未曾受到撼动。他似乎对贵格会教义的某些方面持赞同态度，并且倾向于做科学和神学方面的思考。他向"博学的占星家学会"宣讲耶稣出生时前来朝见的东方三博士。[12]面对同一团体，他还详细阐述了《圣经》中有关天使本质和角色的例证。对于这

323

个主题，弥尔顿也深感兴趣。[13]1660 年，盖尔出版了一本内容翔实的册子，即《论有分歧的两方之间的和平》（伦敦，1660 年）。文中，他试图消除长老派长久以来的顾虑，援引复辟时期第一份《王政复辟决议》的精神，以此调和长老派与主教制教会教徒间的冲突："我的主教派教友，不要为你们对上帝的侍奉感到骄傲……也不要轻视……我的长老派教友，认为他们对上帝的侍奉过了头。"[14]盖尔还是一位学识渊博的神学家，熟谙《圣经》的语言风格。1659 年，他出版了巨著《关于修订上一本英译〈圣经〉的文章》（伦敦，1659 年），一丝不苟地研究了钦定本中《摩西五经》的文本，将它与希伯来文原版做比较。对弥尔顿来说，盖尔和当时正履行圣职的所有遵奉国教会惯例的牧师一样，是可以在思想上接受的，而盖尔在学术方面的兴趣又与弥尔顿有许多相同之处。因此选择圣玛丽·奥尔德玛丽教堂作为他的婚礼举办地也就非常容易理解了。

婚后不久，弥尔顿从杰温街搬到了"一幢坐落于通往邦希墓园的火炮大街上的房子……他在这个世界的最后舞台，不过……连续住了许多年"——正如爱德华·菲利普斯评论的那样。[15]房子位于伦敦城墙外，靠近这座大都市的北部边缘。过去，城市的这一部分曾深深吸引过他，而这里也将成为他的福地。弥尔顿一直把这幢房子作为他的居所，直到瘟疫爆发的 1665 年。搬家之前，他在 17 世纪 50 年代埋头创作的三大巨著中的一部很可能已接近完成。

《失乐园》付印的时间或许不会晚于 1665 年 2 月。确定这一时间的证据来自爱德华·菲利普斯的行踪和他所承担的角色。前面我们已经探讨过弥尔顿确立的工作方式。如今保存在纽约摩根图书博物馆的第一卷手稿展示了菲利普斯参与的最后阶段，同时也可见将诗作付梓的其他工作。这份文稿从头至尾都由一位身份不明但能力出众的文书书写。这必定是一份清稿，不同的人直接将弥尔顿的口述记录下来，这份清稿很可能脱胎于菲利普斯将众人的记录一点一点拼凑起来的版本。[16]1662 年到 1664 年，菲利普斯担任伊莱亚斯·阿什莫尔的研究助理，为后者撰写的有关嘉德勋位的专著翻译和誊写资料。这部专著最终于1672 年发表，题为《最崇高的嘉德勋位的设立、法规和仪式》。但这并没有排除菲利普斯另外再为弥尔顿撰写《失乐园》提供帮助的可能性。1663 年 10 月底，菲利普斯找到了一份工作，在日记作者约翰·伊夫林位于德特福德的大庄园里担任他儿子的家庭教师。伊夫林将会一直资助菲利普斯，他在 10 月 24 日的日记中写道，菲利普斯"一点也没有受到"他那位臭名昭著的舅舅的共和原则的"影响"[17]。不过，1665年2月，他搬到了威尔顿宅邸，担任菲利普·赫伯特（未来的第七代彭布罗克伯爵）的家庭教师，他担任这一职务直到1669年。从德特福德到邦希墓园是一段乏味却相当短的路程；威尔顿则不易到达，摩根手稿显示菲利普斯仔细地校阅了我们所知道的成为第一版文本的文稿，增加了一些更正，主要是标点符号和正确拼写的更正，为出版做最后的准备。这项工作完全有可能是在他动身前往威尔特郡腹地之前完成的。一个显而易见的问题是弥尔顿为什么对交付手稿之事迟疑不决，但我们将会看到，更恰当的问题是他为什么选择在那个时候出版。

326

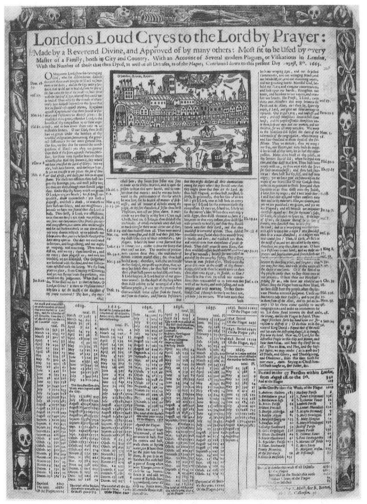

图41　匿名作者，《伦敦人向上帝大声祈祷》（伦敦，1665年）

正当弥尔顿小心戒备地在他创作力丰沛的退休年月里继续写作的时候，复辟政权经历了一系列可能是让人满意的逆转。查理二世和他的朝臣就像弥尔顿预料的那样浪荡成性，与17世纪40年代初老一派的保王党一脉相承。1662年秋天，国王的第一个私生子被封为蒙茅斯伯爵。那时，查理还是如预料的那样娶了一位信奉天主教的异国新娘，但他仍然继续忙于与他那些行事越来越高调的情妇寻欢作乐，她们当中数卡斯尔曼恩伯爵夫人芭芭拉·帕尔默最惹人注目。复辟以来，他已经承认与她生下了他的第一个孩子，据说这个孩子是以天主教的仪式受洗的。[18]

在多次真实或假想的起义之后，国内政策遭到了民众的抗议。政府对不顺从国教者的迫害变本加厉，包括按照1664年《非国教教派的秘密集会法案》将不顺从国教者遣送到热带殖民地流放七年。那年年底，"（贵格会）运动所有幸存的领导者都被投入了监狱"[19]。与此同时，英格兰的对外政策变得极为好战，与荷兰在殖民地和贸易上的摩擦引发了第二次英荷战争，这场战争对英格兰来说将是灾难性的。然后到了1665年，另一种灾难横扫整个国家，摧毁了伦敦：黑死病暴发了。

在此之前，弥尔顿经历过瘟疫肆虐的岁月。这是这个世纪的第八次天灾，1652年出现的流行病的规模与1603年或1665年相仿。那时，弥尔顿的整个长假或许都待在校园，当瘟疫最终蔓延到剑桥的时候，他可能与父母一同住进了乡村的宅院里。[20]1636年又是极其糟糕的一年，那年他也许在霍顿。而这一次，他带着他的妻子和孩子们前往查尔方特·圣济尔斯避难。这次是弥尔顿主动采取行动，他清楚他挑选的这个地方是不顺从国教者的聚居地，容纳了大量贵格会群体。事实上，埃尔伍德为他代办了一切。埃尔伍德回忆：

> 就在我进艾尔兹伯里监狱之前没多久，我昔日的导师弥尔顿请我在我住所附近帮他租一套房子。伦敦的疫病正变得越来越猖獗，为了他和他家人的安全，他可能离开那里。我为他在查尔方特·圣济尔斯租了一幢乡舍，离我一英里远；我预先跟他说了，并且打算服侍他，确保他可以好好地安顿下来；但因为那场牢狱之灾，原本的计划都泡了汤。[21]

7月1日，埃尔伍德、艾萨克·佩宁顿，还有其他人，出席了在阿默舍姆举办的一场贵格会教徒的葬礼。他们在葬礼上被逮捕，随后被关押入狱，"那场牢狱之灾"就是指他在监狱中度过的那几个月。[22] 显然，没有埃尔伍德，弥尔顿也得到了足够多的帮助。他租住的这处房产舒适宜人，与其将它称为"农舍"或"野外小屋"，还不如说它是一幢小房子更恰切一些。房子足以容纳一对夫妇、三个孩子以及一到两个仆人，且不会过分拥挤。[23] 佩宁顿一家就住在附近的查尔方特的博特雷尔斯，但在1665年的大部分时光，佩宁顿本人都是在艾尔兹伯里监狱里度过的。[24]

弥尔顿租住的房屋属于以查尔方特·圣济尔斯的瓦什府为中心的庄园。这处庄园是弑君党人乔治·弗利特伍德的祖屋。正是弗利特伍德签署了查理一世的死亡执行令。在整个17世纪50年代，他一直活跃于政坛。他的死刑虽然被减判了，但他仍然受到监禁，在某个不确定的日子在狱中去世。他位于白金汉郡的庄园被赐给了约克公爵詹姆斯。我们相信，从严格意义上来讲，弥尔顿是未来的詹姆斯二世的房客。[25] 不过，弗利特伍德的母亲安妮仍然住在瓦什府，弗利特伍德一家请求能在安妮生前保留这处地产，请愿得到了批准。（安妮于1673年故去，此后这位弑君党人的遗孀无家可归，便搬到了查尔方特·圣济尔斯的乔丹斯一位贵格会成员的家里。[26]）弥尔顿从伦敦撤离，无疑与他绝大多数朋友和亲戚的做法相同。正如理查德·巴克斯特评论的，"富有的人搬离城市，巨大的灾难降落到穷人身上"[27]。在那个夏季和秋季，这个大都市（和郊区）有近10万人死去，几乎是正常死亡率的六倍；伦敦的城墙内，超过15000人去世，其中差不多有三分之二的人死于瘟疫。[28] 我们所知道的是弥尔顿没有朋友或亲人死于这场疫疠。但即便是小心谨慎之人也存在着风险。安妮·弗利特伍德在查尔方特·圣济尔斯收留了一些长老派牧师，巴克斯特提到在他们家中有一起因瘟疫死亡的病例。[29]

到埃尔伍德可以拜访弥尔顿之时，大约是8月了，弥尔顿已经写完了《失乐园》，手稿已可在小范围内传阅，或许还存在着多份抄件。埃尔伍德回忆："我们做了一些寻常的交谈之后，他叫人取来他的手稿，他把它递给我，请我带回家去，在我空闲的时间阅读，我读完还给他的时候，要说一说对诗作的看法。"[30] 弥尔顿将这部花费如此长的时日写下的诗作交给一个随时可能被逮捕的激进分子，倘若这是唯一的手稿，弥尔顿这样做是很荒唐愚蠢的。我们因此断定还有其他抄本存世，这些抄本或许也在少数人当中传阅。安德鲁·马韦尔也读了手稿中的诗，我们不确定他阅读的确切时间，但应该是他从俄罗斯出任大使回来的 1665 年 3 月初，到他创作杰出的讽刺诗《给画家的最后指示》的 1667 年夏末之间，因为他在诗文里呼应了弥尔顿的这部史诗。[31]

图 42　弥尔顿在查尔方特·圣济尔斯的小屋

328　　　　埃尔伍德此时已是一位精力充沛的辩论家，显然他想要更加了解广义的文学传统和古典世界的写作；这就是最初促使他跟着弥尔顿学习的动机。晚年，他将写诗当作他的第二爱好。他最雄心勃勃的工程《以色列王大卫的一生：五卷本的圣诗》于 1712 年首次出版，之后又发售了五个版本。尽管第一卷祈求灵感的部分有弥尔顿的某些风格，但这本诗作似乎未受弥尔顿太多的影响，它的对句虽说技巧不算特别纯熟，但至少文句通顺，叙事朴素平淡。[32] 弥尔顿可能很想知道他的预期读者中如此突出的一位会有怎样的看法，毕竟他是一位虔诚的、受过良好教育，热心于创意写作的人。

我们也不需要假设他忽略了埃尔伍德的评论："他问我是否喜欢《失乐园》
以及我对它的看法；我谨慎但无所顾忌地对他说了我的观点。我们对它进行了
一些深入探讨之后，我愉快地问他，您在这里说了这么多《失乐园》，您是否应
该对'找回乐园'说些什么呢？他没有回答我，而是坐着沉思了一会儿：然后中
断了这场谈话，开始谈论另一个话题。"后来，弥尔顿回到伦敦，埃尔伍德像往
常他在城里时那样来看望他，弥尔顿向他展示了《复乐园》的手稿："他用一种
愉悦的口吻对我说，这本书应该归功于你：你在查尔方特问我的问题，让我产
生了这个想法，在那之前我从未想到过。"[33]

弥尔顿"坐着沉思了一会儿"。对此，当然可以有一些诙谐的解释。他可能
会因为埃尔伍德的愚鲁而不知所措，或者不确定该如何不伤害感情地回复他。
接下来关于《复乐园》的谈话可能是开这样一位天真小伙的私人玩笑。不过，埃
尔伍德不是一个无足轻重的知识分子，当然也不傻。他花费了大量时间，无数
次陪伴弥尔顿。17世纪70年代，或许在弥尔顿余下的日子里，他会一直这么
做。这些轶事无来由地出现在对这位贵格会教徒早年生活经历的详细记述当中，
成了一段离题很远的插曲。

从表面上看，就像我们相信的那样，埃尔伍德描述的事件标志着弥尔顿思
想发展和心理疗愈的转折点，就如同《失乐园》纪念的是严酷但不得不对之顺服
的磨难，而到了《复乐园》里，神子的信心已深受磨砺。1665年夏天，弥尔顿
是与他年轻的新婚妻子一同在乡村田园中度过的。他的周围有一群宗教界的激
进分子，他们清楚并且尊敬弥尔顿对英格兰的清教主义和信仰自由的贡献。那
些勇敢无畏、怀抱希望的贵格会年轻教徒常常来探访他，他们中至少有一个人
是把他当作英雄崇拜的。17世纪50年代与他一起工作的是一些灰心丧气、不
足信的人，而现在的这些人，却是尽他们所能地紧紧抓着生命和自由，他们象
征着新一代的不顺从国教者。而且此时，他完成了他已思考多年的三个伟大工
程中的一个，创作了一部可以与荷马和维吉尔的作品媲美的史诗。而他的孩子
们在新任弥尔顿夫人面前或许已乖乖就范，远离了那个她们曾经误入的轻罪的
世界。

然而接下来的几年，尽管弥尔顿从政府的无能成为现实、敌人的消亡、马
韦尔和其他人的讽刺性言论中获得了些许安慰，但他在经济上受损严重。我们

有理由认为尽管鼠疫死亡人数有所下降，他依旧选择留在白金汉郡。若是采取别的做法便是鲁莽行事了。

1666 年的夏天炎热干燥，瘟疫没有卷土重来。然而 9 月 2 日，位于伦敦城东南角的布丁巷里的一家面包店发生了火灾。弥尔顿住在城市的北面，因此大火没有危及他和家人的人身安全。但强劲的东风导致火势迅速蔓延，大火摧毁了伦敦城里许多与他产生过关联的地方。到了第四天，大火烧毁了市政厅以及他与他的第二任、第三任妻子举办婚礼的圣玛丽·奥尔德玛丽教堂；圣保罗大教堂和他曾经就读的附属学校被烧掉了；还有他过去住过的杰温街亦然。最重要的是，布莱德街上的所有房产都被毁了。所幸弥尔顿在 1656 年 7 月放弃了他从父亲那里继承来的布莱德街上的房屋红玫瑰的租赁权，1649 年，他曾延长过这里的租期。[34] 不过他保留了同一条街上可能是他出生地的"展翅鹰"的房屋租赁权。斯金纳和伍德指出这是"他所拥有的所有房产了"[35]。房产租赁权似乎随着房屋化为乌有而终结，但那些永久产权的拥有人仍然保留了他们对这块土地的所有权，就弥尔顿而言，这处房产的拥有者是伊顿公学。弥尔顿的不幸在这座城市无数次上演。通常人们在获得房屋租赁权之后会将房屋出租，这是本金取得定期回报的相对安全的办法。租金收入的损失毁了无数家庭。[36] 当然，弥尔顿没有资格获得拨给穷人的有限的慈善救济金。

不过在另一方面他却是走运的。伦敦大约有一万三千幢房屋被毁，致使六万五千到八万人无家可归。[37] 许多人向居住在这座大都市里的亲戚借宿。在雷丁和牛津陷落之后，弥尔顿的房子曾经接收了大量涌入的人员，承担了不少责任。这次，他也许回避了这个问题。至于他的两个外甥，约翰·菲利普斯可能是"那个约翰·菲利普斯，担任学校校长，1666 年住在奥尔德斯门大街（大部分没有被大火烧着[38]）"，而爱德华仍然在威尔顿宅邸任职[39]。弥尔顿的弟弟克里斯托弗在内殿律师公会的房间也严重受损，但他仍然在伊普斯维奇执业，并且有一幢家庭住宅。[40] 科尔曼街的大部分建筑都被烧毁了，不过假如南森·佩吉特住在这条街的北端，他的房子就会逃过一劫。1679 年去世之前，他一直住在科尔曼街上，这便是他的房子未遭损毁的佐证。[41] 因此对弥尔顿来说，这场火灾的影响主要是经济损失，而不是房屋毁坏。

这场灾难确实为不顺从国教者带来了一个显著的好处：此时英格兰与荷兰人和法国人激战正酣，战争激起了仇外——抵制所有外国人——和反天主教徒的情绪。他们憎恶天主教徒，根源在于新教徒长久以来都认为天主教徒对安全构成了威胁，因为他们把对君主的忠诚置于对教皇的忠诚之下。在大火仍熊熊燃烧之时，伦敦人便开始搜寻、攻击想象中的纵火犯。出现了多起十分草率处置的事件，"一个在围裙里揣着小鸡的女人被歇斯底里的暴徒误认为携带着火球，他们用棍棒打她，砍掉了她的胸"[42]。这起事件发生之后，一位名叫罗伯特·赫伯特的法国制表工在罗姆福德被捕，被捕时他显然正试图逃离这个国家。他承认纵火，声称自己是法国特务，10月底他被绞死。[43] 尽管枢密院依然相信这场大火是由意外引起，不幸又因为天气的缘故而大肆蔓延，但阴谋论——通常集中在天主教徒和外国人身上的阴谋论——还是甚嚣尘上、长久存在。竖立在火源地附近的伦敦大火纪念碑上镌刻了三篇拉丁语碑文，1681年，其中一篇碑文上添加了一句话，肯定地指出这场大火是由"天主教派的背叛和恶意引起，并让它一直烧下去"[44] 的。而在民众中间产生的一项共识，即新教徒已拥有的共同基础，足够他们在天主教徒的威胁面前精诚合作。

332

1665年到1667年间，可以清晰地看到对不顺从国教的态度变得更加宽松，而大火为这种做法平添了更多力量。根据《非国教教派的秘密集会法案》进行的起诉急速减少，1666年年初开始，甚至贵格会教徒在伦敦和别处聚会也相对安全了。其中的原因错综复杂、难以确定。一种可以理解的、为这个世纪中期几十年所遭受的侮辱复仇的愿望，无疑激起了17世纪60年代初保王派的强烈反应，而且对起义和新的叛乱的恐惧煽动了原本已经消退的怒火。行政官们心里盘算的还有其他的紧急事务，例如控制瘟疫、提高战争税、确保资产的征用有序有效执行。国王本人对不顺从国教的新教徒似乎不像过去那样反感，在高级牧师中间能再次找到这种更包容态度的拥趸。[45] 在更广阔的背景下，英格兰正逐渐发展成一个对新教的非正统思想更为宽容的社会，因此也更有可能宽容地接受弥尔顿创作的史诗。

1667年春天，弥尔顿着手出版《失乐园》。曾经集中在圣保罗大教堂周围的图书贸易此时正处于异常混乱的状态。书商和印刷商曾试图挽救他们储存的纸张和印刷材料，将它们藏在圣保罗大教堂里的圣菲斯礼拜堂、伦敦书业公会

图 43　匿名艺术家，《伦敦城及其郊区的地图或地形图》（伦敦，1666 年）

会所、方济各会修士的基督教堂里，但所有这些物品都被毁了，估计损失总价值在 15 万英镑到 20 万英镑。虽然汉弗莱·莫斯利于 1661 年去世，他的妻子从 1664 年起不再经营书业，但弥尔顿的不少出版物或许就在损失的存书当中。这场灾难产生的直接影响非常复杂，它让印刷品变得很难控制，因为书商和印刷商可以在临时场所营业。这导致对新书的需求越加旺盛，同时也提高了二手交易的价格。[46]

　　4 月 27 日，弥尔顿与一位未受火灾影响的印刷商、奥尔德斯门大街的塞缪尔·西蒙斯签订了合同。两人几乎比邻而居——弥尔顿就住在西蒙斯家稍微靠北的地方，西蒙斯的堂区教堂是主教门外的圣博托尔福教堂，以及这位印刷商可以幸运地存活下来，或许成了两人合作的主要因素，尽管弥尔顿可能在孩提时就认识西蒙斯。西蒙斯的父亲马修与众多独立派出版物和共和主义的出版物有关，深受被清洗的议会的青睐，他印刷了弥尔顿在 1649 年发表的所有小册子（和一些离婚小册子）。他或许还是《论出版自由》《论教育》《四音克谐》和《惩戒篇》的印刷商。马修于 1654 年去世，他的遗孀玛丽继续经营印刷业务，后来他们的儿子塞缪尔也参与了进来，他的名字出现在 1662 年以后的版本说明上。[47] 不过，塞缪尔毕竟是这个行业的新手，《失乐园》是他在伦敦书业公会注册簿里第一个登记在他名下的书名。西蒙斯没有在大火中损失纸料，他仍然保有他的印刷机。与他有生意来往的书商受到了严重打击，而他的资金流受到的连锁影响或许比那些一直在灾区里从业的印刷商们要轻一些。

西蒙斯与弥尔顿于 1667 年 4 月 27 日订立的合同反映了 17 世纪 60 年代图书商与作者关系的变化，约翰·德莱顿和亨利·赫林曼之间复杂、体面、获利丰厚的交易便是这当中最好的一个例子。和德莱顿的作品一样，弥尔顿的伟大诗篇几乎不通过手稿传阅；诗作写成之后等待印刷，印刷的是作者授权的版本，以换取一些报酬。弥尔顿与西蒙斯签订的合同的条款，与目前作者和出版商之间仍在通行的协议并没有太大的不同。为了获取"现付的" 5 英镑，弥尔顿将他这部诗作的出版权——"近期获准付印"——和所有从中获得的收益，以及未来所有版本的处置权都让与了他的执行人和受让人西蒙斯。西蒙斯如售出 1300 册，他将再支付弥尔顿 5 英镑，第二次和第三次印刷时，他每次再支付 5 英镑，每次印刷的印刷数量都不超过 1500 册。西蒙斯承诺按照弥尔顿的要求提供一份关于销售情况的报告，否则支付 5 英镑的罚金。弥尔顿从这笔交易中最多赚 20 英镑，这在之后的几个世纪里引起了不间断的诘难。

他真的缺这 10 英镑或 20 英镑吗？当然不，但在那个被我们视为德莱顿的时代里，假如这就是市场的价格，那么即便是一位绅士学者也会泰然自若地为五斗米折腰。未来的几十年里，包括卓绝的德莱顿在内的那些最负盛名的作家将会从出版业的新模式中赚取不少钱，尤其是靠订阅这种方式。但在 17 世纪 60 年代，模式的转变还处在初级阶段。阿拉斯泰尔·福勒的评价很可能是对的，他说这份合同提供了"在那时看来相当合理的报酬"[48]。

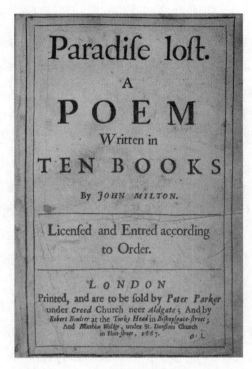

图 44　约翰·弥尔顿，《十卷本长诗失乐园》（伦敦，1667 年）

西蒙斯开始积极销售他印刷的书籍，但他的孜孜努力只是让人看到此时图书业的混乱。《失乐园》发行了多个印次，每一印次都有各自的书名页，前页内容逐渐增多。他把书放在六位书商那里，这些书商所处的位置非常重要。和西蒙斯一样，他们都在被大火毁坏的区域外经营，他们是：奥尔德斯门附近的彼得·帕克；主教门街的罗伯特·布尔特；舰队街的马提亚斯·沃克；小不列颠的托马斯·海尔德；达科巷的塞缪尔·汤姆森；威斯敏斯特大厅的亨利·莫特莱克。这些人当中，帕克、布尔特、沃克、汤姆森，或许还有莫特莱克，都在大火中损失了他们在圣保罗大教堂周围和教堂东面街巷里的书店。[49]此时的交易环境与往昔不同，变得纷乱无序，西蒙斯却依旧干劲十足，他费尽心思将弥尔顿的诗作带到零售商那里，而他们中的一些人同样是临时做起的买卖。书籍分销的复杂性或许反映了相关人员在现金流方面的困难，每个人只拿了总印刷数的一小批。

弥尔顿提供给西蒙斯的手抄本极有可能是被装帧成分册的，每一册是十卷本中的一卷。证据来自我们所了解的弥尔顿在撰写《论基督教教义》手稿时的工

作方式。[50] 此外，还有物质上的证据，第一卷的摩根图书馆手稿仍然沿用原来
的外包装，封面是普通的厚纸。手稿上还有出版许可，允许西蒙斯登记版权并
印制这本书。出版许可上是这么写的：

Imprimatur

Tho. Tomkyns RRmo in

Christo patri ac Domino

D[omi]no Gilberto divina Providentia

Archiepiscop Cantuarensi a

Sacris domesticis.

   Richard Royston

   Int[ratu]r p[er] Geo: Tokefeilde Cl[ericum]

（准许将它印刷成书。上帝佑护的坎特伯雷大主教，最受敬重的神父大人、
吉尔伯特阁下虔敬的仆人之一托马斯·汤姆金斯。理查德·罗伊斯顿。由文
书乔治·托克菲尔德录入。）[51]

理查德·罗伊斯顿是一位经验丰富的书商，此时他成了国王的"出版商"，受国
王资助，同时也是书业公会的会员。他参与其中，或许表明高层对确保交易具
有无可争辩的合法性极为关注。托马斯·汤姆金斯接替罗伯特·盖尔，出任圣玛
丽·奥尔德玛丽教堂的堂区长一职，弥尔顿曾在这里举办婚礼。汤姆金斯还是
坎特伯雷大主教吉尔伯特·谢尔登的牧师。出版许可准许西蒙斯在 1667 年 8 月
20 日注册版权。自老雅各布·汤森买下《失乐园》的所有权以来，这份手稿便一
直由汤森家族保存，不过老雅各布并不是从西蒙斯那里买来的，而是自布拉巴
宗·艾尔默处购得，艾尔默的所有权也是别人转卖给他的。书稿的所有权几易其
手，其保存情况或许反映了当时的人十分关心是否留下了确凿的证据，可以证
明臭名昭著的约翰·弥尔顿的手稿确实已经获得了出版许可。

   17 世纪 60 年代中期的审查制度非常复杂。《1662 年许可经营法案》大量引
入长期议会前的机制。被任命为坎特伯雷大主教或伦敦主教的人负有审查责任，
他们需要阅读除了探讨法律、政治和国家事务的书之外的所有书，他们如果认
为某本书是合宜的，便会批准出版该书。1663 年之后，又增添了一项控制措施，
精力充沛的罗杰·莱斯特兰奇担任"出版业的监督员"，负责找出秘密谋反的印

刷品；在这个十年和下一个十年的出版文化里到处能找到他不怀好意的痕迹，我们已经提到过他对弥尔顿的作品尤其反感。[52] 汤姆金斯本人是一位辩论家，反对不信奉英国国教的新教徒，处理他的对手的手稿，他是出了名的徇私。[53]

不过汤姆金斯对待弥尔顿的诗作倒是很宽容。托兰是唯一给我们带来这样一条信息的人："我们差点儿因为发放许可者的无知或恶意而被永久地剥夺这份宝藏；除了那些毫无意义的指摘之外，这个人会因为以下诗行中假想的叛国罪而禁止这部诗发表。"[54] 然后他引用了以下诗句。

> 好像旭日初升时被天边雾气
> 夺去光芒，又如在昏暗的日食时
> 从月亮的后面洒下惨淡的幽光，
> 投射半个世界，以变天的恐怖
> 使各国的君主惊慌失措。[55]①

考虑到前两年席卷这个王国的灾难，汤姆金斯的惴惴不安似乎是完全有理由的。但他确实审阅并通过了这部诗作，至少就第一卷来看，这份手稿也没有任何受审查的印记。

弥尔顿为什么会被轻易放过？目前的正统观念坚持认为这部史诗充斥着对立的、反教权的，更确切地说是共和主义的价值观和感情，我们很快会在这种批评性解读上添砖加瓦。有人说汤姆金斯对这份手稿只是随意地审查了一番，因为这项任务的规模令他苦不堪言。然而，他一丝不苟地审阅了包括理查德·巴克斯特的手稿在内的其他作品。弥尔顿声名狼藉；而莱斯特兰奇是一个谁都不希望冒犯的极其危险的人物，人人都知道他对弥尔顿兴趣浓厚。

我们认为除了已经提到过的对不信奉国教的新教徒态度的普遍软化之外，这当中还有两个主要因素。上个世纪一些国家存在大规模的审查和镇压，这让人们对 17 世纪英格兰的做法产生了误解。在 17 世纪 60 年代，印刷煽动性的文学作品会受到严厉的惩罚，甚至被处以极刑。那些不被政府信任的政治活动家被投入监狱或被杀害。但是那时没有关押富于创造性的作家的古拉格劳改营，人们心平气和地谈论非讽刺性诗歌，即便这些诗歌的作者是反政府的。比如理

---

① 译文出自《失乐园》，朱维之译，人民文学出版社，2019 年第 1 版。后文引用的《失乐园》译文皆出自该译本。

查德·洛夫莱斯。洛夫莱斯是一位相当活跃、引人注目的保王分子，他的第一部文集《卢卡斯塔》（伦敦，1648 年）曾遇到付印困难的问题，但最终还是出版了。对于更关心掌控新闻、查禁公开的煽动性言论的政府当局来说，只有少数文化精英阅读的创造性作品远不是他们考虑的重点。其次，托马斯·汤姆金斯尽管比弥尔顿小了将近三十岁，却很有可能是他的旧相识。汤姆金斯出生在奥尔德斯门大街，并在那里度过了童年，而 17 世纪 40 年代初，弥尔顿就住在这条街上。或许更重要的是，托马斯的父亲约翰与他的两位叔叔——贾尔斯和托马斯都是音乐家、作曲家，必定与弥尔顿的父亲在同一个圈子里活动过，也必定参与了查理一世宫廷里的合奏表演，而弥尔顿的朋友、合作者亨利·劳斯是宫廷里响当当的人物。[56] 托马斯·汤姆金斯无疑厌恶弥尔顿在政治上的作为，但很可能非常尊重他的艺术创作，私底下甚至可能很喜欢他。

弥尔顿在《论教会管理必须反对主教制》的题外话中称他"徜徉在开阔思绪中的大脑"正在考虑创作一部以爱国为主题的新古典主义史诗，又或许是一部仿效索福克勒斯或欧里庇得斯手法的戏剧[57]，《失乐园》出版之时距离他这番话已经有二十五年了。通过约瑟夫·艾迪生的大力宣扬和评判性解读，他的诗成了英格兰新教徒的标志性诗作，是"为英格兰民族增光添彩之作"[58]。有人会竭力在弥尔顿的史诗里寻找爱国的成分，但除了它是用英语写就，从而表明最严苛的文学类型是在民族语言的表达范围之内，我们读不到其他与爱国相关的内容。无论如何，这部诗作显而易见是代表新教徒的。至少，这里证明了"三岁看到老"。关于火药阴谋 ① 的双关语和风趣幽默再次出现在信口而来的妙语中，让这段对"罪"和"死"进入堕落世界的描写变得更富有生命力。

        "死"用三叉戟把堆积起来的泥土

        固定住，用冷硬的化石槌子拍实，

---

① 发生于 1605 年，一群英格兰的天主教徒试图炸掉上议院，并杀害正在其中举行国会开幕典礼的詹姆士一世和他的家人及大部分的新教贵族。但阴谋在计划发生之前数小时流产。

> 他们终于用神奇的架桥技术
> 完成了这项工程，在狂浪滚滚的
> 深渊上架起这样一条悬空的，
> 岩石的栈道。[59]

有一段让人讶异、带有奇异的讽刺意味的插话，将弥尔顿对天堂的第一次描画与撒旦进入伊甸园的文字分隔开来。弥尔顿在这段话当中将宇宙的外缘描绘成了专为追求"所有短暂、虚妄之物"的魔鬼和傻瓜准备的地狱边缘，在他们当中，虔诚的天主教徒的形象大多数是这样的：

> 无非是些未成熟的，痴呆的，
> 穿着黑、白、灰色衣的隐士
> 和托钵僧，都有骗人的假法宝。
> 其中有的在这里云游巡礼，
> 曾到各各他去寻觅那活在天上的
> 死人，为要证明自己确实去
> 极乐天堂，临终穿上圣多明我派
> 或圣方济派的袈裟，误以为
> 这样打扮就可通行无阻。

在一段简短但栩栩如生的幻想中，他想象他们的混乱，就在他们以为自己接近天堂之时，被"一阵猛烈的横风"横扫：

> 那时
> 看见僧帽、头巾和袈裟，
> 连同它们的穿戴者一起被吹翻撕烂，
> 还有圣骨、念珠、免罪券、
> 特免证、赎罪证、训谕，都成了
> 风的玩具，全被高高卷起，
> 飘过这世界的背面而远落在
> 广大的地域边缘，被称"愚人的乐园"。[60]

338

这里更深层次的策略旨在重置当时基督徒信仰的两极，用天主教和广义上的新教的对立取代保王派议会所反对的不顺从国教与遵奉国教的对立，而在诗作出版之时它的目的已经达成。

从救世神学的观点来看，这部诗作仍然完全是新教主义色彩的。对教义最详尽、最明晰的阐释出现在第三卷，其中圣父与神子讨论如何拯救人类，至少是让一部分人得救。弥尔顿小心翼翼地将得救预定论融入与英格兰加尔文教徒的讲道产生共鸣的语言里，"其中有些人，我要赐给特殊恩宠 / 被挑选出来置于其他人等之上"[61]。但从更广阔的视角来看，其救世神学显然是阿明尼乌派的，圣父解释他在堕落的人类身上恢复——至少是部分恢复——信仰和理性力量的意图，他们因此可以选择接受，并带着他的恩典做工，而他的恩典是赐予所有人的。那些被拯救的则"忍耐到底，安全地到达目的"[62]。在不顺从国教的新教徒间，阿明尼乌派的救世神学仍然居于弱势，但它延续了在查理一世时代主要的神学家中的地位，受到了复辟时期的英国国教的大体认可。弥尔顿可以相信如今他能毫无保留地陈说他信奉了几十年的这一教义，而不被指控为异端邪说。

当然，弥尔顿在教义的许多方面都是一位非正统的思想家。不过，除非有人手边正好有一本《论基督教教义》，他与主流观念的分歧通常不会被注意到。我们猜测弥尔顿在系统神学方面的工作必然被打断过，因而我们也没必要把他那时持有的观点都加在《失乐园》上。他在第三卷的前半部分叙写神子与圣父间的交谈，小心翼翼地勾勒出他俩都具有全知的特性，但上帝显现的是神的正义，而神子要表达的是神对人类的爱。无论如何，不那么正统的主张是神子的地位并不永恒；在弥尔顿有意为之的差别当中，他是永久而非永恒的，因为他有始而无终。

弥尔顿对人类堕落前的性行为的看法更为有力地显示了他对另一种少数人所持主张的认可态度。当时，有几种观点在新教徒中间蔚为流行。[63] 人类堕落前的性行为常常被描述为与堕落之后的表现形式有着严格意义上的不同，前者更多的是受理性支配，而不是激情，男性的性兴奋是自愿、冷静的选择，而不是无意识的激情反应。否则，性行为则被完全归结于堕落后的状态，有时被看作对不得不谋生的一种慰藉。弥尔顿坚持认为性交是在人类堕落前出现的，无论就其本质而言，还是从道德方面来看，在信徒眼中，堕落前后的性爱是一脉相承的。当他和他的读者将目光从亚当和夏娃的庐舍——我们姑且让他们投入"神秘的仪式 / 夫妻的爱"之中——移开时，他发出了响亮的呼号（"善哉，结

339

婚的爱"），明确地将人类的性行为视为个人、家庭和社会稳定以及幸福的基础，把它后来的表现形式视为其在乐园中应有的形式。[64] 年轻的弥尔顿或许会带着迷惑不解的鄙夷之色看待与他同龄的学子的私通行为，带上假面称颂不可征服的贞洁的胜利，但这个结了三次婚、刚与他年轻许多的妻子成婚的男子却表现出了明显的热情。

他如何表现亚当和夏娃关系的其他方面带有更宽泛的意义，而不仅仅是在个人层面上。有一种观点认为 17 世纪末人们见证了人际关系向友伴式婚姻转变，但这种观点已经受到了挑战；戴维·克雷西评论"建立在'相处、互助、相互安慰'基础上的理想的友伴式婚姻从一开始就见诸祈祷书"。清教徒长期以来极力推崇这一理想，尤其是在不顺从国教的新教徒中间，在深受迫害的时代里，伴侣之间对彼此的强烈感情似乎支撑着他们。[65] 亚当和夏娃在对话中开始了他们的灵魂重生过程，虽然这个过程充满忧伤，两人起初还互相责备。他们手牵手离开了乐园，就像我们第一次遇见他们那样。[66] 正如 N. H. 基布尔所说的，这呈现了"一种平等的伴侣关系，一种修复、持久的关系的形象……这个时代最伟大的诗作与最无足轻重的不信奉国教的小册子都体现了对人类感情神圣性的信念"[67]。亚当在与拉斐尔的争论中，引出了一个更好的观点，他称赞"比丝竹谐音之悦耳／还要称心惬意的夫妇间的谐和"[68]，拉斐尔对此没有质疑，因为这句话超越了时空的限制。

尽管亚当和夏娃的感情与复辟时期不顺从国教的新教徒的应对策略相符，但这对夫妻之间明显的不对等似乎是对这个时期人们熟悉的父权制的简单预演。甚至单看他们的外貌，就可以让撒旦——大抵是从弥尔顿的角度——对两人的不同得出一个结论：

> 他被造得机智而勇敢，
> 她却柔和、妩媚，而有魅力；
> 他为神而造，她为他里面的神而造。
> 他那俊美的广额和高尚的眼神
> 显示出绝对的治权。[69]

弥尔顿遵循的是使徒保罗的正统思想。[70] 但无论是在堕落前后，亚当与夏娃在感情上和智识上都十分相契。再者，与《创世记》第 3 章第 16 节（"他将管辖

340

你"）密切呼应，弥尔顿提到了堕落导致的更严酷的父权制结果，它就像分娩时的阵痛一样构成了对夏娃和她的女儿们的惩罚，与他描绘的理想的伊甸园关系大相径庭。[71]

除了对新教教义进行弥尔顿式的改编之外，他还提出了一些十分有价值的激进思想，这些思想虽然低调，但非常具有失败主义者的特色。汤姆金斯关心的不是它的神学，而是这部诗作的政治主张和理性。弥尔顿曾在《简易办法》中提出过警告，认为那些处于统治地位的保王分子会伤害虔信者的感情。到了17世纪60年代的中期，他的预言不仅成了真，而且这样的放纵淫逸、为所欲为被公认为整个统治阶层的特征。保王党逐渐让位于浪荡子，"女人和下人走上街头都是不安全的"。"荒淫无度、玩弄女性、残忍粗暴"是基布尔对一个以放荡著称的国王的宫廷的评价。[72] 弥尔顿在《失乐园》里会时不时地描绘堕落的社会阶层，他们与人们对复辟时期这个社会的普遍看法如出一辙。因此该隐的孩子们表现出与查理及其密友对大胆、无耻的女性同样的痴迷，女人"唱歌、跳舞，/ 装扮，鼓其如簧之舌，转动其秋波"[73]。到了诺亚的时代，

> 一切都变作游乐与竞技、淫逸
> 和放荡，吃喝和跳舞，结婚或
> 卖笑，应运而生，凡一代尤物
> 引诱处，便有凌辱或奸淫；
> 从此便由酒杯而至于内乱。[74]

弥尔顿暗示他自己的处境受到"巴克斯和他那些纵酒之徒的 / 野蛮噪声"[75] 的威胁，从而将大洪水以前的堕落腐化与当前这个时代联系起来。

君王在整部诗中处处可见。君王的品质由道德健全的人物——从神子，到善良天使，再到亚当和夏娃——展现。甚至连月亮，也"在云彩簇拥的庄严中升起"，"把她那银色的宽袍，披在'黑暗'上面"。[76] 卓越的国王总是胜人一筹，他们的行为在极大程度上并不由国家礼仪和盛大的场面体现。当未堕落的亚当迎接拉斐尔时，

> 他前去，只凭自身圆满俱足的仪态，
> 没有其他任何仪式；他自身的威严，

> 就比王侯的马队，成行的侍从，
>
> 金光璀璨，徒使观众目瞪口呆的
>
> 那种盛仪，更加庄严、隆重。[77]

341　同时代的读者会不可避免地联想到查理二世加冕前奢华的入场仪式和游行队伍。佩皮斯指出："这场带着金银装饰的盛会如此灿烂夺目，以至于我们无法直视它——我们的双眼最终被它震慑住了。"沃顿勋爵的马身上"光是钻石就价值连城"，有人估计那些马饰的价值超过 8000 英镑。[78] 撒旦的支持者们对他表现出错误的尊敬方式，"他们向他卑躬敬畏地弯腰 / 歌颂他，好像歌颂天上至高的神一样"[79]。不少设法弄到一册《简易办法》的早期读者可以回忆起书中曾预言复辟的君主需要"像半神一样"被崇拜。[80] 撒旦展现了最糟糕国王的所有最恶劣的特征，"带着王者赫赫的气概，高高地坐在宝座上……他凭实力登上高位 / 意气扬扬"[81]。

　　弥尔顿回顾了大洪水前的历史，这让他可以拐弯抹角地再次陈说他反对英格兰君主制的核心原则，也就是一个本身并不优于他人的统治者对与其相当的人（或比他优秀的人）的统治构成了暴政。宁录的事例是米迦勒告诉亚当的故事中最生动的部分之一，在《创世记》第十章中也有细致的阐述，其中带有弥尔顿的论点：

> （宁录）妄图登上凌驾于同胞的地位，
>
> 强夺上帝所没有给他的权力！
>
> 他只给予治理鸟、兽、鱼的
>
> 绝对主权；我们可以保持它；
>
> 他却没有制定人上人的主权。
>
> 这样的称号只为他自己保留，
>
> 人与人之间，只授予自由。[82]

米迦勒从亚当那里确认这些看法并予以扩充：

> 你厌恶压制正当的自由，给安静的
>
> 人间带来麻烦的子孙是正确的；
>
> 但同时你也得知道，在你犯了

> 原罪之后，真的自由就失掉了。
>
> 真自由总是和真理结合而同居，
>
> 离开她就不能单独生存了。
>
> 人的理性暗淡了，或不服从了，
>
> 违法乱纪的欲望，向上爬的
>
> 情绪便马上袭取理性的政权，
>
> 把本来自由的人降到奴隶的地位。[83]

宁录的统治源于他篡夺了他的同胞集体拥有的统治权，这一行为标志着从理性自由衰退到了非理性的奴役。宁录唯一称得上卓越的是他的猎人身份——以及他的权力意志、一颗"骄傲、野心勃勃的心"与推翻"公平正义，天下一家"[84]的决心。就像查理一世和他的儿子不是特伯里的牡马，宁录也没有天生的优越性可以表明他称王是合理的。[85]

342

　　反教权主义与共和主义在这部史诗中巧妙地再次出现。彼列①的特点之一是他有能力引诱神职人员："当祭司叛离上帝时，/又有谁比他更频繁地来到神庙祭坛呢？"[86]现在时②意味着一种超越历史、持久的影响力。最彻底的攻击再一次出现在诗的最后一部分。米迦勒描述了当使徒时代的原始宗教让位于职业的神职人员后，社会持续地急剧衰落。那时，

> 代替他们的是群狼，残暴的群狼，
>
> 继他们之后，作为教师，把一切
>
> 天上神圣的奥秘，变成他们的
>
> 私利和野心；并把属灵而难解的，
>
> 写在纯真记录里的真理，只有
>
> 灵能理解的，他们却用迷信和
>
> 传统的谬论去玷污、曲解。
>
> 他们还将利用名誉、地位和称号，

---

① 彼列，犹太语"坏""没有价值"的意思，在《旧约》里是抽象名词的拟人化，在《失乐园》里是罪恶的堕落天使。

② 这两句诗的原文使用的是一般现在时。

同世俗的权力结合起来，佯装

灵的活动，鱼目混珠，一起交给

信者，僭称上帝的灵权，并从

这个矫饰，用世俗的权力，

高压人们的良心。[87]

这一段落带有些许 17 世纪 40 年代和 50 年代的语言风格。如王侯一般的主教可以从那些汲汲于追求高位的人当中辨认出来，但一般的神职人员，甚至是大多数独立派，则试图借助行政官来控制激进教派的宗教仪式和信仰。后使徒时代的群狼仍然徘徊于斯图亚特晚期教堂的高坛。

然而，相较于坚定不移地信守原有正义事业的价值观，更大范围的政治共鸣更能让人想起失败的经历。弥尔顿将自己描述成被孤立、受威胁的，"即使落难，也决不变哑或沉默，/ 在落难的日子里，每遭恶毒的 / 唇枪舌剑，身在黑暗中，危险 / 和孤独包围着我"[88]。一部早期传记提到他在复辟时期常常担心会被暗杀。[89] 暗杀并不稀奇。在共和国的年月里，两位大使艾萨克·多里斯劳斯和安东尼·阿斯卡姆在国外执行公务时被杀。发生在更近的事件是弑君党人、17 世纪 50 年代颇有名望的官员约翰·莱尔在复辟时期逃往国外时于 1664 年被一名保王派刺客射杀。[90] 这几个人弥尔顿很可能都认识。

米迦勒为亚当所预示的历史揭示了一种社会退化的循环模式，只有残余的一小部分虔信者在抵抗它的发生。对以诺①来说，"老的、幼的 / 都嘲骂他，并且用暴力逮捕他，/ 幸有彩云从天上降落，把他抢走"[91]。诺亚和他的家人是"这个歪曲世界中唯一正直的人"[92]。这样，"世界前进着，/ 好人受罪，恶人享福"[93]。值得注意的是，弥尔顿让亚当提出神子的追随者在堕落的世界里会受到比他更糟糕的对待。米迦勒证实了他的猜测："那当然会。"[94]

虔信者谨小慎微地保持着他们的信仰和准则。"以小事成大业，/ 弱者制胜世界的强者，朴拙的 / 胜过世界的智巧。"他们的一生是"为真理而受难"的一生，在这当中，"坚毅"是"最高胜利"[95]。米迦勒确实勾画了一种千禧年的愿景，"给正义者以安息，给恶人以恶报"[96] 的一天终会到来。但这几乎是无限

① 以诺，《圣经》中人物，玛土撒拉（Methuselah）之父。据《创世记》第五章第 24 节："以诺与上帝同行，上帝将他取去，他就不在世了。"

推迟的千禧年，完全缺乏 1641 年弥尔顿用来结束《论改革》的那种强烈狂想的紧迫性。[97]

我们认为，弥尔顿可能是在 17 世纪 40 年代开始创作《失乐园》的，并于 17 世纪 50 年代完成了大部分的篇章，这是我们根据早期传记和生活记录所做的推断。那么他又是如何写出这样一部充溢着 17 世纪 60 年代初才有的小心戒备、焦虑不安的悲观主义情绪的诗作的？我们只能猜测答案。无论怎样，较让人悲伤的部分仅出现在第七卷的开场白[98]和结尾处的米迦勒任务里。没有这些，这部史诗会更加直截了当地赞颂神子的慷慨和牺牲，以及亚当和夏娃重生的力量，他们离开乐园时，留给他们子孙后代的命运就不会那么悲惨了。

弥尔顿作为辩论家和公职人员的经历为这首诗平添了一种不同的深度，因为天堂和地狱，还有尘世——它的程度较轻一些——都是深刻的政治环境。17 世纪 40 年代，他已经掌握了对付和摧毁其他人的辩论文章的技艺。批驳和辩论贯穿着整部诗作，出现在天堂、人间和地狱，他可以从中轻而易举地找到论据。撒旦给军队做的慷慨激昂的演说在某种程度上要归功于共和派的花言巧语，而亚必迭的回复则按照弥尔顿为原有的正义事业辩护的方式，利用了虔诚的余剩民的概念。[99]此外，夏娃不顾拉斐尔的警告离开亚当，与《论出版自由》也有共通之处。[100]

16 世纪 50 年代，弥尔顿在政治家们中间走动，听他们谈论工作，逐渐明白掌控情报是如何处于权力中心的。他发誓保守秘密，共和国晚期，当他试图临时拼凑出一种富有活力的政府形式时，在国家内部保密仍然是一项当务之急。他的上级瑟洛是情报部门的首脑。瑟洛掌管邮政部，在他的管理下，对截获的外国信件和保王派信件的收集工作已臻于完善。[101]弥尔顿显然秘密参与过至少其中的一些活动。爱德华·菲利普斯多少有些不必要地用两则展示 17 世纪 50 年代国家情报部门成就的轶闻结束了他撰写的弥尔顿传记，他明确指出"它们发生在（弥尔顿）担任公职期间，因此最有可能被他察知"[102]。弥尔顿很可能是菲利普斯唯一的消息来源。

瑟洛可能会嫉妒神拥有的监视的权力，尤其是因为那些正在被监视的人基本上是看不见他们的。反叛的天使在叛乱之前不知道与他们对立的力量是多么强大。[103] 别西卜 ① 和撒旦密谋反叛，他们把军队撤回北方，因为靠近上帝的宝座，"在这儿多言是危险的"[104]。他们没有意识到在全知全能的上帝面前，没有地方是"安全的"，而圣父是"微笑着"与神子讨论他们将怎样回应。[105] 同样地，亚当和夏娃害怕审判，认为他们可以躲进"最茂密的树丛中去"。[106]

通常情况下，圣父按照被严格定义的"需要知道"的原则行事。当反叛天使们将他们的大规模杀伤性武器藏在他们的队列——一个中空的方阵中，无所不知的圣父当然知道这些，但他选择不告诉未堕落的天使们，他们因此可以全力以赴展现他们的忠诚和坚毅："成千上万地倒下去了 / 小天使滚在大天使的身上。"[107] 善恶天使所知道的有关人间及其居住者的知识无疑是碎片化的。撒旦偷听亚当和夏娃的对话，想要知道掌控他们的法则："但不能忘记从他们口中所得的东西，/ 似乎园中的一切不都是他们的所有。"[108] 拉斐尔错过了目睹上帝造人的机会，请求亚当告诉他那些他显然不知道的事情。然而这位天使在回答这些天文问题时也并非口若悬河："你不必为隐秘的事 / 而忧心忡忡，把它们委托给天上的神。"[109] 圣父派遣拉斐尔给亚当和夏娃带去简短、目的明确的指示，仅告诉他们需要知道的，让他们了解情况后做出选择，因此他们的选择是无可辩解，"不可原谅"的。[110] 半个世纪之前，非常熟悉政府运作方式的威廉·燕卜荪发现弥尔顿"与卡夫卡十分相像"，因为"两人似乎都对极权政府有一种预知"。[111] 然而更有可能的是弥尔顿与马基雅维利一样，野心勃勃地想要确认决定所有国家运作的准则，他借鉴自己的经验，偶然发现了许多组织在控制已知事物方面普遍存在着热情。

《失乐园》中堕落的生灵展示了某种可预见的阴谋，浸淫官场多年的弥尔顿对此无疑是再熟悉不过了。因而夏娃在犯错之后，迅速对风险做了一番评估，看看与亚当分享她的禁忌知识是否更安全；假如不告诉亚当，她会占据优势，但如果惩罚随之而来，如果他也被谴责，她或许会好受一些。[112] 而撒旦的做法是，事先秘密地向他的战友别西卜透露他的阴谋，然后奸诈地利用别西卜散布他想要他的"国务会议"执行的计划。[113] 一旦他的战友们接受了他的任务，他便很快结束了这场会谈，

---

① 别西卜（Beelzebub）是《圣经》中的鬼王之一。

345

> 因为他知道诸首领中
>
> 有的见他已表示决心，也会起来
>
> 申请去冒险，明知会被拒绝，
>
> 皆可以显示自己的能干和他相等，
>
> 又可以不费力地赢得廉价的高评；
>
> 他却须经历万险才能成功。[114]

弥尔顿的诗向天使、向亚当和夏娃，或许在某种意义上，还向神子——当他接受为堕落的人类赎罪这一艰巨任务的时候——发起了一系列的诱惑。弥尔顿在《创世记》里发现了亚当和夏娃面对的挑战，但写得多少有些粗略。他似乎在利用自己的直接经验来构筑天使忠诚与否的考验。在理查德·克伦威尔继承护国公一职时，弥尔顿近距离目睹了不移交权力的可怕例子。瑟洛或许是听从老护国公临终前说的话，临时筹措了权力的移交，将权力传给了奥利弗的儿子——一个迄今为止不为人知的人物，他对军事或政治实力都一无所知。在这样做的时候，平民共和派和新模范军高级军官中的主要人物最初都表示首肯，但随即他们便需要面对要他们服从的挑战，这种挑战是压倒一切、灾难性的。圣父向聚集在一起的天使们透露，神子将在未来统治他们，这构成了三分之一的天使都无法抵抗的诱惑。弥尔顿受到复辟的残酷影响，非常清楚怎样才能最好地激怒那些野心勃勃、自视过高的人。

　　当然，我们不认为弥尔顿想说理查德·克伦威尔是一个救世主式的人物，同样奥利弗不是撒旦式的，瑟洛也不是神一般的人物。在众多构成这部史诗的要素当中，读者能读到政治动物是如何怀抱着希望、恐惧和渴望行动的。弥尔顿在复辟时期失去了他在17世纪50年代赚取的大部分收益，但他担任公职的那些年月，自然也不是没有一些不那么实实在在的好处的。

　　这部诗作带有弥尔顿政治经历的烙印，但在第一、三、七、九卷卷首向缪斯呼吁灵感的诗行和叙述者偶尔插入的叙述中，还出现了另一个样貌的他。诗人的这个形象不仅在诗作中俯拾皆是，也可见于弥尔顿对创作实践的陈述，而所有这些似乎都来自弥尔顿本人。他塑造的这个人物明显具有维吉尔的风格。就像年轻的维吉尔在《琐事》第14首里宣告他终有一日会写出一部史诗来，弥尔顿也常常提醒读者他有着相似的抱负。对他创作实践的记述有近似的来源。

346

例如理查森说弥尔顿在创作《失乐园》时，"早上常常躺在床上创作——他会一口气口述许多，或许有40行，然后把它们缩减到一半"[115]。与此类似，多纳图斯说维吉尔

> 据说他在写作《农事诗》时，每天清晨会口述大量他已经酝酿好的诗行，然后把这一天花在打磨它们上，将它们减少到寥寥数行。他过去常说他写诗就像一头母熊照料其小熊崽，逐渐把它们舔舐成形。[116]①

许多个世纪以前，清晨前来维吉尔床边造访的缪斯，和晨曦染红东方之时来探访睡梦中的弥尔顿的，似乎是同一个女神。在这部诗作中，弥尔顿将他自己塑造成一个维吉尔风格的基督徒。不管怎样，弥尔顿的性格争强好胜：维吉尔的缪斯会从爱奥尼亚的山顶飞来陪伴他，但弥尔顿的缪斯会飞越爱奥尼亚的高峰。维吉尔计划为恺撒书写一座神殿，而弥尔顿的人物却宣称圣灵"喜爱公正和清洁的心胸，胜过所有的神殿"。弥尔顿为他自己塑造了一个受上帝引导写诗的角色。

　　声称灵感来自上帝，常常会让现代的世俗读者尴尬不已，对于现代的基督徒读者来说，或许还有些亵渎上帝的意味。17世纪末，类似的观点也广为传布。托马斯·霍布斯在1650年写的文章中怒斥这"愚蠢的习俗，有人明明可以依照自然法则和自己的想法说出生花妙语来，却偏偏喜欢被认为是靠灵感说话，就像是一支风笛"。在同一卷里，戴夫南特指责那些"轻佻地装作与真正的上帝十分熟稔"[117]的诗人。弥尔顿蔑视这些相反的意见，他在自己的辩论文中就曾对此进行过批驳，并且将他自己塑造成一个深受上帝启发的诗人。在第一卷里，弥尔顿求圣灵助他吟成这篇"大胆冒险的诗歌"；第三卷里，他提醒读者他和所有最优秀的古典诗人与先知一样双目失明，他的缪斯在夜晚探访他（就像维吉尔的缪斯那样）；第七卷里，他把自己描述成一个陷入"落难的日子"，被"危险包围着"，但克服了各种艰辛的英雄人物，从"每夜在我睡梦时来访问我"的缪斯那里寻找灵感。第九卷里，他再一次提到他的天上的女神"每夜降临访问"，"在我睡意蒙眬中口授给我，或给以灵感，助我轻易地完成即兴诗章"。[118]弥尔顿曾在他的许多册子里擅自为英格兰发声，如今他成了上帝与人类沟通的渠道，他为上帝代言。

---

① 在中世纪的欧洲，人们认为年幼的熊出生时是不成形的，大熊会舔它们的后代，让它们变成像熊的样子。

第十七章

阳光普照的高地

两件有关联的事务左右着 1667 年年末到弥尔顿临终这段时期的英格兰政坛，即信仰自由（和镇压）以及英荷关系。此外，自始至终未变的是多数民众对查理二世那肆无忌惮、毫无节制的宫廷与日俱增的憎恶之心。弥尔顿在绝大多数情况下很少参与国家层面的事务，但他仍然有接近权力中心的朋友（1673 年开始，他与他们的关系变得更加亲密）。比如 1661 年被封为安格尔西伯爵的亚瑟·安斯利，他依然是枢密院顾问，断断续续地担任海军财务大臣和掌玺大臣等要职，但有一段时间他身居国外，在爱尔兰政府出任高级职务。还有安德鲁·马韦尔，马韦尔依旧保有他在下议院的席位，自保王派议会（事实上，在非常国会和理查德·克伦威尔掌权期间亦然）设立之初，他便在下议院里为赫尔市代表。马韦尔代表正在兴起的反宫廷集团，即最初的"乡党"，或者为现代历史学家所熟知的"辉格党之母"活跃于政坛。他曾向安斯利寻求保护和资助，但自这个十年之交开始，他与另一派人物第二代白金汉公爵乔治·维利尔斯过从甚密。马韦尔在复辟时期的创作既有诗歌也有散文，与弥尔顿的作品相比也毫不逊色，之后我们还会再谈到它们。从马韦尔和安斯利那里——或许还有其他人处——弥尔顿了解的国家大事比罗杰·莱斯特兰奇爵士审核的新闻报纸所允许披露的更多。

《失乐园》首次出版前的几个月，第二次英荷战争以英格兰人战败告终。荷兰人发动了一次大胆、致命的袭击，他们毁掉了守卫梅德韦河入口的堡垒，烧毁、俘获了皇家海军最大的三艘舰船，全力封锁泰晤士河，从而结束了这场战争；"查理在位后经历的第一次战争以屈辱和失败收场"[1]。1667 年 8 月底，《布雷达条约》被批准，这份条约至少产生了一个让老共和派满意的结果。查理的首席大臣、复辟的主要设计者克拉伦登伯爵下台，不久之后被流放。他的位置实际上由第一代阿林顿伯爵（他是爱德华·菲利普斯未来的雇主）亨利·贝内特代替。弥尔顿另一个可能仇恨的对象是第一任阿尔比马尔公爵乔治·蒙克，弥尔顿曾在共和国晚期向蒙克恳求，但并未得到任何回应。此时，蒙克的身体状况急剧衰弱，1670 年 1 月死于水肿。他的国葬在将近五个月后才举行，那时查理才凑齐足够的资金，这或许同样令人快意。还有一位因背叛共和事业而获利丰厚的是第一代桑威奇伯爵爱德华·蒙塔古，他在 1672 年的索思沃尔德海湾战役中死去。[2]

除了旧日的敌人正一个一个凋零外，1668 年 3 月，弥尔顿的侄子、他弟弟的长子克里斯托弗也去世了。对于 17 世纪的英格兰人来说，儿童夭亡严酷无情，但也算生活的正常情况，而一个成年儿子的去世却不是。小克里斯托弗在 1661 年跟随父亲进入内殿律师学院，1668 年 2 月 9 日取得律师资格；一个月后死去。1669 年 12 月，弥尔顿弟弟另一个成年的儿子——在剑桥彭布罗克学院就读的十七岁的约翰，也跟着哥哥一同进入了坟墓。[3]

查理与保王派议会的关系在克拉伦登失势之后变得十分不稳定。除了像马韦尔这样一直以来对复辟政府心怀不满的人之外，其他人都在不同时间批评过政府的对外政策和战争行为，他们疑心查理对天主教徒或不顺从国教者有明显的容忍倾向，或是仅仅震惊于他的宫廷的放荡淫逸。查理对英国国教没有特别的好感。对罗马天主教的宽容被掩盖在包容不顺从国教者的普通信仰自由下，在弥尔顿生命余下的岁月里一再成为政府的政策，然而这一政策时断时续。正如我们在上一章指出的，到了 1667 年，不顺从国教者可以有理由推断他们的信仰团体不会被迫害至消亡。事实上，到了 1667 年秋天，查理在议会上强调宗教包容原则，这大大消除了不信奉国教的新教徒残存的疑虑。第一部《非国教教派秘密集会法案》被同意终止。

但查理对不顺从国教的想法游移不定，他又在议会上试图安抚那些积极推动制定《克拉伦登法典》[4] 的英国国教会狂热分子。弥尔顿人生的最后几年，政策常常改变，而这些政策的改变必定触及他最亲近的圈子，至少是那些贵格会教徒的福祉。在整个 1668 年和 1669 年年初，"消息传到政府，说（不顺从国教的新教徒）认为他们免受惩罚是理所当然之事，而不是一项可能被撤回的特权"。查理的态度变得强硬，1670 年年中，第二部《非国教教派秘密集会法案》

348

生效，"只要当地的行政官愿意执行这一法案，那里就有大批这样的官员"。法案的实施转而改善了他与保王派议会中多数人的关系。不过在 1672 年 3 月 13 日，查理颁布了《信教自由令》，这实际上使不顺从国教者和天主教徒的活动合法化，令他的新盟友和庇护者路易十四十分满意，《信教自由令》的颁布保护了那些在王权周围的天主教徒，确保了不顺从国教的新教徒和他们的捍卫者的支持。在这个过程中，他与他的议会的大部分成员再次疏远。两天后，他向荷兰宣战，第三次英荷战争由此开始。第二年，不信奉国教的新教徒有充足的理由可以相信既然他们的小教堂已被批准，他们的活动的合法性便得到了牢固的保障。大批贵格会教徒被释放出狱，约翰·班扬[①] 发现自己也获得了自由。但到了 1673 年春天，查理被迫撤销《信教自由令》，不顺从国教者的法律地位再次变得模糊。[5] 正如我们将看到的，弥尔顿对这些变化莫测的政治行为的反应显示出这些发生在国家舞台上的事件的复杂性。

349

国民对宫廷的道德伦理的态度总的说来非常明确：宫廷成员的行为让人无法容忍。查理曾对他周围的贵族和朝臣非常大度，我们之前已经谈到过这些人在复辟后几年里的所作所为。查理在位的余下日子里，已经没有什么可以约束他们了。而且国王本人不恰当的性事早已众人皆知，也成了人们口中的谈资。爱德华·菲利普斯旧时的雇主、如今以日记作家的身份为人所知的约翰·伊夫林曾经对保王事业极度忠诚，第二次和第三次英荷战争爆发时，他担任专员尽心竭力为伤病员服务。[6] 宫廷的出格行为却令他大为震惊，1671 年 10 月，他写道，他们在纽马克特赛马逗留期间更像是"一群穷奢极侈、恬不知耻的乌合之众，而不像是一个基督徒的宫廷"[7]。对宫廷上下的品行最为生动的描绘，来自有特别影响力的一小群人内部一位常常受国王宠溺的年轻人，即第二代罗彻斯特伯爵约翰·威尔莫特的撰述。他的讽刺性作品和其他被认为是他创作的文章以手稿的形式被广泛传阅，他为查理树立了一个难以磨灭的形象："一个快乐的君王，寡廉鲜耻、卑鄙下作"，公开炫耀他的私生子们，与"一个又一个娼妓"有染。[8]

宫廷的声誉因为对天主教的明显纵容而进一步降低："国王的妻子、他的情妇克利夫兰和凯鲁耶，以及（许多人怀疑）他的弟弟是天主教徒。"[9]1670 年，

---

① 约翰·班扬（John Bunyan, 1628—1688 年），英国散文作家、清教徒牧师，反对王政复辟，因传教违反国教规定，曾被囚禁 12 年，代表作为《天路历程》。

查理与路易十四达成了一份秘密协议——《多佛条约》。根据这份条约，查理将获得数量可观的年金，作为回报，他最后要同意宣布改信天主教，并与法国一同抗击荷兰人。对于信奉新教的英格兰人来说，荷兰人与他们同属于一个教派，在某些方面是天然的盟友，而如今统治法国天主教徒的是一位野心勃勃、奉行扩张主义的国王，法国人自然成了他们天然的敌人："在查理二世的余生，他都将受法国人的庇护，但他常常因担心路易会泄露他们合约里的细节而惴惴不安。"[10] 当英格兰与荷兰在 1672 年重新开战之时，英格兰与法国结成了同盟。但这场战争打得并不顺利。此外，议会将反天主教的立法作为投票以保障供给的必备条件。1673 年的《忠诚宣誓法案》暴露出约克公爵已改信天主教，并要求他辞去所有公职。到了 1674 年 2 月战争结束之时，查理与议会的关系已经恶化，他休会了几个月。在弥尔顿去世的那个月，议会已经停开了十五个月，这是史无前例的。

宫廷的反对势力当然可以感觉到形势正在朝对他们有利的方向转变。1667 年，马韦尔的《给画家的最后指示》的末尾描绘了查理二世在房间内独处的画面。他眼前出现了他的外祖父、被暗杀的法国国王亨利四世的鬼魂，"在他敞开衣服的一侧／可怕的伤口"显露，还有他的父亲"惨白的查理"翻下衣领，展示"他脖子上的紫色细线"。[11] 这些都是用来提醒查理君主制的不堪一击，君主惨死的先例近在眼前，而惨死者与他不无关系。1674 年，威胁的架势没有消退。

《失乐园》第一版在出版后的几年里一直在销售。1667 年的伦敦——至少是在这座城市的城墙内——就如 1945 年的汉堡和德累斯顿那样满目疮痍，尽管那里没有由炸弹引起的爆炸性大火，但火势的逐渐蔓延吞噬了大量财产，幸好鲜少有人丧生。正如我们提到的，塞缪尔·西蒙斯巧妙地将印刷品分发给多位书商，印制次数超过六次，每一印次都有不同的书名页，因此《失乐园》得以在被摧毁了的图书业和接近毁灭的大都市里继续售卖。H. F. 弗莱彻分析了幸存的版本，令人信服地推断出 1668 年到 1669 年该书的销售额是在增长。[12]

乔纳森·理查森记录了一则轶事，说的是一位过去颇有成就的诗人对这篇诗作的惊人反应：

乔治·亨格福德爵士是议会的一位老议员。许多年前，他告诉我，有一天早上，约翰·德纳姆爵士走进屋子，手里拿着一张刚印好的书页。约翰爵士，你手里拿着的是什么？这是古往今来最出色的诗的一部分。这是《失乐园》。[13]

威斯敏斯特与印制诗作的奥尔德斯门大街相距甚远，因此德纳姆似乎不可能拿到一页刚印好的纸。他多半是购买了未装订成册的诗，而他的狂热绝不是不可信的。德纳姆不仅跻身于查理二世统治晚期最杰出的诗人行列，他还对自己的创作再次产生了兴趣。德纳姆汇集自己的诗打算出版。此外，尤其是因为此时约克公爵詹姆斯与他的妻子通奸让他面上无光，他对天主教徒持极强烈的反对态度，从这一点来说，他确实能从弥尔顿的史诗中找到足够多的乐趣。

　　从这个时期的往来书信中，我们也能发现这部诗拥有不少颇具欣赏力的读者。约翰·比尔在一系列写给约翰·伊夫林的信中谈论它[14]，约翰·霍巴特爵士在给儿子小约翰·霍巴特的信中对它大加赞赏[15]。正如我们所指出的[16]，与此类似，马韦尔在他的《给画家的最后指示》中模仿它，以示嘉许。[17]1667年年末，《失乐园》第二个印次发行，1668年又印刷了两次。在第三印次中，没有出现弥尔顿的名字（据说诗作是由"作者J. M."写的[18]），不过到了第四次印刷，他的名字重新印了上去。由于书名页上弥尔顿的名字经常用他姓名的首字母表示，因此无需刻意隐瞒作者的身份。这成了一种奇特的售书方式，表明这本书的作者是籍籍无名之辈，而不是一位学识渊博，但仕途却不大光彩的大作家。

　　《失乐园》第四印次的序言内容有了明显的变化。塞缪尔·西蒙斯[19]在《印刷商致读者》里说，为了满足读者的需求，他从作者那里弄到了每一卷的概要（"内容提要"）以及"这部诗为何不押韵的原因，这个问题难倒了其他许多人"。弥尔顿在对诗体的说明里解释了这部诗为什么不押韵；他的语气时而激昂，时而又带着些挑衅的意味，他说韵脚"是野蛮时代的一种发明，用以点缀卑陋的材料和残缺的音步"。谈到这个主题时，他提出缺少韵脚或许会被"庸俗的读者"视为一个缺点，但他的做法应该"被认为树立了一个样本，在英语诗中率先摆脱了近代韵脚的枷锁，而恢复了英雄史诗原有的自由"。弥尔顿显然无意迎合庸俗读者瞬息变化的审美品位，不过他还是添加了如今印在《失乐园》每一卷开头的"内容提要"。

　　1669年，《失乐园》又添印了两个印次，4月26日，弥尔顿因为这部诗作又收到了5英镑。弥尔顿的助手——可能是托马斯·埃尔伍德——代表他在收据上签了字。这份收据或许是英国文学史上最为著名的收据，目前保存在剑桥基督学院。

6月底（大概是 1669 年 6 月 28 日），塞缪尔·西蒙斯出版了弥尔顿的《语法始于词法》，由此开启了弥尔顿生命最后几年设法出版一些早期作品的进程。"Accedence"一词现今被拼作"Accidence（词法）"，指的是单词的不同形式（尤其是屈折形式），而弥尔顿的这个标题表明词法的教学应先于语法。书的全称点明了这本书的主旨：《语法始于词法：为那些想要学习拉丁语但又不想花费太多精力的人——例如年幼或年长者——提供了足够多的规则；尤其是年长者，只需略一点拨，靠他们的刻苦勤奋足矣》。我们不清楚弥尔顿是在何时写下这本拉丁语入门书的。这本书或许是他在 17 世纪 40 年代教授拉丁语的成果，不过也可能体现的是他在晚年教年长学生的经验。有关这册书的教学法，最引人注意的是弥尔顿坚持认为语言流畅度比语言能力更重要：这一深刻的理解源于他认识到比起拉丁语语法，掌握足够阅读拉丁语文学、写出连贯拉丁语的技能更应摆在首要位置。《语法始于词法》中的大部分材料可以追溯到利利的《语法入门》（1540 年），但弥尔顿的方法受到了他与夸美纽斯和哈特立伯圈子交往的影响，这本书最具特色之处是作者急切地建议学生学习语言的基础知识，远离造词造句，从而学到真正的拉丁语。

1663 年春天起，除了在查尔方特·圣济尔斯的几个月，弥尔顿一直住在火炮大街（现邦希路），但他在 1670 年的某个时间临时搬入了书商爱德华·米林顿的房子里，米林顿的书店和家那时位于离小不列颠不远的达科巷内的鹈鹕公寓。16 世纪末到 18 世纪初，达科巷一直被书商们占据。米林顿后来成了一位出版商，之后又从事起了拍卖，但此时，他正在售卖二手书。这间临时住所的情形如何，我们不甚了然，也不清楚弥尔顿的妻子伊丽莎白有没有陪伴着他。这次搬迁很可能与弥尔顿决定卖掉他的大部分藏书有关，理由是他的收藏对他的继承者来说没有用处。正如托兰所说的，"他觉得由他把书卖掉，或许比他们自己卖对他们更有好处"[20]。

1670 年 11 月 1 日或这天前不久，弥尔顿的《不列颠史》出版。[21]前四卷在 1649 年 2 月和 3 月起草，最后两卷似乎是在 17 世纪 50 年代中期，可能是1655 年写就的。《不列颠史》最成问题的一点是它的题外话，这段文字出现在第三卷，1738 年前的所有版本都将它删去了，但 1681 年，这段文字又被加上标题《长期议会的特点》单独出版。这篇将罗马人撤退时的古布列吞人与弥尔顿所处时代的英格兰人做比较的文章很可能写于 1648 年，但也有人提出是弥尔顿在 1660 年创作的。[22]

《不列颠史》的前页有一幅老威廉·费索恩 [23] 所作的弥尔顿的雕版画像。这幅画像与普林斯顿大学图书馆内保存的彩色粉笔画像之间的关系成疑 [24]；后者可能是为了画雕版画初步绘制的一幅逼真的图样，但与费索恩通常画的那些出色的粉笔肖像画相比，它显然过于平庸了。不过，就这幅雕版画而言，我们无需质疑被画的人或是艺术家究竟是何人。雕版画的题词写着这是弥尔顿 62 岁（他要到 1670 年 12 月才 62 岁）的画像，但他的形象比粉笔画上更为冷峻苍老；粉笔画上被轻柔描绘的衣领和嘴在雕版画里变得僵硬（雕版画中衣领被画作正方形）。在两幅画里，弥尔顿看不见的双眼似乎正聚焦于观者身上。

《不列颠史》里弥尔顿反复采用的两种修辞策略对现代读者来说无疑是一种障碍。《不列颠史》沿用了《再为英国人民声辩》当中使用的自谦手法，暗示这是一本随性的消遣之作，但为了英格兰的共和主义不得不将其牺牲，为了共和国不得不将其放弃。[25] 从弥尔顿对历史的记述中，可以看出他的自由人文主义所涉及的范围和他对这项事业的投入，不过这多少促使现代读者将这部历史视为一项半途而废的工作，尽管又勉强地继续了。戴维·勒文施坦因戏谑地称这本书"流产"，很能说明问题。[26] 但它当然不完全是这样。更确切地说，这是一部重新组装过的作品，在个人所处的环境不断动荡的情况下，它的最终目的被调整为那些更容易达成的事情。我们如今读到的是一部颇为成功的作品，十有八九在接近 1670 年它第一次出版的日期时，也就是他的两部史诗首次发表中间，其经过了慎重的修改，但我们已经说过，在这个世纪中期的几十年里他在这项工程上已经做了一些工作。[27] 弥尔顿在最后影射了当时的社会，以此结束了他对英格兰历史的记述，正如其他人指出的，这部分与其说是在评论 17 世纪 40 年代或 1650 年初，不如说是评论眼前这个时代更为恰切。他于结尾处写道，在这个时代里大人物们暴饮暴食、纵情酒色、诱奸女仆，"继而辞掉她们，打发她们去妓院。"[28]，这并不是在暗指那场以《通奸法》的颁布而告终的运动所左右的那几十年——这一法案规定被判通奸罪的已婚女性将处以死刑，被判有私通罪者将处以三个月监禁 [29]。这还是一个"漫不经心"的时代，只有残存的虔诚之人在苦苦坚持——"虽然说他们中间有几个人比其他人好得多，但多数人皆是

353

如此"[30]。这与17世纪60年代末复辟时期不顺从国教者表达自我的做法如出一辙。假如这是弥尔顿对结尾所做的修改，那么我们当然可以认为，为了出版，他也细致地修改了这本书的其余部分。《不列颠史》出版之际，他正手忙脚乱地准备将其他的几项长期工作的成果、后期的诗作以及次要诗作选集的第二版付梓。此外，我们应该注意到弥尔顿为第一版编撰了超过50页（文本总共308页）的索引，这确切地表明他已将这本书整理完毕，可以交稿出版了。

正文中，第二个修辞策略又进一步阻碍了它被现代读者接受：弥尔顿想通过表现自己的用处，来赢得读者的好感，但对我们这个时代来说，他听起来疲倦，满心愤懑，还有一些乖戾。当他需要查询《盎格鲁－撒克逊编年史》时，他手头上的是亚伯拉罕·惠洛克的1643年的版本——这个版本将古英语与拉丁语翻译并排印刷，他将自己说成是克服"那些使人难以理解的空想和比喻"，用"常用的语言"总结他的原始资料。他研读蒙茅斯的杰弗里①的编年史，这部编年史充斥着"我既不使别人信以为真，自己也不急于认同的传奇"，他就像"在夜间独自上路，穿越多个平静或无意义的梦"，比德②"的一些作品乏味冗长，读起来困难重重，他四处拣选散佚的故事"，而他的继任者们给出的则是"晦涩、愚蠢的编年史"。[31]

在某种程度上，这一手法在他死后出版的《莫斯科大公国简史》（1682年）中运用得更为明显，他在书里评论道，"那些内容散落在许多卷册里，有很多时候是亲历者自己所记述的，我费尽辛劳将它们放在一起，免得读者辛苦周折，浏览如此多被淹没作家的作品"[32]。弥尔顿确实在《莫斯科大公国简史》的末尾添加了十九条参考书目。这本书的现代编辑乔治·B. 帕克斯似乎相当震惊，他忍不住评价了两次，"实际上……他在（哈克卢特③和珀切斯④的）两卷里搜到

① 蒙茅斯的杰弗里（Geoffrey of Monmouth, 1100？—1155？年），英国历史学家。

② 比德（Bede, 672—735年），盎格鲁－撒克逊神学家、历史学家，对神学、哲学、历史、自然科学都有相当研究，主要著作为《英吉利教会史》。

③ 哈克卢特（Hakluyt, 1552？—1661年），英国地理学家、西北航道公司创始人之一，在《英格兰民族重要的航海、航行和发现》等著作中向政府提出多项建议，屡受伊丽莎白一世赞许。

④ 珀切斯（Purchas, 1577—1626年），英国圣公会牧师、游记和探险作品的编撰者，编有《哈克卢特遗作，或珀切斯游记》四卷等。

图45　约翰·弥尔顿，《不列颠史》（伦敦，1670年），威廉·费索恩所绘的卷首肖像画和
书名页

了他需要的所有资料"，"是他们按年代将'散落在许多卷册里'的事迹'放在一起'，尽管这些记述经常是手稿。[33] 参考书目前注有"这些叙述所出自的不同作家的姓名"，[34] 这样的表述让我们不再是轻松愉悦地讨论早期现代时期关于作者身份的不同理念，而是接近于对弄虚作假感到真切的不安。

弥尔顿在《不列颠史》里的使用策略更加复杂。当然，他将自己刻画成一名有用的向导，想要引导读者阅读一堆令人心生怯意的材料，这一任务因而似乎颇为艰巨。但他还有另一个目的，他要将自己塑造成一个自由的人文主义者、一个冷静的新古典主义者，这位学者鄙视中世纪的原始资料，因为它们的风格和僧侣式的论断太过古旧了。他的意图或许是先发制人，因为他的不列颠历史在学术方法和全面缜密方面与同时代的古物学者的成就相比显得拙劣。比如，格雷厄姆·帕里精湛的研究之作《时间的纪念品：十七世纪英格兰的古物学者》[35] 便是重

355

356

图 46　被认为是威廉·费索恩之作，约翰·弥尔顿的肖像（普林斯顿大学图书馆）

要的纠正偏颇见解的著述。面对早期现代最了不起的学术成绩之一，在卡姆登[①]、科顿[②]、塞尔登、厄舍尔[③]、斯佩尔曼[④]和（这种情况下，或许最重要的）威廉·达格

---

① 卡姆登（Camden，1551—1623 年），英国历史学家、古物收藏家。1586 年用拉丁文出版第一部综合性的英格兰地志《不列颠志》。

② 科顿（Cotton，1584—1652 年），清教徒领袖，受迫害逃离英国，移至马萨诸塞湾殖民地，成为波士顿第一所教堂的牧师，维护公理制，主张神权政治。

③ 厄舍尔（Ussher，1581—1656 年），爱尔兰圣公会高级教士，曾任都柏林三一学院教授、阿马大主教。

④ 斯佩尔曼（Spelman，1564？—1641 年），古物学家、教会和法律史学家。他的著作以《英国教会的议会、法令、法律和宪法》最为知名。

代尔爵士①的成果（全是真材实料，而不仅仅是嘴上吃喝）面前，弥尔顿完全被边缘化了。

弥尔顿暗示不会有自由学者在古物学家研究的那类故纸堆里浪费时间。当然，他并没有浪费时间，他的历史学完全是建立在业已出版的资料的基础上的。就在弥尔顿炮制他对诺曼征服前的相对简略的历史叙事时，这些古物学家中最杰出的达格代尔认识到那些仍然保存在修道院里的记录的丰富性，正孜孜埋首于他的巨制《英国修道院》。该书的第一卷发表于 1655 年。达格代尔在不合宜的时代撰文写书，"共和国年月里盛行的思想倾向不利于古物学家的研究……（因此）书商们并不愿意出版达格代尔的著述"[36]。精明世故的弥尔顿深知竞争的传统和他自己相对浅薄的学识，他说，"我自愿经受这番辛苦劳作，而非不去了解我们古老历史可以被知晓的内容，这些须从虚构和不相干之事中精心筛选而得；假如其他人喜爱这令人不甚愉悦的艰苦劳动，我倒是省去了他们不少麻烦，那些终其一生都以在老寺院和大教堂里翻寻资料为乐的人除外"。当他在做这番评论时，他打的是自由人文主义者的牌。[37]

我们相信弥尔顿大约有二十五年的时间一直在不间断地研究和撰写历史，而这些评论的语气多少会让现代读者茫然失措。如果他不认可这些原始资料，那为什么还要抓着这个主题不放呢？事实上，《不列颠史》的创作全凭他的一己之力，似乎是一件苦差事。这反而让我们看不到它真正的面目：一部戏谑、风趣，凝聚着激情的作品，是弥尔顿满腔热忱地陈述他的主题思想和价值观，并对历史和政体进行思考的重量级著作。

沉默弥足珍贵。弥尔顿呈现的不是一部颂扬不列颠或英格兰的民族史。确切地说，这是一部描绘了原始、无知、腐化、堕落的早期历史的作品。他刻画的布列吞人与野蛮人无异。弥尔顿常常表露出英格兰人对不列颠岛屿上其他民族惯有的不屑，比如对苏格兰人（这里倒不像在别的地方那样明显）、居住在他们"多山、贫瘠角落"的威尔士人、栖身于"沼泽"的"未开化的爱尔兰人"。但他的先人们似乎并不比这些民族进步多少，而是如孩童般，在罗马人的鞭笞下，暂时长成了文明人的样子。[38] 这不是天选之民的史前史；无论英格兰随后的历

---

① 威廉·达格代尔（Sir William Dugdale，1605—1686 年），英国文物学家、宗谱学权威。他撰写的《沃里克郡志》对后世地方志的编撰产生了重要的影响。

史如何，都与那段过去无涉。弥尔顿对先例，以及对先前可能发生的事情在当代造成的后果漠不关心，这让他忽略了激进立宪派的论点，即诺曼征服前的英格兰出现的法律制度或古老的混合政体可以被有效地应用于他这个时代。

毫无疑问，从共和主义的立场来看，颇有用处的一点是弥尔顿所书写的过去没有显示出君主制是约定俗成、神圣久远的，因为人们可以在诺曼征服前的岁月里找到许多种政体形式。沃蒂根①是"首领而不是唯一的王"。早期的撒克逊定居者有"七个专制王国"。对于爱德华来说，"整个岛屿臣服于他，不过也正如那些小邦之王在他治下统治"。埃塞尔雷德死后，在诺森布里亚甚至出现了一个共和国，这个共和国存在的时间比弥尔顿所处时代的英格兰共和国多少还长一些，他下面的这段评论明显带有欢喜欣悦的意味："一个又一个国王被他们的子民杀死，以至于有三十三年的空档期，没有人敢——尽管从未这般野心勃勃过——拿起诸人深觉烫手的权杖（我读到过的治愈野心的唯一有效方法）"；括号中的插入语似是有意为之。弥尔顿看起来是要极力主张皇家血统古已有之。据说亨吉斯特②和霍萨"源自沃登③的第四级血亲；沃登的不朽功业使他化身为天神，那些国家的大多数国王是他们的血脉"。埃塞尔沃夫④的编年史家们"写……他的家谱，从儿子到父亲，直推到亚当"。这或许倒是有趣地早早抛出了罗伯特·费尔默爵士的观点。[39]⑤

弥尔顿的成见反复出现，这些见解并非都能为现代读者所接受。而这本书可能是他最歧视女性的作品，这样做有时会让人尴尬不已。教化蛮族的罗马人

---

① 沃蒂根（Vortigern），不列颠国王，活动期在420—450年前后。其统治范围为英格兰南部和威尔士地区，曾邀请欧洲大陆盎格鲁—撒克逊人首领亨吉斯特和霍萨率部至不列颠，以驱逐来自北方的入侵者皮克特人和苏格兰人。

② 亨吉斯特（Hengist，？—488年）英格兰的一位国王，相传他与弟弟霍萨同为第一批迁到不列颠岛的盎格鲁–撒克逊人的领袖。据说他们前来不列颠是为了协助国王沃蒂根在446—454年与皮克特人作战。

③ 沃登（Woden），日耳曼神话中的主神，相当于北欧神话中的奥丁，是阿萨家族的众神之王。

④ 埃塞尔沃夫（Ethelwolf，795—858年），英格兰盎格鲁–撒克逊时期第二位国王。

⑤ 罗伯特·费尔默爵士（Sir Robert Filmer，1588—1653年），英国哲学家，推崇君权神授说。

令弥尔顿极为钦佩，而博阿迪西亚^①遭他们鞭笞，她的女儿们又被他们强暴；根据原始材料记载，她用这段经历激励她的军队，弥尔顿说这一行为比她受到的伤害更为恶劣，因为理应让这些事情"归于沉寂、避免提及，而不是让一名女子复述那些发生在她身上的事，或在一大群男人面前听他人反复说"。正是这种毫无根据的论断让人极为不安。但博阿迪西亚代表的是在权力治理领域女性独断专行的极端形式，这让弥尔顿一再忧心忡忡。[40]《不列颠史》中，弥尔顿不断让人看到女性会对政府产生有害的影响，这就为他控诉查理一世的"女人气"提供了背景，查理一世总是屈从于他妻子的判断，弥尔顿在《偶像破坏者》中表达并且进一步发展了这一观点。[41] 他深知无论从基本原则来说，还是从他这个时代的考量来看，这种"女人气"都是失当的。这不是从远古的历史中吸取的教训，而是在这段历史中不断重复的错误。

一妻多夫制既让弥尔顿着迷，又让他心生厌恶："其他国家的男人拥有娶多位妻子的自由，这不是不近人情的。总的说来，不列颠人更加放荡淫乱，他们的放荡淫乱更为荒谬乖戾，十或十二个男人共有一个或多个妻子。"弥尔顿诡秘地暗示一夫多妻制是合乎常情的，他不断地称颂它，尽管话语离题甚远："爱德华国王因此勇敢地……即使是在战争中，也成了一位建设者和修复者，而不是他的国土的毁灭者。他与许多位妻子生下了许多孩子。"[42]

在弥尔顿的记述中，一种戏谑的反教权主义和生硬粗暴的清教徒式的新教教义俯拾可见，并且促成了这当中最有趣的笑话。奥古斯丁^②与埃塞尔伯特^③的会面开启了英格兰信仰基督教的序幕，那时，这位国王"挑选了户外某个地方与他们见面，他的心头萦绕着一种古老的信念，假设他们用咒语来欺骗他，而所有的咒语一旦到了室外，便不能起效了"。弥尔顿使用的原始资料来源于比德。弥尔顿描述奥古斯丁的队伍是如何带着旗帜、银质的十字架、基督"画像"，"唱着庄严的连祷文"前进的，还尖刻地加上了评论，国王疑心咒语正在

358

---

① 博阿迪西亚（Boadicea，？—62年），古不列颠爱西尼人的王后，丈夫死后，领导反罗马人的起义，战败后服毒自杀。

② 奥古斯丁（Augustine，？—604年），罗马本笃会圣安德烈修道院院长，597年率传教团到英格兰，使英格兰人皈依基督教，同年任英格兰坎特伯雷基督教大主教。

③ 埃塞尔伯特（Ethelbert，552？—616年），撒克逊国王，曾统治亨伯河以南的英国全部地区。597年圣·奥古斯丁使其改信了基督教。

起作用，而他们的行为加深了他的怀疑。在弥尔顿的时代，仍然为天主教徒和高级教士所喜爱的那些欢快的轮流吟唱的颂歌也不过如此。僧侣埃尔默不仅声称拥有预言的能力，而且在一次载人飞行的实验中遭受重伤：他"不能预知当他飞升得太高的时候，他的腿会在何时折断"[43]是多么奇怪啊。

弥尔顿通过哀叹原始资料里的内容，对神职人员展开了更为广泛、不受历史限制的攻击。那些"狡猾的潜行者，名义上的牧师，其实是狼……将牧师这一职位当作一种生意，而不是精神上的责任"，这些人在道德上如同《论国王和官吏的职权》中的长老派牧师——"他们在不同的圣职间徘徊，就像贪婪的恶狼，找寻可以吞食最丰硕食物之处"——也如同米迦勒警告亚当要提防的那些后使徒时代的牧师。[44]

为了证明僧侣隐修有理，吉尔达斯既需要鞭挞世俗机构，也需要痛斥教会[45]；这种做法也非常适合弥尔顿，因为他需要抨击的是长期议会和由长老派控制的威斯敏斯特神职人员大会。1670年《不列颠史》出版前，有一篇现存于非他亲笔写的一份手稿中的《题外话》被撤除；这篇《题外话》在他去世后的1681年印刷，原稿显然来自一位受罗杰·莱斯特兰奇爵士资助的托利党书商，作为围绕"排斥危机"的有争议的文献出版。我们不确定托利党人是如何找到原稿的。爱德华·菲利普斯回忆弥尔顿曾将"他的一份未获批准的《不列颠史》的稿件""送呈"安斯利伯爵。[46]

如果这一篇章是在审查者的坚持下撤掉的，撤掉的结果是《不列颠史》的条理性更强了。假如这篇《题外话》是在17世纪40年代末普赖德大清洗之前写就的，那么它具备的相关性就极为飘忽了。吉尔达斯的文章反映的是一个注定要遭受外族入侵，并且做好了复兴隐修院准备的社会；到了1649年，弥尔顿的目标不再居于突出地位，他一直提倡的宗教信仰自由大获全胜，英格兰有了一个共和政府，而弥尔顿是它最重要的辩护士。在17世纪70年代，长老派仅仅是不顺从国教者的一个派别，与其他所有不信奉国教的新教徒一样，在法律上被排除在信仰自由之外。保留这篇《题外话》会冒遭人奚落的风险。

359　　弥尔顿的作品在1681年被人擅自使用，对此我们不应该感到惊讶，因为从某种意义上来说，《不列颠史》总体上是一部托利党的原史①。经典文学中与它最为相似的是《格列佛游记》里的格勒大椎篇②。在这一章里，格列佛获准遇见现代历史中许多人物的鬼魂，"多少恶棍升上了高位，受信任，享大权，有钱有利，作威作福"[47]，这令他大为震惊。弥尔顿的这场修史冒险也与格列佛的游记有相仿之处。这是一场远离宏大叙事的旅程。弥尔顿否定了英格兰是天选之国、是享有特权的国家这一虚构的信念。他拒绝受 17 世纪新教的史学著作的影响，放弃了约翰·福克斯和约翰·贝尔③的文化遗产——他们耐心地记录了信徒们依照上帝的意志，在英格兰宗教改革发展的进程中遭受的苦难和取得的成功。总的说来，他放弃了一种命定的历史观。在他的记述中，善良的人多磨难；恶人可能获胜，鲜少有作恶之徒因为他们的所作所为受到惩罚，但每个连续的文明都会以灾难结束。他同样还远离了圭恰迪尼④和马基雅维利制定的准则，他们认为从历史研究中得出的经验教训，可以让后世之人明智处世，因为人们做出的政治行为常常是无价值或徒劳的。

弥尔顿的叙事中没有出现英雄，也不妄自尊大。文章伊始，他便开始质疑修史这项事业：

> 当然，我们常常见到贤人，还有那些能力出众的人克制住写下他们那个时代所作所为的欲望，他们憎恶、鄙夷地凝视着那些人与他们的行为，这些人不仅可耻、执拗、堕落，而且卑鄙、猥琐、配不上任何史书；他们要么凭着运气，要么靠着一些粗率的选举，在管理共和国时掌握大权，他们的判断让人反感，常常让这块土地蒙羞。[48]

《不列颠史》的结尾与马姆斯伯里的威廉相呼应，是一段具有普遍意义的思考，

---

① 原史（proto-Tory history），指在一种文明还没有发展出自己的书写系统，但被外部其它文明以其文字所记载的时期。托利党于 1679 年产生，作者因此称弥尔顿的《不列颠史》为托利党的原史。

② 《格列佛游记》"格勒大椎篇"（Glubbdubdrib）中，格列佛在巫人岛"格勒大椎"的一位巫人贵族家里，见到了许多著名人物，并且了解到了一些历史事件的"真相"。

③ 约翰·贝尔（John Foxe，1495—1563 年），都铎王朝时期的主教、神学家、剧作家。

④ 圭恰迪尼（Guicciardini，1483—1540 年），意大利文艺复兴时期的历史学家、政治家。先后担任罗马教廷驻摩德纳、罗马涅和波伦亚总督。著有《意大利史》20 卷。

值得用斜体字标记："正如上帝的长久磨难会让恶人与善人共享荣华，同样，上帝的严厉常常不会让善人免于同恶人共历厄运。"[49]

1670 年 7 月 2 日，《复乐园》获托马斯·汤姆金斯批准，9 月 10 日，它与《力士参孙》一起完成出版登记。《复乐园》的创作必定晚于《失乐园》，在某种程度上或许还应归功于托马斯·埃尔伍德对前一部诗作的评价。[50] 与之一同出版的《力士参孙》的写作日期并不那么确定。爱德华·菲利普斯提到，"不能肯定地推断出他在何时写下这部出色的题为《力士参孙》的悲剧，但毫无疑问，它是在《失乐园》出版后，与他的另外一部被称为《复乐园》的诗作一同问世的。《复乐园》的落笔、完成与印刷无疑是在《失乐园》发表之后，在如此短促的间隙，竟能创作出如此绝妙出众的作品"[51]。这段文字有几个让人感兴趣的地方。我们注意到，对于曾在弥尔顿创作《失乐园》时与他密切合作的菲利普斯来说，用四年时间写出一首两千行的短诗看起来像是一件轻松的活，这也为我们推断弥尔顿在他的第一部有《复乐园》五倍长的史诗上花费了无数时日的观点提供了论据。

1648 年到 1655 年的大部分时间，以及从 1665 年开始到 1669 年至 1672 年的某个时间，菲利普斯都远离伦敦及其周边地区。这两个阶段都可以与《力士参孙》的创作期对应，因此，弥尔顿有可能是在这两个时间段中的任一个中创作的。[52] 考虑到《失乐园》先例在前，我们无须认为在这两个时间段创作《力士参孙》的说法相互排斥。事实上，这部只供阅读，不适合演出的书斋剧明显应和了第三次英荷战争，但它又着重写到个人失明后的切身感受，这同样表明弥尔顿很可能是在残疾的最初几年写下的。

《力士参孙》当然不是一部加密的自传。无论是在 1654 年还是在 1669 年，弥尔顿与参孙的形象都是截然相反的。参孙承认他该为自己被弄瞎眼睛负责任："这不怨我自己，还怨谁呢？""我今天的受难 / 主要原因还不在她（达利拉），却在于我自己。""这些灾难落在我身上没有错 / 是公正的，我自作自受。"[53]① 与之形成鲜明对比的是，弥尔顿竭力想要呈现他的失明是因他的英雄作为而起，是他不顾医生警告，为了捍卫英格兰的共和事业，与萨尔马修斯斗争造成的。[54] 还有一点，参孙拒绝逃出监狱——他在那里为俘获他的非利士人辛苦劳作，他认为这是对他不能守口如瓶之罪的合理惩罚。在监狱里，他"受到仇敌嘲笑，俘虏，挖掉眼睛，/推进地牢和奴隶一起做苦工！"[55] 他不要他的父亲玛挪亚救他出来。而弥尔顿在复辟时期通过他的朋友从中斡旋，得以将他的名字添加进《赦免法案》，从而迅速被人从监狱里释放了出去，这与玛挪亚建议的方法十分相似。[56] 事实上，玛挪亚的建议，"倘若你能避开惩罚，你就应当保护自己"[57]，与弥尔顿自己的策略极为接近。当达拉徒劳地提醒参孙，失明的人"还有别的感觉去享受，/人生原有其他各色各样的享乐，/可以在家清闲自在"[58]，弥尔顿或许回想起了他从年轻的妻子和温暖的床铺中获得的愉悦。

图 47　约翰·弥尔顿，《四卷本诗作〈复乐园〉，另附〈力士参孙〉》（伦敦，1671 年），
出版许可和书名页

---

① 译文出自《弥尔顿诗选》，朱维之译，人民文学出版社 1998 年版。下文中《力士参孙》译文均出自该译本，此处有改动。

就像在《失乐园》中，我们可以清晰地看到 17 世纪 40 年代和 50 年代的见闻和基本信念，以及一些针对复辟时期道德观念的尖锐的嘲讽话，《力士参孙》亦然。对决斗的狂热把查理二世的宫廷搞得乌烟瘴气，这种狂热"在军人和朝臣中间蔚为流行"[59]。这个时期有一起最臭名昭著的冲突，白金汉公爵"杀死了他的情妇的丈夫什鲁斯伯里伯爵，由此毁了他在这个国家的名誉……小道消息称伯爵夫人伪装成一名男侍，目睹了这场争斗，还有人说，争斗结束之后，她与白金汉做爱，而他的衣服上仍沾着血迹"[60]。在《力士参孙》中，弥尔顿将神气活现的哈拉发刻画成一个潜在的决斗者，但这位非利士人避免在决斗中检验他的勇气、技巧和力量，这是《士师记》没有提到的。弥尔顿以他在曾经混迹的权力圈子里打磨出来的精明强干，借参孙之口分析他可能的行为。合唱队担心哈拉发会向他的非利士主人表达他的好斗之心，参孙评论说他一旦这么做，必定会招致风险，他们会强迫他接受挑战。[61]

这首诗的结尾是，报信人报告，参孙给庆贺的非利士人造成了惨烈的伤亡。这是一次仓促而就的反宫廷、反教权主义的袭击。参孙注意到"首领们在酒酣时最为威风凛凛; /酒足饭饱的祭司 /最热烈"[62]。参孙在他们喝得酩酊大醉时向他们发动了攻击，"当他们趾高气扬，得意忘形, /沉迷于邪教，沉醉于美酒"，这幅画面与查理在纽马克特的宫廷的随员们十分相像。[63] 参孙的方法还颇为诡诈，他在拉倒大厦前假装靠在大厦的柱子上休息，利用领路人的善意，引发了这场破坏。[64] 弥尔顿在《圣经》记述的基础上，加上了"豪绅贵族，娇嫩如花的美人"被杀害，"幸免的只有那些站在外面的穷百姓"[65]，这或许与对无产者的同情无关，仅仅是庆祝那些被另一个冲突的时代称为"高价值目标"的人的死亡。[66] 我们没有理由怀疑这部诗作赞同玛挪亚和合唱队对这场屠杀表现的欣悦之情！

在最初的语境中，这首诗让人把它理解为一种愉快的想象，就在压迫者幸灾乐祸地看着眼前的景象时，被压迫人民中那位沮丧的斗士屠杀了这些压迫者。我们猜测弥尔顿多少希望查理二世的欢乐宫廷也遭受同样的命运。无论如何，这不是一部恐怖主义者指南。将弥尔顿塑造的参孙形象与我们这个时代的恐怖分子联系起来，是误解了这部诗作以及现代恐怖主义的本质。恐怖主义试图用小规模但血腥的暴行影响政治行为。那些犯下罪行的人可能怀着他们是在施行某种宗教或革命正义的想法，但更重要的理由是要改变被攻击政权的政策。参孙不太关心非利士人的民意，弥尔顿也不可能用他所描绘的景象吓倒这个政权，让其有更好的行为。确切地说，他或许是对查理对待不顺从国教者无休止的反复无常感到厌恶，因此幻想着查理二世邪恶的宫廷里会有大量的人死去，在这些人当中还有不少天主教徒。

诗中的论调让人不安。玛挪亚曾抱怨一些非利士人的首长要报复泄恨，同时又欣然接受另一些首长的"宽大为怀"。在 250 行诗里，他欢快地预料非利士人会有"多年的悲痛"[67]。弥尔顿所处的时代常常是残酷无情的，他有时会表现出那时最令人忧虑的价值观和设想。显然，与此类似的情况是关于针对天主教徒的大屠杀，例如，在德罗赫达或韦克斯福德发生的屠杀，又或是所谓的1623 年"黑色晚祷"事件。在最后这起事件中，一大群天主教徒在秘密集会做弥撒时，一层楼坍塌，多人丧生。这起事件被同时期的人宣告为上帝对堕落者的惩罚。在同时代人绘制的插图中，被压的尸体和倒下的古典圆柱的景象与参孙引起的杀戮极为相像。事实上，正如利奥·米勒指出的，弥尔顿那时的朋友亚历山大·吉尔写了一首诗，诗中将小教堂的倒塌与参孙毁掉大厦作比。[68]

弥尔顿担任公职时的一个执念，即对敌人保守秘密，此时对他来说仍有价值。参孙深藏着秘密，他与非利士人玩起了把戏，那是因为他知道的比他们多：这就是猜谜的本质。但参孙将他最后的毁灭完全归咎于"可耻的不能守口之罪"。

> 泄露人世的秘密，朋友的秘密，
>
> 事实是何等重大的罪恶，
>
> 该受人蔑视和唾骂——被排除
>
> 在一切的友谊之外，人人躲避他
>
> 认为他是个保不住秘密的浑虫！
>
> 该在额头上打上"愚蠢"的烙印！
>
> 我是上帝的一个士师，却没有守住
>
> 神圣的秘密，却把它信口泄露，
>
> 这是违反命令，至少是软弱和可耻……[69]

363

对此，瑟洛显然会点头称是。

1671 年出版的这本集子中两部作品之间的关系造成了阐释上的难题。在形式上，这两部作品的关联显而易见。它们各自包含着孤立的主角和那些以不同方式诱惑他或向他挑战的人之间的一系列对话，但在《力士参孙》里，一些诱惑是善意的，比如达利拉和玛挪亚提出的悠闲过活，而在《复乐园》里，神子面对的是伪装成不同模样的诱惑者。两部诗作各部分篇幅相当，在它们的结尾，有几行诗十分相似。

> 到这里来迎接他（参孙）
> 静穆、严肃地列队，挽送他
> 回故乡，一直到他列祖的家门……[70]
>
> 她们这样歌颂神子，我们慈悲的
> 救主，为胜利者，并由天上的宴席，
> 恢复了他的气力，走上欣喜的路；
> 从一条秘密的路径，回到母亲的家。[71]

一个是送葬的队伍，另一个是秘密的无声的胜利。弥尔顿请他的读者思考这两者哪一个更可取，或者更确切地说，哪一个更契合主题。关于该如何回答这个问题，他在文化上给予了强有力的引导。

答案出现在弥尔顿创作的神子和撒旦之间一场令人困惑、似乎又毫无必要的争论之中，争论的是希腊文学传统和希伯来文学传统的优缺点，这一事件是《圣经》中没有提到的。神子从古典学术的从属地位谈到内在智慧，继而称希伯来语作品更胜于希腊文学，前者"正确地赞美上帝"："来自上帝的灵感，不是从你（撒旦）而来的。"[72]当然，《力士参孙》是以希腊戏剧为范本的；而《复乐园》正如芭芭拉·莱瓦尔斯基很久以前提出的，是将简短的史诗《约伯记》作为典范的。[73]

而且，弥尔顿写道，"参孙到底 / 像个参孙，英雄地结束 / 英雄的一生"[74]，而《复乐园》却是要称颂"超乎英雄的伟绩，那些伟绩虽是暗中做下的"[75]。《力士参孙》给它的读者留下了一个未解的难题——参孙是如何忍受他的磨难，也留下了一丝宽慰："心中宁静，一切的愁云消散。"[76]这句诗总结了合唱队和读者——读者和他们一样目睹了这场斗争——的感受。但在《复乐园》这部简短的史诗里，最大的难题是向撒旦提出的，而神子尽管努力理解他神圣的地位和

364

使命，但他信任的唯有天意："领我来的那位／自然会领我回去，我不必别求向导。"[77]

《失乐园》显示出弥尔顿对千禧年的思考有了根本性的改变，因为基督的复临看似确定无疑，但时间又几乎被无限期推迟了。在《复乐园》中，只有撒旦和他的同僚关心基督到来的具体时间。神子展示出了超乎寻常的被动，他完全拒绝考虑撒旦建议的促成其王国建立的实际措施。他的观点与第五王国派的信念截然相反，后者相信直接行动可加快千禧年的到来。正如其他人指出的，神子面对撒旦的诱惑，他的反应可以用贵格会教徒的和平主义来概括。事实上，现代公谊会①的基本准则就源于韦内起义结束后发表的"这场运动的著名的和平证词"，目的是阻止混乱的政权掀起一波迫害的浪潮。[78]

无论如何，弥尔顿 17 世纪 40 年代和 50 年代的价值观再次影响了这部作品，其中还加上了弥尔顿本人对他的政治经历清晰明确的反思。当撒旦将罗马人的政治生活图景展示给神子看的时候，后者极为细致地评论了他们的外交工作：

> 至于所指示的
> 远近各国的使节，那有什么体面？
> 除了虚度光阴的乏味长坐，
> 勉强听着虚伪的应酬和谎话，
> 以及庸俗的阿谀之外，还有什么？[79]

对赫尔曼·米利乌斯的漂亮恭维话也不过如此。[80]

这一次，弥尔顿有些狡黠地让撒旦表明了反教权主义的观点，撒旦对神子说：

> 您那位神圣、睿智、洁净的父，
> 尚且容忍虚伪而不信神的祭司
> 踏上他神圣的宫廷，走进祭坛，
> 去执行神圣的事务，祈祷或发誓。[81]

---

① 现代公谊会，贵格会的另一名称。其为基督教新教的一派，1650 年由英国人乔治·福克斯创立，提倡和平主义，反对一切暴力和战争。

神子没有反驳他的主张，而是更为详尽地讨论了另一个具有当代意义的问题。从 17 世纪 40 年代起直至汉诺威王朝，有关常备军的费用和他们对公民自由造成威胁的争论一直屡有发生。在 17 世纪 60 年代和平时期要维持多少数量的军队这一问题备受争议。弥尔顿在创作《复乐园》时，全国正广泛开展动员，以应对第三次英荷战争。这部诗作不厌其详地嘲讽展示军事实力的行为。撒旦让神子观看了一场盛大的军事演习，这段叙述采用了诗中不常见的诙谐的文字游戏的方式："成千上万①/ 从各城门中倾泻出来，/ 个个都身披铠甲，带着军人的骄气"，等等。神子听闻撒旦的话语，不在意这些"肥满而发光的臂膀，徒有其表，/ 脆弱的武器"。他最后补充道，"战场上那笨重的辎重"只是说明"人类的弱点，而不是表现他们的力量"[82]。

神子将撒旦的诱惑用作他构建真正王权的基础。因而在辩论中，他不赞同撒旦叫唤的"地上的各国君主，他们的豪奢和威风"，不理会"这个表示奢侈的富丽和堂皇，/ 可以称得起豪华"。[83] 针对君主制和帝王的统治，弥尔顿提出了两种与之相对的概念。第一种是一个比喻，将每一个个体比作一个小王国。理性和美德应该统治人类的心灵：

> 然而那君临自己内心，而治理情绪，
> 治理欲望和恐惧的人，是更大的国王；
> 这是每个智慧人，德行高超的人所能做的；
> 那些不智不德的，只怀着恶意去管理
> 好汉们的诸城市，或顽强的群众，
> 自己心里却纷扰不堪，成了无政府的状态。[84]

在这里，更大的论点指向了个体的完整和一种内在本质，这种内在本质给予了一个混乱、充满敌意的世界些许的安慰，即存在一个由理性国王和美德王后统治的内在乐园。但神子不是普通人；弥尔顿让我们看到神子认可了他担负着的历史使命。神子向撒旦解释什么将使他的王国异于别的王国，考虑到那项使命诸多的不确定性，他已竭尽所能：

> 你要知道，当我的时候到来，坐上

---

① 原文为 "numbers numberless"。

大卫的王位之后，要像一棵大树，

伸展枝杈来荫盖着全世界，

或者像一块石头，打碎

全世界上其他一切的君主们，

我的国家却真的永无穷尽。

对于这，我自有方法，这方法不是你

所能了解，也不是我所能告诉你的。[85]

正如编辑们指出的，弥尔顿的文本与《但以理书》和福音书紧密呼应。在这当中，不能否认神子的君主身份。新模范军中更为激进的兵团有时会将"基督是唯一的王"作为格言，写在战旗上。弥尔顿深知那仅仅是他们的想望；他的世界里有无数位君王。然而，他让神子暗示有一种超乎寻常的君主制，可以让世俗的王权化为乌有，但未暗示它何时会到来。《力士参孙》里，谨守秘密是一项美德，而神子是不会泄露秘密的。

366

　　弥尔顿对贵格会的传教方式抱有巨大热情，他最初在 1659 年发表的小册子上提到过此事，如今最终得以确认。他在《关于解除教会雇员的最适当的建议》中评论"肯屈尊躺在马槽里的人也不会不屑于在谷仓里听人讲道"，"这样的集会"是"最符合使徒身份、最原始的"。那些最早被确认为新教改革者的人"因为生活贫困，被称为里昂的穷人"。[86]① 弥尔顿在《复乐园》里特别强调了耶稣的穷困（"大家都知道您父亲不过是个木匠，/ 您既生长于穷困之中，家境贫寒"）以及最早期使徒的卑微地位："平凡的渔夫们，他们没有更大的称呼，/ 拥挤在一间低微的茅舍里。"[87] 这里还有一个反主教制的观点。谁会有兴趣大肆宣扬使徒的社会地位？除了教会里的大人物，谁会宣称主教制源于使徒时代，并以此来证明这种教会管理制度的合理性？

　　1672 年 5 月，弥尔顿出版了他的《更全面阐述逻辑的艺术，根据彼得吕斯·拉米斯的方法编排；附有分析练习和彼得吕斯·拉米斯的生平介绍》（《逻辑

---

① 早期的韦尔多派被称为里昂的穷人。

的艺术》)。《逻辑的艺术》在某种程度上是将拉米斯的《辩证法》1572 年版重写了一遍，但弥尔顿的这部作品同样从乔治·唐纳姆对彼得吕斯·拉米斯的拉丁语评论中获益良多，因此它在另一种意义上也是改写了唐纳姆的文字；与此类似，这部拉米斯传记是约翰·弗雷赫所撰的拉米斯生平的精简版。[88] 对拉米斯的逻辑学和他的方法的热情如今看来似乎是用错了地方，因为他对逻辑史没有做出长足的贡献，但不能忽视拉米斯产生的巨大影响。在弥尔顿出版他的《逻辑的艺术》之前，拉米斯的逻辑学和修辞学已经有 1000 多个版本，而《逻辑的艺术》是拉米斯的逻辑学的最后一个英语校订本。对拉米斯的了解程度被新教作者认为至关重要，这一点或许可以由拉米斯的版本与弥尔顿的书于同一年在美国出版这一事实来判定：《辩证法》被"印第安人的使徒"约翰·艾略特翻译成英语和马萨诸塞州的阿尔贡金语，这个版本是两种语言的隔行对照本。人们相信拉米斯的逻辑学对牧师、医生、演讲者、数学家和律师都很重要，安东尼·沃顿认为"即便是管理你的马"，它也有着无法估量的价值。[89] 就弥尔顿而言，他撰写的关于拉米斯的专著阐明了《语法始于词法》和《论基督教教义》的编制原则，不过我们不太清楚它是否可以用在管理马匹上。

《论真正的宗教、异端邪说、教会分裂、信仰自由，可以用来遏制罗马天主教壮大的最好办法》（《论真正的宗教》）于 1673 年 5 月问世，此时距离他发表上一篇辩论文已有十三年。这篇文章与弥尔顿早期的散文并排放在一起显得有些突兀。它在艺术风格上明显转变成了一种更为简单的阐释方式。纵观弥尔顿的整个职业生涯，他的英语辩论文的句法几乎没有什么变化。中断了如此长的时间之后，当他重新开始创作这种类型的文章时，在某种意义上，他对自己不再那么严苛，他写下的句子相较于过去那些成为他的创作风格的长句明显要短许多。[90] 在这方面，他或许反映出这种体裁不断变化的标准，而这种不断变化的标准反过来也显示出读者预期的转变。政治的公共领域，或许就像公共领域本身那样正在同时扩大。

确实，1672 年到 1673 年的民意也体现在保王派议会的决议和行动中，民众越来越受到第三次英荷战争的鼓动，同时也日益为天主教徒在政府的最高机构中扮演的角色感到忧心忡忡。1673 年 3 月，议会迫使查理二世撤回《信教自由令》并通过《忠诚宣誓法案》来确保持续战争所倚赖的物资供给。6 月，约克公爵詹姆斯被开除公职。议会休会之前，有人试图主持一项针对不信奉英国国教的新教徒的立法，但上下两院未达成共识；"不信奉国教的新教徒的状况很混乱，国王和下议院已经发出了他们想要停止施行《非国教教派的秘密集会法案》的信号，但从严格意义上来讲它仍然有效"[91]。正如约翰·斯帕尔评论的："谁知道宫廷的风向正在转向哪里？"[92]

尽管如此，不信奉国教的新教徒在 1673 年春天原本应该感到信心十足。因为他们完成了一项丰功伟绩：一个广泛的对抗罗马天主教的新教阵线已经出现，它的出现重塑了 1662 年以来信奉国教者与不信奉国教者之间势如水火的关系，将之转变成与新教和天主教的对立。目前的证据仍然未能证明弥尔顿的小册子是在休会之前，还是在休会之后出版的，总的说来似乎更有可能是在休会之前写的。这个问题并不是阐释的关键，因为这本册子促成了一场将持续十多年而不衰减的运动，将他原本的热情、对信仰（新教）的宽容与一桩刚刚兴起但很快变得举足轻重的事业结合了起来，这桩事业就是拒绝让詹姆斯继承王位。《论真正的宗教》获准出版，但它的书名页上既没有书商也没有印刷商的名字，弥尔顿的名字以人们熟悉的化名 "J. M." 出现。[93] 这为小册子平添了一种地下出版物的危险气息，而这一点几乎是它不该有的。

这本小册子除了句法上的创新之外，还有一个新的特色：弥尔顿可以说是向主流英国国教的支持者递上了橄榄枝。在这么做的时候，他敏锐地遵守当前运动的策略。他在《三十九条信纲》中发现了不少可圈可点之处，指出"第六、十九、二十、二十一条和其他地方"体现出"充分虔诚的理由"。[94] 他的有关信仰自由的论点有两部分：灵魂得救依赖于少部分在《圣经》中被明确定义、并为不同的新教教派所共有的信条；其余那些有争议的、专业神学家和业余神学家都在讨论的教义是不可避免的，是出于真诚的追求的，其中也许包含着错误，但对拯救灵魂来说，并不是至关重要的。他小心翼翼地构筑他的论点，将路德派和加尔文派的观点与更为异端的思想家们的主张并排考量：

> 路德会教徒信奉同体论①；这确实是一种错误，但并不是不可饶恕的。加尔文派教徒相信得救预定论，他们把上帝当作罪恶的始作俑者；他们没有任何不敬上帝的想法，不过或许是过于热衷于主张他的绝对权力了，并非没

---

① 同体论（Consubstantiation），基督教路德宗的一种教义，认为圣餐中经祝圣的酒和面包即基督的血和肉体，非由其变来。

有以《圣经》为依据。再洗礼派教徒被指责否认婴儿受洗礼的权利；他们又说，除了《圣经》否定的，他们不否定任何东西。阿里乌派和索齐尼派教徒被攻讦抗辩三位一体论……最后是阿明尼乌派，人们谴责他树立自由意志，对抗自由恩典；但他在所有作品中都否认这项污名，他将他的大部分看法只牢牢建立在《圣经》之上。

弥尔顿并不认可这些主张。这些主张涵盖了那时在英国国教担任圣职的大多数人恪守的信条。他们在救世神学的信念方面，要么赞同得救预定论——这个观点在不服从国教的团体外已日渐式微，要么支持阿明尼乌派的见解——他们相信自由意志与赐予的恩典相结合的协同作用。我们无法确定这些人是如何安于被弥尔顿纳入他那大胆宽泛的类别——"所有的派别或主张"。[95]

弥尔顿抓住这个时机，利用反天主教的情绪，他意识到"所有人——他们了解我们所有的烦忧——都知道，如今罗马天主教的壮大对这个国家大部分地区来说，都是不小的麻烦，是让人反感的事情"[96]。或许不信奉国教的新教徒感受到的新的自由让弥尔顿在 1673 年有了一个新的想法，他决定重新出版他的次要诗作。

11 月前后，《约翰·弥尔顿先生多次创作的英语诗和拉丁语诗。另附一篇给哈特立伯先生的〈论教育〉的小论文》问世。负责销售这本书的是书商托马斯·德林，这是一个很有趣的选择。大约在这个时期，德林的书单包含了大量富于创造性的作品，但大多数是剧本：他出版了威廉·威彻利、阿芙拉·贝恩①的著作，以及第二代白金汉公爵与合作者们共同创作的《彩排》。事实上，他的书单远不止此，他还再版了 1624 年首次出版的《威廉·劳德……与耶稣会会士费希尔先生的会谈纪要》（伦敦，1673 年），这本书记录了让威廉·劳德一举成为著名神学家的辩论。

369　　我们从汉弗莱·莫斯利——1645 年，他出版了弥尔顿的第一版诗作——时不时发布的图书目录可以得知，17 世纪 50 年代，上文提及的那部诗集仍在销售。莫斯利于 1661 年去世，他的妻子继承了他的产业和他持有的版权，但她在那之后不久也退出了这个行业，她是 1673 年故去的。[97] 或许那些在其他书

---

① 阿芙拉·贝恩（Aphra Behn，1640—1689 年），英国小说家兼剧作家，多被认为英国第一位专职女作家。

商手里尚未售出的诗集大部分被毁于伦敦大火。弥尔顿挑选的时机正合适，他小心翼翼地判断对于一个像他这样声名狼藉的人来说，可以把许可的范围推到多远。他自 1645 年开始写的诗当中，有他所有现存的圣诗的译作，有写给亨利·劳斯、西里亚克·斯金纳、他已故的妻子、已故的托马森太太的十四行诗，以及书写他的失明的十四行诗。没有人会在 1673 年冒险攻击长老派，因此收录两首分别以"一本新近写的书"和"我只是敦促这个时代"开篇的短诗也是不成问题的，除非它让人想起过去在新教徒当中的不和。更让人兴味盎然的或许是他添加了以"劳伦斯，你父子贤孝！"开篇的短诗，并且直截了当地称颂奥利弗·克伦威尔的国务会议主席，而状写韦尔多派大屠杀的十四行诗实际上是在纪念克伦威尔的对外政策的胜利。《利西达斯》保留了 1645 年首次加入的眉批，"并借此预言我们腐朽的神职人员阶层的灭亡，彼时他们还处于鼎盛时期"。不过写给范内、克伦威尔、费尔法克斯的诗未在其中。

这部诗集在呈现的形式上有别于之前的诗集，这种区别反映了出版业的变化。莫斯利曾是出版在世作家创作的创造性作品的开拓者。1645 年版的弥尔顿诗集里有他的一篇引言。此外，为了防止将弥尔顿与急功近利的雇佣文人混为一谈，这部诗作还收录了亨利·沃顿爵士写给弥尔顿的一封信，而当时贵族的文娱节目要准确注明由来，《假面剧》就列出了贵族演员表。德林印制出版物的年代正逢德莱顿常常合作的出版商亨利·赫里曼享有莫斯利曾获得的隆望；对他来说，出版在世作家的诗集和剧作以及卓越的德莱顿的作品，并不会沾上这些行动或许曾经带有的污点。1673 年的弥尔顿诗集保留了他在学术界的朋友写的拉丁语和意大利语的推荐诗，这些诗加在他的拉丁语诗前面，但其他文本都被删掉了。

将《论教育》一文加在这部诗集里，一开始看起来似乎有些奇怪，因为没有它，这已经是一本内容翔实的出版物了，无须再添加文章凑数。不过，这本小册子的第一版被私下出版后，只在小范围内传阅，它的读者可能非常有限，主要是哈特立伯圈子里的人。17 世纪 70 年代初，不信奉国教的新教徒团体感受到政治气候正在向更宽容的信仰自由转变，他们开始考虑如何给予那些被排除在大学之外的孩子最好的教育 [98]，这本小册子的重新发行恰逢其时，它使人们再度对神的教育产生兴趣。确实，查尔斯·莫顿位于纽因顿格林的学校——丹尼尔·笛福将会在这里接受教育——创立的时间不会晚于 1675 年，莫顿可能早

370

在 1672 年就已经开始运营一家教育机构。[99]

弥尔顿最后的一篇散文作品是《宣言或特许证》，翻译自扬·索别斯基三世竞选波兰王位时发表的正式宣言的拉丁语版本。与《论真正的宗教》相似，它显示了弥尔顿准备有策略地介入这场政权正在逐渐演变的政治危机，也进一步表明他再度扮演起了政治活动家的角色。事实上，这份文件论述了一种正在运作的君主立宪制。但从中足以看出王权的构成形式并非只有一种，而詹姆斯作为理所当然的继承人的基础——遗传准则——不是唯一的选择。至关重要的一点是，这位波兰君主是从当权阶层中选举出来的。类似的制度可以说最终于1688 年在英格兰施行，彼时英格兰政坛的大佬们做出决定，认为应该驱逐詹姆斯二世，任用奥兰治的威廉和他的妻子安妮。出版这本书的是布拉巴宗·艾尔默，一位年轻的、刚刚接触这个行业的书商，他还出版了弥尔顿的《亲友书信集》和《莫斯科大公国简史》。[100]

1674 年成了弥尔顿人生的最后一年。曾在 17 世纪 50 年代末与弥尔顿共事的约翰·德莱顿获得弥尔顿的许可，创作了一部可以用于戏剧演出的押韵版的《失乐园》。4 月 17 日，它以《天真的状态》这一标题登记注册。新的皇家剧院于 1674 年在德鲁里巷开业，德莱顿很可能想要利用这处会场提供的先进设施，让他的改编产生戏剧巨制的效果。[101] 然而最终，德莱顿写的东西太过昂贵而无法上演："第一场展现的是混沌，或是混乱的物质，舞台几乎是全黑的：听众可以在一段时间里听到战争音乐的交响曲，然后看到从天堂（天堂破裂）掉落下来的、在天空盘旋的叛逆天使，他们似乎是被霹雳刺穿了身体。舞台的底部洞开，接纳落下的天使。"[102] 很明显，史诗诗人描述起这些事件来，要比剧作家享有一些优势。不过，这部作品在 1677 年印刷后大获成功，发行了九版，销售数量无疑远远超过《失乐园》，但在这个过程中，弥尔顿作品的影响力多少也得到了提升。

德莱顿的改写值得我们对它研究一番。这部剧作展示了德莱顿在韵律方面非凡的才能，对他来说，将弥尔顿无韵的诗句改成对句似乎是手到擒来之事："我们的沉沦自有它的价值；尽管我们已被驱赶到深渊，/ 与其在天堂为仆，不如在地狱为主。"[103] 他的省略另有深意。弥尔顿笔下由神施展的动作在这里被认为是出自天使之手，神依旧被排除在戏剧演出之外。德莱顿去除了原作中学术性的引喻。瓦隆布罗萨不见了，只留下堕落的天使"像秋天里散落的繁叶"[104]。在某种程度上，这些变化反映了文学类型的改变：歌剧应该是可以被迅速理解的。但它同样表明了德莱顿已经察觉到文化偏好发生了转变，出现了一种更为冷静、或许也更为优雅的文学话语形式。他还去掉了所有煽动性的、隐晦的共和思想和反教权主义情绪，这一点丝毫不让人意外。而带有奇特的讽刺意味的是，他将他的这部歌剧献给了 1673 年被封为约克公爵夫人的摩德纳的玛丽①，并且附上了一篇即便按照他的标准来看也算得上过分恭维的献词。弥尔顿的名字被巧妙地从书名页和这篇献词中略去。不过纳撒尼尔·李的前言诗暗示了德莱顿这部作品的由来。不可避免地，弥尔顿被放置在一个不利的位置上与德莱顿进行比较：弥尔顿"在老式的地盘，粗略地画出，/一片混沌，因为没有找到完美的世界，/直到被你（德莱顿）伟大的天才照亮"。德莱顿本人在这部歌剧前加上了学术性的、观点敏锐的辩护文《英雄史诗和诗的破格》，尽管德莱顿的例子主要来自荷马和维吉尔，但他也为弥尔顿做了辩护，尤其是针对那些说他在选择主题方面不自量力的指控。[105]尽管这部作品较为保守，《天真的状态》却标志着一个新的阶段，自此弥尔顿重新拥有了广大不认可他的政治信仰的读者。托利党人同样也可以欣赏他的史诗，至少是在他死后。

　　1674 年 5 月，弥尔顿出版了一卷收录了 31 封私人信件（后收录为《亲友书信集》）和他在剑桥求学时发表的拉丁语《演说试讲稿》。6 月 1 日，他的女儿德博拉在都柏林嫁给了一位名叫亚伯拉罕·克拉克的织工[106]；德博拉的姐姐在她们父亲生前没有听到过有关这场婚礼的消息，因此似乎不可能有人告诉过弥尔顿这件事。嫌隙可能已经出现。

　　7 月 6 日前后，塞缪尔·西蒙斯根据他与弥尔顿签订的原有合同的条款，出版了《失乐园》第二版。第一版显然已销售一空，他准确地判断出第二版有足够大的市场。书名页上刊登着一份声明，"第二版/由同一作者修订、增补"，前三个字用的是粗重的哥特式字体。西蒙斯可能抱着吸引已经购买了第一版的顾客的愿望。这部诗作的两个版本区别不大。第二版引入了 37 个实质性异文，

① 摩德纳的玛丽（Mary of Modena，1658—1718 年），詹姆斯二世的第二任妻子。

在阿拉斯泰尔·福勒看来，其中"8个（1667年版）更为出色，1667年版中有13个相对拙劣，另外16个无关紧要"。两个版本中大约有800处拼写或标点符号不同。目前没有令人信服的证据表明有人——这个人很明显是爱德华·菲利普斯，他参与了第一版从起草到付印的整个过程，通常由他来处理这些细节，而他此时很可能住在伦敦——监督这些次要问题的系统校订。[107] 不过，第二版确实做了一些整理，把眉批添加到了相应卷册的起首位置，同时并入（有时也会忘记）勘误表。

第二版的开头加了两首诗《关于诗人约翰·弥尔顿的〈失乐园〉》和《论〈失乐园〉》。前者署名"S. B. M. D."，通常被认为是塞缪尔·巴罗。我们不知道他在别的方面与弥尔顿有过什么关联，这引发了许多有意思的讨论。巴罗有着双重职业，他既是一位杰出的医生，也是一位军法官。最初他被派往苏格兰，在蒙克的军队里任职，之后前往"第一个永久性的警卫机构"，担任同一职务。更重要的是，在复辟前的关键时期，他成了蒙克的密友，所以以后又成了国王的御医。近期撰写巴罗传记的作者猜测他可能是帮助弥尔顿逃过惩罚的人之一。[108] 我们尚且未知他还发表了哪些其他拉丁语诗，虽然这首诗写得温润儒雅，但对于理解这部史诗，并无多少助益。不过，很显然，在巴罗看来，这部史诗的核心是第六卷里的天上争战，这却是许多现代读者不太会做出的评价。

另一首只署有姓名首字母的英语诗由马韦尔所作。显而易见，这首诗表明即便是他，也对题材的范围和选择用无韵诗这种方式持保留态度，尽管如此，他还是恰如其分地称赞了一番；弥尔顿取得的非凡成功消除了他在这两个问题上的疑虑。他的评论显示出弥尔顿在韵律上的创新仍然让同时代的一些人深感这种做法的挑战性，而这也促使西蒙斯在第一版的几个印次里添加了一篇解释诗体的说明。此外，他证实了德莱顿在《天真的状态》最终印刷时加入的一篇文章中的说法，德莱顿称弥尔顿野心勃勃地描画神之事招致了同时代人的一些批评。

马韦尔的诗接近于同袍之争，他对德莱顿发起了不甚高尚且没来由的攻击。弥尔顿同意德莱顿把《失乐园》搬上舞台的请求，同时暗示德莱顿将原诗变换成英雄双韵体，相当于在韵律上给他的诗"加上金属包头"。[109] 弥尔顿表达的意思戏谑、不无刻薄，他说德莱顿将诗尾连接在一起，形成双韵体，就像一个仆人把系缚他主人的紧身裤和紧身上衣的多根丝带捆在一起。马韦尔既用上了这种轻蔑的言辞，又暗示德莱顿是"贝斯"——这个舞台上的人物是第二代

372

白金汉公爵最近在《排练》中塑造、用来嘲讽德莱顿的，而这个时期，马韦尔正在向这位白金汉公爵寻求资助：

> 你（弥尔顿）可能不屑于用叮当的韵律
>
> 来吸引读者，对自己的判断信心十足；
>
> 而镇上的贝斯一直在书写、在拼词，
>
> 如驮马一般，没了铃声就干不动活；
>
> 他们的想象如同我们流苏状的系带，
>
> 诗人们为其加包头，而我们将其作服饰。[110]

373

两个版本最明显的区别是第一版的第七卷和第十卷被切分开来，全诗变成了十二卷，而且第二版的第八卷和第十二卷的开头加上了简短的过渡段。弥尔顿这么做的动机依然只能依靠猜测。以最寻常的眼光来看，第七卷和第十卷是第一版中篇幅最长的，分别有 1290 行和 1423 行，超过了荷马史诗和维吉尔史诗单卷的长度。这两卷都由松散的片段组成，它们之后的切分并不影响叙事的连贯性。十二卷的结构效仿维吉尔的《埃涅阿斯纪》，或许也意味着弥尔顿想要与古典罗马的辉煌成就一较高下。就其本身而言，它同时向德莱顿发起了直接挑战，后者苦心孤诣，试图借鉴维吉尔，来塑造他自己的风格，以此称颂查理二世的统治。[111]

弥尔顿生前最后出版的书是《失乐园》第二版，以及 1674 年 7 月问世的收录了他的拉丁语书信的《亲友书信集》，这两部书的出版结束了这段由他的伟大史诗第一版开启的人生辉煌期。在这段时间里，他埋头搦管几十年终于完成的作品——卓越的、戏谑式的（尽管即使到现在，仍被严重低估）《不列颠史》，或许还有《力士参孙》，与此同时，《失乐园》被打磨成了它最终的样式。他修订与增补的第二版短诗既让新一代人想起了他作为活跃于詹姆斯一世和查理一世时代的诗人所取得的成就，也彰显了他是如何在那些较为次要的文学类型中推陈出新的，而在《复乐园》里，我们可以清楚地感受到他对于发展文学形式是如何无忧无惧的。《论教育》的再版进一步证实了当哈特立伯和朋友们在英格兰知识分子的舞台上扮演重要角色之时，他也不遑多让，在一个充满机遇的时期对教育改革做出了卓绝的贡献。他出版了逻辑和拉丁语教学方面的教科书，确立了他作为一位教育学创新者的地位。他的书信集则向一个更具有怀疑精神、在某种程度上更沉思内省的英格兰展示了一位旧式的人文主义者与学者的些许社会行为和内心生活，而从他撰写的《演说试讲稿》中，则可以看出智慧和热情与学识并不相悖。

这些年月，他不仅用来反省政治激进主义，而且开始再度信奉它。正如他晚期那些论战散文表露的，当他谨慎、诡诈地加入现有政权的反对者行列，1660 年以来曾经让他对政治危机缄默不语的阻碍或许对他便不再起束缚作用。1674 年 11 月，弥尔顿至少有六种出版物在售，并刊登广告提高销量。[112]《不列颠史》定价 6 先令，《论真正的宗教》定价 3 便士，《诗集》和《〈复乐园〉附〈力士参孙〉》定价都在 2 先令 6 便士，《语法始于词法》8 便士，《逻辑的艺术》2 先令，《亲友书信集》1 先令。作为一位诗人、一位学者，他在阳光普照的高地阔步前行，实现了他的人生抱负；作为一个长久以来拥护共和政体的人，或许他提醒过自己这样的话语：赛跑未必快者赢，打仗未必强者胜；原有的正义事业没有消亡，只是沉睡了。

创造性的成就、学术成果和论战的功绩都是以家庭稳定为前提的，但至亲的陆续过世也没有使这份稳定中断。他的第三次婚姻成了他的坚强后盾，足以让他施展他多年来为了应对失明而逐渐摸索出来的一套工作方式。此时，他最小的女儿德博拉已经离开了家，嫁给了一名织工；或许没有人为她的缺席感到遗憾。[113] 举家搬迁至火炮大街让人心生喜悦，他继续被诸多钦慕他的拜访者奉为偶像，他的朋友和非正式的学生继续为他效劳，按照他的要求读稿给他听，为他记录。两项伟大的工程依然没有完成。许多年前，他中断了系统神学和拉丁语词典方面的工作。为了编撰这部词典，过去的几十年他一直在收集语料，书稿几乎已经达到可以付梓出版的水平。[114]

弥尔顿最后的疾病的到来十分突然。1674 年 7 月底，他立了一份口头遗嘱。这份声明是口述给他弟弟的，他任命他的弟弟为遗嘱执行人，遗嘱对资产的分配预做了安排。[115] 口述过程中，有人作证。我们不清楚他为什么采用这种程序。17 世纪的遗嘱通常是立嘱人精心设计的对他们的信念和信仰的告白。或许弥尔顿不相信他的终局即将来临，不愿留出时间做这样一份公开声明。也或许因为他的弟弟责无旁贷地成了他的法律顾问，而他敏锐地察觉到两人在思想上和神学方面存在着分歧，故而迟迟不愿立遗嘱。不过，最简单的解释是弥尔顿确实忽然病重，而他也清楚这一点。事出紧急，促使他做了这番声明。在早期现代的英格兰，大约有一半在法院接受验证的遗嘱是在死前匆匆起草的，口头立嘱常常是病榻前的一景。[116]

不过，无论这场疾病引起过怎样的恐慌，弥尔顿显然康复了。早期的传记作者从诊断的角度，用不确凿、不充分的细节描述了他的死亡。西里亚克·斯金纳提到"他死于一阵痛风，但几乎没有疼痛或情绪波动，那些在房间里的人甚至没有注意到他断气的时间"。奥布里记录了"从他的药剂师的手册来看，他在11月9日或10日死于痛风"。[117]我们不清楚他引用药剂师的证据是否为了确认死亡日期或假定存在的原因。正如弥尔顿的早期传记作者指出的，他很久以前就患有痛风，一直默默忍受着它。痛风通常伴随着肾病的产生。不过，他不可能罹患慢性肾衰竭，倘若他是慢性肾衰竭的话，在它之前会有长期、显著的临床疾病。事实上，几乎可以肯定，所有与痛风有关的死都发生在逐步恶化的慢性病的最后阶段，因此他去世的原因大半与痛风史无关。

斯金纳的这两句话表明，当时的一些事实与最后致命的疾病是慢性病这一论断相违背。早期现代英格兰对死亡的描述受到严格的礼仪规范和相关辞藻的深刻影响。如果弥尔顿是在床上过世的，几乎可以肯定在记述中会将病榻的场景描画下来。[118]很显然，弥尔顿那时是在房间里，大概是在他的起居室，周围还有其他人，但他们没有特别注意到他的去世。这不是临终看护，不是最后在床边的虔诚守夜。[119]

由心脏病发作或主动脉夹层动脉瘤引起的突然死亡通常伴随着一种不会不为他周围的人所注意到的剧烈疼痛。由无痛的原因导致的突然死亡可以包括大规模肺栓塞、中风或心律失常；不过，弥尔顿没有已知的这些疾病的致病因素。我们因此做出了一个新的假设，他的死是未被发现的胃肠大出血的结果，这种胃肠大出血可以由腐蚀动脉的消化性溃疡引起。除了痛风，弥尔顿的其他慢性疾病必定还有腹部不适、肿胀，这些症状与潜在的消化性溃疡疾病一致。

弥尔顿人生的最后几年取得了巨大、辉煌的成就，而他竭力生活，仿佛是要做《传道书》中另一段文字的范例："凡你手所当做的事，要尽力去做。因为在你所必去的阴间，没有工作，没有谋算，没有知识，也没有智慧。"

第六部分

1674 年及之后的年月

第十八章

去世之后与未发表的遗作

　　弥尔顿于 1674 年 11 月 9 日或 10 日晚去世。12 月 12 日，他被埋葬在克里波门圣济尔斯教堂的祭坛边上，就在他父亲身边。很难确定将弥尔顿安葬在一个遵奉国教会惯例的教堂里的意义，尤其是我们同样不清楚这是弥尔顿还是他在世的某位亲人做出的决定。邦希墓园是英格兰清教徒的墓地，或许是更合适、更方便的选择；弥尔顿的家几乎就在它对面。但相较于几年之后，此时埋葬在邦希墓园的可能性似乎较小。1549 年，圣保罗教堂墓地的藏骸所里的大量骸骨被掩埋在那里；1665 年，这处场所被用作瘟疫坑。砖墙和门被建造起来，用以划定区域，但结果死于瘟疫的人似乎没有被埋在那里。没有证据表明曾有人为这块地祝圣，不信奉国教的新教徒最终意识到他们可以在那里埋葬逝者，而无须举行《公祷书》中的仪式。17 世纪 80 年代，诸如约翰·欧文和约翰·班扬这样的知名人物被埋在那里，不信奉国教者开始利用这一漏洞。弥尔顿走得太快，邦希墓园并不是他合适的安葬地。无论如何，没有证据可以将弥尔顿与任何不信奉国教的团体联系起来。正如托兰记录的，弥尔顿"不是基督教任何派别的成员，他很少出入他们的集会，也不在他的家中奉行他们特别的仪式"[1]。

　　两位早期的传记作者对弥尔顿的葬礼做了评论。爱德华·菲利普斯记录道：

> 按照他的身份，在克里波门圣济尔斯教堂举办了一场非常体面的葬礼，葬礼队伍从他的家走到教堂，再到镇上。出席的有多位绅士，还有他的主要祝愿者和仰慕者。[2]

"按照他的身份"这几个字表明了弥尔顿的地位，他是一位绅士，这决定了在他的葬礼上应遵循的礼仪规范。托兰提到（堂区记事录上也这般记录）弥尔顿被埋葬在圣坛下（再次说明了他的社会地位），还强调了送葬队伍的规模：

380

> 他在伦敦的所有博学的好友，还有平民百姓，都自发友好地聚集起来，护送着他的遗体来到克里波门附近的圣济尔斯教堂，他被埋在那里的圣坛之下。[3]

图 48　伦敦克里波门圣济尔斯教堂

弥尔顿被安葬在他父亲身边，这让西里亚克·斯金纳深为感动，他援引《圣经》里的话，称"他的悼词与以色列诸王和先祖的悼词相同，说他已归于列祖"[4]①。

这些悲伤的情绪很快被围绕着弥尔顿遗嘱展开的家庭纷争一扫而空。弥尔顿于去世前的几个月在弟弟克里斯托弗的帮助下口述了一份遗嘱。这样的遗嘱（1837 年，除现役军人订立的遗嘱，其余均被废除）由立嘱人口头宣布，并经证人证明。1674 年 11 月 23 日，弥尔顿死后两星期，克里斯托弗凭记忆写下了这份遗嘱，然后读给伊丽莎白·费希尔（约翰·弥尔顿的女佣）听，确保将遗嘱

---

① 语出《旧约·创世记》第 25 章。

存放在伦敦民事律师公会的坎特伯雷遗嘱验证法院前 [5]，两人的记忆是一致的。克里斯托弗之后证实他在民事律师公会律师托马斯·埃克斯顿爵士的房间里遇见了弥尔顿的遗孀，他还借给了她两枚 2 先令 6 便士的硬币。此时，她显然已捉襟见肘，因此很快便让人检验弥尔顿的遗嘱，以便拿到遗嘱验证文件。遗嘱验证法院需要保证这份遗嘱是有效的，要求出具证词和异议声明；根据遗嘱条款，弥尔顿的资产将任由他"心爱的妻子"处置，分文不留给他那些"无情的孩子"，因此很明显，这份遗嘱引来了两方面的证词。他在英格兰的两个孩子（被描述为"跛足、生活几乎不能自理的"安妮，还有玛丽）雇了一位律师，通过这位律师，她们代表所有的三个姐妹向遗嘱的三位见证人（克里斯托弗·弥尔顿、伊丽莎白·费希尔和她的妹妹玛丽·费希尔）提出了九个问题（"质询"）。弥尔顿的女儿们听说她们的继母想要将财产超出 1000 英镑的部分分给克里斯托弗的孩子们，但似乎不知道她们的妹妹德博拉此时（在都柏林）已经结婚。她们提出的问题几乎都算不上中立，包括：这份口头遗嘱究竟是在何日何时宣布的？逝者当时是否处于健康状态？他是否对前妻生的几个或一个孩子怀有愤恨之意？克里斯托弗·弥尔顿的家人是否就像别人说的那样会从这份遗嘱中获益？克里斯托弗在 12 月 5 日做了回复，接着伊丽莎白·费希尔和玛丽·费希尔于 12 月 15 日回答了这些问题。[6]

到了这里，文件线索渐渐断了。遗嘱验证法院的法官利奥兰·詹金斯爵士很可能宣布遗嘱无效，不过没有留存这一决定的记录。同样有可能的是四位牵涉到的律师（克里斯托弗·弥尔顿、理查德·鲍威尔、遗孀的代理人汤普森先生，和弥尔顿女儿的代理人克莱门茨先生）有了一次单独会晤，达成了协议。无论采用何种方式，结果很清楚：伊丽莎白·弥尔顿没有被授予遗嘱检验证书，而是从法院拿到了遗产管理委托书，根据这份委托书，她不得不支付所有未偿还的债务，然后对财产进行分配。[7] 假如她取得了遗嘱检验证书，她就可以获得全部遗产；按照遗产管理的要求，她拿到了三分之二（三分之一是作为遗孀获得的，另外三分之一是作为遗产管理人获得）的资产，剩下的三分之一分给了三个女儿。她们每人收到 100 英镑，这意味着资产的总价值为 900 英镑（而不是菲利普斯估计的 1500 英镑）。[8] 两个数字的差异不容忽视，反映出这位外甥的记性糟糕或是得到的信息不完整，或者也可能是在弥尔顿故世之前，一部分资产已经被处理掉了，律师们总有办法呈现有利于他们的委托人的资产价值。

381

由于资产价值少于 1000 英镑，因此没有什么可以给克里斯托弗的孩子们了，不过他从未听说哥哥做过这样的承诺，也就不站出来反对了。出于同样的雅量（或务实精神），伊丽莎白将亡夫遗产中弥尔顿的几个女儿应得的部分给了她们，这是她已故的丈夫生前不屑于给她们的。她认为，如果这笔合法债务应该被偿还，受益人应该是她的继女，而不是她自己。在另一笔如今没有被完全弄懂的交易中，克里斯托弗·弥尔顿赠予了理查德·鲍威尔一张 200 英镑的债券；这笔债券的具体用途尚不清楚，但似乎与未支付的亡夫遗产有关。鲍威尔是弥尔顿女儿们尚存于世的血亲，因此负有照顾她们的义务，这是家人乐于去履行的，就像弥尔顿在他的姐姐死后收留他的外甥一样。[9]1675 年 2 月 22 日，玛丽签署了一份协议（"弃权文书"），得到了伊丽莎白·弥尔顿给予的 100 英镑，同一天，她的姐姐安妮在一份几乎相同的文件上画了押；德博拉于 3 月 27 日签署了一份类似的文件。[10]

安妮在她父亲死后第四年死于难产；玛丽于 1681 年到 1694 年间某个未知的日期过世，显然未曾婚配；德博拉死于 1727 年。德博拉的女儿伊丽莎白（克拉克）·福斯特于 1754 年在伊斯灵顿弃世，家族谱系便在 18 世纪中期中断。这个家族的另一分支通过德博拉的儿子卡莱布传了下去，大约同一时期在马德拉斯①结束。[11]弥尔顿的遗孀伊丽莎白在 1727 年去世之前，回到了她的故乡南柴郡。她被埋葬在南特威奇。她的资产清单透露出她的经济状况拮据但并不穷困，她也没有卖光弥尔顿的纪念物，她的财产里列有"两本关于乐园之书"[12]。

弥尔顿的弟弟克里斯托弗很可能改信了罗马天主教，如果真是这样的话，或许就能解释为什么弥尔顿的女儿安妮在嫁给一位新教牧师时将他说成"已经故世"。他的这番改弦易辙或许也同样解释了为什么在 1686 年 4 月詹姆斯二世任命他为高级律师（4 月 21 日）和财税法庭大法官（4 月 24 日），并将他封为爵士（4 月 25 日）。第二年，1687 年 4 月 14 日，他被委任为高等民事法院法官，年薪 1000 英镑。不过这份荣耀十分短暂，因为 1688 年 7 月 6 日，克里斯托弗——或许并非出于他的本意——退休了。他在距离伊普斯维奇大约两英里远的圣安德鲁拉什米尔买了一套乡间宅院，1693 年去世之前，他一直住在那里。如今已没有弥尔顿的直系后裔，但有旁系后代，这必定是通过他的姐姐安妮一

---

① 马德拉斯（Madras），现印度城市金奈。

脉，也可能是通过他的弟弟克里斯托弗一脉传下来的。至于他的两位幼失怙恃的外甥——他在他们的人生中扮演了重要角色，爱德华大约在 1696 年去世，约翰的去世时间不会早于 1706 年。两人都是创作过各种体裁的多产小作家，但是除了爱德华为他舅舅撰写的传记，他们没有写出具有不朽意义的作品。[13]1790年，弥尔顿的遗体被一位胆大包天的教堂司事挖了出来，部分遗体被当作纪念物卖掉；剩下的则在这座教堂里重新埋葬。

　　弥尔顿在死后留下了多种未发表的书信文章，其中许多份材料被丹尼尔·斯金纳捷足先登，他拿到的包括弥尔顿的公文、《札记书》《三一学院手稿》，以及如今保存在得克萨斯州的写有他的一些少年时代作品的页面和《论基督教教义》。这些秘密得来的资料中，最先出版的是一批公文，但付印的并非斯金纳所收集的，他显然未将他收集的那部分付印，这部分公文仍以手稿的形式存在。《约翰·弥尔顿奉克伦威尔和其他叛国者所谓的英格兰议会之命撰写的信件》的第一版由两位不同的印刷商（分别在阿姆斯特丹和布鲁塞尔）于 1676 年 10 月印刷；它的前言言不由衷地坚持说，这些信件唯一的影响在于它们堪称典范的拉丁语风格，以此小心翼翼地将这个版本与深受痛斥的空位期政府的政坛拉开距离。此外，还有他的《莫斯科大公国简史》，正如书商布拉巴宗·艾尔默在序言里解释的，这本书在弥尔顿生前已经付梓，于 1682 年出版。

　　弥尔顿未发表的多篇遗作在随后的几个世纪被重新发现，不过大多数只引起了学术上的兴趣（如他的《札记书》和斯金纳收集的公文）；还有一些诸如弥尔顿潜心研究的古典语文学的手稿未被寻回。1823 年 11 月，《论基督教教义》在国家文件管理署里被找到，引起了轰动。那次发现以及它被存放在国家文件管理署之前游历的经历无疑值得书写一番。[14]

383

注释和参考文献中的缩略语

BL　　　　　British Library / 大英图书馆

BLR　　　　*Bodleian Library Record* /《博德利图书馆纪事》

BNYPL　　　*Bulletin of the New York Public Library* /《纽约公共图书馆公报》

Burmann　　Pieter Burmann (ed.), *Sylloges Epistolarum* (5 vols., Leiden, 1727) /
彼得·布尔曼（编），《书信集》（5 卷，莱顿，1727 年）

CPW　　　　*Complete Prose Works of John Milton*, gen. ed. Don M. Wolfe (8
vols. in 10, New Haven: Yale University Press, 1953–1982) /《弥尔
顿散文全集》，总编：唐·M.沃尔夫（8 卷 10 册，纽黑文：耶鲁
大学出版社，1953—1982 年）

CSP　　　　John Milton, Complete Shorter Poems, ed. John Carey (2nd edn.,
London and New York: Longman, 1997) / 约翰·弥尔顿，《短诗全
集》，约翰·凯里（编），（第 2 版，伦敦与纽约：朗文出版社，
1997 年）

Darbishire　Helen Darbishire (ed.), *The Early Lives of Milton* (London: Constable,
1932) / 海伦·达比希尔（编），《早期弥尔顿传记》（伦敦：康斯
太勃尔出版社，1932 年）

DBI　　　　*Dizionario Biografico degli Italiani* (62 vols. to date, A–Labriola)《意
大利人物传记辞典》（迄今 62 卷，A–Labriola）

ELR　　　　*English Literary Renaissance*/《英国文学文艺复兴》

Grove Art　　*The Grove Dictionary of Art*, ed. Jane Turner (34 vols., Oxford:

Oxford University Press, 1996)/《格罗夫艺术辞典》，简·特纳（编）（34 卷，牛津：牛津大学出版社，1996 年）

Grove Music	*The New Grove Dictionary of Music and Musicians*, ed. Stanley Sadie and John Tyrrell (2nd edn., 29 volumes, Oxford: Oxford University Press, 2001)/《新格罗夫音乐与音乐家辞典》，斯坦利·萨迪与约翰·蒂雷尔（编）（第 2 版，29 卷，牛津：牛津大学出版社，2001 年）
HistJ	*The Historical Journal*/《历史研究》
HLQ	*Huntington Library Quarterly*/《亨廷顿图书馆季刊》
HMC	Royal Commission on Historical Manuscripts (subsumed into the National Archive in 2003)/ 皇家历史手稿委员会（2003 年纳入英国国家档案馆）
JEGP	*Journal of English and Germanic Philology*/《英语与日耳曼语语文学期刊》
JWCI	*Journal of the Warburg and Courtauld Institutes*/《瓦尔堡和考陶尔德研究院期刊》
LR	*The Life Records of John Milton*, ed. J. M. French (New Brunswick, NJ: Rutgers University Press, 1949—1958)/《约翰·弥尔顿生平记录》，J. M. 弗伦奇（编）（新泽西州新不伦瑞克：罗格斯大学出版社，1949—1958 年）
Masson	David Masson, *The Life of John Milton: Narrated in Connexion with the Political Ecclesiastical and Literary History of his Time* (7 vols., London: Macmillan, 1859—1894)/ 戴维·马森，《约翰·弥尔顿传：与他所处时代的政治、教会及文学史相联系的叙述》（7 卷，伦敦：麦克米伦出版社，1859—1894 年）
MLN	*Modern Language Notes*/《现代语言注解》
MP	*Modern Philology*/《现代语文学》
MQ	*Milton Quarterly*/《弥尔顿季刊》
MRTS	*Medieval and Renaissance Texts and Studies*/《中世纪与文艺复兴时期的文本和研究》

MS	*Milton Studies*/《弥尔顿研究》
N&Q	*Notes and Queries*/《札记与问答》
NDB	*Neue Deutsche Biographie* (22 vols. to date, A–Schinkel)/《新德意志人物传》（迄今22卷，A–Schinkel）
ODNB	*Oxford Dictionary of National Biography*/《牛津国家人物传记大辞典》
Parker	W. R. Parker, *Milton: A Biography*, ed. Gordon Campbell (2nd edn., Oxford: Clarendon Press, 1996)/W. R. 帕克，《弥尔顿传》，戈登·坎贝尔（编）（第2版，牛津：克拉伦登出版社，1996年）
Peile	John Peile, *Biographical Register of Christ's College, 1505–1905, and of the earlier foundation, God's House, 1448–1505*, ed. J. A. Venn (2 vols., Cambridge: Cambridge University Press, 1910, 1913)/约翰·皮尔，《基督学院1505—1905年及其前身上帝学院1448—1505年人员记录簿》，J. A. 韦恩（编）（2卷，剑桥：剑桥大学出版社，1910年，1913年）
PBSA	*Publications of the Bibliographical Society of America*/《美国目录学学会会刊》
PCC	Prerogative Court of Canterbury/ 坎特伯雷教省遗嘱检验法院
PHSR	*Publications of the Harleian Society, Registers*/《哈利学会出版物：登记簿》
PL	John Milton, *Paradise Lost*, ed. Alastair Fowler (2nd edn., London and New York: Longman, 1998)/ 约翰·弥尔顿，《失乐园》，阿拉斯泰尔·福勒（编）（第2版，伦敦和纽约：朗文出版社，1998年）
PMLA	*Publications of the Modern Language Association of America*/《美国现代语言协会会刊》
PQ	*Philological Quarterly*/《语文学季刊》
PRO	National Archives, Kew (in which the Public Record Office was subsumed in 2003)/ 基尤英国国家档案馆（2003年英国公共档案馆被纳入其中）
RES	*Review of English Studies*/《英语研究评论》

385

SB	*Studies in Bibliography*/《目录学研究》
SEL	*Studies in English Literature, 1500–1900*/《1500—1900 年的英语文学研究》
SR	*A Transcript of the Registers of the Company of Stationers, 1554–1640*, ed. E. Arber (5 vols., London and Birmingham: privately printed, 1875–1877, 1894, 1950); *A Transcript of the Registers of the Company of Stationers, 1641–1708*, ed. G. E. B. Eyre and H. R. Plomer (3 vols., London: privately printed, 1913‐14)/《1554—1640 年书业公会登记簿抄录》，E. 阿伯（编）（5 卷，伦敦与伯明翰：私人印刷，1875—1877 年，1894 年，1950 年);《1641—1708 年书业公会登记簿抄录》，G. E. B. 艾尔与 H. R. 普洛默（编）（3 卷，伦敦：私人印刷，1913—1914 年)
TCBS	*Transactions of the Cambridge Bibliographical Society*/《剑桥目录学学会会刊》
TMS	Trinity College Cambridge, MS R3.4 (Milton's workbooks, known collectively as the Trinity Manuscript)/剑桥大学三一学院手稿，MS R3.4（弥尔顿的手稿，统称为三一学院手稿)
WJM	*The Works of John Milton*, gen. ed. F. A. Patterson (18 vols. in 21, New York: Columbia University Press, 1931—1938) /《约翰·弥尔顿作品集》，总编：F. A. 帕特森（18 卷 21 册，纽约：哥伦比亚大学出版社，1931—1938 年)
YES	*Yearbook of English Studies*/《英语研究年鉴》

386

注 释

引 言

[1] *Letters of State, Written by John Milton…to which is added, An Account of His Life* (London, 1694).

[2] Bodleian Library, MS Aubrey 8, fols. 63–68.

[3] Bodleian Library, MS Wood D4, fols. 140–144.

[4] Anthony Wood, *Athenae Oxoniensis* (2 vols., Oxford, 1691–1692). 弥尔顿的生平见：*Fasti Oxoniensis*, I. cols. 880–884.

[5] 所有这些传记都收录在一部学术著作，见：Helen Darbishire (ed.), *The Early Lives of Milton* (London: Constable, 1932). 达比希尔（Darbishire）对那本不具名传记（她认为由约翰·菲利普斯而非西里亚克·斯金纳所作）的转写并非精确无误；弗伦奇（French）五卷本的《约翰·弥尔顿生平记录》（*Life Records*）则转写得更准确（见下一注释）。

[6] W. R. Parker, *Milton: A Biography,* ed. Gordon Campbell, 2 vols. (1969; 2nd edn., 2 vols., Oxford: Clarendon Press, 1996); J. M. French (ed.), *The Life Records of John Milton* (New Brunswick, NJ: Rutgers University Press, 1949–1958). 以下简写为 *LR*。

[7] 例如，一份匿名册子［*Théorie de la royauté, d'après la doctrine de Milton* (Paris, 1789)］［有时被认为是米拉博（Mirabeau）所作］。

[8] 见：Tony Davies, 'Borrowed Language: Milton, Jefferson, Mirabeau', in David Armitage, Armand Himy, and Quentin Skinner (eds.), *Milton and Republicanism* (Cambridge: Cambridge University Press, 1995), 254–271; Christophe Tournu, *Milton et Mirabeau: Rencontre révolutionnaire* (Paris: Edimaf, 2002).

[9] 1960 年 9 月 12 日，肯尼迪在给大休斯顿牧师协会（the Greater Houston Ministerial Association）的演讲中，掷地有声地谈论了他的天主教背景。1701 年《王位继承法》（the Act of Settlement of 1701）规定王位不能传给天主教徒，并于 1927 年再次获批，但此时其他涉嫌歧视的立法已被废除。

[10] *CPW* 4. 583.

420

第一章 童 年

[1] 出生日期和具体时间由弥尔顿记录在家庭《圣经》中（British Library, Add MS 32, 310），而且在 1649 年 10 月出版《偶像破坏者》后不久，对弥尔顿的星象占卜也对此予以确认。该星象占卜现存于博德利图书馆（Ashmole MS 436, Part I, fol.119）；关于该星象占卜，见：Harry Rusche, 'A Reading of John Milton's Horoscope', *MQ* 13 (1979), 6–11.

[2] 市政图书馆（Guildhall Library MS 5031），万圣教堂《堂区登记簿》（Parish Register）；该登记簿载于 *PHSR* 43（1913 年）。

[3] 亨利·弥尔顿在遗嘱中给他妻子阿格尼丝、孩子伊萨贝尔（Isabel）和理查德（Richard），以及另两位名为罗兰·弥尔顿（Roland Milton）和艾丽丝·弥尔顿（Alice Milton）的亲属留了一笔 6 英镑 19 先令的遗产（Oxfordshire Archives, Wills 182/236）；阿格尼丝的遗嘱签署于 1561 年 3 月 9 日，认证于 1561 年 6 月 14 日（Oxfordshire Archives, Wills 184/2）。

[4] 斯坦顿圣约翰距牛津市中心往东六英里，离弥尔顿第一任妻子玛丽·鲍威尔（Mary Powell）娘家林山（Forest Hill）不到一英里。

[5] 自诺曼征服时代起，肖托瓦森林曾是一片王室林地，直到 1660 年开始被砍伐，现今只有零星分布的树林，如布拉森诺斯树林（Brasenose Wood）和肖托瓦树林（Shotover Hill）；当时有护林人在这里执法，以防有人捕猎、擅闯或穿行。有关理查德·弥尔顿担任护林员的说法源于伍德（Darbishire, 35）；伊丽莎白·福斯特（Elizabeth Foster），也就是理查德的玄外孙女（德博拉之女、诗人弥尔顿的外孙女），曾告诉托马斯·伯奇（Thomas Birch），理查德出生于法国。帕克巧妙地根据季度来推测理查德的出生日期，认为他生于 1562 年的最后一个季度。出生于法国的说法有其合理性，但从时间上看，信仰天主教的家族不太可能在当时的法国生活：宗教战争（Wars of Religion）打了八场内战，第一场从 1552 年 3 月打到 1553 年 3 月，孔代亲王路易·德·波旁（Louis de Bourdon, prince of Condé）于 1552 年 9 月同英格兰缔结了《里士满条约》（Treaty of Richmond），同意为新教提供军队和资金，以换取对勒阿弗尔（Le Havre）（当时英国人称为纽黑文 [Newhaven]）的暂时占领，停战时该地名又变成了加来（Calais）。

[6] 关于被驱逐出国教一事，参见：Bodleian MS O. A. P. Oxon. e. II, fol. 182ᵛ. 关于被判不遵从国教礼拜仪式罪，参见：PRO E377/29d/10.

[7] 西里亚克·斯金纳、伍德、爱德华·菲利普斯和奥布里都证实了老约翰改信新教以及被剥夺继承权之事（Darbishire, 1, 18, 35, 50–51）。

[8] Christopher Brooks, 'Apprenticeship, Social Mobility and the Middling Sort, 1500–1800', in Jonathan Barry and Christopher Brooks (eds.), *The Middling Sort of People: Culture, Society and Politics in England, 1550–1800* (Houndsmill: Macmillan, 1994), 70.

[9] 见下文，40 页。①

[10] Guildhall MS 5370, p. 162.

[11] 保罗·杰弗里（斯）（约 1528—1583 年）是东汉宁菲尔德（East Hanningfield）（埃塞克斯）人，于 1559 年成为麦钱特泰勒斯公会（Company of Merchant Taylors）的自由权益人。虽然埃伦的娘家姓无从查知，但存三种可能。据弗朗西斯·派克（Francis Peck）记载，罗杰·坎伯巴

---

① 注释中"见下文 / 见上文 / 同上，xxx 页"均指英语原文的页码。

赫（Roger Comberbach）于 1736 年 12 月 15 日在寄给威廉·考珀（William Cowper）的一封信中写道，萨拉·弥尔顿有着霍顿（Haughton）家的血统；她是杰弗里家的人，但其母可能叫埃伦·霍顿。第二种可能，爱德华·菲利普斯记载萨拉·弥尔顿是"卡斯顿家族的"（Darbishire, 52），因此其母有可能是埃伦·卡斯顿。第三种可能，奥布里提出萨拉·弥尔顿出嫁前叫萨拉·布拉德肖，并在他撰写的传记开篇就写道，诗人弥尔顿的"母亲是布拉德肖家的人"（Darbishire, 1, 8）。

[12] 若弥尔顿和布拉德肖有可能是亲戚，那就能解释为何弥尔顿在被罗伯特·派伊爵士（Sir Robert Pye）起诉时（1647 年 2 月 11 日），会选择布拉德肖为辩护律师，以及为何布拉德肖在其遗嘱中留给弥尔顿 10 英镑（1655 年 12 月 10 日；PRO PROB 11/296/549）。19 世纪，生活在布拉德肖家族祖宅马普尔大厅（柴郡）的托马斯·布拉德肖-依舍伍德（Thomas Bradshaw-Isherwood）记载道，他家的藏书馆曾有一本弥尔顿的作品，题有"献给我的表亲布拉德肖"的字样；倘若这是那本由安德鲁·马韦尔（Andrew Marvell）代表诗人弥尔顿转呈的《再为英国人民声辩》（*Defensio Secunda*），那么这些题文可能出自马韦尔之手，因为此时的弥尔顿已经失明。证据在马韦尔给弥尔顿的一封信（1654 年 6 月 2 日）里，大英图书馆（BL Add MSS 4292, fol. 264–264ᵛ）存有一份这封信的 18 世纪副本。

388 [13] 巴普蒂斯特·希克斯爵士（1551?—1629 年），后成为坎普顿子爵（Viscount Campden），是一名商人和放债人；参见 *ODNB*。寓所是大楼的一部分，作为单独住所租赁。

[14] Eton College, MS Records 13. 见：Noel Blakiston, 'Milton's Birthplace', *London Topographical Record* 19, no. 80 (1947), 6–12, and plates.

[15] 我们目前尚不清楚为什么老弥尔顿租了一间大地窖，因为据我们所知，他从事的业务都不需要如此大规模的储存设施。同样，他在布莱德街上有着名为"罗斯"（Rose）的第二处房产，但不清楚他以此作何用。这里而非"展翅鹰"是其家庭住宅的可能性微乎其微：弥尔顿的遗孀告诉奥布里，弥尔顿出生在"罗斯"，但克里斯托弗·弥尔顿告诉他，他实际上在"展翅鹰"出生，奥布里也修正了他的记录（Darbishire, 1）。

[16] 有关安妮·弥尔顿的信息很少，人们对她的生卒年月一概不知（但 1651 年她肯定已经去世了）。她曾结过两次婚，第一次于 1623 年嫁给爱德华·菲利普斯（弥尔顿的外甥爱德华·菲利普斯与约翰·菲利普斯之父），后又于 1632 年嫁给托马斯·阿加（Thomas Agar）。

[17] "仆人"（servant）一词有些含糊，因为它有可能指学徒。奥利弗·洛（Oliver Lowe）就是这样的一位仆人，他葬于 1610 年 1 月 9 日（Parish Register, All Hallows）；另一位是威廉·博尔德（William Bold），于 1617 年 12 月 2 日签了一份契约（BL MS Cart. Harl, 112.D.19）。

[18] 萨拉·弥尔顿受洗于 1612 年 7 月 15 日，三周后于 8 月 6 日下葬。塔比瑟·弥尔顿受洗于 1614 年 1 月 30 日，18 个月后于 1615 年 8 月 3 日下葬。克里斯托弗·弥尔顿研习法律，后成为律师及法官。参见 *ODNB*。

[19] John Stow, *A Survey of London*, ed. Charles Lethbridge Kingsford (3 vols., Oxford: Clarendon Press, 1908–1927).

[20] 现在的布莱德街尽头在卡农街（Cannon Street），但那时延伸至泰晤士街（Thames Street），街道下旁的小道通往泰晤士河。

[21] 有关老弥尔顿的交易清单，见：Parker, 689–693 (to 1625) and 735–737 (1625–1632).

[22] Peter Earle, 'The Middling Sort in London', in Barry and Brooks (eds.), *The Middling Sort*, 152.

[23] 公证人弥尔顿之女、诗人弥尔顿的姐姐安妮·弥尔顿于 1623 年 11 月 22 日成婚，婚礼由沃尔布鲁克的圣斯蒂芬教堂（St Stephen Walbrook）堂区长托马斯·米里尔（Thomas Myriell）执行，显然这是她父亲在音乐圈子里的那位朋友。

[24] Darbishire, 12.

[25] PRO E112/221/1215; E125/27.fols. 199–200. 原件存于国家档案（National Archives），因赫伯特·贝瑞（Herbert Berry）注意到亨廷顿图书馆里的转录而被发现。见：Herbert Berry, ‘The Miltons and the Blackfriars Playhouse’, *MP* 89 (1992), 510–514.

[26] *ODNB*。

[27] Glynne Wickham, Herbert Berry, and William Ingram (eds.), *English Professional Theatre, 1530–1660* (Cambridge: Cambridge University Press, 2000), 522–523.

[28] *CSP* 143, line 131–134.

[29] 见：Gordon Campbell, ‘Shakespeare and the Youth of Milton’, *MQ* 33 (1999), 95–105.

[30] Murray Tolmie, *The Triumph of the Saints: The Separate Churches of London 1616–1649* (Cambridge: Cambridge University Press, 1977), 7–12.

[31] Kenneth Fincham, ‘Introduction’, in Kenneth Fincham (ed.), *The Early Stuart Church, 1603–1642* (Houndmills: Macmillan, 1993), 12. 他是在援引 Nicholas Tyacke。

[32] 教堂在“伦敦大火”（Great Fire）中被摧毁，并按照雷恩（Wren）的设计（1680—1684 年）重建；依此设计的教堂在 1877 年被拆毁。

[33] 关于斯托克（约 1569—1626 年），见 *ODNB*。出现在《堂区记事簿》上的助理牧师名字有 [亨利？·] 肖（约 1617—1618 年），[威廉？·] 斯凯珀（1619 年），菲尼亚斯·考克雷恩（1620—1623 年），纳撒尼尔·斯托克（1623 年）和布赖恩·沃尔顿（1624—1628 年）；关于沃尔顿，参见 *ODNB*，他成为切斯特主教（bishop of Chester），编撰了 *Biblia Sacra Polyglotta* (6 vols., 1654—1657)，弥尔顿似乎是支持沃尔顿的这一项目的，他将沃尔顿的提议交给了国务会议（1652 年 7 月 20 日；PRO SP 25/30, 54），并为之引进纸张（1653 年 7 月 9 日；PRO SP 25/70, 32）。

[34] 关于惠特克，见 *ODNB*；引文援自 *ODNB* 中关于斯托克的部分。

[35] 关于蒙塔古、科普和诺利斯，见 *ODNB*；关于斯托克的词条宣称他是“卡农斯阿什比的安东尼·科普爵士”（Sir Anthony Cope of Canons Ashby）的教士，但卡农斯阿什比是安东尼爵士的表亲爱德华·科普爵士（Sir Edward Cope）的居所。

[36] 所译惠特克之文为：*An Answere to the Ten Reasons of Edmund Campian* (1606)；讲道被收录为 *The Doctrine and Use of Repentance* (1606)；保罗十字讲道为：*A Sermon Preached at Paules Cross the Second of November 1606* (1609)；斯托克感谢贝德福德的露西伯爵夫人的那篇葬礼布道文是为她的兄弟埃克斯顿的约翰·哈林顿（John Harington of Exton）而作的，发表时题为 *The Churches Lamentation for the Losse of the Godly* (1614)。加塔克的葬礼布道为：*Abrahams Decease* (1627)。

[37] 圣俸转交俗人管理组织是建于 1625 年的伦敦城市组织，旨在购买转交俗人的圣俸（俗人委派牧师担任圣职的权利），并以此来任命清教徒担任布道者之职。该组织于 1633 年被劳德废除。

[38] 关于温切斯特侯爵夫人简·保莱特（Jane Paulet），见下文，57 页；关于拉内拉赫子爵夫人凯瑟琳·琼斯（Katherine Jones），见下文，267 页。

389

[39] 见：R. C. Bald, *John Donne: A Life* (Oxford, 1970), 284. 亨利·沃顿爵士（Sir Henry Wotton）是多恩的朋友，也是圈内人之一（例如，他曾与卡素朋一起住在日内瓦），有可能多恩介绍弥尔顿认识了沃顿。见下文，104 页。

[40] 关于扬（约 1587—1655 年），见：*ODNB*; Edward Jones, 'The Wills of Edward Goodall and Thomas Young and the Life of John Milton', forthcoming in *John Milton: "Reasoning Words"*, ed. Charles Durham and Kristin Pruitt (Selingrove, Pa.).

[41] Darbishire, 2.

[42] 关于帕特里克，参见 *ODNB*。能证明这位非常博学的学者教过弥尔顿的证据是一封艾萨克·福修斯（Isaac Vossius）写给尼古拉斯·海因修斯（Nicholas Heinsius）的信，标记的日期是 1651 年 5 月 29 日 /6 月 8 日，福修斯在信中说，他从其叔叔朱尼厄斯（Junius）那里得知，弥尔顿是一位掌握多种语言的拉丁文秘书，虽不是贵族，但至少是一位绅士，而且是帕特里克·扬的学生（拉丁文原件收于 Burmann, 3. 318）。"帕特里克"有可能是个小疏忽，实际上是指我们已知的弥尔顿的老师"托马斯"，但是弗朗西斯·朱尼厄斯（Francis Junius）不太可能将他的图书管理员同事帕特里克·扬与作为斯麦克提姆努斯（Smectymnuus）之一的托马斯·扬弄混淆，因为帕特里克不是其中一员。另一个证据（倘若为真的话）是 1645 年 3 月 4 日，弥尔顿给帕特里克·扬（当时是国王图书馆管理员）寄去了一本书，内有他的十篇小册子；这本书现藏于都柏林圣三一学院（R.dd.39）。如果帕特里克·扬确实教过弥尔顿，他很可能会向他的朋友、罗马的巴尔贝里尼图书馆管理员卢卡斯·霍尔斯特提供介绍信（见下文，123 页）。

390 [43] 关于这幅肖像，见：Leo Miller, 'Milton's Portraits: An Impartial Inquiry into Their Authentication' (*MQ* special issue, 1976). 关于詹森，见：*ODNB*（词条 Johnson）和 *Grove Art*（词条 Jonson van Ceulen, Cornelis, I）。

第二章　圣保罗学校

[1] 关于早期现代时期圣保罗学校的历史，见：M. McDonnell, *The Annals of St Paul's School* (privately printed, Cambridge, 1959), 202–220; M. McDonnell (ed.), *The Registers of St Paul's School, 1509–1748* (privately printed, London, 1977), 117–122.

[2] Darbishire, 53, 10. 克里斯托弗并没说这所学校就是圣保罗学校，因此他可能是在说，其兄弥尔顿先前就读的是埃塞克斯的一所学校。

[3] *CPW* 4. 612.

[4] Darbishire, 10.

[5] 之所以选择这个数字，是因为耶稣从海中打捞起了 153 条鱼；这个数字还具有另外的魅力，它是四个水仙花数（narcissistic numbers）中最小的（其他几个是 370，371 和 407），是其每个数字的立方之和（$1^3+5^3+3^3=1+125+27=153$），又是一个三角数（它是 1 到 17 所有整数的总和）。根据伊拉斯谟于 1521 年所给的描述，应有 9 个年级，每个年级 17 名学生，但到了 16 世纪末，受洗前的新信徒（catechumen）与文法学校的一年级合并，高年级学生多于低年级学生。见：T. W. Baldwin, 'Number of Forms in Paul's Grammar School', Appendix III of *William Shakespere's Small Latine & Lesse Greeke* (2 vols., Urbana: University of Illinois Press, 1944), 2. 702–705.

[6] 穷人用牛羊脂代替昂贵的蜂蜡。牛羊脂蜡烛带有烟熏味和臭味，但蜂蜡制成的蜡烛燃烧得很干净。这条规则一直延续到 1820 年。

[7] 1602 年，学校牧师正式成为副校长助理，并教授一年级学生（"低年级"）教义问答和词形变化，受洗前的新信徒与文法学校一年级的合并得以承认。

[8] 关于老吉尔和马尔卡斯特，见：ODNB；Wood, Athenae Oxoniensis 2.597–600.

[9] 倘若弥尔顿上学更早的话，他会在三年级时（1619 年）学习奥维德的《哀怨集》，在四年级时（1620 年）阅读更多奥维德的作品（《女杰书简》《黑海书简》和《变形记》），历史（尤其是战争）方面会阅读恺撒。

[10] 关于教学大纲和教学方法，见：Donald Clark, John Milton at St Paul's School (New York: Columbia University Press, 1948); Foster Watson, The English Grammar Schools to 1660 (Cambridge: Cambridge University Press, 1908); Baldwin, op.cit.

[11] 可能是这件事，抑或是吉尔把教堂坍塌比作参孙推倒舞台，影响了弥尔顿《力士参孙》的结局。见：Leo Miller, 'On Some Verses by Alexander Gil which John Milton Read', MQ 24 (1990), 22–25.

[12] Anthony Milton, Catholic and Reformed: The Roman and Protestant Churches in English Protestant Thought 1600–1640 (Cambridge: Cambridge University Press, 1995), 42–43.

[13] Thomas Cogswell, The Blessed Revolution: English Politics and the Coming of War, 1621–1624 (Cambridge: Cambridge University Press, 1989), 6–9.

[14] 见下文，35 页。

[15] 关于查尔斯和西奥多·迪奥达蒂，参见 ODNB。关于这一家族分支的权威著作为：Donald Dorian, The English Diodatis (New Brunswick, NJ: Rutgers University Press, 1950).

[16] 见下文，49 页。

[17] 见 ODNB 词条：Evelyn John (1655–1699)。

[18] 有关该时期牛津本科生的年龄，见：Stephen Porter, 'University and Society', in Seventeenth-Century Oxford (vol. 4 of The History of the University of Oxford), ed. Nicholas Tyacke (Oxford: Clarendon Press, 1997), 54–57.

[19] Camdeni insignia (Oxford, 1624), Sig E4^r.

[20] 有关两篇圣诗释义与西尔维斯特英译杜·巴尔塔斯（1621 对开版）的详细比较，见：Charles Dunster, Considerations on Milton's Early Reading (London, 1800), 16–32.

[21] 援引 ODNB 中苏珊·斯奈德（Susan Snyder）关于西尔维斯特的条目。

[22] 斯奈德指出，德莱顿在给霍顿勋爵（Lord Haughton）的《西班牙修士》（The Spanish Fryar）的献词（1681 年）中记录了自己情感上的逆转："我记得自己还是个男孩时，我认为与西尔维斯特的杜·巴尔塔斯相比，斯宾塞是一位难以效仿的平庸诗人：我在读到这些诗行时，欣喜若狂：'如今，冬天凛冽的气息开始／让波罗的海结为晶体，／使湖面变得光亮，将洪水牢牢管束，／用白雪给光秃秃的树木戴上假发。'倘若这不是令人厌恶的浮夸，那我一定是被欺骗了。"

[23] 见：George C. Taylor, Milton's Use of Du Bartas (Cambridge, Mass.: Harvard University Press, 1934).

[24] CSP 7，1—4 行。

[25] 威尔克斯的配曲第一次刊印于《古代和现代赞美诗》（Hymns Ancient and Modern）（1861 年），其中"孟克兰德"曲也用于亨利·威廉·贝克爵士（Sir Henry William Baker）的《丰收》

391

（"Harvest"）。弥尔顿的圣诗（谱以"孟克兰德"曲调）如今出现在英国国教的赞美诗 [例如美国圣公会的《赞美诗》（*The Hymnal*）（1982 年)] 和其他新教教派的赞美诗中 [例如《浸礼宗赞美诗》（*Baptist Hymnal*）、《路德宗礼拜书》（*Lutheran Book of Worship*）和《长老会赞美诗》（*Presbyterian Hymnal*）]。

[26] 这是巴蒂斯塔·斯巴诺利（Battista Spagnoli）（1447—1516 年）的拉丁语名字；他的拉丁语名和意大利语名（Il Mantovano）都指涉其出生地曼图亚。他是加尔默罗会修士（Carmelite friar），其文学作品非常多，包括牧歌、叙事诗和宗教诗，被伊拉斯谟称为"基督教的维吉尔"。

[27] 见：Harris Fletcher, 'Milton's *Apologus* and its Mantuan Model', *JEGP* 55 (1956), 230–233；Estelle Haan, 'Milton, Manso and the Fruit of that Forbidden Tree', *Medievalia et Humanistica* 25 (1998), 75–92.

[28] 在文艺复兴时期的英语诗里，这种格律最著名的例子是锡德尼（Sidney）的《阿卡狄亚》（*Arcadia*）中的一些诗句，如"啊，甜蜜的树林，独居的喜悦"（'O sweet woods, the delight of solitariness'）；标准的现代诗例是奥登（Auden）的"在适当的季节"（'In due season'）。

[29] 关于雷文斯克罗夫特和莱恩，参见 *ODNB*。有关弥尔顿写给莱恩的十四行诗以及莱恩的回应，见：Campbell, 'Shakespeare and the Youth of Milton'.

[30] Parish Register, St Stephen, Walbrook, Guildhall Library MS 8319. 该登记簿刊印在 *PHSR* 69 (1919) 中。

[31] 婚姻财产协议的日期是 11 月 17 日，见证人中包括小约翰·弥尔顿和他的母亲萨拉（纽约摩根图书馆，MS MA 953）；这是最早记录的弥尔顿签名，也是他母亲唯一有记录的签名。

[32] 他们所在堂区的教堂是圣马丁教堂（St Martin in the Fields），他们的长子约翰于 1625 年 1 月 16 日在那里受洗。这位约翰·菲利普斯卒于 1629 年 3 月 15 日；另一位更为人熟知的约翰·菲利普斯可能于 1631 年 10 月出生。

392　[33] Peter Earle, 'The Middling Sort in London', in Barry and Brooks (eds.), *The Middling Sort*, 143–145.

第三章　剑桥：大学时光

[1] 奥布里（可能是援引克里斯托弗·弥尔顿）和爱德华·菲利普斯都说弥尔顿十五岁就上了剑桥大学，因而他有可能在 2 月 12 日被正式录取之前就已经在剑桥住了几个月了。

[2] 关于查普尔，请参阅 *ODNB*；其中提到查普尔在 1624 年的剑桥大学的学术答辩中"赢了国王詹姆斯一世"，这是个谬误，可能源于托马斯·富勒（Thomas Fuller）的记述；事实上，这场答辩发生在国王于 1615 年巡视剑桥大学期间。

[3] 关于普雷斯顿和厄谢尔，请参见 *ODNB*。

[4] Masson, 1.129；理查德·汤姆逊出生于尼德兰，见过阿明尼乌（Arminius），有关其人，请参见 *ODNB*。

[5] 见：Christopher Brooke, 'Chambers', in Victor Morgan, and Christopher Brooke, *A History of the University of Cambridge*, vol. 2, 1546–1750, (Cambridge: Cambridge University Press, 2004), 32–37.

[6] 现藏于维多利亚和阿尔伯特博物馆（Victoria and Albert Museum）的威尔大床（The Great Bed of Ware）可以躺下白鹿客栈（White Hart Inn）的十五人。

[7] 各学院从大到小排列分别是：三一学院（Trinity）、圣约翰学院（St John's）、基督学院（Christ's）、伊曼纽尔学院（Emmanuel）、王后学院（Queens'）、冈维尔和凯斯学院（Gonville and Caius）、卡莱尔学院（Clare Hall）、彼得豪斯学院（Peterhouse）、彭布罗克学院（Pembroke）、国王学院（King's）、锡德尼·苏塞克斯学院（Sidney Sussex）、圣体学院（Corpus Christi）、耶稣学院（Jesus）、麦格达伦学院（Magdalene）、凯瑟琳学堂（Catharine Hall）和圣三一学院（Trinity Hall）。

[8] N. Goose, 'Household Size and Structure in Early-Stuart Cambridge', *Social History* 5 (1980), 347–385.

[9] 被称为'国王渠'（King's Ditch）的半圆形水渠在现在的磨坊巷（Mill Lane）附近与剑河分流，并在麦格达伦学院附近重新汇入剑河；水渠途经基督学院，沿着如今的霍布森街（Hobson Street）顺流而下。

[10] 院长是托马斯·班布里奇（Thomas Bainbridge）（*ODNB*）。研究员按资历排列分别是威廉·鲍尔（William Power）、威廉·希德尔（William Siddall）、威廉·查普尔（William Chappell）（*ODNB*）、约瑟夫·梅德（Joseph Mede）（*ODNB*）、约翰·诺斯利（John Knowsley）、迈克尔·霍尼伍德（Michael Honywood）（*ODNB*）、弗朗西斯·库克（Francis Cooke）、纳撒尼尔·托维（Nathaniel Tovey）（*ODNB*）、亚瑟·斯科特（Arthur Scott）、罗伯特·盖尔（Robert Gell）（*ODNB*）、约翰·阿尔索普（John Alsop）（*ODNB*）、约翰·辛普森（John Simpson），以及安德鲁·桑德兰兹（Andrew Sandelands）。关于那些没有被收入 *ODNB* 的人员，见：Parker (727); John Peile, *Biographical Register of Christ's College, 1505–1905, and of the Earlier Foundation, God's House, 1448–1505*, ed. J. A. Venn (2 vols., Cambridge: Cambridge University Press, 1910, 1913). 安德鲁·桑德兰兹和弥尔顿于 1653 年还会发生联系，见下文，248 页。

[11] Anthony Milton, *Catholic and Reformed: The Roman and Protestant Churches in English Protestant Thought, 1600–1640* (Cambridge: Cambridge University Press, 1995), 119.

[12] 见：Brooke, in Morgan, *History of University of Cambridge*, 32–58.

[13] 'Johannes Milton. Londiniensis filius Johannis institutus fuit in literatū elementis sub Mᵗᵒ Gill Gymnasij Paulini præfecto. Admissus est pensionarius minor. ffeb. 12. 1624. sub Mᵗᵒ Chappell. Soluitqz pro ingressu ...10ˢ.' 这里的年份是 1624 年，因为按当时的惯例，新的一年始于 3 月 25 日。

[14] 罗伯特·珀里（*ODNB*）后继续留在剑桥攻读神学学士（BD）（1634 年），担任伯勒尔讲师（Burrell Lecturer），讲授修辞学（1634—1639 年）。他娶了主教威廉·贾克森（William Juxon）（*ODNB*）的侄女，威廉·贾克森便荐他任新费什街山（New Fish Street Hill）（伦敦）圣玛格丽特堂区长的职务。他后来因"被指控讲授阿明尼乌派学说而被扣押圣职收入，并在放弃牧师职务前拒绝宣读议会宣言"（*ODNB*）。王政复辟（Restoration）之后他任米德尔塞克斯（Middlesex）的会吏总（archdeacon）；没有证据显示他一直与弥尔顿有联系，但这两人都认识亨利·奥克辛登（Henry Oxinden）（*ODNB*），后者曾针对弥尔顿失明做了评论。

393

[15] 托马斯·鲍德温（Thomas Baldwin）、托马斯·肖特（Thomas Chote）、威廉·杰克逊（William Jackson）、罗伯特·珀里（Robert Pory）、罗杰·拉特利（Roger Rutley）、菲利普·史密斯（Philip

Smith）。见：Peile, *Biographical Register*.

[16]　另一位是埃德蒙·巴韦尔（Edmund Barwell）（卒于 1667 年），他与基督学院的一位前院长同
　　　名，也是其后代。见：Peile, *Biographical Register*.

[17]　W. T. Costello, *The Scholastic Curriculum of Early Seventeenth Century Cambridge* (Cambridge,
　　　Mass.: Harvard University Press, 1958).

[18]　Nicholas Tyacke (ed.), *The History of the University of Oxford*, vol. 4, *Seventeenth-Century Oxford*
　　　(Oxford, Clarendon Press, 1997).

[19]　Victor Morgan with Christopher Brooke, *A History of the University of Cambridge*, vol. 2, 1546–
　　　1750 (Cambridge: Cambridge University Press, 2004).

[20]　若不考虑死亡总数，1625 年的瘟疫比 1665 年的"大瘟疫"（'Great Plague'）更严重；见：
　　　Paul Slack, *The Impact of Plague in Tudor and Stuart England* (2nd edn., Oxford: Oxford University
　　　Press, 1990), 150.

[21]　Masson, 1, 162; French, *LR* 1. 99. *CPW* 将 *anemesetos* 误译为"谦虚地"而非"毫无冒犯"，因
　　　而避开了这一问题。

[22]　J. Karl Franson, 'The Diodatis in Chester', *N&Q* 234 (1989), 435. 这封信可能是对迪奥达蒂的一
　　　封希腊语信的回复 (British Library Add MS 5016*; in *LR* 1. 104–105).

[23]　*CSP* 19.

[24]　近来对这四首诗的最好的研究为：John Hale, 'Praising Dead Worthies, 1626', in John Hale,
　　　Milton's Cambridge Latin: Performing in the Genres 1625–1632 (Tempe, Ariz.: 2005), 127–145. 另
　　　参见：Thomas N. Corns, 'Milton before "Lycidas"', in Graham Parry and Joad Raymond (eds.),
　　　Milton and the Terms of Liberty (Cambridge: D. S. Brewer, 2002), 23–36.

[25]　有关安德鲁斯、费尔顿和戈斯特林，参见 *ODNB*。

[26]　*CSP* 55，54—55 行。

[27]　"bedell" 和 "bedel" 是 "beadle" 的古体拼写，剑桥大学和牛津大学都保有此职务（剑桥有两
　　　个，牛津有四个）。剑桥大学区分了仪仗官先生（esquire bedells）与仪仗官助理（yeoman
　　　bedels）；里丁是前者，而且在去世时已经是高级仪仗官了。关于一名剑桥大学的仪仗官介入
　　　1635 年选举学院院长的事例，见：Morgan, 381–383. 另见：H. P. Stokes, 'The Esquire Bedells of
　　　the University of Cambridge', *Cambridge Antiquarian Society Publications* 45 (1911), 39, 93–95.

[28]　白金汉公爵（Duke of Buckingham）（由里丁正式通知其当选）在他的名誉校长任上（1626–
　　　1628 年）为仪仗官提供了三根银权杖；其中两根的图片见：Morgan, *History of University
　　　of Cambridge*, 157. 见：A. P. Humphry, 'On the maces of the Esquire Bedells', *Cambridge
　　　Antiquarian Communications* 21 (1881), 207–218.

[29]　*CSP* 27，第 6 行。

[30]　该词是古典罗马时期的祭司头衔；*CSP* 27，第 13 行。

[31]　Milton, *Of Reformation*, *CPW* 1. 549. 关于后来的约克大主教（Archbishop of York）芒廷（或称
　　　蒙田），参见 *ODNB*。

[32]　见：Hale, *Milton's Cambridge Latin*, 151–158.

[33]　在 1645 年的拉丁语《诗集》里，这首诗据说写于弥尔顿十七岁时（*anno aetatis 17*）。有学者
　　　相信弥尔顿的这首诗受惠于菲尼亚斯·弗莱彻（Phineas Fletcher）于 1627 年在剑桥出版的《蝗

394

虫》（*Locustae*），他们认为弥尔顿要么见过弗莱彻的手稿，要么是弥尔顿记错了自己的年纪，这首诗应该作于 1627 年。

[34] 见：Estelle Haan, 'Milton's *In Quintum Novembris* and the Anglo-Latin Gunpowder Epic', *Humanistica Lovaniensia* 41 (1992), 221–295; 42 (1993), 368–393; 关于这一重大场合，见：Hale, *Milton's Cambridge Latin*, 147–184.

[35] *CSP* 47，50，第 5 行、31—32 行、223—226 行。

[36] Morgan, *History of University of Cambridge*, 129–130.

[37] 见：Hale, *Milton's Cambridge Latin*. 关于学术答辩，见 15—31 页，关于演说见 67—90 页。

[38] Morgan, *History of University of Cambridge*, 128.《旁观者》的文章载于 1712 年 9 月 16 日星期二第 485 期上。

[39] 见：Donald L. Clark, 'Ancient Rhetoric and English Renaissance Literature', *Shakespeare Quarterly* 2 (1951), 202.

[40] J. T. Shawcross, 'The Dating of Certain Poems, Letters and Prolusions written by Milton', *ELN* 2 (1965), 261–266; Leo Miller, 'Milton's Clash with Chappell: A Suggested Reconstruction', *MQ* 14 (1980), 77–87; Gordon Campbell, *A Milton Chronology* (Basingstoke, 1997), 31–41.

[41] *PL* 7.31; *PR* 3.50.

[42] 在《亲友书信集》（*Epistolares Familiares*）中，这封信（序号 1）的日期被错误地标注为 1625 年 3 月 26 日。弥尔顿在信里讲到了与信一同寄去的一首诗，这首诗必定是《第 4 首哀歌》。他注明这首诗是十八岁（*anno aetatis 18*）时所作，这也就证实了 1627 年，那年弥尔顿恰好十八岁；根据第 33—38 诗行，这首诗的创作时间应该在春分（儒略历的 3 月 11 日）与 4 月 28 日举行的古老的克洛里斯节（Chloris）之间。这本希伯来语《圣经》已遗失。

[43] 信中提到的"祖国"（*Patria parens*）不大可能包括苏格兰，因此，弥尔顿必定是将扬看作英格兰居民；*CSP* 60，87—94 行。

[44] *CSP* 59，71—74 行。

[45] 弥尔顿（与其父亲一起）于 5 月 29 日在圣马丁教堂签署了一份购置房产的契约（PRO C54/2715/20）；6 月 11 日，他又签了一份协议，他父亲借给理查德·鲍威尔 300 英镑（见本章下文注释 56）。

[46] 《一份小小的辩驳》[*A Modest Confutation* (London, 1642) sig. A3ᵛ]提到弥尔顿被剑桥大学"吐了出来"，这一指控可能就是指他受罚离校，但同样可能是以一种敌意的方式表达"毕业"。

[47] 这封信只以印刷形式留存下来（参见 *LR* 3. 375），因此，信中错将基督学院称为"基督教堂"，可能是在转写过程中发生的，因为剑桥大学的毕业生不大可能会犯这种错误。布拉姆霍尔的文稿都在黑斯廷斯（Hastings）家族的手稿中（他的女儿嫁入了该家族），而这封信没有被列入历史手稿皇家委员会（HMC）对布拉姆霍尔信件的记录中（vol. 78, Report on the Hastings Manuscripts, vol. 4, 55–136），所以，这封信一定是在亨廷顿图书馆（Huntington Library）获得黑斯廷斯手稿之前就被移除了。关于布拉姆霍尔，参见 *ODNB*。

[48] 见下文，240 页。

[49] 关于阿瑟顿，参见 *ODNB*；有关梅德对鲍尔的看法，参见他在 1627 年 5 月 19 日给马丁·斯图特维尔爵士（Sir Martin Stuteville）的信中谴责鲍尔是"彼列（Belial）之子"（BL Harleian MS389）。

[50] Darbishire, 10.

[51] 见下文，152 页。

[52] 在《巴托罗缪市集》（*Bartholomew Fair* 1.2）中，琼森笔下的人物利特维特（Littlewit）提到了"夏夜在莫尔菲尔兹广场（Moorfields）、皮姆利科小道（Pimlico Path）和交易所（Exchange）"所穿的衣服。莫尔菲尔兹广场（1606 年后成为公园）、霍克斯顿（Hoxton）的皮姆利科小道以及新交易所（New Exchange）（拱廊市场于 1609 年在河岸街开放）都是时尚的漫步场所，如同林肯律师学院广场（Lincoln's Inn Fields）、格雷律师学院广场（Gray's Inn Fields）以及圣殿花园（Temple Gardens）。

[53] 弥尔顿后来注明这首诗创作于 "anno aetatis undevigesimo"，使用了拉丁语序数词，这一独特用法很可能是说 "在他的第十九个年头"，即 1627 年，而非 "在十九岁"，对于后者，他通常的表述方式是 "anno aetatis 19"。

[54] 纳撒尼尔·托维在哈林顿家中寄居至 1612 年。西奥多·迪奥达蒂（Theodore Diodati）是约翰·哈林顿（1592—1614 年，后来的第二代哈林顿男爵）的私人教师（约 1599—1607 年），后者曾与约翰·托维同游意大利；1614 年，理查德·斯托克在哈林顿的葬礼上进行了布道（*The Churches Lamentation for the Losse of the Godly*, 1614）。

[55] 有关鲍威尔家族，见：Parker, 866—870；French, *Milton in Chancery*, 71–99, 167–180. 借款文件为 PRO C152/61，同一天记录的市场交易协议（提到了小弥尔顿）是 PRO LC4/56。

[56] 管理特定贸易及商业领域的城镇（包括伦敦）被称为市场交易区（staple）。贸易城镇法庭（Courts of the Staple）对债务和契约请求具有管辖权，适用的法律是商法（Law Merchant）而非普通法（common law）。市镇债务保证书（statute staple）是一种契约记录，在市镇书记员（Clerk of the Staple）的见证下确认签订，此处书记员是托马斯·汉普森爵士（Sir Thomas Hampson），1646 年 12 月 15 日或 16 日，就在鲍威尔去世前不久，他为这项票据背书时仍是书记员。

[57] 最高利率按照法令规定；1624 年，利率固定在 8%，这成为借款的通用税率。

[58] 见下文，150 页。

[59] 威斯敏斯特市档案馆圣马丁教堂堂区记事簿；刊印于 *PHSR* 66 (1936)。

[60] 弥尔顿的外甥爱德华·菲利普斯曾说，这首诗的主题是"他的 [弥尔顿的] 姐姐早夭的孩子（女儿）"（Darbishire, 62）。反对 1628 年这一日期的主要意见是，弥尔顿在 1673 年的《诗集》（*Poems*）为该诗添加了副标题"于十七岁"（*anno aetatis 17*），这就意味着此诗作于 1625 年 12 月 9 日与 1626 年 12 月 8 日之间；这样的日期与 1625 年的"屠戮般的瘟疫"吻合。倘若这首诗写于 1626 年的话，那么主题就不是安妮了，而是一个身份不明的孩子，正如第 3—5 行暗示的那样，这个婴儿没活过一个冬天。

[61] *CSP* 18, 71—77 行。

[62] 这个婴儿即伊丽莎白·菲利普斯（Elizabeth Phillips），于 1628 年 4 月 9 日在圣马丁教堂受洗；就像她姐姐一样，伊丽莎白也幼年夭折，并于 1631 年 2 月 19 日葬在圣马丁教堂。

[63] 在剑桥大学的用语中，"论文"（act）是一项学术练习，17 世纪时常以学术答辩（disputation）的形式进行。

[64] 关于盖尔，参见 *ODNB*，路易丝·柯思（Louise Curth）记录着"1658 年 8 月 24 日，圣米迦勒-勒-奎恩教堂（St Michael-le-Querne）的长老派堂区长马修·普尔（Matthew Poole）告诉理查

德·巴克斯特（Richard Baxter），他听说过盖尔，'我曾一两次发现他研究阿明尼乌主义和天主教的谬论'"。见下文，323 页。

见下文，323 页。

[65] 见：John Hale, 'Milton's Philosophic Verses and the Cambridge Act Verses', in Hale, *Milton's Cambridge Latin*, 33–65. 关于《自然不受衰老影响》，见：Estelle Haan, 'Milton's *Naturam non pati senium* and Hakewill', *Medievalia et Humanistica* 24 (997), 147–167.

396

[66] 这封信（*CPW* 1. 313–315）的日期是 1628 年 7 月 2 日，收在《亲友书信集》中（序号 3），但也有可能写于 1631 年 7 月 2 日。见：J. T. Shawcross, 'The Dating of Certain Poems, Letters and Prolusions Written by Milton', *ELN* 2 (1965), 261–266.

[67] Cambridge University Archives, Supplicats 1627, 1628, 1629, fol. 331. 文科学士的学位授予记录见：Grace Book Z, 158.

[68] 弥尔顿在 1646 年拉丁语《诗集》（*Poemata*）中注明这首诗作于 "20 岁"（"*anno aetatis 20*"），这就确定了此诗的创作时间。帕克的评论在第 56 页。

[69] *CSP* 92（《第 1 首十四行诗》）及 84（《第 4 首哀歌》）。

[70] 迪奥达蒂于前一年即 1628 年 7 月 8 日在牛津大学获得文科硕士学位。授予同等学位（incorporation）是指接受其他学校所授学位并授予相同学位的方法；参见 86—87 页。

[71] 爱西尼人曾是诺福克郡（Norfolk）和北萨福克郡（Suffolk）的凯尔特人部落；弥尔顿想象他们的领土还包括斯托马基特。与芝诺有关的 "多彩"（Poikile，希腊语 ποικίλη）柱廊位于雅典；西塞罗的别墅在图斯库卢姆（Tusculum），离罗马不远；盖尤斯·阿提利厄斯·雷古鲁斯·塞拉努斯（Caius Atilius Regulus Serranus）和马尼乌斯·库里乌斯·登塔图斯（Manius Curius Dentatus）都是古罗马的农民出身，也是执政官。

[72] PRO, SP 16/117. 关于奇林沃思背叛吉尔，参见 *ODNB*（词条 Chillingworth）。

[73] 理事庭（The Court of Assistants）辩称它有权在合适的情况下处置吉尔。劳德在为吉尔辩护时，诉诸教会法来阐述自己的观点，即吉尔的主教参与了免除吉尔职务的决策。劳德诉诸教会法这一举措不仅没有使吉尔免于被解职，而且促成了他自己的命数，这成为 1644 年劳德被审判时十项针对他的补充指控中的最后一项。

[74] *Records of Early English Drama: Cambridge*, ed. Alan H. Nelson. (2 vols., Toronto, Buffalo, and London: University of Toronto Press, 1989).

[75] 见：*An Apology*, *CPW* 1. 887. "atticisme" 的意思并不明确，可能指句子上的修辞平衡，但更有可能暗指弥尔顿借鉴了狄摩西尼（Demosthenes）的《金冠辩》（*De Corona*），在这篇演说中，狄摩西尼为自己辩护，驳斥针对他私人和公共生活的谩骂指控；安德鲁·唐恩斯（Andrew Downes）于 1619 年或之后就《金冠辩》发表演说。

[76] 见：*The Plot Discovered and Counterplotted* (1641). 托马斯·克拉尼达斯（Thomas Kranidas）最早注意到了这种相似性，见：'Milton's Trinculo', *N&Q* 26 (1979), 416.

[77] 例如，1629 年 9 月 24 日，大臣霍兰伯爵（earl of Holland）亨利·里奇（Henry Rich）和法国大使 M. 德·沙托纳夫（M. de Chasteauneuf）莅临剑桥大学，此时埃德蒙·斯图贝（Edmund Stubbe）的《诚实的欺诈》（*Fraus Honesta*）上演。弥尔顿在场的论点是艾伦·尼尔森（Alan Nelson）提出的，见：'Women in the Audience of Cambridge Plays', *Shakespeare Quarterly* 41 (1990), 335.

[78] 见下文，322 页。

[79] 见：Leo Miller, 'Milton's Portraits: An Impartial Inquiry into Their Authentication', special issue of *MQ* (1976), 9–15, 19–25.

397 第四章　剑桥：研究生岁月

[1] Richard Cust, *The Forced Loan and English Politics 1626–1628* (Oxford: Clarendon Press,1987), 185.

[2] *ODNB*.

[3] Peter Lake, 'The Laudian Style: Order, Uniformity and the Pursuit of the Beauty of Holiness in the 1630s', in Fincham (ed.), *Early Stuart Church*, 161–185 (162).

[4] M. H. Curtis, *Oxford and Cambridge in Transition, 1558–1642* (Oxford: Clarendon Press, 1959), 91, 97.

[5] 莫迪凯·费恩戈尔德（Mordechai Feingold）关于牛津大学现代语言的讨论，见：Nicholas Tyacke (ed.), *Seventeenth-Century Oxford* (vol. 4 of *The History of the University of Oxford*, Oxford: Clarendon Press, 1997), 270–275.

[6] Stefano Villani, 'The Italian Protestant Church of London in the Seventeenth Century', in Barbara Schaff (ed.), *Exiles, Emigres and Intermediaries: Anglo-Italian Cultural Mediations*, (Amsterdam and New York: Rodopi).

[7] 该卷现藏于纽约公共图书馆（New York Public Library）（Rare Book Room KB 1529）。关于旁注，见：Maurice Kelley, 'Milton's Dante—Della Casa—Varchi volume', *BNYPL* 66 (1962), 499–504.

[8] 原文 "*patriis cicutis*"（祖国的风笛）意义含混。我们和约翰·凯里 [John Carey, 'The Date of Milton's Italian Poems', *RES* 14 (1963), 383–386] 都假定这个短语指的是意大利语，即迪奥达蒂祖国的语言；或者，该短语也可能指弥尔顿的母语，倘若如此，这一行还提到了《圣诞清晨颂歌》或另一首英语诗。

[9] *CSP* 94，1—2 行。

[10] 这一关联最早见于：J. S. Smart (ed.), *The Sonnets of Milton* (Glasgow: Maclehose, Jackson, 1921), 137–144.

[11] 坎佐尼情诗（*canzone*）是一种意大利语抒情诗，通常由多个诗行长度不一的长诗节和一段被称为告别辞（*commiato*）的短诗节组成。更准确地说，弥尔顿的坎佐尼情诗应被称为"单诗节坎佐尼情诗"（*stanza di canzone*），因为它只有一个诗节和一段告别辞。

[12] Sonnet 4, 11—12 行，*CSP* 97; *PL* 2. 665。

[13] 关于谢尔福德，参见 *ODNB*。

[14] Lake, "Laudian Style", 175.

[15] *CSP* 111.

[16] Diane McColley, *Poetry and Music in Seventeenth-Century England* (Cambridge: Cambridge University Press, 1997), 196.

[17] Thomas N. Corns, '"On the Morning of Christ's Nativity", "Upon the Circumcision" and "The

Passion"', in Thomas N. Corns (ed.), *A Companion to Milton* (Oxford: Blackwell, 2001), 221.

[18] Christopher Hill, *Puritanism and Revolution* (1958; London: Panther, 1969), 313.

[19] 见上文，28 页。

[20] H. Neville Davies, 'Milton's Nativity Ode and Drummond's "An Hymne of the Ascension"', *Scottish Literary Journal* 12 (1985), 5–23; Corns, '"On the Morning"', *passim*. 关于德拉蒙德，见 *ODNB*.

[21] *CSP* 105，24—26 行。

[22] *CSP* 115，227—228 行。

[23] *CSP* 125，55—56 行。

[24] *PL* 12. 411—414 页。

[25] Richard Crashaw, 'Upon the body of Our Bl. Lord, Naked and Bloody', lines 1–4, in *The Poems, English, Latin, and Greek, of Richard Crashaw*, ed. L. C. Martin (2nd edn., Oxford: Clarendon, 1957), 290.

[26] Corns, 'On the Morning', 219.

[27] 见：Gordon Campbell, 'Shakespeare and the Youth of Milton', *MQ* 33 (1999), 95–105.

[28] Matricula Studiosorum, in Bibliothèque Publique et Universitaire de Genève, MS fr.141C (Inv. 345), fol. 9v.

[29] 见下文，125 页。

[30] 这封信（*CPW* 1. 316–317 年）在《亲友书信集》（*Epistolae Familiares*）（编号 2）中的日期是 1628 年 5 月 20 日，但它似乎暗指了吉尔有关 1629 年 9 月斯海尔托亨博斯之沦陷的那首诗。见：Eugenia Chifas, 'Milton's Letter to Gill, May 20, 1628', *MLN* 62(1947), 37–39; J. T. Shawcross, 'The Dating of Certain Poems, Letters and Prolusions Written by Milton', *ELN* 2 (1965), 261–266. "Sylva-Ducis" 是斯海尔托亨博斯（法语为 Bois le Duc）的拉丁语说法。

[31] 关于金，见：*ODNB*; Norman Postlethwaite and Gordon Campbell (eds.), 'Edward King, Milton's Lycidas: Poems and Documents', special issue of *MQ* 28 (December 1994), 77–111.

[32] 关于霍布森（1545–1631），见 *ODNB*，我们这里的记录便基于此。这幅肖像画归伦敦国家肖像馆（National Portrait Gallery）所有，挂在位于萨默塞特（Somerset）的蒙塔丘特宅邸（Montacute House）。

[33] 见：W. D. Bushell, *Hobson's Conduit: The New River at Cambridge Commonly Called Hobson's River* (1938). 霍布森纪念碑原是市集上的一座喷泉，1856 年被移至水渠与伦斯菲尔德路（Lensfield Road）交叉的位置。

[34] 弥尔顿第二首纪念霍布森的诗（以 "此处躺着一位" 开头）印在《玩笑的盛宴》（*A Banquet of Jests*）（1640 年）上，之后是一首未具名的作者写给霍布森的祭文（以 "霍布森躺在此处" 开头）；弥尔顿的这首诗还印在了《妙语重拾》（*Wit Restor'd*）（1658 年）里，上面也刊载了弥尔顿第一首纪念霍布森的诗（以 "此处躺着年老的霍布森" 开头）。

[35] *CSP* 128，14—19 行。

[36] BL C.60.1.7. 关于注解，见：Maurice Kelley and Samuel Atkins, 'Milton's Annotations of Aratus', *PMLA* 70 (1955), 1090–1106. 同年，据说弥尔顿得了一块镀银怀表（现藏于大英博物馆，Registration no. 1862, 8–1.1），上面刻着 'Ioanni Miltoni 1631'。这些字可能是后来刻的，但有可能是假的；造表人威廉·邦廷（William Bunting）直到 1647 年才脱离钟表制造公会（Company

of Clockmakers），怀表的风格属于 17 世纪 50 年代。

[37] 见下文，177 页。

[38] BL Sloane MS 1446, fols. 37–38. 约翰·沃尔隆德与殖民地行政长官汉弗莱·沃尔隆德（Humphrey Walrond）（见 *ODNB*）是兄弟，曾任弗朗西斯·威洛比的秘书［第五代帕勒姆的威洛比男爵（Fifth Baron Willoughby of Parham），见 *ODNB*］，他与弥尔顿没有任何联系，但复辟之后，他的女儿伊丽莎白嫁给了弥尔顿的学生理查德·琼斯（Richard Jones）。

[39] 传统上认为的日期有两项证据。首先，弥尔顿自称是 "二、三年级学生的应急领队"（the emergency leader of the sophisters），"sophister" 这个词可以指二年级本科生或三年级本科生；然而，也没有理由认为二、三年级学生的领队不能是 "已经获得学士学位之人"（即研究生），见：John Shawcross, *Rethinking Milton Studies: Time Present and Time Past* (Newark, NJ: University of Delaware, 2005), 182 n. 1. 其次，弥尔顿在 1674 年注明这首诗 "作于十九岁"，而 1628 年 7 月弥尔顿十九岁；这很可能是弥尔顿记错了（*lapsus memoriae*）。

[40] 约翰·金（John King）可能在 1624 年初取得学士学位后离开剑桥，但爱德华·金（Edward King）［即后来弥尔顿所写的利西达斯（Lycida）］及其弟弟罗杰（Roger）于 1626 年 6 月 9 日被录取，亨利·金和亚当·金于 1631 年 6 月 9 日被录取。

[41] 弥尔顿提到了 "多只"（*complures*）鹅，所以严格地说，两只不能算多，但这个短语很可能是将数字夸张了的表现手法。

[42] 基督学院的《1622—1639 年记录本》（"Accounts, 1622–1639"）和《录取登记簿》（Admissions Book）都保存在基督学院的档案里。相关学生数据由约翰·皮尔（John Peile）收集，见：John Peile, *A Biographical Record of Christ's College, 1505–1905, and of the Earlier Foundation, God's House, 1448–1505*, ed. J. A. Venn (2 vols, Cambridge: Cambridge University Press, 1910, 1913).①

[43] Parker, 740 n. 55; 见：Gordon Campbell, 'Milton and the Water Supply of Cambridge', in B. Sokolova and E. Pancheva (eds.) *Essays for Alexander Shurbanov* (Sofia, 2001), 38–43, reprinted in revised form in *South African Journal of Medieval and Renaissance Studies* 15 (2006 for 2005), 121–126.

[44] 剑桥大学档案馆的这份手稿保存在《办公会纪要》（*Acta Curia*）（Proceedings of the Vice-Chancellor's Court，VCCt.1.52, fols. 132–133）中。这两名研究生分别是埃沃斯·高尔（Ewers Gower）（1627 年文科学士，后成为神学学士）和理查德·布肯汉姆（Richard Buckenham）（1629 年文科学士，1632 年文科硕士，恰好与弥尔顿同届）；三名本科生分别是威廉·特劳巴克（William Troutback）（1632 年文科学士，1635 年文科硕士）、亨利·贝特（Henry Bate）（1628 年登记入学，肄业），以及亚历山大·柯比（Alexander Kirby）（1632 年文科学士，1635 年文科硕士）。

[45] 罗斯林·里切克（Roslyn Richek）确立了这篇演说试讲稿的类别，见：'Thomas Randolph's Salting (1627), its Text, and John Milton's Sixth Prolusion as Another Salting', in *ELR* 12 (1982), 102–131. 约翰·黑尔在 *Milton's Cambridge Latin*, 195–293 中对该文类进行了细致的研究（包括一版《第 6 篇演说试讲稿》原文）。

---

① 此处皮尔的书名可能是作者笔误，应为：*A Biographical Register of Christ's College, 1505–1905, and of the Earlier Foundation, God's House, 1448–1505.*

[46] *CSP* 146，37—42 行。

[47] A. Milton, *Catholic and Reformed*, 317.

[48] *CSP* 151，156—160 行。

[49] *CSP* 151，161—166 行。

[50] *CPW* 3. 552, 558.

[51] 威斯敏斯特市档案中心的圣马丁教堂堂区登记簿（Parish register, St Martin in the Fields, City of Westminster Archive Centre），载于 *PHSR* 66 (1936)。礼葬（例如弥尔顿第二任妻子的葬礼）经政府发起，并由纹章院（College of Arms）组织，不举办这种葬礼的做法始于詹姆斯一世，他趁夜间安葬了其母亲。这种做法于 17 世纪 30 年代开始流行（查理一世国王试图将其废除），部分原因是私下的夜间葬礼更便宜（神职人员收取的额外费用抵消了多套丧服节省下来的费用），也因为礼葬的协议中包括了一项要求，即主要的哀悼者必须与死者性别相同，这意味着活着的配偶不能成为主要的哀悼者，除非葬礼在晚上私下举行。

[52] 副书记员这一职位注定要留在他们家中：阿加于 1673 年去世时，他的侄子托马斯·弥尔顿（1647 年受洗，1694 年去世）承袭了职位，他是克里斯托弗·弥尔顿之子。

[53] 国王和王后于 1632 年 3 月 19 日抵达剑桥。这两部戏剧都用英语写成，分别是《敌对的朋友》（*The Rival Friends*）［由王后学院的彼得·豪斯特德（Peter Hausted）执笔］和《妒忌的情人》（*The Jealous Lovers*）［由三一学院的托马斯·兰道夫（Thomas Randolph）执笔］；校长是亨利·巴茨（Henry Butts）。

[54] Cambridge University Archives, Subscr. 1, 377. 文科硕士的学位授予记录见：Grace Book Z, 224.   400

[55] 弥尔顿在接受了文科硕士学位之后，就成了"学术答辩主管"（"regent"）或"学术答辩老师"（"regent master"），因此就有了（完全虚构的）讲课和学习的职责。学术答辩主管委员会（Regent House）是答辩老师们的大会，属于剑桥大学的高级行政机构，但它的决定可能会被非学术答辩主管委员会推翻，后者由不再承担教课任务的资深学者组成。

第五章　哈默史密斯

[1] 老弥尔顿认为自己是哈默史密斯居民的档案包括：PRO C24/587/46（1632 年 9 月 14 日）、PRO C24/591/2（1634 年 4 月 17 日）、PRO C24/596/33（1734 年 8 月 5 日）（此处的年份可能是作者笔误，应为 1634 年——译者注）和 PRO C24/600/37（1635 年 1 月 8 日）。关于 1996 年发现的记录，见注释 3 和注释 4。

[2] 参见 *ODNB* 词条 "Sheffield"；*ODNB* 没有提到巴特威克宫，即后来的布拉德莫尔宫（Bradmore House），它位于哈默史密斯的布劳德路（Broadway），于 1836 年被拆除。1646 年 10 月，谢菲尔德勋爵被安葬在他建造的小礼拜堂里。

[3] Hammersmith and Fulham Record Office, DD/818/56.

[4] 关于哈默史密斯及其礼拜堂的历史，见：Thomas Faulkner, *The History and Antiquities of the Parish of Hammersmith: Interspersed with Biographical Notices of Illustrious and Eminent Persons, Who Have Been Born, or Who Have Resided in the Parish, During the Three Preceding Centuries* (London: Nichols & Son, 1839). 另见：William Laud, *The Works of the Most Reverend Father in God,*

William Laud (7 vols. in 9; Oxford: J. H. Parker, 1847–1860), 6.

[5] Hammersmith and Fulham Record Office, PAF/1/21, fol. 68. 最后一笔款项于 1632 年 3 月 25 日支付。1633 年、1634 年和 1635 年对哈默史密斯一方的财产评估文件似乎已经丢失，但据推测，老弥尔顿很可能是在这些年里受到评估的。

[6] Inner Temple Archive, Admissions Book 1571–1640, 593.

[7] Cedric Brown, *John Milton's Aristocratic Entertainments* (Cambridge: Cambridge University Press, 1985), 47. 我们对《阿卡狄亚人》的解读得益于布朗（Brown）的论述。

[8] *ODNB* 词条：Spencer, Alice。

[9] J. H. Baker, *ODNB* 关于托马斯·埃杰顿爵士（Sir Thomas Egerton）的条目。

[10] *CSP* 167，108 行。

[11] F. R. Fogle, '"Such a rural queen": The Countess Dowager of Derby as Patron', in F. R. Fogle and L. A. Knafla (eds.), *Patronage in Late Renaissance England* (Los Angeles: William Andrews Clark Memorial Library, University of California, 1983), 3–29.

[12] *ODNB* 上有关于默文·图谢、詹姆斯·图谢、乔治·图谢和格雷·布里奇斯的文章。上议院档案馆（House of Lords Record Office）、亨廷顿图书馆（Huntington Library）（the Ellesmere MSS 和 the Hastings MSS）、莱斯特郡档案馆（Leicestershire Record Office）（the Braye MSS）、苏格兰国家图书馆（National Library of Scotland）、北安普敦郡档案馆（Northamptonshire Record Office）（Finch–Hatton MSS and Isham-Lamport MSS），以及国家档案馆都有关于这场审判的记录。这场审判的书面记录包括：*The tryal and condemnation of Mervin, Lord Audley Earl of Castle-Haven, at Westminster, April the 5th 1631, for abetting a rape upon his Countess, committing sodomy with his servants, and commanding and countenancing the debauching his daughter* (1699); *The trial of Lord Audley, earl of Castlehaven for inhumanely causing his own wife to be ravished and for buggery* (1679); *The arraignment and conviction of Mervin, Lord Audley, earl of Castlehaven, (who was by 26 peers of the realm found guilty of committing rapine and sodomy) at Westminster, on Monday, April 25, 1631* (1642); *The case of sodomy, in the trial of Mervin, Lord Audley, earl of Castlehaven, for committing a rape and sodomy with two of his servants* (1708). 关于这场审判最新的论述，见：Cynthia Herrup, *A House in Gross Disorder: Sex, Law and the 2nd Earl of Castlehaven* (Oxford: Oxford University Press, 1999).

[13] PRO, SP 16/175/2.

[14] 关于埃莉诺·戴维斯夫人，见 *ODNB*。

[15] 这一观点见：Barbara Breasted, 'Comus and the Castlehaven Scandal', *MS* 3 (1971), 202–224. 相反的观点见：John Creser, 'Milton's Comus: The Irrelevance of the Castlehaven Scandal', *N&Q* 229 (1984), 307–317, reprinted in *MQ* 21 (1987), 24–34. 另见塞德里克·布朗（Cedric Brown）的论述（*Entertainments*, 174–178），他认为那起丑闻可能影响了《在勒德洛城堡上演的假面剧》布里奇沃特手稿（Bridgewater MS）的编辑修改。

[16] 援引自：Brown, *Entertainments*, 21.

[17] 伊丽莎白在 11 月 14 日被赦免，安妮在 11 月 30 日被赦免。

[18] 有不少记述（例如，《维多利亚郡史》中关于"黑尔菲尔德"的条目）体现了这样一种传统观念，即伯比奇（Burbage）剧团在女王到访时上演了《奥赛罗》，这种观念其实是基于科利尔

401

（Collier）伪造的一份埃杰顿家族文件资料，该资料现存于亨廷顿图书馆。[①]

[19] 早在 1633 年，弥尔顿写了一封《致一位姓名不详的友人的信》，在信中，他把这首十四行诗描述成一首"很久以前"（'some while since'）写的"彼特拉克式的诗节"（'Petrarchian stanza'），因此，1632 年 12 月可能是这首诗的创作时间。

[20] *CSP* 153.

[21] *CSP* 171. 在这首诗最早的抄本（Bodleian Ashmole MS 36, 37, fol 22ʳ）中，弥尔顿将这首诗命名为《论钟箱，或钟盘》（'Upon a clock case, or dyall'）；在《三一学院手稿》中，他最初称之为《以钟箱为主题》（'To be set on a clock case'），后来将标题改为《论时间》。关于《阿什莫尔抄本》（Ashmole MS）的日期，见：Frederic B. Tromly, 'Milton Responds to Donne: "On Time" and "Death Be Not Proud"', *MP* 80, no. 4 (May 1983), 390–393.

[22] Herrick, 'Another New-yeeres Gift, or Song for the Circumcision', lines 7–9, *Poetical Works*, 367.

[23] Milton, 'Upon the Circumcision', 26–28, *CSP* 173.

[24] Francis Quarles, 'Of our Saviours Circumcision, or New-yeares day', lines 11–12, in *Hosanna or Divine Poems on the Passion of Christ and Threnodes*, ed. John Horden (Liverpool: Liverpool University Press, 1969), 9. Thomas Corns, 'On the Morning of Christ's Nativity', in Corns (ed.), *Companion*, 215–231 (at 219–221)。文中可以找到与弥尔顿诗歌类似的其他例子。

[25] 见下文，290 页。

[26] 这位朋友似乎比弥尔顿年长，可能是圣职人员；弥尔顿前一天拜访过他，所以他很可能住在伦敦，而不是剑桥。有可能是托马斯·扬，但弥尔顿通常是用拉丁语给他写信。正如帕克（Parker）所述（783 n.13），另一种可能性是约翰·劳森（John Lawson），他于 1628 年至 1642 年任万圣堂区的堂区长。

[27] 这封信载于 *CPW* 1. 318—321；引文在 319 行。

[28] *CPW* 3，319–320.

[29] 见下文，101 页。

[30] *PL* 3，365–371.

[31] 吕哥弗隆的作品是《亚历山德里亚》（*Alexandria*）的一个版本（1601 年于日内瓦出版），弥尔顿花了 13 先令买下了它，并在扉页上写了购买记录，现保存于伊利诺伊大学（MS/x q821 M64/BF63+）。欧里庇得斯的作品是一本全集，即《存世的悲剧》（*Tragoediae quae extant*）（2 卷本，1602 年于日内瓦出版），现存于博德利图书馆（Don.d.27, 28）。莫里斯·凯利（Maurice Kelley）和塞缪尔·阿特金斯（Samuel Atkins）研究了欧里庇得斯作品中的评注，见：'Milton's Annotations of Euripides', *JEGP* 60 (1961), 680–687.

[32] 关于布里奇沃特伯爵，见 *ODNB* 词条：Egerton；关于威尔士事务委员会，见：Caroline Skeel, *The Council in the Marches of Wales* (Cambridge: Girton College, Girton College Studies, 1904).

[33] 有观点认为该案与弥尔顿的《假面剧》有关，见：Leah Marcus, 'The Milieu of Milton's *Comus*:

402

———

① 此处指约翰·佩恩·科利尔（John Payne Collier，1789—1883 年），他曾经散播大量有关莎士比亚作品的伪证，最有名的是他声称自己发现了一版《第二对开本》，称其为《珀金斯对开本》（*Perkins Folio*），里面包含许多 17 世纪的注解和修改，后被证实是伪造的。

Judicial Reform at Ludlow and the Problem of Sexual Assault', *Criticism* 25 (1983), 193–327. 相反的观点，见: Brown, *Entertainments*, 26. 其中埃文斯案被描述为"埃杰顿尽心尽责的实例"。

[34] 巡视的许多细节都来自: Brown, *Entertainments*, 28–35.

[35] 关于亨利·劳斯，见: *ODNB*; Ian Spink, *Henry Lawes: Cavalier Songwriter* (Oxford: Oxford University Press, 2000). 弥尔顿的第 13 首十四行诗（1646 年）是献给"彬彬有礼的 H. 劳斯先生"（'Mr H. Lawes, on his Airs'）；见下文，184 页。

[36] 关于理查德·纽波特，见 *ODNB*；埃顿庄园于 1867 年被拆除，但它两个用于设宴的塔楼中有一个保存了下来，现在租给了游客；埃杰顿一家正是在其中一个塔楼受到招待的。

[37] 关于米德尔顿家族，见 *ODNB*。奇尔克城堡现归全国名胜古迹托管协会（National Trust）所有。

[38] "案卷保管官"，即治安委员会下属的法律文件保管人，是主要的治安法官和郡政府的主要王室官员。米德尔顿后来参加了布思（Booth）的起义；见下文，287 页。

[39] 关于索尔兹伯里，见 *ODNB*。关于宴会的文本记录，见: Cedric Brown, 'The Chirk Castle Entertainment of 1634', *MQ* 11 (1977), 76–86.

[40] 关于罗杰·莫斯廷爵士和罗伯特·乔蒙德利，见 *ODNB*。布雷顿庄园是拉文斯克罗夫特（Ravenscroft）家族的府邸。托马斯·埃杰顿［后成为第一代布拉克利子爵（Viscount Brackley）］；见 *ODNB*）是一名地主和仆人的私生子；他在拉文斯克罗夫特家族度过了童年，并娶了在同一所房子里长大的继妹伊丽莎白。巴奇姆比德庄园、莫斯廷庄园和乔蒙德利城堡现在都是私人住宅；邓纳姆·马西庄园归英国名胜古迹托管协会所有；莱姆庄园在 18 世纪重建成意大利风格的宫殿，利的家族拥有这座庄园长达 600 年，现在它归英国名胜古迹托管协会所有。

[41] Parker（142 页）提出，创作的假面剧"本质上是一场儿童的聚会"；John Creaser 对此做出了必要的纠正，见: John Creaser, '"The present aid of this occasion": The Setting of Comus', in David Lindley (ed.), *The Court Masque* (Manchester: Manchester University Press, 1984), 111–134.

[42] Betty Irwin 首次提出假面剧受到卡斯尔黑文丑闻的影响，见: Betty Irwin, 'Milton's Ludlow Masque: An Historical approach' (unpublished MA thesis, University of Northern Illinois, 1960). 见上文第 15 条注释。

[43] 艾丽丝小姐生于 1619 年 6 月 13 日，1652 年嫁给第二代卡伯里伯爵（second earl of Carbery）理查德·沃恩（Richard Vaughan），1689 年去世。关于布拉克利子爵（后来的第二代布里奇沃特伯爵，生于 1623 年 5 月 29 日），见 *ODNB* 词条: Egerton, John。后来他得到了一本弥尔顿的《为英国人民声辩》（*Defensio*）（1651 年；现存于亨廷顿图书馆），他在上面刻写了这些话："这本书最应该被焚毁，作者最应该被绞死"（*Liber igne, author furca dignissimi*）（见插图 36，230 页）。托马斯·埃杰顿（生于 1625 年 6 月 11 日）于 1648 年去世，未婚。

403

[44] *CSP* 184–185，84—88 行。

[45] *CSP* 204，478 行。

[46] *CSP* 181–182，30—36 行。如同在《阿卡狄亚人》中一样，此处引文中的"state"指伯爵的座椅。

[47] 这份乐谱现存于大英图书馆的两份抄本中，分别是 Add MS 11518（抄写员手迹）和 Add MS 52723（亨利·劳斯手迹）。

[48] *CSP* 201，413—420 行。

[49] 比较 *PL* 4. 748–749，"造物主命令繁殖，除了我们的 / 毁灭者，神与人的敌人，谁命令禁欲？"

[50] 关于这方面的总结，见：Thomas Corns, *A History of Seventeenth-Century Literature* (Oxford: Basil Blackwell, 2007), 38–40, 176–182。

[51] Corns, 'Milton before "Lycidas"', 34–35。

[52] *CSP* 185，77 行。

[53] *CSP* 234，1021—1022 行 . 弥尔顿后来在日内瓦给卡米洛·卡尔多尼（Camillo Cardoini）签的《友人题词簿》（*album amicorum*）中引用了这些台词；见下文 126 页。

[54] *CSP* 180，12—14 行。

[55] *PL* 3. 173—175。

[56] *CSP* 227，910—917 行。

[57] Lake, "Laudian Style", 164，引自托马斯·劳伦斯（Thomas Laurence），劳德的门生，关于劳伦斯，见 *ODNB*。

[58] John Milton, *A Maske Presented at Ludlow Castle, 1634,* sig. A2ʳ⁻ᵛ。

[59] 这些问题的综述，见：Corns, *History*, 18–21, 94–97.

[60] 有关这些变化的论述，见：Brown, *Entertainments*, 132–152。

[61] 这首诗保存在东苏塞克斯档案馆（East Sussex Record Office）（FRE 690）；见 Leo Miller. 'On Some Verses by Alexander Gil which John Milton Read', *MQ* 24 (1990), 22–25. 关于 Noel，见 *ODNB*。

[62] 关于 Simeon Foxe，见 *ODNB*；福克斯会说意大利语，因此可能与迪奥达蒂家族和伦敦意大利人群体的其他成员有联系。

[63] 医师协会图书馆（1674 年后称"皇家医师协会"）核心藏书是医学书籍，但也收藏其他领域的书籍：在 1656 年威廉·哈维（William Harvey）制定的政策中，他打算收藏几何、地理、宇宙学、天文学、音乐、光学、自然历史、物理学和机械方面的书，以及"那些讲有关到地球上偏远地区游历的书"。

[64] 锡安协会成立于 1624 年，是一个由牧师组成的社团，而非教育机构，它于 1630 年获得皇家特许，并于 1631 年在菲利普巷（Philip Lane）和圣亚斐奇教堂（St Alfege London Wall）之间修了建筑（协会和救济院）。它一开始就设有图书馆，但在 1647 年收到圣保罗大教堂图书馆的藏书之前，图书馆的规模并不大。

[65] Wood, in Darbishire, 35. 这位朋友可能是约翰·奥布里。质疑弥尔顿学位被认可的人有尼古拉斯·冯·马尔灿（Nicholas von Maltzahn），见：'Wood, Allam and the Oxford Milton', *MS* 31 (1994), 155–177.

[66] 《1636 年劳德主义牛津大学章程》（Laudian Statutes of 1636）["关于学位认可"，第九章，第 8 部分（Tit IX sectio 8, *De incorporation*）]。

[67] 关于 Pinck，见 *ODNB*。

第六章 霍 顿

[1]　Hyde Clarke, *Athenaeum* 2746 (12 June 1888), 760–761. 我们无法确定 Clarke 引用的是哪份文件。

[2]　只是暂时逃避瘟疫，因为整个 1637 年，在科尔恩布鲁克（Colnbrook）接连发生了因瘟疫而死亡的事件。

[3]　见下文，206 页。

[4]　1636 年，弥尔顿以 18 先令的价格买下了赫里索斯托莫斯（Chrysostom）的《演讲稿八十篇》（*Orationes LXXX*）（1604 年，巴黎），后来某个时候，他在四页纸上做了些文字修改；这本书现藏于剑桥大学图书馆（Ely.a.272）。1637 年，他花 5 先令买下了《荷马神话故事中的寓言》（*Allegoriae in Homeri fabulas de diis*）（巴塞尔，1544 年），当时被认为是哲学家赫拉克利德斯·庞蒂乌斯（Heraclides Pontius）所作，但现在被认为是一位姓名不详的 1 世纪修辞学家赫拉克利德（Heraclides）的作品；这本书现藏于伊利诺伊大学图书馆。

[5]　关于凯德米斯特（有时拼写成"Kederminster"）图书馆，见：Jane Francis, 'The Kedermister Library: An Account of its Origins and a Reconstruction of its Contents and Arrangement', *Records of Buckinghamshire* 36 (1994), 62–85.

[6]　BL Add MS 36, 354. 现在不清楚弥尔顿是否在欧洲之旅中带着这本《札记书》。

[7]　见：Gordon Campbell, 'Milton's *Index Theologicus* and Bellarmine's *Disputationes De Controversiis Christianae Fidei Adversus Huius Temporis Haereticos*', *MQ* 11 (1977), 12–16.

[8]　斜体（Italic）是用来表示书写风格的术语，出现于 15 世纪的意大利，到 17 世纪初已经用于早期的铜版印刷。见：B. L. Ullman, *The Origin and Development of Humanistic Script* (Rome: Edizioni di Storia e letteratura, 1960).

[9]　关于古多尔（Goodall）和这次推荐，见：Edward Jones, 'The Wills of Thomas Young and Edward Goodall and the Life of John Milton', in *John Milton: 'Reasoning Words'*, ed. Charles Durham and Kristin Pruitt (Selingrove, Pa: Susquehanna Univesity Press, 2008).

[10]　见下文，137 页。

[11]　纳撒尼尔·托维写给他姐夫乔治·沃纳（George Warner）的信（PRO SP 46/83/46）说："在学期内，我会收到朋友们寄来的充满智慧的信件，但不开学的时候，这些就没了，我便生活在黑暗和无知之中，不知道世界的哪个尽头是朝上的。"

[12]　Herrick, *Poetical Works,* 19.

[13]　*CPW* 4. 613–614.

[14]　该观点由爱德华·琼斯提出，他论述了弥尔顿在霍顿的生活，见：Edward Jones, '"Filling in a blank in the canvas": Milton, Horton, and the Kedermister Library', *RES* 53 (2002), 31–60。本章的许多细节都来自该文。

[15]　见下文，194 页。

[16]　Kenneth Fincham, 'Episcopal Government, 1603–1640', in Fincham (ed.), *The Early Stuart Church*, 71–91 (78–79).

[17]　Kevin Sharpe, *The Personal Rule of Charles I* (New Haven and London: Yale University Press, 1992), 842–843.

[18]　上访法庭属于小型衡平法院（Court of Equity）[与普通法法院（Court of Common Law）相对]，

在斯图尔特王朝时期被广泛用来替代星室法庭和大法官法院。普通法法院否认上访法庭的合法性，后者于 1641 年被废除（间接地通过废除该法院在英国的司法权）；上访法庭的记录现保存在国家档案馆：PRO Req 1 包括 210 卷法院的杂项文案，PRO Req 2 包括 829 捆诉讼程序文件。

[19] 1637 年 4 月 8 日，约翰·鲍尔斯宣称，老弥尔顿已经管理科顿的投资达 "三十年左右"（BL, Cottonian Charters 1/5/2）。4 月 13 日，老弥尔顿称他已管理科顿的投资 "长达四十年之久"，并且投资额相当于 "大约三千英镑"〔PRO Req 2/630；还有另一份文件（不完全相同），见 BL, Cottonian Charters 1/5/1〕。

[20] 托马斯·鲍尔进入公证人公会后，从 1617 年到 1624 年 6 月 29 日与老弥尔顿一起当学徒（市政厅 MS 5370，215）；他于 1623 年 11 月 27 日见证了安妮·弥尔顿（老弥尔顿之女、诗人弥尔顿之姐）与爱德华·菲利普斯的夫妻财产契约（marriage settlement）（Morgan Library MA 953）。他似乎在 1625 年与老弥尔顿成为合伙人。

[21] 这项指控载于托马斯·科顿爵士于 1636 年 5 月 28 日提起的诉讼〔PRO Req 2/630; 有另一份文件（不完全相同），见：BL, Cottonian Charters 1/5/5〕。

[22] 老弥尔顿的观点包含在他对：1636 年 5 月 6 日科顿诉讼的回复中〔PRO Req 2/630；还有另一份文件（不完全相同），见：BL, Cottonian Charters 1/5/1〕。

[23] BL, Cottonian Charters 1/5/4.

[24] PRO PROB 11/170, Pile 2.

[25] 关于托马斯·科顿爵士（1594—1662），见 ODNB 中关于罗伯特·布鲁斯·科顿爵士（Sir Robert Bruce Cotton）（约翰·科顿的侄子）的词条。

[26] 马森在上访法庭的卷宗里看到了记载这些处罚的文件（Masson, I.630），但后来的学者们没能找到这份文件。

[27] 这句拉丁语（意思是 "我们已经授予了权力"）是一份授权非法官代替法官行事的文件开头语。

[28] PRO Req 2/360.

[29] 托马斯·阿加是安妮·弥尔顿的第二任丈夫。约翰·阿加是他的弟弟，当时可能在内殿律师学院求学，他是 1636 年 5 月 27 日被录取的。

[30] PRO Req 1/141 fol. 218.

[31] BL, Cottonian Charters 1/5/5.

[32] 萨拉·弥尔顿的逝世（4 月 3 日）和葬礼（4 月 6 日）被记载在霍顿的堂区登记簿里（Buckinghamshire County Record Office, Aylesbury, PR 107/1/1）。弗伦奇（LR 1.321）对出现的木星占星符号感到困惑，但它只是 "星期四" 的简写，也就是萨拉被安葬的日子；他在条目中误认的火星占星符号指的是 "星期二"。

[33] BL, Cottonian Charters 1/5/5. 现在无法找到上访法庭案卷里的那份文件副本。

[34] 星室法庭是刑事衡平法院，位于威斯敏斯特宫的一间房内，里面曾存放 starra（犹太人的契约和债券）。斯图亚特王朝时期，星室法庭的刑事管辖权处理暴乱、伪造、诽谤和阴谋等公共性质的不端行为；作为不受普通法约束的衡平法院，它将罚款、监禁、鞭刑、烙印和戕害身体作为镇压清教徒的手段。该法庭暴虐无度、滥用权力，导致它在 1641 年被废除。

[35] Sharpe, *Personal Rule*, 759.

[36] 同上，763 页。

[37] 他关于受残害的描述载于：*Discovery of the Prelates Tyranny* (1641)。

[38] Sharpe, *Personal Rule*, 764.

[39] 见下文，222 页。

[40] 关于威廉斯的职业生涯，见 *ODNB*。

[41] 这份记录是爱德华·琼斯发现的。见 Edward Jones, ' "Church-outed by the Prelats" : Milton and the 1637 Inspection of the Horton Parish Church', *JEGP* 102 (2003), 42–58.

[42] 关于爱德华·金，见：*ODNB*, N. Postlethwaite and G. Campbell, 'Edward King, Milton's "Lycidas" : Poems and Documents', *MQ* 28 (December 1994).

[43] *TMS* 31; *CSP* 243.

[44] *ODNB*.

[45] *CSP* 251，114—115 行。

[46] Sharpe, *Personal Rule*, 234, 290.

[47] *CSP* 252，128—129 行及注释。

[48] CSP 248，75 行，77 行。见：John Leonard, ' "Trembling Ear": The Historical Moment of "Lycidas" ', *JMRS* 21 (1991), 59–81.

[49] 在《亲友书信集》(*Epistolae Familiares*)（1674 年）中，第一封信（第 6 篇）的日期是 9 月 2 日，它的后一篇（第 7 篇）是 9 月 23 日。这些日期与第一封信（将秋天的来临看作过去的事情）和第二封信（催促迪奥达蒂，因为冬天就要到了）的内容相冲突。很可能是弥尔顿给这两封信标注了日期 "2.ix.1637" 和 "23.ix.1637"，而 1674 年版本的印刷商以为罗马数字指的是一年中从 1 月份开始的第 9 个月（即 9 月），而不是从 3 月份开始的第 9 个月（即 11 月）。

[50] 这封信是 1674 年版《亲友书信集》的第 7 篇。

[51] 见：Wilfred Prest, 'Legal Education of the Gentry at the Inns of Court, 1500–1640', *Past and Present* 38 (1967), 20–39; Prest, *The Inns of Court under Elizabeth I and the Early Stuarts, 1590–1640* (London, 1972).

[52] 弥尔顿可能和格雷律师学院（Gray's Inn）有某种联系。多年后，爱德华·菲利普斯回忆说，弥尔顿从意大利回来后，会和格雷律师学院的几个朋友来往；见下文，134 页。

[53] F. A. Inderwick, *A Calendar of the Inner Temple Records* (5 vols. 1896–1936), 2. 239.

[54] 弥尔顿的父亲给约翰·莱恩所续写而未出版的乔叟《乡绅的故事》(Squire's Tale)（Bodleian Douce 170）写了一首用作序言的六行诙谐短诗，给莱恩所续写而未出版的利德盖特（Lydgate）的《沃里克伯爵盖伊》(Guy Earl of Warwick，BL MS Harleian 5243）写了一首用作序言的十四行诗。如前一章所述，他还可能是莎士比亚第一对开本中署名为 "I.M." 的诗作者。

第七章　意大利

[1] 有关 17 世纪前往意大利的旅行，见：Edward Chaney, *The Grand Tour and the Great Rebellion* (Geneva: Slatkin, 1985); *The Evolution of the Grand Tour: Anglo-Italian Cultural Relations since the Renaissance* (rev. edn., London: Frank Cass, 2000).

[2] 《国王鲜血的呐喊》（*Regii sanguinis clamor*）（1652）（见下文，260—264 页）一书的作者宣称，弥尔顿被剑桥大学开除，羞愧地逃到了意大利。约翰·布拉姆霍尔在写给他儿子的信（1654年5月9/19日）中也暗示，有一场丑闻导致弥尔顿被迫"离开剑桥大学和大家的陪伴"。

407

[3] 五港同盟指的是多佛（Dover）、黑斯廷斯（Hastings）、罗姆尼（Romney）、海斯（Hythe）和桑威奇（Sandwich）这五个南部沿岸港口。总督的任命通常是终身制的，被任命的人还担任多佛军事和司法长官（Constable of Dover），因此现任者的职责涉及海事、军事（作为总督的职责）和司法（作为司法长官的职责）。

[4] 见 *ODNB* 词条：'Howard, Theophilus'. 这位伯爵的资助人是白金汉公爵，他在 1628 年 7 月辞去了五港同盟总督，让位于萨福克伯爵；萨福克伯爵在 1640 年去世之前一直担任总督（也是多佛军事和司法长官）。

[5] BL Add MS 36, 354. 弥尔顿在这封信的背面写了双行诗《请定格于此》（'Fix here'）。传统上，方括号中的污迹词被誊写为 'wryte'，但 'ryde' 更有道理；维克托·斯塔特（Victor Stater）建议这样来解读，他在 *ODNB* 中写了关于第二代萨福克伯爵的文章。

[6] 萨福克府邸，即后来的诺森伯兰府邸，是坐落于河岸街的一座豪宅，位于现在的特拉法加广场（Trafalgar Square）的南侧；它于 1874 年被拆除。

[7] 大英图书馆的抄本（Add MS 28,637）似乎是一份基于原件而非油印本的 18 世纪复制品，原件现已遗失。'Dorique' 在这里意为"田园式的"（pastoral）。

[8] 关于沃顿和黑尔斯，见 *ODNB*；这句有关多特会议的引文源自：Hales, *Golden Remains* (1659), sig. A4ᵛ. 马韦尔（Marvel）后来称黑尔斯是"一名非常博学的牧师。……[而且是] 基督教世界里头脑最清楚、心理准备最充分的人之一"。见：*Rehearsal Transpos'd*, ed. Martin Dzelzainis, in *The Prose Works of Andrew Marvell*, ed. id. and Annabelle Patterson (2 vols., New Haven: Yale University Press, 2003), 1. 130.

[9] 关于兰道夫，见 *ODNB*。沃顿说他已经收到了了"我们共同的朋友 R 先生的"那本书，其中弥尔顿的《假面剧》和兰道夫的《诗集》装订在一起，但我们现在没有这样一本书，而且也没有确定该朋友的身份。这位朋友也没有透露《假面剧》的作者是弥尔顿（可能是因为他不知道谁写的）。

[10] 见下文，134 页。

[11] 见 *ODNB* 词条：'Scudamore, John, first viscount'、'Scudamore family'、'Sidney, Robert, second earl of Leicester'、'Sidney, Algernon'、'Sidney, Philip, third earl of Leicester'。另见：Ian Atherton, *Ambition and Failure in Stuart England: The Career of John, First Viscount Scudamore* (Manchester and New York: Manchester University Press, 1999)；Chapter 6 (171–219), "Scudamore as ambassador [in Paris], 1635–1639"。

[12] *Life and Letters of Sir Henry Wotton*, ed. L. Pearsall Smith (Oxford: Clarendon Press, 1907), 2. 382. 有关沃顿对这句格言的其他用法，见 1.21–2。

[13] 福修斯（Vossius）在 1653 年 1 月 21/31 日写给海因西斯（Heinsius）的信中谈到了萨尔马修斯的指控，载于 *LR* 3.316："他处处称弥尔顿是娈童，还说他是意大利最廉价的男妓，一丁点儿钱就把屁股卖掉了"（'*Miltonum passim Catamitum vocat, aitque eum in Italia vilissimum fuisse scortum, & paucis nummis nates prostituisse*'）。这项指控没有在他死后出版的《答复》（*Responsio*) (1660) 一书中保存下来。

443

[14] 债券原件现已遗失，但通过弥尔顿于 1654 年 6 月 16 日对科普家族的起诉，可以推测得知债券条款（PRO C8/120/72 和 C7/452/60）。每年 12 英镑的利息（即 8%）按季度支付，日期是 2 月 3 日、5 月 3 日、8 月 3 日和 11 月 3 日。弥尔顿 1654 年的账单表明，付款一直持续到 1641 年 11 月。

408

[15] 弥尔顿家于 1627 年 5 月 25 日购买了这处房产（PRO C54/2715/20）。

[16] 马修·利斯特爵士是一位专门从事化学疗法和帕拉切尔苏斯疗法（Paracelsian remedies）的宫廷医生（见 *ODNB*）。他是承租人，但可能不居住；这处房产可能被弥尔顿家用作第二套住房，也可能被菲利普斯家族使用。见：Rose Clavering and John Shawcross, 'Anne Milton and the Milton Residences', *JEGP* 59 (1960), 680–690.

[17] PRO CP 25/2/458, 14 Charles I E.

[18] Phillips, in Darbishire, 56.

[19] BL Add MS 11044, 91 ff.

[20] Tetrachordon, *CPW* 2. 715; *Doctrine and Discipline of Divorce, CPW* 2. 238; *Judgement of Martin Bucer, CPW* 2. 434.

[21] Bodleian Wood MS D4, fol. 140ᵛ; Darbishire, 19; 见：Wood, 36–37. 他认为"弥尔顿曾在巴黎稍作停留……但当地的习俗和文化与他心性不合，于是很快就离开了"。

[22] 见下文，258 页。

[23] 他在《再为英国人民声辩》（*Defensio Secunda*）中写道，"我很快就到了里窝那"（*mox Liburnum*）；这可能暗示航行很快，但也可能是说他在热那亚只住了很短的时间。

[24] 这份《热那亚简述》包含在《哥伦比亚大学手稿》（Columbia MS）中弥尔顿的政府公文里（Columbia University Library MS X823 M64/S52），并刊载于哥伦比亚版《弥尔顿作品集》当中（18.122）。手稿中的另一篇文章《论雕像与古物》（'Of statues & antiquities'），作者是"一位去过土耳其和希腊的人：很可能是阿伦德尔伯爵（earl of Arundel）的杰出（英国国教）特工威廉·佩蒂（William Petty）"（Edward Chaney, *English Historical Review* 中一篇无标题的评论，108 (1993), 720）。

[25] 沃顿向他保证，该航道如同格雷夫森德镇（Gravesend）的驳船，日间畅行无阻。

[26] *CPW* 4. 615–616.

[27] 关于无心思学院，见：Estelle Haan, *From Academia to Amicitia: Milton's Latin Writings and the Italian Academies* (Philadelphia: Transactions of the American Philosophical Society, vol. 88. pt. 6, 1998), 10–28.

[28] Biblioteca Nazionale Centrale di Firenze, MS Palatino E.B. 15,2, Striscia 1406. Neil Harris, 'Galileo as Symbol: the "Tuscan Artist" in *Paradise Lost*', *Annali dell'Istituto e Museo di Storia della Scienza di Firenze* 10 (1985), 3–29.

[29] 关于加迪，见：Haan, *Academia to Amicitia*, 10–15. 弥尔顿到访时，加迪已经出版了《诗二卷》（*Poematum Libri Duo*）（帕多瓦，1628 年）、《致辞与颂词》（*Adlocutiones et Elogia*）（佛罗伦萨，1636 年）、《赠诗集》（*Corollarium Poeticum*）（佛罗伦萨，1636 年），以及《历史性颂词》（*Elogia Historica*）（佛罗伦萨，1637 年）.

[30] Biblioteca Nazionale Centrale di Firenze, MS Magliabechiano, Cl. IX, cod. 60, fol. 46ᵛ. 文中随后的参考文献为 fols. 47 和 48。

[31] 弥尔顿其他的六步格诗中,《哀达蒙》('Epitaphium Damonis')和《致曼索》('Mansus')都还未写成,如果选的是《致十一月五日》,则显得很不礼貌。

[32] 查尔斯·迪奥达蒂于 8 月 27 日 (Guildhall Library, MS 4508, Parish Register of St Anne Blackfriars)。

[33] Register of St Andrew, Holborn, Guildhall Library, MS 6668. 爱德华·琼斯于 2006 年发现了这则记录。

[34] 这本诗集似乎并未出版,但 1750 年有人在伦敦的一家书摊上发现了一份手稿,后印在一册未注明日期的书中(有很多人猜测是在 1757 年至 1860 年之间);该手稿后来丢失。

[35] 这封写给达蒂的信(1647 年 4 月 20 日)现藏于纽约公共图书馆,但不供查阅;纽约公共图书馆还有一份看上去是这封信件的 18 世纪复制品。

[36] 关于布翁马特,见:*DBI*; A. A. Cinquemani, *Glad to Go for a Feast: Milton, Buonmattei and the Florentine Accademici* (New York: P. Lang, 1998).

[37] 这封信写于 1638 年 8 月 31 日 /9 月 10 日,目前只有印刷版保存了下来(《亲友书信集》,第 8 篇)。

[38] 在法国主张法语作为文学语言的,见:Joachim du Bellay, *La deffence, et illustration de la langue françoyse* (Paris, 1549). 在西属那不勒斯,胡安·德·巴尔德斯(Juan de Valdés)写了《关于语言的对话》(*Diálogo de la lengua*)(1535 年,1737 年出版于马德里)。有关西班牙语的辩论,见:Avelina Carrera de la Red, *El 'problema de la lengua' en el humanismo renacentista español* (Valladolid: Universidad de Valladolid, Secretariado de Publicaciones; [Salamanca]: Caja de Ahorros y Monte de Piedad de Salamanca, 1988).

[39] 关于在意大利的争论,见:Cecil Grayson, *A Renaissance Controversy: Latin or Italian* (Oxford: Clarendon Press, 1960); Giancarlo Mazzacurati, *La questione della lingua dal Bembo all' Accademia fiorentina* (Naples: Liguori, 1965); M. Tavoni, *Latino, grammatica, volgare: storia di una questione umanistica* (Padua: Antenore, 1984); Maurizio Vitale, *La questione della lingua* (2nd edn., Palermo: Palumbo, 1984); Maria Antonietta Passarelli, *La lingua della patria: Leon Battista Alberti e la questione del volgare* (Rome: Bagatto Libri, 1999).

[40] *CPW* 2.538. 禁书目录审定院秘书 [The Secretary of the Congregation of the Index,该机构编制《禁书目录》(*Index Librorum Prohibitorum*)] 一直由多明我会修士担任;偶尔会有图书交给耶稣会士征求专家意见,但没有方济各会的"审查员",因为他们不是一个博学的修道会。从 1571 年到 1917 年,审定院的活动独立于罗马宗教裁判所(见下文),1917 年编制禁书目录的责任移交宗教法庭(Holy Office)。

[41] 伽利略早在几年前就完成了这本书,但在教皇乌尔班八世即位前一直未出版,这位教皇是佛罗伦萨人(原名马菲欧·巴贝利尼,Maffeo Barberini),伽利略一直与他保持着私人友谊。然而,正是在乌尔班任期当中,伽利略第二次受到谴责,并在酷刑的威胁下被迫于 1633 年 6 月 22 日放弃了哥白尼的宇宙学说。

[42] 罗马宗教裁判所(The Inquisizione Romano)由罗马的宗教法庭管理,因而与西班牙和葡萄牙的宗教裁判所完全不同,后两者均由世俗权力机构管理。罗马宗教裁判所成功地将新教主义驱逐出意大利;最著名的受迫害者是 1600 年被烧死的焦尔达诺·布鲁诺(Giordano Bruno)。见:P. F. Grendler, *The Roman Inquisition and the Venetian Press* (Princeton: Princeton University

Press, 1977); R. Canosa, *Storia dell' Inquisizione in Italia della metà del Cinquecento alla fine del Settocento* (5 vols., Rome: Sapere, 1986–1990).

[43] 哈里斯（Harris）援引了这些文件，见 "Galileo as Symbol"。

[44] 关于科尔泰利尼（1613—1693 年），见 *DBI*。

[45] Alessandro Lazzeri, *Intellettuali e consenso nella Toscana del Seicento: L'Accademia degli Apatisti* (Milan: A. Giuffrè, 1983); Haan, *Academia to Amicitia*, 29–37.

[46] 关于达蒂（1619—1676 年），见 *DBI* 和 *Grove Art*；关于达蒂和弥尔顿，见 Haan，前文所引书目，43—80 页。达蒂最经久不衰的书，《古代画家传略》(*Vite dei pittori antichi*)，出版于 1667 年（和《失乐园》一样），最后一次重印是在 1953 年。弥尔顿在《哀达蒙》的第 137 行处提到了达蒂（和弗兰奇尼）；弥尔顿写给达蒂的一封信保存了下来（见注释 30），达蒂写给弥尔顿的两封信也得以保留。

410 [47] 关于弗雷斯科巴尔迪（1654 年 12 月 12 日去世），见：R. M. Frye, 'Milton's Florentine Friend, Bishop Frescobaldi: A Biographical Note and Portrait', *MQ* 7 (1973), 74–75.

[48] 关于基门泰利，见：*DBI*; Edward Rosen, 'A Friend of John Milton: Valerio Chimentelli and his Copy of Viviani's De Maximis et minimus', *BNYPL* 57 (1953), 159–174.

[49] 援引自：Haan, *Academia to Amicitia*, 23.

[50] 见：Gordon Campbell, 'Milton's Spanish', in *MQ* 30 (1996), 127–132.

[51] 关于罗瓦伊，见：Haan, *Academia to Amicitia*, 61–71.

[52] *CPW* 1. 809–810.

[53] *PL* 1. 302–304.

[54] 见：Edward Chaney, 'Milton's Visit to Vallombrosa: A Literary Tradition', in Mario Di Cesare (ed.), *Milton in Italy: Contexts, Images, Contradictions* (Binghamton, NY: MRTS, 1991), 113–146, reprinted in: Chaney, *Evolution*, 278–313. 认为弥尔顿可能去过瓦隆布罗萨（虽然不是在秋天，如果我们对旅行时间理解正确的话）最好的论述见：Neil Harris, 'The Vallombrosa Simile and the Image of the Poet in *Paradise Lost*', in Di Cesare, *Milton in Italy*, 71–94.

[55] 早在 1931 年〔R. W. Smith, 'The Source of Milton's Pandemonium', *MP* 39 (1931), 187–198〕，有人认为弥尔顿的万魔殿（Pandemonium）(*PL* 1.710–730) 可能是仿照圣彼得大教堂描写的，诸如青铜门、壁柱、雕花屋顶、镀金，甚至还有蜜蜂比喻（弥尔顿到访时，教皇乌尔班八世的纹章上有蜜蜂）这些细节都支持了这种观点，但大教堂没有多立斯式的柱廊，后世贝尔尼尼的多立斯式的柱廊似乎可以排除弥尔顿书中的原型是圣彼得大教堂。

[56] 见：Michael Williams, *The Venerable English College, Rome: A History, 1579–1979* (London: Associated Catholic Publications, 1979).

[57] 有两项独立的研究以弥尔顿同行的客人身份为研究主题：Leo Miller, 'Milton Dines at the Jesuit College: Reconstructing the Evening of October 30, 1638', *MQ* 13 (1979), 142–146; Chaney, *The Grand Tour*, 245, 282–284.

[58] 关于凯里，见 *ODNB*。他的诗歌后由沃尔特·司各特爵士（Sir Walter Scott）编辑；标准的现代版本是：*The Poems of Patrick Cary*, ed. V. Delany (Oxford: Clarendon Press, 1978).

[59] 关于霍尔登，见 *ODNB*。

[60] 见 *ODNB*，称尼古拉斯爵士与弥尔顿一同用餐。

[61] 关于萨尔齐利，见：J. A. Freeman, 'Milton's Roman Connection: Giovanni Salzilli', in *MS* 19 (1984), 87–104; Haan, *Academia to Amicitia*, 82–98.

[62] Chaney 认为塞尔瓦吉是科德纳，见：*Grand Tour*, 244–251. 另见：David Lunn, *The English Benedictines, 1540–1688* (London, 1980), 123–124, 152–153, 157–158. 这首双行诗模仿了普罗佩提乌斯 2.34.65–66（对维吉尔的赞扬），萨尔齐利的短诗和塞缪尔·巴罗（Samuel Barrow）关于《失乐园》的诗里 30—40 行也是。

[63] 关于高恩 (1612–1684)，见：*ODNB*, Chaney, *Grand Tour*, 389–392; Allan Pritchard, 'Milton in Rome: According to Wood', *MQ* 14 (1980), 92–97.

[64] 关于曼索，见：Angelo Borzelli, *Giovan Battista Manso* (Naples, 1916). 关于曼索和弥尔顿，见：Anthony Low, 'Mansus in its Context', *MS* 19 (1984), 105–126; Haan, *Academia to Amicitia*, 118–164.

[65] 曼索家族在比萨乔（Bisaccio）拥有另一座别墅，但到弥尔顿来访时，这座别墅已不属于曼索所有，该别墅的具体位置不得而知。见：Haan, *Academia to Amicitia*, 122; Joseph Walker, 'An Attempt to Ascertain the Site of the Villa near Naples in which the Marquis Manso received Tasso and Milton', Appendix V of Walker's *Historical Memoir on Italian Tragedy* (London, 1799)。 曼索在他的别墅里目睹了 1631 年 12 月维苏威火山（Vesuvius）喷发，并留下了书面记录，关于这次喷发的记述会常引用这份记录，这次火山喷发造成 3000 多人死亡。曼索的别墅靠近索尔法塔拉火山（Solfatara），这是一座休眠的火山，火山口有一池沸腾的硫黄水，这可能影响了弥尔顿对地狱的描述；参见：Marjorie Nicolson, 'Milton's Hell and the Phlegraean Fields', *University of Toronto Quarterly* 7 (1938), 500–513.

[66] 王宫的一部分仍然屹立不倒；内部已经重建，但是（除了一些后来的雕像），多梅尼科·丰塔纳（Domenico Fontana）设计的墙现在看起来和 1638 年一样。

[67] 关于曼索和弥尔顿对圣格列高利双关语的使用（由比德 [Bede] 记录），见：Haan, *Academia to Amicitia*, 130–136.

[68] 在《哀达蒙》第 181 行，弥尔顿再度提到曼索，给了他"两盏杯子"（bina…pocula），这里可能是指他自己的书，而不是真的杯子。见：Michelle De Filippis, 'Milton and Manso: Cups or Books?' *PMLA* 51 (1936), 745–756.

[69] "提图鲁斯曾经到访过这片海岸"（*Quin et in has quondam pervenit Tityrus oras* [*Mansus* 34]），传统上认为这句诗暗指乔叟的意大利之旅，因而被译为："我们的乔叟在我之前来过这片土地"见：John Milton, *Latin Writings: A Selection*, ed. and trans. John Hale (Assen and Tempe: MRTS, 1998), 107. 然而，Hale 的注释中提到了 David Money 的意见，即提图鲁斯不是乔叟（尽管这是斯宾塞给他起的田园式的名字），而是维吉尔的提图鲁斯。这里的语境提到了泰晤士河，因而使 Money 的解读更有可能是对的。

[70] *CPW* 4. 619.

[71] 关于前往西西里的旅行者，见：Chaney, *Evolution*, 1–40.

[72] 被引在 *ODNB* 的词条 'Lithgow, William' 之下。

[73] 见：Diana Treviño Benet, 'The Escape from Rome: Milton's *Second Defense* and a Renaissance Genre', in Di Cesare, *Milton in Italy*, 29–49.

[74] 见：Gordon Campbell, 'Nathaniel Tovey: Milton's Second Tutor', *MQ* 21 (1987), 81–90.

411

[75] 关于老弗朗切斯科·巴尔贝里尼（Francesco Barberini the elder, 1597—1679 年），见 *DBI*，他是其同名图书馆的创始人，该图书馆一直在巴尔贝里尼宫里面，直到 1902 年被教皇利奥十三世（Pope Leo XIII）收购，带着原来的书架一并移至梵蒂冈。

[76] 1926 年，为了给巴尔贝里尼大街（Via Barberini）让路，剧院所在的翼楼被拆除。关于巴尔贝里尼的赞助，见：Frederick Hammond, *Music and Spectacle in Baroque Rome: Barberini Patronage under Urban VIII* (New Haven: Yale University Press, 1994).

[77] 关于这两位作曲家，见：*Grove Music*. 马佐基是安东尼奥·巴尔贝里尼家族的一员。

[78] 兄弟俩是教皇乌尔班八世的侄子；关于小安东尼奥·巴尔贝里尼 (1607—1671)，见 *DBI*。

[79] 见：Margaret Byard, '"Adventrous Song": Milton and the Music of Rome', in Di Cesare *Milton in Italy*, 305–328.

[80] 关于莱奥诺拉·巴罗尼（1611—1170 年），见：*DBI*, *Grove Music*, Byard; Haan, *Academia to Amicitia*, 99–117.

[81] "拨弹你母亲里拉琴的金色琴弦"（*Aurea maternae fila movere lyrae*）。莱奥诺拉的姐姐卡泰丽娜（Caterina）有时也会加入莱奥诺拉和阿德里安娜的演奏，但她似乎没有出席该场合。

412 [82] Vincenzo Costazuti (ed.), *Applausi poetici alle glorie della signora Leonora Baroni* (Rome, 1639).

[83] 关于霍尔斯特（1596—1661 年），见 *NDB*。

[84] 巴尔贝里尼的藏本仍在梵蒂冈图书馆，编目为：Stamp. Barb. JJJ.VI.67.

[85] 见上文，18 页。

[86] 《古代哲学家德谟斐洛斯、德谟克拉特斯和塞昆德斯的道德格言》（*Demophili Democratis et Secundi veterum philosophorum sententiae morales*）（罗马，1638 年）；这本书出版于 1638 年 12 月（弥尔顿返回罗马前不久），见：Leo Miller, "Milton and Holstenius Reconsidered", in Di Cesare, *Milton in Italy*, 573–587. 那份赠阅本现已遗失。

[87] 这封给霍尔斯特的信编目为：Barb. Lat. 2181, fols. 57–8ᵛ；载于《亲友书信集》（第 9 号）的那封信日期是 1639 年 3 月 30 日。另一封现存的弥尔顿亲笔信是写给卡洛·达蒂的（1647 年 4 月 20 日），现存于纽约公共图书馆（NYPL）。

[88] Eco Haitsma Mulier, *The Myth of Venice and Dutch Republican Thought in the Seventeenth Century* (Assen, Netherlands: Van Gorcum, 1980); C. Kallendorf, *Virgil and the Myth of Venice: Books and Readers in the Italian Renaissance* (Oxford: Clarendon Press, 1999); D. C. McPherson, *Shakespeare, Jonson and the Myth of Venice* (Newark: University of Delaware Press, 1990).

[89] 见下文，262 页。

[90] 《新格罗夫音乐与音乐家辞典》（*Grove Music*）有这四位作曲家的作品条目。克劳迪奥·蒙泰韦尔迪（1567—1643 年）在弥尔顿到访时仍住在威尼斯；卢卡·马伦齐奥（Luca Marenzio, 1553/4—1599 年）是一位在意大利北部宫廷和波兰工作过的牧歌作曲家；奥拉齐奥·韦基（1550—1605 年）是一位摩德纳作曲家，主要创作圣乐，但也创作小坎佐尼情诗（canzonettas）和牧歌；安东尼奥·奇弗拉（1584—1629 年）是一位牧歌和圣乐作曲家，曾工作于洛雷托（Loreto）和罗马；卡洛·杰苏阿尔多（约 1561—1613 年）是韦诺萨（Venosa）的王子，一直在那不勒斯创作音乐，在谋杀了妻子和她的情人后，他隐居杰苏阿尔多；随后娶了埃莱奥诺拉·德·埃斯特（Eleonora d'Este），之后为费拉拉的宫廷作曲。

[91] Donald Dorian, *The English Diodatis* (New Brunswick, NJ: Rutgers University Press, 1950), 133.

[92] 这本《友人题词簿》现藏于哈佛的霍顿图书馆（Houghton Library）（Sumner 84）。卡尔多尼的准确身份不明。莱斯特伯爵的内科医生卡米洛·卡尔多尼居住在日内瓦，15 世纪 80 年代是一位名医，弥尔顿到访时他已经不在人世了。他的儿子安德烈（Andrea）1595 年出生于日内瓦，弥尔顿去的时候他仍住在日内瓦。卡尔多尼有时被描写为"伯爵"，但拉丁语又是"骑士"（*eques*），对应的意大利语是 *cavaliere*；但意大利语"伯爵"（*conte*）在拉丁语中应该是 *comes*。利奥·米勒未出版的手稿 'Milton in Geneva and the Significance of the Cardoini Album' 藏于科罗拉多大学博尔德分校图书馆（Collection Box XXII, File 17）。

[93] 见下文，134 页。

第八章　统治的危机

[1] *Defensio Secunda, CPW* 4. 620.

[2] Roy Strong, *Britannia Triumphans: Inigo Jones, Rubens and the Whitehall Palace* (London: Thames and Hudson, 1980). 第三个王国爱尔兰在这些雄心之外。

[3] Kevin Sharpe, *The Personal Rule of Charles I* (New Haven: Yale University Press, 1992), 782.

[4] 同上，786 页。

[5] Conrad Russell, *The Fall of the British Monarchies, 1637–1642* (Oxford: Clarendon Press, 1995; 1st pub. 1991), 82.

[6] Sharpe, *Personal Rule*, 821.

[7] Russell, *Fall*, 146.

[8] 这是罗伯特·拉塞尔（Robert Russell）；见：John T. Shawcross, *The Arms of the Family: The Significance of John Milton's Relatives and Associates* (Lexington: University Press of Kentucky, 2004), 238 n. 42.

[9] 房子位于拉姆巷（Lamb Alley）［后来被称为梅登黑德庭院（Maidenhead Court）］，在 20 世纪 80 年代巴比肯艺术中心（Barbican）建成之前，这条小巷一直从奥尔德斯门大街延伸到尼科尔斯广场；从 1644 年起，房子旁边的土地就被伊尼戈·琼斯的萨内特府（后来的沙夫茨伯里府）占据，弥尔顿租的房子就在花园里。

[10] Darbishire, 60, 62.

[11] Lawrence Stone, *The Family, Sex and Marriage in England 1500–1800*, abridged edition (Harmondsworth: Penguin, 1979), 83–84.

[12] 见下文，180 页。

[13] PRO E179/252/1(A).

[14] Darbishire, 62. 'make bold with his body' 这个短语仍令人费解。

[15] Parker, 846.

[16] Wilfred R. Prest, *The Inns of Court under Elizabeth I and the Early Stuarts 1590–1640* (London: Longman, 1972), *passim*.

[17] *OED*，词条：'spark', sb.2, sig. 2; 'beau', sb.; sig. 1, 'gaudy', sb., sig.4; William Shakespeare, *Antony and Cleopatra*, iii. xiii. 18.

413

[18] *CSP* 270.

[19] 同上 , 111, 126。

[20] *CSP* 272, 282.

[21] *CSP* 276, 284, 108 行。

[22] Parker, 840.

[23] *CSP* 279, 161—168 行。

[24] *CSP* 279, 169 行。

[25] Sharpe, *Personal Rule*, 877. 关于罗伯特·里奇（第二代沃里克伯爵）[Robert Rich (second earl of Warwick)]、威廉·法因斯（第一代赛伊及塞勒勋爵子爵）[William Fiennes (first Viscount Saye and Sele)]、罗伯特·格雷维尔（第二代布鲁克男爵）[Robert Greville (second Baron Brooke)]、皮姆（Pym）、汉普登（Hampden）以及 厄尔（Erle），见 *ODNB*。

[26] Shawcross, *Arms*, 48.

[27] 见上文，45 页。

[28] *ODNB*.

[29] 见上文，17 页。

[30] 见：Russell, *The Fall of the British Monarchies, 1637–1642*。该书中有最详细的叙述。

[31] 关于拉塞尔（Russell）、卡拉米（Calamy）、斯珀斯托（Spurstowe）、纽科门（Newcomen）以 及 马歇尔（Marshall），见 *ODNB*。

[32] Joseph Hall, *Episcopacy by Divine Right* (London, 1640), 259.

[33] 同上，177 页。

[34] Joseph Hall, *An Humble Remonstrance to the High Court of Parliament* (London, 1640 [?1641]), 23.

[35] Masson, 2.224.

[36] David L. Hoover and Thomas N. Corns, 'The Authorship of the Postscript to *An Answer to a Booke Entituled, An Humble Remonstrance*', *MQ* 38 (2004), 59–75.

[37] 关于《附言》这些书页里文献的复杂性，请参阅 *CPW* 1.965.

[38] Smectymnuus, *An Answer to a Booke Entituled, An Humble Remonstrance* (London, 1641), '85' [i.e. 95].

[39] Smectymnuus, *A Vindication of the Answer to the Humble Remonstrance* (London, 1641), 78.

[40] Joseph Hall, *A Defence of the Humble Remonstrance* (London: April 1641), *A Short Answer to the Tedious Vindication of Smectymnuus* (London: July 1641); Smectymnuus, *A Defence of the Humble Remonstrance* (London: June, 1641).

[41] Joseph Hall, *Divers Treatises Written upon severall Occasions by Joseph Hall* (London, 1662).

[42] Hall, *Short Answer*, 1.

[43] Hall, *Defence*, 159. 霍尔在这里暗指亚历山大·莱顿（Alexander Leighton）的《致议会的诉请：或曰，锡安申诉反对主教制》（*An Appeal to the Parliament: or, Sions Plea against the Prelacie*）（出版地点不详，1629 年）和威廉·普林（William Prynne）的《简述主教令人难以容忍的篡权》（*A Breviate of the Prelates Intolerable Usurpations*）（伦敦，1637 年）。"Pasquin"一词源于帕斯奎诺（Pasquino），在 16 世纪它指的是帕斯奎诺广场（Piazza Pasquino）上的一座古代大理石雕像，刻画着墨涅拉俄斯（Menelaus）抬着帕特洛克罗斯（Patroclus）的躯体。自 1501 年雕

414

像被安放在那里之后，人们就开始在雕像上贴上讽刺文（当时是拉丁语诗歌，现在是意大利语散文）。这个词现在一般用来指讽刺诗文，但在弥尔顿的时代，该词仍然保有罗马最著名的"会说话的雕像"这层意思。

[44] Hoover and Corns, 'Authorship', 71–73.

[45] Hall, *Defence*, 159.

[46] *CPW* 1. 556–557.

[47] Thomas N. Corns, *The Development of Milton's Prose Style* (Oxford: Clarendon Press, 1982), 40.

[48] Corns, *Development*, 43–63.

[49] *CPW* 1. 549.

[50] *CPW* 1. 616.

[51] *PL* 12. 551.

[52] H. R. Trevor Roper, *Archbishop Laud, 1573–1645* (2nd edn., London: Macmillan, 1962),427.

[53] *CPW* 1. 617.

[54] *ODNB*.

[55] *CPW* 1. 639.

[56] 见上文，60 页。

[57] *CPW* 1. 678, 683, 726.

[58] Robert Greville, Lord Brooke, *A Discourse Opening the Nature of that Episcopacie, which is Exercised in England* (London: November, 1641), esp. 67–68. 关于此处格雷维尔借鉴弥尔顿的讨论，见：Parker, 850.

[59] *CPW* 2. 560.

[60] Masson, 2. 272.

[61] PRO E179/252/1(F); Campbell, *Chronology*, 72.

[62] Samuel Rawson Gardiner (ed.) *The Constitutional Documents of the Puritan Revolution 1625–1660* (3rd edn., Oxford: Clarendon Press, 1979; first printed 1906), 203.

[63] 关于起义的记录和弥尔顿的反应，见下文 212 页。

[64] Russell, *Fall*, 455.

[65] 'Lycidas', line 71, *CSP* 248.

[66] *CPW* 1. 897. 关于 *CPW* 的编辑弗雷德里克·洛维特·塔夫脱（Frederick Lovett Taft）的一次有价值的讨论，请参见 1.863.

[67] *CPW* 1. 863.

415

[68] *CPW* 1. 860; 讨论在 738 页。

[69] Anon., *A Modest Confutation of A Slandrous and Scurrilous Libelll, Entituled, Animadversions upon the Remonstrants Defense against Smectymnuus* (London, 1642), sig. A^{3r}.

[70] *Modest Confutation*, sig. A^{3v}, 22.

[71] *CPW* 1. 804, 808.

[72] *Modest Confutation*, sig. A^{3v}.

[73] *CPW* 1. 818.

[74] *CPW* 1. 823, note 161; above, 43, 63.

[75] *CPW* 1. 884–892; above, 146.

[76] *CPW* 1. 929.

[77] Stone, *Family*, 46.

[78] *CPW* 1. 894.

[79] Thomas N. Corns, 'Studies in the Development of Milton's Prose Style', D. Phil. dissertation, Oxford, 1977, 3–10.

[80] *Modest Confutation*, 6.

[81] R. S. Paul, *Assembly of the Lord: Politics and Religion in the Westminster Assembly and the 'Grand Debate'* (Edinburgh: T. & T. Clark, 1985), 119–121; Tom Webster, *Godly Clergy in Early Stuart England: The Caroline Puritan Movement c.1620–1643* (Cambridge: Cambridge University Press, 1997), 327.

[82] Thomas Edwards, *Gangraena, or, A Catalogue and Discovery of the Many of the Errours, Heresies, Blasphemies and Pernicious Practices of the Sectaries of this Time,* three parts (London, 1646). 关于弥尔顿和爱德华兹，见下文，167 页。

[83] Masson, 2. 377–378.

[84] Masson, 2. 382.

[85] Masson, 2. 596.

[86] *CPW* 1. 837; 关于弥尔顿和独立圣会制，见下文，194 页。

[87] Darbishire, 22.

[88] 同上，63 页。

[89] PRO C152/61, PRO LC 4/46; Eric Kerridge, *Trade and Banking in Early Modern England* (Manchester: Manchester University Press, 1988), 36; above, 40.

[90] Kerridge, *Trade*, ch. 4, esp. 66–67.

[91] Darbishire, 63.

[92] Parker, 866–870.

[93] Stone, *Family*, 72.

[94] PRO PROB 18/6; 见下文，381 页。

第九章　第一次内战

[1] Darbishire, 64, 22, 14.

[2] Stone, Family, 117.

[3] 见上文，137 页。

[4] Darbishire, 64.

[5] 同上，65 页。

[6] 从 1643 年至 1649 年［除了莫德林学院（Magdalen Hall）］几乎没有录取入学的情况；参见：Tyacke, *History of the University of Oxford*, 727. 更详细的研究，可参见：687–731（'Oxford and the Civil Wars'），773–802（'College Finances 1640–1660'）.

[7] *VCH*, Oxfordshire, 5. 124; David Eddershaw, with a contribution from Eleanor Roberts, *The Civil War in Oxfordshire* (Stroud: Sutton, 1995), 76.

[8] Ronald Hutton, *The Royalist War Effort 1642–1646* (London and New York: Longman, 1982), 96.

[9] 同上，99 页。

[10] Masson, 2. 389; Campbell, *Chronology*, 70–71.

[11] TMS 9.

[12] *CSP* 289.

[13] Darbishire, 67.

[14] Thomas N. Corns, *Uncloistered Virtue: English Political Literature 1640–1660* (Oxford: Clarendon Press, 1992), 7.

[15] Philip Tennant, *The People's War in the South Midlands, 1642–1645* (Stroud: Alan Sutton, 1992), 27–78 *et passim*; Keith Lindley, *Popular Politics and Religion in Civil War London* (Aldershot: Scolar, 1997), 222.

[16] Darbishire, 64–65.

[17] *CPW* 1. 406.

[18] *ODNB*.

[19] Masson, 2. 490.

[20] Parker, 234.

[21] *ODNB*.

[22] Paul, *Assembly of the Lord*, 69.

[23] 同上，70 页。

[24] 这首十四行诗在《三一学院手稿》中排在第 8 首十四行诗（1642 年 11 月）之后，并发表于 1645 年《诗集》里。

[25] Darbishire, 65.

[26] 关于利（Ley）、怀特洛克（Whitelock）和舍菲尔德（Sherfield），见 *ODNB*。

[27] 关于亨德森、吉莱斯皮、贝利和拉瑟福德，请参阅 *ODNB*；另请参阅 *ODNB* 关于 'Members of the Westminster assembly and Scottish commissioners (1643–1652)' 的论述文章。

[28] Ann Hughes, *Gangraena and the Struggle for the English Revolution* (Oxford: Oxford University Press, 2004), *passim*.

[29] Paul, *Assembly of the Lord*, 131.

[30] *ODNB* 词条：Nye, Philip, Nye, John.

[31] *CPW* 2. 278–279; 弥尔顿列举了反对非国教教派人员著作中棘手的问题。"再洗礼派教义"（'Anabaptism'）一词广泛用于那些反对婴儿洗礼仪式的人，他们提倡成年信徒的洗礼仪式；"家族主义"（'Familism'）暗指神秘而古老的教派 "爱之家族"（'Family of Love'）；"反律法主义"（'Antinomianism'）用来指一类激进分子，据称他们相信内心的个人救赎感使其摆脱了道德律的约束。

[32] *CPW* 2. 248.

[33] Canons and Constitutionals Ecclesiastical, ratified Canterbury 1604 and York 1606.

[34] Lawrence Stone, *Road to Divorce England 1530–1987* (Oxford and New York: Oxford University

Press, 1992; 1st pub. 1990), 4. 关于法律框架，见 24–27 页，关于教会法院的权限，见 308 页。 另 见: M. Ingram, *Church Courts, Sex and Marriage in England, 1570–1640* (Cambridge: Cambridge University Press, 1987).

[35] *CPW* 2. 240.

[36] *CPW* 2. 259–260.

417

[37] *CPW* 2. 247.

[38] Matthew 19: 3.

[39] *CPW* 2. 330–331.

[40] Genesis 1: 28.

[41] Genesis 2: 18.

[42] *CPW* 2. 356 和注释 19；弥尔顿呼应的文字是 "I Corinthians 15: 7" ① 和 "I Timothy 1: 5".

[43] *CPW* 2. 436.

[44] *CPW* 2. 434.

[45] *ODNB.*

[46] Herbert Palmer, *The Glasse of Gods Providence towards His Faithfull Ones* (London, 1644), title page.

[47] 同上，57 页。

[48] *CPW* 2. 233; 扉页上署名为 "J. M."；弥尔顿在《马丁·布塞尔的决断》中谈论了他的决定，见 *CPW* 2. 434。

[49] *LR* 2. 107.

[50] William Prynne, *Twelve Considerable Serious Questions touching Church Government* (London, 1644), 7. 关于威廉斯，见下文，173 页。

[51] Anon. *Answer to a Book, Intituled, The Doctrine and Discipline of Divorce, or, A Plea for Ladies and Gentlewomen, and all other Maried Women against Divorce* (London, 1644), 41.

[52] 见下文，170 页。

[53] *Answer to a Book*, 28, 14.

[54] 同上，39、8—9 页。

[55] Stone, *Road to Divorce*, 5.

[56] *LR* 2. 116–117.

[57] 关于弥尔顿和哈特立伯，见下文，180 页。

[58] *ODNB.*

[59] Darbishire, 24.

[60] Anon. *A Brief Collection Out of Master Pagits Book Called Heresiography* (London, 1646).

[61] Ephraim Pagitt, *Heresiography: or, A description of the Heretickes and Sectaries of these latter times* (London, 1645), sig. A3ᵛ. 后来版本里的论述更为充实。

[62] Robert Baillie, *A Dissuasive from the Errours of the Time* (London, 1645), 76.

[63] Hughes, Gangraena, 2, 18, 23, 43.

————————

① 原文如此，此处可能是作者笔误，弥尔顿呼应的是 "I Corinthians 15: 27"。

[64] 同上，24 页。

[65] Thomas Edwards, *The Second Part of Gangraena* (London, 1646), 10–11; Hughes, Gangraena, 244–245。关于阿塔韦夫人，见 *ODNB*。

[66] 1—3 行，*CSP* 297，强调之处为笔者所做；这些问题又出现在《第 11 首十四行诗》中，创作时期要晚一些；见 *CSP* 307 页。

[67] 这四级法院分别是长老法庭（consistory）、长老监督会（classis）、长老会议（synod），以及长老会全会（national assembly）。这里是弥尔顿最后一次在英语诗歌中使用"基督"这个词。

[68] *CPW* 2. 222.

[69] Thomas N. Corns, *John Milton: The Prose Works* (New York and London: Twayne and Prentice Hall, 1998), 46–47. *Development*, 尤其见第 10 章。

[70] *CPW* 2. 430.

[71] *CPW* 2. 440.

[72] *Colasterion, CPW* 2. 724.

[73] *CPW* 2. 726–727.

[74] *CPW* 2. 743, 746.

[75] *CPW* 2. 734.

[76] *CPW* 2. 692–718.

[77] PRO E179/252/14. 手稿的保存状态较差，捐款只有旁证，并无确切证据。

[78] John Coffey, *Persecution and Toleration in Protestant England, 1558–1689* (Harlow: Longman, 2000), 134–142.

[79] *CPW* 2. 565.

[80] 见：Thomas N. Corns, 'John Milton, Roger Williams, and the Limitations of Toleration', in Sharon Achinstein and Elizabeth Sauer (eds.), *Milton and Toleration* (Oxford: Oxford University Press, 2007), 72–81.

[81] John Goodwin, *Theomachia, or, The grand imprudence of men running the hazard of fighting against God in suppressing any way, doctrine, or practice concerning which they know not certainly whether it be from God or no* (London, 1644), 52.

[82] *CPW* 2. 492.

[83] Darbishire, 22, 67.

[84] 同上，66–67。威廉·布莱克伯勒是圣马丁特辖区的一名皮革销售商，该地区（现为街道）当时住了很多裁缝；关于他和弥尔顿的关系，见：Parker, 925 n. 23. 伊莎贝尔·韦伯（Isabel Webber）住在河岸街的圣克莱门特教堂附近。

[85] Corns, "Early Lives", forthcoming.

[86] Stone, *Road to Divorce*, 64–66.

[87] Ian Roy, 'The City of Oxford, 1640–1660', in R. C. Richardson (ed.), *Town and Countryside in the English Revolution* (Manchester: Manchester University Press, 1992), 151, 153; *VCH*, Oxfordshire 5. 127, Campbell, *Chronology*, 88.

[88] Paul Hardacre, *The Royalists During the Puritan Revolution* (The Hague: Martinus Nijhoff, 1956), 24.

418

[89] Eddershaw, with Roberts, *Civil War in Oxfordshire*, 159.

[90] 见上文，58 页；见下文，214 页。

[91] Hutton, *Royalist War Effort*, 199–200.

[92] 克里斯托弗于 1646 年 4 月 20 日接受了《国民圣约》（National Covenant）[即《神圣同盟与誓约》（Solemn League and Covenant）]，其中包括宣誓铲除天主教和主教制；接受仪式由威廉·巴顿（William Barton）主持，他是圣施洗约翰（St. John Zachary）教堂（现已不存在）的牧师。克里斯托弗在托马斯·文森特（Thomas Vincent）面前宣誓，后者在证明上签了字，见 PRO SP 23/187, 199。

[93] PRO SP 23/187, 196–197.

[94] PROSP 23/54, 681–682；参看 SP 23/187，证实了数额较大的罚款。十分之一的罚款本应约为两年租金，但实际上是按土地资本价值（在本案中为 600 英镑）的十五分之二计算的；扣去三分之一的土地资本也要按两年的租金缴纳罚金，由于克里斯托弗在（最近从父亲那里继承的）路德盖特山（Ludgate Hill）的克罗斯基斯（Cross Keys）的租赁价值为每年 40 英镑，因此他被罚款 80 英镑。

[95] 克里斯托弗于 9 月 24 日（PRO SP 23/42, 60）和 12 月 24 日（PRO SP 23/82, 653）支付罚款（这是从他名字旁边的勾号推断出来的）。

[96] Darbishire, 52.

[97] 鲍威尔的请愿书是 PRO SP 23/194, 400；11 月 21 日的目录为 PRO SP 23/194, 403 和 SP 23/110 60；12 月 4 日接受《神圣同盟与誓约》的记录是 PRO SP 23/194, 401，偿还债务的誓词在 406；罚款记录在 SP 23/194, 387。

[98] 关于鲍威尔的财务，见：J. Milton French, *Milton in Chancery: New Chapters in The Lives of the Poet and his Father* (New York: Modern Languages Association of America, 1939), 71–99; 167–180; Parker, 866–870.

[99] *ODNB*.

[100] 关于诉讼的记录，见：Parker, 308–311.

[101] Darbishire, 66.

[102] *LR* 2. 128.

[103] PRO PROB 11/199/52.

[104] PRO SP Dom 2/110; *LR* 2. 173.

[105] 见下文，330 页。

[106] *ODNB*.

[107] *LR* 2. 100, 104, 115; *ODNB*.

[108] *CPW* 2. 369.

[109] *CPW* 2. 379–380.

[110] *CPW* 2. 378–379.

[111] *CPW* 2. 411.

[112] Corns, *John Milton: The Prose Works*, 63.

[113] *ODNB*.

[114] *LR* 2. 132.

[115] Corns, "Early Lives", 即将出版。

[116] *CPW* 2. 379; Darbishire, 67.

[117] 托马森（Thomason）在他那本上写的日期是 1645 年（即 1646 年）1 月 2 日。

[118] John Milton, *A Maske Presented At Ludlow Castle, 1634* (London, 1637), sig. A2$^{\text{r-v}}$.

[119] Daniel Featley, *The Dippers Dipt* (London, 1645), sig. B2^{v}.

[120] '[On the Engraver of his Portrait]', *CSP* 293.

[121] 比较：Hall, *Humble Remonstrance*, 1–2.

[122] John Milton, *Poems of Mr. John Milton, Both English and Latin, Compos'd at several times* (London, 1645), sigs. a3^{r}, a4^{v}.

[123] 同上，sig. a4^{r}

[124] Thomas N. Corns, 'Milton's Quest for Respectability', *MLR* 77 (1982), 769–779.

[125] Nicholas McDowell, 'Dante and the Distraction of Lyric in "To my Friend Mr Henry Lawes"', *RES* (in press).

[126] TMS 43; 'Sonnet XIII. To Mr H. Lawes, on his Airs', lines 2–3, *CSP* 294.

[127] Guildhall Library MSS 10,343–10,348, Parish Register, St Dunstan in the West, ed. T. C. Ferguson (1898–1901). 关于乔治·托马斯，见 *ODNB*。在《三一学院手稿》中，弥尔顿的诗标题是《虔诚地纪念我的基督徒朋友凯瑟琳·托马森夫人，她于 1646 年 12 月 16 日去世》（'On the religious memorie of Mrs Catharine Thomason my christian freind deceas'd 16 Decem. 1646'）。因为 12 月 16 日是她的安葬日，所以弥尔顿的这个日期要么错了，要么他是在这天写了这首诗。

[128] *CPW* 7, rev. edn., 255; 比较《论基督教教义》（*De Doctrina Christiana*），分为信仰或对上帝的认识，以及崇敬或对上帝的爱。

[129] 该卷现藏于都柏林三一学院图书馆（R.dd.39）；关于 Young，见 *ODNB*。

[130] 见上文，18 页。

[131] 'Ad Joannem Rousium Oxoniensis Academiae Bibliothecarium', *CSP* 303, line 16.

第十章　弑君之路

[1] 见前文，178 页。

[2] Darbishire, 68. 17 世纪 40 年代初，威廉·牛顿（William Newton）在林肯律师学院广场建造的 32 幢房子完工，这座广场变得非常时尚，而背靠广场的房子则会格外有派头。

[3] BL Add MS 32, 310, BL Add MS 4344 fol. 52^{v}, Parish Register, St Giles in the Fields; Campbell, Chronology, 96.

[4] 这封亲笔信的日期是（用拉丁文写的）"1647 年复活节的第三天"；复活节星期日是 4 月 18 日，所以第三天是 4 月 20 日。1674 年出版的《书信集》（*Epistolae*）里的日期 4 月 21 日（第 10 封信）肯定是错的，但这个日期与 1674 年复活节的日期是一致的（这里的复活节日期是根据儒略历来计算的。——译者注）。这封信自 1988 年以来一直保存在纽约公共图书馆的文献保护区，我们在 2007 年还不能目睹原件，但它已经在纽约公共图书馆的《约翰·弥尔顿 400 年展览》（John Milton at 400 exhibition）（2008 年）上展出。据知，托马森在 1646 年到访过意

大利后，就没去过意大利，所以这封信很可能是詹姆斯·阿莱斯特里捎去的。

[5]   信件的手稿保存在纽约公共图书馆，可供学术查询；这可能是寄给弥尔顿的亲笔信件，但也可能是达蒂那封信的复制品。

[6]   *Poesie de Francesco Rovai*, ed. N. Rovai (Florence, 1652). 关于 Rovai，见：Haan, *From Academia to Amicitia*, 61–71.

[7]   肖克罗斯（Shawcross）的《弥尔顿生平》（*Bibliography*）区分了四个版本：1645 年的第一版和第二版，1647 年的第三版和第四版，第四版在 1648 年重新发行。

[8]   *ODNB*.

[9]   下文，188 页。

[10] *LR*, 2. 185.

[11] *ODNB*.

[12] Robert Baron, *Erotopaignion, or The Cyprian Academy* (London, 1647), 55.

[13] Bodleian Tanner MS 466, 34–35 (Psalm 136), 60–66 (Nativity Ode); *ODNB*.

[14] Darbishire, 68.

[15] Ian Gentles, *The New Model Army in England, Ireland and Scotland, 1645–1653* (Oxford: Blackwell, 1992), 95–101.

[16] Mark Kishlansky, *The Rise of the New Model Army* (Cambridge: Cambridge University Press, 1979).

[17] Hughes, *Gangraena*, 388–389, Gentles, *New Model Army*, 101.

[18] Gentles, *New Model Army*, 153.

[19] 同上，169 页。

[20] 同上，235 页。

[21] 同上，256 页。

[22] 同上，259 页。

[23] 同上，276 页。

[24] J. M. French, *Milton in Chancery: New Chapters in the Lives of the Poet and his Father* (New York: MLA, 1939), 113. 见上文，178 页。

[25] 见下文，207 页。

[26] Campbell, *Chronology*, 97.

[27] TMS 47.

[28] *CSP* 324–325.

[29] *CSP* 323.

[30] Gentles, *New Model Army*, 265.

[31] Andrew Marvell, 'An Horatian Ode upon Cromwell's Return from Ireland', lines 101–102; *The Poems of Andrew Marvell*, ed. Nigel Smith (London and New York: Pearson Longman, 2003), 278.

[32] 例如，*CPW* 3. 241; 见下文，196 页。

[33] John Milton, *Poems, &c. upon Several Occasions*, 143.

[34] *CSP* 309.

[35] Psalm lxxx, lines 25–32, *CSP* 311. Carey 的文本丢失了一些东西，因为该版本没有印出旁注（动词 "Jilgnagu" 的意思是 "蔑视"）以及对三个同义词的标注，而这些手法的效果是将英格兰和

421

以色列的语言联系起来。

[36] Campbell, *Chronology*, 95.

[37] Darbishire, 69.

[38] Parker, 903–917. 见下文，359 页。

[39] G. N. Shuster, *The English Ode from Milton to Keats* (New York: Columbia University Press, 1940), 76.

[40] 见上文，149 页。

[41] Darbishire, 72–73.

[42] 见下文，271 页。

[43] *WJM* 14. 4, 6.

[44] Gordon Campbell, Thomas N. Corns, John K. Hale, and Fiona J. Tweedie, *Milton and the Manuscript of* De Doctrina Christiana (Oxford: Oxford University Press, 2007), 64–65.

[45] 见下文，273 页。

[46] Murray Tolmie, *The Triumph of the Saints: The Separate Churches of London 1616–1649* (Cambridge: Cambridge University Press, 1977) 72; *ODNB*.

[47] Tolmie, *Triumph*, 72–73, 78, 81, 82.

[48] 同上，76 页。

[49] 例如，考察艾瑞斯·埃文斯（Arise Evans）的行为; *ODNB*。

[50] Campbell et al., *Milton and the Manuscript*, 89–120. 见下文，273—276 页。

[51] Tolmie, *Triumph*, 73.

[52] 同上，81 页；上文，168 页。

[53] 援引自：John Coffey, *John Goodwin and the Puritian Revolution* (Woodbridge: Boydell, 2006), 60.

[54] *ODNB*; Coffey, *Goodwin*, *passim*, esp. 44–45, 54.

[55] Coffey, *Goodwin*, 180.

[56] *CPW* 3. 191.

[57] *CPW* 3. 195, n. 23, 'A glance at Prynne's *A Briefe Memento* (January 4, 1649)'.

[58] *CPW* 3. 101–125.

[59] *CPW* 3. 194.

[60] *CPW* 3. 258.

[61] *CPW* 3. 233.

[62] Gardiner, *Constitutional Documents*, 269.

[63] *CPW* 3. 194.

[64] *CPW* 3. 232. 盖印契约（covenant）当时是两种类型契约（contract）中的一种（另一种类型是债务），指的是盖上印章的书面许诺。

[65] *CPW* 3. 212.

[66] *CPW* 3. 197.

[67] *CPW* 3. 192.

[68] *CPW* 3. 216 n.93.

[69] *CPW* 3. 216.

[70]　*CPW* 3. 212.

[71]　*CPW* 3. 197, 237, 193.

[72]　见：Thomas Hobbes, *Leviathan* (London, 1651), 例 如 第 14 章；John Locke, *Two Treatises of Government* (London, 1698), 例如第二卷第 5 章。

[73]　*CPW* 3. 198—199.

[74]　*CPW* 3. 221.

[75]　*CPW* 3. 203；奴隶属于动产，即可以买卖的私人拥有之财产；奴隶也可以被租用，此时他们的主人可以占有，但无所有权。

[76]　*CPW* 3. 237.

[77]　Campbell, *Chronology*, 106.

第十一章　被清洗的议会

[1]　G. E. Aylmer, *The State's Servants: The Civil Service of the English Republic 1649–1660* (London and Boston, Routledge and Kegan Paul, 1973), 9–11.

[2]　见上文，177—178 页。

[3]　PRO SP 25/62, 89.

[4]　见爱德华·菲利普斯所作的传记（Darbishire, 71）。未能确定汤姆森的身份。牛头酒馆坐落于如今查令十字街 49 号的苏格兰皇家银行（Royal Bank of Scotland）的位置上。春天花园是 17 世纪一处较早设计的时髦花园，但很快就被关闭，直至复辟时期。随后在花园的位置上建造的街巷被称为春天花园路。该地距作为政府机构运作的怀特霍尔宫中心不到十分钟的步行距离。

[5]　Sean Kelsey, 'The Foundation of the Council of State', in Chris R. Kyle and Jason Peacey (eds.), *Parliament at Work: Parliamentary Committees, Political Power and Public Access in Early Modern England* (Woodbridge: Boydell, 2002), 129–148 [131].

[6]　Gardiner, *Constitutional Documents*, 384.

[7]　同上，382—383 页。

[8]　Aylmer, *State's Servants*, 17–19.

[9]　*ODNB.*

[10]　*ODNB.*

[11]　*ODNB.* 典礼官负责用恰当的仪式迎接大使，并陪同他们一同觐见国家首脑。这一职位由詹姆斯一世设立，1820 年起由外交团团长代替。有关弗莱明薪酬与幕僚的合约条款，参见 *ODNB*。

[12]　Aylmer, *State's Servants*, 21.

[13]　Kelsey, 'Foundation', 131–132.

[14]　Aylmer, *State's Servants*, 22.

[15]　*ODNB.*

[16]　有关艾尔顿、斯科特、哈里森，参见 *ODNB*。

[17]　*CPW* 4. 527.

[18] 见下文，239 页。

[19] 弥尔顿在儿时上过法语课，卡洛·达蒂（Carlo Dati）（他或许没有听过弥尔顿说法语）曾夸赞过他的法语，弥尔顿可以阅读法国历史学家的法语撰著（在他的札记书中有所记录）。他为秘书处研读法语文件。他喜爱阅读西尔维斯特（Sylvester）翻译的杜·巴尔塔斯（Du Bartas）的作品，这或许反映了他对译者诗性技艺的由衷赞赏。有关他的西班牙语能力，见：Gordon Campbell, 'Milton's Spanish', *MQ* 30 (1996), 127–132.

[20] Darbishire, 26, 69.

[21] *ODNB*.

[22] *ODNB*.

[23] 见上文，190 页。

[24] 见上文，106 页。

[25] *ODNB*.

[26] 见上文，104 页。*ODNB*。

[27] *CPW* 4. 267.

[28] 见上文，179 页；见下文，313 页。

[29] Aylmer, *State's Servants*, 106–110.

[30] PRO SP 25/63, 249, PRO SP 25/64, 447. 议会议员约翰·希皮斯利（John Hippisley）曾居住在弥尔顿搬入的这间公寓；它位于怀特霍尔宫的苏格兰宫(Scotland Yard) 部分，之所以被称为 "苏格兰场" 是因为宫殿的这个部分是为苏格兰的国王们预留的。约翰·希皮斯利的词条（2003 年完成）被收录在议会史基金会于 2016 年出版的卷册中。附近的萨默赛特府出售国王的艺术和家具收藏，6 月 18 日下达的这份授权令（PRO SP 25/64, 460）可在该处被赎回。

[31] 参见有关奥尔登堡大使团的讨论，见下文，244 页。

[32] 有关梅多斯，参见 *ODNB*。弥尔顿推荐马韦尔的信件参见 PRO SP 18/33, 75，见下文。

[33] Aylmer, *State's Servants,* 165.

[34] Goldsmiths' Company, Court Book, fols. 46 and 96. 这处房产在 1666 年大火中被烧毁，但那时弥尔顿已经放弃了他在此处的权益。

[35] 见下文，313 页。

[36] Aylmer, *State's Servants*, ch. 4.

[37] 同上，110 页。

[38] Leo Miller, *John Milton and the Oldenburg Safeguard* (New York: Loewenthal Press, 1985), 70.

[39] Gardiner, *Constitutional Documents*, 384.

[40] PRO SP 25/62, 94.

[41] 见下文，280 页。

[42] Miller, *Safeguard, passim*.

[43] Darbishire, 69.

[44] 对弥尔顿完全失明的最早记录是亨利·奥克塞登（Henry Oxinden）写在 1650 年版《偶像破坏者》上的题词，这本书如今保存于坎特伯雷大教堂（Elham 732）中。这条记录的标注日期是 1652 年 7 月 9 日，上面写着 "写这本书的人双眼正在变瞎，需要被人牵着上下"。

[45] *CPW* 4. 871.

[46] 见下文，375 页。

[47] 感谢萨拉·卡罗尔（Sarah Carroll）医生与罗伯特·科恩斯（Robert Corns）医生协助我们完成这次调查。

424 [48] PRO SP 25/62, 125.

[49] 米利乌斯到达英格兰之后不久，便被告知大屠杀之事及其对议会政府的重要意义；20 万仍然是被引用的死亡人数（Miller, *Safeguard*, 33–34）。

[50] 'Observations', *CPW* 3. 308. 在《为英国人民声辩》第一版中，单是阿尔斯特一省，他就用了 20 万这个数字 (*CPW* 4. 431)。

[51] Ian Gentles, *The New Model Army in England, Ireland and Scotland, 1645–1653* (Oxford: Blackwell, 1992), 355.

[52] PRO SP 25/62, 88.

[53] PRO E179/252/14.

[54] Gentles, *New Model Army*, 361, 367.

[55] 同上，60 页。

[56] 见上文，57 页。

[57] Gentles, *New Model Army*, 77.

[58] 同上，359—361 页。

[59] John Buchan, *Oliver Cromwell* (1934; London: Hodder and Stoughton, 1935), 346, 353; Gentles, *New Model Army,* 361.

[60] Gentles, *New Model Army*, 362–363.

[61] Anon. *A perfect and particuler Relation Of the severall Marches and proceedings of the Armie in Ireland* (London, 1649), 8.

[62] Miller, *Safeguard*, 33.

[63] Anon. *The Kings Cabinet opened: or, Certain Packets of Secret Letters & papers Written with the Kings own Hand, and taken in his Cabinet at Nasby-Field... Together, with some Annotations thereupon* (London, 1645), sig. A3v.

[64] *CPW* 3. 301.

[65] *CPW* 3. 307, 291, 312.

[66] Laura Lunger Knoppers, *Constructing Cromwell: Ceremony, Portrait, and Print 1645–1661* (Cambridge, Cambridge University Press, 2000), 66.

[67] *CPW* 3. 327.

[68] Blair Worden, *The Rump Parliament 1648–1653* (1974; Cambridge: Cambridge University Press, 1977), 80, 191.

[69] *CPW* 3. 334.

[70] PRO SP 25/62, 117.

[71] John Lilburne, *As You Were: or The Lord General Cromwel and the Grand Officers of the Armie their Remembrancer* [(Amsterdam?), 1652], 16.

[72] H. N. Brailsford, *The Levellers and the English Revolution, ed. Christopher Hill* (1961; Nottingham: Spokesman, 1983), 474.

[73] Brailsford, *Levellers*, 484.

[74] 见上文，194 页。

[75] Brailsford, *Levellers*, 520.

[76] 同上，523 页。

[77] John Canne, *The Improvement of Mercy: or a short Treatise, shewing how, and in what manner, Our Rulers and all well-aVected to the present government should make a right and profitable use of the late great victory in Ireland* (London, 1649); *The Snare is broken, Wherein is proved by Scripture, Law and Reason, that the National Covenant and Oath was unlawfully given and taken* (London, 1649).

[78] PRO SP 25/62/303.

[79] *ODNB*.

[80] *ODNB*; Charles I, *Eikon Basilike: The Portraiture of His Sacred Majesty in His Solitudes and Sufferings, with selections from Eikonoklastes, edited by Jim Daems and Holly Faith Nelson* (Peterborough, Ont.: Broadview Press, 2006), 'introduction', 13–14. 所有引用均来自此版本。

[81] Andrew Lacey, *The Cult of King Charles the Martyr* (Woodbridge: Boydell, 2003), 85. 桑德克劳福特曾想购买六本，但罗伊斯特认为这个价格过高了。

[82] *CPW* 3. 339, 456.

[83] *CPW* 3. 339.

[84] 对此证据的综述见：Eikon Basilike, ed. cit., 16–21.

[85] Anon. *Eikon Alethine. The Pourtraiture of Truths most sacred Majesty truly suffering, though not solely* (London, 1649), sig. a2v.

[86] *CPW* 3. 337–338.

[87] *CPW* 3. 352, 354, 380–381, 452.

[88] Thomas Corns, *Uncloistered Virtue: English Political Literature, 1640–1660* (Oxford: Clarendon Press, 1992), 212.

[89] 同上，第 1 章。

[90] *CPW* 3. 342, 530, 420–421.

[91] *Eikon Basilike*, ed. cit., 205 and n.

[92] *LR* 2. 226.

[93] *ODNB*.

[94] William Empson, *Milton's God* (rev. edn., London: Chatto and Windus, 1965), 317–318.

[95] *CPW* 3. 364.

[96] Corns, *Development,* chs. 8 and 10.

[97] *CPW* 3. 553.

[98] *CPW* 1. 374.

[99] Kevin Sharpe, *Remapping Early Modern England: The Culture of Seventeenth-Century Politics* (Cambridge: Cambridge University Press, 2000), esp. ch. 7.

[100] *CPW* 3. 339.

[101] 见下文，287 页。

[102] *CPW* 3. 487.

[103] PRO SP 25/63, 486; PRO SP 25/95, 3; Guildhall Library MS 34275, 179–180 (Scholars' Register, Merchant Taylors' Company, letter of 7 March 1649/50), 179–180.

[104] 日期推断依据见：*Nouvelles Ordinaires de Londres*, no. 34, 20 February/2 March-27 February/9 March 1651.

[105] *ODNB*.

[106] *CPW* 4. 307.

[107] 见下文，264、315—316 页。

[108] *CPW* 4. 392.

[109] *CPW* 4. 852–853. 弥尔顿的信（《亲友书信集》no. 12）是从伦敦写来的，而不是威斯敏斯特，这或许表明他妻子与儿子的去世造成了家庭内部的混乱。

[110] *CPW* 4. 392.

[111] *CPW* 4. 359.

[112] 可以参考伊尼戈·琼斯（Inigo Jones）为亨丽埃塔·玛丽亚和她的侍女出席 1631 年、1632 年忏悔节的假面舞会设计的服装。见：Stephen Orgel and Roy Strong, Inigo Jones: *The Theatre of the Stuart Court*(London and Berkeley and Los Angeles: Sotheby Parke Bernet and University of California Press, 1973), 2. 441–448, 498–503.

[113] *CPW* 4. 408.

[114] John Wilmot, Earl of Rochester, 'Satyr', lines 33–34, *The Works of John Wilmot, Earl of Rochester*, ed. Harold Love (Oxford: Oxford University Press, 1999), 86.

[115] *WJM* 7. 12.

[116] *CPW* 4. 307.

[117] *CPW* 4. 963.

[118] *CPW* 4. 112. 相似的误读，见：Corns, *Prose Works*, 93.

[119] John K. Hale, *Milton's Cambridge Latin: Performing in the Genres 1625–1632* (Tempe: Arizona Center for Medieval and Renaissance Studies, 2005), 121.

[120] John K. Hale, *Milton's Languages* (Cambridge: Cambridge University Press, 1997), 96–98.

[121] *WJM* 7. 280.

[122] *WJM* 7. 281.

[123] Darbishire, 26.

[124] *CPW* 4. 317.

[125] *CPW* 4. 340–341.

[126] *CPW* 4. 474.

[127] *CPW* 4. 395–396.

[128] *CPW* 4. 307, 338.

[129] *CPW* 4. 390–391.

[130] *CPW* 4. 399.

[131] 有关长公主、奥兰治公主玛丽（1631—1660 年），参见 *ODNB*；玛丽九岁时嫁给了十四岁的奥兰治的威廉（1647 年起为威廉二世），威廉二世在二十四岁、他儿子威廉三世（参见

ODNB. "William Ⅲ and Ⅱ")出生前一周驾崩。数学家约翰·德·维特（1625—1672）自 1652 年起任荷兰大议长，直至 1672 年死于暴徒之手。

[132] 有关这次任务的具体情况，见：Robert Fallon, *Milton in Government* (University Park, Pa.: Pennsylvania University Press, 1993), 73–88.

[133] *CPW* 4. 312.

[134] *CPW* 4. 430.

[135] *CPW* 4. 341.

[136] John Milton, *Ioannis Miltons Engelsmans Verdedigingh des gemeene Volcks van Engelandt, tegens Claudius sonder Naem, alias Salmasius Konincklijcke Verdedigingh. Wt het Latijn overgeset na de Copy gedruckt tot Londen, by Du Gardianis* (Gouda, 1651).

[137] Bibliothèque Nationale MS F. L. 602, fols. 21–22, MS F. L. 602, fols. 23, 23a

[138] Leo Miller, 'Milton's Defensio Ordered Wholesale for the States of Holland', *N&Q* 231 (1986), 33.

[139] Darbishire, 160.

[140] 有关珀的任务，见：Leo Miller, *John Milton's Writings in the Anglo-Dutch Negotiations, 1651–1654* (Pittsburgh, Pa.: Duquesne University Press, 1992), 49–55). 有关这场战争见下文，255 页。

[141] *Mercurius Politicu*s, no. 39.

[142] 这封信印在 *LR* 3. 9。

[143] Amsterdam Universiteits-Bibliotheek, MS III.E.40; Burmann, 3. 595–596.

[144] Burmann, 3. 600, 257–259.

[145] Hartlib 62/30/1a–4b.

[146] Burmann, 3. 742.

[147] 1652 年 1 月 23 日议事日程簿, PRO SP 25/66/252; 拉丁语文本印在 Miller, *Writings*, 被错误地描述为弥尔顿的翻译。洛德韦克是数学家克里斯蒂安·惠更斯（Christiaan Huygens）的兄弟，诗人、作曲家、外交家康斯坦丁·惠更斯（Constantijn Huygens）的儿子。

[148] 见：Miller, *Writings*, 14–15 and 304. 对弥尔顿下达的命令是 PRO SP 25/66/257 与 267。

[149] Miller, *Writings*, 16–20. 该文献提供了其他例子。

[150] 这份文件被编辑过的版本印于：Miller, *Writings*, 94–293.

[151] PRO SP/20, 44, 46. 这个问题经常被讨论。例如：Campbell, *Chronology*, 119.

[152] *ODNB*.

[153] *ODNB*.

[154] Darbishire, 71; *ODNB*.

[155] *CPW* 4. 892.

[156] 引用并翻译自：Miller, *Safeguard*, 278–279.

[157] 同上，1 页。

[158] 同上，75 页。

[159] 同上，141、146 页。

[160] 同上，41、180、196 页。安东·贡特尔去世时，奥尔登堡的统治权没有转移到丹麦人手里，尽管一段时间内，在波罗的海国家中间这个问题仍然存在争议。

[161] PRO SP 25/19, 146.

427

[162] Miller, *Safeguard*, 171–172.

[163] 同上，141 页。

[164] 同上，26 页。

[165] 同上，128 页。

[166] Aylmer, *State's Servants*, 19.

[167] Miller, *Safeguard*, 200, 219, 176, 215, 219.

[168] 这个地区之所以被称为小法兰西，是因为过去有一批法国的羊毛商人住在这里。弥尔顿租住的房子后来为杰里米·边沁（Jeremy Bentham）所有，1881 年起房子的承租人是威廉·哈兹里特（William Hazlitt）；约翰·斯图尔特·米尔（John Stuart Mill）后来也曾居于此。1877 年，这座房子被大都会铁路公司（Metropolitan Railway Company）拆除。

[169] Leo Miller, 'New Milton Texts and Data from the Aitzema Mission, 1652', *N&Q* 235 (1990), 279–288.

[170] 弥尔顿的家谱中记录了玛丽的去世和德博拉的出生 (BL Add MS 32,310)。德博拉的出生同样记录在：Birch's transcription of Mary's Bible (lost) (BL Add MS 4244, fol. 52v)。爱德华·琼斯提出玛丽可能被埋葬在霍顿。假如真是如此的话，它将指向一个研究者或许是出于经济原因或许是社会原因而持续关注的问题，即他父亲是在何处退休的。

[171] Darbishire, 71.

[172] "欧文先生、托·古德温先生、奈先生、辛普森先生与其他牧师的谦卑建议：他们曾于 2 月 11 日向议会和其他人递交请愿书，由福音宣讲委员会在 1652 年 3 月 31 日讨论。他们尊重所有敬畏上帝的人，尽管这些人有着不同的判断，但仍然希望他们有利于团结与和平，再度向福音宣讲委员会提交请愿，以此简易快捷之方法为英格兰所有堂区提供有能力、虔诚、正统的牧师。由虔敬的人、牧师和其他人组成各个教堂，阻止堕落的人在集会和会议上发表谬论和亵渎上帝的言辞。"有关四位提名牧师，参见 *ODNB.*

[173] Fallon, *Milton in Government.* 该书详细介绍了与汉堡（34–43）、葡萄牙（43–53）、奥尔登堡（53–65）、尼德兰联省共和国（73–88）、西班牙（88–100）、丹麦和（100–111）托斯卡纳（111–122）的通信。

[174] 有关索菲娅、莫里斯和鲁伯特，参见 *ODNB*；索菲娅曾在莱顿、海牙、海德堡居住。

[175] 沃克随后在因叛国罪候审时死于狱中，参见 *ODNB.*

[176] 这份搜查令如今保存在伊利诺伊大学图书馆；议事日程簿条目（该条目中未见弥尔顿的名字）收于 PRO SP 25/64/283。

[177] PRO SP 25/62/373；有关莱，参见 *ODNB*。

[178] PRO SP 25/62/422; PRO SP 25/62/464b. 有关尼德汉姆，参见：*ODNB.*; Joseph Frank, *Cromwell's Press Agent: A Critical Biography of Marchamont Nedham* (Lanham, Md.: University Press of America, 1980)。

[179] Stationers' Register, 1. 333. 这本书书名为 *Histoire. . . du Procès de Charles Stuart*, 1650 年 3 月约翰·格里斯蒙德（John Grismond）在伦敦出版。

[180] 见上文，245 页。

[181] PRO SP 18/23/6.

[182] Register of Presentations, 1649–1654, BL Add MS 36792. 见：Austin Woolrych, 'Milton and

428

Richard Heath', *PQ* 53 (1974), 132–135.

[183] 1652 年 7 月 20 日令见 PRO SP 25/30/54；1653 年 7 月 9 日的记录见 PRO SP 25/70/32; 有关布
鲁诺·赖夫斯（或里弗斯），参见 *ODNB*。

[184] 见下文，250—251 页。

[185] *ODNB*.

[186] Fallon, *Milton in Government*, 22.

[187] Aylmer, *State's Servants*, 68, 23; *ODNB*.

第十二章　护国公时期

[1]　Worden, *Rump*; Woolrych, *Commonwealth*.

[2]　Woolrych, *Commonwealth*, 104.

[3]　有关西德纳姆、皮克林和斯特里克兰，参见 *ODNB*。

[4]　见上文，206 页。

[5]　Woolrych, *Commonwealth*, 123–125.

[6]　有关巴尔邦，参见 *ODNB*。

[7]　见上文，245 页。

[8]　见下文，280 页。

[9]　Woolrych, *Commonwealth*, 394.

[10]　同上，352 页。

[11]　Gardiner, *Constitutional Documents*, 416.

[12]　Hill, *Milton*, 75.

[13]　Gardiner, *Constitutional Documents*, 448–449.

[14]　见上文，237页。另见：Leo Miller, *John Milton in the Anglo-Dutch Negotiations, 1651–1654* (Pittsburgh: Duquesne University Press, 1992).

[15]　有关弥尔顿与法国的通信，见：Fallon, *Milton in Government*, 151–160.

[16]　*CPW* 4. 557.

[17]　有关弥尔顿与瑞典和它的对手的通信，见：Fallon, *Milton in Government*, 160–176.

[18]　PRO SP 25/78/132; 在应出现名字的地方出现了空白。

[19]　1657 年 10 月 19 日，德莱顿在一张 50 英镑的收据上签了字。(PRO SP 18/180/95; 见：Paul Hammond, 'Dryden's Employment by Cromwell's Government', *Transactions of the Cambridge Bibliographical Society* 8 (1981), Part I. 130–136, plates 3 and 4.

[20]　PRO SP 25/55/28（1655 年 4 月 17 日）; PRO SP 25/107/143 (1659 年 10 月 25 日）。

[21]　Aylmer, *State's Servants*, 82.

[22]　弥尔顿抵押贷款的副本收藏在费城的罗森巴赫博物馆（Rosenbach Museum）(810/25)；债务豁免书（acquittance）（即收据）在华盛顿的福尔杰图书馆 (MS 960.1)。1665 年，弥尔顿把抵押债券卖给了杰里米·哈米，杰里米为他的哥哥鲍德温·哈米医生买下了信托债券；鲍德温·杰里米一度可能是弥尔顿的医生，有关他的生平事迹，参见 *ODNB*。

429

[23] 有关弥尔顿第二任妻子凯瑟琳·伍德科克，见下文，268—269 页。她的母亲此时与他们住在一起，表明她或许在照顾她的女儿，后者几周后死于肺结核。

[24] 也被称为皮埃尔·德·沃克斯、皮埃尔·韦尔多、皮特·瓦尔多；有关这个教派的早期历史，见：Gabriel Audisio, *The Waldensian Dissent: Persecution and Survival, c.1170–c.1570*, Cambridge Medieval Textbooks (Cambridge: Cambridge University Press, 1990).

[25] 有关弥尔顿与萨伏依的通信，见：Fallon, *Milton in Government*, 139–151.

[26] 弥尔顿读了 Pierre Gilles' *Histoire ecclésiastique des églises reformées, recueillies en quelques valées de Piedmont . . . autrefois appelées Eglises Vaudoises* (Geneva, 1644)，并在他的《札记书》上做了笔记。

[27] *CSP* 342–343，1—8 行。

[28] 约翰·杜里从阿姆斯特丹给塞缪尔·哈特立伯写的信 (Hartlib 4/3/1A-1B, Hartlib 4/3/2A-2B)；威廉·纽波特（Willem Nieuport）从威斯敏斯特写给亚历山大·莫尔的一封信 (*LR*, 3. 399–402)；未签名的信显然是写给莫尔的 (Bodleian MS Rawlinson A.16, fol. 455)。

[29] *ODNB*, s.n. More, Alexander.

[30] *CPW* 4. 561.

[31] *CPW* 4. 595.

[32] *CPW* 4. 664–672.

[33] 见下文，365 页。

[34] *CPW* 4. 605–606.

[35] *CPW* 4. 676–676.

[36] *CPW* 4. 669–670.

[37] *CPW* 4. 639.

[38] *ODNB*.

[39] *CPW* 4. 676.

[40] *CPW* 4. 756.

430

[41] *CPW* 4. 819; n. 308.

[42] 第 1 篇圣诗，第 14 行；第 2 篇圣诗，第 12—14 行；第 1 篇圣诗，第 1—2 行；第 3 篇圣诗，第 15—17 行；*CSP*，334—335。

[43] 有关亨利·劳伦斯，参见 *ODNB*。

[44] Darbishire, 74.

[45] 贺拉斯《颂歌集》。

[46] *CPW* 2. 596. 有关闲暇，见：Brian Vickers, 'Leisure and Idleness in the Renaissance: The Ambivalence of Otium', *Renaissance Studies* 4 (1994), 1–37, 107–154.

[47] 《赠西里亚克》的第一首四行诗已散佚，因为它是写在弥尔顿用来写十四行诗的小册子上的（现已散佚）；外页现在已被编为 45 和 49。

[48] 有关考克（Coke）[发音作库克（Cook）]和他的声誉，参见 *ODNB*。

[49] 在 *CSP* 中未编号。

[50] 这封信标注的日期是 1654 年 6 月 2 日，还提到马韦尔《再为英国人民声辩》送呈约翰·布拉德肖；这封信保存在 18 世纪乔赛亚·欧文的抄本里（BL Add MS 4292, fol. 264）。

[51] 1653 年 7 月 6 日，弥尔顿就《呐喊》作者的身份写信给奥尔登伯格；1653 年 10 月 27 日，弥尔顿写信表示收到了奥尔登伯格的来信；1656 年 6 月 25 日，弥尔顿在牛津写信给奥尔登伯格，传达西里亚克·斯金纳的问候；1657 年 8 月 1 日，弥尔顿在索米尔（Saumur）写信给奥尔登伯格（和理查德·琼斯），对莫尔被任命为沙朗通的牧师感到痛心；弥尔顿给奥尔登堡的最后一封信写于 1659 年 12 月 20 日。所有这些信件都是用拉丁语写的，都印在《亲友书信集》中。1656 年 12 月 28 日，奥尔登堡在牛津写信给弥尔顿，谈到圣诞节的日期 (Royal Society MS I, fol. 11)，10 月 4 日、14 日，他从索米尔写信 (Royal Society MS I, fol. 30)。

[52] 有关拉内拉赫夫人，见：ODNB, s.n. Katherine Jones, Viscountess Ranelagh. 她是由她的姑妈多萝西·莫尔（弥尔顿《利西达斯》纪念的爱德华·金的妹妹）引荐进入哈特立伯圈子的。

[53] 有关凯瑟琳和她家人的情况，见：J. S. Smart (ed.), The Sonnets of Milton (Glasgow: Maclehose, Jackson, 1921), 121–124, 175–188; Parker, 480–481, 1053–1055.

[54] 结婚预告与婚姻记录登在奥尔德曼布里的圣母玛丽教堂 (Guildhall Library MS 3572, printed PHSR 61, 62, 65 (1931–1935)。

[55] 见上文，62 页。

[56] College of Arms, Painters' Workbook I.B.7, fol. 46b. 有关纹章葬礼，见：C. Gittings, Death, Burial and the Individual in Early Modern England (London: Croom Helm, 1984).

[57] David Cressy, Birth, Marriage, and Death: Ritual, Religion, and the Life-Cycle in Tudor and Stuart England (Oxford, Oxford University Press, 1997), 204.

[58] 'Julia's Churching, or Purification', 引自：Cressy, Birth, 204.

[59] Cressy, Birth, 225.

[60] 这部留念册如今保存在瑞士圣加伦；见：Leo Miller, 'Milton in the Zolliko Ver and Arnold Albums', MQ24 (1990), 99–104.

[61] 弥尔顿的拉丁语信件印在《亲友书信集》no. 21. 有关比戈，见：DBF; Leonard Doucette, Emery Bigot: Seventeenth-Century French Humanist (Toronto, 1970). 有关这部专著，见：V. H. Galbraith, 'The Modus Tenendi Parliamentum', JWCI 16 (1953), 81–99.

[62] 有关科顿和赖利，参见 ODNB。

[63] 弥尔顿已经安排由一位瑞士牧师——让·巴普蒂斯特·斯铎普（Jean-Baptiste Stouppe）处理付款和运输事宜，后者曾写过皮埃蒙特大屠杀，也是瑟洛的代理人。

[64] 这些信件是《亲友书信集》no. 23（1657 年 7 月 15 日））和 no. 26（1657 年 12 月 16 日）。亨利·德·布拉斯的身份还未被完全确认。

[65] 《书信集》no. 20（1656 年 11 月 8 日）和 no. 27（1657 年 12 月 18 日）。据说弥尔顿打听的这张不知其名的地图册价值 130 佛罗林，弥尔顿认为对一个盲人来说花这么多钱买地图太贵了。不确定亨巴赫的身份。

[66] Darbishire, 72.

[67] 同上，73 页。

[68] 有关书稿的传阅过程，见下文，327 页。

[69] 见下文，352、382 页。

[70] 手稿制作的最完整描述见：Gordon Campbell, Thomas N. Corns, John K. Hale, and Fiona J. Tweedie, Milton and the Manuscript of De Doctrina Christiana (Oxford: Oxford University Press,

431

2007). 尤其是第 3 章的手稿最为完整。

[71] Steven R. Dobranski and John P. Rumrich (eds.), *Milton and Heresy* (Cambridge: Cambridge University Press, 1988), 80–81.

[72] Hill, *Milton*, 285–296.

[73] 有关赎罪的四种主要理论（重新缔约论、赎金论、平息论、庭审理论），参见：C. A. Patrides, *Milton and the Christian Tradition* (Oxford: Oxford University Press, 1966), 132–142.

[74] *PL* 3. 183–188；下文有详细讨论，338 页。

[75] 有关灵魂死亡论的教义，见：Norman T. Burns, *Christian Mortalism from Tyndale to Milton* (Cambridge, Mass.: Harvard University Press, 1972).

[76] 有关多偶制，见：Leo Miller, *John Milton among the Polygamophiles* (New York: Loewenthal Press, 1974).

[77] Sir Walter Ralegh (attrib. incorrectly), *The Cabinet-Council: Containing the Chief Arts of Empire and Mysteries of State* (London, 1658), sigs. A2 r-v.

第十三章　从克伦威尔去世到复辟时期

[1] PRO SP/182/90 fol. 2.

[2] *WJM* 13. 400–405.

[3] *WJM* 13. 411.

[4] 任命是在 8 月，见 *ODNB*。

[5] *WJM* 13. 406–409.

[6] *WJM* 13. 412–415.

[7] *WJM* 13. 414–417.

[8] *WJM* 13. 416–427. 在印刷收藏的公文当中，给葡萄牙国王的信是写给阿方索已故父亲若昂四世的，后者于 1656 年 11 月去世；只有 Lünig 收藏的公文 [见：J. C. Lünig (ed.), *Literae Procurem Europae* (Leipzig, 1712)] 准确地写出这封信是写给阿方索的。

[9] Ronald Hutton, *The Restoration: A Political and Religious History of England and Wales 1658–1667* (1985; Oxford: Oxford University Press, 1987), 25. 人们常常讲述共和国最后几年的事情，而在我们对事件的叙述当中，没有引用别人的话语，而是综合利用了赫顿的研究和奥斯丁·伍尔里奇写在《弥尔顿散文作品全集》前的出色引言（*CPW*, 7, rev. edn. 1–228），并用以下文献作为补充：Ruth E. Mayers, *1659: The Crisis of the Commonwealth* (Woodbridge: Boydell, 2004); N. H. Keeble, *The Restoration: England in the 1660s* (Oxford: Blackwell, 2002).

[10] 见上文，245 页。

[11] Anon. *To Parliament. The humble Representation and desires of divers Freeholders and others inhabiting within the County of Bedford* (London, 1659), broadside.

[12] 有关赫西里奇，见：*ODNB*.

[13] Sir Henry Vane the younger, *A Healing Question propounded and resolved upon occasion of the late publique and seasonable Call to Humiliation* (London, 1656), sig, D1ʳ.

432

[14] *ODNB.*

[15] *Mercurius Politicus* No. 554, 10–17, February 1659; The Publick Intelligencer no. 163, 7–14 February 1659. 有关纽科姆，见 *ODNB*。

[16] *CPW* 7, rev. edn., 240.

[17] *CPW* 7, rev. edn., 252.

[18] 见上文，160 页。

[19] *CPW* 7, rev. edn., 272.

[20] 见上文，169、172 页。

[21] *CPW* 7, rev. edn., 242, 255.

[22] *CPW* 7, rev. edn., 252. 这里的世俗法主要针对教会法而言。

[23] *CPW* 7, rev. edn., 249.

[24] Parker, 518–520; Campbell et al., *Manuscript of* De Doctrina Christiana, 64–65.

[25] Hutton, *Restoration*, 35–37.

[26] 有关沃尔，见：R. H. Popkin, 'A Note on Moses Wall', in Menasseh ben Israel, *The Hope of Israel*, ed. H. Mechoulan and G. Nahon (Oxford, 1987), 165–170. 有关信件的日期，在保存的抄件上是 5 月 26 日，见：Campbell's note in Parker, 1251.

[27] 在弥尔顿的《亲友书信集》中，这封信标注的日期是 4 月 21 日，但让·德斯帕涅的去世时间是 4 月 25 日，所以 "4 月 21 日" 必定是一个印刷错误，应该是之后的一个日期。有关让·德斯帕涅，参见 *ODNB* 和 DBF。有关拉巴迪，见：T. J. Saxby, *The Quest for the New Jerusalem: Jean de Labadie and the Labadist*s, 1610–1744 (Dordrecht and Boston: Martinus NijhoV, 1987). 伦敦的法国教堂位于针线街，但威斯敏斯特教堂有一个独立的宗教团体。他们不在萨默赛特宫（为迎接西班牙比赛而建的一座天主教礼拜堂，随后被作俗用）的礼拜堂聚会，而是在附近的萨伏依礼拜堂礼拜。

[28] Hutton, *Restoration*, 35.

[29] *WJM* 13. 462–465.

[30] 有关乔治·弗利特伍德和约翰·兰伯特，参见 *ODNB*。

[31] Mayers, *1659*, 41.

[32] 转引自：Philip Aubrey, *Mr Secretary Thurloe: Cromwell's Secretary of State 1652–1660* (London: Athlone, 1990), 150.

[33] 有关洛克哈特和斯科特，参见 *ODNB*。

[34] *WJM* 13. 428–433.

[35] PRO SP 25/107, 143.

[36] 见上文，219 页；有关凯恩，参见 *ODNB*。

[37] Godfrey Davies, *The Restoration of Charles II, 1658–1660* (San Marino, Calif.: Huntington Library, 1955); Mayers, 1659, *passim*. 433

[38] Barry Reay, *The Quakers and the English Revolution* (New York: St Martin's Press, 1985).

[39] 安东尼·梅里基，转引自：Reay, *Quakers*, 82–83.

[40] 有关他的遭遇，见：Anthony Mellidge, *Winchester Prison the 21th day of the 1 month, 59 If the measure of my sufferings under the creuel hands of unreasonale men, be Wnished in this noysome*

prison by the laying down of my life (London: 1659).

[41] Reay, *Quakers*, 93–95. 有关布斯，参见 *ODNB*。

[42] 托马森在他的册子上标注的日期是"8 月"；*Mercurius Politicus*, no. 585, 1–8, September 1659, 刊登了它的一则广告。

[43] 有关查普曼，参见 *ODNB*。他将出版弥尔顿的《简易办法》，参见下文，294 页。

[44] *CPW* 7, rev. edn., 274. 第 85—87 页做了宽泛讨论。

[45] *CPW* 7, rev. edn., 275; Corns, *Uncloistered Virtue*, 272–273.

[46] *CPW* 7, rev. edn., 302. 斯密斯菲尔德就在城墙外，是一处面积 10 英亩的区域，12 世纪以来，它就是一个肉类市场。

[47] *CPW* 7, rev. edn., 302–305, 317.

[48] George Fox, *The Journal*, ed. Nigel Smith (Harmondsworth: Penguin, 1998), 257–259.

[49] Hutton, *Restoration*, 49.

[50] 同上，64。

[51] 有关迪思布劳，参见 *ODNB*。

[52] Hutton, *Restoration*, 67; *ODNB*.

[53] *CPW* 的版本是根据哥伦比亚大学图书馆收藏的手稿编印的。

[54] 布拉德肖在 1655 年 9 月 10 日添加了遗嘱附件，遗赠给弥尔顿 10 英镑 (PRO PROB 11/296/549)；这份遗嘱在 1659 年 12 月 16 日被证实。

[55] *CPW* 7, rev. edn., 326–327, 324, 328–329.

[56] Hutton, *Restoration*, 67.

[57] *CPW* 7, rev. edn., 336.

[58] Hutton, *Restoration*, 91.

[59] Samuel Pepys, *The Diary of Samuel Pepys*, ed. Robert Latham and William Mathews (11 vols., London: Bell, 1970–1983), 1. 79.

[60] *CPW* 7, rev. edn., 342.

[61] Hutton, *Restoration*, 93.

[62] 1659 年 5 月，普林分别在《共和派》(*The RePublicans*) 与《一个真实而完美的故事》(*A True and Perfect Narrative*) 中抨击《为英国人民声辩》。

[63] *CPW* 7, rev. edn., 345 n. 26.

[64] *CPW* 7, rev. edn., 353–355.

[65] *CPW* 7, rev. edn., 367.

[66] *CPW* 7, rev. edn., 354 n. 2.

[67] *CPW* 7, rev. edn., 356. 这三次分别是指长期议会设立之初、被清洗议会在 1659 年 5 月和 12 月两次被恢复之时；弥尔顿在为第二版修订这本册子时删去了这几个字。

[68] *CPW* 7, rev. edn., 358.

[69] *CPW* 7, rev. edn., 369.

[70] *CPW* 7, rev. edn., 385.

434 [71] *CPW* 7, rev. edn., 388.

[72] Aubrey, *Thurloe*, 156–158.

[73] Darbishire, 76.

[74] Hutton, *Restoration*, 103. 有关安斯利，参见 *ODNB*。

[75] John Milton, A *Complete Collection of the Historical, Political, and Miscellaneous Works of John Milton, Both English and Latin. With som Papers never before Publish'd* ['Amsterdam' (actually London): 1698], 799; *CPW* 7, rev. edn., 393.

[76] *CPW* 7, rev. edn., 389.

[77] *CPW* 7, rev. edn., 395.

[78] *CPW* 7, rev. edn., 392.

[79] 见上文，196 页。

[80] Hutton, *Restoration,* 106.

[81] Gardiner, *Constitutional Documents*, 391.

[82] Marchamont Nedham, *Interest Will Not Lie, or, A View of England's True Interest* (London, 1659), title page, 11–16.

[83] Marchamont Nedham, *Newes from Brussels in a Letter from an Attendant on his Majesties Person* ([London], 1660), 6.

[84] *CPW* 7, rev. edn., 389.

[85] *CPW* 7, rev. edn., 389, 452–454.

[86] 转引自：Keeble, *Restoration*, 25. 有关登齐尔·霍利斯，参见 *ODNB*。

[87] *CPW* 7, rev. edn., 425; *OED*, s.v. 'groom of the stole' I.

[88] *CPW* 7, rev. edn., 437–444.

[89] *ODNB*.

[90] Matthew Griffith, *The Fear of God and the King* (London, 1660), I.

[91] 同上，sig. A4ᵛ–A5ʳ。

[92] 同上，'91' [i.e. 81]–82。

[93] *ODNB*.

[94] Hutton, *Restoration*, 111.

[95] *CPW* 7, rev. edn., 485–486, 477, 482.

[96] 转引自：Keeble, *Restoration*, 29.

[97] 有关《布雷达宣言》，参见下文，307 页。

第十五章　在复辟中幸存

[1] Hutton, *Restoration*, 125.

[2] 见上文，299 页。

[3] Gardiner, *Constitutional Documents,* 465–466.

[4] 见上文，177—178 页。

[5] Hutton, *Restoration*, 59.

[6] Anon., *The whole business of Sindercome, from first to last, it being a perfect narrative of his*

carriage, during the time of his imprisonment in the Tower of London (London, 1657), 8–9, 16. 有关辛德科姆，参见 *ODNB*。

[7] 有关阿克斯特尔、哈克、库克、彼得、布劳顿、费尔普斯和丹迪，参见 *ODNB*；也可见 *ODNB* "弑君党人"条目。

[8] *ODNB*.

[9] Hutton, *Restoration*, 133.

[10] Joseph Frank, *Cromwell's Press Agent: A Critical Biography of Marchamont Nedham* (Lanham, Md.: University Press of America, 1980), 153.

435 [11] Darbishire, 32.

[12] Hutton, *Restoration*, 133; *ODNB*.

[13] F. A. Inderwick, *A Calendar of the Inner Temple Records* (5 vols., London: Sotheran & Co., 1896–1936), 3. 1.

[14] Shawcross, *Arms*, 69–71.

[15] 见上文，179 页。

[16] 林赛伯爵蒙塔古·伯蒂（Montague Bertie, earl of Lindsey）et al., *A declaration of the nobility, knights & gentry of the County of Oxon which have adhered to the late King* (London, 1660), 单页.

[17] Darbishire, 74.

[18] 同上，271；有关莫里斯和克拉吉斯，参见 *ODNB*。

[19] Darbishire, 30.

[20] *ODNB*.

[21] Darbishire, 272.

[22] *ODNB*.

[23] 见下文，313 页。

[24] Darbishire, 78.

[25] *CPW* 7. rev. edn., 452.

[26] Roger L'Estrange, *Be Merry and Wise; or, A Seasonable Word to the Nation* (London, 1660), 86.

[27] Roger L'Estrange, *No Blinde Guides, in Answer To a seditious Pamphlet of J. Milton's, Intituled Brief Notes upon a late Sermon* (London, 1660), 11, 1–2；版本说明上的日期是 4 月 20 日。

[28] 斯塔基还是一位医学界的辩论家，有关斯塔基，参见 *ODNB*；《王权的尊严》作者的首字母 G.S.，间或会被认为是乔治·赛尔或吉尔伯特·谢尔登，但 W. R. 帕克在他 1942 年的复制版中将这本册子的作者认定为是斯塔基，这一点已受到普遍认可。

[29] Anon., *The Out-Cry of the London Prentices for Justice to be Executed upon John Lord Hewson* (London, 1659), 6. 托马森在他的册子上标注的日期是（1659 年）1 月 16 日。有关约翰·休森，参见 *ODNB*。蒙克威尔街（Monkwell Street）上的理发师兼外科医师会堂（The Barber-Surgeons' Hall）收藏着一些医疗上的奇珍异物。

[30] Anon., *The Character of the Rump* (London, 1660), 2–3. 托马森在他的册子上标注的日期是 1659 年 3 月 17 日。有关将这本册子的作者认定为巴特勒的文献，见：Nicholas von Maltzahn, "Samuel Butler's Milton", *SP* 92 (1995), 482–489.

[31] 参见 *ODNB*，在"名誉"这一节中似乎有一段与这一说法相吻合。

[32] Darbishire, 177.

[33] Frank, *Nedham*, 125–127, 43–45.

[34] Darbishire, 32.

[35] *LR* 4. 317–318; 这份文件于 1995 年 6 月 29 日出售，出现在同一日期的佳士得目录中，但随后被撤回。文件内容见：Campbell et al., *Milton and the Manuscript*, 31–32.

[36] Hutton, *Restoration*, 135.

[37] 见下文，330 页。

[38] Darbishire, 78.

[39] 同上，32，n.

[40] Wilmot, 'A Ramble in St. James's Park', *Works*, 76–80.

[41] Darbishire, 74. 圣巴多罗买大教堂的圣巴多罗买围地主要居住着一些印刷商。在迷宫一般的街巷中，它是（如今仍然是）一条狭窄的街道。

[42] *ODNB.*

[43] Darbishire, 74.

[44] Hutton, *Restoration*, 133.

[45] 见上文，194 页。

[46] *Journal of the House of Commons* 8. 65–66; *Parliamentary Intelligencer* no. '26' (i.e. 25); *The Diary of Bulstrode Whitelock*, 1605–1675, ed. Ruth Spalding (Oxford: Published for the British Academy by Oxford University Press, 1991), 606.

[47] *A proclamation for calling in, and suppressing of two books written by John Milton the one intituled, Johannis Miltoni Angli pro populo Anglicano defensio, contra Claudii Anonymi alia`s Salmasii, defensionem regiam; and the other in answer to a book intituled, The pourtraicture of His Sacred Majesty in his solitude and sufferings. And also a third book intituled, The obstructors of justice, written by John Goodwin* (London, 1660), broadside.

[48] *LR* 4. 334, 338, 323.

[49] *ODNB.* 这位总检察长是杰弗里·帕尔默爵士（Sir Geoffrey Palmer），逃亡的弑君党人对帕尔默的描述令人印象深刻，称其是"暴君养在法庭上的一头猎犬"，渴望吸吮无辜羔羊的鲜血。见：*A Voyce from the Watch Tower*, ed. A. B. Worden, *CS*, 4th ser., 21 (1978), 315.

[50] Darbishire, 74.

[51] Hutton, *Restoration*, 134.

[52] 见上文，290 页。

[53] Pepys, *Diary*, 1. 309; Fox, *Journal*, 293.

[54] 这幢房子位于菲尔兹的圣济尔斯堂区，1648 年，弥尔顿的女儿玛丽就是在那里受洗的；红狮场在 1648 年的布局与如今的红狮广场相同。

[55] Darbishire, 75.

[56] 这项赦免见：PRO's Index to Warrant Books, 1660–1722, A-P, (IND/1/ 8911, 201); the Index to the Signet Office Docket Bookss, 1660–1737 (PRO SO 4/5 fol. 164), b）。日期均是 1660 年 12 月。

[57] 下议院日志：Journals of the House of Commons, 8. 208.

[58] 'Nu uytging door goe beloften'; *Hollandsche Mercurius*, no. 249 (1661), 163.

436

[59] Darbishire, 32.

[60] 这座房子位于克里波门圣济尔斯堂区，因此必定是在杰温街的瑞德克劳斯（Redcrosse）这头（杰温街于二战中被毁，原址位于如今的巴比肯建筑群），而不是在靠近奥尔德斯门大街的那边。

[61] Ephraim Pagitt, *Heresiography Or A Description of the Hereticks and Sectaries of these Latter times* (London, 1645; 6th edn., 1661). 见上文，167 页。

[62] *Regii Sanguinis Clamor* (The Hague, 1661). 见上文，260 页。

[63] George Starkey, *Monarchy Triumphing Over Traiterous Republicans* (London, 1661). 见上文，312 页。

[64] Claudius Salmasius, *Claudii Salmasii ad Johannem Miltonum Responsio, Opus Posthumum* (London, 1660).

[65] Pepys, *Diary*, 1. 265. 有关韦内和哈里森，参见 *ODNB*。

[66] 匿名，*The last speech and prayer with other passages of Thomas Venner, the chief incourager and promoter of the late horrid rebellion immediately before his execution inColeman-street on Saturday last being the 19th of Ianuary*, 1660 [i. e. 1661]: *together with the names of the rest that were condemned for the same fact* (London, 1660 [i. e. 1661]), 6; 与 C. V. Wedgwood, *The Trial of Charles I* (1964; London: Reprint Society, 1966), 233. 中引用的哈里森的话语比较。

[67] Hutton, *Restoration*, 147, 151.

[68] 同上，152–153; Keeble, *Restoration*, 115. 保王派议会出台的一系列措施通常被称为"克拉伦登法典"。

[69] 见上文，196 页。

[70] Keeble, *Restoration*, 118–119.

[71] *ODNB*.

[72] Keeble, *Restoration*, 120–121.

[73] 见上文，194 页。

[74] 见下文，379 页。

[75] George Sikes (?), *The Life and Death of Sir Henry Vane, Kt.* (London, 1652), 93–94; Hutton, *Restoration*, 162–163.

437

第十六章 瘟疫、火灾和《失乐园》

[1] *ODNB*.

[2] Thomas Ellwood, *The History of the Life of Thomas Ellwood* (2nd edn., London: 1714), 154; Darbishire, 75.

[3] Ellwood, *History, passim*.

[4] 同上，153 页。

[5] 同上，154—158 页。

[6] *LR* 4. 381–383; 见下文，382 页。

[7]   结婚意向声明书（Declaration of Intention to Marry），兰贝斯宫（Lambeth Palace）MS FMI/3B
        fol. 149.

[8]   PRO PROB 24/13/312–313ᵛ.

[9]   Stone, *The Family*, 31–34.

[10]   John Stow, *A Survey of London*, ed. Charles Lethbridge Kingsford (3 vols., 1908–1927; Oxford:
        Clarendon Press, 1971), 1. 252–253.

[11]   见上文，41 页。

[12]   Robert Gell, *Stella nova, a new starre, leading wisemen unto Christ* (London, 1649); *ODNB*.

[13]   Robert Gell, *Aggelokratia theon, or, A sermon touching Gods government of the world by angels*
        (London, 1650).

[14]   'Irenaus Philadelphus Philanthropus', *Eirenikon, or, A Treatise of peace between the two visible
        divided parties* (London, 1660), 102.

[15]   Darbishire, 75.

[16]   见上文，271 页。

[17]   *ODNB*, s.n. Phillips, Edward.

[18]   *ODNB*.

[19]   Hutton, *Restoration*, 211.

[20]   见上文，31 页。

[21]   Ellwood, *History*, 246.

[22]   *ODNB*.

[23]   在弥尔顿居住过的所有房产中，只有这里保存了下来，并且在弥尔顿小屋基金（Milton
        Cottage Trust）的支持下，该处房产收藏了一批弥尔顿纪念品。

[24]   *ODNB*.

[25]   *ODNB*.   438

[26]   *ODNB*, s.n. Fleetwood, Hester.

[27]   Richard Baxter, *Reliquiae Baxterianae*, ed. Matthew Sylvester (London, 1696), 3. 1.

[28]   Stephen Porter, *The Great Fire of London* (Stroud: Sutton, 1996), 2–3, 17.

[29]   Baxter, *Reliquiae*, 3. 2.

[30]   Ellwood, *History*, 264.

[31]   Marvell, 'The Last Instructions to the Painter', lines 131–132, 146, 964; *Poems*, 364 (comment), 369,
        371, 393 (text and notes).

[32]   Thomas Ellwood, *Davideis. the Life of David King of Israel: A Sacred Poem in Five Books* (London,
        1712).

[33]   Ellwood, *History*, 246–247.

[34]   见上文，208 页。

[35]   Darbishire, 33, 48.

[36]   Walter George Bell, *The Great Fire of London in 1666* (1920; London: Bodley Head, 1951), 222–
        225.

[37]   Porter, *Fire*, 71.

[38] Bell, *Fire*, 112.

[39] *ODNB*.

[40] Bell, *Fire*, 153–154; *ODNB*.

[41] Porter, *Fire*, 52–53.

[42] Hutton, *Restoration*, 249.

[43] Porter, *Fire*, 86–87.

[44] 同上，173 页；碑文上的这句话于 1830 年被移除。

[45] Hutton, *Restoration*, 263–266 回顾了这些问题。

[46] Porter, *Fire*, 77–79.

[47] 有关西蒙斯一家的介绍，见：*ODNB*; D. F. McKenzie, 'Milton's Printers: Matthew, Mary and Samuel Simmons', *MQ* 14 (1980), 87–91.

[48] *PL* 5; Peter Lindenbaum, 'Milton's Contract', *Cardozo Arts and Entertainment Law Journal* 10 (1992), 439–454, reprinted in Martha Woodmansee and Peter Jaszi (eds.), *The Construction of Authorship: Textual Appropriation in Law and Literature* (Durham, NC: Duke University Press, 1994), 175–190.

[49] 得益于搜索工具 Early English Books Online 的便利，我们得以仔细审查 1660—1669 年的出版事项。

[50] Campbell et al., *Milton and the Manuscript*, ch. 3.

[51] 弗伦奇的英语译文，见：*LR* 4. 434.

[52] 见上文，311 页。

[53] Keeble, *Restoration*, 148–150.

[54] Darbishire, 180.

[55] *PL* 1. 594–599.

[56] 有关劳斯，见：*ODNB*; Ian Spink, *Henry Lawes: Cavalier Songwriter* (Oxford, 2000). 有关汤姆金斯，见：*ODNB* 与 Denis Stevens, *Thomas Tomkins, 1572–1656* (London: Macmillan, 1957).

[57] *CPW* 1. 812–814.

[58] Joseph Addison and Richard Steele, *The Spectator*, ed. D. F. Bond (Oxford: Clarendon Press, 1965), 3. 391.

[59] *PL* 10. 293–295, 312–314; *PL* 1667, 9. 293–295, 312–314. 1667 年版本的第一卷到第六卷在 1674 年出版时未有更动，如今《失乐园》也是以后者为基础。关于其余四卷的引文，我们还加上了在第一版中的出处。

[60] *PL* 3. 446, 474–480, 487, 489–496.

[61] *PL* 3. 184–185 and n.; Thomas N. Corns, *Regaining* Paradise Lost (Harlow: Longman, 1994), 83.

[62] *PL* 3. 197.

[63] James Grantham Turner, *One Flesh: Paradisal Marriage and Sexual Relations in the Age of Milton* (Oxford: Clarendon Press, 1987), *passim*.

[64] *PL* 3. 742–743.

[65] Stone, *Family*, esp. ch. 8; David Cressy, *Birth, Marriage, and Death: Ritual, Religion, and the Life-Cycle in Tudor and Stuart England* (1997; Oxford: Oxford University Press, 1999), 297.

439

[66] *PL* 4. 321; 12. 648.

[67] N. H. Keeble, *The Literary Culture of Nonconformity in Later Seventeenth-Century England* (Leicester: Leicester University Press, 1987), 91–92.

[68] *PL* 8. 605–606; *PL* 1667, 7.1242–1243.

[69] *PL* 4. 297–301.

[70] 见：1 Corinthians, esp. chs. 11 and 14; Corns, *Regaining*, 71–73.

[71] *PL* 10. 196; *PL* 1667, 9. 196.

[72] Keeble, *Restoration*, 176–182.

[73] *PL* 11. 619–620; *PL* 1667, 10. 616–617.

[74] *PL* 11. 714–718; *PL* 1667, 10. 710–714.

[75] *PL* 7. 32–33; *PL* 1667, 7. 32–33.

[76] *PL* 4. 406–409.

[77] *PL* 5. 351–357.

[78] Keeble, *Restoration*, 43–46.

[79] *PL* 2. 477–479.

[80] *CPW* 7, rev. edn., 425.

[81] *PL* 2. 2–6.

[82] *PL* 12. 65–71; *PL* 1667, 10. '956–962' [i.e. 957–963].

[83] *PL* 12. 79–90; *PL* 1667, 10. '971–981' [i.e. 972–982].

[84] *PL* 12. 25–26; *PL* 1667, 10. '916–917' [i.e. 917–918].

[85] *Tenure, CPW* 3. 486. 见上文，227—228 页。

[86] *PL* 1. 493–495.

[87] *PL* 12. 508–522; *PL* 1667, 10. '1399–1413' [i.e. 1400–14].

[88] *PL* 8. 25–28; *PL* 1667, 7. 25–28.

[89] Darbishire, 276.

[90] *ODNB*.

[91] *PL* 11. 668–670; *PL* 1667, 10. 664–666.

[92] *PL* 11.701; *PL* 1667,10. 697.

[93] *PL* 12. 537–538; *PL* 1667, 10. '1429–1430' [i.e. 1430–1431].

[94] *PL* 12. 479–485; *PL* 1667, 10. '1376' [i.e. 1377].

[95] *PL* 12. 566–570; *PL* 1667, 10. '1457–1461' [i.e. 1458–1462].

[96] *PL* 12. 540–541; *PL* 1667, 10. '1431–1432' [i.e. 1432–1433].

[97] 见上文，142 页。

[98] *PL* 与 *PL* 1667 版均有这篇开场白。

[99] *PL* 5. 771–895.

[100] *PL* 9. 273–341; *PL* 1667, 10. 273–341.

[101] Aubrey, *Thurloe*, 127.

[102] Darbishire, 78–79.

[103] *PL* 1. 93–94, 143–144, 640–642.

440

[104] *PL* 5. 682–683.

[105] *PL* 5. 718.

[106] *PL* 10. 100–101; *PL* 1667, 9. 100–101.

[107] *PL* 6. 593–594.

[108] *PL* 4. 513–514.

[109] *PL* 8. 224–248, 168–169; *PL* 1667, 7. 861–885, 804–805.

[110] *PL* 5. 229–245, 'The Argument'.

[111] Empson, *Milton's God*, 146.

[112] *PL* 9. 817–833; *PL* 1667, 8. 817–835.

[113] *PL* 2. 378–382.

[114] *PL* 2. 468–473.

[115] Darbishire, 291.

[116] *Vitae Virgilianae Antiquae*, ed. Colin Hardie (rev. edn., Oxford: Clarendon Press, 1966), 11: *cum Georgica scriberet, traditur cotidie meditatos mane plurimos versus dictare solitus ac per totum diem retractando ad paucissimos redigere, non absurde carmen se ursae more parer dicens et lambendo deum engere.*

[117] Sir William Davenant, *A Discourse upon Gondibert ... with an answer to it* by Mr Hobbs (Paris, 1650).

[118] *PL* 9. 22–24.

第十七章 阳光普照的高地

[1]   Ronald Hutton, *Charles II, King of England, Scotland, and Ireland* (1989; Oxford: Oxford University Press, 1991), 249.

[2]   *ODNB*.

[3]   1661 年 6 月 30 日，小克里斯托弗 "在他父亲的要求下" 进入内殿律师学院，见：F. A. Inderwick, *A Calendar of the Inner Temple Records* (5 vols., London: H. Sotheran & Co., 1896–1936) 2. 3. 有关小克里斯托弗取得律师资格，见：Inderwick, *Calendar*, 3. 49. 他的葬礼记录在伊普斯维奇圣尼古拉教堂的记事簿里（见：Suffolk Record Office; printed edition ed. E. Cookson, Parish Register Society, 1897）。帕克猜测约翰去世时 26 岁，但剑桥不会接收如今所称的 "大龄学生"。1668 年 1 月，约翰进入剑桥彭布罗克学院，时年 15 岁。很有可能有两个儿子取名为"约翰"，一个于 1643 年受洗，去世时还是个孩子，另一个于 1668 年 15 岁时进入剑桥彭布罗克学院。

[4]   有关《克拉伦登法典》，见上文，318, n. 68。

[5]   Hutton, *Charles II*, 266–293.

[6]   *ODNB*.

[7]   引自：Hutton, *Charles II*, 278.

[8]   'Satyr', in John Wilmot, second earl of Rochester, *The Works of John Wilmot, Earl of Rochester*, edited by Harold Love (Oxford: Oxford University Press, 1999), 86.

[9] John Spurr, *England in the 1670s: 'This Masquerading Age'* (Oxford: Blackwell, 2000), 40.

[10] 同上，13 页。　　　　　　　　　　　　　　　　　　　　　　　　　　　　441

[11] Lines 919–920, 922, Andrew Marvell, *The Poems of Andrew Marvell*, ed. Nigel Smith (London: Pearson Longman, 2003), 376.

[12] John Milton, *John Milton's Complete Poetical Works Reproduced in Photographic Facsimile*, ed. Harris Francis Fletcher (Urbana: University of Illinois Press, 1943–1948), 2. 208.

[13] Darbishire, 295. 也可见 *ODNB*。

[14] 约翰·比尔是果树栽培家、英国皇家学会会员、查理二世的专属牧师，同时也是哈特立伯圈子的成员，有关他，参见 *ODNB*；约翰·伊夫林是日记作家，他的儿子受教于弥尔顿的外甥爱德华·菲利普斯；伊夫林通过哈特立伯的"通讯地址办公室"认识了比尔。伊夫林提到弥尔顿的信如今保存在大不列颠图书馆里，标注日期分别为 1667 年 8 月 31 日（Evelyn MSS Letters 63）、1667 年 9 月 11 日（Letters 64）、1667 年 10 月 16 日（Letters 67）、1667 年 11 月 11 日（Letters 69; 提到的似乎是《失乐园》）、1667 年 11 月 18 日（Letters 68，不按顺序排序；讨论《失乐园》）、1668 年 4 月 2 日（Letters 71；提到《失乐园》）。有关这些信件，见：Nicholas von Maltzahn, 'Laureate, Republican, Calvinist: An Early Response to Paradise Lost (1667)', in *MS* 29 (1992), 181–198.

[15] 约翰·霍巴特曾支持克伦威尔政府，复辟时期改变了立场。有关约翰·霍巴特，见 *ODNB*。约翰·霍巴特写给他儿子的信存在牛津大学图书馆；一封标注的日期是 1668 年 1 月 27 日（Bodleian MS Tanner 45, fol. 264），另一封标注的日期是 1668 年 1 月 30 日。见：James Rosenheim, 'An early appreciation of *Paradise Lost*', *MP*75 (1978), 280–282.

[16] 见上文，327 页。

[17] 见：Bodleian MS Eng. Poet. d.49. 这首诗的标注日期是 1667 年 9 月 4 日，假如这个日期无误，马韦尔必定在这部诗作出版前读过它。

[18] 这一印次有两个版本：版本 3A 和版本 3B；后者在"Books"一词后有一个句号。

[19] 塞缪尔·西蒙斯是马修·西蒙斯与玛丽·西蒙斯的儿子（而不是如帕克所认为的，是他们的侄子）。见：D. F. McKenzie, 'Milton's Printers: Matthew, Mary and Samuel Simmons', *MQ* 14 (1980), 87–91. 麦肯齐还确定了几位印刷《失乐园》的工人。

[20] 有关爱德华·米林顿，参见 *ONBD*。理查森是早期唯一提到（提到了两次）这次搬迁的传记作家；见：Darbishire, 203, 275. 托兰的评论见：Darbishire, 192–193. 佩皮斯记录了书商的一位熟人认为图书的价格尤其是外国书和拉丁语书的价格在大火后会急剧升高。见：Pepys, 8. 309. 这些书必定是弥尔顿个人藏书的重要部分。

[21] 11 月 1 日，托马斯·布朗特（Thomas Blount）写给安东尼·伍德（Anthony Wood）的信中提到《历史》的出版（Bodleian MS Wood 40, fol. 80），其价格为 6 便士。第一批次上印有"献给詹姆斯·阿勒斯特里（James Allestry）"，阿勒斯特里在 11 月 3 日去世；第二批次的书名页（标注日期是 1671 年，并将斯宾塞·西奇曼列为出版人）很快印制完毕。

[22] 有关《历史》的史学研究背景，见：Nicholas von Maltzahn, *Milton's History of Britain: Republican Historiography in the English Revolution* (Oxford: Oxford University Press, 1991). 有关《题外话》的创作日期，见：von Maltzahn, 'Dating the Digression in Milton's History of Britain', *HistJ* 36 (1993), 945–956；该文献竭力主张它是在 1648 年创作的。也有学者提出了《题外话》是 1660

年创作的，见：Austin Woolrych, 'The Date of the Digression in Milton's History of Britain, in R. Ollard and P. Tudor Craig (eds.), *For Veronica Wedgwood: These Studies in Seventeenth-Century History* (Oxford, 1986), 217–246; Austin Woolrych, 'Dating Milton's History of Britain', *HistJ* 36 (1993), 929–943.

[23] 有关费索恩，见：*ODNB.*; *Grove Art.*

[24] 有关这幅粉笔画，见：J. R. Martin, *The Portrait of John Milton at Princeton and its Place in Milton Iconography* (Princeton: Princeton University Library, 1961); David Piper, 'The Portraits of John Milton', in *Christ's College Magazine 60* no. 195 (May 1970), 155–161; Leo Miller, 'Milton's Portraits: An Impartial Inquiry into Their Authentication', special issue of *Milton Quarterly* (1976).

[25] *CPW* 4. 627–628.

[26] David Loewenstein, *Milton and the Drama of History: Historical Vision, Iconoclasm, and the Literary Imagination* (Cambridge: Cambridge University Press, 1990), 81.

[27] 见上文，271 页。

[28] *CPW* 4. 402.

[29] *An Act for suppressing the detestable sins of incest, adultery and fornication* (London, 1650). 事实上，死刑从未施行过。

[30] *CPW* 5. 402.

[31] *CPW* 5. 308, 37, 229–230.

[32] *CPW* 8. 475.

[33] *CPW* 8. 475.

[34] *CPW* 8. 537–538.

[35] Graham Parry, *The Trophies of Time: English Antiquarians of The Seventeenth Century* (Oxford: Oxford University Press, 1995).

[36] Parry, *Trophies*, 188.

[37] *CPW* 5. 230.

[38] *CPW* 5. 183, 59, 58, 101, 61.

[39] *CPW* 5. 141, 185, 304, 255, 145, 268.

[40] *CPW* 5. 79, 32, 72, 320.

[41] *CPW* 3. 421.

[42] *CPW* 5. 103, 303. 见：Leo Miller, *John Milton Among the Polygamophiles* (New York: Loewenthal Press, 1974).

[43] *CPW* 5. 188 and n. 12, 394. 马姆斯伯里的埃尔默是本笃会僧侣，曾经靠一双人工翅膀从马姆斯伯里修道院的屋顶上跳下来。

[44] *CPW* 5. 175; 3. 241.

[45] John Morris, 'Historical Introduction', in Gildas, *The Ruin of Britain and other Documents*, ed. and trans. Michael Winterbottom (London and Chichester, 1978), 2–3. 有关吉尔达斯，参见 *ONBD*。

[46] Darbishire, 76. 有关这份出版物的详细概述，见：von Maltzahn, *Milton's History*, passim.

[47] Jonathan Swift, *Gulliver's Travels 1726*, ed. Harold Williams (Oxford: Blackwell, 1941), 183.

[48] *CPW* 5. 1–2.

442

[49]　*CPW* 5. 403. 斜体字同见于他的出处：403 n. 24.

[50]　见上文，329 号。

[51]　Darbishire, 75.   443

[52]　有价值的综述可参见：*CSP* 349–350.

[53]　*SA* 46, 233–234, 374–375.

[54]　见上文，264、267 号。

[55]　*SA* 366–367.

[56]　见上文，310 页。

[57]　*SA* 505–505.

[58]　*SA* 915–917.

[59]　Spurr, *1670s*, 70.

[60]　Hutton, *Charles II*, 256.

[61]　*SA* 1253–1256.

[62]　*SA* 1218–1220.

[63]　*SA* 1669–1670.

[64]　*SA* 1630–1635.

[65]　*SA* 1654, 1659.

[66]　Thomas N. Corns, 'Milton and Class', in David Brooks and Brian Kiernan (eds.), *Running Wild: Essays, Fictions and Memoirs Presented to Michael Wilding* (New Delhi: Manohar for the Sydney Association for Studies in Society and Culture, 2004), 55–56; 与之相反的观点参见：Christopher Hill, *The Experience of Defeat: Milton and Some Contemporaries* (London: Faber, 1984), 314–315.

[67]　*SA* 1457–1470，1712–1713.

[68]　Alexander Walsham, '"Fatal Vespers": Providentialism and Anti-Popery in Late Jacobean London', *Past and Present*, 144 (1994), 36–87; Miller, 'Verses by Gil', 22–25.

[69]　*SA* 590–599.

[70]　*SA* 1731–1733.

[71]　*PR* 4. 636–639.

[72]　*PR* 4. 348, 350.

[73]　Barbara K. Lewalski, *Milton's Brief Epic: The Genre, Meaning, and Art of* Paradise Regained (Providence, RI, and London: Brown University Press and Methuen, 1966), esp. ch. 2.

[74]　*SA* 1709–1711.

[75]　*PR* 1. 14–15.

[76]　*SA* 1758.

[77]　*PR* 1. 335–336.

[78]　见上文，317 页。Hutton, *Restoration*, 151.

[79]　*PR* 4. 121–125.

[80]　见上文，243 页。Fallon, *Milton in Government*, 177.

[81]　*PR* 1. 486–490.

[82]　*PR* 3. 310–312, 387–388, 400–403.

[83] *PR* 3. 246; 4. 110–111.

[84] *PR* 2. 466–471.

[85] *PR* 4. 146–153.

[86] *CPW* 7, rev. edn. 304, 302; 见上文, 288 页。早期的韦尔多派被称为里昂的穷人。

[87] *PR* 2. 414–415, 27–28.

[88] 有关乔治·唐纳姆, 参见 *ONBD*。对唐纳姆的谢意, 见: Francine Lusignan, 'L'Artis Logicae Plenior Institutio de John Milton: État de la question et position', Ph.D. thesis, Université de Montréal, 1974. 有关弥尔顿对弗雷基乌作品的改写, 见: Miller, 'Milton edits Freigius' "Life of Ramus"', *Renaissance and Reformation* 8 (1972), 112–114.

[89] 艾略特编写的这本入门书: *The Logical Primer. Some logical notions to initiate the Indians into the knowledge of the rule of reason* (Cambridge, Mass., 1672). 有学者认为它对多项职业有助益的, 见: Roland MacIlmaine, *The Logic of P. Ramus Martyr* (London, 1574), 13–14. 也有学者认为它适用于律师行业的, 见: Abraham Fraunce, *The Lawiers Logike* (London, 1588). 还有学者认为其可用于马匹管理（箭术和良好姿势）, 见: Wotton, *The Art of Logike, gathered out of Aristotle . . . by P. Ramus* (London, 1626), sigs A2^v–A3^r.

[90] Corns, *Development*, 31–42.

[91] Hutton, *Charles II*, 306.

[92] Spurr, *1670s*, 21.

[93] *Term Catalogues*, 1. 135. 该文献清楚地显示这本小册子由托马斯·索布里奇（Thomas Sawbridge）销售, 他是著名的印刷商、书商乔治·索布里奇（George Sawbridge）的亲戚。托马斯本人活跃于 17 世纪 70 年代, 是一位手持多种书目、能力出众的企业家。他的商店位于小不列颠, 因此对于住在火炮大街上的弥尔顿来说非常近便。

[94] *CPW* 8. 419–420.

[95] *CPW* 8. 24–26.

[96] *CPW* 8. 417.

[97] John Curtis Read, 'Humphrey Moseley, Publisher', *Oxford Bibliographical Society proceedings and Papers* 2 (1927–1930), 61–72, 139–142.

[98] 对于这项提议, 我们要感谢莎伦·阿钦斯坦（Sharon Achinstein）（私人通信）。

[99] *ODNB*.

[100] *ODNB*. 见下文, 371 页, 383 页。

[101] *ODNB*.

[102] John Dryden, *The State of Innocence, and Fall of Man: An Opera Written in Heroique Verse* (London, 1677), 1.

[103] 同上, 3 页。

[104] 同上, 2 页。

[105] 同上, sigs. A4^r, b1^r, c2^v.

[106] 堂区记事簿, 见: St Peter and St Kevin, in the Representative Church Body Library MS P.45.1.1, printed in *Parish Register Society of Dublin* 9 (1911).

[107] *PL* 5–6; 对各版间的文本关系的详细评估, 见: G. Moyles, *The Text of Paradise Lost: A Study*

in Editorial Procedure (Toronto: University of Toronto Press, 1985), *passim.* 福勒的观点与其一致。

[108] 见 *ODNB*; 也可见：Nicholas von Maltzahn, ' "I admird thee": Samuel Barrow, Doctor and Poet', *MQ* 29 (1995), 25–28.

[109] 这则轶闻被奥布里记录了下来（Darbishire, 7），马韦尔随后的典故证实了这一说法。

[110] *PL* 54.

[111] Corns, *History*, 360–368.

[112] 广告登在：Robert Clavell, *The General Catalogues of Books Printed in England* (London, 1675), 34, 47, 76, 82, 83 (2), 104 (2), 113 (2), 118, 199. 关于 Clavell, 见 *ODNB*.

[113] 按照弥尔顿的外孙女伊丽莎白·弗斯特（Elizabeth Foster）的说法，她的母亲德博拉嫁给了"斯毕塔菲尔兹（Spitalfields）（位于伦敦东城区。——译者注）的一名织工"。婚礼在都柏林举行，德博拉和她的丈夫亚伯拉罕·克拉克定居于此；1688 年，伊丽莎白出生时，他们依然住在那里。

[114] 见下文，382 页。

[115] 见下文，380 页。

[116] Cressy, *Birth*, 393.

[117] Darbishire, 33, 5.

[118] 有关死亡的礼仪，见：Cressy, *Birth*, ch. 17.

[119] 见上文。感谢英国皇家外科医师学会会员（MRCS）罗布特·科恩斯（Robert Corns）医师，给予了我们有关弥尔顿致命病症的可能性诊断。

445

第十八章　去世之后与未发表的遗作

[1] Darbishire, 195.

[2] 同上，76 页。

[3] 同上，193 页。

[4] 同上，34 页。

[5] PRO PROB 20/1817/fol. 238v. 遗嘱通常由教会法庭（ecclesiastical courts）验证、管理。在这次案件中，验证、管理遗嘱的是行使坎特伯雷大主教遗嘱裁判权的坎特伯雷遗嘱验证法院。该法院设在主祷文街（Paternoster Row）上的民事律师公会内。有关托马斯·埃克斯顿爵士参见 *ODNB*。

[6] 弥尔顿遗孀的辩词应该在 PRO PROB 18/6《1674 年辩词》当中，但它没有在那里，也没有被列入索引；19 世纪中期之后，似乎就没有人再见到过。沃顿对这份文件与九个问题列表的抄件印在 *LR* 5. 207–212。克里斯托弗·弥尔顿的回复在 PRO PROB 24/13/238ᵛ；费希尔姐妹的回复在 PRO PROB 24/13/311–313。

[7] PRO PROB 6/50/14.

[8] Darbishire, 78.

[9] 见上文，212 页。

[10] 这三份弃权文书如今保存在纽约公共图书馆。德博拉的弃权文书似乎是提前准备好，并在都

柏林签署的（笔迹和证人与另两份不同），文件上提到了克里斯托弗·弥尔顿赠予理查德·鲍威尔（已遗失）的债券。

[11]   见：Gordon Campbell, "Milton in Madras" *MQ* 31 (1997), 61–63.

[12]   Cheshire Record Office, Chester, WS 1727.（包括遗嘱和资产清单）

[13]   克里斯托弗·弥尔顿爵士、爱德华·菲利普斯和约翰·菲利普斯的晚年生活，参见 *ODNB*。

[14]   Campbell et al., *Milton and the Manuscript*.

参考文献

1. 手 稿
（包括含有手写注解的书籍）

Amsterdam, Universiteits-Bibliotheek

MS III.E.9 (letters from Nicolas Heinsius to Isaac Vossius).

Austin, Texas, Harry Ranson Humanities Research Center

Pre-1700 Manuscript 127 (a page of Milton's juvenilia).

PFORZ 714 (*A Masque Presented at Ludlow*. Copy of 1637 edition with nine corrections apparently in Milton's hand; as the volume comes from the Bridgwater House Library, of which J. P. Collier was librarian, it is possible that the corrections are a Collier forgery).

Aylesbury, Centre for Buckinghamshire Studies

D/A/T 107 (Horton, Bishop's Transcript, 1637).

D/A/V 15 (Archidiaconal Visitation Books).

PR 107/1/1 (Parish Register, St Michael, Horton).

Bedford, Bedfordshire Record Office

MS P 11/28/2, fols. 309, 313–315 (document dated 24 June 1695 signed by Elizabeth Milton at Mainwarings Coffee House in Fleet Street assigning copyright of Milton's prose works—which are listed in full—to Joseph Watts for a payment of 10 guineas).

Bloomington, Lilly Library, Indiana University

DA407.V2 S5 George Sikes, *The Life and Death of Sir Henry Vane* (copy presented by Lady Vane to Sarah Calvert; the dated inscription means that the book—and Milton's sonnet—must have been published on or before 5 September 1662).

Boston, Massachusetts Historical Society

Winthrop Papers.

Boulder, Colorado University Library

Leo Miller Collection Box XXII, File 17 (Leo Miller, 'Milton in Geneva and the significance of the

Cardoini Album').

Brussels, Bibliothèque Royale

MS II 4109 MUS. Fétis 3095 (a collection of 100 songs in the hand of Thomas Myriell).

Cambridge, Christ's College

Admissions Book.

MS 8 ('Milton Autographs').

Cambridge, Trinity College

MS R3.4 (Milton's workbooks).

MS R5.5 (Anne Sadleir's letterbook).

MS O.ii.68 (MS copy of John Lane's *Triton's Trumpet*).

C.9.179 (copy of Milton's *Eikonoklastes* that belonged to Richard Vaughan, earl of Carbery and from July 1652 husband of Lady Alice Egerton, the Lady of Milton's 'Masque').

Cambridge, University Library

MS 154 (copy of *Justa Edouardo King* annotated by Milton).

Ely. A.272 (copy of Chrysostom, *Oratiobes LXXX* (Paris, 1604) bought by Milton in 1636; he subsequently added textual corrections on four pages).

Ely.c.281 (copy of Polycarp and Ignatius, *Epistolae* (Oxford, 1644); Milton is said to have owned and annotated this volume, but the handwriting may not be his).

Cambridge University Archives (in University Library)

Grace Book Z.

Matriculation Book.

Subscription Book.

Supplicats 1627, 1628, 1629.

Supplicats 1630, 1631, 1632.

VCCt.1.52 (*Acta Curia*; Proceedings of the Vice-Chancellor's Court).

Cambridge, Mass., Harvard University, Houghton Library

MS Sumner 84, Lobby XL3.43 (Cardoini Album, signed by Milton).

14496.13.4.10F (copy of Milton's *Defensio* presented by Hartlib to Peter Pells, a Swedish diplomat, on 17 February 1652).

14497.100 Lobby XI.3.40 (annotated copy of Thomas Farnaby's *Systema Grammaticum* (1641); the notes are no longer believed to be in Milton's hand).

F Br 98.319 Lobby XI.4.24 (Gildas, *De excidio & conquestu Britanniæ epistola, in Rerum britannicarum, id est Angliæ, Scotiæ, vicinarumqve insularum ac regionum* (Heidelberg, 1587). The notes are said to be in Milton's hand, but he did not ordinarily write in minuscules, and in any case the annotations are transcriptions of the printed marginalia in Josseline's edition of 1558; see W. H. Davies in Printed Books and Articles, below).

FC6 R115 Zz620p (copy of Olympia, *Pythia, Nemea*, Isthmia (Saumur, 1620) said to have been bought by Milton on 15 November 1629 and subsequently annotated by him, but the handwriting is not his; see Kelley and Atkins, 'Milton and the Harvard Pindar', in Printed Books and Articles, below).

MS Eng 901 Lobby XI.2.69 (manuscript of Digression in Milton's *History of Britain*).

OLC.T272.635 (copy of Terence, *Comoediae sex* (Leiden, 1635) said to be signed by Milton, but the signature is not in his hand).

Canterbury, Cathedral Library

Elham 732 (copy of Milton's *Eikonoklastes* with a note of his blindness by Henry Oxinden).

Chennai, Fort St George Museum

Parish Register, St Mary's Church (transcription made in 1739 by Alexander Wynch).

Chester, Cheshire Record Office

Parish Register, Wistaston.

WS 1727 (Elizabeth Milton's will and inventory).

Copenhagen, Kongelige Bibliotek

GKS 3579, 8vo (MS copy of Milton's *Defensio*).

GKS 2259, 4to (MS of unpublished pseudonymous answer (written by Henrik Ernst) to the preface to Milton's *Defensio*).

NKS 373c, 4to (Oluf Borck 'Itinerarium').

Rostgaard 39, 4to (contains Wilhelmus Worm's attribution to Milton of the republican inscription in the niche in the Old Exchange from which the statue of Charles I had been taken).

Dublin, Archbishop Marsh's Library

Z2.2.16(9) (contains letters from the Marquis Turon de Beyrie to Elie Bouhéreau).

Dublin, The Representative Church Body Library (Church of Ireland)

MS P.45.1.1 (Parish Register, St Peter's Church, Dublin); printed in *Parish Register Society of Dublin* 9 (1911).

Dublin, Trinity College

R.dd.39 (volume of ten of Milton's tracts with his autograph inscription to Patrick Young, the King's Librarian).

Ely Cathedral Library

[see Cambridge University Library, in which the Ely library and archives have been deposited].

Eton College Library

MS Records 16 (survey of the Spread Eagle in Bread Street).

Exeter Cathedral Library

T2/18 Milton, John, *Tenure of Kings and Magistrates* (presentation copy apparently for John or Henry Bradshaw).

Florence, Biblioteca Marucelliana

MS A.36 (Anton Francesco Gori's notes on the Accademia degli Apatisti).

Florence, Biblioteca Nazionale

MS Magliabecchiana Cl. IX cod. 60 (Svogliati Academy, Minute Book).

MS Palatina E.E. 152 (Descrizione del numero delle case e delle persone delle città di Firenze fatta l'anno MDCXXXII).

MS Panciatichi 194 (letters from Emery Bigot to Antonio Magliabecchi and Lorenzo Panciatichi).

Geneva, Bibliothèque Publique et Universitaire

MS fr. 14lC/Inv. 345 (Matricula Studiosorum).

The Hague, Algemeen Rijksarchief

MS Leg. Arch. 8582 (Gerald Schaep's accounts).

Herefordshire County Record Office

MS K11/3232/3/23 (indenture signed by Milton's father).

Ipswich, Suffolk Record Office

Parish Register, St Nicholas (ed. E. Cookson, Parish Register Society, 1897).

Leeds, Brotherton Library

Marten/Loder-Symonds MSS, 3rd series.

Leiden, Rijksuniversiteitsbibliotheek

BPL 1923/3I (Letters from Emery Bigot to Nicolas Heinsius).

Lewes, East Sussex Record Office

FRE 690 (contains epithalamium by Alexander Gil).

London, British Library

Add Chart 10,260 (deeds related to the hundreds of Carlford and Colneis, Suffolk).

Add MS 4,180 (Thomas Birch's transcriptions of papers of Sir Edward Nicolas).

Add MS 4,244 (miscellaneous biographical and literary memoranda by Thomas Birch).

Add MS 4,292 (transcriptions by Thomas Birch).

Add MSS 4,300–23 (letters addressed to Thomas Birch).

Add MS 4,364 (State Papers relating to the Swiss Evangelical Cantons and Piedmont).

Add MS 4,472 (Literary diary of Thomas Birch, 1754–1764).

Add MS 4478 (Catalogue of Birch's MSS).

Add MS 5,016 (Letters including several related to Milton).

Add MS 11,044 (Letters and Papers of John Scudamore).

Add MS 11,518 (Henry Lawes's five songs for Milton's *Masque*).

Add MS 18,861 (contract for *Paradise Lost*).

Add MS 19,142 (vol. 28 *of* Pedigrees of SuVolk, 43 vols.).

Add MSS 24,487–492 (Joseph Hunter's 'Chorus Vatum Anglicanorum').

Add MS 24,501 (collections of Joseph Hunter relating to Milton and his family).

Add MS 28,637 (Francis Peck's transcriptions of Milton's poems).

Add MS 28,954 (Notebook of John Ellis).

Add MSS 29,372–377 (part-books of Thomas Myriell's 'Tristitiae Remedium').

Add MS 29,427 (anonymous collection of anthems and madrigals).

Add MS 32,310 (Milton's family Bible).

Add MS 33,509 (Notebook of Thomas Stringer).

Add MS 34,326 (Petitions to Parliament and Council of State, 1648–1654).

Add MSS 35,396–400 (Hardwicke Papers, correspondence of Philip Yorke and Thomas Birch).

Add MS 36,354 (Milton's Commonplace Book).

Add MS 36,792 (Register of Presentations to Benefices, 1649–1654).

Add MS 38,100 (Dispatches from agents and ambassadors to King Karl X of Sweden).

Add MS 52,723 (songs from Milton's *Masque* in the hand of Henry Lawes).

C.21.c.42 (*Justa Edouardo King*, 1638; annotated by Milton).

C.38.h.21 [Thomason, George?], Catalogue of the Thomason Collection of Civil War Tracts, 12 vols. (1665?); another transcription, 12 vols. (1669?) is catalogued as C.37.h.13. C.60.1.7 (Aratus, Phenomena, 1635; annotated by Milton).

C.114.6.37 (Milton, *Defensio Pro Populo Anglicano*, 1651; presentation copy to John Morris. See T. A. Birrell in Printed Books and Articles, below).

MS Cart Harl 112.

MS Cottonian Charters 1/5/4.

MS Egerton 1324 (Christoph Arnold's *album amicorum*).

MSS Egerton 2533–2562 (papers of Sir Edward Nicholas, 30 vols.).

MSS Evelyn (605 volumes and unnumbered papers).

MS Harleian 389 and 390 (Letters of Joseph Mede).

MS Harleian 1557 (Visitation of Oxfordshire, 1634).

MS Harleian 5243 (John Lane, 'Historie of Sir Gwy, Earl of Warwick').

MS Harleian 6802.

MS Harleian 7003.

MS Lansdowne 95 (Milton in Cromwell's funeral procession).

MS Ref. 17 B xv (Lane).

MS Roy. App. 63 (MS version of Leighton's *Teares*, with music by Milton's father).

MS Sloane 649.

MS Sloane 1325.

MS Some 1446 (copy of Milton's 'Epitaph on the Marchioness of Winchester').

MS Stowe 76 (Roger Ley, 'Gesta Britannica').

MS Stowe 142/41 (the 'Ashburnham Document').

MSS Stowe 305/6 (transcription of Milton's *Eikonoklastes*).

MS Tanner 466 (William Sandcroft's MS anthology).

MS Trumbull Misc 22.

Thomason Tract Collection (2,235 pieces in 2,008 volumes; for printed catalogue see Fortescue).

London, City of Westminster Archives Centre

Parish Register, St Martin in the Fields, printed in *PHSR* 66 (1936).

Parish Register, St Clement Danes (unpublished).

London, College of Arms

Painters Workbook I.B.7.

London, Corporation of London Records Office

Historical Papers 1/11 (bond witnessed by Milton's father).

London, Dr Williams's Library

Baxter Correspondence, 6 vols. (see *Calendar of the Correspondence of Richard Baxter*, ed. N. H. Keeble and Geoffrey Nuttall, 2 vols., Oxford: Clarendon Press, 1991).

London, Dulwich College

Muniment 503 (document witnessed by Milton's father).

London, Goldsmiths' Hall

Committee of Contractors and Leases, 1641, 1651–1662 (No. 1915.B393).

Committee of Survey, 1651.

Court Book, 1648–1651.

Extracts of Leases, 1650–1675.

London, Guildhall Library

MS 1503 (Miscellaneous Rate and Subsidy Assessments, St Botolph's Parish, Aldersgate).

MS34275(Nomina descipulorum qui admissi sunt in scholam mercatorum. scissorum Gulielmo Dugard Archididascalo, 1644–1662; Scholar's Register, Merchant Taylor's Company).

MS 3572 (Parish Register, St Mary the Virgin, Aldermanbury; printed in PHSR 61, 62, 65, 1931–195).

MS 4508 (Parish Register, St Anne Blackfriars; unpublished).

MS 5031 (Parish Register, All Hallows, Bread Street; printed in *PHSR* 43, 1913).

MS 5370 (Common Paper of the Company of Scriveners; printed in Steer, q.v.).

MS 6419 (Parish Register, St Giles without Cripplegate; *Records* ed. W. Denton, 1883). MS 6668 (Parish Register, St Andrew Holborn, unpublished).

MS 7857 (Parish Register, St Dunstan in the East; printed in *PHSR* 69–70, 84–87 (1939–1958)).

MS 8319 (Parish Register, St Stephen Walbrook; printed in *PHSR* 69, 1919).

MS 8716 (Charters, Company of Scriveners).

MS 8820 (Parish Register, St Peter's upon Cornhill, printed in *PHSR* 1 and 4, 1877–1879).

MS 8990 (Parish Register, St Mary, Aldermary; printed in *PHSR* 5, 1880).

MSS 10343–10348 (Parish Register, St Dunstan in the West; ed. T. C. Ferguson, 1890–1901).

London, Hammersmith and Fulham Archives and Local History Centre

DD/818/56 (Copies of Papers Relating to Hammersmith Chapel).

PAF/1/21 (Rate Books of the Vestry of Fulham).

London, Inner Temple Archive

Admissions Book, 1571–1640.

London, Lambeth Palace Library

MS FM1/3B (Allegations for Marriage Licences).

London, National Archive (formerly Public Record Office)

C2 (Chancery Proceedings, Series I, 2,240 bundles).

C5 (Chancery Proceedings, Bridges, 640 bundles).

C7 (Chancery Proceedings, Hamilton, 671 bundles).

C8 (Chancery Proceedings, Mitford, 658 bundles).

C10 (Chancery Proceedings, Whittington, 546 bundles).

C21 (Chancery County Depositions, 767 bundles).

C22 (Chancery County Depositions, 1,052 bundles).

C24 (Chancery Town Depositions, 2,509 bundles).

C33 (Chancery Entry Books of Decrees and Orders, 1,262 vols.).

C38 (Chancery Reports and Certificates, 3,330 vols.).

C54 (Chancery Close Rolls, 20,899 rolls).

C66 (Chancery Patent Rolls, 5,573 rolls and vols.).

C152 (Chancery Certificates and Recognizances of Statute Staple, Rolls Chapel Office, 12 bundles, numbered 55–66.

C228 (Chancery Proceedings on the Statute Staple, Petty Bag Office, 35 bundles).

CP24/3 (Court of Common Pleas, Concords of Fines, Charles I, 33 files).

CP25/2 (Court of Common Pleas, Feet of Fines Files, 1,574 files).

CP40 (Court of Common Pleas, Plea Rolls, 4,135 rolls).

E112 (Exchequer Bills, Answers etc., 2,387 bundles).

E125 (Exchequer Entry Books of Decrees and Orders, Series III, 39 vols.).

E179 (Exchequer Subsidy Rolls, 401 boxes).

E372 (Exchequer Pipe Rolls, Pipe Office, 676 rolls).

E377 (Exchequer Recusant Rolls, Pipe Office Series, 82 rolls).

IND/1/1926 (Index to Chancery Reports and Certificates, 1657).

IND/l/8911 (Index to Warrant Books, 1660–1722, A–P).

LC4 (Lord Chamberlain's Department, Recognizance Rolls, 219 rolls and vols.).

PC2 (Privy Council Office, Registers, 872 vols.).

PROB 6 (PCC Administration Act Books, 206 vols.).

PROB 10 (Registered Copy Wills, PCC and other probate jurisdictions, 7,457 vols.).

PROB 11 (PCC Registered Copy Wills, 2,263 vols.).

PROB 18 (PCC Allegations, 149 vols.).

PROB 20 (PCC Supplementary Wills Series I).

PROB 24 (PCC Deposition Books, 114 vols.).

Req 1 (Court of Requests, Miscellaneous Books, 210 vols.).

Req 2 (Court of Requests, Proceedings, 829 bundles).

SO4 (Indexes to Signet Office Docket Books, 15 vols.).

SP9 (State Papers Domestic, Miscellaneous, 273 vols., built around the collection of Joseph Williamson, Keeper of the State Papers 1661–1702).

SP14 (State Papers Domestic, James I, 218 vols.).

SP18 (State Papers Domestic, Interregnum, 228 vols.).

SP23 (State Papers Domestic, Interregnum, Committee for Compounding Delinquents: Books and Papers, 269 vols.).

SP25 (State Papers Domestic, Interregnum: Council of State, 138 vols.). SP29 (State Papers Domestic, Charles II, 450 vols.).

SP45 (State Papers Domestic, Various, 89 vols.).

SP46 (State Papers Supplementary).

SP82 (State Papers Foreign, Hamburg and Hanse Towns, 103 vols.).

T52 (Treasury, King's Warrants, 122 vols.).

T53 (Treasury, Warrants Relating to Money, 68 vols.).

London, Royal College of Music

MS 1940 (contains songs by Milton's father).

London, Royal Society

MS 1 (Notebook of Henry Oldenburg).

MS 5 (Correspondence of Henry Oldenbug).

London, St Giles in the Fields

Parish Register (unpublished, kept in the church).

London, Society of Antiquaries

MS 138 (volume of state papers collected by Milton).

London, Westminster Abbey

Muniment 28,515 (bond witnessed by Milton's father).

Muniment 33,770 (erection of John Rysbrack's monument to Milton in Westminster Abbey).

Parish Register, St Margaret, Westminster; printed in *PHSR*, 64 (1935) and 88 (1968).

Longleat, The Marquess of Bath's Collection

MS 124a Sir Bulstrode Whitelocke, 'Journal of the Swedish Embassy'.

Sir Bulstrode Whitelocke, Collected Papers, 30 vols. and 9 parcels.

Munich, Bayerisches Hauptstaatsachiv

Bestand Kurbayern, Lit. 2636.

New Brunswick, NJ, Rutgers University Library

DA396.A3S32 1652 Milton, John, *Defensio Pro Populo Anglicano*, (1652) (copy in which Milton's release from prison is noted).

New Haven, Yale University Library

James Osborn Collection b63 (MS copy of Comus dated 1658) I.

New York, Columbia University Library

MS X823 M64/S52 (Milton's Letters of State).

New York, The Morgan Library and Museum

MA 954 (Indenture signed by Christopher and Richard Milton).

MA 953 (marriage settlement of Anne Milton and Edward Phillips, witnessed by Milton).

MA 307 (manuscript of Book I of *Paradise Lost*).

PML 17280 (Milton, John, *Defensio Pro Populo Anglicano* (1651); presentation copy inscribed in the hand of the unknown recipient).

'MA Unassigned', Rulers of England Box 09, Charles II, Part 2, no. 016 (Letter from John Durel to William Edgeman recording his intention (never realized) to answer Milton's *Eikonklastes*).

New York Public Library

John Milton papers, 1647–1882 (includes Milton family manuscripts, a letter from Milton to Carlo Dati (held in Conservation Department since 1988) and a letter from Carlo Dati to Milton).

KB 1529 (volume signed and dated by Milton, containing Della Casa's *Rime e Prose*, Dante's *Convivio*, and Varchi's *Sonetti*).

Northampton, Northamptonshire Record Office

MS 1(0)18 (letter from Brian Duppa to Sir Justinian Isham, alluding to Milton's divorce tracts).

Oldenburg, Niedersächsische Staatsarchiv

Best. 20, Tit. 38, No. 73, fasc 13 (Hermann Mylius's diary and correspondence with Milton, including seven letters by Milton in the hand of an amanuensis).

Oxford, Bodleian Library

Pamph.84 (39) (Paul Best, *Mysteries Discovered*, 1647; copy sometimes said in error to have been annotated by Milton).

Don.d.2728 (Euripides, *Tragoedia*, 2 vols., Geneva, 1602; bought by Milton for 12/6, and subsequently annotated by Milton).

b.36 (Library Records, Bills to 1763).

Matriculation Register (University Archives).

E.H.2.20.Art (presentation copy of Milton's *Defensio Pro Populo Anglicano*, apparently inscribed by John Rous, Bodley's Librarian).

MS 4O.Rawl 408 (presentation copy of second edition of Milton's *Eikonoklastes*; the inscription is not in his hand).

4°.F.56.Th, kept at Arch.G.e.44 (copy of Milton's 1645 *Poems* with corrections apparently in his hand).

MS Add B.5 (Notebook of Christopher Wase, apparently in the hand of Henry Some).

MS Ashmole 36,37 (English poetry, including verses by Alexander Gil).

MS Ashmole 436, part I (Nativities, including Milton's horoscope).

MS Aubrey 6–9 (John Aubrey's 'Brief Lives'; Aubrey 8, fols. 63–68, contains his notes on the life of Milton).

MS Aubrey 13 (Letters to Aubrey).

MSS Clarendon (Papers of Edward Hyde, earl of Clarendon, 152 vols.).

MS Douce 170 (John Lane's continuation of Chaucer's 'Squire's Tale').

MS Lat. misc. d.77, kept at Arch.G.f.17 (MS of Milton's *Ad Joannern Rousiarn*).

MS Locke d.10 (John Locke's 'Lemmata Ethica Argumenta et Authores 1659').

MSS Nalson (State and Parliamentary Papers, 20 vols.).

MS OAP Oxon.e.11 (Oxford Archdeaconry Papers: Visitation Books).

MSS Rawlinson A (English history, including papers of Thurloe and Pepys, 499 vols.).

MS Rawlinson D.51 (fols. 23–41 are the Annual Catalogue of the Company of Scriveners printed in Steer, 76–127) I.

MS Rawlinson D.230 (MS copy of Milton's *Defensio*).

MS Rawlinson E.69 (Sermon by Robert South).

MSS Tanner (papers of Thomas Tanner, 473 vols., including papers of Archbishop Sandcroft, 144 vols.).

MS Top. Oxon.c.289 (copy of Richard Powell's will, witnessed by Milton).

MS Wood D4 (fols. 140–4 contain the anonymous life of Milton by Cyriack Skinner; printed in Darbishire, who attributes it to John Phillips).

MS Wood F39–F45 (letters to Anthony Wood).

MS Wood F51.

Wood 515 (Wood's printed book collection).

Oxford, Christ Church College Library

MS 44 (collection of music in the hand of Thomas Myriell, including a setting by Milton's father).

Oxford, Oxfordshire Record Office

Wills 183/236 (Henry Milton's will).

Wills 184/2 (Agnes Milton's will).

Paris, Bibliothèque Nationale

MS F.L. 602 (burning of Milton's *Defensio* in Toulouse and Paris).

MS FR 10712 (letters from Gaston de Comminges).

Nouvelles acquisitions françaises 1343 (letters from Emery Bigot to Gilles Ménage).

Philadelphia, Historical Society of Pennsylvania

Ferdinand Dreer Collection 115.2 (receipt signed by Milton).

Philadelphia, Rosenbach Museum

MS 810/25 (Maundy's statute staple, signed on Milton's behalf; at the same time Milton authorized an acquittance (i.e. a receipt) for £500; the acquittance, also signed on Milton's behalf, is in the Folger Library).

Philadelphia, University of Pennsylvania Library

Thomas Flatman MS ENG 28 (formerly 821/F61.1).

Reading, Berkshire Record Office.

Parish Register, St Laurence, Reading.

MS R/HMC XXXIX (Corporation of Reading, Muster Roll, 1642).

Rome, English College

Pilgrim Book.

Rome, Vatican Library

MS Barb. Lat. 2181 fols. 57–58 (autograph letter from Milton to Lukas Holste).

St Gallen, Stadtbibliothek Vadiana

MS 92a (album amicorum of Johanna Zollikofer with Milton's signature).

San Marino, California, Henry E. Huntington Library

105644 (copy of Milton's *Defensio* (1651) with a hostile inscription by the Earl of Bridgewater, who as a child had acted in Milton's Masque). See above 230, plate 36.

87103 (copy of Johannes Crecellius's *Collectanea* (Frankfurt, 1614) apparently signed and dated by Milton (21 October 1633), but the inscription is not in Milton's hand).

Sheffield University Library

Hartlib Collection, published on CD-ROM by UMI (1995).

Urbana, Illinois University Library

IUA01704 (copy of Boiardo's *Orlando Innamorato* (Venice, 1608) sent to Milton by Daniel Oxenbridge).

X 881 H2151544 (copy of Heraclitus of Pontus's *Allegoriae in Homerii fibula de diis* (Basel, 1544) bought by Milton for Wve shillings).

881 L71601 (copy of Lycophron, *Alexandra* (Geneva, 1601) bought by Milton for thirteen shillings; see H. F. Fletcher, ed. John Shawcross, in Printed Books and Articles, below). Pre-1650 MS 168 (warrant issued to Milton to search William Prynne's rooms at Lincoln's Inn, 25 June 1650).

Vienna, Österreichische Nationalbibliothek

MS 19287 (translation into German of Milton's father's 'Thou God of might').

Washington DC, Folger Shakespeare Library

MS X.d.161 (acquittance signed on Milton's behalf; see Philadelphia, Rosenbach Museum).

Wolfenbüttel Herzog-August-Bibliothek

MS Fol 609.84.12. Extrav. ('Commercium literarium Joh. Christiani de Boineburg et Hermanni Conringii a. 1660–1664').

Zürich, Staatsarchiv

MS Acta Anglicana EII 457c (letter in French from John Dury denying any intention of translating Milton's *Defensio*).

MS Acta Anglicana EII 457d (letter in French from Jean-Baptiste Stouppe about Morus and the *Clamor*).

2. 印刷出版的书籍和文章

An Act for suppressing the detestable sins of incest, adultery and fornication (London, 1650).

Answer to a Book, Intituled, The Doctrine and Discipline of Divorce, or, A Plea for Ladies and Gentlewomen, and all other Maried Women against Divorce (London, 1644).

The arraignment and conviction of Mervin, Lord Audley, earl of Castlehaven, (who was by 26 peers of the realm found guilty of committing rapine and sodomy) at Westminster, on Monday, April 25, 1631 (London, 1642).

The Arsy Versy, or, The Second Martyrdom of the Rump (London, 1660).

A Brief Collection Out of Master Pagits Book Called Heresiography (London, 1646).

Camdeni Insignia (Oxford, 1624).

The case of sodomy, in the trial of Mervin, Lord Audley, earl of Castlehaven, for committing a rape and sodomy with two of his servants (London, 1707).

A Catalogue of the Several Sects and Opinions in England and other Nations (London, 1647).

Certaine Briefe Treatises, Written by Diverse Learned Men (Oxford, 1641).

The Character of the Rump (London, 1660).

Eikon Alethine. The Pourtraiture of Truths most sacred Majesty truly suffering, though not solely (London, 1649).

Histoire entiere & veritable du procez de Charles Stuart, Roy d'Angleterre: contenant, en forme de journal, tout ce qui s'est faict & passé sur ce sujet dans le Parlement, & en la haute cour de justice; et la facon en laquelle il a esté mis à mort. Au mois de janvier, 1649/8. A quoy sont adjoustées quelques declarations du Parlement cy-devant publiées, pour faire voir plus amplement, quels ont esté les motifs & raisons d'une procedure si extraordinaire. Le tout Wdelement receüilly des pieces authentiques & traduit de l'anglois (London, 1650).

The History of the Second Death of the Rump (London, 1660).

Justa Edouardo King naufrago, ab Amicis mœrentibus, amoris & μνείας χάριν (Cambridge, 1638).

The Kings Cabinet opened: or, Certain Packets of Secret Letters & papers Written with the Kings own Hand, and taken in his Cabinet at Nasby-Field...*Together, with some Annotations thereupon* (London, 1645).

The last speech and prayer with other passages of Thomas Venner, the chief incourager and promoter of the late horrid rebellion immediately before his execution in Coleman-street on Saturday last being the 19th of Ianuary, 1660: together with the names of the rest that were condemned for the same fact (London, 1660).

Lucifers Life-guard (London, 1660).

A Modest Confutation of A Slandrous and Scurrilous Libelll, Entituled, Animadversions upon the Remonstrants Defense against Smectymnuus (London[?], 1642).

The Out-Cry of the London Prentices for Justice to be Executed upon John Lord Hewson (London, 1659).

To Parliament. The humble Representation and desires of divers Freeholders and others inhabiting within the County of Bedford (London, 1659).

A perfect and particuler Relation Of the severall Marches and proceedings of the Armie in Ireland (London, 1649).

The Plot Discovered and Counterplotted (London, 1641).

A proclamation for calling in, and suppressing of two books written by John Milton the one intituled, Johannis Miltoni Angli pro populo Anglicano defensio, contra Claudii Anonymi aliàs Salmasii, defensionem regiam; and the other in answer to a book intituled, The pourtraicture of His Sacred Majesty in his solitude and sufferings. And also a third book intituled, The obstructors of justice, written by John Goodwin (London, 1660).

Regii sanguinis clamor (The Hague, 1661).

Théorie de la royauté d'après la doctrine de Milton (Paris, 1789).

These Trades-men are Preachers in and about the City of LONDON (London, 1647).

The trial of Lord Audley, earl of Castlehaven for inhumanely causing his own wife to be ravished and for buggery (London, 1679).

The tryal and condemnation of Mervin, Lord Audley Earl of Castle-Haven, at Westminster, April the 5th 1631, for abetting a rape upon his Countess, committing sodomy with his servants, and commanding and countenancing the debauching his daughter (London, 1699). The VVhole business of Sindercome, from first to last, it being a perfect narrative of his carriage, during the time of his imprisonment in the Tower of London (London, 1657).

Alblas, Jacques, 'Milton's *The Doctrine and Discipline of Divorce*: The Unknown Dutch Translation Discovered', *MQ* 28 (1994), 35–39.

Addison, Joseph, and Richard Steele, *The Spectator*, ed. D. F. Bond (5 vols., Oxford: Clarendon Press, 1965).

Armitage, David, Armand Himy, and Quentin Skinner (eds.), *Milton and Republicanism* (Cambridge:

Cambridge University Press, 1995).

Atherton, Ian, *Ambition and Failure in Stuart England: The Career of John, First Viscount Scudamore* (Manchester and New York: Manchester University Press, 1999).

Aubrey, Philip, *Mr Secretary Thurloe: Cromwell's Secretary of State 1652–1660* (London: Athlone, 1990).

Audisio, Gabriel, *The Waldensian Dissent: Persecution and Survival, c.1170–c.1570*, Cambridge Medieval Textbooks (Cambridge: Cambridge University Press, 1990).

Aylmer, G. E., *The State's Servants: The Civil Service of the English Republic 1649–1660* (London and Boston: Routledge and Kegan Paul, 1973).

Baillie, Robert, *A Dissuasive from the Errours of the Time* (London, 1645).

Bald, R. C., *John Donne: A Life* (Oxford: Clarendon Press, 1970).

Baldwin, T. W., *William Shakespere's Small Latine & Lesse Greeke* (2 vols., Urbana: University of Illinois Press, 1944).

Baron, Robert, *Erotopaignion, or The Cyprian Academy* (London, 1647).

Barry, Jonathan, and Christopher Brooks (eds.), *The Middling Sort of People: Culture, Society and Politics in England, 1550–1800* (Basingstoke: Macmillan, 1994).

Baxter, Richard, *Reliquiae Baxterianae*, ed. Matthew Sylvester (London, 1696).

Beal, Peter, 'Milton', in *Index of English Literary Manuscripts*, vol. 2, part 2, 1625–1700 (London: Mansell, 1993), 69–104.

Bell, Walter George, *The Great Fire of London in 1666* (1920; London: Bodley Head, 1951).

Berghaus, Gu¨nter, 'A Case of Censorship of Milton in Germany: On an Unknown Edition of the *Pro Populo Anglicano*', *MQ* 17 (1983), 61–70.

Berry, Herbert, 'The Miltons and the Blackfriars Playhouse', *MP* 89 (1992), 510–514.

Bertie, Montague, earl of Lindsey, et al., *A declaration of the nobility, knights & gentry of the County of Oxon which have adhered to the late King* (London, 1660).

Birrell, T. A., *The Library of John Morris: The Reconstruction of a Seventeenth Century Collection* (London: British Museum Publications Ltd for the British Library, 1976). See MSS, British Library, C.114.6.37.

Blakiston, Noel, 'Milton's Birthplace', *London Topographical Record* 19, no. 80 (1947), 6–12 and plates.

Borzelli, Angelo, *Giovan Battista Manso* (Naples: Federico & Ardia, 1916).

Bradley, S. A. J., 'Ambiorix Ariovistus, Detractor of Milton's *Defensio*, Identified', *MP* 73 (1976), 382–388.

Brailsford, H. N., *The Levellers and the English Revolution*, ed. Christopher Hill (1961; Nottingham: Spokesman, 1983).

Breasted, Barbara, 'Comus and the Castlehaven Scandal', *MS* 3 (1971), 202–224.

Brooks, Christopher, 'Apprenticeship, Social Mobility and the Middling Sort, 1500–1800', in Barry and Brooks (eds.), *Middling Sort*, 51–83.

Brown, Cedric, 'The Chirk Castle Entertainment of 1634', *MQ* 11 (1977), 76–86.

—— *John Milton's Aristocratic Entertainments* (Cambridge: Cambridge University Press, 1985).

—— 'Milton's "Arcades" in the Trinity Manuscript' *RES* n.s. 37 (1986), 542–549.

—— *John Milton: A Literary Life* (London and New York: Macmillan, 1995).

Buchan, John, *Oliver Cromwell* (1934; London: Hodder and Stoughton, 1935).

Burmann, Pieter, *Sylloges Epistolarum* (5 vols., Leiden, 1727).

Burns, Norman T., *Christian Mortalism from Tyndale to Milton* (Cambridge, Mass.: Harvard University Press, 1972).

Bushell, W. D., *Hobson's Conduit: The New River at Cambridge Commonly Called Hobson's River* (Cambridge: Cambridge University Press, 1938).

Campbell, Gordon, 'Milton's *Index Theologicus* and Bellarmine's *Disputationes De Controversiis Christianae Fidei Adversus Huius Temporis Haereticos*', *MQ* 11 (1977), 12–16.

—— 'Milton and the Lives of the Ancients', *JWCI* 47 (1984), 234–238.

—— 'Nathaniel Tovey: Milton's Second Tutor', *MQ* 21 (1987), 81–90.

—— 'Milton's Spanish', *MQ* 30 (1996), 127–132.

—— 'Milton in Madras', *MQ* 31 (1997), 61–63.

—— *A Milton Chronology* (Basingstoke: Macmillan, 1997).

—— 'Shakespeare and the Youth of Milton', *MQ* 33 (1999), 95–105.

—— 'Milton and the Water Supply of Cambridge', in B. Sokolova and E. Pancheva (eds.), *Essays for Alexander Shurbanov* (Sofia, 2001), 38–43, reprinted in revised form in *South African Journal of Medieval and Renaissance Studies* 15 (2006 for 2005), 121–126.

Campbell, Gordon, Thomas N. Corns, John K. Hale, and Fiona J. Tweedie, *Milton and the Manuscript of De Doctrina Christiana* (Oxford: Oxford University Press, 2007).

Canne, John, *The Improvement of Mercy: or a short Treatise, shewing how, and in what manner, Our Rulers and all well-affected to the persent government should make a right and profitable use of the late great victory in Ireland* (London, 1649).

—— *The Snare is broken, Wherein is proved by Scripture, Law and Reason, that the National Covenant and Oath was unlawfully given and taken* (London, 1649).

Canosa, Romano, *Storia dell'Inquisizione in Italia della meta del Cinquecento alla fine del Settocento* (5 vols., Rome: Sapere, 1986–1990).

Carey, John (1963), 'The Date of Milton's Italian Poems', *RES* 14 (1963), 383–386.

Carrera de la Red, Avelina, *El 'problema de la lengua' en el humanismo renacentista* (Valladolid: Universidad de Valladolid, Secretariado de Publicaciones; [Salamanca]: Caja de Ahorros y Monte de Piedad de Salamanca, 1988).

Cary, Patrick, *The Poems of Patrick Cary*, ed. V. Delany (Oxford: Clarendon Press, 1978).

Chaney, Edward (1985), *The Grand Tour and the Great Rebellion: Richard Lassels and 'The voyage of Italy' in the seventeenth century* (Geneva: Slatkin, 1985).

—— [untitled review], *English Historical Review* 108 (1993), 720.

—— *The Evolution of the Grand Tour: Anglo-Italian Cultural Relations since the Renaissance* (rev. edn., London: Frank Cass, 2000).

Charles I, *Eikon Basilike: The Portraiture of His Sacred Majesty in His Solitudes and Sufferings, with selections from Eikonoklastes*, ed. Jim Daems and Holly Faith Nelson (Peterborough, Ont.: Broadview Press, 2006).

Chifas, Eugenia, 'Milton's Letter to Gill, May 20, 1628', *MLN* 62 (1947), 37–39.

Cinquemani, A. A., *Glad to Go for a Feast: Milton, Buonmattei and the Florentine Accademici* (New York: Peter Lang, 1998).

Clark, Donald L., *John Milton at St Paul's School* (New York: Columbia University Press, 1948).

—— 'Ancient Rhetoric and English Renaissance Literature', *Shakespeare Quarterly* 2 (1951), 195–204.

Clarke, Hyde, *Athenæum* 2746 (12 June 1888), 760–761.

Clavell, Robert, *The General Catalogues of Books Printed in England* (London, 1675).

Clavering, Rose, and John Shawcross, 'Anne Milton and the Milton Residences', *JEGP* 59 (1960), 680–690.

Coffey, John, *Persecution and Toleration in Protestant England, 1558–1689* (Harlow: Longman, 2000).

—— *John Goodwin and the Puritan Revolution* (Woodbridge: Boydell, 2006).

Cogswell, Thomas, *The Blessed Revolution: English Politics and the Coming of War, 1621–1624* (Cambridge: Cambridge University Press, 1989).

Corns, Thomas, 'Studies in the Development of Milton's Prose Style', D. Phil. dissertation, Oxford, 1977.

—— *Milton's Language* (Oxford: Blackwell, 1990).

—— *The Development of Milton's Prose Style* (Oxford: Clarendon Press, 1982).

—— 'Milton's Quest for Respectability', *MLR* 77 (1982), 769–779.

—— *Uncloistered Virtue: English Political Literature, 1640–1660* (Oxford: Clarendon Press, 1992).

—— *Regaining Paradise Lost* (Harlow: Longman, 1994).

—— *John Milton: The Prose Works* (New York: Twayne; London: Prentice Hall International, 1998).

—— 'Milton before "Lycidas"', in Parry and Raymond (eds.), *Milton and the Terms of Liberty*, 23–36.

—— 'Milton and Class', in David Brooks and Brian Kiernan (eds.), *Running Wild: Essays, Fictions and Memoirs Presented to Michael Wilding* (New Delhi: Manohar for the Sydney Association for Studies in Society and Culture, 2004), 55–68.

—— *A History of Seventeenth-Century English Literature* (Oxford: Blackwell, 2007).

—— 'John Milton, Roger Williams, and the Limits of Toleration', in Sharon Achinstein and Elizabeth Sauer (eds.), *Milton and Toleration* (Oxford: Oxford University Press, 2007), 72–81.

—— 'Milton's Early Lives', in Kevin Sharpe and Steven N. Zwicker (eds.), *Writing Lives* (Oxford: Oxford University Press, 2008), 75–90.

—— (ed.), *A Companion to Milton* (Oxford: Blackwell, 2001).

Costazuti, Vincenzo (ed.), *Applausi poetici alle glorie della signora Leonora Baroni* (Rome, 1639).

Costello, W. T., *The Scholastic Curriculum of Seventeenth-Century Cambridge* (Cambridge, Mass.: Harvard University Press, 1958).

Coyet, P. J., *Swedish Diplomats at Cromwell's Court, 1655–1656*, trans. Michael Roberts (London: Royal Historical Society, 1988).

Crashaw, Richard, *The Poems, English, Latin and Greek*, ed. L. C. Martin (2nd edn., Oxford: Clarendon Press, 1957).

Creaser, John, 'Milton's Comus: The Irrelevance of the Castlehaven Scandal', *N&Q* 229 (1984), 307–317, reprinted in MQ 21 (1987), 24–34.

—— '"The present aid of this occasion": The Setting of *Comus*', in David Lindley (ed.), *The Court Masque* (Manchester: Manchester University Press, 1984), 111–134.

Cressy, David, *Birth, Marriage, and Death: Ritual, Religion, and the Life-Cycle in Tudor and Stuart England* (1997; Oxford, Oxford University Press, 1999).

Curtis, M. H., *Oxford and Cambridge in Transition, 1558–1642* (Oxford: Clarendon, 1959).

Cust, Richard, *The Forced Loan and English Politics, 1626–1628* (Oxford: Clarendon Press, 1987).

Darbishire, Helen, *The Early Lives of Milton* (London: Constable, 1932).

Dati, Carlo, *Vite dei pittori antichi* (Florence, 1667).

Davenant, Sir William, *A Discourse upon Gondibert...with an answer to it by Mr Hobbs* (Paris, 1650).

Davies, Godfrey, *The Restoration of Charles II, 1658–1660* (San Marino, Calif.: Huntington Library, 1955).

Davies, H. Neville, 'Milton's Nativity Ode and Drummond's "An Hymne of the Ascension"', *Scottish Literary Journal* 12 (1985), 5–23.

Davies, Tony, 'Borrowed Language: Milton, Jefferson, Mirabeau', in Armitage, et al. (eds.), *Milton and Republicanism*, 254–271.

Davies, W. H., 'A Note on Milton's Annotated Copy of Gildas in the Harvard University (Widener) Library', *Papers of the British School at Rome* 15 (1939), 49–51.

De Filippis, Michelle, 'Milton and Manso: Cups or Books?', *PMLA* 51 (1936), 745–756.

Di Cesare, Mario (ed.), *Milton in Italy: Contexts, Images, Contradictions* (Binghamton: MRTS, 1991).

Diekhoff, John S. (ed.), *Milton on Himself: Milton's Utterances upon Himself and his Works* (London: Oxford University Press, 1939).

Dobranski, Steven R., and John P. Rumrich (eds.), *Milton and Heresy* (Cambridge: Cambridge University Press, 1988).

Dorian, Donald, *The English Diodatis* (New Brunswick, NJ: Rutgers University Press, 1950).

Doucette, Leonard, *Emery Bigot: Seventeenth-Century French Humanist* (Toronto: University of Toronto Press, 1970).

Dryden, John, *The State of Innocence, and Fall of Man: An Opera Written in Heroique Verse* (London: 1677).

Du Bellay, Joachim, *La deffence, et illustration de la langue françoyse* (Paris, 1549).

[Du Moulin, Peter], *Regii sanguinis clamor ad cœlum adversus parricidas Anglicanos* (The Hague, 1652); dedication by Alexander Morus.

Dunster, Charles, *Considerations on Milton's Early Reading* (London, 1800).

Dzelzainis, Martin, 'Milton's Of True Religion and the Earl of Castlemaine', *The Seventeenth Century* 7 (1992), 53–59.

Earle, Peter, 'The Middling Sort in London', in Barry and Brooks (eds.), *Middling Sort*, 141–158.

Eddershaw, David, with a contribution by Eleanor Roberts, *The Civil War in Oxfordshire* (Stroud: Sutton, 1995).

Edwards, Thomas, *Gangraena, or, A Catalogue and Discovery of the Many of the Errours, Heresies, Blasphemies and Pernicious Practices of the Sectaries of this Time*, three parts (London, 1646).

—— *The Second Part of Gangraena* (London, 1646).

—— *The Third Part of Gangraena* (London, 1646).

Eliot, John, *The Logical Primer. Some logical notions to initiate the Indians into the knowledge of the rule of reason* (Cambridge, Mass., 1672).

Ellwood, Thomas, *Davideis. the Life of David King of Israel: A Sacred Poem in Five Books* (London, 1712).

—— *The History of the Life of Thomas Ellwood*, (2nd edn., London: 1714).

Empson, William, *Milton's God* (rev. edn., London: Chatto and Windus, 1965).

Erastus, Thomas, *Explication grauissimae quaestionis* (London, 1589).

—— *The nullity of church-censures* (London, 1659).

Fallon, Robert, *Milton in Government* (University Park, Pa.: Pennsylvania State University Press, 1993).

Fatio, Guillaume, 'Milton et Byron a la Villa Diodati', in Jules Crosnier, *Nos Anciens et leurs Oeuvres*, (ed.), (Geneva, 1912), 21–66.

Faulkner, Thomas, *The history and antiquities of the parish of Hammersmith: interspersed with biographical notices of illustrious and eminent persons, who have been born, or who have resided in the parish, during the three preceding centuries* (London: Nichols & Son, 1839).

Featley, Daniel, *The Dippers Dipt* (London, 1645).

Fincham, Kenneth, 'Episcopal Government, 1603–1640', in Fincham (ed.), *Early Stuart Church*, 71–91.

—— and Peter Lake, 'The Ecclesiastical Policies of James I and Charles I', in Fincham (ed.), *Early Stuart Church*, 23–50.

—— (ed.), *The Early Stuart Church 1603–1642* (Basingstoke: Macmillan, 1993).

Fletcher, H. F., 'Milton's *Apologus* and its Mantuan Model', *JEGP* 55 (1956), 230–233.

—— 'John Milton's Copy of Lycophon's *Alexandra* in the Library of the University of Illinois', ed. John Shawcross, *MQ* 23 (1989), 129–158.

Fogle, F. R., '"Such a rural queen": The Countess Dowager of Derby as Patron', in F. R. Fogle and L. A. Knafla (eds.), *Patronage in Late Renaissance England* (Los Angeles: William Andrews Clark Memorial Library, University of California, 1983), 3–29.

Fortescue, G. K., *Catalogue of the Pamphlets…Collected by George Thomason, 1640–1661* (2 vols., London: British Museum, 1908).

Fox, George, *The Journal*, ed. Nigel Smith (Harmondsworth: Penguin, 1998).

Francis, Jane, 'The Kedermister Library: An Account of its Origins and a Reconstruction of its Contents and Arrangement', *Records of Buckinghamshire* 36 (1994), 62–85.

Frank, Joseph, *Cromwell's Press Agent: A Critical Biography of Marchamont Nedham* (Lanham, Md.: University Press of America, 1980).

Franson, J. Karl, 'The Diodatis in Chester', *N&Q* 234 (1989), 435.

Fraunce, Abraham, *The Lawiers Logike* (London, 1588).

Freeman, James, 'Milton's Roman Connection: Giovanni Salsilli', *MS* 19 (1984), 87–104.

French, J. M., *Milton in Chancery: New Chapters in the Lives of the Poet and his Father* (New York: Modern Language Association of America, 1939).

—— 'Milton's Supplicats', *HLQ* 5 (1942), 349–351.

—— (ed.), *The Life Records of John Milton* (New Brunswick, NJ: Rutgers University Press, 1949–1958).

Frye, R. M., 'Milton's Florentine Friend, Bishop Frescobaldi: A Biographical Note and Portrait', *MQ* 7 (1973), 74–75.

Gaddi, Jacopo, *Poematum Libri Duo* (Padua, 1628).

—— *Adlocutiones et Elogia* (Florence, 1636).

—— *Corollarium Poeticum* (Florence, 1636).

—— *Elogia Historica* (Florence, 1637).

Galbraith, V. H., 'The Modus Tenendi Parliamentum', *JWCI* 16 (1953), 81–99.

Gardiner, Samuel Rawson (ed.), *The Constitutional Documents of the Puritan Revolution 1625–1660* (3rd edn., Oxford: Clarendon Press, 1979).

Gataker, Thomas, *Abrahams decease* (London, 1627).

Gell, Robert, *Stella nova, a new starre, leading wisemen unto Christ* (London, 1649).

—— *Aggelokratia theon, or, A sermon touching Gods government of the world by angels* (London, 1650).

—— [pseudonym 'Irenaus Philadelphus Philanthropus'], *Eirenikon, or, A Treatise of peace between the two visible divided parties* (London, 1660).

—— *An Essay towards the Amendment of the Last-English Translation of the Bible* (London, 1659).

Gentles, Ian, *The New Model Army in England, Ireland and Scotland, 1645–1653* (Oxford: Blackwell, 1992).

Gil, Alexander, *Parerga, sive Poetici Conatus Alexandri Gil* (London, 1632).

Gildas, *The Ruin of Britain and other Documents*, ed. and trans. Michael Winterbottom (London and Chichester, 1978).

Gilles, Pierre, *Histoire ecclesiastique des églises reformées, recueillies en quelques valées de Piedmont… autrefois appelées Eglises Vaudoises* (Geneva, 1644).

Gittings, C., *Death, Burial and the Individual in Early Modern England* (London: Croom Helm, 1984).

Goodwin, John, *Theomachia, or, The grand imprudence of men running the hazard of fighting against God in suppressing any way, doctrine, or practice concerning which they know not certainly whether it be from God or no* (London, 1644).

—— *Hybristodikai. The obstructours of justice* (London, 1649).

Goose, N., 'Household Size and Structure in Early-Stuart Cambridge', *Social History* 5 (1980), 347–385.

Grayson, Cecil, A Renaissance Controversy: Latin or Italian (Oxford: Clarendon Press, 1960).

Grendler, P. F., *The Roman Inquisition and the Venetian Press* (Princeton: Princeton University Press, 1977).

Greville, Robert (Lord Brooke), *A Discourse Opening the Nature of that Episcopacie, which is Exercised in England* (London: November, 1641).

Griffith, Matthew, *The Fear of God and the King* (London, 1660).

Haan, Estelle, Milton's *In Quintum Novembris* and the Anglo-Latin Gunpowder Epic', *Humanistica Lovaniensia* 41 (1992), 221–295 and 42 (1993), 368–393.

—— 'Milton's Naturam non pati senium and Hakewell', *Medievalia et Humanistica* 24 (1997), 147–167.

—— 'Milton, Manso, and the Fruit of that Forbidden Tree', *Medievalia et Humanistica* 25 (1998), 75–92.

—— *From Academia to Amicitia: Milton's Latin Writings and the Italian Academies* (Transactions of the American Philosophical Society, vol. 88, pt. 6, Philadelphia, 1998).

Haitsma Mulier, Eco, *The Myth of Venice and Dutch Republican Thought in the Seventeenth Century* (Assen, Netherlands: Van Gorcum, 1980).

Hale, John K., *Milton's Languages* (Cambridge: Cambridge University Press, 1997).

—— *Milton's Cambridge Latin: Performing in the Genres, 1625–1632* (Tempe, Ariz.: Arizona Center for Medieval and Renaissance Studies, 2005).

Hall, Joseph, *Episcopacy by Divine Right* (London, 1640).

—— *An Humble Remonstrance to the High Court of Parliament* (London, 1640 [?1641]).

—— *A Short Answer to the Tedious Vindication of Smectymnuus* (London, 1641).

—— *A Defence of the Humble Remonstrance* (London, 1641).

—— *Divers Treatises Written upon severall Occasions by Joseph Hall* (London, 1662).

Hammond, Fredrick, *Music and Spectacle in Baroque Rome: Barberini Patronage under Urban VIII* (New Haven: Yale University Press, 1994).

Hammond, Paul, 'Dryden's Employment by Cromwell's Government', *Transactions of the Cambridge Bibliographical Society* 8 (1981), pt. I, 130–136, plates iii and iv.

Hampshire, G., 'An Unusual Bodleian Purchase in 1645', *BLR* 10 (1982), 339–348.

Hanford, J. H., 'The Chronology of Milton's Private Studies', *PMLA* 36 (1921), 251–314.

Hardacre, Paul, *The Royalists During the Puritan Revolution* (The Hague: Martinus NijhoV, 1956).

Hardie, Colin (ed.), *Vitae Virgilianae Antiquae* (rev. edn., Oxford: Clarendon Press, 1966).

Harris, Neil, 'Galileo as Symbol: The "Tuscan Artist" in *Paradise Lost*', *Annali dell'Istituto e Museo di Storia della Scienza di Firenze* 10 (1985), 3–29.

Herrick, Robert, *The Poetical Works of Robert Herrick*, ed. L. C. Martin (Oxford: Clarendon Press, 1956).

Herrup, Cynthia, *A House in Gross Disorder: Sex, Law and the 2nd Earl of Castlehaven* (Oxford: Oxford University Press, 1999).

Hill, Christopher, *Puritanism and Revolution* (1958; London: Panther, 1969).

—— *Milton and the English Revolution* (London: Faber and Faber, 1977).

—— *The Experience of Defeat: Milton and Some Contemporaries* (London: Faber, 1984).

Hindmarsh, Bruce, *The Evangelical Conversion Narrative: Spiritual Biography in Early Modern England* (Oxford: Oxford University Press, 2005).

Hobbes, Thomas, *Leviathan* (London, 1651).

Hoover, David. L., and Thomas N. Corns, 'The Authorship of the Postscript to *An Answer to a Booke Entituled, An Humble Remonstrance*', *MQ*, 38 (2004), 59–75.

Hughes, Ann, *The Causes of the English Civil War* (2nd edn., Basingstoke: Macmillan, 1998).

—— *Gangraena and the Struggle for the English Revolution* (Oxford: Oxford University Press, 2004).

Humphry, A. P., 'On the Maces of the Esquire Bedells', *Cambridge Antiquarian Communications* 21 (1881), 207–218.

Hutton, Ronald, *The Royalist War Effort, 1642–1646* (London: Longman, 1982).

—— *The Restoration: A Political and Religious History of England and Wales, 1658–1667* (Oxford:

Clarendon, 1985).

—— *Charles II, King of England, Scotland, and Ireland* (1989; Oxford: Clarendon Press, 1991).

—— *The British Republic, 1649–1660* (2nd edn., Basingstoke: Macmillan, 2000).

Inderwick, F. A., *A Calendar of the Inner Temple Records* (5 vols., London: H. Sotheran & Co., 1896–1936).

Ingram, M., *Church Courts, Sex and Marriage in England, 1570–1640* (Cambridge: Cambridge University Press, 1987).

Irwin, Betty, 'Milton's Ludlow Masque: An Historical Approach' (unpublished MA thesis, University of Northern Illinois, 1960).

Jones, Edward, '"Filling a Blank in the Canvas": Milton, Horton, and the Kedermister Library', *RES* 53 (2002), 31–60.

—— '"Church-Outed by the Prelates": Milton and the 1637 Inspection of the Horton Parish Church', *JEGP* 102 (2003), 42–58.

—— 'The Loyalty and Subsidy Returns of 1641 and 1642: What They Can Tell Us About the Milton Family', in Kristin A. Pruitt and Charles W. Durham (eds.), *Milton's Legacy* (Selinsgrove: Susquehanna University Press, 2005), 234–247.

—— 'The Wills of Thomas Young and Edward Goodall and the Life of John Milton', in Charles Durham and Kristin Pruitt (eds.), *John Milton: 'Reasoning Words'* (Selinsgrove, Pa: Susquehanna University Press, 2008).

Kallendorf, C. *Virgil and the Myth of Venice: Books and Readers in the Italian Renaissance* (Oxford: Clarendon Press, 1999).

Keeble, N. H., *The Literary Culture of Nonconformity in Later Seventeenth-Century England* (Leicester: Leicester University Press, 1987).

—— *The Restoration: England in the 1660s* (Oxford: Blackwell, 2002).

Kelley, Maurice, 'Milton's Dante—Della Casa—Varchi Volume', *BNYPL* 66 (1962), 499–504.

—— 'Additional Texts of Milton's State Papers', *MLN* 67 (1952), 18–19.

Kelley, Maurice, and Samuel Atkins, 'Milton's Annotations of Aratus', *PMLA* 70 (1955), 1090–1106.

—— —— 'Milton's Annotations of Euripides', *JEGP* 60 (1961), 680–687.

—— —— 'Milton and the Harvard Pindar', *SB* 17 (1964), 77–82.

Kelsey, Sean, 'The Foundation of the Council of State', in Chris R. Kyle and Jason Peacey (eds.), *Parliament at Work: Parliamentary Committees, Political Power and Public Access in Early Modern England* (Woodbridge: Boydell, 2002), 129–148.

Kerridge, Eric, *Trade and Banking in Early Modern England* (Manchester: Manchester University Press, 1988).

Kishlansky, Mark, *The Rise of the New Model Army* (Cambridge: Cambridge University Press, 1979).

Knoppers, Laura Lunger, *Constructing Cromwell: Ceremony, Portrait, and Print 1645–1661* (Cambridge, Cambridge University Press, 2000).

Kranidas, Thomas, 'Milton's Trinculo', *N&Q* 26 (1979), 416.

Kyle, Chris R., and Jason Peacey (eds), *Parliament at Work: Parliamentary Committees, Political Power and Public Access in Early Modern England* (Woodbridge: Boydell, 2002).

Lacey, Andrew, *The Cult of King Charles the Martyr* (Woodbridge: Boydell, 2003).

Lake, Peter, 'The Laudian Style: Order, Uniformity and the Pursuit of the Beauty of Holiness in the 1630s', in Fincham (ed.), *Early Stuart Church*, 161–185.

Laud, William, *The Works of the Most Reverend Father in God,* William Laud (7 vols. in 9; Oxford: J. H. Parker, 1847–1860).

Lazzeri, Alessandro, *Intellettuali e consenso nella Toscana del Seicento: L'Accademia degli Apatisti* (Milan: A. Giuffrè, 1983).

Leighton, Alexander, *An Appeal to the Parliament: or, Sions Plea against the Prelacie* (n. p., 1629).

Leighton, William, *The Tears or Lamentations of a Sorrowful Soul* (London, 1614).

Leonard, John, '"Trembling Ear": The Historical Moment of "Lycidas"' *Journal of Medieval and Renaissance Studies* 21 (1991), 59–81.

L'Estrange, Sir Roger, *Be Merry and Wise; or, A Seasonable Word to the Nation* (London, 1660).

—— *No Blinde Guides, in Answer To a seditious Pamphlet of J. Milton's, Intituled Brief Notes upon a Late Sermon* (London, 1660).

Lewalski, Barbara, *Milton's Brief Epic: The Genre, Meaning, and Art of* Paradise Regained (Providence, RI, and London: Brown University Press and Methuen, 1966).

—— *The Life of John Milton: A Critical Biography* (rev. edn., Oxford: Blackwell, 2003).

Lilburne, John, *Englands New Chains Discovered* (London, 1649).

—— *The Second Part of Englands New-Chains Discovered* (London, 1649).

—— *As You Were: or The Lord General Cromwel and the Grand Officers of the Armie their Remembrancer* ([Amsterdam?], 1652).

Lindenbaum, Peter, 'John Milton and the Republican Mode of Literary Production', *YES* 21 (1991), 121–136.

—— 'Milton's Contract', *Cardozo Arts and Entertainment Law Journal* 10 (1992), 439–454, repr. in Martha Woodmansee and Peter Jaszi (eds.), *The Construction of Authorship: Textual Appropriation in Law and Literature* (Durham, NC: Duke University Press, 1994), 175–190.

—— 'Authors and Publishers in the Late Seventeenth Century: New Evidence on Their Relations', *Library* 17 (1995), 250–269.

Lindley, Keith, *Popular Politics and Religion in Civil War* (Aldershot: Scolar, 1997).

Locke, John, *Two Treatises of Government* (London, 1698).

Loewenstein, David, *Milton and the Drama of History: Historical Vision, Iconoclasm, and the Literary Imagination* (Cambridge: Cambridge University Press, 1990).

Low, Anthony, 'Mansus in its Context', *MS* 19 (1984), 105–126.

Lünig, J. C. (ed.), *Literae Procurem Europae* (Leipzig, 1712).

Lunn, David, *The English Benedictines, 1540–1688* (London: Barnes & Noble, 1980).

Lusignan, Francine, 'L'Artis Logicae Plenior Institutio de John Milton: État de la question et position', Ph.D. thesis, Université de Montréal, 1974.

McColley, Diane, *Poetry and Music in Seventeenth-Century England* (Cambridge: Cambridge University Press, 1997).

McDonnell, Sir Michael, *The Annals of St Paul's School* (Cambridge: privately printed, 1959).

—— *The Registers of St Paul's School, 1509–1748* (London: privately printed, 1977).

McDowell, Nicholas, 'Dante and the Distraction of Lyric in "To my Friend Mr Henry Lawes" ', *RES* (in press).

MacIlmaine, Roland, *The Logic of P. Ramus Martyr* (London, 1574).

McKenzie, D. F., 'Milton's Printers: Matthew, Mary and Samuel Simmons', *MQ* 14 (1980), 87–91.

McPherson, D. C., *Shakespeare, Jonson and the Myth of Venice* (Newark, NJ: University of Delaware Press, 1990).

Maltzahn, Nicholas von, *Milton's History of Britain: Republican Historiography in the English. Revolution* (Oxford: Oxford University Press, 1991).

—— 'Laureate, Republican, Calvinist: An Early Response to *Paradise Lost* (1667)', *MS* 29 (1992), 181–198.

—— 'Dating the Digression in Milton's *History of Britain*', *HistJ* 36 (1993), 945–956.

—— 'Naming the Author: Some Seventeenth-Century Milton Allusions', *MQ* 27 (1993), 1–19.

—— Wood, Allam, and the Oxford Milton', *MS* 31 (1994), 155–177.

—— 'Samuel Butler's Milton', *SP* 92 (1995), 482–495.

—— '"I admird Thee": Samuel Barrow, Doctor and Poet', *MQ* 29 (1995), 25–28.

—— 'The First Reception of Paradise Lost (1667)', *RES* 47 (1996), 479–499.

Marcus, Leah, 'The Milieu of Milton's Comus: Judicial Reform at Ludlow and the Problem of Sexual Assault', *Criticism* 25 (1983), 293–327.

Martin, J. R., *The Portrait of John Milton at Princeton and its Place in Milton Iconography.* (Princeton: Princeton University Library, 1961).

Marvell, Andrew, *The Poems of Andrew Marvell, ed. Nigel Smith* (London: Pearson Longman, 2003).

—— *The Prose Works of Andrew Marvell*, ed. Martin Dzelzainis and Annabel Patterson (2 vols., New Haven: Yale University Press, 2003).

Masson, David, *The Life of John Milton: Narrated in Connexion with the Political, Ecclesiastical and Literary History of his Time* (7 vols., London: Macmillan, 1859–1894).

Mayers, Ruth E. *1659: The Crisis of the Commonwealth* (Woodbridge: Boydell, 2004).

Mazzacurati, Giancarlo, *La questione della lingua dal Bembo all' Accademia Worentina* (Naples: Liguori, 1965).

Mede, Joseph, *Clavis apocalyptica* (Cambridge, 1627).

Mellidge, Anthony, *Winchester Prison the 21th day of the 1 month, 59 If the measure of my sufferings under the creuel hands of unreasonable men, be finished in this noysome prison by the laying down of my life* (London, 1659).

Menasseh ben Israel, *The Hope of Israel,* ed. H. Méchoulan and G. Nahon (Oxford: Oxford University Press, 1987).

Miller, Leo, 'Peloni Almoni, Cosmopolites', *N&Q* 205 (1960), 424.

—— 'Milton's State Letters: The Lu̇nig Version', *N&Q* 215 (1970), 412–414.

—— 'The Italian Imprimaturs in Milton's Areopagitica, *PBSA* 65 (1971), 345–355.

—— 'Milton edits Freigius' "Life of Ramus"', in *Renaissance and Reformation* 8 (1972), 112–114.

Miller, Leo, 'Milton and Lassenius', *MQ* 6 (1972), 92–95.

—— *John Milton among the Polygamophiles* (New York: Loewenthal Press, 1974).

—— 'Salmasius's *Responsio*: Addenda to the Milton Life Records', *N&Q* 219 (1974), 95.

—— 'Milton, Fichlau, Bensen and Conring: Addenda to the Life Records of John Milton', *PBSA* 68 (1974), 107–118.

—— 'Milton's "Areopagitica": Price 4d', *N&Q* 220 (1975), 309.

—— '"Milton's" (sic) *Eikon Alethine* Located', *MQ* 9 (1975), 65.

—— 'Milton, Salmasius and *vapulandum*: Who Should be Flogged?', *MQ* 9 (1975), 70–75.

—— 'Milton's Portraits: An Impartial Inquiry into Their Authentication' *MQ* (Special Issue, 1976).

—— 'Miltoniana: Some Hitherto Unrecognised Items', *PBSA* (1976), 107–110.

—— 'Milton Cited in Germany, 1652: A Further Note', *MQ* 12 (1978), 28–31.

Miller, Leo, 'Milton Dines at the Jesuit College: Reconstructing the Evening of October 30, 1638', *MQ* 13 (1979), 142–146.

—— 'Milton's Clash with Chappell: A Suggested Reconstruction', *MQ*, 14 (1980), 77–87.

—— 'Milton's 1626 Obituaries Dated', *N&Q* 225 (1980), 323–324.

—— 'Milton's Patriis Cicutis', *N&Q* 226 (1981), 41–42.

—— 'Milton and Weckherlin', *MQ* 16 (1982), 1–3.

—— 'Milton's Contemporary Reputation: A Footnote to Parker and French', *MQ* 17 (1983), 56–57.

—— 'The Date of Christoph Arnold's Letter', *N&Q* 229 (1984), 323–324.

—— *John Milton and the Oldenburg Safeguard* (New York: Loewenthal Press, 1985).

—— 'Two Milton State Letters: New Dates and New Insights', *N&Q* 231 (1986), 461–464.

—— 'Milton's *Defensio* Ordered Wholesale for the States of Holland', *N&Q* 231 (1986), 33.

—— 'Milton's Conversations with Schlezer and his Letters to Brandenburg', *N&Q* 232 (1987), 321.

—— 'Before Milton was Famous: January 8, 1649–1650', *MQ* 21 (1987), 1–6.

—— 'Another Milton State Paper Recovered and a Mystery Demystified', *ELN* 25 (1987), 30–31.

—— 'The Burning of Milton's Books in 1660: Two Mysteries', *ELR* 18 (1988), 424–435.

—— 'Milton's "Oxenbridge" Boiardo Validated', *MQ* 23 (1989), 26–28.

—— 'A 1647 German Critique of *Areopagitica*', *N&Q* 234 (1989), 29–30.

—— 'Milton and Vlacq: Addenda 1644–1688', *PBSA* 83 (1989), 533–538.

—— 'On Some Verses by Alexander Gil which John Milton Read', *MQ* 24 (1990), 22–25.

—— 'Milton in the ZollikoVer and Arnold Albums', *MQ* 24 (1990), 99–104.

—— 'The Milton/Cromwell Letter to Transylvania', *N&Q* 234 (1990), 435–442.

—— 'New Milton Texts and Data from the Aitzema Mission, 1652', *N&Q* 235 (1990), 279–288.

—— *John Milton in the Anglo-Dutch Negotiations 1651–1654* (Pittsburgh Pa.: Duquesne University Press, 1992).

—— 'Milton in Geneva and the Significance of the Cardoini Album': see Manuscripts, s.n. 'Boulder'.

Milton, Anthony, *Catholic and Reformed: The Roman and Protestant Churches in English Protestant Thought, 1600–1640* (Cambridge: Cambridge University Press, 1995).

Milton, John, *A Maske Presented at Ludlow Castle, 1634* (London, 1637).

—— *Epitaphium Damonis* ([London], [1640]).

—— *Poems of Mr. John Milton, Both English and Latin, Compos'd at several times* (London, 1645).

—— *Ioannis Miltons Engelsmans Verdedigingh des gemeene Volcks van Engelandt, tegens. Claudius sonder Naem, alias Salmasius Konincklijcke Verdedigingh. Wt het Latijn overgeset na de Copy gedruckt tot Londen, by Du Gardianis* (Gouda, 1651).

—— *Poems, &c. upon Several Occasions* (London, 1673).

—— *Letters of State, Written by John Milton…to which is added, An Account of his Life* (London, 1694).

—— *A Complete Collection of the Historical, Political, and Miscellaneous Works of John Milton, Both English and Latin. With som Papers never before Publish'd* ('Amsterdam' [actually London]: 1698).

—— *The Sonnets of Milton*, ed. J. S. Smart (Glasgow: Maclehose, Jackson, 1921).

—— *The Works of John Milton*, gen. ed. F. A. Patterson (18 vols. in 21, New York: Columbia University Press, 1931–1938).

—— *John Milton's Complete Poetical Works Reproduced in Photographic Facsimile*, ed. Harris Francis Fletcher (Urbana: University of Illinois Press, 1943–1948).

—— *Complete Prose Works of John Milton*, gen. ed. Don M. Wolfe (8 vols. in 10, New Haven: Yale University Press, 1953–1982).

—— *Complete Shorter Poems*, ed. John Carey (2nd edn., London and New York: Longman, 1997).

—— *Paradise Lost*, ed. Alastair Fowler (2nd edn., London and New York: Longman, 1998).

—— *Latin Writings: A Selection*, ed. and trans. John Hale (Assen and Tempe: MRTS, 1998).

Morgan, Victor, with Christopher Brooke, *A History of the University of Cambridge*, vol. 2, 1546–1750 (Cambridge: Cambridge University Press, 2004).

Morley, Thomas, *The Triumphs of Oriana* (London, 1601).

Morley, Thomas, *Remonstrance of the Barbarous Cruelties and Bloudy Murders Committed by the Irish Rebels Against the Protestants in Ireland* (London, 1644).

Moyles, R. G., *The Text of Paradise Lost: A Study in Editorial Procedure* (Toronto: Univerity of Toronto Press, 1985).

Nedham, Marchamont, *Interest Will Not Lie, or, A View of England's True Interest* (London, 1659).

—— *Newes from Brussels in a Letter from an Attendant on his Majesties Person* ([London], 1660).

Nelson, Alan H., *Records of Early English Drama: Cambridge* (2 vols., Toronto, Buffalo and. London: University of Toronto Press, 1989).

—— 'Women in the Audience of Cambridge Plays', *Shakespeare Quarterly* 41 (1990), 333–336.

Nicolson, Marjorie, 'Milton's Hell and the Phlegraean Fields', *University of Toronto Quarterly* 7 (1938), 500–513.

Norbrook, David, *Writing the English Republic: Poetry, Rhetoric, and Politics, 1627–1660* (Cambridge: Cambridge University Press, 1998).

Orgel, Stephen, and Roy Strong, *Inigo Jones: The Theatre of the Stuart Court* (London and Berkeley and Los Angeles: Sotheby Parke Bernet and University of California Press, 1973).

O[verton?], R[ichard?], *Mans Mortallitie* (Amsterdam [?], 1643).

Owen, John, et al., *The humble proposals of Mr Owen, Mr Tho. Goodwin, Mr Nye, Mr Sympson, and other ministers: who presented the petition to the Parliament, and other persons, Febr. 11. under debate by a committee this 31 of March, 1652. for the furtherance and propagation of the Gospel in this nation* (London, 1652).

Pagitt, Ephraim, *Heresiography: or, A description of the Heretickes and Sectaries of these latter times* (London, 1645).

Palmer, Herbert, *The Glasse of Gods Providence towards His Faithfull Ones* (London, 1644).

Parker, W. R., 'Milton and Thomas Young, 1620–1628', *MLN* 53 (1938), 399–407.

—— 'Milton and the News of Charles Diodati's Death', *MLN* 72 (1957), 486–488.

—— *Milton: A Biography*, ed. Gordon Campbell (2nd edn., 2 vols., Oxford: Clarendon Press, 1996).

Parry, Graham, *The Trophies of Time: English Antiquarians of The Seventeenth Century* (Oxford: Oxford University Press, 1995).

Parry, Graham, and Joad Raymond (eds.), *Milton and the Terms of Liberty* (Cambridge: D. S. Brewer, 2002).

Passarelli, Maria Antonietta, *La lingua della patria: Leon Battista Alberti e la questione del volgare* (Rome: Bagatto Libri, 1999).

Patin, Gui, *Lettres*, ed. J.-H. Reveille-Parise (3 vols., Paris, 1846).

Patrick, J. Max, 'The Date of Milton's *Of Prelatical Episcopacy*', *HLQ* 13 (1950), 303–311.

Patrides, C. A., *Milton and the Christian Tradition* (Oxford: Clarendon Press, 1966).

Paul, R. S., *Assembly of the Lord: Politics and Religion in the Westminster Assembly and the 'Grand Debate'* (Edinburgh: T. & T. Clark, 1985).

Peile, John, *Biographical Register of Christ's College, 1505–1905, and of the Earlier Foundation, God's House, 1448–1505*, ed. J. A. Venn (2 vols., Cambridge: Cambridge University Press, 1910, 1913).

Pepys, Samuel, *The Diary of Samuel Pepys*, ed. Robert Latham and William Mathews (11 vols., London: Bell, 1970–1983).

Phelps, W. H., 'The Date of Ben Jonson's Death', *N&Q* 225 (1980), 146–149.

Phillips, John, *Joannis Philippi Angli Responsio Ad Apologiam Anonymi cujusdam tenebrionis pro Rege & Populo Anglicano infantissimam* (London, 1652 [actually 1651]).

Piper, David, 'The Portraits of John Milton', in *Christ's College Magazine* 60, no. 195 (May 1970), 155–161.

Porter, Stephen, *The Great Fire of London* (Stroud: Sutton, 1996).

Postlethwaite, Norman, and Gordon Campbell (eds.), 'Edward King, Milton's Lycidas: Poems and Documents', special issue of *MQ* 28 (December 1994), 77–111.

Prest, Wilfred, 'Legal Education of the Gentry at the Inns of Court, 1500–1640', *Past and Present* 38 (1967), 20–39.

—— *The Inns of Court under Elizabeth I and the Early Stuarts, 1590–1640* (London: Longman, 1972).

Prideaux, Sir W. S. (1896), *Memorials of the Goldsmiths' Company* (2 vols., London: Printed for private circulation by Eyre and Spottiswoode, 1896–1897).

Pritchard, Allan, 'Milton in Rome: According to Wood', *MQ* 14 (1980), 92–97.

Prynne, William, *Histrio-mastix: The Players Scourge, or, actors tragaedie* (London, 1633).

—— *A Breviate of the Prelates Intolerable Usurpations* (London, 1637).

—— *Discovery of the Prelates Tyranny* (London, 1641).

—— *Twelve Considerable Serious Questions touching Church Government* (London, 1644).

Quarles, Francis, *Hosanna or Divine Poems on the Passion of Christ and Threnodes*, ed. John Hordern (Liverpool: Liverpool University Press, 1969).

Ralegh, Sir Walter [attributed incorrectly], *The Cabinet-Council: Containing the Chief Arts of Empire and Mysteries of State* (London, 1658).

Ravenscroft, Thomas, *The Whole Book of Psalmes* (London, 1621).

Raylor, Timothy, 'New Light on Milton and Hartlib', *MQ* 27 (1993), 19–31.

Raymond, Joad, *Pamphlets and Pamphleteering in Early Modern Britain* (Cambridge: Cambridge University Press, 2003).

—— *The Invention of the Newspaper: English Newsbooks, 1641–1649* (2nd edn., Oxford: Clarendon Press, 2005).

Read, John Curtis, 'Humphrey Moseley, Publisher', *Oxford Bibliographical Society Proceedings and Papers*, 2 (1927–1930), 61–72, 139–142.

Reay, Barry, *The Quakers and the English Revolution* (New York: St Martin's Press, 1985).

Richardson, R. C (ed.), *Town and Countryside in the English Revolution* (Manchester: Manchester University Press, 1992).

Richek, Roslyn, 'Thomas Randolph's Salting (1627), its Text, and John Milton's Sixth Prolusion as Another Salting', *ELR* 12 (1982), 102–131.

Rosen, Edward, 'A Friend of John Milton: Valerio Chimentelli and his Copy of Viviani's *De Maximis et minimus*', *BNYPL* 57 (1953), 159–174.

Rosenblatt, Jason, *Renaissance England's Chief Rabbi: John Selden* (Oxford: Oxford University Press, 2006).

Rosenheim, James (1978), 'An Early Appreciation of Paradise Lost', *MP* 75 (1978), 280–282.

Rovai, Francesco, *Poesie de Francesco Rovai*, ed. N. Rovai (Florence, 1652).

Rusche, Harry, 'A Reading of John Milton's Horoscope', *MQ* 13 (1979), 6–11.

Russell, Conrad, *The Fall of the British Monarchies, 1637–1642* (Oxford: Clarendon Press, 1995).

Salmasius, Claudius, *Defensio regia pro Carolo I ad Serenissimum Magnae Britanniae Regem Carolum II Wlium natu majorem, heredem & successorem legitimum* (n.p., 1649).

—— *Claudii Salmasii ad Johannem Miltonum Responsio, Opus Posthumum* (Dijon, 1660).

Saxby, T. J., *The Quest for the New Jerusalem: Jean de Labadie and the Labadists, 1610–1744* (Dordrecht and Boston: M. NijhoV, 1987).

Sellin, Paul, 'Alexander Morus before the Hof van Holland: Some Insight into Seventeenth-Century Polemics with John Milton', *Studies in Netherlandic Culture and Literature* (Publications of the American Association for Netherlandic Studies, 7, 1994), 1–11.

—— 'Alexander Morus and John Milton II: Milton, Morus and Infanticide', *Contemporary Exploration in the Culture of the Low Countries* (Publications of the American Association for Netherlandic Studies, 9, 1995), 277–286.

—— 'Alexander Morus before the Synod of Utrecht', *HLQ* 58 (1996), 239–248.

Sharpe, Kevin, *Criticism and Compliment: The Politics of Literature in the England of Charles I* (Cambridge: Cambridge University Press, 1987).

—— *The Personal Rule of Charles I* (New Haven and London: Yale University Press, 1992).

—— *Remapping Early Modern England: The Culture of Seventeenth-Century Politics* (Cambridge: Cambridge University Press, 2000).

Shawcross, John T., 'Milton's Sonnet 23', *N&Q* 201 (1956), 202–204.

—— 'Notes on Milton's Amanuenses' *JEGP*, 58 (1959), 29–38.

—— 'Speculations on the Dating of the Trinity MS of Milton's Poems', *MLN* 75 (1960), 11–17.

—— 'The Chronology of Milton's Major Poems', *PMLA* 76 (1961), 345–358.

Shawcross, John T., 'Of Chronology and the Dates of Milton's Translation from Horace and the "New Forcers of Conscience"', *SEL* 3 (1963), 77–84.

—— 'What We Can Learn from Milton's Spelling', *HLQ* 26 (1963), 351–361.

—— 'The Date of the Separate Edition of Milton's Epitaphium Damonis', *SB* 18 (1965), 262–265.

—— 'The Dating of Certain Poems, Letters, and Prolusions Written by Milton', *ELN* 2 (1965), 261–266.

—— 'Milton's Tenure of Kings and Magistrates: Date of Composition, Editions and Issues', *PBSA* 60 (1966), 1–8.

—— *Milton: A Bibliography for the Years 1624–1700* (Binghamton: MRTS, 1984).

—— *Milton: A Bibliography for the Years 1624–1700: Addenda and Corrigenda* (Binghamton: MRTS, 1984).

—— 'A Note on a Copy of Milton's Poems', *MQ* 25 (1991), 107–108.

—— *John Milton: The Self and the World* (Lexington: University Press of Kentucky, 1993).

—— *'Arms of the Family': The significance of John Milton's Relatives and Associates* (Lexington: University Press of Kentucky, 2004).

—— *Rethinking Milton Studies: Time Present and Time Past* (Newark, NJ: University of Delaware Press, 2005).

Shuster, G. N., *The English Ode from Milton to Keats* (New York, 1940).

Sikes, George (?) *The Life and Death of Sir Henry Vane, Kt.* (London, 1662).

Sirluck, Ernest, 'Milton's Idle Right Hand', *JEGP* 60 (1961), 749–785.

Skeel, Caroline, *The Council in the Marches of Wales* (Cambridge, Girton College: Girton College Studies, 1904).

Slack, Paul, *The Impact of Plague on Tudor and Stuart England* (2nd edn., Oxford: Clarendon Press, 1990).

Smectymnuus, *An Answer to a Booke Entituled, An Humble Remonstrance* (London, 1641).

—— *A Vindication of the Answer to the Humble Remonstrance* (London, 1641).

Smith, R. W., 'The Source of Milton's Pandemonium', *MP* 39 (1931), 187–198.

Sotheby, S. L., *Ramblings in Elucidation of Milton* (n.p., 1861).

Spink, Ian, *Henry Lawes: Cavalier Songwriter* (Oxford: Oxford University Press, 2000).

Spurr, John, *England in the 1670s: 'This Masquerading Age'* (Oxford: Blackwell, 2000).

S[tarkey?], G[eorge?], *The Dignity of Kingship* (London, 1660).

—— *Monarchy Triumphing Over Traiterous Republicans* (London, 1661).

Steer, Francis, 'Scriveners' *Company Common Paper* 1357–1628, with a continuation to 1678', (London Record Society, 4, 1969).

Stevens, Denis, *Thomas Tomkins, 1572–1656* (London: Macmillan, 1957).

Stock, Richard, *The Doctrine and Use of Repentance* (London, 1604).

—— trans., William Whitaker, *An ansvvere to the Ten reasons of Edmund Campian the Jesuit* (London, 1606) (translation of *Ad Rationes decem Edmundi Campiani Jesuit responsio* (London, 1581)).

—— *A Sermon preached at Paules Cross the second of November 1606* (London, 1609).

—— *The Churches Lamentation for the Losse of the Godly* (London, 1614).

Stokes, H. P., 'The Esquire Bedells of the University of Cambridge', *Cambridge Antiquarian Society Publications* 45 (1911), 39, 93–95.

Stone, Lawrence, *The Family, Sex and Marriage in England 1500–1800* (abridged edn., Harmondsworth: Penguin, 1979).

—— *Road to Divorce England 1530–1987* (Oxford and New York: Oxford University Press, 1992; first pub. 1990).

Stow, John, *A Survey of London*, ed. Charles Lethbridge Kingsford (3 vols., 1908–1927; Oxford: Clarendon Press, 1971).

Strong, Roy, *Britannia Triumphans: Inigo Jones, Rubens and the Whitehall Palace* (London: Thames and Hudson, 1980).

Swift, Jonathan, *Gulliver's Travels 1726*, ed. Harold Williams (Oxford, Blackwell, 1941).

Tavoni, M., *Latino, grammatica, volgare: storia di una questione umanistica* (Padua: Antenore, 1984).

Taylor, George C., *Milton's use of Du Bartas* (Cambridge, Mass.: Harvard University Press, 1934).

Tennant, Philip, *The People's War in the South Midlands, 1642–1645* (Stroud: Alan Sutton, 1992).

Tolmie, Murray, *The Triumph of the Saints: The Separate Churches of London 1616–1649* (Cambridge: Cambridge University Press, 1977).

Tournu, Christophe, *Milton and Mirabeau: Rencontre révolutionnaire* (Paris: Edimaf, 2002).

Trevor Roper, H. R., *Archbishop Laud, 1573–1645* (2nd edn., London: Macmillan, 1962).

Tromly, Frederick B., 'Milton Responds to Donne: "On Time" and "Death be not proud"', in *MP* 80 (1983), 390–393.

Turner, James Grantham, *One Flesh: Paradisal Marriage and Sexual Relations in the Age of Milton* (Oxford: Clarendon Press, 1987).

Tyacke, Nicholas, *Anti-Calvinists: The Rise of English Arminianism c.1590–1640* (Oxford: Clarendon Press, 1987).

—— 'Archbishop Laud', in Fincham (ed.), *Early Stuart Church*, 51–70.

—— (ed.), *Seventeenth-Century Oxford* (vol. 4 of The History of the University of Oxford, Oxford: Clarendon Press, 1997).

Ullman, B. L., *The Origin and Development of Humanistic Script* (Rome: Edizioni di Storia e letteratura, 1960).

Ussher, James, *The Judgement of Doctor Rainoldes* (London, 1641).

Valdés, Juan de, *Diálogo de la lengua* (1535, pub. Madrid, 1737).

Vane, Sir Henry, the younger, *A Healing Question propounded and resolved upon occasion of the late publique and seasonable Call to Humiliation* (London, 1656).

Vickers, Brian, 'Leisure and Idleness in the Renaissance: The Ambivalence of Otium', *Renaissance Studies* 4 (1994), 1–37, 107–154.

Villani, Stefano, 'The Italian Protestant Church of London in the Seventeenth Century', forthcoming in Barbara Schaff (ed.), *Exiles, Emigres and Go-Betweens: Anglo-Italian Cultural Mediations* (Amsterdam and New York: Rodopi).

Vitale, Maurizio, *La questione della lingua* (2nd edn., Palermo: Palumbo, 1984).

Walker, Joseph, 'An attempt to ascertain the site of the villa near Naples in which the Marquis Manso received Tasso and Milton', Appendix V of Walker's *Historical Memoir on Italian Tragedy* (London, 1799).

Walsham, Alexander, '"Fatal Vespers": Providentialism and Anti-Popery in Late Jacobean London', *Past and Present* 144 (1994), 36–87.

Walton, Brian (ed.), *Biblia Sacra Polyglotta* (6 vols., London, 1654–1657).

Watson, Foster, *The English Grammar Schools to 1660* (Cambridge: Cambridge University Press, 1908).

Webster, Tom, *Godly Clergy in Early Stuart England: The Caroline Puritan Movement c.1620–1643* (Cambridge: Cambridge University Press, 1997).

Wedgwood, C. V., *The Trial of Charles I* (1964; London: Reprint Society, 1966).

Whitelocke, Bulstrode, *The Diary of Bulstrode Whitelocke, 1605–1675*, ed. Ruth Spalding (Oxford: Published for the British Academy by Oxford University Press, 1991).

Wickham, Glynne, Herbert Berry, and William Ingram (eds.), *English Professional Theatre, 1530–1660* (Cambridge: Cambridge University Press, 2000).

Williams, Michael, *The Venerable English College, Rome: A History, 1579–1979* (London: Associated Catholic Publications, 1979).

Williams, Roger, *The Bloudy Tenent of Persecution* (London, 1644).

Wilmot, John, *The Works of John Wilmot, Earl of Rochester*, ed. Harold Love (Oxford: Oxford University Press, 1999).

Wood, Anthony, *Athenae Oxoniensis* (2 vols., Oxford, 1691–1692); Wood's life of Milton is in the *Fasti Oxoniensis*, 1, cols. 880–884.

Woodward, Hezekiah, *Inquiries into the Causes of our Miseries* (London, 1644).

Woolrych, Austin, 'Milton and Richard Heath', *PQ* 53 (1974), 132–135.

—— *Commonwealth to Protectorate* (Oxford: Clarendon Press, 1982).

—— 'The Date of the Digression in Milton's History of Britain', in R. Ollard and P. Tudor Craig (eds.), *For Veronica Wedgwood: These Studies in Seventeenth-Century History* (London: Collins, 1986), 217–246.

—— 'Dating Milton's History of Britain', *HistJ* 36 (1993), 929–943.

—— *Britain in Revolution, 1625–1660* (Oxford: Oxford University Press, 2002).

Worden, Blair, *The Rump Parliament 1648–1653* (1974; Cambridge: Cambridge University Press, 1977).

Wotton, Antony, *The Art of Logike, gathered out of Aristotle…by P. Ramus* (London, 1626).

Wotton, Sir Henry, *Life and Letters of Sir Henry Wotton*, ed. L. Pearsall Smith (2 vols., Oxford: Clarendon Press, 1907).

致 谢

　　我们两人的职业生涯中有很大一部分都献给了弥尔顿，也因此受惠于很多人，这里无法一一列出。在弥尔顿的传记作者中，我们要感谢戴维·马森、阿尔弗雷德·斯特恩（Alfred Stern）、约·弥·弗伦奇和威·赖·帕克等英雄式人物，以及后来在相关档案领域辛勤耕耘的人，如约翰·肖克罗斯、利奥·米勒、彼得·比尔、爱德华·琼斯和尼古拉斯·冯·马尔灿。其他学者在特定领域的著作对我们也很有启发性：罗伯特·法伦在公文方面，爱德华·钱尼（Edward Chaney）和尼尔·哈里斯（Neil Harris）在弥尔顿的意大利之旅部分，保罗·塞林（Paul Sellin）在与荷兰相关的方面，彼得·林登鲍姆（Peter Lindenbaum）和唐纳德·麦肯齐（Donald McKenzie）在印刷厂商方面，莫迪凯·费恩戈尔德和维克托·摩根在相关大学的问题上，塞德里克·布朗和约翰·克里泽（John Creaser）在贵族娱乐方面，马丁·泽尔扎伊尼斯（Martin Dzelzainis）在弥尔顿的法律知识方面，约翰·K. 黑尔和埃丝特尔·哈恩在弥尔顿的拉丁语方面，都给予了我们很多启发。克里斯托弗·希尔（Christopher Hill）绘制了 17 世纪宗教异端的地理形势图。芭芭拉·莱瓦尔斯基的《弥尔顿传》为从传记角度解读复杂文学文本设立了标杆，这对我们来说既是动力也是挑战，在很多问题上发人深省，而这些问题对我们的传记项目至关重要。新一代持修正论的历史学家重铸了这一时期的历史，我们也十分感激他们；在本传记的脚注中，我们大量引用了他们的著作。

　　在研究过程中，我们有机会查阅了许多档案馆和图书馆的馆藏书籍。我们要特别感谢综合档案馆（斯曼卡斯）（Archivio General [Simancas]）、比利时国家档案馆（海牙）（the Algemeen Rijksarchief [The Hague]）、马尔什大主教图书

516

馆（都柏林）（Archbishop Marsh's Library [Dublin]）、巴伐利亚州府档案馆（慕尼黑）（the Bayerisches Hauptstaatsarchiv [Munich]）、贝德福德郡档案馆（贝德福德）（the Bedfordshire County Record Office [Bedford]）、伯克郡档案馆（雷丁）（the Berkshire Record Office [Reading]）、贝特莱姆皇家医院档案馆与博物馆（贝肯汉姆）（the Bethlem Royal Hospital Archives and Museum [Beckenham]）、马鲁切利图书馆（佛罗伦萨）（the Biblioteca Marucelliana [Florence]）、国家图书馆（佛罗伦萨）（the Biblioteca Nazionale [Florence]）、国家图书馆（巴黎）（the Bibliothèque Nationale [Paris]）、公共与大学图书馆（日内瓦）（the Bibliothèque Publique et Universitaire [Geneva]）、皇家图书馆（布鲁塞尔）（the Bibliothèque Royale [Brussels]）、博德利图书馆（牛津）（the Bodleian Library [Oxford]）、大英图书馆（the British Library）、布拉哲顿图书馆（利兹）（the Brotherton Library [Leeds]）、白金汉郡档案馆（艾尔斯伯里）（the Buckinghamshire County Record Office [Aylesbury]）、剑桥大学图书馆（the Cambridge University Library）、坎特伯雷大教堂图书馆（the Canterbury Cathedral Library）、卡尔·H. 福兹海默图书馆（纽约）（the Carl H. Pforzheimer Library [New York]）、柴郡档案馆（切斯特）（the Cheshire Record Office [Chester]）、基督教堂学院（牛津）（Christ Church College [Oxford]）、基督学院（剑桥）（Christ's College [Cambridge]）、威斯敏斯特市档案中心（伦敦）（the City of Westminster Archive Centre [London]）、纹章院（伦敦）（the College of Arms [London]）、科罗拉多大学图书馆（博尔德）（the Colorado University Library [Boulder]）、哥伦比亚大学图书馆（纽约）（the Columbia University Library [New York]）、伦敦档案馆（the Corporation of London Records Office）、德威公学（伦敦）（Dulwich College [London]）、东萨塞克斯档案馆（路易斯）（the East Sussex Record Office [Lewes]）、伊顿公学（温莎）（Eton College [Windsor]）、埃克塞特大教堂图书馆（Exeter Cathedral Library）、福尔杰莎士比亚图书馆（华盛顿）（the Folger Shakespeare Library [Washington]）、圣乔治堡博物馆（金奈）（the Fort St George Museum [Chennai]）、金匠公会（伦敦）（the Goldsmiths' Company [London]）、市政厅图书馆（伦敦）（the Guildhall Library [London]）、哈默史密斯与富勒姆档案馆（伦敦）（the Hammersmith and Fulham Record Office [London]）、哈里·兰森人文研究中心（奥斯汀）（the Harry Ranson Humanities Research Center [Austin]）、亨利·E. 亨廷顿图书馆（圣马力诺）（the

Henry E. Huntington Library [San Marino]）、赫里福德与伍斯特郡档案馆（赫里福德）（the Hereford and Worcester County Record Office [Hereford]）、奥古斯特公爵图书馆（沃芬比特）（the Herzog-August-Bibliothek [Wolfenbüttel]）、宾夕法尼亚历史学会（费城）（the Historical Society of Pennsylvania [Philadelphia]）、哈佛大学霍顿图书馆（the Houghton Library at Harvard University）、上议院档案馆（the House of Lords Record Office）、伊利诺伊大学图书馆（厄巴纳）（the Illinois University Library [Urbana]）、内殿律师学院(伦敦)（the Inner Temple [London]）、皇家图书馆（哥本哈根）（the Kongelige Bibliotek [Copenhagen]）、兰贝斯宫图书馆（伦敦）（the Lambeth Palace Library [London]）、莱斯特郡、莱斯特与拉特兰档案馆（威格斯顿麦格纳）（the Leicestershire, Leicester, and Rutland Record Office [Wigston Magna]）、印第安纳大学利利图书馆（布卢明顿）（the Lilly Library of Indiana University [Bloomington]）、马萨诸塞州历史学会（波士顿）（the Massachusetts Historical Society [Boston]）、巴斯侯爵收藏馆（朗利特庄园）（the Marquess of Bath's Collection [Longleat House]）、麦钱特泰勒斯公会（伦敦）（the Merchant Taylors' Company [London]）、摩根图书馆（纽约）（the Morgan Library [New York]）、国家档案馆（基尤）（the National Archives [Kew]）、国家海洋博物馆（格林威治）（the National Maritime Museum [Greenwich]）、下萨克森州立档案馆（奥尔登堡）（the Niedersächsisches Staatsarchiv [Oldenburg]）、纽约公共图书馆（the New York Public Library）、北安普敦郡记档案馆（北安普敦）（the Northamptonshire Record Office [Northampton]）、奥地利国家图书馆（维也纳）（the Österreichische Nationalbibliothek [Vienna]）、牛津郡档案馆（牛津）（Oxfordshire Archives [Oxford]）、爱尔兰国教代表教会机构图书馆（都柏林）（the Representative Church Body Library [Dublin]）、格罗宁根大学图书馆（莱顿）（the Rijksuniversiteitsbibliotheek [Leiden]）、罗森巴赫博物馆（费城）（the Rosenbach Museum [Philadephia]）、皇家音乐学院（伦敦）（the Royal College of Music [London]）、皇家学会（伦敦）（the Royal Society [London]）、罗格斯大学图书馆（新泽西州新不伦瑞克）（the Rutgers University Library [New Brunswick, NJ]）、圣济尔斯教堂（伦敦）（St Giles-in-the-Fields [London]）、圣保罗学校（St Paul's School）、谢菲尔德大学图书馆（the Sheffield University Library）、文物学会（伦敦）（the Society of Antiquaries [London]）、州立档案馆（苏黎世）（the

Staatsarchiv [Zürich])、市立档案馆（莱比锡）(the Stadtarchiv [Leipzig])、书商与报商行会（the Stationers' and Newspaper Makers' Company）、斯圣加仑市立图书馆（圣加仑）(the Stadtbibliothek Vadiana [St Gallen])、斯托尼赫斯特学院（克利瑟罗）(Stonyhurst College [Clitheroe])、萨福克郡档案馆（伊普斯威奇）(the Suffolk Country Record Office [Ipswich])、三一学院（剑桥）(Trinity College [Cambridge])、三一学院（都柏林）(Trinity College [Dublin])、大学图书馆（阿姆斯特丹）(the Universiteits-Bibliothek [Amsterdam])、宾夕法尼亚大学图书馆（费城）(the University of Pennsylvania Library [Philadelphia])、梵蒂冈图书馆与机密档案馆（the Vatican Library and Secret Archives）、英格兰圣徒学院（罗马）(the Venerable English College [Rome])、威斯敏斯特教堂（Westminster Abbey）和耶鲁大学图书馆（纽黑文）(the Yale University Library [New Haven])。为了撰写这本传记，我们频繁利用了工作单位班戈大学（the Bangor University Library）与莱斯特大学（the University of Leicester）的图书馆，特对其表示感谢。我们还得益于两种资源，而且本领域学者越来越仰仗这些资源，一种是《牛津国家人物传记大辞典》(*The Oxford Dictionary of National Biography*)，该辞典的在线版本允许我们采用新的方法来探究我们研究对象的社会环境；另一种是《早期英文图书在线》(*Early English Books Online*)，让我们在莱斯特郊区和斯诺登尼亚（Snowdonia）山麓的书桌上能看到有史以来最珍贵的 17 世纪藏书。我们也要感谢医生菲利普·布鲁姆（Philip Bloom）、莎拉·卡罗尔（Sarah Carroll）和罗伯特·科恩斯（Robert Corns）在弥尔顿所患疾病方面的指导意见。我们还受惠于切里·沙利文（Ceri Sullivan）、尼尔·哈里斯、爱德华·琼斯和莎拉·奈特（Sarah Knight），他们给我们的部分手稿提供了建设性意见。在编写的最后阶段，我们所在的大学都准予了一段学术假期，让我们能够按时完成这本书。

为牛津大学出版社写作的好处之一是能够切实了解到在那里工作的人。这本传记是由诗人安德鲁·麦克尼利（Andrew McNeillie）委托撰写的，他一向热情而且乐于助人；我们也要感谢传记作者赫尔迈厄尼·李（Hermione Lee）的支持，她是牛津大学出版社的选派代表，负责文学类书籍。我们还要感谢出版社的杰奎琳·贝克（Jacqueline Baker）（得益于她的努力，出版社通过了这本书的选题）、牛津的营销团队（菲尔·亨德森 [Phil Henderson]、艾米莉·罗伊 [Emily Wroe] 和科琳·哈特里克 [Coleen Hatrick]）和纽约的营销团队（卡西·安默曼

[Cassie Ammerman] 和萨马拉·斯托布 [Samara Stob])、制作团队（克莱尔·汤普森 [Claire Thompson]、汤姆·钱德勒 [Tom Chandler] 和玛丽·佩恩 [Mary Payne]）以及我们的图片研究员（佐伊·斯皮尔伯格 [Zoe Spilberg]）。

尽管有来自各方的帮助，但书中可能仍有谬误，敬请读者指正。

戈登·坎贝尔、托马斯·N. 科恩斯

于莱斯特和班戈

2008 年

我们还要感谢以下插图的提供者：

Alamy: 12; Author's photographs: 15, 16; Bodleian Library, University of Oxford: 6 (Bodleian Gough maps 75), 14, 19 (Bodleian copy 8 P 117 Art, between pp 434–435), 20 (Bodleian copy 8 P 117Art, between pp 100–101), 22 (Bodleian copy 8 P 117 Art, between pp 196–197), 23 (Bodleian copy 8 P 117 Art, between pp 334–335), 25 (Bodleian copy 8 P 117Art, between pp 6–7), 29 (Bodleian Library Wing/ 1769:04), 37 (Bodleian Fol.BS.136 (image on p. 344)); British Library: Map 1 (Maps Roll 17.a.3), Map 2 (BL 863.k.5), 2 (BL C.30.d.17), 3 (BL C.30.d.19), 11 (BL shelfmark E84 (2)), 13 (BL C.34.d.46), 17 (BL 239. k.36), 26 (BL E.208 (10)), 30 (BL E. 1126 (1)), 34 (BL E. 569 (16)), 35 (BLE.578 (5)), 38 (BL E.1487 (3)), 39 (BL 816.m.1 (92)), 41 (BL 816.m.9 (26)), 44 (BL C.69.V.5 or Ashley 11.82), 45 (BL 598. e.1 or G.4879), 47 (BL 684.d.33 or Ashley 1184); Cambridge University Library: 18 (Adv.d.38.5); Corbis/Michael Nicholson: 42; Corpus Christi College, Cambridge: 7 (Parker Library MS 121, p 431); Guildhall Library, City of London/The Bridgeman Art Library: 1; Henry E Huntington Library and Art Gallery: 33, 36; National Portrait Gallery, London: 8, 9, 10, 27, 28, 31, 32; Morgan Library and Museum, New York: 5; Princeton University Library, Rare Books and Special Collections: 46; Rex Features/ Dan Sparham: 48; Robert Corns: 21, 24; Trinity College, Cambridge: 43 (K.15.121 (188)); Union Theological Seminary, New York Library: 4, 40.

索　引

（索引中的页码为原书页码，即本书边码）

---

① 正文中为 second Baron Brooke（第二代布鲁克男爵）。

---

① 正文中为 Lincoln's Inn Fields（林肯律师学院广场）。

---

① 正文中为 Sancroft（桑克罗夫特）。

部分专有名词对照表

书名、文章名、法案名等

《1613 年耶稣受难日，骑马西行》 "Goodfriday, 1613. Riding Westward"

《1636 年劳德主义牛津大学章程》 Laudian Statutes of 1636

《1649 年 2 月法案》 Act of February 1649

《1649 年 9 月 20 日布拉德肖出版法案》 Bradshaw's Press Act of 20 September 1649

《1650 年契约》 Engagement of 1650

《1653 年婚姻法案》 the Marriage Act of 1653

《1662 年许可经营法案》 The Licensing Act of 1662

《阿尔布马札》 Albumazar

《阿尔卡迪亚》 Arcadia

《埃涅阿斯纪》 Aeneid

《爱情的飨宴》 L'Amoroso Convivio

《奥丽埃纳的凯旋》 Triumphs of Oriana

《巴托罗缪市集》 Bartholomew Fair

《拜占庭历史文集》 Corpus Byzantinae Historiae

《保卫和发扬法兰西语言》 La deffence, et illustration de la langue françoyse

《悲伤的灵魂之泪》 The Tears or Lamentations of a Sorrowful Soul

《悲伤良方》 "Tristitiae remedium"

《贝尔福德郡请愿书》 the Bedfordshire petition

《贝里克和约》 Pacification of Berwick

《被浸没的浸礼者》 The Dippers Dipt

《必要的陈述》 A Necessary Representation

《编年史》 Annales

《编年志》 Chronographia

《辩证法》 Dialectica

《不需人类的学习，圣灵的教导就已足够》 The Sufficiencie of the Spirit's Teaching without Human Learning

《布鲁塞尔新闻》 Newes from Brussels

《采摘蔷薇花蕾》 "Gather ye rosebuds"

《彩排》 The Rehearsal

《为查理一世声辩：献给最尊贵的大不列颠国王、长子、继承人、合法继任者查理二世》 Defensio Regia pro Carolo I. Ad Serenissimum Magnae Britanniae Regem Carolum II. Filium natu majorem, Heredem & Successorem legitimum (n.p., 1649) (The Royal Defence for Charles I. To the most serene king of Great Britain Charles II. Elder-born son, heir and legitimate successor)

《朝圣者记录》 The Pilgrim Book

《晨曦美人奥丽埃纳》 "Fair Oriana in the morn"

《惩戒篇：针对匿名回应〈离婚的教义与教规〉的答复》 Colasterion: A Reply to a Nameles Answer against The Doctrine and Discipline of

540

生平介绍》*Artis logicae plenior institutio ad Petri Rami methodum concinnata, adjucta est praxis analytica & Petri Rami vita* 'A fuller course in the art of logic, arranged according to the method of Pierre de la Ramée; an analytical exercise and a life of La Ramée are appended'

《公祷书》*Book of Common Prayer*

《公共祈祷和管理的划一法案》Act for the Uniformity of Publique Prayers and Administrations

《古代和现代赞美诗》*Hymns Ancient and Modern*

《古代画家传略》*Vite dei pittori antichi*

《古代哲学家德谟斐洛斯、德谟克拉特斯和塞昆德斯的道德格言》*Demophili Democratis et Secundi veterum philosophorum sententiae morales*

《关于两个世界系统的对话》*Dialogo sopra i due massimi sistemi de mondo*

《关于圣公会与长老会》*De Episcopis ac Presbyteris*

《关于诗人约翰·弥尔顿的〈失乐园〉》'In Paradisum Amissam sic Summi Poetae Johannis Miltoni'

《关于我们苦难原因的调查》*Inquiries into the Causes of our Miseries*

《关于修订上一本英译〈圣经〉的文章》*An Essay toward the Amendment of the Last English-Translation of the Bible*

《关于耶稣升天的赞美诗》"An Hymne of the Ascension"

《关于语言的对话》*Diálogo de la lengua*

《国民圣约》Covenant

《国事快报》*Mercurius Pragmaticus*

《国王鲜血的呐喊》*Regii sanguinis clamor*

《哈德威克勋爵的婚姻法案》Lord Hardwicke's Marriage Act

"哈默史密斯文件集"Hammersmith papers

《航海法案》the Navigation Act

《合唱晚祷》Choral Evensong

《坏疽：或曰，当代非国教教派谬误、异端、亵渎以及其他邪恶行为的总录》*Gangraena: or A Catalogue and Discovery of many of the Errours, Heresies, Blasphemies and pernicious Practices of the Sectaries of this time*

《黄金法则或推进的正义》*The Golden Rule, or, Justice Advanced*

《霍布森的信札，或商业信札的先例》*Hobson's Horse Load of Letters, or, Precedents for Epistles of Business*

《简短的回应》*A Short Answer*

《建设自由共和国的简易办法，自由共和国的优点，恢复王国的不利与危险》*The Readie and Easie Way to Establish a Free Commonwealth, and the Excellence therof Compar'd with The inconveniences and dangers of readmitting kingship in this nation*

《荐文》*testimonia*

《剑桥大学历史》*A History of the University of Cambridge*

《剑桥的悲戚与慰藉：缔造和平的圣主詹姆斯国王之逝世暨尊敬的查理国王之继位》*Cantabrigiensium Dolor et Solamen: seu Decessio Beatissimi Regis Jacobi Pacifici: et Successio Augustissimi Regis Caroli*

"迦勒底释义""Chaldee Paraphrase"

《教皇之书》*Liber Pontificalis*

《教会法律的改革》*Reformatio Legum Ecclesiasticarum*

《教会事务的政府权力：表明世上任何势力对宗教问题进行干涉都是不合法的》*A Treatise of Civil Power in Ecclesiastical causes: Shewing That it is not lawfull for any power on earth to compell in matter of Religion*

《揭露英国的新锁链》*Englands New Chains Discovered*

《金冠辩》*De Corona*

《进军斯海尔托亨博斯》*In Sylvam-Ducis*

《浸礼宗赞美诗》*Baptist Hymnal*

"论文诗" act verses

《论学术的进步与发展二卷书》 *Two Bookes of the Proficience and Advancement of Learning*

《论学校的改革》 *A Reformation of Schooles*

《论议会的组织和权力》 *Modus Tenendi Parliamentum*

《论异教：或曰，有关近代异教与非国教教派的叙述》 *Heresiography: or, A description of the Heretickes and Sectaries of these latter times*

《论英格兰所实施的主教制的本质》 *A Discourse Opening the Nature of that Episcopacie, Which is Exercised in England*

《论有分歧的两方之间的和平》 *Eirenikon, or, A Treatise of peace between the two visible divided parties*

《论有关英格兰教规的改革：以及迄今阻碍改革的原因》伦敦：1641 年 5 月或 6 月 *Of Reformation touching Church-Discipline in England: And the Causes that hitherto have hindred it*

《论与神的抗争，或曰，鲁莽之人冒着与上帝抗争的危险，压制那些他们不确定是否来自上帝的天道、教义或实践》 *Theomachia, or, The grand imprudence of men running the hazard of fighting against God in suppressing any way, doctrine, or practice concerning which they know not certainly whether it be from God or no*

《论战争与和平的法律》 *De Jure Belli ac Pacis*

《论主教制，以及主教制是否可以如近期的一些论述所宣称的那样源于使徒时代，其中有一篇署名阿马大主教詹姆斯》 *Of Prelatical Episcopacy, and Whether it may be deduc'd from the Apostolical times by vertue of those Testimonies which are alledg'd to that purpose in some late Treatises: One whereof goes under the Name of James Archbishop of Armagh*

《马丁·布塞尔关于离婚的决断》 *The Judgement of Martin Bucer, Concerning Divorce*

"孟克兰德" 曲调 the "Monkland" tune

《莫斯科大公国简史》 *Brief History of Moscovia*

《年轻的范内》 "Vane, young in years"

《牛津大学历史》 *The History of the University of Oxford*

《牛津国家人物传记大辞典》 *Oxford Dictionary of National Biography*

《牛津名人传》 *Athenae Oxonienses*

《牛津编年史》 *Fasti*

《农事诗》 *Georgics*

《彭布罗克的阿卡迪亚伯爵夫人》 *The Countess of Pembroke's Arcadia*

《批判那位抗议者辩解反对斯麦克提姆努斯》 *Animadversions upon The Remonstrants Defence against Smectymnuus*

《七善行》 *Seven Works of Mercy*

《启示录之钥》 *Clavis Apocalyptica*

《谴责教会无效：或一位杰出的哲学家、专业医生、虔诚的神学家、海德堡大学的公共教授托马斯·埃拉斯都博士撰写的一篇辩论文》 *Explicatio grauissimae quaestionis vtru`m excommunicatio quatenu`s religionem intelligentes & amplexantes, a` sacramentorum vsu, propter admissum facinus arcet; mandato nitatur diuino, an excogitata sit ab hominibus The nullity of church-censures: or A dispute written by that illustrious philosopher, expert physician, and pious divine Dr Thomas Erastus, publick professor in the University of Heidelbertge, and Basil*

《乔瓦尼·德拉·卡萨韵文与散文集》 *Rime e Prose di Giovanni della Casa*

《天真的状态》 *State of Innocence*

《让受苦的人有希望》 *Chi soffre, speri*

《认信书》 Subscription Book

《撒玛利亚人的复活》 *The Samaritan revived*

《申辩》 *The Apologeticall Narration*

《神圣同盟与誓约》 Solemn League and Covenant

人名、地名、机构名、职位名及其他

救世神学 soteriology

卡尔米尼亚诺 Carmignano

卡拉瓦乔 Caravaggio

卡莱布 Caleb

卡莱尔 Carlisle

卡莱尔学堂 Clare Hall

卡里斯布鲁克城堡 Carisbrooke Castle

卡伦德日 Kalendae

卡米洛·卡尔多尼 Camillo Cardoini

卡斯蒂廖内 Castiglione

卡斯尔上校 Colonel Castle

凯德米斯特图书馆 Kedermister Library

凯尔斯子爵 Viscount Kells

凯尔索 Kelso

凯内尔姆·迪格比爵士 Sir Kenelm Digby

凯瑟琳·布拉甘萨女王 Queen Catherine of Braganza

凯瑟琳·德鲁里 Catherine, née Drury

凯瑟琳·琼斯 Katherine Jones

坎迪亚岛 Candia

坎皮恩 Campion

康斯坦丁·惠更斯 Constantijn Huygens

康斯坦丁·曼纳萨斯 Constantine Manasses

考利 Cowley

科尔蒂吉亚纳语 *lingua cortigiana*

科尔切斯特郡 Colchester

可敬的英国神学院 Venerable English College

克莱门特九世 Clement IX

克劳狄 Claudius

克劳迪娅 Claudia

克里索斯托莫·贾维利 Chrysostomus Javellus

克利夫兰 Cleveland

克利夫斯的安妮 Anne of Cleves

克洛里斯 Chloris

刻瑞斯 Ceres

肯辛顿 Kensington

空位期 Interregnum

孔代亲王路易·德·波旁 Louis de Bourbon, prince of Condé

拉米罗·费利佩·德·古兹马 Ramiro Felipe de Guzmán

拉米斯准则 Ramist principles

拉姆巷 Lamb Alley

拉努乔二世·法尔内塞 Ranuccio II Farnese

拉特沃思 Lutterworth

莱昂纳尔·维勒尔 Léonard Villere

莱格霍恩 Leghorn

莱斯特郡 Leicestershire

兰贝斯宫 Lambeth Palace

兰波特镇 Langport

兰利–马里什 Langley Marish

劳德改革 Laudian reform

劳拉·诺珀斯 Laura Knoppers

劳伦斯·斯通 Lawrence Stone

劳伦佐图书馆 Laurentian Library

勒阿弗尔 Le Havre

雷蒙多·蒙特库科利 Raimondo Montecuccoli

雷诺河 Reno

李维 Livy

里斯·埃文斯 Rhys Evans

理查德·布肯汉姆 Richard Buckenham

理查德·布罗姆 Richard Brome

理查德·达克特 Richard Ducket

理查德·克拉肖 Richard Crashaw

理查德·马尔卡斯特 Richard Mulcaster

理查德·纽波特 Richard Newport

理查德·斯梯尔 Richard Steele

理查德·汤姆逊 Richard Thomson

理事庭 The Court of Assistants

利奥兰·詹金斯爵士 Sir Leoline Jenkins

利奇菲尔德 Lichfield

联省共和国执政腓特烈·亨德里克 Stadhouder Frederik Hendrik

两院委员会 Committee of Both Houses

林肯郡 Lincolnshire

卢卡 Lucca

卢坎 Lucan

路易丝·柯思 Louise Curth

威廉·贾克森 William Juxon

威廉·考珀 William Cowper

威廉·利利 William Lily

威廉·利斯高 William Lithgow

威廉·皮克林 William Pickering

威廉·奇林沃思 William Chillingworth

威廉·斯珀斯托 William Spurstowe

威廉·特老巴克 William Troutback

威廉·威彻利 William Wycherley

威尼弗雷德 Winifred Burbage

威斯敏斯特大厅 Westminster Hall

威斯敏斯特神职人员大会 Westminster Assembly
    of Divines

威悉河 the Weser

违法者财产和解委员会 Committee for the
    Composition of Property owned by Delinquents

维多利亚和阿尔伯特博物馆 Victoria and Albert
    Museum

维尔·布思小姐 Lady Vere Booth

维克多·摩根 Victor Morgan

维克托·斯塔特 Victor Stater

维苏威火山 Vesuvius

温莎 Windsor

纹章葬礼 heraldic funeral

沃尔布鲁克 Walbrook

沃尔特·厄尔爵士 Sir Walter Erle

沃里克伯爵 earl of Warwick

沃特林街 Watling Street

沃州 Vaud

乌得勒支教务会议 Synod of Utrecht

五港同盟 Cinque Ports

西德尼·苏塞克斯学院 Sidney Sussex

西曼卡斯总档案馆 Archivo General de Simancas

西门·福克斯 Simeon Foxe

西属那不勒斯 Spanish Naples

希思罗机场 Heathrow Airport

系统神学 systematic theology

肖托瓦森林 Forest of Shotover

小安东尼奥·巴尔贝里尼 Antonio Barberini the

younger

小法兰西区 Petty France

小吉丁 Little Gidding

辛普朗山口 Simplon

新长老牧师 New *Presbyter*

学监 proctor

雪利 Shirley

亚历山大·柯比 Alexander Kirby

亚历山大七世 Alexander VII

扬·范·弗利特·亚努斯·弗利提乌斯 Jan van
    Vliet Janus Vlitius

耶利米·古斯 Jeremiah Goose

伊都斯日 Idus

伊丽莎白（·克拉克）·福斯特 Elizabeth (Clarke)
    Foster

伊丽莎白·布尔斯特罗德 Elizabeth Bulstrode

伊丽莎白·菲利普斯 Elizabeth Phillips

伊利主教 Bishop of Ely

伊普斯维奇 Ipswich

伊斯灵顿 Islington

伊索克拉底 Isocrates

依纳爵·罗耀拉 Ignatius Loyola

仪式主义派 ceremonialists

仪仗官 University Beadle

易北河 the Elbe

英格兰财政大臣 Lord Treasurer of England

英国商人冒险家公会 English Merchant
    Adventurers

英国神学院 English College

约翰·阿瑟顿 John Atherton

约翰·安刻提尔 John Anktill

约翰·安特斯 John Antes

约翰·奥弗罗尔 John Overall

约翰·伯纳德·威尔克斯 John Bernard Wilkes

约翰·德西克爵士 Sir John Dethicke

约翰·杜里 John Dury

约翰·芬威克 John Fenwick

约翰·弗伦奇 John French

约翰·福蒂斯丘爵士 Sir John Fortescue

约翰·福克斯 John Foxe

约翰·古斯 John Goose

约翰·凯瑞 John Carey

约翰·克雷瑟 John Creser

约翰·皮姆 John Pym

约翰·奇克爵士 Sir John Cheke

约翰·斯皮德 John Speed

约翰·斯托 John Stow

约翰内斯·金那摩斯 Joannes Kinnamos

约瑟夫·艾迪生 Joseph Addison

早期英文图书在线数据库 Early English Books Online

詹姆斯·怀特洛克爵士 Sir James Whitelock

詹姆斯·惠特洛克 James Whitlocke

詹姆斯·塔伯 James Tabor

战争十人会议 Ten of War

湛幅伦斯 Chanforans

掌玺大臣 Keeper of the Great Seal

掌玺大臣 Lord Keeper

钟表制造公会 Company of Clockmakers

重整奥古斯丁修会 Augustinian Recollects

主祷文街 Paternoster Row

主教大道 Bishop's Avenue

主教门内大街 Bishopsgate Street Within

主教门外圣博托尔夫教堂 St Botolph 's Bishopsgate

主张脱离国教者 Separatists

宗教法庭 Holy Office

译后记

　　《弥尔顿传》原著（*John Milton: Life, Work and Thought*）问世于 2008 年，由戈登·坎贝尔与托马斯·N. 科恩斯合著，两位教授都是弥尔顿研究领域的执牛耳者。在此之前，已经有许多部创作于不同时代的弥尔顿传记，正如科恩斯教授所言，"在弥尔顿逝世后的每个世纪里都有众多弥尔顿传记面世"①。仅仅在 17世纪的后三十年里就出现了五部，这些早期传记的作者"或是与弥尔顿相识，或是从认识弥尔顿的人那里获得素材"②，比如弥尔顿的外甥爱德华·菲利普斯、好友西里亚克·斯金纳以及同时代的约翰·奥布里。此后的弥尔顿传记又对前人搜集的材料做了增补，汇集了十分翔实的资料。因此，撰写一部新的弥尔顿传记似乎不是难事。

　　然而，坎贝尔与科恩斯两位教授合著这本传记并非如俯拾地芥般容易。首先，两位教授查阅了大量的档案材料，他们所记录的事实建立在"所有可用文献的基础之上"③，并利用相应专业领域的知识对这些文献加以分析和研究。其次，弥尔顿的各类作品（尤其是论战檄文）包含不少自传色彩的文字，早期传记在很大程度上就依赖于这些文字，而两位教授敏锐地指出，弥尔顿在作品中加入自我描述，实际上是出于论战的需要，因此，需要还原当时的历史语境，客观谨慎地厘清这些自传性文字的意义。这部新传记从多方位勾勒出弥尔顿的

---

① Thomas N. Corns, "Milton Biographies for the Current Century: A Review Article," *Milton Quarterly* 41.1 (2007): 22-31 (p. 22).

② 见本书第 1 页。

③ 同上，第 2 页。

一生，让这位看似不苟言笑的大诗人身上那种真实生动的一面跃然纸上，他不仅才华出众、成就斐然，还是一个"有缺点、自我矛盾、独善其身、自负傲慢、情感炽烈、不留情面、雄心勃勃、八面玲珑"①之人。可以说，这本新传记为读者理解弥尔顿的生平和作品提供了新的视角。

这部《弥尔顿传》中译本在一定程度上弥补了国内对弥尔顿生平介绍和研究的不足。新中国成立之后，国内学者较为系统介绍弥尔顿生平的著作"既有中文的又有中译文的"②，但这些作品大多出版于20世纪80、90年代，比如梁一三的《弥尔顿和他的〈失乐园〉》（北京出版社，1987年）、丁亚一的《约翰·弥尔顿简论》（河南大学出版社，1990年）和金发燊的《鸿鹄翱翔：弥尔顿和〈失乐园〉》（海南出版社，1993年），不能反映出最新的弥尔顿研究成果，而且不是严格意义上的弥尔顿传记，其重点在于介绍作家作品，尤其是史诗《失乐园》。从外文译成中文的弥尔顿传记只有金发燊和颜俊华合译自马克·帕蒂森（Mark Pattison）的《弥尔顿传略》（生活·读书·新知三联书店，1992年），但篇幅较短，只能被视为简略的传记。因此，作为一部全新的、权威的传记，《弥尔顿传》完整地展现了弥尔顿——英国文学史上地位仅次于莎士比亚的大诗人的非凡一生，不仅对国内专业读者而言具有重要的学术价值，对普通读者来说也是一本非常有参考意义的读物。

本书虽为人物传记类作品，但内容专业、语言缜密，每一章不啻为严谨、高质量的学术论文（从书中大量引文和正文后的详尽注释便可见一斑），长难句也是屡见不鲜。因此，我们翻译时，在忠实于原文意思的前提下，常常将复杂的从句打乱重组，使译文清晰、晓畅，符合中文表达习惯，同时尽最大努力复现原著的学术语言风采。对于原文中涉及的相应的文化背景或是存疑之处，译者在当页下方提供了译者注，以供读者参考。原著中的引文不仅包括弥尔顿的作品，还包括同时代的其他文献，前半部分里的引文（绝大部分尚未有中译）为译者自译，后半部分的引文（如《失乐园》《复乐园》《力士参孙》等作品）则引自前辈译者们优秀成熟的译作。书中的人名根据《世界人名翻译大辞典》（中国对外翻译出版公司，1993年）译出。除原著索引外，译文最后附有"部分专

---

① 同上，第3页。

② 郝田虎，《弥尔顿在中国》，杭州：浙江大学出版社，2020，第90页。

有名词对照表"，包含索引中未出现但在正文或注释中出现的部分人名、地名及书名等专有名词。

关于全书翻译的分工，本人负责正文前三部分（第一至十章）及对应注释，还有引言、致谢和关于日期的说明部分，后三部分（第十一至十八章）及对应注释由陈睿文翻译出初稿。在译文初稿完成之后，沈弘教授与章燕教授通读、校对了译稿，并提出了十分宝贵的修改意见，郝田虎教授时刻关心本书的翻译进展，本人在翻译过程中得到了郝教授的专业指点。在此由衷感谢诸位教授的付出和关怀！感谢浙江大学出版社田慧老师的悉心编校。没有各位老师的辛劳，这部译著不可能顺利出版。

囿于译者水平，译文中谬误之处在所难免，望广大读者不吝批评指正！

翟　康

2023 年 1 月 20 日

图书在版编目（CIP）数据

弥尔顿传 /（英）戈登·坎贝尔，（英）托马斯·N.
科恩斯著；翟康，陈睿文译. — 杭州：浙江大学出版
社，2023.1
　（中世纪与文艺复兴译丛 / 郝田虎主编）
　书名原文：John Milton: Life, Work, and Thought
　ISBN 978-7-308-22861-9

　I. ①弥… II. ①戈… ②托… ③翟… ④陈… III.
①弥尔顿（Milton, John 1608–1674）—传记 IV.
①K835.615.6

中国版本图书馆CIP数据核字(2022)第132781号

浙江省版权局著作权合同登记图字：11-2022-094号

© Gordon Campbell, Thomas N. Corns 2008

John Milton: Life, Work and Thought was originally published in English in 2008. This translation is published by arrangement with Oxford University Press. Zhejiang University Press is solely responsible for this translation from the original work and Oxford University Press shall have no liability for any errors, omissions or inaccuracies or ambiguities in such translation or for any losses caused by reliance thereon.

弥尔顿传

[英]戈登·坎贝尔（Gordon Campbell）　[英]托马斯·N.科恩斯（Thomas N. Corns）　著
翟康　陈睿文　译　沈弘　章燕　校

策　　划	包灵灵
责任编辑	田　慧
责任校对	陆雅娟
封面设计	林智广告
出版发行	浙江大学出版社
	（杭州市天目山路148号　　邮政编码310007）
	（网址：http://www.zjupress.com）
排　　版	杭州林智广告有限公司
印　　刷	杭州钱江彩色印务有限公司
开　　本	710mm×1000mm　1/16
印　　张	35.75
字　　数	663千
版 印 次	2023年1月第1版　2023年1月第1次印刷
书　　号	ISBN 978-7-308-22861-9
定　　价	128.00元